Ursula Floßmann (Hg.)

Recht, Geschlecht und Gerechtigkeit

Frauenforschung in der Rechtswissenschaft

Linzer Schriften zur Frauenforschung
Band 5

Das Logo auf dem Titelbild stammt von Gerald Raab, 5. Klasse HGBLA für Kunstgewerbe, und ist aus einem von der Linzer Koordinationsstelle für Frauenforschung und Frauenstudien initiierten SchülerInnenwettbewerb hervorgegangen.

Universitätsverlag R. Trauner
Linz 1997

ISBN 3 85320 889 4

INHALTSVERZEICHNIS

VORWORT

Daß die österreichische Rechtsordnung von Männern für Männer gemacht ist, Bedürfnisse von Frauen also nur berücksichtigt, wenn sie sich im groben Rost des männlichen Bewußtseins verfangen haben, kann heute nicht mehr bestritten werden. Die weltweit geführte Debatte um Gleichheit und Differenz der Geschlechter hat eindeutig gezeigt, daß weibliche Erfahrungen und weibliche Interessen im Recht kaum Beachtung finden. Österreich ist in dieser Beziehung ein Musterbeispiel für die Abhängigkeit des Rechts von der Macht. Ein Chor großer Söhne singt das Lied der Gleichheit, und so bleibt es ein Land der männlichen Berge und weiblichen Täler. Weibliche Lebensbedingungen und -bedürfnisse werden bei der Rechtsschöpfung und Rechtsauslegung regelmäßig ausgeblendet. Penibel geschlechtsneutral gehaltene Formulierungen moderner Gesetzestexte vermitteln zwar auf den ersten Blick den Anschein einer gleichen Verteilung der Rechtspositionen auf Männer und Frauen, doch zeigt die Rechtswirklichkeit bei näherer Betrachtung ein anderes Bild. Die Benachteiligung von Frauen durch das Recht ist nach wie vor alltäglich, weil das Recht immer noch an männlichen Bedürfnissen ausgerichtet wird. Eine in Jahrhunderten gereifte Wertordnung sei, so wird uns vorgehalten, ein zu hohes Gut, um als Spielball momentaner Interessen (noch dazu weiblicher) zu dienen. Wer zu spät kommt, den bestraft eben das Leben.

Ein durch alltägliches Erleben bekanntes Beispiel für die Unzulänglichkeit einer formellen Beschwörung statt praxisbezogenen Gestaltung des Rechts ist die Große Familienrechtsreform der 70er Jahre. Sie ersetzte unter dem Aspekt der formalen Gleichberechtigung der Geschlechter das historisch-patriarchalische Familienmodell durch das modern-partnerschaftliche, hat jedoch die materielle Gleichstellung der „Partner“ nicht erreicht. Geschaffen wurden lediglich die normativen Voraussetzungen, die es beiden Ehegatten in gleicher Weise einmal ermöglichen sollen, familiäre Aufgaben und berufliche Aktivitäten zu vereinbaren. Die hiefür notwendigen Lebens- und Arbeitsbedingungen fehlen immer noch und werden ohne praktische Begleitmaßnahmen zum Abbau der Doppelbelastung berufstätiger Frauen auch nicht zu verwirklichen sein. Kinderbetreuungsplätze fehlen, weil Politiker, vor allem bemütterte Männer, über die fürsorglichste Art der Kindererziehung streiten und Wissenschafter mit Expertisen beschäftigen, während hunderte Kindergärtnerinnen und Horterzieherinnen auf Arbeit warten.

Zu einer echten Partnerschaft von Mann und Frau wird es erst kommen, wenn Frauen mehr Einfluß auf Politik und Wirtschaft gewinnen. Dazu bedarf es einer Änderung der rechtlichen Rahmenbedingungen. Das Bekenntnis zur Geschlechtergleichheit, das in seiner bisherigen Ausprägung den Frauen im Grund nur den zynischen Rat zur Selbsthilfe gibt, muß zu einem Appell an alle werden, die materielle Gleichheit herzustellen. Auch auf die Gefahr hin, mißverstanden zu werden, behaupte ich, daß ein Weg zu diesem Ziel über die Verweiblichung der Rechtswissenschaft führt. Der Fortschritt des Rechts ist nicht an theoretischen Verfeinerungen, sondern an praktischen Ergebnissen zu messen.

Der Rechtswissenschaft kommt insofern eine Schlüsselfunktion bei der Entwicklung der Geschlechterdemokratie zu, als sie sich als Bewahrerin und kompetente Interpretin des verfassungsrechtlichen Gleichheitssatzes sieht. Sie bestimmt ganz wesentlich die Umsetzung dieses Verfassungsgebotes und mutet sich die Aufgabe zu, Antworten auf die offenen Frauenfragen unserer Zeit zu geben. Das kann die Rechtswissenschaft nur, wenn sie bereit ist, nicht nur die Lebensbedingungen der Frauen in ihre wissenschaftlichen Untersuchungen einzubeziehen, sondern auch neue Lehrinhalte im akademischen Unterricht anzubieten. Bisherige Tabuthemen, etwa Frauenarmut in Österreich, frauenbenachteiligende Versorgungsysteme, Gewalt gegen Frauen (insbesondere in der Familie) oder Ausschrankungen am Arbeitsplatz, sollen auch und gerade auf akademischem Boden diskutiert werden. Große Rechtsgebiete harren einer kritischen Analyse aus der Sicht der Frauen. Es muß unser aller Anliegen sein, AbsolventInnen des Jus-Studiums für frauenspezifische Probleme zu sensibilisieren und sie zu befähigen, Diskriminierungen zu erkennen und ihnen entgegenzuwirken. Männer sind eingeladen, bei dieser Bildungsoffensive mitzumachen; getragen werden kann sie nur von Frauen.

Bei der Jahrhunderte alten Tradition männlich-juristischen Denkens ist eine solche Neuorientierung und Verbreiterung der juristischen Ausbildung überaus schwierig. Schon der Versuch, die eklatante Unterrepräsentation von Frauen in der Universitätsprofessorenschaft durch spezielle Förderungsmaßnahmen zu beseitigen oder wenigstens zu lindern, weil nur so der Rechtswissenschaft ein Fenster zur Lebenswirklichkeit der Frauen geöffnet und ihren Forderungen nach einem hilfreichen statt gleichgültigen Recht Gehör verschafft werden kann, stößt auf großen Widerstand. Dabei ist eine solche Erneuerung der Rechtswissenschaft und des Rechtsunterrichts dringend geboten. In der traditionellen Ausbildung zur Juristin/zum Juristen wird kaum versucht, das Rechtssystem auch aus der Frauenperspektive zu betrachten. Auf diese Weise kommt es - gewollt oder ungewollt - zur völlig unkritischen Weitervermittlung traditionellen Diskriminierungs(un-)rechts. Während ausländische Ausbildungsmodelle bereits in die Richtung gehen, „Frauenrecht" als neues Fachgebiet innerhalb der Rechtswissenschaft zu etablieren, steht die rechtswissenschaftliche Durchdringung der Grundwerte einer echten Geschlechterdemokratie und die Befestigung des Weges dorthin in Österreich noch aus. Frauenforschung wird nicht als Zweig der Jurisprudenz anerkannt; man betrachtet sie mit herablassendem Wohlwollen als eine Sammlung amüsanter Milieu- und Zeitstudien ohne den Tiefgang wissenschaftlicher Rechtsanalyse. Daß letztere als Sinnbild der Gerechtigkeit eine blinde Frau hervorbrachte, spricht für sich.

Vielleicht gelingt es mit Hilfe des jüngst beschlossenen Universitäts-Studiengesetzes (BGBl I 1997/48), in der juristischen Ausbildung zu neuen Ufern vorzudringen. Determinanten für die Neugestaltung der Studienpläne sind immerhin „die Wahrnehmung der Verantwortung der Wissenschaft gegenüber der menschlichen Gesellschaft", vor allem „die Achtung der Menschenrechte und Grundfreiheiten" (§ 3 Z 6), „die Gleichbehandlung von Frauen und Männern" sowie „die Gleichwertigkeit der Frauen- und Geschlechterforschung mit anderen Forschungsbereichen" (§ 3 Z 7). Der Behandlung frauen- bzw geschlechterbezogener Themen in den rechtswissenschaftlichen Fächern dürfte damit „formal" nichts mehr im Wege stehen; das tiefer gehende weibliche („materielle") Rechtsverständnis sieht darin ein Gebot. Es soll ein juristisches Denken entwickelt werden, das die Herstellung und Bewahrung der Geschlechterdemokratie als ureigene Aufgabe des Phänomens Recht begreift. Jede(r) Studierende soll die Notwendigkeit dieser Funktion erkennen und mit ihr umgehen lernen. Dazu ist es unerläßlich, alle (auch die subtilsten) Möglichkeiten der Geschlechterdiskriminierung aufzuzeigen oder wenigstens - sollte es uns hoffentlich bald an aktuellem Anschauungsmaterial fehlen - in Erinnerung zu halten.

Der vorliegende Sammelband, an dem 19 Wissenschafterinnen und Wissenschafter sowie universitätsexterne Frauenforscherinnen aus unterschiedlichen Disziplinen zusammengearbeitet haben, ist ein Aufruf zum Mitdenken und Mitmachen. Er will zeigen, welches Potential an Rechts- und Gesellschaftspolitik freigelegt werden kann, wenn frauen- und geschlechterspezifische Probleme in den Blickpunkt wissenschaftlicher Forschung genommen werden.* Und er will allen an der Neugestaltung der juristischen Studien Beteiligten Mut machen, den traditionellen Kanon rechtswissenschaftlicher Forschung und Lehre durchgängig um die Perspektive der Frauen zu bereichern. Damit könnten dem Recht neue oder bisher vernachlässigte Dimensionen erschlossen werden. Niemand wird leugnen können, daß eine Rechtsordnung an Qualität gewinnt, wenn sie verstärkt an der Lebenssituation von Frauen Maß nimmt und ihren Vorstellungen von Gerechtigkeit, Fürsorge und Verantwortung entspricht.

Linz, im Dezember 1997 — Ursula Floßmann

* In diese Richtung zielt auch der ausgezeichnete Sammelband „Frauen & Recht" (1997), herausgegeben von *Ulrike Aichhorn*.

DANKSAGUNG

Die Herausgabe dieses Sammelbandes wäre ohne engagierte Mitarbeit aller Beteiligten nicht möglich gewesen. Neben den Autorinnen und Autoren, die mich nicht nur mit Beiträgen versorgt, sondern auch bei der Konzeption des Werkes unterstützt haben, möchte ich vor allem den Mitarbeiterinnen meines Instituts, insbesondere Frau Holzinger und Frau Gusenleitner, danken, die mir bei der administrativen und redaktionellen Arbeit zur Seite gestanden sind.

Alle Mühen wären vergeblich gewesen, hätte nicht die Stadt Linz/Linzer Frauenbüro das Projekt von Anfang an in vorbildlicher Weise unterstützt und dessen Finanzierung gesichert.

Die Finanzierung erwähne ich vorweg, weil es in Zeiten der vielen Sparpakete immer schwerer wird, für die Frauenforschung Mittel zu bekommen. Mein Dank gebührt dem Bürgermeister der Stadt Linz, Dr. Franz Dobusch, der sich als ehemaliger Assistent am Institut für österreichische Rechtsgeschichte das Verständnis für Frauenanliegen bewahrt hat und die Förderung der Frauenforschung als Chance versteht, Linz als innovatives Frauenrechtszentrum zu profilieren. Besonders bedanken möchte ich mich aber auch bei der Frauenbeauftragten der Stadt Linz, Frau Mag. Wagner. Ohne ihren ermutigenden Zuspruch, das mit ihrer Unterstützung veranstaltete Vorbereitungskolloquium und ihre Recherchen über aktuelle Frauenprobleme, die uns wertvolle Anregungen für die wissenschaftliche Arbeit geliefert haben, hätte dieses Buch nicht erscheinen können.

DIE SKANDINAVISCHE SCHULE NACH TOVE STANG DAHL als Impuls für die Etablierung einer Wissenschaftsdisziplin „Frauenrecht“

von Ulrike Aichhorn

I. Einleitung

In weiten Bereichen des Rechts herrscht formale Gleichberechtigung der Geschlechter. Wenige noch existierende Relikte männerspezifischer Vorrechte, zB im Namensrecht, stellen die Ausnahme im österreichischen Recht dar. Trotz weitgehender formaler Gleichheit der Geschlechter und der in den vergangenen Jahren und Jahrzehnten vorgenommenen Abschaffung von formaler Ungleichheit besteht die materielle, reelle Ungleichheit der Geschlechter nach wie vor weiter. Einer der Gründe dafür ist zweifellos in den verschiedenen Lebensbedingungen von Frauen und Männern zu sehen, vor allem in der ungleichen Verteilung von un- bzw unterbezahlter Arbeit, Einkommen und sozialer Absicherung, wodurch es bei der Anwendung von ausschließlich formal verstandenen gleichen Rechten zur Etablierung oder Verstärkung gesellschaftlicher Ungleichheiten kommen kann bzw kommen wird[1].

Obwohl Frauen weltweit die Mehrheitspopulation darstellen, werden sie ebenso weltweit gezwungen, sich einer männlichen und vermännlichten Realität und Rechtsumgebung anzupassen. Da patriarchalische Strukturen auch die Macht der Definition haben, wird die Frage der gerechten Teilung von Verantwortung und Macht in der Gesellschaft zur sog „Frauenfrage“ abqualifiziert. Frauen, die die faktische Gleichstellung ihres Geschlechtes und den Abbau tradierter Privilegien und Über-Rechte von Männern fordern, sehen sich in die Rolle der unverschämt Fordernden gedrängt. Von ihnen wird Rechtfertigung für ihr Streben nach gerechter Teilung eingefordert, sie müssen nachweisen, daß ihr Anderssein es wert ist, gleich behandelt zu werden, denn erst der Nachweis der Gleichheit bietet die Grundlage für das Recht auf Gleichbehandlung[2]. Kaum reflektiert wird hingegen, daß es bei der Forderung nach Gleichheit primär um den Abbau von ungerechtfertigten männlichen Ungleichgewichtslagen geht. Dieser gesellschaftliche Prozeß sollte also besser als „Männerproblem“ bezeichnet werden[3].

---

[1]) *Sporrer*, Vorwort, in *Aichhorn* (Hg), Frauen & Recht (1997), VII.

[2]) *Rosenberger*, Ist männlich normal? Stoff 4 (1997) 16.

[3]) *Hofmeister*, Frauen und Rechtswissenschaft - Ein Männerproblem, JRP 1993, 129.

Zur Erreichung von tatsächlicher, materieller Gleichheit wird es also notwendig sein, bestehende Gesellschaftsstrukturen und vor allem auch bestehende Rechtsstrukturen neu zu definieren und Rechtsbegriffen auch weibliche Lebenssachverhalte zu integrieren. Es muß um generelle Fragen nach der Änderung einer Rechtsstruktur gehen, die von Männern und durch männliche Lebenserfahrungen und Interessen gestaltet und geprägt wurde. Frauen waren nicht nur von der Gestaltung des Rechts ausgeschlossen, sondern ebenso „selbstverständlich" vom Studium der (Rechts-)Wissenschaften. Wenn auch die Universitäten seit dem Beginn dieses Jahrhunderts den Frauen offenstehen, werden doch im Studium - gerade im rechtswissenschaftlichen Studium - Aspekte des weiblichen Lebenszusammenhangs, der Frauen- und Gleichstellungsfragen, weitgehend negiert. Frauenrecht findet sich nicht in den Studienplänen und nicht im juristischen Fächerkanon.

Daß ein erster, wichtiger Schritt zu einem materiellen Gleichheitsverständnis und der Widerspiegelung von weiblichen Lebenszusammenhängen im Recht jener ist, Frauen zum Ausgangspunkt juristischen Arbeitens zu nehmen, wurde in Europa bereits vor mehr als zwanzig Jahren in Skandinavien erkannt. Im Herbst 1974 wurde an der Juristischen Fakultät der Universität Oslo Frauenrecht als Prüfungsfach eingerichtet. Von einem Spezialfach im letzten Studienabschnitt ausgehend wurde das Lehrangebot ausgeweitet und auch Erstsemestrige mit Fachaspekten des Frauenrechts konfrontiert. Neben der Behandlung des Frauenrechts in der Lehre wird es besonders intensiv im Forschungskontext behandelt. Da keine Rechtsfrage von der Klärung ihrer geschlechtsbezogenen Zusammenhänge grundsätzlich ausgeschlossen ist, wird Frauenrecht als Forschungsgegenstand mehr als Generalfach denn als Spezialfach gesehen.

Frauenrecht als General- und weniger als Spezialfach zu sehen ist auch der Anknüpfungspunkt dafür, daß bewußt der Begriff „Frauenrecht" und nicht „Frauenrechte" gewählt wurde. Frauenrechte, die Rechte der Frau in unserer Gesellschaft, sind weitgehend unbestritten und etabliert. Frauenrecht basiert hingegen auf dem Ansatz, daß eine Rechtsordnung, die auf Gleichberechtigung der Geschlechter basiert, in ihren praktischen Auswirkungen dennoch für Frauen und Männer unterschiedliche Auswirkungen haben kann, wenn nicht sogar wird. Dahl[4] weist darauf hin, daß das gesetzliche Gleichheitsgebot ebensowenig eine faktische Ungleichbehandlung verhindern kann, wie das zu Zeiten der Französischen Revolution bestehende Übernachtungsver-

---

[4]) *Dahl*, FrauenRecht. Eine Einführung in feministisches Recht (1992) 14.

bot unter Brücken für Arme und Reiche eine tatsächliche Gleichheit darstellte.

Während Frauenrechte sich in einzelne Rechte gliedern, ist Frauenrecht von seiner Zielvorstellung her umfassend und will die Rechtsstellung der Frau beschreiben, erklären und verstehen sowie die rechtliche als auch die gesellschaftliche Position der Frau verbessern[5].

Modelle einer „feministischen Rechtswissenschaft" finden sich außer in Skandinavien vor allem auch in den USA und in Kanada, auch in Deutschland dringen geschlechtsspezifische Fragestellungen zunehmend mehr in die juristische Praxis und in die akademische Ausbildung. Hingegen werden Entwicklungen in die Richtung einer feministischen Rechtswissenschaft oder eines (Pflicht-)Studienfaches Frauenrecht in Österreich nur von wenigen engagierten WissenschafterInnen[6] vorangetrieben, das *herr*schende System sieht es mit Skepsis oder Ablehnung.

Um Berührungsängste zu minimieren, Denkanstöße zu geben und Realisierungsmöglichkeiten aufzuzeigen, soll im folgenden ein Überblick über das norwegische Forschungsfeld und Studienfach „Frauenrecht" geboten werden, das als eigenständige Wissenschaftsdisziplin wohl auf die längste Tradition in Europa zurückblicken kann. *Die* Vertreterin des feministischen Rechts in Skandinavien schlechthin ist Tove Stang Dahl, deren „FrauenRecht. Eine Einführung in feministisches Recht" einen bündigen Einblick in die Methode, die Inhalte und die Perspektiven von Frauenrecht bietet[7].

II. Frauenrecht als Disziplin der Rechtswissenschaft

Methodisch neue Ansätze des Frauenrechts sind die Schaffung eines systematischen Querschnittes durch bestehende Normen, um Bedeutungszusammenhänge darzustellen, weiters werden die Rechtsquellenfaktoren erweitert, indem Gesetzgebungsprozesse auf Frauenrelevanz durchleuchtet werden und Kenntnisse über die allgemeine Rechtsauffassung und die Rechtspraxis er-

---

[5]) *Dahl*, FrauenRecht 19.
[6]) *Floßmann* (Hg), Feministische Jurisprudenz. Blicke und Skizzen (1995).
[7]) Die nachfolgenden Ausführungen basieren auf *Tove Stang Dahls* FrauenRecht. Eine Einführung in feministisches Recht (1992).

weitert werden. Schließlich wird durch die Fixierung der frauenrechtlichen Belange der Kriterienkatalog bei der Rechtsauslegung erweitert.

Durch Frauenrecht werden neue Rechtsbereiche geschaffen, da verschiedene Normen aus verschiedenen Rechtsbereichen und vor dem Hintergrund frauenrechtlicher Belange und allfälliger Rechtsänderungen neu geordnet und analysiert werden. Frauenrecht betrachtet einerseits bestehendes Recht aus weiblichem Blickwinkel, begründet aber andererseits auch neue Regelungsmaterien und Rechtsbegriffe. So entstehen spezifische Rechtsbereiche wie Gleichstellungsrecht, Geburtenrecht, Lohnarbeitsrecht oder Hausfrauenrecht. Das Beispiel Hausfrauenrecht signalisiert bereits, daß Frauenrecht in seiner Methode nicht ausschließlich von einer Gegenüberstellung oder gar Konfrontation der (Rechts-)Positionen von Frau und Mann ausgeht, sondern auch die rechtstatsächlichen und rechtlichen Unterschiede zwischen unterschiedlichen Frauengruppen - hier etwa Vollhausfrau und erwerbstätige Frau bzw verheiratete und geschiedene Frau - dargestellt werden.

Neben der Schaffung von neuen Begriffen, zB Hausfrauenrecht oder Lohnarbeitsrecht, werden herkömmliche Begriffe weiterverwendet, aber mit neuen Inhalten versehen, die sich aus dem geänderten, frauenspezifischen Blickwinkel ergeben. Etwa sind Gerechtigkeit und Freiheit unbestritten fundamentale Prinzipien unserer Rechtsordnung, der Inhalt dieser Paradigmen wird bereits unterschiedlich bewertet. Gerade die Einteilung in die Rechtsgebiete Hausfrauenrecht oder Lohnarbeitsrecht zeigt bereits, daß die frauenrechtliche Begründung des Gerechtigkeitsanspruches von einer Bestandsaufnahme weiblicher Bedürfnisse und von weiblichen Gerechtigkeitsauffassungen ausgeht. Daraus ergeben sich Prinzipien, die mit dem geltenden Recht konfrontiert werden. Die so gewonnen Erkenntnisse münden in neue Hypothesen, wie das Recht mit den gewonnen neuen Prinzipien zu vereinbaren sei[8].

Resümierend kommt Dahl vor dem Hintergrund der neuen Begriffsbildung zu dem Ergebnis, daß Frauenrecht ein neues Fachgebiet und nicht nur eine Perspektive innerhalb der Rechtswissenschaft ist[9].

Frauenrecht versteht sich nicht als juristisches Ghetto, auch hat es nicht als „Feindbild“ den Mann schlechthin vor Augen. Frauenrecht will vielmehr

---

[8]) *Dahl* 78f.
[9]) *Dahl* 33.

über die traditionellen Ansätze hinaus eine Systematik der Frauenperspektive erstellen. Dem Einwand, daß es einseitig sei, nur eine bestimmte Personengruppe in den Mittelpunkt der Forschung zu stellen, ist entgegenzuhalten, daß die bestehende Rechtsordnung bereits einseitig ist, da männliche Normen deutlich herrschend sind. Die existenten Unterschiede zwischen Frau und Mann finden im Rahmen der gesellschaftlichen Einordnung (noch) keinen Niederschlag, vielmehr werden weibliche Eigenschaften, die als „Abweichung" von der „männlichen" Norm darstellt werden, untergeordnet.

Der personenbezogene Ansatz, auf dem auch das Frauenrecht aufbaut, hat eine lange rechtshistorische Tradition, sowohl im allgemeinen Personenrecht als auch bei der besonderen Rechtsstellung bestimmter Personengruppen, wie etwa Kinder oder Geisteskranker. Wenngleich in der moderneren Rechtswissenschaft der personenrechtliche Ansatz zunehmend vernachlässigt wurde, kommt er doch in jüngsten Rechtsentwicklungen wieder zum Tragen. Die personenbezogene Abgrenzung für Rechtsbereiche zeigt sich nicht nur im Frauenrecht, sondern auch in Patientenrechten, Kinderrechten oder im Konsumentenschutzrecht.

All diese personenbezogenen Disziplinen stellen darauf ab, die Rechtsstellung ihrer KlientInnen zu verbessern und zu sichern. Frauenrecht hebt sich von diesen Gruppen insoferne ab, als Frauenrecht nicht nur ein Interesse, eine Funktion oder eine Stellung einer Minderheitengruppe betrifft, sondern Frauenrecht für den bevölkerungsmäßig größten Personenanteil Geltung hat und viele andere Minderheitenrechte zudem quasi überlagert, zB die Frau als Patientin. Während also der Mehrheit der Minderheitenrechte eine deutliche Abgrenzung und eine Beschränkung auf die wichtigsten Rechtsfragen immanent ist, zB Altersgrenzen und Schutzbestimmungen im Jugendschutzrecht, hat Frauenrecht keine formellen Grenzen und versteht sich nicht als Klientelisierungsrecht.

Die Frau als Rechtssubjekt findet sich auf allen gesellschaftlichen und rechtlichen Ebenen, wodurch sich Frauenrecht nicht innerhalb der Grenzen von Privatrecht, öffentlichem Recht oder sonstigen Rechtsgebieten darstellen läßt. Durch die weibliche Perspektive der Betrachtung von Recht entsteht eine neue Querschnittsmaterie, wodurch für Frauen bedeutsame Wirkungszusammenhänge aufgezeigt werden, die bei isolierter Betrachtung der einzelnen Rechtsnormen meistens unbeachtet geblieben wären. Bei den Rechtsquellenfaktoren führt der frauenrechtliche Blickwinkel etwa zu mehr Möglichkeiten in der Betrachtung der Gesetzgebungsprozesse und zu größerer

Rechtskenntnis der BürgerInnen, im Bereich der Rechtsprechung kommt es zu einem erweiterten Kriterienkatalog bei der Rechtsauslegung.

Frauenrecht basiert aber nicht nur auf der wissenschaftlichen Tradition der Rechtswissenschaft, sondern auch auf der wesentlich jüngeren Disziplin der Frauenforschung. Feministische Forschung beschreibt die Wirklichkeit neu und stellt andere Seiten des Lebens in den Betrachtungsvordergrund als dies nach männlichen Wertvorstellungen der Fall wäre. Die Kritik an den für Frauen in ihren Lebensbedingungen ungleichen und ungerechten Bedingungen ist aber nicht nur ein Prozeß negativer Bewußtwerdung, sondern durch die Bezeichnung wünschenswerter Veränderungen der Gesellschaft gelangt man auch zu einer positiven Bewußtwerdung. Die Frauenforschung zielt also auch darauf, eine positive Frauenkultur mit Form und Inhalt zu bestimmen. Der negativen Kritik, der „kritischen Justiz", folgt also ein substantiell positiv formuliertes Recht, eine „alternative Jurisprudenz", die Theoriebildung betreiben soll, kombiniert mit Durchsetzungsstrategien und gesellschaftsverändernden Perspektiven[10].

Dabei ist das Frauenrecht hilfreich, indem es frauenrechtliche Themen bestimmt, Wertkriterien konkretisiert und rechtspolitische wie politische Schwerpunktsetzungen einfordert und anregt. Ein Erkenntnisziel des Frauenrechts ist es schließlich, die bestehende Rechtsstellung der Frau zu begreifen, die Zusammenhänge zu reflektieren und so über den wissenschaftlichen Erkenntnisprozeß zu einem tiefen Verständnis des status quo zu gelangen. In der Erkenntnisforschung liegt schließlich auch ein Unterscheidungsmerkmal zur Frauenbewegung. Denn während in den Anfangsjahren der politischen Frauenbewegung das Frauenrecht als Teildisziplin der Frauenforschung der Frauenbewegung angehörte, ist heute trotz einer nach wie vor engen Verbindung doch eine Differenzierung zwischen Frauenforschung und politischer Frauenbewegung zu diskutieren[11]. Denn die Frauenbewegung als Teil der Politik ist oftmals durch taktische Überlegungen in ihren Handlungen eingeschränkter als die Frauenforschung, ohne daß dadurch allerdings eine ständige Wechselwirkung und ein Erfahrungsaustausch verhindert würde.

---

[10]) *Dahl* 25.
[11]) *Dahl* 24.

III. Methoden und Quellen

Dahl unterscheidet im norwegischen Frauenrecht grundsätzlich drei Forschungsbereiche, die jeweils einer eigenen Methode folgen. Ein erster Forschungsgegenstand ist die Empirie über weibliche Lebensverhältnisse, weiters die Wirkung von Rechtsnormen, Rechtsquellen und Rechtsdogmatik und schließlich frauenrechtliche Belange, die der Forschung zugrunde liegen. Aus diesen Grundlagen ergeben sich als methodische Instrumente die empirische, die rechtsdogmatische und die ideell-politische Methode. Innerhalb der Grundlagen und Methoden existieren fließende Übergänge, Überschneidungen und Gemeinsamkeiten.

Am Beginn der frauenrechtlichen Forschung steht die Erhebung des empirischen Datenmaterials. Durch den auch interdisziplinären Charakter von Frauenrecht kommt es dabei häufig auch zur Heranziehung anderer Disziplinen, insbesondere der Geisteswissenschaften. Zur Erlangung eigenständiger, juristischer Daten versuchte man in Norwegen zunächst ein größtmögliches Spektrum an weiblichen Rechtsproblemen zu erfassen und in einem zweiten Schritt daraus grundsätzliche Zusammenhänge zu entwickeln, die ihrerseits nachfolgend durch gesellschaftswissenschaftliche Daten überprüft wurden. Für das norwegische Frauenrecht war somit die empirisch erforschte Wirklichkeit der Ausgangspunkt für die juristische Theorie und Praxis.

Die frauenrechtlichen Rechtsquellen sind zweigeteilt zu betrachten. Einerseits in die „Rechtsquellen von unten“[12], wie Sitten und Rechtsgebräuche breiter Bevölkerungskreise - wodurch das Frauenrecht teilweise auf die ältere Rechtsquellenlehre zurückgreift und dem Alltagsleben großes Gewicht beimißt -, andererseits die öffentliche Verwaltung mit ihren Richtlinien und Entscheidungen, das geschriebene Gesetz inklusive Gesetzesentwürfen, begleitenden Vorschriften, etc und die Rechtsprechung.

Schließlich dienen als Werte für die Beurteilung des geltenden Rechts, als Kriterien für Aufbau und Systematik des Frauenrechts und als Wegweiser für Reformen die sog „frauenrechtlichen Belange“. Dies sind Werte, denen großes Gewicht beigemessen wird und die als Wertvorstellungen und Grundsätze Formaldefinitionen füllen, die Rechtsstellung der Frauen bestimmen und erklären, als Analyseinstrumente dienen und eine Vision für eine Verbesserung der Situation der Frauen darstellen. Diese Belange, die somit die Rich-

---

[12]) *Dahl* 54.

tung der Systematik des Frauenrechts bestimmen, sind insbesondere die Werte Gerechtigkeit, Freiheit, Würde, Integrität, Selbstbestimmung und Selbstverwirklichung.

Literaturverzeichnis

- *Dahl Stang Tove,* FrauenRecht. Eine Einführung in feministisches Recht (1992).
- *Floßmann Ursula* (Hg), Feministische Jurisprudenz. Blicke und Skizzen (1995).
- *Hofmeister Lilian,* Frauen und Rechtswissenschaft - Ein Männerproblem, Journal für Rechtspolitik 1993, 129.
- *Rosenberger Sieglinde,* Ist männlich normal? Stoff 4 (1997), 16.
- *Sporrer Anna,* Vorwort, in *Aichhorn Ulrike* (Hg), Frauen & Recht (1997) VII.

PARVI AUTEM REFERT .... MASCULUS SIT AN MULIER
Zur Gleichheit der Geschlechter in der römischen Antike

von Verena Tiziana Halbwachs

I. Einleitung

Der römische Jurist Papinian sagt es ausdrücklich:

> D 1.5.9 Papinianus lib 31 quaestionum.
> *In multis iuris nostri articulis deterior est condicio feminarum quam masculorum.*
>
> In vielen Punkten unseres Rechts ist die Stellung der Frauen schlechter als jene der Männer.

Sucht man in den römischen Rechtsquellen nach einer Begründung für diese Schlechterstellung der Frau, stößt man im wesentlichen auf eine stereotype Argumentationsschiene: Frauen - so heißt es - leiden an einer Insuffizienz ihres *animus*; dieser sei von *levitas*[1] geleitet, das weibliche Geschlecht sei von *infirmitas*[2], *imbecillitas*[3] und *fragilitas*[4] geprägt.[5] Diese Konstruktion ermöglicht in der Folge zu behaupten, daß Frauen in rechtlichen Angelegenheiten eines besonderen Schutzes bedürfen, der sich mehrfach in rechtlichen Sonderbestimmungen für Frauen niederschlägt. Beispiele hiefür bieten etwa die Geschlechtsvormundschaft über volljährige Frauen *sui iuris* (sog *tutela mulierum*)[6] oder das Interzessionsverbot[7] für Frauen

---

[1]) Vgl Gaius Inst I.144, der die *veteres* mit dieser Formulierung zitiert.

[2]) Vgl D 22.6.9 pr Paulus lib singulari de iuris et facti ignorantia; D 16.1.2.3 Ulpianus lib 29 ad ed.

[3]) D 16.1.2.2 Ulpianus lib 29 ad ed.

[4]) C 4.29.22; Inst Iust 2.8 pr.

[5]) S dazu ausführlich *Dixon*, Infirmitas sexus: Womanly Weakness in Roman Law, Tijdschrift voor Rechtsgeschiedenes 52 (1984) 343. Bezüglich des Verdachtes, daß alle Rechtsquellen, in denen mit der *infirmitas sexus* etc argumentiert wird, interpoliert seien, wie dies va *Solazzi*, Infirmitas aetatis e infirmitas sexus, Archivio Giuridico „Filippo Serafini" 20 (1930) 3, angenommen hat, s ablehnend und dadurch zutreffend *Beaucamp*, Le vocabulaire de la faiblesse féminine dans les textes juridiques romains du IIIe au VIe siècle, Revue historique de droit français et étranger (1976) 485.

[6]) Vgl Gaius Inst I.144; I.190. Eine Frau wird als *sui iuris* bezeichnet, wenn sie gewaltfrei, dh weder der *patria potestas* ihres *pater familias* noch der *manus* ihres Ehemannes unterworfen ist. Als Frau *sui iuris* ist sie geschäfts -und vermögensfähig, bedarf allerdings bei bestimmten mit gesteigertem Risiko einer Vermögensminderung verbundenen Rechtsgeschäften der Zustimmung eines *tutor mulieris*. S dazu und zum allmählichen Bedeutungsverfall des Institutes der *tutela*

durch das *senatus consultum Velleianum*[8]. Nur selten klingt in den Aussagen römischer Juristen ein anderes, nicht so offen zugegebenes Schutzobjekt an: Es ist das Familienvermögen, die *res familiaris;* so etwa im einleitenden Digestenfragment zum *SC Velleianum*[9]:

> D 16.1.1.1 Paulus lib 30 ad ed.
> *Nam sicut moribus civilia officia adempta sunt feminis et pleraque ipso iure non valent, ita multo magis adimendum eis fuit id officium, in quo non sola opera nudumque ministerium earum versaretur, sed etiam periculum rei familiaris.*
>
> Denn so wie durch die Sitten den Frauen die *civilia officia* entzogen sind und solche Unternehmungen meist nicht rechtsgültig sind, war ihnen umso mehr das Geschäft entzogen in dem es nicht einzig und allein um ihre Mühe und Leistung geht, sondern um die Gefährdung des Familienvermögens.

Es ist allerdings bereits der römische Jurist Gaius, der in seinen *institutiones* im 2. Jhdt n Chr die traditionelle, auf dem Schutzregime beruhende Argumentationslinie ausdrücklich kritisiert:

> Gaius Inst I. 190:
> *Feminas vero perfectae aetatis in tutela esse fere nulla pretiosa ratio suasisse videtur; nam quae vulgo creditur, quia levitate animi plerumque decipiuntur et aequum erat eas tutorum auctoritate regi, magis speciosa videtur quam vera; mulieres enim quae perfectae aetatis sunt, ipsae sibi negotia tractant et in quibusdam causis dicis gratia tutor interponit auctoritatem suam, saepe invitus auctor fieri a praetore cogitur.*

---

mulierum in der Rechtspraxis allgemein *Kaser*, Das römische Privatrecht I 85 und 367; *Schulz*, Classical Roman Law 180 („Irrationality of the classical tutela mulierum").

[7]) Unter Interzession (*intercedere*) versteht man gemeinhin das Eingehen einer Verbindlichkeit im Interesse einer dritten Person, wie dies etwa durch die Übernahme einer Bürgschaft oder einer Drittpfandbestellung geschieht.

[8]) Vgl. D 16.1. S dazu allgemein *Kaser*, Privatrecht I 667, weiters *Vogt*, Studien zum Senatus Consultum Velleianum (1952); *Medicus*, Zur Geschichte des Senatus Consultum Velleianum (1957).

[9]) Vgl auch Gaius Inst I.192: Zum *tutor* berufen war ursprünglich der gradnächste agnatische Verwandte der Frau; dieser Personenkreis stimmt mit den männlichen Intestaterben überein: .... *eaque omnia ipsorum causa constituta sunt, ut, quia ad eos intestatarum mortuarum hereditates pertinent, neque per testamentum excludantur ab hereditate neque alienatis pretiosioribus rebus susceptoque aere alieno minus locuples ad eos hereditas perveniat.* (... denn das alles ist in ihrem eigenen (scil der Tutoren) Interesse so eingerichtet: weil sie die Erben ihrer Mündel sind, falls diese ohne Testament sterben, sollen sie weder durch ein Testament von der Erbschaft ausgeschlossen werden, noch soll die Erbschaft durch die Veräußerung der wertvolleren Vermögensteile und durch eingegangene Verbindlichkeiten im Werte gemindert an sie gelangen.)

Bei der Beschreibung der *tutela mulierum* meint er, daß *nulla pretiosa ratio suasisse videtur* - kein einleuchtender Grund dafür zu sprechen scheint, daß volljährige Frauen unter Geschlechtsvormundschaft stehen sollen; das Argument, daß sie ob ihrer *levitas animi* der schützenden Autorität eines Tutors bedürfen, sei mehr Schein als Wahrheit - *magis speciosa videtur quam vera*. Denn, so führt Gaius weiter aus, *mulieres enim quae perfectae aetatis sunt, ipsae sibi negotia tractant* - volljährige Frauen führen ihre Geschäfte selbst.

Diese Textstelle hat unter dem Aspekt des Bedeutungsverfalls der *tutela mulierum* in der rechtshistorischen Literatur vielfach Beachtung gefunden. Man geht davon aus, daß bis zum zweiten nachchristlichen Jahrhundert die Diskrepanz zwischen den Rechtsnormen der Frauentutel und ihrer schwindenden Praxisrelevanz offenbar sehr deutlich geworden ist; diese Entwicklung geht weiter, das endgültige Verschwinden dieses Rechtsinstituts wird mit dem Beginn des 4. Jhdts angenommen.[10]

Im Blickpunkt der folgenden Ausführungen wird eine breitere Frage stehen, nämliche welche *negotia* Gaius meint, und wie - abgesehen von der jeweiligen Bedeutung der *tutela mulierum* - die Rechtsrealität beschaffen war, also ob bzw inwiefern die rechtlichen Gestaltungsmöglichkeiten und Fähigkeiten der Frau sich von denen des Mannes unterschieden.[11]

Es soll hier weder der Versuch unternommen werden, die vielfach belegten Sonderbehandlungen, denen Frauen durch das römische Recht unterworfen waren, in Abrede zu stellen, noch diese im einzelnen aufzuzeigen. Es

[10]) Vgl. etwa *Kaser*, Römisches Privatrecht I 367 FN 2; *Markus*, Tutela impuberis (1989) 4; *Eggenstein*, Uxor und Feme Covert (1995) 70; *Gardner*, Frauen im antiken Rom (1995) 29; *Dixon*, Infirmitas 347.

[11]) Betrachtet man die traditionelle rechtshistorische Literatur, läßt sich feststellen, daß sie die rechtliche Position der römischen Frau primär ausgehend von der am *pater familias* orientierten Familienstruktur wahrnimmt und unter der (meist unreflektierten) Annahme einer „Beschützerrolle" des *pater familias* die Frau a priori als die „zu Beschützende" und „Beschützte" betrachtet. Die Einsichten zum Geschlechterverhältnis in der römischen Antike sind dann notgedrungen von diesem, sich aus den beschriebenen Rollen ergebenden Gefälle geprägt und somit einer kritischen Betrachtung unter den Gesichtspunkten von „Gleichheit" und „Differenz" nicht oder nur eingeschränkt zugänglich. Demnach wird nicht selten das Bild einer rechtlich wie auch wirtschaftlich weitgehend unselbständigen und in hohem Maß von ihrer *familia* beeinflußten Frau gezeichnet.

Im Unterschied zu diesen traditionellen, meist bloß marginalen Feststellungen gibt es neuerdings vermehrt Studien, die eine differenzierte Analyse des Geschlechterverhältnisses unternehmen und dabei auch die Diskriminierung der Frau aufzeigen. Freilich entsteht bei mancher dieser jüngeren Arbeiten der Eindruck, auf den Diskriminierungsaspekt fixiert zu sein und den Gesichtspunkt allfälliger Gleichheit zu vernachlässigen.

geht vielmehr darum, anhand von römischen Rechtsquellen[12] zu untersuchen, welcher Handlungsspielraum römischen Frauen durch das Recht gegeben war und in welcher Intensität sie davon Gebrauch machten, um außerhalb der häuslichen Sphäre (im Sinne bloßer Subsistenzwirtschaft) geschäftlich tätig zu werden. Daß die folgende Darstellung den Bereich der weiblichen Partizipation am Geschäftsleben der betrachteten Epoche[13] zum Schwerpunkt hat, erscheint von der Sache her angezeigt,[14] denn dies ist ein Bereich, in welchem Frauen gesellschaftlich signifikant in die Öffentlichkeit treten; gerade in einer Gesellschaftsordung wie jener der römischen Antike, in der die Stellung der Frauen im öffentlich-rechtlichen Bereich - durch den Ausschluß der Möglichkeit, öffentliche Ämter zu bekleiden[15] - grundlegend verschieden von der des Mannes ist, scheint es betrachtenswert, welche Akzeptanz selbständig geschäftstätig aktive und somit in der Öffentlichkeit auftretende Frauen erfahren haben.[16]

Ausgehend vom Begriffspaar „Gleichheit - Differenz" orientiert sich die Fragestellung zunächst also daran, ob das Geschlecht in einem bestimmten Zusammenhang k e i n e Rolle zu spielen scheint (Gleichheit), oder ob sich

---

[12]) Andere Quellentypen - vgl dazu etwa *Eichenauer*, Untersuchungen zur Arbeitswelt der Frau in der römischen Antike (1988); *Kampen*, Images and Status: Roman Working Women in Ostia (1981) - belegen zwar häufig, daß Frauen geschäftlich tätig waren, liefern aber für eine Analyse ihrer konkreten geschäftlichen Position (ob sie etwa eigenverantwortlich tätig waren, ob sie das finanzielle Risiko zu tragen hatten bzw inwiefern eine betriebswirtschaftlich organisierte Struktur des Unternehmens vorlag) wenige Anhaltspunkte und sind somit für rechtshistorische Untersuchungen nur begrenzt verwertbar. Vgl zB *Eichenauer*, Untersuchungen 83, unter der Rubrik „Handel" zu einer gewissen Laturnia Januaria, die in einer Inschrift als *calcaria* (Kalkbrennerin) und zu Junia Crocale, die als *officinatrix* (Werkmeisterin?), bezeichnet wird: „.... läßt sich weder sagen, ob Laturnia Januaria das Produkt selbst erzeugte, oder ob sie Kalk nur verkaufte, noch ob Junia Crocale die Werkstatt selbst besaß oder nur leitete, ...".

[13]) Zum zeitlichen Rahmen der folgenden Ausführungen s unten Abschnitt II.

[14]) Abgesehen von den Grenzen, die durch den Umfang dieses Beitrags gesetzt sind, gebietet auch das breite, sehr heterogene Quellenmaterial eine Selektion. Die Geschäftstätigkeit römisch-antiker Frauen ist ein Betrachtungsausschnitt, der sich von den Quellen her anbietet.

[15]) Vgl. D 50.17.2 pr Ulpianus lib 1 ad Sabinum: *Feminae ab omnibus officiis civilibus remotae sunt et ideo nec iudices esse nec magistratum gerere nec postulare nec pro alio intervenire nec procuratores existere.* (Die Frauen sind von allen *officia civilia* ausgeschlossen und daher können sie weder Richter sein, noch ein öffentliches Amt führen, noch postulieren, noch für einen anderen eintreten, noch als Prokuratoren auftreten.)

[16]) Daß es gewiß römische Frauen gab, die durchaus eigenständig und mit großem Durchsetzungsvermögen ihre Geschäfte führten, ist durch die Überlieferung va literarischer Quellen bezeugt; fast immer handelt es sich dabei allerdings um „prominente" Frauen, wie etwa die Frauen in Ciceros Briefen und Gerichtsreden (vgl Ciceros Ehefrau Terentia). Inwiefern diese aber als repräsentativ für eine breitere Schichte gelten können bleibt fraglich, da auch rechtshistorische Darstellungen zu diesem Themenkreis meistens ebendiese Frauen als Beispiel für die relative Unabhängigkeit in geschäftlichen Angelegenheiten anführen. (S dazu *Schulz*, Classical Roman Law 183; *Dixon*, Infirmitas 347; *Gardner*, Frauen 31.)

aus dem Umstand des Mann- bzw Frauseins unterschiedliche Implikationen ergeben (Differenz).

II. Zur Quellenlage

Das Begriffspaar Gleichheit-Differenz findet in zwei verschiedenen Rechtsquellentypen der römischen Antike eine signifikante Entsprechung: Auf eine sehr verknappte Formel gebracht, läßt sich folgendes feststellen: Die Digesten Justinians, eine autorisierte Kompilation von Entscheidungen und Aussagen klassischer römischer Juristen, geben primär Zeugnis von den geschlechtsspezifischen rechtlichen Differenzen und bieten nur wenige Anhaltspunkte, aus denen sich ein historischer Befund über die rechtliche Irrelevanz der Geschlechtszugehörigkeit erstellen ließe; hingegen enthält der Codex Iustinianus, durch den der Großteil der kaiserlichen Rechtsquellen überliefert ist, eine Vielzahl von Texten, die signalisieren, daß die Geschlechtszugehörigkeit in der jeweiligen Situation für die Rechtsstellung offenbar keine Rolle gespielt hat.

Signifikant für den juristischen Stil der Digesten sind Ulpians Worte

Verbum hoc „si quis" tam masculos quam feminas complectitur.

Der Ausdruck „wenn jemand" umfaßt sowohl Männer als auch Frauen.[17]

Ulpians Feststellung erzeugt zwar den Anschein, daß - außer wenn ausdrücklich auf eine Geschlechterdifferenzierung hingewiesen wird - immer auch die Frauen von einer rechtlichen Regelung erfaßt werden und insofern den Männern gleichgestellt sind. Dieser Anschein ist freilich trügerisch - oder wenigstens für die Annahme nicht tragfähig, es hätte in Rom eine rechtliche wie faktische Gleichheit von Mann und Frau gegeben. Die maskuline Sprachform bleibt ambivalent, denn sie legt eben nicht fest, ob im einzelnen Fall das Geschlecht rechtlich irrelevant ist oder bloß Männer gemeint sind;[18] in der Kodierung, die das Rechtssubjekt generell durch männliche Vokabeln darstellt, läßt sich die Eingebundenheit von Frauen schlecht erkennen. Zudem sind Ort, Zeit und andere geschichtliche Elemente, wie etwa die Namen konkreter Personen, in den Digesten meist eliminiert worden. Somit bieten die Juristenschriften, wie sie uns etwa in den justinianischen

---

[17]) D 50.16.1 Ulpianus lib 1 ad ed.

[18]) Vgl *Klingenberg*, Die Frau im römischen Abgaben- und Fiskalrecht, Revue internationale des droits de l'antiquité 3e série, 30 (1983) 141 (147).

Digesten überliefert sind, für den hier interessierenden Aspekt wenig an Information über die realen Verhältnisse. Als Konsequenz des Verständnisses der männlichen Artikulation als neutraler, allgemeingültiger Artikulation findet das weibliche Geschlecht expressis verbis nur dann Erwähnung, wenn auf eine differenzierte Rechtsstellung hingewiesen werden soll. Was daher aus den Digesten primär gewonnen werden kann, sind allgemeine Normen, die das Frausein mit einer rechtlichen Sonderbehandlung verbinden.

Dagegen lassen sich die Reskripte[19] aus dem Codex Iustinianus in der Perspektive der Frauenforschung gleichsam als Pendant zu den Digesten betrachten, denn sie bieten - da sie, anders als die Digesten, prinzipiell auch eine Vielzahl von geschichtlichen Daten enthalten - erstaunlich reiches Material für die Partizipation von Frauen an verschiedenen gesellschaftlichen, wirtschaftlichen und rechtlichen Abläufen.

Reskripte, als eine Form der Kaiserkonstitutionen, sind Antworten der kaiserlichen Kanzlei auf konkrete Anfragen, in denen private Personen oder auch Beamte für sie rechtlich problematische Sachverhalte schildern.[20] An der *inscriptio* am Beginn des Reskriptes lassen sich der Namen des reskribierenden Kaisers sowie des Adressaten feststellen. Meistens sind weiters das Datum der Proponierung[21] des Reskriptes, manchmal auch der Ort am Ende des Textes zu finden.

Durch die Angabe von beteiligten Personen, Orten und zeitlichen Daten differenziert, ermöglichen die Kaiserreskripte somit als geschichtliche Quellen eine rechtshistorische Erfassung und Betrachtung der Frage, in welche Transaktionen Frauen involviert gewesen sind, welche Rolle dabei der Umstand ihres Frauseins rechtlich wie auch allgemeingesellschaftlich gespielt hat und wie man seitens rechtlicher Institutionen auf Frauen als Geschäftspartnerinnen reagiert hat. Die Kodextexte bieten sich somit geradezu an, wenn man sich auf die Suche nach Belegen für den Aspekt der Gleichheit begibt.

Daß die Kaiserreskripte für eine Darstellung weiblicher Partizipation am Rechtsleben der betrachteten Epoche auch - grob vergleichbar mit einem Mikrozensus - durchaus repräsentativ sind, wird durch folgende Zahlen bestätigt: Der Codex Iustinianus, am 16. 11. 534 in Kraft gesetzt, enthält etwa 4600 Konstitutionen, davon über 2500 an Privatpersonen, die aus der Zeit

---

[19]) Zu den Reskripten als Rechtsquellen s allg *Wenger*, Die Quellen des römischen Rechts (1953) 427. Weiters *Nörr*, Zur Reskriptenpraxis in der hohen Prinzipatszeit, ZRG-RA 98 (1981) 1.

[20]) Überliefert wurden jedoch lediglich die *rescripta* (wörtlich: Antwortschreiben), die jeweiligen Anfragen sind nicht erhalten.

[21]) Manche Fragen im Zusammenhang mit dem Ablauf der Reskripterstellung und seiner Proponierung sind ungeklärt. (S dazu *Nörr*, Reskriptenpraxis.)

von 117 (Kaiser Hadrian) bis 305 (Kaiser Diokletian) stammen. Fast ein Viertel der kaiserlichen Rechtsauskünfte an Private, nämlich 600, ist an Frauen adressiert. Den Arbeiten der deutschen Historikerin *Liselot Huchthausen* ist es zu verdanken, daß sämtliche an Frauen ergangene Reskripte zusammengestellt wurden und der Versuch einer soziologischen - jedoch nach den Worten der Autorin ausdrücklich nicht einer juristischen - Auswertung unternommen wurde.[22] Darüberhinaus erlaubt es uns die individuell-konkrete Form der Reskripte auch in an Männer adressierten Rechtsauskünften Frauen ausfindig zu machen, sei es als Gegnerin im betreffenden Rechtsstreit, sei es, weil ein Ehemann eine Anfrage im Interesse seiner Frau stellt - eine Konstellation, die auf dem Gebiet der selbständig geschäftstätigen Frau allerdings selten anzutreffen ist.

Bereits vor einer eingehenden materiellen Betrachtung und juristischen Analyse der einzelnen Reskripte, die hier vorzustellen freilich aus Gründen des Umfangs nicht möglich ist, kann man aus der hohen Anzahl der von Frauen initiierten Anfragen einen ersten Schluß ziehen: Die Frauen des 2. und 3. nachchristlichen Jahrhunderts scheuen nicht davor zurück, sich mit ihren Rechtsproblemen direkt an die kaiserliche Kanzlei zu wenden. Die Häufigkeit, mit welcher Aktion bzw Reaktion von Frauen in rechtlichen Konfliktsituationen vorkommt, ist bemerkenswert.

Bringt man nun den hohen Prozentsatz an Reskripten, die erb- und ehegüterrechtliche Problematiken betreffen, in Abzug, da diese Themenkreise eher dem innerfamiliären Bereich zuzuordnen und ihnen daher hier in der Konzentration auf „außerhäusliche Geschäfte" nicht das primäre Interesse gilt, bleibt dennoch eine stattliche Anzahl von Texten, die Frauen als aktiv Partizipierende an solchen Geschäften zeigen, die eindeutig außerhalb des alltäglichen Wirtschaftens, etwa im Sinne der Haushaltsführung, einzuordnen sind.

III. Ausgewählte Beispiele

Frauen als Geschäftspartnerinnen begegnen uns in nahezu allen Sparten des römischen Privatrechtsverkehrs. Ein breites Segment nimmt die *emptio-venditio* (Kaufvertrag) ein, wobei die feststellbaren Geschäftsobjekte zu den

[22]) *Huchthausen*, Herkunft und ökonomische Stellung weiblicher Adressaten von Reskripten des Codex Iustinianus, Klio 56/1 (1974) 199; *Huchthausen*, Zu kaiserlichen Reskripten an weibliche Adressaten aus der Zeit Diokletians, Klio 58 (1976) 55; *Huchthausen*, Frauen fragen den Kaiser, Xenia Heft 28 (1992); vgl weiters *Sternberg*, Reskripte des Kaisers Alexander Severus an weibliche Adressaten, Klio 67/2 (1985) 507.

wichtigsten Produktionsfaktoren der römischen Wirtschaft zählen. So finden wir viele Anfragen im Zuge von Immobilientransaktionen und Sklaven(ver)käufen, die beispielsweise unter verschiedenen Nebenabreden[23] abgeschlossen wurden, aus denen sich dann oft das betreffende Rechtsproblem ergibt. Auffallend groß ist ebenfalls die Zahl der Reskripte, die auf Frauen als Darlehensgeberinnen[24] zurückgehen; eine „Geschäftssparte“, die in einer Zeit vor der Entwicklung eines institutionalisierten Bankensystems auszukommen hatte, von erheblicher Bedeutung war. (In diesem Zusammenhang ist anzumerken, daß 10 von 24 Reskripten unter dem Codextitel *„De usuris“* [„Über die Zinsen“] einen Bezug zu Frauen aufweisen.) Weiters finden sich Anfragen aus dem Bereich der *locatio conductio*[25], sowie eine Anzahl von Reskripten, die Frauen als Vertragspartnerinnen des Fiskus[26] ausweisen. Eine Reihe von Texten beschäftigt sich mit pfandrechtlichen Problemen, wobei zwar der Typus des zu besichernden Rechtsgeschäftes meistens nicht erkennbar ist, wohl aber das Anliegen der Frauen, ihren Forderungen auch die Einbringlichkeit zu sichern.

Versucht man nun, die juristischen Belege ökonomisch relevanten Agierens von Frauen in signifikante Bereiche zu gliedern, zeichnet sich neben vielen Belegen qualifizierter weiblicher Geschäftstätigkeit etwa ein - mehrfach als äußerst lukrativ beschriebener[27] - Sektor der römischen Wirtschaft ab, in dem die eindeutig kommerzielle[28] Partizipation von Frauen jedenfalls nachgewiesen werden kann, nämlich Reederei und Seehandel[29]. Im folgenden sollen daher einige Beispiele aus diesem Themenkreis zur Veranschaulichung etwas näher dargestellt werden.

Ulpian findet es - trotz seiner bereits zitierten Aussage, das weibliche Geschlecht sei in der männlichen Formulierung miterfaßt[30] - erwähnenswert,

---

[23]) Vgl. C 4.54.1; C 4.55.1; C 4.57.6.

[24]) Vgl etwa C 8.42.19 an Diogenis, der seine Darlehenssumme an den *actor* (meistens ein Verwaltersklave) einer Frau rückgeleistet hat, den diese *mutuis pecuniis dandis quam debitis recipiendis* (um Darlehen zu geben sowie um Erfüllungsleistungen zu empfangen) eingesetzt hat.

[25]) Vgl C 4.65.21.

[26]) Vgl C 10.3.4.

[27]) Vgl Plutarch, Cato maior 21.

[28]) Die Rechtsquellen der römischen Antike erlauben es selten, einen solchen Befund zu erstellen, da die Häufigkeit rechtsgeschäftlichen Handelns einer bestimmten Person anhand der uns überlieferten Falltypenanalyse kaum feststellbar ist.

[29]) Zum Seehandel in der römischen Antike s allg *Rougé*, Recherches sur l’organisation du commerce maritime en méditerranée sous l’empire romain (1966).

[30]) S dazu bereits oben Abschnitt II.

daß „es von geringem Belang sei, ob ein Mann die Reedereigeschäfte führe oder eine Frau“[31]:

> D 14.1.1.16 Ulpianus lib 28 ad ed.
> *Parvi autem refert, qui exercet masculus sit an mulier; pater familias an filius familias vel servus: pupillus autem si navem exerceat, exigemus tutoris auctoritatem;*

und C 4.25.4 ein Reskript des Kaisers Diokletian aus dem Jahr 293 zeigt, daß Ulpian hier nicht bloß einen akademischen Diskurs führt:

> C 4.25.4
> *Impp. Diocletianus et Maximianus AA. et CC. Antigonae.*
> *Et si a muliere magister navis praepositus fuerit, ex contractibus eius ea exercitoria actione ad similitudinem institoriae tenetur.*
> *D. XVI K. Nov. Sirmi AA. conss. (293)*
>
> Die Kaiser Diokletian und Maximian an Antigona.
> Auch wenn der *magister navis* von einer Frau eingesetzt worden ist, haftet sie aus seinen Veträgen gemäß der *actio exercitoria* nach dem Beispiel der *actio institoria.*
> Sirmium, am 16. Oktober 293.

Bejaht wird die Anfrage einer gewissen Antigona, ob denn auch eine Frau, die einen *magister navis* eingestellt hat, also eine Reederin, aus dessen Verträgen zu haften hätte. Der unternehmerische Einsatz eines Schiffes erfolgt durch den *exercitor* (Reeder). Der *exercitor* konnte seinerseits einen *magister navis* (Kapitän) einsetzen und ihn zum Zwecke der reibungslosen Abwicklung des Transportes mit dem Abschluß von Frachtverträgen oder anderen Aufgaben betrauen. Notwendig war dies insofern, als sich Dritte dann nicht mit dem möglicherweise abwesenden *exercitor* in Verbindung setzen mußten, sondern direkt mit dem auf dem Schiff anwesenden *magister navis* kontrahieren konnten. (Man denke etwa an das Aufladen von Waren an einem anderem Ort als dem der Niederlassung des Reeders.) In der Folge besteht dann für den Dritten die Möglichkeit eines Haftungsdurchgriffes auf den dahinterstehenden Unternehmer (*exercitor*) mittels der adjektizischen *actio exercitoria*, weil ja dieser letztlich vom abgeschlossenen Geschäft profitiert. Da im römischen Recht das uns heute vertraute Institut der direkten Stellvertretung grundsätzlich nicht anerkannt war, bilden die Möglichkeiten,

---

[31]) So auch in D 14.1.1.21 *(In potestate autem accipiemus utriusque sexus vel filios vel filias vel servos vel servas)*, wo es um die Haftung des Gewalthabers für einen ihm gewaltunterworfenen Reeder/Reederin geht.

welche die adjektizischen Klagen etwa den Kaufleuten boten, eine Erleichterung der täglichen Geschäftspraxis.[32]

Die Quellen zeigen, daß im Zusammenhang mit den adjektizischen Klagen mehrmals auf die rechtliche Gleichbehandlung von Mann und Frau explizit hingewiesen wird; dies dürfte seinen Grund darin haben, daß die adjektizische Haftung, die als Erweiterung bzw Übertragung einer bereits bestehenden Haftung auf eine andere Person konstruiert ist, eine äußere Ähnlichkeit mit dem sog Interzessionsgeschäft aufweist, bei dem jemand für die Schuld einer anderen Person eintritt, also eine (zusätzliche) Haftung übernimmt. Für Interzessionsgeschäfte gibt es aber ein geschlechtsspezifisches Regime: das *senatus consultum Velleianum* schließt Frauen grundsätzlich von der *intercessio* aus.

Sowohl die adjektizische *exercitor*-Haftung als auch die aus der Einsetzung eines Geschäftsführers - *institor* - resultierende adjektizische Haftung wurden offenbar wiederholt in Frage gestellt, wenn sie Geschäftsfrauen betreffen sollte. Darauf weist auch die Überlieferung des vorliegenden Reskripts in den Basiliken (53.1.39) hin, wo betont wird, daß es sich bei den vom *magister navis* abgeschlossenen Verträgen „nicht um die eines anderen, sondern um Verträge der Frau selbst" handelt, somit kein Interzessionsgeschäft der Frau vorliegt.[33] In C 4.25.4 geht es um die Auseinandersetzung mit

---

[32]) Vgl dazu den Digestentitel 14.1 „*De exercitoria actione*"; zur Funktionsweise der adjektizischen Klagen allgemein s etwa *Wacke*, Die adjektizischen Klagen im Überblick, ZRG-RA 111 (1994) 280.

[33]) Bezüglich der *actio institoria* vgl dazu D 14.3.7.1 Ulpianus lib 28 ad ed: *Parvi autem refert, quis sit institor, masculus an femina, ...; item quisquis praeposuit; nam et si mulier praeposuit, competet institoria exemplo exercitoriae actionis, et si mulier sit praeposita, tenebitur etiam ipsa* ..... (Es ist aber nicht von Belang, wer der *institor* ist, ein Mann oder eine Frau, ...; ebenso ist es nicht von Belang, wer eingesetzt hat; wenn nämlich eine Frau eingesetzt hat, gibt es die *actio institoria* nach dem Beispiel der *actio exercitoria*, und wenn eine Frau eingesetzt worden ist, wird sie auch selbst verbindlich gemacht.) Bezüglich der stellvertretenden Person - und zwar mangels einer überlieferten *magistra navis* am Beispiel der *institrix* - folgt *Wacke*, Klagen 319 *Baron*, Abhandlungen aus dem Römischen Civilprozess II, Die adjecticischen Klagen (1882) 196, der in jedem Geschäftsabschluß durch die Stellvertreterin eine Interzession sieht und in D 14.3.7.1 *(Parvi autem refert, quis sit institor: .... et si mulier sit proposita, tenebitur etiam ipsa.)* in der Folge den Ausschluß der *exceptio SC Velleiani* für die „Gewerbevertreterin" (*institrix*). Fraglich bleibt, ob überhaupt eine Interzession anzunehmen ist, wenn eine Geschäftsführerin für ihre Geschäftsherrin ein Geschäft abschließt; mE liegt formal betrachtet weder für die Stellvertreterin noch für die Vertretene ein Interzessionsgeschäft vor; lediglich die materielle Nähe eines solchen - letztlich dreipersonalen - Verhältnisses zur Interzession führt wohl zur Diskussion dieses Themas in den Quellen: Das Thema der Interzession und einer allfälligen Anwendung des *senatus consultum Velleianum* wird nämlich nicht konkret angesprochen; ausgeführt wird lediglich, daß sowohl die *institrix* als auch die Geschäftsherrin bzw die *exercitrix* (diese Ausdruck ist allerdings quellenmäßig nicht belegt) gleichermaßen aus dem abgeschlossenen Geschäft geklagt werden können.

einer Reederin und deren Haftung aufgrund eines Geschäfts, das ihr *magister navis* abgeschlossen hat. Ob dabei die anfragende Antigona die Reederin[34] oder die Geschäftspartnerin des *magister navis* ist, die die Reederin belangen will, kann anhand des Textes nicht mit Sicherheit festgestellt werden. Freilich liegt es einerseits nahe, Antigona als die Reederin zu identifizieren, die mittels ihrer Anfrage versucht, sich ihrer Haftung aus der *actio exercitoria* zu entziehen; andererseits erscheint es mE nach eher unplausibel, daß Antigona, wenn sie tatsächlich die Reederin sein sollte und als solche tagtäglich mit ihrem Unternehmen beschäftigt und wohl auch mit Haftungsfragen bezüglich der von ihrem *magister navis* abgeschlossenen Verträge konfrontiert war, die Frage der adjektizischen Haftung als *exercitor* selbst releviert und mittels einer Anfrage an den Kaiser zu klären versucht. Sich als Unternehmerin unter Berufung auf sein Frausein der Haftung entziehen zu wollen, wäre wohl ein besonders ungeschicktes, da langfristig geschäftsschädigendes Verhalten. Letztlich ist diese Frage auch von marginalem Interesse, sieht man davon ab, daß - für den Fall, daß Antigona nicht die Reederin selbst war, - uns in diesem Reskript gleich zwei Frauen als Geschäftspartnerinnen begegnen.

Einen weiteren Hinweis auf das - vom Staat gewünschte und daher geförderte - Engagement wohlhabender Frauen im Reedereigeschäft liefert uns Sueton in der *Vita divi Claudii*: Er berichtet von der Einräumung von Privilegien seitens des Staates an private Reeder als Gegenleistung für deren freiwillige Übernahme eines Teiles des staatlichen Getreidetransportes.[35] Denjenigen Reedern etwa, die Schiffe mit einer bestimmten Kapazität bauen lassen und damit mindestens sechs Jahre lang Korn für die *annona* befördert hatten, verlieh Claudius bestimmte Vorrechte, und zwar jeweils *pro condicione cuiusque* - je nach der Rechtsposition eines jeden. Neben der Verleihung des Bürgerrechtes an *Latini Iuniani* und der Befreiung der römischen Bürger von der *Lex Papia et Poppaea* erwähnt Sueton als weiteres *magnum commodum* auch die Zuerkennung des *ius quattuor liberorum* für

---

[34]) Dies wird allgemein angenommen; s etwa *Wacke*, Klagen 300 FN 83 und *Rougé*, Recherches 392, jedoch beide ohne ihre Annahme weiter zu begründen.

[35]) Sueton, Claudius 18-19: *Urbis annonaeque curam sollicitissime semper egit ..... et naves mercaturae causa fabricantibus magna commoda constituit, pro condicione cuiusque: civi, vacationem legis Papiae Poppaeae; Latino ius Quiritium, feminis ius quattuor liberorum; quae constituta hodieque servantur.* [Er (scil Claudius] hat sich immer sehr umsichtig um die Kornversorgung der Stadt gekümmert .... und er hat für jene, die Schiffe für den Handel gebaut haben, große Vorteile festgesetzt, je nach der Rechtsposition eines jeden: dem Bürger die Freistellung von der *lex Papia Poppaea*, dem Latiner das römische Bürgerrecht, den Frauen das Vierkinderrecht; und diese Bestimmungen werden auch heute befolgt.)

freigelassene Frauen.[36] (Das *ius trium* bzw *quattuor liberorum* befreit nach der *lex Iulia* bzw *lex Papia* freigeborene Frauen, die drei Kinder geboren haben, und freigelassene Frauen, wenn sie vier Kinder geboren haben, von den in diesen Gesetzen statuierten Nachteilen der Kinderlosigkeit, sowie von der Geschlechtsvormundschaft über Frauen.[37])

Ein anderes Gebiet, auf dem sich anhand der Reskripte ein Bezug zwischen dem Seehandel und geschäftstätigen Frauen nachweisen läßt, ist das *fenus nauticum* (sog Seedarlehen). Dem *fenus nauticum*[38] (auch *pecunia traiecticia* genannt) liegt folgende Vereinbarung zugrunde: Der Darlehensgeber gewährt dem Darlehensnehmer einen Kredit zur Finanzierung eines Seetransportes; weiters - und darin liegt die Besonderheit dieser Einrichtung - übernimmt der Darlehensgeber insofern die Gefahr des Transportes, als der Schuldner nur dann zur Rückzahlung der Darlehensvaluta verpflichtet ist, wenn das Schiff unbeschadet den Bestimmungsort erreicht. Ist dies der Fall, sind im Ausgleich dafür Zinsen zu zahlen, deren Höhe nicht durch das bestehende Zinsmaximum beschränkt ist. Im Ergebnis wird somit der Effekt einer Versicherung des Seetransportes erzielt.

Es kann für den Fokus der hier versuchten Darstellung nicht darum gehen, einen weiteren dogmatischen Beitrag zu diesem von der romanistischen Forschung bereits vielfach durchdrungenen Rechtsinstitut[39] zu leisten, denn *„numerosi sono gli autori che vi sono dedicati, limitate ed oscure le fonti"*, wie *Gianfranco Purpura*[40] dies ausgedrückt hat. Doch gerade unter dem Aspekt der nicht gerade umfangreichen Überlieferung römischrechtlicher Quellen zum *fenus nauticum* erscheint folgendes bemerkenswert: Im Codex Iustinianus sind unter dem Titel C 4.33 *„De nautico fenore"* vier Reskripte zu finden; zwei dieser Reskripte sind an Frauen adressiert, beide haben als Darlehensgeberinnen fungiert.

---

[36]) S dazu va *Höbenreich*, Annona (1997) 78 und *Meyer-Termeer*, Die Haftung der Schiffer im griechischen und römischen Recht (1978) 148. Zur Frage, warum die freigelassenen Frauen eine ausdrückliche Erwähnung finden, obwohl diese doch bereits unter den *cives*-Begriff fallen, s *Sirks*, A Favour to rich Freed Women (libertinae) in 51 A.D. On Sue. Cl. 19 and the Lex Papia, RIDA 27 (1980) 283 und *Höbenreich*, Annona 78 sowie die dort angeführte Literatur.

[37]) Zur Ehegesetzgebung des Augustus durch die *lex Iulia de maritandis ordinibus* und die *lex Papia Poppaea* s etwa *Treggiari*, Roman Marriage (1991) 60.

[38]) Vgl D 22.2; C 4.33.

[39]) Eine ausführliche Übersicht über die zahlreiche Literatur zum *fenus nauticum* bietet zuletzt etwa *Krampe*, Der Seedarlehensstreit des Callimachus-D. 45, 1, 122, 1 Scaevola 28 digestorum, in Collatio Iuris Romani, *Ankum*-FS 1 (1995) 207.

[40]) *Purpura*, Ricerche in tema di prestito marittimo, Annali del seminario giuridico della Università del Palermo 39 (1987) 189. (Diese Aussage stellt *Purpura* im übrigen an den Beginn einer fast 150 Seiten umfassenden Arbeit.)

Der erste Text, ein Reskript des Kaisers Diokletian an eine gewisse Aurelia Cosmiana bringt offenbar eine für die anfragende Frau negative Entscheidung:

> C 4.33.3
> *Impp. Diocletianus et Maximianus AA. Aureliae Cosmianae.*
> *Cum dicas pecuniam te ea lege dedisse, ut in sacra urbe tibi restitueretur, nec incertum periculum, quod ex navigatione maris metui solet, ad te pertinuisse profitearis, non dubium est pecuniae creditae ultra licitum te usuras exigere non posse.*
> *PP. prid. id. Mart. Maximo II et Aquilino conss. (286)*
>
> Die Kaiser Diokletian und Maximian an Aurelia Cosmiana.
> Da du angibst, Geld mit der Vereinbarung gegeben zu haben, daß es dir in der Kaiserstadt wiedererstattet werde, und du nicht anführst, daß du die Ungewissheit und Gefahr, welche bei der Seefahrt zu fürchten ist, übernommen hast, so ist kein Zweifel, daß du von dem dargeliehenen Gelde nicht über das gesetzliche Maß hinaus Zinsen fordern kannst.
> Am 14. März 286.

Mit Sicherheit läßt sich sich lediglich folgender Sachverhalt feststellen:[41] Aurelia Cosmiana hat einer anderen Person Geld zum Kredit gegeben und vereinbart, daß ihr das Geld in der *sacra urbs* wieder zurückgezahlt werden soll. Nun fordert sie von ihrem Schuldner Zinsen, die das gesetzliche Höchstmaß überschreiten, der Darlehensnehmer weigert sich jedoch offenbar, diese zu leisten. Die kaiserliche Kanzlei reskribiert, daß das Verlangen höherer Zinsen nicht durchsetzbar sei, da die Anfragende nicht vorbringe, daß sie die Gefahr, die bei einem Transport über See besteht, übernommen habe.

Warum die Darlehensgeberin davon ausgeht, höhere als die für ein einfaches Darlehen festgesetzten Höchstzinsen verlangen zu können, mag etwa darin liegen, daß sie der Meinung war, die ausdrückliche Übernahme der Gefahr sei nicht notwendig, da sie sich aus den Umständen - wie eben der Darlehenshingabe an einen Reeder bzw *magister navis* zur Finanzierung seines Seehandels - gleichsam konkludent ergäbe, oder daß durch die Vereinbarung höherer Zinsen das *periculum creditoris* jedenfalls Vertragsbestandteil wird; denn ein expliziter Ausschluß des *periculum creditoris* durch die Vertragspartner geht aus dem Reskript ja nicht hervor. Führt man all diese (zugegebenermaßen spekulativen) Ansätze weiter, wäre es auch denkbar, daß die Darlehensgeberin erst im Nachhinein, nach glücklicher Ankunft des

---

[41]) Eine ständige Problematik bei der Beschäftigung mit Reskripten stellt das Faktum dar, daß uns zwar die Antworten, nicht aber die Anfragen überliefert sind; eine exakte Rekonstruktion des der Anfrage zugrundeliegenden Sachverhalts ist daher nur in seltenen Fällen möglich.

Schiffes und somit nach dem Wegfall eines geschäftlichen Risikos ihrerseits, versucht, strategisch vorzugehen, indem sie ihre Geschäftsvereinbarung als Seedarlehen interpretiert um die höheren Zinsen lukrieren zu können.

Mehr Information über die rechtsgeschäftliche Gewandtheit einer unternehmerisch tätigen Frau bietet uns C 4.33.4, ebenfalls ein diokletianisches Reskript, an eine Frau namens Aurelia Iuliana, das im Rahmen der wissenschaftlichen Auseinandersetzung mit der Figur des *fenus nauticum* vielfach Beachtung gefunden hat.

> C 4.33.4
> *Impp. Diocletianus et Maximianus AA. Aureliae Iulianae.*
> *Cum proponas te nauticum fenus ea condicione dedisse, ut post navigium, quod in africam dirigi debitor adseverabat, in salonitanorum portum nave delata fenebris pecunia tibi redderetur, ita ut navigii dumtaxat quod in africam destinabatur periculum susceperis, perque vitium debitoris, nec loco quidem navigii servato, illicitis comparatis mercibus quae navis continebat fiscum occupasse: amissarum mercium detrimentum, quod non ex marinae tempestatis discrimine, sed ex praecipiti avaritia et incivili debitoris audacia accidisse adseveratur, adscribi tibi iuris publici ratio non permittit.*
>
> Die Kaiser Diokletianus und Maximianus an Aurelia Iuliana.
> Da du angibst, daß du ein Schiffsdarlehen mit der Vereinbarung gegeben hast, daß, wenn in Folge der nach Afrika zu richtenden Fahrt das Schiff in den Hafen von Salona einliefe, dir das zinsbare Kapital zurückgegeben werden sollte, sodaß du also nur für die nach Afrika bestimmte Fahrt die Gefahr übernommen hast, und daß nun durch Ungebühr des Schuldners, wobei nicht einmal der Bestimmungsort der Fahrt eingehalten worden ist, unerlaubte Waren eingekauft worden seien, worauf der Fiskus die Ladung des Schiffes in Beschlag genommen habe, so erlaubt das *ius publicum* nicht, daß der Schaden der verlorenen Waren, welcher nicht aus Gefahr eines Seesturmes, sondern aus unbesonnenem Geize und ungeziemender Verwegenheit des Schuldners entstanden sein soll, dir zur Last falle.

In diesem Text steht zweifelsfrei fest, daß die anfragende Frau ein Seedarlehen gegeben hat und die Ausführlichkeit des Reskriptes ermöglicht eine gute Rekonstruktion der Anfrage.

Vereinbart wurde, daß Kapital plus Zinsen zurückgegeben werden soll, wenn das Schiff des Darlehensnehmers, das Richtung Afrika fährt, unbeschadet in Salona, einem in der Antike äußerst bedeutsamen Hafen[42] im heu-

---

[42]) Vgl *Rougé*, Recherches 135.

tigen Dalmatien, einläuft.[43] Aurelia Iuliana wendet sich nun an den Kaiser, da ihr Schuldner nach der Ankunft in Salona die Rückzahlung sowohl des Darlehens als auch der Zinsen verweigert. Als Begründung führt er ihr gegenüber offenbar an, daß er insofern einen Schaden erlitten hätte, als seine Waren verlorengegangen seien und sich somit das von Aurelia Iuliana übernommene *periculum* verwirklicht hätte. Ob der Darlehensnehmer selbst gegenüber seiner Vertragspartnerin die tatsächliche Art und Weise des Unterganges seiner Waren näher schildert, oder ob Aurelias Ausführungen in ihrer Anfrage auf ihren eigenen Recherchen beruhen, kann anhand des Reskripts nicht eindeutig festgestellt werden. (Wenn auch das verbotswidrige Verhalten des Schuldners letzteres wahrscheinlicher macht.) Die Gläubigerin jedenfalls weiß durch eine detaillierte Darstellung des Geschehenens eine für sie positive Rechtsauskunft der kaiserlichen Kanzlei zu erwirken: Sie stützt sich dabei gleich auf zwei Argumente, die ihrem Anliegen nützlich sind. Erstens habe ihr Schuldner *merces illicitae*[44] - also Waren, mit denen der Handel verboten ist - eingekauft, die in der Folge vom Fiskus beschlagnahmt worden sind und auf diese Weise dem Schuldner verloren gingen. Zweitens - und dies mag im Zusammenhang mit dem Einkauf der Waren liegen - wurde die mit Aurelia Iuliana vereinbarte Fahrtroute des Schiffes nicht eingehalten. Wie nicht anders zu erwarten, reskribiert der Kaiser, daß der Verlust der Waren, der eben nicht etwa aufgrund eines Seesturmes entstanden ist, sondern vom Schuldner selbst - *vitium debitoris* -, noch dazu durch rechtswidriges Vorgehen, verursacht wurde, nicht von der Darlehensgeberin zu tragen sei.

Wir wissen, daß gerade das *fenus nauticum* wohl einer in erhöhtem Maße organisierten Durchführung und Geschäftsabwicklung bedurfte; die Geschäftsbedingungen, unter denen der Vertrag zustandekommen sollte, mußten genau festgelegt werden - der Umfang der Gefahrtragung war ja durch die Vertragsgestaltung steuerbar - andernfalls das zu tragende Risiko gerade in diesem Bereich sehr hohen finanziellen Verlust bedeuten konnte. Weiters war es mit dem *fenus nauticum* definitionsgemäß untrennbar verbunden, daß große geographische Distanzen ein wesentliches Element dieses Geschäftes darstellten. Abfahrts- und Ankunftshafen waren nicht unbedingt ident, manchmal wurde die Gefahr auch nur für einen bestimmten Abschnitt der Reise übernommen. All das mußte vom Kreditgeber bzw seinen Leuten auch

[43]) Nach einem Großteil der Literatur - vgl etwa *Litewski*, Römisches Seedarlehen, IURA 29 (1973) 112 (124 und 133) - bezieht sich die Gefahrenübernahme somit nur auf die erste Etappe der Seereise.

[44]) Zu den *merces illicitae* s *Rougé*, Recherches 437; zum Verfall nichtdeklarierter Waren im römischen Zollrecht allgemein s *Klingenberg*, Commissum (1977).

kontrolliert werden, um nicht allzu leicht von seinem Vertragspartner hintergangen zu werden.

VI. Schlußfolgerungen

Der eben präsentierte Text zum *fenus nauticum* sticht innerhalb der großen Masse von an Frauen adressierten Kaiserreskripten insofern hervor, als diesem Geschäftstypus jedenfalls ein gewisser kommerziell-professioneller Hintergrund immanent zu sein scheint, während freilich anhand anderer Reskripte an geschäftstätige Frauen die Häufigkeit bzw die Eingebundenheit in wirtschaftliche Institutionen bei ihrem ökonomischen Handeln schwerer erkennbar ist.

Dennoch treten in den Texten vielfach Aspekte hervor, die als Zeugnisse persönlicher, wirtschaftlicher und rechtlicher Autonomie und Initiative zu werten sind. Will man den Fehler vermeiden, diese Aspekte durch die Anwendung moderner Begriffe historisch zu verfehlen, so bietet sich als thematisch-methodisches Framework am ehesten eine Betrachtung nach folgenden Topoi an:

1. Die ökonomische Relevanz der Objekte des Wirtschaftens der Frau.
2. Die rechtliche Komplexität der Transaktion.
3. Das rechtliche Know-How der Frau.[45]
4. Aktion und Reaktion der Frau in rechtlichen Konfliktsituationen.
5. Das strategische Vorgehen der Frau mit ihrem Vermögen.

Blickt man nun vor dem Raster dieser Kriterien auf die Texte, ergeben sich einige Schlußfolgerungen:

Erstens erscheinen die von Frauen vorgebrachten Rechtsprobleme keineswegs undifferenzierter als jene der männlichen Anfragenden, sondern ergeben sich - wie bei den Männern - aus durchaus komplex gestalteten Rechtsverhältnissen. Zweitens ist in der unmittelbaren Konfrontation zwischen rechtsgeschäftlich aktiven Frauen einerseits und den mit den Anfragen der Frauen befaßten Juristen der kaiserlichen Kanzlei anderseits eine Sonderbehandlung abseits der bekannten Tatbestände, wie etwa des *senatus consultum Velleianum*, nicht festzustellen; die eingangs erwähnten vollmundigen Aus-

---

[45]) Freilich ist davon auszugehen, daß ein Teil der anfragenden Frauen durch Advokaten unterstützt bzw vertreten waren; dieser Umstand steht aber der Analyse in keiner Weise entgegen, da auch das Erkennen der Notwendigkeit, sich in rechtlichen Belangen „professioneller" Beratung zu bedienen, unter diesen Punkt zu subsumieren ist.

sagen römischer Juristen zum imbezillen und infirmen Charakter der Frauen in juristischen Belangen finden in den Äußerungen kaiserlicher Reskripte keine Entsprechung.

Freilich, die Zahl der Reskripte, die einen Bezug zu Frauen aufweisen, ist geringer als jene mit Bezug zu Männern. Vor dem Hintergrund der römischen, stark patriarchalisch geprägten Gesellschaftsordnung jedoch erscheint die Zahl beträchtlich hoch. Auch gehen Frauen nicht öfters als Siegerinnen des konkreten Rechtsstreites hervor als ihre männlichen Kollegen. Anhand des untersuchten Materials ist allerdings weder festzustellen, daß die Juristen der kaiserlichen Kanzlei, wie vielleicht zu erwarten wäre, die Topoi von der Inferiorität des weiblichen Geschlechtes zur Untermauerung ihrer Entscheidungen benützen, wenn sie ein für die geschäftstätige Frau negatives Urteil zu fällen haben, noch, daß das Frausein an sich zu einem irgendwie relevanten Faktor für den Inhalt der Rechtsauskunft wird.

Die gebotene Kürze meiner Darstellungen ermöglicht es leider nicht, auch nur eine Auswahl diesbezüglich einschlägiger Texte darzustellen. Da allerdings die Kaiserkonstitutionen des Codex Iustianianus für den Romanisten neben den Digesten zu den Hauptquellen unserer Wissenschaft zählen und als solche ständiger Betrachtung durch den Forscher unterzogen sind, mögen diese knappen Ausführungen den Interessierten dazu anregen, seinen Blick öfters auch auf die Geschlechtszugehörigkeit des Adressaten zu werfen und auf diese Weise eine eventuelle Divergenz zwischen dem Topos der *imbecillitas sexus* römischer Frauen, ihrer geschäftlichen Gewandtheit und ihrem Auftreten gegenüber (letztlich entscheidungstragenden) rechtlichen Instanzen selbst einer Überprüfung zu unterziehen.

Literaturverzeichnis

- *Baron*, Abhandlungen aus dem Römischen Civilprozess II, Die adjecticischen Klagen (1882).
- *Beaucamp*, Le vocabulaire de la faiblesse féminine dans les textes juridiques romains du IIIe au VIe siècle, Revue historique de droit français et étranger (1976) 485.
- *Dixon*, Infirmitas sexus: Womanly Weakness in Roman Law, Tijdschrift voor Rechtsgeschiedenes 52 (1984) 343.
- *Eggenstein*, Uxor und Feme Covert (1995).
- *Eichenauer*, Untersuchungen zur Arbeitswelt der Frau in der römischen Antike (1988).
- *Gardner*, Frauen im antiken Rom (1995).
- *Höbenreich*, Annona (1997).
- *Huchthausen*, Frauen fragen den Kaiser, Xenia Heft 28 (1992).
- *Huchthausen*, Herkunft und ökonomische Stellung weiblicher Adressaten von Reskripten des Codex Iustinianus, Klio 56/1 (1974) 199.
- *Huchthausen*, Zu kaiserlichen Reskripten an weibliche Adressaten aus der Zeit Diokletians, Klio 58 (1976) 55.
- *Kampen*, Images and Status: Roman Working Women in Ostia (1981).
- *Kaser*, Das römische Privatrecht I (1971).
- *Klingenberg*, Commissum (1977).
- *Klingenberg*, Die Frau im römischen Abgaben- und Fiskalrecht, Révue internationale des droits de l'antiquité 3e série, 30 (1983) 141.
- *Krampe*, Der Seedarlehensstreit des Callimachus-D. 45, 1, 122, 1 Scaevola 28 digestorum, in Collatio Iuris Romani, *Ankum*-FS 1 (1995) 207.
- *Litewski*, Römisches Seedarlehen, IURA 29 (1973) 112.
- *Markus*, Tutela impuberis (1989).
- *Medicus*, Zur Geschichte des Senatus Consultum Velleianum (1957).
- *Meyer-Termeer*, Die Haftung der Schiffer im griechischen und römischen Recht (1978).
- *Nörr*, Zur Reskriptenpraxis in der hohen Prinzipatszeit, ZRG-RA 98 (1981) 1.
- *Purpura*, Ricerche in tema di prestito marittimo, Annali del seminario giuridico della Università del Palermo 39 (1987) 189.
- *Rougé*, Recherches sur l'organisation du commerce maritime en méditerranée sous l'empire romain (1966).

- *Schulz*, Classical Roman Law (Neuauflage 1992).
- *Sirks*, A Favour to rich Freed Women (libertinae) in 51 A.D. On Sue. Cl. 19 and the Lex Papia, Révue internationale des droits de l'antiquité 3e série, 27 (1980) 283.
- *Solazzi*, Infirmitas aetatis e infirmitas sexus, Archivio Giuridico „Filippo Serafini" 20 (1930) 3.
- *Sternberg*, Reskripte des Kaisers Alexander Severus an weibliche Adressaten, Klio 67/2 (1985) 507.
- *Treggiari*, Roman Marriage (1991).
- *Vogt*, Studien zum Senatus Consultum Velleianum (1952).
- *Wacke*, Die adjektizischen Klagen im Überblick, ZRG-RA 111 (1994) 280.
- *Wenger*, Die Quellen des römischen Rechts (1953).

DER BAU EINES FRAUENZIMMERS IN EUROPA
oder der langwierige Prozeß, das unsichtbare Geschlecht der Europa sichtbar zu machen

von Anita Ziegerhofer

"Verliebt uns zu machen jederzeit,
mit aller Macht ihrer Herrlichkeit
in Rosen zu verwandeln die Ketten
und unsere wunden Herzen zu retten
uns zu bezaubern mit Charme
wenn die Lieb' in uns flutet so warm
das ist, ich weiß es genau,
das edelste Recht der Frau.."
Olympe de Gouges[1]

I. Allgemeine Einleitung

"Am Anfang der Geschichte Europas steht eine Frau"

Europa, die Tochter des Königs Agenor, wird von Zeus, der sich in einen weißen Stier verwandelte, nach Kreta entführt. Darüber ist die Prinzessin sehr unglücklich, doch spricht ihr Aphrodite mit folgenden Worten zu: "*Tröste Dich, Europa! Zeus ist es, der Dich geraubt hat. Unsterblich wird dein Namen werden, denn der fremde Weltteil, der Dich aufgenommen hat, heißt hinfort Europa!*"[2]

Europa ist weiblich, doch die Politik in Europa ist nach wie vor männlich dominiert: so lag Europas Schicksal über Jahrhunderte ausschließlich in den Händen von Männern. Eine hervorragende Elite von Philosophen, Dichtern und Politikern versuchten seit Beginn des 14. Jahrhunderts für Europa ein einheitliches Gewand zu kreieren. Dabei wurden sie von folgenden Motiven geleitet:

- von der Sicherung und Erhaltung des Friedens für Europa,
- von der Eindämmung der Gefahren aus dem Osten und nicht selten
- von den Hegemonialbestrebungen ihres jeweiligen Vaterlandes.

Keiner von ihnen dachte vorläufig daran, daß Europa auch "weiblichen Geschlechts" sein konnte und daß man den Frauen in Europa eine gleichwertige Behandlung einräumen müßte.

---

[1]) *Blanc*, Olympe de Gouges (1989) 192.

[2]) *Schöndube/Ruppert*, Eine Idee setzt sich durch. Der Weg zum vereinigten Europa (1964) 52. Vgl dazu *Herriot*, Die Vereinigten Staaten von Europa (1930) 10: "Europa verdankt vermutlich seiner langen kulturellen Vergangenheit, daß es auf den Landkarten der Renaissance als gekröntes Weib abgebildet wurde."

Innerhalb des nun unierten Europa stellt sich die Frage, welchen Anteil die Frauen am Bau Europas hatten bzw welche Stellung Ihnen in diesem neugestalteten Europa zukommt. Dieser Beitrag stellt den Versuch dar, obige Fragen zu beantworten; weiters bietet er eine skizzenhafte Darstellung der Geschichte der politischen Emanzipation der Frauen[3].

II. Die Stellung der Frau vom Mittelalter bis in das 19. Jahrhundert

Der Gedanke, Frauen eine dem Mann gleichwertige Position in Gesellschaft, Politik und im Recht zukommen zu lassen, war bis ins 19. Jahrhundert nicht existent. Wohl gab es Ausnahmen, wenn Frauen die Funktion einer Königin, Adeligen, Äbtissin, Bürgerin, Nonne oder Bäuerin bekleideten, oder einzelne weibliche Wesen auf ihre Situation aufmerksam machten, doch änderte dies nichts daran, daß sie eine Randgruppe bildeten. Der Scholastiker Thomas von Aquin (1225-1274) begründete diese ungleiche Position der Frau gegenüber dem Mann mit drei Argumenten[4]: erstens mit der Minderwertigkeit im Werden (die Frau wird als ein nicht ganz geglückter, vollständiger Mann betrachtet), zweitens mit der Minderwertigkeit im Sein (geringere Körperkraft und daher auch geringere geistige Fähigkeiten) und schließlich drittens mit der Minderwertigkeit im Tätigsein (bei der Zeugung ist die Frau nur passiv tätig, sie stelle lediglich den Werkstoff zur Verfügung, während der Mann form- und lebengebender Erzeuger ist). Diese Feststellung sollte nachhaltige und weitreichende Folgen haben.

Durch die ständische mittelalterliche Gesellschaft erfolgte auch die "Stigmatisierung" des Standes Frau mit den typischen negativen weiblichen Attributen. Zu diesen zählten Eitelkeit, Stolz, Gewinnsucht, Leidenschaft, Eßsucht, Launenhaftigkeit und Wankelmut.[5] Nicht selten verwendet(e) **mann** diese als Argumente, vor allem dann, wenn Frauen auf ihr Recht nach Gleichberechtigung poch(t)en.

Dieser Zustand wurde als völlig normal und natürlich angesehen und von vielen berühmten neuzeitlichen Staatstheoretikern in ihre Werke übernommen und dadurch legitimiert. Lediglich die Utopisten wie Thomas Morus[6]

---

[3]) Dazu eine rechtshistorische Betrachtung der Geschichte der Emanzipation von der Frühen Neuzeit bis zur Gegenwart *Gerhard* (Hg), Frauen in der Geschichte des Rechts. Von der Frühen Neuzeit bis zur Gegenwart (1997).

[4]) Dazu *Ellrichshausen*, Die uneheliche Mutterschaft im altösterreichischen Polizeirecht des 16. bis 18. Jahrhunderts dargestellt am Tatbestand der Fornication (Schriften zur Rechtsgeschichte 42 [1988]) 40.

[5]) *Kuhn* (Hg), Die Chronik der Frauen (1992) 175.

[6]) *Thomas Morus* (1478-1535), Utopia (1516).

oder Thomas Campanella[7] tanzten aus der Reihe: Sie gestanden den Frauen in ihren utopischen Gesellschaften teilweise die gleiche Behandlung und Stellung zu wie den Männern. Allerdings darf man dieses frühe "Aus-der-Reihe-Tanzen" wohl auch nicht im Sinne von Gleichberechtigung, sondern eher im Sinne von Gleichverpflichtung verstehen.[8]

Im Zeitalter des Absolutismus war man von der untergeordneten Stellung der Frau überzeugt. Einer der theoretischen Wegbereiter des Absolutismus - Jean Bodin - bezeichnete die Familie als die Keimzelle des Staates, welche sich neben dem Mann aus der Frau, den Kindern und den Dienern zusammensetzt. Aufgrund seiner Autorität innerhalb der Familie könne lediglich der Mann öffentliche Ämter bekleiden.[9] Sein englischer Gesinnungsgenosse Thomas Hobbes vertrat die Auffassung, daß die Gewalt des Mannes über die Frau einerseits mit dem Ehevertrag beginnt und andererseits mit der Tatsache, daß "*the most part of commonwealth have been erected by the fathers, not by the mothers of familiy*"[10]. So wie der Mann alle seine Rechte dem Staat überträgt, hat die Frau ihre Rechte dem Manne abzutreten.

Dem Naturrecht, das von dem neuen naturwissenschaflichen Weltbild beeinflußt wurde, gelang es ebenfalls nicht, diese mittelalterliche Denkweise zu überwinden. Stellvertretend für alle Juristen dieser Epoche sei hier Samuel Pufendorf (1632-1694) erwähnt: Er unterstrich die Selbstverständlichkeit in der ungleichen Wechselbeziehung zwischen Mann und Frau mit dem Argument, daß der Mann der Frau Schutz gewähre, weshalb diese ihm dafür Respekt und Unterwürfigkeit zolle[11] - gemäß dem traditionellen "do ut des-Prinzip".

Derlei Gedanken ließen sich beliebig fortsetzen und allen wäre die Unterordnung der Frau, die Reduzierung des Weiblichen auf die Rolle der Hausfrau, Mutter und Geliebten gemein. So wundert es auch nicht, daß die großen Europaplaner jenes Zeitabschnittes wie Pierre Dubois, Dante Alighieri, der Herzog von Sully, William Penn, Abbé de Saint Pierre und auch Montesquieu in ihren Europa-Visionen keinen Platz für die Frauen hatten.

---

[7]) *Thomas Campanella* (1568-1639), Der Sonnenstaat (1623).

[8]) *Floßmann*, Geschlechtsspezifische Diskriminierung und Gleichbehandlungsgebot als Strukturelemente frühneuzeitlicher Rechtsordnungen, in *Carlen*-FS (1989) 617 (625): Den Ausdruck Gleichverpflichtung prägte die Autorin, um das frühneuzeitliche Gleichbehandlungsgebot von Mann und Frau in den Rechtsordnungen zu charakterisieren.

[9]) *Jean Bodin*, Über den Staat (1976) 13-14, 17.

[10]) *Hobbes*, Leviathan or the matter, forme and power of a commonwealth ecclesiasticall and civil (1955), 131 zit bei *Weber*, An analysis of the political behaviour of women in Europe, The situation of women in the political process in Europa 1 (1984) 9: Den größten Teil des Staates haben Männer errichtet und nicht die Frauen.

[11]) Zit bei *Weber*, analysis 10.

In diese eben geschilderte Zeitepoche fallen allerdings schon die ersten weiblichen Ansätze eines "Auf-Sich-Aufmerksam-Machen": Diese Entwicklung nahm in England ihren Ausgang. Im Jahr 1589 veröffentlichte eine Autorin unter dem Pseudonym Jane Anger die erste feministische Polemik und im Zuge der "Glorious Revolution" 1649, dem Jahr, wo Charles I. von den Anhängern Cromwells geköpft und vorübergehend die englische Republik ausgerufen wurde, richteten englische Frauen eine Petition an das Unterhaus: in diesem Bittgesuch, das ca 10.000 Frauen unterschrieben, forderten sie politische Rechte. Die Petition wurde vom House of Commons mit der Begründung zurückgewiesen, daß Frauen sich nicht mit Angelegenheiten beschäftigen sollten, von denen sie keine Ahnung hätten.[12]

Diese beiden Forderungen waren erste zaghafte Versuche in der Geschichte, nachhaltige - wenn auch nicht gleich unmittelbare - Wirkung erzielte das Zeitalter der Aufklärung, vor allem die Ereignisse der Französischen Revolution.

In der ersten europäischen Menschenrechtserklärung, der "Déclaration des droits de l'homme et du citoyen" vom 26. August 1789 wird in Artikel 1 erstmals der Gleichheitsgrundsatz formuliert: "Die Menschen werden frei und gleich in Rechten geboren; sie bleiben frei und in Rechten gleich. Gesellschaftliche Unterschiede können allein durch Rücksichten des Gemeinwohls begründet werden". Als weibliche Antwort auf die Menschenrechtserklärung verkündete die französische Schriftstellerin Olympe de Gouges 1791 ihre "Déclaration des droits de les femmes"[13]. Olympe, die eigentlich Marie Gouze hieß, forderte nicht nur das Wahlrecht, die Mitsprache bei der Gesetzgebung und den Zugang der Frauen zu allen öffentlichen Ämtern, sondern sie wies mit ihrer Forderung provokant auf den Mißstand hin, daß Frauen in der Gedankenwelt der Männer überhaupt nicht existierten. In ihrer Deklaration ersetzte sie das Wort "Homme" durch "Femme", so wollte Olympe die Frauen aus ihrer Unsichtbarkeit hervorholen. Ihre Begründung war, daß Menschenrechte nicht allein Männerrechte sein dürften, zumal das französische Vokabel "Homme" synonym für Mensch und Mann steht.[14]

In England machte 1792 Mary Wollstonecraft (1759-?1797) mit ihrem Buch "Eine Verteidigung der Rechte der Frauen" von sich reden: Darin ver-

---

[12]) *Weber*, analysis 12.

[13]) *Blanc*, Olympe de Gouges (1989) 191.

[14]) *Hassauer*, Weiblichkeit - der blinde Fleck der Menschenrechte? S in *Gerhard ua* (Hg), Differenz und Gleichheit. Menschenrechte haben (k)ein Geschlecht (1990) 320 (321): Ein Jahr zuvor hatte Marie Jean Condorcet, der "ami des femmes" und *der* feministische Philosoph der Revolution in seiner Denkschrift das aktive und passive Wahlrecht für die Frauen gefordert - allerdings auch ohne Erfolg.

trat sie die Meinung, daß Frauenrechte Teil der Menschenrechte seien.[15] Während Mary vom späteren französischen Außenminister Talleyrand, dem sie dieses Buch widmete, sogar persönlich in London aufgesucht wurde, ereilte seine "emanzipierte" Landsmännin Olympe 15 Tage nach der Hinrichtung Marie Antoinettes dasselbe Schicksal: Am 3. November 1793 wurde sie guillotiniert.

Eine Zeitgenossin und Landsmännin von Olympe war die Baronin Anne-Germaine de Staël-Holstein (1766-1817), die Tochter von Jacques Necker, dem berühmten Finanzminister Ludwigs XVI. Gleichsam mit Olympe setzte sie einen revolutionären Akt und durchbrach die Männerdomäne: So war sie die erste Frau, die sich der Europaidee annahm und somit den männlichen Visionen ihre eigene gegenüberstellte.[16]

Anne-Germaine's Ideen über ein vereinigtes Europa wurde gewiß zu einem bestimmten Grad durch ihre Bekanntschaft mit den beiden Europa-Architekten Claude Henri de Saint-Simon (1760-1825) und Benjamin Constant (1767-1830) beeinflußt.

Der Frühsozialist Saint-Simon legte in seiner Europakonzeption vor allem auf die Zusammensetzung des "Europäischen Parlamentes" größten Wert, zumal ihm bewußt war, daß Einrichtungen Menschen prägen und nicht nur die Idee allein ausschlaggebend sei. Mit dem Entwurf eines Parlamentes, dessen Abgeordnete direkt gewählt werden sollten, brach Saint-Simon mit der Tradition der Fürstenbünde, welche die bereits eingangs erwähnten Europabauer vertraten.[17] Saint-Simon scharrte viele Anhänger um sich, sodaß man bald von der Sekte der Simonisten zu sprechen begann. Er setzte sich auch für die Rechte der Frauen ein, welche später seine weiblichen Anhänger, die sogenannten Saint-Simonistinnen umzusetzen trachteten.[18] Sie gaben wahrscheinlich die erste feministische Frauenzeitung - "La femme libre" - heraus, deren erste Ausgabe aus dem Jahr 1830 unter dem Motto "Freiheit für die Frauen, Freiheit für das Volk" stand. Neben der sozialen und rechtlichen Gleichstellung der Frauen forderten sie eine gesamtgesellschaftliche Dominanz weiblicher Normen: So veröffentlichten sie ihre Artikel nur unter ihren Vornamen, da sie die männlichen Nachnamen ablehnten und sie sahen in der Emanzipation die notwendige Voraussetzung für eine Veränderung in der Gesellschaft.

---

[15]) *Motzko*, Weg der Frau zu Recht und Geltung (1959) 55-61: Mary war zuerst Lehrerin ehe sie Schriftstellerin wurde. Ihre Schrift "A Vindication of the Rights of Women" erschien als Antwort auf Edmund Burkes "A Vindication of the Rights of Men".

[16]) *de Staël*, Über Deutschland (1963) 3 sowie Madame de Staël et l'Europe. Colloque de Coppet (18-24 juillet 1966) (Actes et Colloques 7 [1970]).

[17]) *de Rougemont*, Europa (1961) 194.

[18]) *Kuhn* (Hg), Chronik der Frauen 330.

Benjamin Constant gehörte ebenfalls wie Saint-Simon zu einem Europavisionär. Der Schriftsteller und Politiker wird als der Vorläufer der heutigen Föderalisten bezeichnet, "*welche in einem vereinten Europa die Vielfalt aufrecht erhalten wollten und dem abstrakten Nationalismus die friedliche Vereinigung der Völker und die Rückkehr zu den vom allmächtigen Staat zerstörten Gemeindewesen entgegenstellten*"[19].

Mit Benjamin Constant verband Anne-Germaine nicht nur die föderalistische Einstellung, sondern auch die Liebe. Zu einer weiteren Gemeinsamkeit zwischen Madame de Staël und Constant zählte deren Abneigung gegenüber Napoleon. Für sie war der Korse ein "Anti-Europäer", da er, anstatt Europa zu einen, es zerrissen hatte. De Staël's Antipathie hatte sich bald in der Gesellschaft, in der sie verkehrte, herumgesprochen, sodaß man ihr den Beinamen "das Gewissen Europas und Gegnerin Napoleons" verlieh.

Napoleon selbst äußerte sich einmal über de Staël dahingehend, daß "*immer wenn man mit ihr zusammen ist, ist man mir weniger zugetan.*"[20] Er hat daraus die Konsequenz gezogen und Madame de Staël aus Paris verbannt. Diese ließ sich in der Nähe des Genfer Sees nieder und kehrte erst nach zehn Jahren der Verbannung nach Paris zurück. Ihr Haus in Genf wurde der Mittelpunkt der europäischen Gedankenwelt, so verkehrten hier beispielsweise Goethe, Schlegel und Herder.

Wie stellte sich die für damalige Begriffe wohl exaltierte Baronin Europa vor? Es wurde bereits erwähnt, daß sie föderalistisch gesinnt war. Dieser Gesinnung fügte sie nun eine zusätzliche Komponente, nämlich die ökumenische hinzu. Sie war davon überzeugt, daß Katholizismus und Protestantismus keine Gegensätze darstellten, sondern daß beide Religionen in den Herzen der Menschen lebten. Das Christentum sei das einende Band der europäischen Völker, es verbinde die Völker des Nordens mit den Völkern des Südens, und die unterschiedlichsten Anschauungen, die größtenteils zum Leidwesen aller durch Kriege ausgetragen wurden, verschmolzen aufgrund der gemeinsamen christlichen Einstellung, sodaß Sieger und Besiegte zusammenwuchsen.[21] Sie vertrat weiters die Ansicht, daß die Überwindung der vielfältigen kulturellen, historischen, geografischen und klimatischen Unterschiede, die die Völker Europas prägten, nicht nur durch das Christentum, sondern auch durch den Intellekt - durch den Verein denkender Menschen - erfolgen könnte.[22] Somit bildeten das Christentum und der Intellekt für sie die Rechtfertigung der Schaffung der Vereinigten Staaten von Europa. Wel-

[19]) *de Rougemont*, Europa 192.
[20]) *de Staël*, Über Deutschland 8.
[21]) *Rougemont*, Europa 198-199.
[22]) *Schöndube/Ruppert*, Idee 77.

che Rolle dabei die Frauen einnehmen sollten, darüber verrät Anne-Germaine allerdings nichts.

De Staël's Gegnerschaft zu Napoleon ist bereits erwähnt worden, diese wird wohl dadurch verständlicher, wenn man seinen Europaplan kennt: So vermittelte er den Eindruck, eine Alleinherrschaft über Europa errichten zu wollen. In der Verbannung auf St. Helena besprach er mit seinem Freund Las Cases seine Ideen für ein föderiertes Europa: Dabei mischte er autoritäre zentralistische Vorstellungen mit modernen föderalen Gedanken.[23] Sehr klar hingegen definierte der Kaiser der Franzosen die Rolle der Frau im Code Civil von 1804. In dem Zivilrechtsbuch wurde die Unterordnung der Frau unter dem Mann gesetzlich verankert, so § 81: "Da die Weiber nicht des Staatsbürgerschaftsrechtes fähig sind, sind sie von der Tutel und der Kuratel ausgeschlossen. In der Ehe ist der Mann der Herr des Hauswesens."[24] Demnach war der Ehemann der Vormund der Frau, die als verheiratete nicht mehr als eigenständige Rechtsperson angesehen wurde. Außerdem hatte die Ehefrau absolut keine Bürgerrechte mehr, sie durfte kein Eigentum erwerben und die elterliche Gewalt wurde ausschließlich vom Mann ausgeübt.[25]

Von einem weiteren zeitgenössischen Europavisionär der Staël ist uns ebenfalls sein Frauenbild überliefert: Dabei handelt es sich um Immanuel Kant (1724-1804), der 1795 in seinem Buch "Zum ewigen Frieden" seine Gedanken über einen europäischen Völkerbund verewigte. Unter seinen unzähligen Werken befindet sich allerdings kein einziges, das sich ausschließlich mit der Frage der Emanzipation der Frau beschäftigt. Seine Einstellung entnimmt man zeitgenössischen Aussagen oder Briefen. So vertrat er die Ansicht, daß das Weib in jedem Alter für bürgerlich-unmündig erklärt werden solle und der Ehemann ihr natürlicher Kurator sei.[26] Hinsichtlich der gebildeten Frau vertrat Kant folgende Meinung: "Tiefes Nachsinnen und eine lange fortgesetzte Betrachtung [...] schicken sich nicht wohl für eine Person, bei der die ungezwungenen Reize nichts anderes als eine schöne Natur zeigen sollen", weil "mühsames Lernen und peinliches Grübeln, wenn es gleich ein Frauenzimmer darin hoch bringen sollte, die große Gewalt der weiblichen Reize über das andere Geschlecht zerstöre"[27]. Kant sieht sogar in einer möglichen Zulassung der Frau zur Bildung eine List: "denn wohl bewusst ihrer Schwäche in Ansehung der natürlichen Reize desselben, [...] sehen sie sich,

---

[23]) *Schöndube/Ruppert*, Idee 76.

[24]) *Lingenthal*, Handbuch I 217.

[25]) *Lingenthal*, Handbuch III 79-99 Eherecht § 471 „Der Mann ist der Frau Schutz, die Frau dem Mann Gehorsam schuldig" und § 472 „Von der Autorisation des Mannes".

[26]) *Jauch*, Immanuel Kant zur Geschlechterdifferenz. Aufklärerische Vorurteilskritik und bürgerliche Geschlechtsvormundschaft (1988) 138.

[27]) Zit bei *Jauch*, Immanuel Kant 79.

so bald das Frauenzimmer in diesen Geschmack einschlägt, in einer entschiedenen Ueberlegenheit und sind in dem Vortheile, den sie sonst schwerlich haben würden."[28]

Die erste Hälfte des 19. Jahrhunderts war geprägt von dem neuentstandenen Nationalbewußtsein der Völker, weshalb der Gedanke der Vereinigung Europas nicht unbedingt populär war. Andererseits sehnte sich Europa nach den napoleonischen Kriegen geradezu nach Ruhe und Ordnung. Demgemäß wurde seitens der alliierten Herrscher der Versuch unternommen, den Frieden für Europa mittels internationaler Bündnisse zu sichern. Konservatismus und Restauration standen im krassen Gegensatz zu Nationalismus, Liberalismus und Föderalismus: Diese Gegensätze prallten in der Mitte des 19. Jahrhunderts aufeinander und wurden in Form von Revolutionen europaweit ausgetragen. Die dadurch entstandenen politischen und verfassungsrechtlichen Umwälzungen in Europa wurden zusätzlich von sozialen begleitet.[29] So bewirkte das "annus mirabilis" 1848 die Bildung zahlreicher Frauenvereine. Sie waren nicht selten Ausdruck der weiblichen Unzufriedenheit mit den neuen Verfassungen, die in keiner Weise eine Besserstellung der Frauen beinhalteten. Diese begannen nun für sich vehement politische Rechte, vor allem aber das Wahlrecht einzufordern. Die Entwicklung wurde wiederum in England losgetreten, nachdem im Jahr 1866 der Politiker John Stuart Mill an das Unterhaus eine Petition richtete, die die Forderung nach dem Frauenwahlrecht beinhaltete. Die Nichtbeachtung der Bittschrift dürfte wohl der Grund gewesen sein, warum Mill das Buch mit dem Titel "Die Hörigkeit der Frau" schrieb. Das Buch, welches 1869 veröffentlicht wurde, erregte größtes Aufsehen. Darin forderte der Autor wiederholt das Frauenwahlrecht und weitere politische Rechte. Er begründete jene Forderungen damit, weil "*außer den Schwarzen nur noch die Frauen eine diskriminierte Gruppe darstellen. Die Abhängigkeit der Frauen von den Männern [...] entspreche dem immer noch andauernden primitiven Zustand der Sklaverei*"[30]. Den Grund für die Ungerechtigkeit bei der Zulassung der Frauen zu allen Berufen und öffentlichen Ämtern glaubte Mill darin zu sehen, "*weil die Männer den Verlust der weiblichen Unterordnung im häuslichen Bereich fürchteten und*

[28]) Zit bei *Jauch*, Immanuel Kant 80.

[29]) *Frevert*, Mann und Weib, und Weib und Mann. Geschlechter-Differenzen in der Moderne (1995) 51ff: Auch im sprachlichen Bereich vollzog sich im Laufe dieses Jahrhunderts ein Wandel: Der bis dahin gängige Begriff "Weib" wurde durch "Frau" ersetzt, die Bezeichnung Weib erhielt somit ab jenem Zeitpunkt einen pejorativen Charakter. Die Beschreibung der Frau in den diversen Lexika wurde immer umfangreicher, was wahrscheinlich mit der Entdeckung der Frau für die Medizin zusammenhing.

[30]) *Mill*, Die Hörigkeit der Frau (1869) 9.

weil der Großteil unter ihnen den Gedanken nicht ertragen könnte, an der Seite eines gleichstehenden Wesens zu leben"[31].

Im selben Jahr erhielten die Frauen jenseits des Atlantiks - nämlich im amerikanischen Bundesstaat Wyoming - erstmals das Recht zu wählen. Die Forderungen Mill's - stellvertretend für jene der unzähligen Frauenvereine - sollten in Europa erst 1905 verwirklicht werden: Nicht in England, wie man annehmen könnte, sondern in Finnland erhielten die Frauen erstmals das aktive und passive Wahlrecht.

Wie schon erwähnt war das Europa des 19. Jahrhunderts geradezu davon beseelt, Frieden zu erlangen, diese Sehnsucht läßt sich anhand der unzähligen pazifistischen Vereinigungen, denen vorwiegend Frauen angehörten, dokumentieren: Der Gedanke des Pazifismus und der Schiedsgerichtsbarkeit wurde nun jenem des Imperialismus und den Hegemonialbestrebungen entgegengestellt.

Die Beibehaltung des Konferenzsystems nach dem Wiener Kongreß, das die alljährliche Zusammenkunft der großen Mächtigen vorsah, führte schließlich zu den Haager Friedenskonferenzen. Im Jahr 1867, in dem Österreich seine erste Verfassung erhielt, die auch einen Grundrechtekatalog beinhaltete, wurde in Genf die "Internationale Liga für den Frieden" gegründet. Die Liga hatte es sich zur Aufgabe gemacht, die Schaffung der Vereinigten Staaten von Europa zu realisieren. Neu bei diesem Plan war die Forderung nach einem Schiedsgericht und nach der Bildung eines europäischen Bundesstaates. Dafür hätten die Staaten allerdings einen Teil ihrer Souveränität abtreten müssen, was für die damaligen politischen Umstände unvorstellbar war. Im Mittelpunkt der Gründungsversammlung der Liga stand eine Frau - die Österreicherin Baronin Bertha von Suttner (1843-1914). Sie war in den elitären, aristokratischen Kreisen Europas als *die* Friedenskämpferin bekannt und hatte zu allen wichtigen europäischen Politikern Kontakt. Am 4. Weltfriedenskongreß in Bern 1892 stellte Suttner den Antrag auf Schaffung eines Staatenbundes. Dies schien ihr das einzig Mittel zu sein, welches nicht nur den Frieden für Europa, sondern auch die Wirtschaft fördere.[32] 1889 erschien der Bestseller "Die Waffen nieder", wofür ihr 1905 als erste Frau der Friedensnobelpreis verliehen wurde. Suttner machte keinen Unterschied zwischen Mann und Frau hinsichtlich der Frage des Friedens, da sie die Meinung vertrat, daß sich beide Geschlechter gleichermaßen für Kriegstaten und Kriegshelden begeisterten. Sie war darum bemüht, der 1891

---

[31]) *Mill*, Hörigkeit 86.

[32]) *Neureiter*, Friedensnobelpreisträgerin Bertha von Suttner. Ihre Verbundenheit mit Kärnten (1994) 23.

gegründeten "Österreichischen Gesellschaft für Friedensfreunde", deren Präsidentin sie war, keinen typisch weiblichen Charakter zu geben und unterschied klar zwischen Frauenbewegung und Friedensbewegung. Wohl aus dieser Überlegung heraus nahm sie nie aktiv an der Frauenbewegung teil. Schließlich vertrat sie die Meinung, daß den Frauen bei der Erneuerung der Gesellschaft keine spezielle Rolle zukomme.[33]

Die ab 1867 alljährlich abgehaltenen Friedenskongresse der Liga in Haag konnten allerdings den Ausbruch des Ersten Weltkrieg auch nicht verhindern.

III. Europa in der Zwischenkriegszeit Richard Coudenhove's Paneuropa und sein Frauenbild

In der Zwischenkriegszeit wurde in den folgenden europäischen Staaten das Frauenwahlrecht eingeführt: 1918 in Deutschland und in Österreich, 1919 in den Niederlanden und in Luxemburg, 1920 in Island, 1921 in Schweden, 1922 in Irland, 1928 in England, 1931 in Norwegen und Spanien und 1934 in der Türkei. Mit dieser Entwicklung ging auch die Forderung der Frauen, an der Gesetzgebung aktiv mitwirken zu können, einher.[34] Parallel dazu verlief die Zulassung der Frauen zu fast allen Hochschulstudien.[35] Damit war den Frauen - zumindest rechtlich - auch der Weg zu den öffentlichen Ämtern und akademischen Berufen geöffnet.[36]

Für die europäische Einigungsidee waren die Bedingungen im Europa nach 1918 äußerst ungünstig. Der Erste Weltkrieg hatte eine vollkommene territoriale und politische Neugestaltung Europas zur Folge: Zum einen waren vor allem auf dem Boden der ehemaligen Zentralmächte Deutschland und Österreich-Ungarn neue Staaten entstanden, sodaß der Kontinent in 27 Nationalstaaten zersplittert war, zum anderen schien die Kluft zwischen

---

[33]) *Weiß*, Die Österreicherin. Die Rolle der Frau in 1000 Jahre Geschichte (1996) 302.

[34]) Während der Zeit von 1919 bis 1933 waren 25 Frauen Abgeordnete im österreichischen Parlament. Dazu s *Hauch*, Vom Frauenstandpunkt aus. Frauen im Parlament 1919-1933 (Studien zur Gesellschafts- und Kulturgeschichte 7 = Veröffentlichungen des Ludwig-Boltzmann Institutes für Geschichte der Arbeiterbewegung hg von Ardelt/Konrad [1995] 241-350).

[35]) Vgl dazu für die juridische Fakultät Graz *Ziegerhofer*, Die Frage der Zulassung der Frauen zu den rechts- und staatswissenschaftlichen Studien an der Karl-Franzens-Universität Graz, in Frauen und Frauenkarrieren an der Universität Graz hg von *Kernbauer/Schmidlechner-Lienhart* (Publikationen aus dem Archiv der Universität Graz 33 [1996]) 94-111.

[36]) Vgl dazu *Sporrer*, Grundrechte für Frauen in Europa - Bestandsaufnahme und Ausblick, in Kritik und Fortschritt im Rechtsstaat. Grundrechte in Europa. 20. Tagung der Österreichischen Juristenkommission vom 10. bis 12. Juni 1993 in Weißenbach am Attersee (1995) 89 (91): die Manifestierung der Gleichheitsidee in Österreich.

Frankreich und Deutschland zu einem unüberwindbaren Problem zu werden, welches die Gefahr eines weiteren Weltkrieges in sich barg. Zu all diesen Problemen kam noch das totale wirtschaftliche Desaster, welches durch den Börsenkrach 1929 verstärkt wurde.

In dieser Zeit griff Richard Nikolaus Coudenhove-Kalergi den Gedanken der Vereinigung Europas wieder auf:[37] Er hatte die Vision von einem Paneuropa, das alle Staaten Europas umfassen sollte mit Ausnahme des faschistischen Italien und der bolschewistischen Sowjetunion. Auch Großbritannien würde Paneuropa nicht angehören, weil es als "British Commonwealth" eine eigene Weltmacht bildete. Zusammen mit den weiteren drei Machtblöcken - Amerika, der Sowjetunion, Japan zusammen mit China - würden das British Commonwealth und Paneuropa einen weltumspannenden Völkerbund bilden. Neben der politischen Vereinigung plante Coudenhove zusätzlich ab 1935 eine paneuropäische Wirtschaftsgemeinschaft. Das höchste Ziel, das Coudenhove mit der Gründung von Paneuropa anstrebte, war die Erlangung und Erhaltung des Friedens für Europa.

Coudenhove unterschied sich in zweifacher Hinsicht von den vorangegangenen Europaplanern: Er versuchte erstmals einerseits die Idee eines vereinten Europas in die Realität umzusetzen und andererseits den Umständen der Zeit dahingehend Rechnung zu tragen, indem er die Bedeutung der Frau für Paneuropa und innerhalb Paneuropas definierte. Dabei dürfte seine selbstbewußte Gattin, die Burgschauspielerin Ida Roland, keinen unwesentlichen Einfluß gehabt haben, wohl könnte er auch von dem Gedanken geleitet worden sein, Frauen als besondere Zielgruppe für Paneuropa anzusprechen, um so für seine Bewegung eine größere Breitenwirkung zu erzielen. Dafür spricht, daß Coudenhoves Engagement für Frauen ab jenem Zeitpunkt intensiver wurde, als es bereits abzusehen war, daß Paneuropa wohl eine Vision bleiben würde.

In seinem 1927 erschienenen Buch "Held oder Heiliger" nimmt Coudenhove zum Thema Emanzipation Stellung. Die Emanzipation, so der Graf, habe zur Befreiung des weiblichen Geschlechts geführt, allerdings auf Kosten der Zerstörung des Typus des Weiblichen: *"Die Herrschaft des Mannes habe seine grausamste Form angenommen, indem sie die Frau zum Ebenbild des Mannes machen wollen; dadurch werde aber die Frau zu ei-*

---

[37]) Graf Richard Nikolaus Coudenhove-Kalergi (1894-1972) in Ronsperg/Böhmen geboren, 1917 Promotion zum Doktor der Philosophie an der Wiener Universität. Begründer der Paneuropa-Bewegung mit Hauptsitz in Wien 1923-1938; 1938 Emigration über die Schweiz nach Amerika, dort Professor für Geschichte an der Universität von New York; 1946 Rückkehr nach Europa, 1947 Gründung der Europäischen Parlamentarier-Union, 1951 Gründung der Paneuropa-Union. Vgl dazu *Ziegerhofer*, Die Paneuropa-Bewegung der Zwischenkriegszeit, in Österreichisches Jahrbuch für Politik 1996 (1997) 573-595.

nem Mann zweiter Klasse degradiert, sie werde eine Karikatur des Mannes, der sie dafür mit dem Wahlrecht und dem Zugang zur Universität entschädigt."[38] Er sah demnach für Frauen keine Veranlassung, bessere Männer zu werden, "*denn bei aller Verschiedenheit seien sie den Männern mindestens gleichwertig*". Die Emanzipation, wie sie jetzt stattfinde, stelle keine Gleichberechtigung, sondern eine Angleichung, ja eine Frauenassimilation dar! Die Frauen schließen sich der Agitation und Methode der Männer an, statt bewußt ihre Weiblichkeit für die neuerworbenen Rechte einzusetzen. Das war seiner Meinung nach die Ursache, warum das Frauenwahlrecht so geringe Auswirkungen auf die rechtliche und politische Situation der Frauen hatte. Deshalb müsse eine zweite Emanzipation erfolgen, die nicht die Befreiung der Frau von der männlichen Herrschaft zum Inhalt hätte, sondern die Befreiung der Frau vom männlichen Typus.[39] Coudenhove befürwortete somit die Emanzipation der Frauen im klassischen Sinne des Gleichgewichtes der Geschlechter, da Mann und Frau von Natur aus dazu bestimmt wären, sich zu ergänzen. Während der Mann den Kampf und somit auch den Krieg symbolisiere, stehe die Frau synonym für den Frieden. Frauen seien konservativer und pazifistischer als der Mann, weshalb sie geradezu prädestiniert wären, in der europäischen Friedenspolitik - die Paneuropa darstellt - mitzuarbeiten. Da Europa von der einseitigen kriegerischen Männerwelt dominiert werde, müßten die Frauen dieser Dominanz ihre Mütterlichkeit, ihre Menschlichkeit und ihre Friedlichkeit und Güte entgegenstellen: Nur so könne Europa Frieden erlangen.

Einige Jahre später, nach Erscheinen des erwähnten Buches, nannte der Graf als wesentliche Stütze seiner Paneuropa-Bewegung neben dem Friedenswillen der europäischen Massen, den Friedenswillen der Frauen, die ihre Söhne, Gatten, Geliebten, Väter und Brüder keinem neuen Weltkrieg mehr opfern wollen.[40] Demnach sei die politische Mission der Frau der Friede.

Im Jänner 1936 wurde Coudenhove von der "Österreichischen Frauenschaft" eingeladen, einen Vortrag zu halten; diesem Begehren leistete er auch Folge. In seiner Rede rief er die Frauen auf, den Kampf gegen den Untergang Europas, der - seiner Meinung nach - durch einen weiteren Krieg und durch den wirtschaftlichen Ruin drohe, gemeinsam mit den Männern aufzuneh-

---

[38]) *Coudenhove-Kalergi*, Held oder Heiliger (1927), 202 und 212-213: Die politische Mission der Frau ist der Friede. Der Mann hat immer mit einer individualistischen Einstellung für den Frieden in Europa gekämpft, die Frau allerdings kämpft mit einer einheitlichen Position. Sie ist nun dazu aufgefordert, die blutigen Revolutionen zu verhindern und die soziale Frage zu lösen. Denn dazu ist sie berufener als der Mann, weil sie zugleich konservativer und sozialer ist als er. Sozialismus wurzelt in ihrer Menschlichkeit, Konservatismus in ihrer Mütterlichkeit.

[39]) *Coudenhove-Kalergi*, Held 203.

[40]) *Coudenhove-Kalergi*, Paneuropa-ABC (1932) 25.

men.[41] Die Rechtfertigung für die Mitwirkung der Frauen bei diesem Kampf sah Coudenhove in der Mutter- und Hausfrauenpflicht: Frauen wären in doppelter Hinsicht Opfer, nämlich Opfer der Kriege und Opfer der wirtschaftlichen Not. Als Ehegattinnen und Mütter hätten sie gar oft ihre Männer und Kinder durch den Krieg verloren, als Hausfrauen seien sie diejenigen, die durch Sparsamkeit und Entbehrungen ihre Familien in der Zeit der wirtschaftlichen Not erhalten müßten.

Die Befürchtungen der Frauen, an der Politik und somit an Paneuropa nicht aktiv teilnehmen zu können, weil sie politisch unbegabt seien, bezeichnete er als Ausdruck weiblicher Minderwertigkeitskomplexe. Diese bestünden zu Unrecht, da Paneuropas Kampfmittel die Propaganda, also die öffentliche Meinung sei, weshalb die Frauen mit ihren privaten Meinungen den gleichen Beitrag wie die Männer leisteten. Gerade an der Gestaltung dieser öffentlichen Meinung habe die Frau einen wesentlich größeren Anteil als der Mann, denn in ihrer Funktion als Mutter und Erzieherin könne sie ihren Kindern die paneuropäischen Grundgedanken weitergeben.

Weiters meinte Coudenhove, daß man für die Politik lediglich einen offenen Blick, einen guten Willen und einen gesunden Menschenverstand benötige. Daß die Frauen alle diese Eigenschaften besässen, beweise die Geschichte, denn allein der "Herrscherberuf" stand auch den Frauen zu und es zeigte sich, daß die Zahl hervorragender Herrscherinnen weitaus größer war als die der Herrscher. Diese Tatsache fordere geradezu die Frage heraus, ob nicht die Politik zu jenen Bereichen zähle, in denen die weibliche Begabung der männlichen nicht nur ebenbürtig, sondern gar überlegen sei.

Nicht nur wegen des Friedensziels, sondern auch wegen der wirtschaftlichen Zielsetzung der Paneuropa-Bewegung seien Frauen zur Mitgestaltung der paneuropäischen Politik aufgefordert. Obwohl erstmals in der Geschichte des Kontinents ein Produktionsüberschuß herrsche, mangle es an Konsumenten. Diesen banalen Zustand verdanke Europa der männlichen Wirtschaftspolitik: Die Männer als Produzenten hätten zuwenig die Wünsche der Konsumenten bedacht. Diese Gruppen bilden jedoch größtenteils Frauen, deren Interessen berücksichtigt werden müßten, denn nur dann könne man die europäische Wirtschaftsfrage lösen.

---

[41]) Folgende Aussagen Coudenhoves stammen aus seinem Vortrag, den er am 20. Jänner 1936 in Wien vor der "Österreichischen Frauenschaft" mit dem Titel "Die europäische Mission der Frau" hielt. Diesen strahlte die RAVAG in gekürzter Fassung bereits am 11. Jänner aus: s Zentrum zur Aufbewahrung historisch-dokumentarischer Sammlungen (=CCHIDK), Moskau, Bestand 554 Paneuropa-Union, Findbuch 4, Akt (=Delo) 58, 22.12.1936, fol.461: Coudenhove erhält von der RAVAG die Mitteilung, daß sein Vortrag am 11. Jänner 1936 in der Zeit zwischen 19.30 und 19.40 Uhr gesendet werden wird.

Diese Gedanken wollte Coudenhove in seinem Paneuropa verwirklichen, wozu er folgende Maßnahmen ergriff: Der dritte Paneuropa-Kongreß, der 1932 in Basel stattfand, war erstmals in Fachkommissionen gegliedert; eine davon widmete sich der "Zusammenarbeit europäischer Frauen", deren Vorsitz eine Finnin innehatte. Diese Kommission kam zu dem Ergebnis, einen Ausschuß zur Schaffung besonderer Frauensektionen, die den bereits bestehenden Paneuropa-Organisationen in den jeweiligen Ländern einverleibt werden sollten, zu gründen. Der Vorsitz des paneuropäischen Frauenausschusses wurde Ida Roland-Coudenhove übertragen. Die Frauen kamen weiters überein, für die Verbreitung des Paneuropa-Gedankens in den europäischen Parlamenten und in den Schulen Sorge zu tragen.[42] Auf diesem Kongreß übermittelte übrigens die Reichstagsabgeordnete Adele Schreiber-Krieger die Wünsche der Frauen für ein geeintes Europa.[43] Als ein Hauptziel der für das Jahr 1933 geplanten Gründung einer Paneuropäischen Partei definierte Coudenhove die vollständige politische und wirtschaftliche Gleichberechtigung der Frauen.[44]

In der im Jahre 1924 gegründeten Zeitschrift "Paneuropa" schrieb lediglich Vilma Kopp einen Beitrag zum Thema "Die Frauen und Paneuropa"[45]. Sie unterstrich Coudenhoves konservative Einstellung den Frauen gegenüber: Die Ziele Paneuropas - nämlich der Friede, soziale Dienste und die sittlich-religiöse Vertiefung in der europäischen Kulturgesinnung - decken sich mit den Wünschen und Forderungen der Frauen. Deshalb sollten sie - gleichwertig dem Manne - an der Verwirklichung dieser Ziele mitarbeiten!

Doch blieben diese eingeleiteten Aktionen angesichts der politischen Veränderungen in Deutschland Utopien - anstelle von Paneuropa trat der Europaplan von Adolf Hitler, dessen Umsetzung 1938 auf brutalste Weise begann. In diesem Europa wurden die Frauen auf die Rolle der Mutter und somit auf die der Gebärmaschine für das Dritte Reich reduziert, die völlige Unterwerfung unter den Führer und somit unter die Männer war Ehrensache.

---

[42]) Europa-Kongreß 1932, Paneuropa 8 (1932) 290.

[43]) Paneuropa 8/9 (1932) 254.

[44]) CChIDK, 554-1-39, fol.215; 3.11.1932.

[45]) *Kopp*, Die Frauen und Paneuropa, Paneuropa 1 (1930) 12 (12-16): Sie ist übrigens die einzige Frau, welche sich in der Zeitschrift "Paneuropa" schriftstellerisch zu diesem Thema zu Wort meldete.

IV. Europa nach 1945

Die Frauen des Nachkriegs-Europa gingen als "Trümmerfrauen" in die Geschichte ein: Während des Krieges unterstützten sie die Kriegsmaschinerie, nahmen die Arbeitsplätze der Männer ein, während diese an der Front kämpften - nach dem Ende des Krieges hatten sie bedeutenden Anteil am Wiederaufbau des zerstörten Kontinentes.

Noch während des Krieges bekamen die Frauen Frankreichs das Wahlrecht, 1945 die Frauen Italiens. Als das letzte Land in Europa erhielt Portugal 1986 das Frauenwahlrecht, womit diese Entwicklung und zugleich die Phase der "alten Frauenbewegung" endgültig abgeschlossen war.

In der Nachkriegszeit keimte wieder der Gedanke der Vereinigung europäischer Staaten auf. Schon während des Krieges waren sich die Verbündeten einig, daß Europa derart gestaltet werden müsse, daß ein weiterer Krieg ausgeschlossen sei. Man war sich dessen bewußt, daß das Hauptaugenmerk bei der Neuordnung Europas auf der Zuerkennung von Menschenrechten liegen müsse. Den Anfang dazu machten 1945 die Gründerstaaten der UNO: Sie erklärten in der Präambel ihrer Charta "*den Glauben an grundlegende Menschenrechte, an die Würde und den Wert der menschlichen Person, an die gleichen Rechte von Männern und Frauen und von großen und kleinen Nationen zu befestigen*"[46]. Am 10. Dezember 1948 war es dann schließlich soweit, an diesem Tag wurde feierlich die UN-Deklaration der Menschenrechte verkündet. Obwohl sie nur eine Absichtserklärung war, welche für die Signatarstaaten keine völkerrechtlichen Verbindlichkeiten nach sich zog, so stellte sie doch das erste Dokument dar, in dem die Gleichberechtigung von Mann und Frau erstmals Erwähnung fand.

Einen bedeutenden rechtlichen Schritt setzte der 1949 gegründete Europarat mit der Unterzeichung der Europäischen Menschenrechtskonvention im Jahr 1950 in Rom: "Ohne die UN-Konvention, ohne den anfänglichen Schwung der europäischen politischen und wirtschaftlichen Einigungsbewegung, ohne die Tradition eines ius europaeum, des ius commune oder Gemeinen Rechts und ohne das Bewußtsein gemeinsamer philosophischer und religiöser Denkelemente wäre es nicht möglich gewesen, in so kurzer Zeit die Konvention abzuschließen."[47] Die EMRK verpflichtet ihre Mitgliedstaaten zur Einhaltung der Bestimmungen, allerdings enthält sie keinen eigenen Paragraph, der die Gleichberechtigung der Frauen regelt. Lediglich Artikel

---

[46]) *Oestreich*, Geschichte der Menschenrechte und Grundfreiheiten im Umriß[2] (Historische Forschungen 1 [1978]) 119.

[47]) *Oestreich*, Menschenrechte 122.

14[48] EMRK erwähnt im Zusammenhang der Gewährleistung ihrer festgeschriebenen Rechte und Freiheiten, daß diese ohne Benachteiligung des Geschlechts, der Rasse, Hautfarbe, Sprache, Religion ... zu erfolgen habe.[49]

Der Einigungsprozeß westeuropäischer Staaten wurde durch die Vereinigung der deutschen und französischen Kohle- und Stahlproduktion unter eine supranationale Oberbehörde eingeleitet. Er mündet vorerst in der Gründung der Europäischen Gemeinschaft für Kohle und Stahl 1950. Dieser Montanunion gehörten neben Deutschland und Frankreich auch Italien und die Beneluxstaaten an. Einen ersten Höhepunkt der europäischen Einigung stellte schließlich die Schaffung der Europäischen Wirtschaftsgemeinschaft durch Unterzeichnung der "Römer Protokolle" 1957 dar. Am Zustandekommen des EWG-Vertrages waren ausschließlich Männer beteiligt: Robert Schuman, Jean Monnet, Konrad Adenauer, Alcide de Gaspari, Paul Henri-Spaak etc.

Der Frauen gedachten die Schöpfer der Europäischen Wirtschaftsgemeinschaft lediglich im Artikel 119: Dieser beinhaltet den Grundsatz des gleichen Entgeltes für Mann und Frau.[50] Es zeigte sich jedoch sehr bald, daß die Umsetzung dieses Artikels an den nationalen Regierungen scheiterte. Deshalb erließ der Rat dementsprechende Richtlinien.[51] Nichtsdestoweniger bildet

[48]) *Ermacora/Nowak/Tretter* (Hg), Die Europäische Menschenrechtskonvention in der Rechtsprechung der österreichischen Höchstgerichte (1983) 24.

[49]) Der Europarat überlegt, ob er die Europäische Konvention zum Schutze der Menschenrechte durch ein weiteres Zusatzprotokoll erweitern soll; dazu *Europäisches Parlament Generaldirektion Wissenschaft* (Hg), Menschenrechte = Frauenrechte. Protokoll der vom Ausschuß für die Rechte der Frau durchgeführten öffentlichen Anhörung vom 26./27. Juni 1995 (1996) 16.

[50]) *Stadler*, Europarecht. Österreich in der EU, Verträge-Gesetze-Dokumente (1995) 69: Der Artikel 119 EG-Vertrag lautet im Volltext: "Jeder Mitgliedstaat wird während der ersten Stufe den Grundsatz des gleichen Entgelts für Männer und Frauen bei gleicher Arbeit anwenden und in der Folge beibehalten. Unter 'Entgelt' im Sinne dieses Artikels sind die üblichen Grund- und Mindestlöhne und -gehälter sowie alle sonstigen Vergütungen zu verstehen, die der Arbeitgeber auf Grund des Dienstverhältnisses dem Arbeitnehmer mittelbar oder unmittelbar in bar oder in Sachleistungen zahlt. Gleichheit des Arbeitsentgelts ohne Diskriminierung auf Grund des Geschlechts bedeutet, a) daß das Entgelt für eine gleiche nach Akkord bezahlte Arbeit auf Grund der gleichen Maßeinheit festgesetzt wird; b) daß für eine nach Zeit bezahlte Arbeit das Entgelt bei gleichem Arbeitsplatz gleich ist". Zum Begriff Entgelt genauer: *Europäisches Parlament Generaldirektion Wissenschaft* (Hg), Arbeitsdokument. Die Rechte der Frau und der Vertrag über die Europäische Union (Rechte der Frau W-5 [1994]) 12ff.

[51]) Europäisches Parlament, Arbeitsdokument 7-11 (mit Kommentaren): In der Zeit von 1975 bis 1992 erließ der Rat sechs Richtlinien: RL 75/117/EWG des Rates vom 10.2.1975 über die Anwendung des Grundsatzes des gleichen Entgelts für Männer und Frauen; RL 76/207/EWG vom 9.2.1976 zur Verwirklichung des Grundsatzes der Gleichstellung von Männern und Frauen hinsichtlich des Zugangs zur Beschäftigung, zur Berufsausbildung und zum beruflichen Aufstieg sowie in Bezug auf die Arbeitsbedingungen; RL 79/7/EWG vom 19.12.1978 zur schrittweisen Verwirklichung der Gleichbehandlung von Männern und Frauen im Bereich der sozialen Sicherheit; RL 86/378/EWG vom 24. Juli 1986 zur Verwirklichung des Grundsatzes der Gleichbehand-

Artikel 119 die Grundlage für eine umfassende Gemeinschaftspolitik zur Förderung der Chancengleichheit. Durch ihn wurde bereits ersichtlich, daß die Gleichberechtigung für Männer und Frauen innerhalb eines sich vereinenden Europas in erster Linie wirtschaftlichen Charakter haben werde.[52]

In den 60-er Jahren wurde der Einigungsprozeß fürs Erste durch die Schaffung der EFTA 1960 und durch die Europapolitik von Charles de Gaulle, welche Mitte der Sechziger Jahre die Arbeiten des Rates für Monate lahmlegte, gebremst.

Doch waren das nicht die einzigen dieses Dezennium prägenden Ereignisse: Neben den pazifistischen Bewegungen gegen den drohenden Atomkrieg keimte im Soge der Studentenrevolution 1968 wieder die Frauenbewegung auf. Die Frauen begannen nun verstärkt um ihre Anerkennung als Frau zu kämpfen.

Richard Coudenhove, welcher 1947 die Europäische Parlamentarier-Union gegründet hatte, die wesentlichen Anteil am Entstehen des Europarates hatte, machte im Jänner 1968 wieder von sich reden. Damals erregte er vor allem in der Schweiz mit seiner Aufforderung "Mütter in die nationalen Parlamente aufzunehmen" Aufsehen und die 1951 wieder ins Leben gerufene Paneuropa-Union - deren Präsident er war - forderte im selben Jahr die Schaffung eines "*parteilosen Frauenparlamentes, damit der Instinkt der Frau, ihre Intuition und Fantasie in der Synthese mit dem männlichen Denken, den bipolaren Schöpfungsgedanken umsetzt in Gleichgewicht und Harmonie in dieser irritierten Welt*"[53]. Hinsichtlich der praktischen Umsetzung

---

lung von Männern und Frauen bei den betrieblichen Systemen der sozialen Sicherheit; RL 86/613/EWG vom 11. Dezember 1986 zur Verwirklichung des Grundsatzes der Gleichbehandlung von Männern und Frauen, die eine selbständige Erwerbstätigkeit - auch in der Landwirtschaft - ausüben sowie über den Mutterschutz; RL 92/85/EWG vom 19. Oktober 1992 über die Durchführung von Maßnahmen zur Verbesserung der Sicherheit und des Gesundheitsschutzes von schwangeren Arbeitnehmerinnen, Wöchnerinnen und stillenden Arbeitnehmerinnen am Arbeitsplatz.

[52]) *Kuhn*, Die soziale Dimension der Europäischen Gemeinschaft (Schriften zum Europäischen Recht 22 hg von *Magiera/Merten* [1995]) 144: Die Bestimmungen des Artikels 119 konnten nicht einmal annähernd realisiert werden, weshalb 1975 der Rat die auf Art 100 EWG-V gestützte Richtlinie "zur Angleichung der Rechtsvorschriften der Mitgliedstaaten über die Anwendung des Grundsatzes des gleichen Entgeltes für Männer und Frauen" erließ. Ähnliche Maßnahmen mit denselben erfolglosen Ergebnissen wurden hinsichlich der Gleichbehandlung von Männern und Frauen im Arbeitsprozeß getroffen oder mit der Entschließung des Rates aus dem Jahr 1990 zum Schutz der Würde von Frauen und Männer am Arbeitsplatz - damit wollte der Rat dem Problem der sexuellen Belästigung am Arbeitsplatz Rechnung tragen. Als Vorläufer dieses Artikel kann das Übereinkommen auf der 34. Tagung der Internationalen Arbeitskonferenz in Genf, welches die "Gleichheit des Entgelts männlicher und weiblicher Arbeitskräfte bei gleichwertiger Arbeit" forderte, bezeichnet werden.

[53]) Fonds Archives Paneuropéennes (=Fonds AP) 2: *Coudenhove* C.VII.5 Exposé für ein Parlament der Frauen in der BRD.

dieser Idee wird folgender Vorschlag gemacht: "Auf Hinweis oder Bestimmung des Bundespräsidenten erkennt das parteipolitische Parlament die berechtigte Forderung der Frauen an, in einem sogenannten Frauenparlament, das durchaus nicht permanent tagen soll, als mitbestimmendes, mitdenkendes Gremium zu fungieren. Aus **parteilich ungebundenen** Frauen, prominenten Frauen, müsse eine Delegation gebildet werden, (vielleicht 20 Frauen ?!) die wiederum als Einzelne stellvertretend für 20 aktive und kompetente Frauen in der BRD auftreten. Die Stimmenzahl der Frauen muß so geordnet sein, daß sie der Stimmenzahl im Bonner Parlament gleich ist"[54]. Coudenhove begründete wiederholt seine Forderung nach politischen Rechten für die Frauen mit deren angeborenem Friedenswillen und war angesichts der drohenden atomaren Gefahr davon überzeugt, daß "*nur noch durch ihren Einfluß das Gleichgewicht der Kräfte gewährleistet sei, damit es nicht wiederum ein 'zu spät' gäbe in dieser vom militärischen Denken beherrschten männlichen Welt*"[55].

Den Weltfrieden könne man seiner Meinung nach entweder durch die Schaffung einer Frauenpartei für den Frieden erlangen, dann wären Männer allerdings nur als Wähler aber nicht als Gewählte zugelassen, oder durch den weiblichen Boykott jener Männerparteien, die nicht die gleiche Zahl von Kandidatinnen ihren Kandidaten gegenüberstellen.[56]

Wie schon in der Zwischenkriegszeit so verlangte Coudenhove auch jetzt die zweite Emanzipation der Frau. Diese sollte allerdings keine politische sein, sondern, um die Befreiung der Frau vom männlichen Typus zu erreichen, eine pädagogische: In den Schulen sollte man die Kinder den Dualismus von Mann und Frau lehren, damit die Frauen ihre Minderwertigkeitskomplexe und die Männer ihren Größenwahn ablegten. Seine fernöstliche Herkunft läßt sich mit der Forderung, Mädchen sollten Jiu-Jitsu lernen, "*um vor der physischen Übermacht der Männer geschützt zu sein*", nicht verleugnen.[57]

Coudenhove stellte sogar die Überlegung an, ob das 20. Jahrhundert nicht jener Zeitpunkt sei, wann das Patriarchat vom Matriarchat abgelöst werde. Dies wäre seiner Ansicht nach ein Segen, denn Krieg ist die Politik des Patriarchates, Frieden die des Matriarchates. Für ihn bedeutete schließlich die

---

[54]) Ebda, Exposé.

[55]) Ebda, Exposé.

[56]) Fonds AP 2: *Coudenhove* C.VII.5, Eine Frauen Partei? von Richard Coudenhove-Kalergi, o.J.6.

[57]) Fonds AP 2, *Coudenhove* C.VII.5, Eine Frauen Partei? 3.

Revolution der Frau im 20. Jahrhundert gegen den Mann eines der größten Ereignisse der Geschichte.[58]

Ab 1977 begannen die Frauen in der "neuen Frauenbewegung", deren Ansätze im Jahr 1968 liegen, die Forderungen Coudenhoves sehr intensiv dahingehend umzusetzen, indem sie die totale Ablehnung der "männlichen Werte" anstrebten. Im Laufe der Zeit erhoben sie in ihren Forderungen den Anspruch, die Unterschiede zwischen den Geschlechtern, die im alltäglichen Leben zwischen Mann und Frau auftreten, zu beachten.

Der Einigungsprozeß kam erst wieder in den Achziger Jahren voll in Schwung: In der ersten grundlegenden Reform der "Römer Protokolle" durch die Einheitliche Europäische Akte 1986, in der man die Verwirklichung des Binnenmarktes und die politische Union bis 1992 festlegte, wurde den Wünschen der Frauen nach voller Gleichberechtigung keine Bedeutung beigemessen. Auch im EG-Vertrag von Maastricht 1992 wird die Gleichberechtigung der Frauen nicht explizit ausgewiesen: So wurde der Artikel 119 EWG-V übernommen und durch ein Protokoll ergänzt; dieses beinhaltet die Gleichberechtigung von Mann und Frau hinsichtlich der Alters- und Hinterbliebenenrente.[59] Weiters wird im Abkommen über die Sozialpolitik[60], welches damals ohne das Vereinigte Königreich England unterzeichnet wurde[61], in Artikel 2 die Chancengleichheit von Männer und Frauen auf dem Arbeitsmarkt und die Gleichbehandlung am Arbeitsplatz festgesetzt.

Bei der Ratifizierung des zitierten Maastrichter Vertrages durch das dänische Parlament setzten erstmals Frauen ein bedeutendes Zeichen: Bei der Volksabstimmung stimmten 57 % Frauen gegen die Unterzeichnung des Vertrages: Damit signalisierten sie, daß sie ein derartig konstruiertes Europa ablehnen.[62]

---

[58]) Fonds AP 2, *Coudenhove* C.VII.5, Die Friedensmission der Frau von Richard Coudenhove-Kalergi 12: Diese sei für ihn bedeutsamer als die beiden weiteren Revolutionen des genannten Jahrhunderts, nämlich die Revolution der Armen gegen die Vorherrschaft der Reichen und die Revolution der Farbigen gegen die Vorherrschaft der Weißen.

[59]) *Europäisches Parlament* (Hg), Arbeitsdokument 21. Laut Protokoll wird ab dem 17. Mai 1990 ein objektiv gleicher Rentenaufbau und im Sterbefalle eine gleiche Deckung garantiert.

[60]) Abkommen zwischen den Mitgliedstaaten der Europäischen Gemeinschaften mit Ausnahme des Vereinigten Königreiches Großbritannien und Irland über die Sozialpolitik in Artikel 2.

[61]) Die neue englische Regierung Tony Blair (seit Mai 1997) erklärte sich bereit, diese Charta nun doch zu ratifizieren.

[62]) *Bohnenkamp*, Europa im Umbruch - neue Dimensionen der Frauenpolitik? in *Schunter-Kleemann* (Hg) Herrenhaus Europa - Geschlechterverhältnisse im Wohlfahrtsstaat (1992) 11.

Als verspätete Reaktion auf die Forderungen der Emanzipations- und der Feminismus-Bewegung kann man die Schaffung des "Beratenden Ausschuß für Frauenfragen" als informelles Gremium der Kommission im Jahr 1982 bezeichnen, weiters die Einsetzung von Expertenkreisen für den Zeitraum von 1982 bis 1989: Diese sollten sämtliche Maßnahmen, die in Europa hinsichtlich der Chancengleichheit und der nationalen Familienpolitiken gesetzt werden, beobachten. Ab 1982 bis 1993 wurden Europäische Frauennetzwerke installiert und 1990 erfolgte die Gründung der Europäischen Frauenlobby.

Um die in den Gemeinschaftsverträgen niedergeschriebenen Gesetze und die dazugehörenden Richtlinien effizienter umzusetzen, startete ab 1982 der Rat sein erstes Aktionsprogramm:[63] Dieses lief 1982 bis 1985 unter der Bezeichnung "Neues Aktionsprogramm der Gemeinschaft zur Förderung der Chancengleichheit von Frauen". Das zweite Aktionsprogramm von 1986 bis 1990 deckte sich teilweise inhaltlich mit dem ersten, doch wurde hier erstmals der allgemeinen und beruflichen Bildung Aufmerksamkeit gewidmet. Das dritte Programm von 1991 und 1995 befaßte sich wiederholt mit der Chancengleichheit von Frauen und Männern. Erstmals wurden hier auch "Männer" in den Titel miteinbezogen, obwohl der inhaltliche Schwerpunkt die Chancengleichheit für die Frauen insbesonders bei der beruflichen Eingliederung sowie der Aufwertung ihrer Rolle in der Gesellschaft bildet. Das derzeitige vierte Arbeitsprogramm, welches für den Zeitraum von 1996 bis 2000 konzipiert ist, beschäftigt sich mit der Würde der Frau nicht nur am Arbeitsplatz, sondern im allgemeinen Kontext und mit der Frage der Einbeziehung der Frau in sämtliche Politiken und in alle Programme auf Gemeinschaftsebene.

Nachdem dargestellt wurde, daß der Anteil der Frauen unter den Europa-Architekten ein verschwindend kleiner ist, stellt sich nun die Frage, wie das unierte Europa die Errungenschaften der alten und neuen Frauenbewegung umsetzt. Welchen Anteil haben die Frauen nun in dem Haus Europäische Union und besitzen diese ein Frauenzimmer? Als Kritik am unierten Europa wird vorgebracht, daß die Organe der Europäischen Union - Rat, Kommission, Europäisches Parlament und Gerichtshof - die Frauenpolitik verrechtlicht und institutionalisiert hatten und somit die Frauenfrage zu einem Staatsfeminismus degradierten.[64] Diese Organe, die "Europa machen", die die "Macht in Europa" besitzen, beschränkten die Frauenpolitik lediglich auf den Ar-

[63]) *Röttinger/Weyringer* (Hg), Handbuch der europäischen Integration (1991) 765.

[64]) *Schunter-Kleemann*, Das Demokratiedefizit der EG und die Verrechtlichung der Frauenfrage, in *Schunter-Kleemann* (Hg), Herrenhaus Europa 30.

beits- und Sozialbereich. Untersucht man die erwähnten Organe auf den Anteil der Frauen, so ergibt sich folgendes Bild:

Im Exekutivorgan der Union, der **Kommission**, befinden sich unter den 20 Kommissären lediglich 5 Frauen: • die Schwedin Anita Gradin (Kommissärin für Fragen im Zusammenhang mit Einwanderung, Justiz und Inneres, Beziehungen zum Bürgerbeauftragten, Finanz - und Betrugsbekämpfung), • die Französin Edith Cresson (Kommissärin für Wissenschaft, Forschung und Entwicklung, Gemeinsame Forschungsstelle, Humanressourcen, allgemeine und berufliche Bildung und Jugend), • die Schwedin Ritt Bjeeregard (Kommissärin für Umwelt und nukleare Sicherheit), • die Deutsche Monika Wulf-Mathis (Kommissärin für Regionalpolitik, Beziehungen zum Ausschuß der Regionen, Kohäsionsfonds) und • die Italienerin Emma Bonino (Kommissärin für Verbraucherpolitik, Amt für humanitäre Hilfe, Fischerei).

Die Herkunft der Kommissärinnen läßt die Vermutung zu, daß einerseits Deutschland, Frankreich und Italien, welche neben Großbritannien und Spanien je zwei Kommissäre stellen, mit der Besetzung eines Kommissariates durch eine Frau der Quotenregelung Rechnung tragen, andererseits könnten die zwei Schwedinnen synonym für die emanzipierte Position der Frauen in ihrem Heimatland stehen. Die 24 Generaldirektionen der Kommission sind wieder ausschließlich mit Männern besetzt. Bis 1996 war Colette Flesch die Direktorin der GD X (Information, Kommunikation, Kultur und audiovisuelle Medien). Die Vertretungen der Mitgliedstaaten bei der Kommission haben lediglich zwei Frauen, eine Französin und eine Griechin, inne.

Das oberste Gericht, der **Europäische Gerichtshof**, wird nach wie vor von Männern dominiert. Der **EuGHI**, das ist der Gerichtshof Erster Instanz, der zur Arbeitsentlastung des EuGH geschaffen wurde, hat eine weibliche Richterin, nämlich die Schwedin Pernilla Lindh.

Schließlich zum **Ministerrat**, welcher sich aus den Außenministern der Mitgliedstaaten zusammensetzt. Dazu muß man die Zusammensetzung der europäischen Regierungen untersuchen, um zum Ergebnis zu gelangen, daß wiederum die nordischen Staaten bezüglich Frauenanteil die Nase vorne haben: Schweden hat eine Außenministerin, nämlich Lena Hjelm-Wallén und Finnland Frau Tarja Halonen.

Anders verhält es sich im **Europäischen Parlament**. Von hier gingen alle wesentlichen Impulse für frauenpolitische Initiativen aus; allerdings stellt das Europäische Parlament aufgrund seines Demokratiedefizits, das heißt, der mangelnden Rechtsetzungsbefugnis, nur ein Scheinparlament dar. Das Parlament bezeichnet die Chancengleichheit von Frauen und Männern in Bildung und Beruf, die Gleichberechtigung im wirtschaftlichen und politischen Geschehen als wesentliche Anliegen seit seiner Gründung 1952 bzw. 1958. Nach den ersten Direktwahlen in das Parlament 1979 kam es zur Einsetzung eines "Ad hoc-Ausschusses für die Rechte der Frauen". Im selben Jahr bis 1982 wurde Simone Veil erste Präsidentin des Parlaments. Unter ihrer Präsidentschaft erfolgte 1981 die Gründung des "Untersuchungsausschusses zur Situation der Frau in Europa". Im selben Jahr wurde Simone Veil mit dem Karlspreis der Stadt Aachen, welcher für besondere Verdienste um die europäische Einigung verliehen wird, ausgezeichnet. Der erste Würdenträger dieses von der Stadt Aachen gestifteten Preises war übrigens Richard Coudenhove-Kalergi; er erhielt ihn im Jahr 1950.

Nach den zweiten Direktwahlen 1984 wurde der ständige "Ausschuß für die Rechte der Frauen" installiert. Diesem Ausschuß gehören heute 41 Mitglieder des Europäischen Parlamentes an, deren Vorsitzende die Niederländerin Nel van Dijk (Grüne) ist. Der Ausschuß hat es sich zur Aufgabe gemacht, die Tätigkeiten der Frauen innerhalb der EU-Institutionen zu fördern, ihren Einfluß auf die EU-Politiken (GASP, ZBJI) auszubauen, Gleichberechtigungs-Richtlinien anzuwenden, Frauenrechte innerhalb der EU zu definieren, beschäftigungs- und bildungspolitische Maßnahmen der Frauen zu fördern und die Frauenarbeitslosigkeit zu bekämpfen.[65] Darüberhinaus fördert das Europäische Parlament Frauenprojekte mit einem Budget von 30 MECU = EURO.[66]

Das Europa-Parlament setzt sich aus 626 Abgeordnete zusammen, wovon 163 weiblich sind, das sind genau 26 %. Unter den Vorsitzenden der acht politischen Fraktionen befinden sich drei Frauen: • die Britin Pauline Green (Europäische Sozialistische Fraktion), • die Deutsche Claudia Roth (Grüne) und • die Französin Catherine Lalumiére (Group of European Radical Alliance).

V. Zusammenfassung

Der Anteil der Frauen am Bau Europas ist ein verschwindend kleiner; dies resultiert aus der erst im 20. Jahrundert sich zum Positiven ändernden politischen, rechtlichen und sozialen Situation für die Frauen. Selbiges gilt auch für die Berücksichtigung von Frauen beim Bau des Hauses Europa. Einzig Coudenhove hat sich bewußt - im positiven Sinne - der Frauen angenommen:

---

[65]) Im Parlament beschäftigt sich die GD 12 Wissenschaft = Abteilung für Haushaltsfragen, kulturelle Fragen, Grundfreiheiten und innere Angelegenheiten, Geschäftsordnung, Petitionen und vergleichendes Recht, mit den Rechten der Frauen.

[66]) 1 ECU entspricht ca 13,75 ATS.

Sein klassisches Frauenbild ist von der fernöstlichen Philosophie geprägt und von dem Dualismus, Mann und Frau seien grundverschieden und ergänzen einander. Die Zukunft werde seiner Meinung nach von der Beziehung der Geschlechter zueinander bestimmt.

Einige Argumente Coudenhove's finden sich heute noch in Aussagen europäischer Spitzenbeamten wieder. So versuchte etwa der ehemaligen Leiter der Vertretung der Europäischen Kommission in Wien - Albrecht Rothacher - die Meinung der Frauen, sie stünden der Union deshalb skeptisch gegenüber, weil sie glauben, daß es in dieser nur um Macht und Stärke gehe, folgendermaßen zu entkräftigen: "*Gerade deshalb sei die Europäische Union wie geschaffen für sie; denn die Union sei gegen das Überhandnehmen von Macht und Stärke, wäre dies anders, so würden die gleichen Verhältnisse wie vor 1957 herrschen.*"[67] Und auch der derzeitige Leiter der GD X - der Grieche Spyros A. Pappas - begründet die Mitarbeit der Frauen am Bau Europas in ähnlicher Weise wie Coudenhove, wenn er meint, daß die Frauen bei der Verwirklichung der Ziele des vereinten Europas eine einzigartige Rolle spielen. "*Den Frauen ist es - Meinungsumfragen zufolge - daran gelegen, eine gerechtere, tolerantere, pluralistische und multikulturelle Gesellschaft zu schaffen, in der Individualität und Verschiedenartigkeit jedes Einzelnen geachtet wird und sich der Marginalisierung und der Verfremdung entgegenstellt.*"[68]

Beschämend ist die Tatsache, daß die Forderungen von Olympe de Gouges 1791 und von Mary Wollstonecraft 1792, Frauenrechte zu Menschenrechten zu erklären, erst auf der UNO-Weltkonferenz für Menschenrechte in Wien 1993 realisiert wurden.[69] Eine weitere Forderung von Olympe, das unsichtbare Geschlecht verbal sichtbar zu machen, ist bis heute noch nicht bis in die EU durchgedrungen, spricht diese doch mit größter Selbstverständlichkeit von Unionsbürgern. Auf dieses Defizit wies Véronique Houdart-Blazy (Leiterin des Referats Fraueninformation der Kommission) anläßlich der Präsentation des Arbeitsprogrammes für 1997 durch die Kommission hin. Sie sieht in der Mißachtung der Dimension des Geschlechts die Ursache, warum Frauen in der Arbeitswelt nicht in den vollen Genuß ihrer Rechte gelangen.[70]

---

[67]) *Rothacher*, Vorwort, in Das Europa Frauenhandbuch hg *von Europäische Kommission Vertretung in Österreich* (1994) 5 und über die Situation der Frau in Österreich seit dem EU-Beitritt 1995 *Kirschbaum*, Frauen und EG-Recht, in *Aichhorn* (Hg), Frauen & Recht (1997) 253-291.

[68]) *Pappas*, Frauen Europas 70 (1997) 1.

[69]) Menschenrechte = Frauenrechte 6.

[70]) *Houdart-Blazy*, Frauen Europas 66 (1996) 1.

In der Union besteht hinsichtlich der Frauenfrage noch größter Handlungsbedarf. Dies hat uns zB der Fall Kalanke für Artikel 119 sehr drastisch vor Augen geführt. So entschied der EuGH am 23. November 1995, daß die automatische Bevorzugung von Frauen gegenüber Männern bei gleicher Qualifizierung gegen Art. 119 verstoße.[71] Das Urteil bewies die unzureichende Bestimmung des grundlegenden Artikels.[72]

Am 17. Juni 1997 wurde am EU-Gipfel von Amsterdam ein neuer "Vertrag für Europa", der Vertrag von Amsterdam, beschlossen und am 2. Oktober 1997 unterzeichnet. Hinsichtlich der Gleichberechtigung ergaben sich folgende Neuerungen: Im revidierten Artikel 2 erklären die Mitgliedstaaten die Gleichheit von Mann und Frau zu einer weiteren Aufgabe der Europäischen Union, die zu einem "hohen Niveau an Beschäftigung und sozialem Schutz", der "Anhebung des Lebensstandards und der Lebensqualität", dem "wirtschaftlichen und sozialen Zusammenhalt" und der "Solidarität zwischen den Mitgliedstaaten" hinzutritt. Artikel 3 stellt das Bekenntnis der Mitgliedstaaten dar, "Ungleichheiten innerhalb der EU zu beseitigen und die Gleichstellung von Frauen und Männern zu fördern". Somit wurde die Gleichberechtigung erstmals mit einer soliden Rechtsgrundlage ausgestattet.[73] Gertrud Wartenberg, die Vorsitzende der Europäischen Frauenlobby, bedauert das Fehlen einer klaren Verpflichtung zugunsten der Gleichberechtigung und bezeichnet daher den Vertrag von Amsterdam als nicht besonders frauenfreundlich.[74]

Abschließend sei die amerikanische Außenministerin Madeleine Albright zitiert, die die US-Botschafter in aller Welt instruierte, die Förderung der Rechte der Frauen zu einer Priorität zu machen, weil: "*Die Geschichte dieses*

---

[71]) Vgl dazu das Urteil des EuGH vom 11. November 1997: darin erlaubt er die positive Diskriminierung von Frauen, allerdings nur, solange sie nicht automatisch weiblichen vor männlichen Kandidaten den Vorzug gibt (*Kraus*, Frauen dürfen doch bevorzugt werden, Die Presse vom 12. November 1997).

[72]) Der Artikel 119 wird so lange ein unvollkommenes gemeinschaftliches Grundrecht bleiben, so lange nicht zumindest Elemente des familiären Bereichs und insbesondere die übrigen Arbeitsbedingungen außerhalb des Entgelts von seinem Schutzbereich erfaßt werden. Die soziale Dimension der Europäischen Gemeinschaft (Schriften zum Europäischen Recht 22 hg von *Magiera/Merten* [1995]) 144; *Döse*, Das EG-Gleichbehandlungsrecht und seine Änderungen nach Maastricht - Auswirkungen für Frauen, in *Strecker/Tham* (Hg), Chancengleichheit. Utopie oder Perspektive für Frauen in Europa? (Forschungsgruppe Jugend und Europa 4 [1995] 23 [34]).

[73]) Die Bürger im Herzen des neuen Vertrags, Frauen Europas 73 (1997) 1 und Europäische Union, Vertrag von Amsterdam zur Änderung des Vertrags über die Europäische Union, der Verträge zur Gründung der Europäischen Gemeinschaften sowie einiger damit zusammenhängender Rechtsakte (1997) 24-25.

[74]) Pseudogleichheit, Frauen Europas 73 (1997) 3.

Jahrhunderts zeigt uns, daß Demokratie die Mutter des Frieden ist. Und der Hausverstand zeigt uns, daß wahre Demokratie nicht ohne volle Teilnahme von Frauen möglich ist."[75]

---

[75]) *Riedler*, Die Unermüdliche im State Department, Die Presse, 28. April 1997, 5.

Quellenverzeichnis

- Fondation Archives Européennes, Genève: Fonds Archives Paneuropéennes (= Fonds AP) 2: Coudenhove C.VII.5.

Literaturverzeichnis

- *Blanc Olivier,* Olympe de Gouges. Aus dem Französischen von Sabine Oppolzer-Ohmacht (1989).
- *Bodin Jean*, Über den Staat, übersetzt von Gottfried Niedhart (1976).
- *Coudenhove-Kalergi Richard Nikolaus,* Held oder Heiliger (1927).
- *Coudenhove-Kalergi Richard Nikolaus,* Paneuropa-ABC (1932).
- *Döse Annegret,* Das EG-Gleichbehandlungsrecht und seine Änderungen nach Maastricht - Auswirkungen für Frauen, in *Strecker Sigrid/Tham Barbara* (Hg), Chancengleichheit. Utopie oder Perspektive für Frauen in Europa? (1995), (Forschungsgruppe Jugend und Europa 4), 23-35.
- *Ellrichshausen Egon Conrad,* Die uneheliche Mutterschaft im altösterreichischen Polizeirecht des 16. bis 18. Jahrhunderts dargestellt am Tatbestand der Fornication (1988), (Schriften zur Rechtsgeschichte 42).
- *Ermacora/Nowak/Tretter* (Hg), Die Europäische Menschenrechtskonvention in der Rechtsprechung der österreichischen Höchstgerichte (1983).
- Europa-Kongreß 1932, in Paneuropa 8, 1932, 223-294.
- *Europäisches Parlament Generaldirektion Wissenschaft* (Hg), Arbeitsdokument. Die Rechte der Frau und der Vertrag über die Europäische Union (1994), (Rechte der Frau W-5).
- *Floßmann Ursula,* Geschlechtsspezifische Diskriminierung und Gleichbehandlungsgebot als Strukturelemente frühneuzeitlicher Rechtsordnungen, in *Morsak Louis C./Escher Markus* (Hg), *Carlen*-FS (1989), 617-625.
- Frauen Europas info, (*Véronique Houdart-Blazy* [Hg], Leiterin des Referates Fraueninformation-Generaldirektion X, Brüssel), erscheint monatlich.
- *Frevert Ute,* Mann und Weib, und Weib und Mann. Geschlechter-Differenzen in der Moderne (1995).
- *Gerhard Ute* (Hg), Frauen in der Geschichte des Rechts. Von der Frühen Neuzeit bis zur Gegenwart (1997).
- *Hassauer Friederike,* Weiblichkeit - der blinde Fleck der Menschenrechte? in *Gerhard Ute ua* (Hg), Differenz und Gleichheit. Menschenrechte haben (k)ein Geschlecht (1990), 320-337.

- *Hauch Gabriella,* Vom Frauenstandpunkt aus. Frauen im Parlament 1919-1933 (Studien zur Gesellschafts- und Kulturgeschichte 7 = Veröffentlichungen des Ludwig-Boltzmann Institutes für Geschichte der Arbeiterbewegung hg von Rudolf Ardelt und Helmut Konrad), Wien 1995.
- *Hobbes Thomas,* Leviathan or the matter, forme and power of a commonwealth ecclesiasticall and civil, with an introduction by Michael Oakeshott (1955).
- *Houdart-Blazy Véronique,* in Frauen Europas 66/1996, 1.
- *Jauch Ursula Pia,* Immanuel Kant zur Geschlechterdifferenz. Aufklärerische Vorurteilskritik und bürgerliche Geschlechtsvormundschaft (1988).
- *Kirschbaum Rita-Maria,* Frauen und EG-Recht, in *Ulrike Aichhorn* (Hg) Frauen & Recht (1997), 253-291.
- *Kopp Vilma,* Die Frauen und Paneuropa, in Paneuropa 1/1930, 12-16.
- *Kraus Doris,* Frauen dürfen doch bevorzugt werden, in Die Presse 12. November 1997.
- *Kuhn Annette* (Hg), Die Chronik der Frauen, Dortmund 1992
- *Kuhn Heike,* Die soziale Dimension der Europäischen Gemeinschaft Berlin 1995 (Schriften zum Europäischen Recht 22).
- *Lingenthal Carl Sal. Zachariä von,* Handbuch des Französischen Zivilrechts hg von *Dr. Sigismund Puchelt* (1874), 4 Bde.
- Menschenrechte = Frauenrechte. Protokoll der vom Ausschuß für die Rechte der Frau durchgeführten öffentlichen Anhörung vom 26./27. Juni 1995, hrsg von *Generaldirektion Wissenschaft* (1996).
- *Mill John Stuart,* Die Hörigkeit der Frau, übersetzt von Jenny Hirsch (1869).
- *Motzko Alma,* Weg der Frau zu Recht und Geltung (1959).
- *Neureiter Karin,* Friedensnobelpreisträgerin Bertha von Suttner. Ihre Verbundenheit mit Kärnten (1994).
- *Oestreich Gerhard,* Geschichte der Menschenrechte und Grundfreiheiten im Umriß² (1978), (Historische Forschungen 1).
- *Pappas Spyros A.,* in Frauen Europas 70/1997, 1.
- *Riedler Monica,* Die Unermüdliche im State Department, in Die Presse, 28. April 1997, 5.
- *Röttinger Moritz/Weyringer Claudia* (Hg), Handbuch der europäischen Integration (1991).
- *Rothacher Albrecht,* Vorwort, in Das Europa Frauenhandbuch hg von *Europäische Kommission Vertretung in Österreich* (1994).
- *Rougemont Denis de,* Europa (1961).

- *Schöndube Claus/Ruppert Christel,* Eine Idee setzt sich durch. Der Weg zum vereinigten Europa (1964).
- *Schreiber-Krieger Adele,* in Paneuropa 8-9/1932, 254-256.
- *Schunter-Kleemann Susanne,* Das Demokratiedefizit der EG und die Verrechtlichung der Frauenfrage, in *Schunter-Kleemann* (Hg), Herrenhaus Europa - Geschlechterverhältnisse im Wohlfahrtsstaat (1992) 29-58.
- *Sporrer Anna,* Grundrechte für Frauen in Europa - Bestandsaufnahme und Ausblick, in Kritik und Fortschritt im Rechtsstaat. Grundrechte in Europa. 20. Tagung der Österreichischen Juristenkommission vom 10. bis 12. Juni 1993 in Weißenbach am Attersee (1995) 89-105.
- *Stadler Gerhard,* Europarecht Österreich in der EU, Verträge-Gesetze-Dokumente (1995).
- *Staël Germaine de,* Über Deutschland. Nach der Übersetzung von *Robert Habs* (Hg) und eingeleitet von Sigrid Metken (1963).
- *Staël,* Madame de Staël et l'Europe. Colloque de Coppet (18-24 juillet 1966), Paris 1970 (Actes et Colloques 7).
- *Weber Maria,* An analysis of the political behaviour of women in Europe, in The situation of women in the political process in Europa I (1984).
- *Weiß Sabine,* Die Österreicherin. Die Rolle der Frau in 1000 Jahre Geschichte (1996).
- *Ziegerhofer Anita,* Die Paneuropa-Bewegung der Zwischenkriegszeit, in Österreichisches Jahrbuch für Politik 1996 (1997) 573-595.
- *Ziegerhofer Anita,* Die Frage der Zulassung der Frauen zu den rechts- und staatswissenschaftlichen Studien an der Karl-Franzens-Universität Graz, in Frauen und Frauenkarrieren an der Universität Graz hg von *Kernbauer Alois/Schmidlechner-Lienhart Karin* (Publikationen aus dem Archiv der Universität Graz 33 (1996), 94-111).

GLEICHBERECHTIGUNG UND CHANCENGLEICHHEIT IN DER EU[1]

von Helene Herda

Den Daten von EUROSTAT, dem Statistischen Amt der Europäischen Gemeinschaften, zufolge verdienen Frauen in Europa im Schnitt noch immer etwa um 20% weniger als ihre männlichen Kollegen. Darüber hinaus sind Frauen von der Arbeitslosigkeit stärker betroffen als Männer.[2] 1996 wurde festgestellt, daß die Frauenarbeitslosigkeit überdies vom allgemeinen wirtschaftlichen Aufschwung unbeeinflußt blieb.[3] Zahlreiche Programme und legistische Maßnahmen, wie Quotenregelungen in gesetzlichen Bestimmungen, sollen Abhilfe schaffen. Durch einen Wertewandel in der Gesellschaft will man in einem weiteren Schritt von der formalen Gleichberechtigung zur tatsächlichen Gleichbehandlung gelangen. Vor diesem Hintergrund gliedert sich auch der vorliegende Beitrag in einen rechtlichen und einen (rechts-)politischen Teil.

I. Rechtlich-institutionelle Rahmenbedingungen

Das Gemeinschaftsrecht unterteilt man in primäres und sekundäres Gemeinschaftsrecht. Zum **Primärrecht** gehören Gründungsverträge (EGKSV 1951, EWGV 1957[4] und EAGV 1957) einschließlich Anhänge und Protokolle, Erweiterungs- oder Beitrittsverträge, Fusionsverträge und Änderungsverträge.

---

[1]) Es wird im folgenden zumeist von den Europäischen Gemeinschaften gesprochen, weil nach hA nur den drei Gemeinschaften – EG, EGKS und EAG – völkerrechtliche Rechtspersönlichkeit zukommt. Alle der hier aufgeworfenen Probleme spielen sich im Rahmen der Gemeinschaften (= Erste Säule), insbesondere im Anwendungsbereich des EGV, ab. Wird der Ausdruck "Europäische Union (EU)" verwendet, so versteht er sich in diesem Beitrag lediglich in einem geographischen Sinn. Zur EU als einheitlichem, institutionellen Rahmen für alle drei Säulen (Erste Säule: Europäische Gemeinschaften; Zweite Säule: Gemeinsame Außen- und Sicherheitspolitik; Dritte Säule: Zusammenarbeit in den Bereichen Justiz und Inneres) *Thun-Hohenstein/Cede*, Europarecht[2] (1996) 31.

[2]) Neuesten Untersuchungen zufolge ist bei Frauen die Arbeitslosigkeit weiterhin um ca 3% höher als bei Männern (12,7% gegenüber 9,4%). Vgl Bericht der Kommission "Beschäftigung in Europa 1997", KOM (97) 479 endg. S auch *Amt für amtliche Veröffentlichungen der Europäischen Gemeinschaften* (Hg), EUROSTAT: Frauen und Männer in der Europäischen Union – Ein statistisches Portrait (1995); *Kattein*, Frauenerwerbstätigkeit in der EG (1994) 53.

[3]) Bericht der Kommission "Beschäftigung in Europa 1996", KOM (96) 485 endg.

[4]) In Maastricht wurde die Europäische Wirtschaftsgemeinschaft (EWG) in Europäische Gemeinschaft (EG) umbenannt.

Zu den Änderungsverträgen zählen vor allem der Vertrag von Maastricht (EUV 1992)[5] und der Vertrag von Amsterdam 1997.[6] Der Amsterdamer Vertrag ist das legistische Ergebnis der Regierungskonferenz 1996/97. Er wurde am 2. Oktober 1997 in Amsterdam unterzeichnet, ist aber noch nicht in Kraft getreten, weil er der Ratifizierung durch alle Mitgliedstaaten bedarf. Dabei müssen die Mitgliedstaaten die Vorgaben ihres innerstaatlichen Verfassungsrechtes einhalten und gegebenenfalls auch Volksabstimmungen durchführen. Realistischerweise ist mit einem Inkrafttreten in etwa zwei Jahren zu rechnen. Trotz allem kommt aber dem Vertrag von Amsterdam schon jetzt eine wichtige Signalwirkung zu, weshalb er auch in der weiteren Darstellung Berücksichtigung findet.

Beim **Sekundärrecht** handelt es sich um von den Organen aufgrund ausdrücklicher Ermächtigung durch das Primärrecht geschaffenes Recht (abgeleitetes, organgeschaffenes Folgerecht).[7]

Für die Rechtsetzung in den Europäischen Gemeinschaften ist das **Prinzip der begrenzten Einzelermächtigung** (Art 3 b EGV) wichtig. Rechtsakte müssen sich auf entsprechende Ermächtigungen in den einzelnen Vertragsartikeln stützen. Organhandeln der Gemeinschaft ohne entsprechende Ermächtigung ist rechtswidrig, aber nicht nichtig. Grundsätzlich geht der E(W)GV davon aus, daß Träger der Sozialpolitik, zu der auch Gleichbehandlung und Frauenförderung gehören, in erster Linie die Mitgliedstaaten sind (vgl die Art 117 ff EGV).

Eine gewisse Aufweichung des Prinzips der begrenzten Einzelermächtigung ziehen die allgemeinen Handlungsermächtigungen nach sich: Gemäß **Art 100 EGV** wird der Rat ermächtigt, einstimmig, auf Vorschlag der Kommission und nach Anhörung des Europäischen Parlaments und des Wirtschafts- und Sozialausschusses (WSA), Richtlinien für die Angleichung derjenigen Rechts- und Verwaltungsvorschriften der Mitgliedstaaten zu erlassen, die sich unmittelbar auf die Errichtung oder das Funktionieren des Gemeinsamen Marktes auswirken. **Art 235 EGV** wird häufig als "Lückenschließungskompetenz" bezeichnet, da er die Möglichkeit bietet, Kompetenzen wahrzunehmen, die im Vertrag fehlen, aber zur Erreichung der Vertragsziele erforderlich sind. Auch Art 235 EGV ist an das Erfordernis der Einstimmigkeit geknüpft.

Diese Bestimmungen kommen als mögliche Rechtsgrundlagen von frauenrelevanten Sekundärrechtsakten in Betracht. Zusätzlich steht nunmehr mit dem **Abkommen über die Sozialpolitik 1992** eine weitere Rechtsgrundlage zur Erlassung von Richtlinien zur Verfügung.

Zum Sekundärrecht gehören zunächst **Verordnungen.** Diese sind in allen ihren Teilen verbindlich, verpflichten direkt die einzelnen BürgerInnen im

---

[5]) Der Maastrichter Vertrag wurde 1992 unterzeichnet und ist am 1. November 1993 in Kraft getreten.

[6]) Vgl dazu die Textausgabe des *Amtes für amtliche Veröffentlichungen der Europäischen Gemeinschaften* (Hg), Vertrag von Amsterdam zur Änderung des Vertrags über die Europäische Union, der Verträge zur Gründung der Europäischen Gemeinschaften sowie einiger damit zusammenhängender Rechtsakte (1997).

[7]) Vgl ua *Obwexer/Niedermühlbichler*, Das EU-Recht in der österreichischen Rechtsordnung, ecolex 1995, 145; *Thun-Hohenstein/Cede*, Europarecht 61; *Fischer/Köck*, Europarecht[3] (1997) 321.

jeweiligen Mitgliedstaat und haben Drittwirkung, das heißt, sie gelten auch zwischen Privatpersonen untereinander (vgl Art 189 Abs 2 EGV). Verordnungen sind Ausdruck der Supranationalität des Gemeinschaftsrechts. Sie machen entgegenstehendes mitgliedstaatliches Recht unanwendbar und entsprechen nach österreichischem Verfassungsverständnis einem Gesetz im materiellen Sinn. In Bezug auf die Gleichberechtigung von Frauen gibt es allerdings keine Verordnungen.

Richtlinien sind eine typisch völkerrechtliche Rechtssatzform, denn sie beruhen auf einem zweistufigen Rechtsetzungsverfahren. Ihr Ziel ist verbindlich, sie überlassen den Mitgliedstaaten jedoch die Wahl der Form und Mittel zur Umsetzung (Transformation) in nationales Recht (vgl Art 189 Abs 3 EGV). Diese Umsetzung muß innerhalb der vorgegebenen Umsetzungsfrist erfolgen. Dabei haben die Mitgliedstaaten jene Form der Umsetzung zu wählen, die die praktische Wirksamkeit der Richtlinie am besten gewährleistet. Gefordert wird insbesondere eine rechtlich klare Transformation in verbindliche innerstaatliche Vorschriften, auf die sich Einzelpersonen vor Gericht berufen können.

Zum Sekundärrecht zählen auch **Entscheidungen** – sie sind verbindlich und regeln Einzelfälle –, rechtlich unverbindliche **Empfehlungen**[8] und **Stellungnahmen.**

Der Rechtssatzformenkatalog des Art 189 EGV wird von der hA nicht als abschließend angesehen. Es gibt darüber hinaus auch andere Handlungsformen (ungekennzeichnete Rechtshandlungen, Rechtsakte *sui generis)*, die sich auf das Innenleben der Europäischen Gemeinschaften und ihrer Organe beziehen, wie Mitteilungen der Organe, Entschließungen, Beschlüsse und Aktionsprogramme. Diese Handlungen sollen Rechtswirkungen entfalten, wenn sie in der Bezeichnung "Beschluß" gefaßt werden, programmatische Äußerungen mit einer lediglich politisch-moralischen Verpflichtung werden hingegen als "Entschließung" bezeichnet.[9]

Nach ständiger Rechtsprechung des EuGH handelt es sich beim Gemeinschaftsrecht um eine "neue Rechtsordnung" bzw um eine Rechtsordnung *sui generis*. Dies ergibt sich aus einigen Besonderheiten, wie der unmittelbaren Anwendbarkeit und dem Anwendungsvorrang.[10] Vom EuGH wird Richtlinien unter gewissen Voraussetzungen eine unmittelbare Wirkung zuerkannt, um Lücken im Rechtsschutzsystem, die zu Lasten von Einzelpersonen gehen, zu schließen. Voraussetzungen der Zuerkennung der unmittelbaren Wirkung sind: 1. der Ablauf der Umsetzungsfrist; 2. unbedingte und

---

[8]) Vgl dazu *Zahlbruckner,* Die Empfehlung im EWG-Vertrag – Rechtswirkung und Kontrolle durch den EuGH, JBl 1993, 345.

[9]) *Thun-Hohenstein/Cede,* Europarecht[2] 79. Vgl auch die Antwort der Kommission auf die schriftliche Anfrage Nr 451/83, ABl 1983 C 246/12.

[10]) Vgl ua *Griller,* Der Anwendungsvorrang des EG-Rechts, ecolex 1996, 639.

hinreichende Fomulierung der Rechte und 3. keine Belastung von BürgerInnen. Es gibt jedoch nur eine vertikale Wirkung von Richtlinien im Verhältnis Einzelperson – Staat und keine Drittwirkung (horizontale Wirkung) im Verhältnis der BürgerInnen untereinander. Als subsidiärer Rechtsbehelf steht jedoch die sogenannte Staatshaftung (Amtshaftungsansprüche gegen den säumigen Mitgliedstaat) zur Verfügung.[11]

A. Art 119 EGV

Bereits 1957 wurde in Art 119 des damaligen EWGV der Grundsatz "Gleicher Lohn für gleiche Arbeit" fixiert.[12] Es handelte sich dabei aber weniger um eine bewußte und gezielte Maßnahme zur Gleichberechtigung von Frauen, diese Bestimmung resultierte vielmehr aus der Angst – vor allem Frankreichs, das den Grundsatz des gleichen Entgelts für Männer und Frauen 1957 schon verwirklicht hatte – vor Wettbewerbsnachteilen im Verhältnis zu anderen Ländern, in deren Rechtsordnungen dieser Grundsatz noch nicht verankert war.[13] Mittlerweile wird Art 119 EGV als **Gemeinschaftsgrundrecht** verstanden[14], das zwingenden Charakter hat und unmittelbar anwendbar ist. Die Gleichbehandlung von Männern und Frauen wurde vom Gerichtshof auch zum allgemeinen Rechtsgrundsatz erklärt.[15] Art 119 EGV ist Ausdruck des allgemeinen Diskriminierungsverbotes in Art 6 EGV und gilt auch für Kollektivverträge und Verträge zwischen Privatpersonen untereinander (horizontale Direktwirkung, Drittwirkung).[16]

---

[11]) Vgl insbesondere EuGH 19. November 1991, Rs C-6/90 und C-9/90, Slg 1991, I-5357 *(Francovich)* sowie EuGH 8. Oktober 1996, Rs C-178/94 ua, Slg 1996, I-4845 *(Dillenkoffer).*

[12]) S dazu ua *Langenfeld,* Die Gleichbehandlung von Mann und Frau im Europäischen Gemeinschaftsrecht (1990); *Kyriazis,* Die Sozialpolitik der Europäischen Wirtschaftsgemeinschaft in bezug auf die Gleichberechtigung männlicher und weiblicher Erwerbstätiger (1990); *Hailbronner* in *ders/Klein/Magiera/Müller-Graff* (Hg), Handkommentar zum Vertrag über die Europäische Union (EUV/EGV), Loseblatt; *Currall* in *Groeben/Thiesing/Ehlermann* (Hg), Kommentar zum EWG-Vertrag[4] III (1991); *Junghanns* in *Lenz* (Hg), Kommentar zum EG-Vertrag (1994); *Geiger,* Kommentar zum EG-Vertrag[2] (1995); *Langenfeld/Jansen* in *Grabitz/Hilf* (Hg), Kommentar zur Europäischen Union, Loseblatt; *Kischel,* Zur Dogmatik des Gleichheitssatzes in der Europäischen Union, EuGRZ 1997, 1.

[13]) In diesem Sinne ua *Coen* in *Bleckmann,* Europarecht[6] (1997) 888.

[14]) *Emmert,* Europarecht (1996) 299; *Junghanns* in *Lenz* Rz 3 zu Art 119; *Streinz,* Europarecht[3] (1996) 298, 300.

[15]) Vgl *Currall* in *Groeben/Thiesing/Ehlermann* Rz 1 zu Art 119.

[16]) Vgl dazu das grundlegende Urteil des EuGH vom 8. April 1976, Rs 43/75, Slg 1976, 455 (sogenanntes *Defrenne II*-Urteil; es gab insgesamt drei).

Voraussetzung für die Anwendung des Art 119 EGV ist eine (mittelbare oder unmittelbare) Lohndiskriminierung. Zum Entgelt gehören alle gegenwärtigen oder künftigen in bar oder in Sachleistungen gezahlten Vergütungen, vorausgesetzt, daß sie die ArbeitgeberInnen den ArbeitnehmerInnen wenigstens mittelbar aufgrund des Dienstverhältnisses zahlen. Eine mittelbare oder versteckte Diskriminierung liegt vor, wenn die Regelung oder Maßnahme zwar unterschiedslos auf Männer und Frauen anzuwenden ist, diese aber für die Personen eines Geschlechts wesentlich nachteiligere Wirkungen entfaltet als für Personen des anderen Geschlechts, und diese nachteiligen Wirkungen auf dem Geschlecht oder der Geschlechterrolle beruhen. Dem Anschein nach neutrale Kriterien, wie Familienstand, Teilzeitbeschäftigung, Mobilität oder Beschäftigungsdauer, können daher im Ergebnis eine diskriminierende Wirkung entfalten.

Das **Protokoll zu Art 119 EGV** (Protokoll Nr 2 zum EUV) zählt ebenfalls zum Primärrecht. Es ist eine Reaktion auf das **Barber-Urteil**[17], in dem der EuGH entschieden hat, daß Betriebsrenten ein integrativer Bestandteil des Entgelts iSd Art 119 EGV sind. Das Protokoll schränkt das Urteil in zeitlicher Hinsicht ein, indem es die Rückwirkung mit 17. Mai 1990 begrenzt.

B. Protokoll und Abkommen über die Sozialpolitik 1992

Im Rahmen der Regierungskonferenz über die Politische Union 1992, deren Ergebnis der EUV war, beabsichtigte die Mehrzahl der Mitgliedstaaten, die Möglichkeit zu schaffen, auch mit qualifizierter Mehrheit im Rat Sozialmaßnahmen beschließen zu können. Aufgrund des Widerstandes des Vereinigten Königreichs und Nordirlands, und um die Regierungskonferenz nicht scheitern zu lassen, konnte dies allerdings nicht im Maastrichter Vertrag selbst geschehen. Statt dessen verabschiedeten alle zwölf Mitgliedstaaten ein **"Protokoll über die Sozialpolitik"** (Protokoll Nr 14 zum EUV)[18], das eine opting out-Möglichkeit für Großbritannien vorsah. In diesem Sozialprotokoll 1992 wurden 11 der damals 12 Mitgliedstaaten[19] ermächtigt, die Organe, Verfahren und Mechanismen des Vertrages in Anspruch zu nehmen, um auf dem von der Sozialcharta 1989[20] vorgezeichneten

---

[17]) EuGH 17. Mai 1990, Rs C-262/88, Slg 1990, I-1889 *(Barber).*

[18]) Vgl Beck-Text Europarecht[13] (1995) 332 f.

[19]) Aufgrund der Beitrittsverträge mit Österreich, Schweden und Finnland heute 14 Mitgliedstaaten.

[20]) 1989 unterzeichneten elf der damals zwölf Mitgliedstaaten – Großbritannien hat die Unterzeichnung abgelehnt – die "Gemeinschaftscharta der sozialen Grundrechte der Arbeitnehmer". In den Erwägungsgründen wird ausdrücklich festgehalten, daß bei der Schaffung des Europäischen

Weg weiterzugehen. Aufgrund der Nichtteilnahme Großbritanniens ergeben sich Änderungen in der Beschlußfassung des Rates nach Art 148 Abs 2 EGV: Die qualifizierte Mehrheit kommt mit einer Mindeststimmenanzahl von 52 Stimmen zustande.[21]

Auf Basis des Sozialprotokolls wurde daraufhin sofort das **Abkommen über die Sozialpolitik** abgeschlossen.[22] Die Rechtsnatur des Abkommens und die damit verbundenen rechtlichen Folgen sind nicht völlig geklärt. Einhelligkeit scheint darin zu bestehen, daß ihm Primärrechtscharakter zukommt.[23] Bezüglich der Rechtsnatur der auf das Abkommen gestützten Akte ist davon auszugehen, daß sie Gemeinschaftsrechtsakte iSv Art 189 EGV – und keine bloßen völkerrechtlichen Akte – sind.[24]

Gemäß Art 2 Abs 2 des Abkommens über die Sozialpolitik kann der Rat mit qualifizierter Mehrheit durch Richtlinien Mindestvorschriften erlassen, wobei er nach dem Verfahren des Art 189 c EGV (Verfahren der Zusammenarbeit) vorzugehen hat. Jene Bereiche, in denen nach wie vor Einstimmigkeit gefordert wird, werden in Art 2 Abs 3 aufgelistet. In Art 2 Abs 4 gibt es eine interessante Delegierungsmöglichkeit: Ein Mitgliedstaat kann den Sozialpartnern auf deren gemeinsamen Antrag die Durchführung von aufgrund der Absätze 2 und 3 angenommenen Richtlinien übertragen. Nach Art 2 Abs 5 hindern die aufgrund des Art 2 Sozialabkommen erlassenen Bestimmungen aber einen Mitgliedstaat nicht daran, strengere Schutzmaßnahmen beizubehalten oder zu treffen, die mit dem Vertrag vereinbar sind.

Art 3 des Sozialabkommens beschäftigt sich mit der Rolle der Sozialpartner auf gesamteuropäischer Ebene. Der soziale Dialog soll verstärkt werden, indem den Sozialpartnern Anhörungsrechte eingeräumt werden. Diese Neuregelung des sozialen Dialogs beruht auf einer Einigung der bisher am sozialen Dialog beteiligten Dachverbände der Europäischen Sozialpartner

---

Binnenmarktes den sozialen Fragen die gleiche Bedeutung wie den wirtschaftlichen Fragen beizumessen ist. Unter den Grundrechten findet sich auch die Gleichbehandlung von Männern und Frauen. Die Festschreibung dieser sozialen Grundrechte zieht jedoch keine unmittelbaren rechtlichen Wirkungen nach sich, denn die Sozialcharta ist kein verbindlicher Rechtsakt, sondern lediglich eine politische Absichtserklärung. Sie ist kein Gemeinschaftsakt, sondern eine zwischenstaatliche Vereinbarung. Vgl *Currall* in *Groeben/Thiesing/Ehlermann* Rz 135 zu Art 119.

[21]) Die Mitwirkung der "britischen" Kommissare und Abgeordneten des Europäischen Parlaments wird aufgrund ihrer andersartigen Rechtsstellung als vertretbar angesehen. Vgl *Streinz*, Europarecht[3] 302.

[22]) Vgl Beck-Text Europarecht[13] (1995) 333 ff.

[23]) Vgl *Beutler/Bieber/Pipkorn/Streil*, Die Europäische Union[4] (1993) 200; *Sporrer*, Gleichberechtigung und Gleichheitsgrundsatz, Dissertation (1995) 25 (FN 58) und 145; *Schweitzer/Hummer*, Europarecht[5] (1996) 462.

[24]) Zur gesamten Problematik ausführlich: *Kliemann*, Die europäische Sozialintegration nach Maastricht (1997) 143.

(EGB, UNICE, CEEP). Den Sozialpartnern werden aber auch "legistische" Befugnisse eingeräumt. Nach Art 4 kann der soziale Dialog, falls die Sozialpartner es wünschen, zur Herstellung vertraglicher Beziehungen, einschließlich des Abschlusses von Vereinbarungen, führen. Von der Möglichkeit des Abschlusses eines solchen Rahmenabkommens haben die Europäischen Sozialpartner im Zusammenhang mit dem Elternurlaub bereits Gebrauch gemacht.[25]

Art 6 des Abkommens regelt die Lohngleichheit für Männer und Frauen, wobei inhaltlich im wesentlichen an Art 119 EGV angeschlossen wird. In Absatz 3 wird festgehalten, daß dieser Artikel einen Mitgliedstaat nicht daran hindert, zur Erleichterung der Berufstätigkeit der Frauen oder zur Verhinderung bzw zum Ausgleich von Benachteiligungen in ihrer beruflichen Laufbahn spezifische Vergünstigungen beizubehalten oder zu beschließen. Damit wird die Tür für die Zulässigkeit positiver Aktionen eröffnet.[26]

C. Der Vertrag von Amsterdam 1997

Der erst nach den erforderlichen Ratifikationen vermutlich in etwa zwei Jahren in Kraft tretende Vertrag von Amsterdam enthält einige Änderungen, die die Chancengleichheit verwirklichen sollen. So legt er in Ergänzung zu **Art 2 EGV** fest, daß es eine Aufgabe der Gemeinschaft ist, die Gleichstellung von Mann und Frau zu fördern. Nach dem neuen **Art 3 Abs 2 EGV** soll die Gemeinschaft bei allen in diesem Artikel genannten Tätigkeiten darauf hinwirken, "Ungleichheiten zu beseitigen und die Gleichstellung von Männern und Frauen zu fördern."

Am wichtigsten sind jedoch die Änderungen in **Art 119 EGV**, der in insgesamt vier Absätze unterteilt wird. In Absatz 1 wird der Judikatur des EuGH folgend ausdrücklich der Grundsatz des gleichen Entgelts bei gleicher oder *gleichwertiger* Arbeit aufgenommen. Absatz 2 bleibt inhaltlich unverändert. Die Absätze 3 und 4 sind völlig neu hinzugekommen. Faktisch wurde durch sie der Inhalt des Abkommens über die Sozialpolitik für alle Mitgliedstaaten – einschließlich Großbritanniens – in den Vertrag integriert. Hauptverantwortlich für diese Trendumkehr in Großbritannien ist der Umstand, daß nunmehr die Labour Party unter Tony Blair die Regierung bildet.

Art 119 Abs 3 lautet: "Der Rat beschließt gemäß dem Verfahren des Artikels 189 b und nach Anhörung des Wirtschafts- und Sozialausschusses

---

25) Dazu später.

26) Einige Vertreter der Lehre beschäftigen sich in der Folge mit der Frage des Verhältnisses dieser Bestimmung zu Art 119 EGV. Vgl *Coen*, in *Bleckmann*[6] 910.

Maßnahmen zur Gewährleistung der Anwendung des Grundsatzes der Chancengleichheit und der Gleichbehandlung von Männern und Frauen in Arbeits- und Beschäftigungsfragen, einschließlich des Grundsatzes des gleichen Entgelts bei gleicher oder gleichwertiger Arbeit."[27] Damit soll in Zukunft eine Beschlußfassung mit qualifizierter Mehrheit im Rat genügen, wodurch die Möglichkeit einer "Obstruktion" entscheidend verringert wird.

Art 119 Abs 4 gestattet mit gewissen Einschränkungen positive Aktionen. "Im Hinblick auf die effektive Gewährleistung der vollen Gleichstellung von Männern und Frauen im Arbeitsleben hindert der Grundsatz der Gleichbehandlung die Mitgliedstaaten nicht daran, zur Erleichterung der Berufstätigkeit des unterrepräsentierten Geschlechts oder zur Verhinderung bzw zum Ausgleich von Benachteiligungen in der beruflichen Laufbahn spezifische Vergünstigungen beizubehalten oder zu beschließen."

Diese positiven Aktionen bleiben – dies ergibt sich aus dem Anwendungsbereich des Art 119 EGV – streng auf den beruflichen Bereich beschränkt und stellen auf das "unterrepräsentierte Geschlecht" ab, also unter Umständen auch auf Männer. In einer Erklärung zu Art 119 Abs 4 heißt es allerdings: "Maßnahmen der Mitgliedstaaten nach Artikel 119 Absatz 4 des Vertrags zur Gründung der Europäischen Gemeinschaft sollten in erster Linie der Verbesserung der Lage der *Frauen* im Arbeitsleben dienen."[28]

Darüber hinaus soll in diesem Zusammenhang auch die Neuaufnahme der Beschäftigung als eigenes Vertragskapitel Erwähnung finden. Damit wird nämlich nach außen sichtbar klargestellt, daß sich die Gemeinschaft nun wirklich für die Sozialpolitik verantwortlich fühlt. Weiters ist die Ausweitung der Mitentscheidungsbefugnisse des Europäischen Parlaments wichtig, denn das Europäische Parlament wird in bezug auf die Chancengleichheit und Gleichbehandlung gemäß Art 119 nach Inkrafttreten des Amsterdamer Vertrages als gleichberechtigter Mitgesetzgeber fungieren.[29]

Die Aufnahme dieser neuen Bestimmungen über Gleichberechtigung und Chancengleichheit von Frauen in den Vertrag von Amsterdam geht vor allem

---

[27]) Textausgabe des *Amtes für amtliche Veröffentlichungen der Europäischen Gemeinschaften* (Hg), Vertrag von Amsterdam zur Änderung des Vertrags über die Europäische Union, der Verträge zur Gründung der Europäischen Gemeinschaften sowie einiger damit zusammenhängender Rechtsakte (1997) 38.

[28]) Erklärung Nr 28, vgl *Amt für amtliche Veröffentlichungen der Europäischen Gemeinschaften* (Hg), Vertrag von Amsterdam 136. Diese Erklärung entspricht im wesentlichen dem Vertragsentwurf vom Juni 1997, hg vom *Generalsekretariat des Rates der Europäischen Union*, CONF/4001/97.

[29]) Zum Vertrag von Amsterdam allgemein vgl *Griller/Droutsas* ua, Regierungskonferenz 1996: Der Vertrag von Amsterdam in der Fassung des Gipfels vom Juni 1997, IEF Working Paper Nr 27, Forschungsinstitut für Europafragen der WU Wien (1997).

auf die Initiative der Europäischen Frauenlobby zurück. Diese hatte jedoch noch weitreichendere Forderungen gestellt, die aber keine Berücksichtigung fanden. Deshalb sind die Frauenorganisationen mit dem Inhalt des Vertrages von Amsterdam nicht sonderlich zufrieden. Insbesondere die Regelung über die positiven Aktionen, die auf das "unterrepräsentierte Geschlecht" abstellt, wird kritisiert.

Lydia Zaid, Journalistin bei EUDIOF, einem europäischen Dokumentations- und Informationsnetz für Frauen, meint: "Wir bedauern die gegenwärtige Formulierung der Bestimmungen, derzufolge positive Maßnahmen für das 'unterrepräsentierte Geschlecht' ergriffen werden können. Dies ist zugleich einschränkend und zweideutig." Nach Claudia Roth, Mitglied des Europäischen Parlaments und Vorsitzende der Gruppe der Grünen im Parlament, werden Frauen "in mehreren Teilen des Vertrags erwähnt, doch die betreffenden Bestimmungen sind von geringer Tragweite. Ich habe nicht den Eindruck, daß sich etwas grundsätzlich geändert hat. Nehmen Sie beispielsweise die Änderungen des Artikels 119. Nichts ist daran neu! Sie sind dem Sozialprotokoll entnommen. Gleiche Rechte und Chancengleichheit werden auf den Arbeitsplatz reduziert, und das ist ungenügend. Die Frage der Rolle der Frauen in der Gesellschaft bleibt weiterhin ungelöst." Auch Gertrud Wartenberg, die Vorsitzende der Europäischen Frauenlobby, stuft den Vertrag von Amsterdam nicht als besonders frauenfreundlich ein.[30]

D. Die Gleichbehandlungsrichtlinien

Die mit Abstand wichtigsten Rechtsakte im Sekundärrecht sind die sogenannten Gleichbehandlungsrichtlinien. 1975, im "Jahr der Frau", hatte die Kommission ein ausführliches Memorandum zur Gleichbehandlung erarbeitet, das einen sehr umfassenden Forderungskatalog enthielt. Aufgrund des Widerstandes mehrerer Staaten mußte der Inhalt auf – zunächst fünf – getrennte Richtlinien aufgeteilt werden, die vom Rat auf Vorschlag der Kommission beginnend ab 1975 erlassen wurden.

1. Die Entgeltrichtlinie 1975

Die Richtlinie 75/117/EWG[31] präzisiert Art 119 E(W)GV und erweitert ihn um das gleiche Entgelt für *gleichwertige* Arbeit.

---

[30]) Vgl Info Frauen Europas, Nr 73 (September 1997) 2.

[31]) ABl 1975 L 45/19.

2. Die Gleichbehandlungs- und Zugangsrichtlinie 1976

Die Richtlinie 76/207/EWG[32] dehnt den Gleichbehandlungsgrundsatz auf den Zugang zum Beruf, die Berufsausbildung, die Beförderung und die allgemeinen Arbeitsbedingungen aus. Die Mitgliedstaaten können jedoch nach Art 2 mehrere Bereiche vom Anwendungsbereich der Richtlinie ausnehmen. Es geht ua um solche beruflichen Tätigkeiten, für die das Geschlecht aufgrund ihrer Art eine unabdingbare Voraussetzung darstellt[33], Vorschriften zum Schutz der Frau, insbesondere bei Schwangerschaft und Mutterschaft (Art 2 Abs 3 der Richtlinie) und die sogenannten positiven Maßnahmen nach Art 2 Abs 4 der Richtlinie.

Hilfreich ist ein kurzer Blick auf die Judikatur des EuGH zu dieser Richtlinie: Im Kalanke-Urteil[34] wurde festgehalten, daß eine absolute und unbedingte bzw automatische Quotenregelung dem Grundsatz der Gleichbehandlung widerspricht. Der Entwurf einer Richtlinie des Rates zur Änderung der Richtlinie 76/207/EWG[35] sollte als Reaktion auf das Urteil Kalanke die Möglichkeit eröffnen, die besonderen Umstände im Einzelfall zu berücksichtigen. Die Erlassung hat sich jedoch verzögert, weil man der Meinung war, daß eine Änderung der Richtlinie nicht unbedingt notwendig sei. Die Angelegenheit dürfte nun endgültig vom Tisch sein, da der Vertrag von Amsterdam positive Aktionen – wenn auch in einem beschränkten Bereich – ermöglicht.

Weiters verstößt nach Meinung des EuGH das Verbot der Nachtarbeit für Frauen gegen Art 5 der Gleichbehandlungsrichtlinie.[36] Da die Richtlinie *jede* Diskriminierung aufgrund des Geschlechts verbietet, subsumierte der EuGH 1996 auch die Entlassung einer transsexuellen Person aus einem mit der Geschlechtsumwandlung zusammenhängenden Grund unter diesen Tatbestand.[37]

3. Die Richtlinie zur Gleichbehandlung im Rahmen der gesetzlichen Sozialversicherung 1979

Die Richtlinie 79/7/EWG[38] verbietet jede Ungleichbehandlung in bezug auf die Zugangsvoraussetzungen, die Beitragspflicht, die Berechnung der Beiträge und Leistungen und der Zuschläge.

---

[32]) ABl 1976 L 39/40.

[33]) Vgl dazu EuGH 15. Mai 1986, Rs 222/84, Slg 1986, 1651 *(Johnston).*

[34]) EuGH 17. Oktober 1995, Rs C-450/93, Slg 1995, I-3051 *(Kalanke)*, vgl auch *Handstanger/Waldherr*, Aus der Rechtsprechung der Gerichte der Europäischen Union, ÖJZ 1996, 17.

[35]) KOM (96) 93 endg, ABl 1996 C 179/8.

[36]) Vgl zuletzt EuGH 13. März 1997, Rs C-197/96, Slg 1997, I-1489 *(Kommission/Frankreich)* und den "leading case" EuGH 25. Juli 1991, Rs C-345/89, Slg 1991, I-4047 *(Stoeckel).*
S dazu ua *Eichinger*, EU-Rechtsangleichung als Impuls zur Fortentwicklung des österreichischen Frauenarbeitsrechts, in *Rill* (Hg), Forschung für die Wirtschaft. Die Europäisierung des österreichischen Wirtschaftsrechts (1995) 15 (21); *Ziegler,* Frauennachtarbeitsverbot in Österreich (1997).

[37]) EuGH 30. April 1996, Rs C-13/94, Slg 1996, I-2143 *(P./S. und Cornwall County Council).*

[38]) ABl 1979 L 6/24.

4. Die Richtlinie zur Gleichbehandlung im Rahmen der betrieblichen Sozialversicherung 1986 (idF 1997)

Die Richtlinie 86/378/EWG[39] erweitert den Gleichbehandlungsgrundsatz auf den Bereich betrieblicher Sozialversicherungssysteme. Die Richtlinie 96/97/EG vom 20. Dezember 1996[40] ändert die Richtlinie 86/378/EWG und soll Lücken bei den betrieblichen Systemen der sozialen Sicherheit schließen. Die Umsetzungsfrist endete am 1. Juli 1997.

5. Die Richtlinie zur Gleichbehandlung Selbständiger 1986

Zu erwähnen ist weiters die Richtlinie 86/613/EWG[41] zur Verwirklichung des Grundsatzes der Gleichbehandlung von Männern und Frauen, die eine selbständige Erwerbstätigkeit – auch in der Landwirtschaft – ausüben, sowie über den Mutterschutz. Es geht vor allem um die Beseitigung rechtlicher Benachteiligungen für im Betrieb des Ehemannes mittätige *Ehefrauen*, denn Frauen machen ca 90% der mittätigen Familienmitglieder aus.

6. Die Mutterschutzrichtlinie 1992

Die Richtlinie 92/85/EWG[42] über die Durchführung von Maßnahmen zur Verbesserung der Sicherheit und des Gesundheitsschutzes von schwangeren Arbeitnehmerinnen, Wöchnerinnen und stillenden Arbeitnehmerinnen wurde auf Art 118 a EGV gestützt und sieht als Mindestvorschrift einen vierzehnwöchigen bezahlten Mutterschaftsurlaub vor.[43]

7. Die Richtlinie zum Elternurlaub 1996

Der Richtlinie 96/34/EG[44] zu der von den Europäischen Sozialpartnern (UNICE, CEEP und EGB) geschlossenen Rahmenvereinbarung über Elternurlaub kommt eine wichtige Signalwirkung zu, weil die Kommission damit beabsichtigt, Frauen von der zur Zeit bestehenden einseitigen Verantwortung für Haushalt und Kindererziehung zu entlasten und ein Umdenken bei der geschlechtsspezifischen Rollenverteilung zu erreichen.

---

[39]) ABl 1986 L 225/40.
[40]) ABl 1997 L 46/20.
[41]) ABl 1986 L 359/56.
[42]) ABl 1992 L 348/1.
[43]) Zum Mutterschutz nach österreichischem Recht s ua *Eichinger*, Frauenarbeitsrecht im Überblick. Unter besonderer Berücksichtigung des Arbeitsrechtlichen Begleitgesetzes zur Pensionsreform, in *Aichhorn* (Hg), Frauen & Recht (1997) 39.
[44]) ABl 1996 L 145/4.

8. Diverse Richtlinienvorschläge

Es liegen diverse Richtlinienvorschläge – zum Teil noch aus den 80er Jahren – vor, die in der Vergangenheit vor allem wegen des Einstimmigkeitsprinzips nicht verabschiedet werden konnten. Als Beispiel dafür kann der Richtlinienvorschlag zur Regelung der freiwilligen Teilzeitarbeit angesehen werden.[45]

Eine Reihe von EuGH-Judikaten beschäftigte sich mit der **Beweislast**, wenn der Anschein einer Diskriminierung vorliegt. In solchen Fällen läßt es der EuGH genügen, wenn die benachteiligte Person aufgrund statistischer Daten *prima facie* eine Diskriminierung nachweist. Die ArbeitgeberIn muß dann nachweisen, daß die unterschiedliche Bezahlung aufgrund objektiver Kriterien gerechtfertigt ist. Kern dieser Judikatur ist, daß das Entlohnungssystem offengelegt werden muß, damit der EuGH prüfen kann, ob ein festgestellter Unterschied im Entgelt sachliche Gründe hat.

Bereits 1988 hatte die Kommission dem Rat eine **Richtlinie über die Beweislast** im Bereich des gleichen Entgelts und der Gleichbehandlung von Männern und Frauen vorgeschlagen.[46] Da dieser Vorschlag Einstimmigkeit erfordert hätte und Großbritannien ihn ablehnte, mußte er abgeändert werden.[47] Als Rechtsgrundlage für den neuen Richtlinienvorschlag wurde daher das Abkommen über die Sozialpolitik herangezogen. Zum Entwurf wurden vom Europäischen Parlament im Rahmen des Verfahrens nach Art 189 c EGV verschiedene Änderungen vorgeschlagen. Die Kommission hat dem Rat im Mai 1997 einen geänderten Richtlinienvorschlag übermittelt.[48]

Dieser Richtlinienvorschlag enthält eine Definition der mittelbaren Diskriminierung (Art 2). Weiters soll eine Vermutung für das Vorliegen einer Diskriminierung eingeführt werden, wenn die beschwerdeführende Partei Tatsachen belegt, die eine unmittelbare oder mittelbare Diskriminierung ergeben. Die Gegenpartei muß dann beweisen, daß die Ungleichbehandlung auf objektiv gerechtfertigten Gründen beruht (Art 4).

Es besteht die Hoffnung, daß die Richtlinie nun bald erlassen wird. Als Ende der Umsetzungsfrist wird nach diesem Richtlinienvorschlag der 1. Jänner 2001 ins Auge gefaßt. Letztlich wurde eine Beweiserleichterung und kei-

---

[45]) ABl 1982 C 62/7.

[46]) KOM (88) 269 endg, ABl 1988 C 176/5.

[47]) KOM (96) 340 endg, ABl 1996 C 332/11.

[48]) KOM (97) 202 endg, ABl 1997 C 185/21; Gemeinsamer Standpunkt des Rates Nr 37/97, ABl 1997 C 307/6. Vgl auch *Urlesberger,* Europarecht: Das Neueste auf einen Blick, WBl 1997, 328 (331).

ne Umkehr der Beweislast normiert, weil letztere politisch nicht durchsetzbar war.[49]

E. Das Vierte Aktionsprogramm für Chancengleichheit von Frauen und Männern (1996 - 2000)

Bis jetzt gibt es lediglich eine frauenrelevante Entscheidung des Rates: Das neue mittelfristige Aktionsprogramm für Chancengleichheit von Frauen und Männern wurde auf Grundlage von Art 235 EGV im Dezember 1995 durch **Ratsbeschluß 95/593/EG** verabschiedet.[50] Es handelt sich somit um den ersten Fall, in dem ein Programm zur Förderung der Chancengleichheit Gegenstand einer Ratsentscheidung gewesen ist.[51] Das Programm erlangt dadurch eine neue Qualität, eine rechtliche Aufwertung[52] im Vergleich zu den Vorgängerprogrammen, die lediglich mittels Entschließung verabschiedet worden sind. Das Aktionsprogramm deckt den Zeitraum 1996 – 2000 ab (vgl Art 1). Es war insgesamt umstritten, wobei die Rechtsgrundlage (Art 235 EGV) und die Dotation wohl die Punkte waren, die die meisten Zwistigkeiten verursachten. Deutschland hatte einen Vorbehalt angemeldet und nahm diesen erst zurück, als das Budget von 60 Mio ECU auf 30 Mio ECU (ca 400 Mio öS) gekürzt worden war.[53]

In Art 2 wird der **Grundsatz des Mainstreaming**, der Einbeziehung der Dimension der Chancengleichheit in alle Politiken und Aktionen, hervorgehoben. Art 3 enthält einen umfassenden Zielkatalog. Hier finden sich ua die Ziele, Männern und Frauen zu ermöglichen, Familie und Beruf miteinander in Einklang zu bringen und eine ausgewogene Mitwirkung an den Entscheidungsprozessen zu fördern.

---

[49]) Vgl dazu die Stellungnahme des WSA: CES (97) 236 sowie Europaforum – Informationen aus dem Europäischen Parlament Nr 4/1997, 4.

[50]) ABl 1995 L 335/37. Vgl auch KOM (95) 381 endg und KOM (95) 602 endg.

[51]) Vgl Agence Europe Nr 6621 vom 7. Dezember 1995, 10; zit nach *Jessernigg*, Frauenförderungsprogramme der Europäischen Union, Diplomarbeit (1996) 20 (FN 46). S auch *Coen*, in *Bleckmann*, Europarecht[6] 892.

[52]) Vgl *Langenfeld/Jansen* in *Grabitz/Hilf* Rz 7 zu Art 119.

[53]) In seiner Erklärung zur Rücknahme des Vorbehalts heißt es, "Deutschland messe der Politik der Chancengleichheit zwischen Mann und Frau höchste Bedeutung bei. Diese Politik sollte jedoch von allen Mitgliedstaaten verwirklicht werden, denn nach dem Subsidiaritätsprinzip des Vertrages habe die Gemeinschaft eine ergänzende Aufgabe. Zu diesem Zweck sei das nun verabschiedete Programm über den Informations- und Erfahrungsaustausch zwischen den Mitgliedstaaten der geeignete Weg und die finanzielle Ausstattung angemessen." Agence Europe Nr 6621 vom 7. Dezember 1995, 10, zit nach *Jessernigg*, Frauenförderungsprogramme 35.

Art 4 sieht unterschiedliche Gemeinschaftsaktionen vor.[54] Der finanzielle Beitrag der Gemeinschaft beträgt im allgemeinen höchstens 60%. Lediglich die Beobachtung und Begleitung der einschlägigen Politiken, die Durchführung von Studien, die rasche Verbreitung der Ergebnisse der eingeleiteten Initiativen sowie aller einschlägigen Informationen werden zur Gänze von der Gemeinschaft finanziert.

Neu ist, daß anstatt wie bisher der Beratende Ausschuß für Chancengleichheit nun ein Verwaltungsausschuß die Durchführung des Programms unterstützt. Die Kommission kann unter Mitwirkung dieses Ausschusses in einer Art "delegierter Gesetzgebungskompetenz" Maßnahmen erlassen, die unmittelbar gelten (vgl Art 9).[55]

F. Empfehlungen und andere Handlungsformen

Auch unverbindliche Instrumente beschäftigen sich mit frauenspezifischen Problemen und Maßnahmen der Chancengleichheit. Wenn sie auch keine unmittelbaren rechtlichen Wirkungen nach sich ziehen, so kommt ihnen doch quasi der Charakter einer "Selbstverpflichtung" der Gemeinschaftsorgane und darüber hinaus eine wichtige Signalwirkung nach außen zu.

Unter anderem beschäftigen sich einige Empfehlungen mit frauenspezifischen Inhalten. Hervorzuheben ist die Empfehlung 84/635/EWG[56] des Rates zur Förderung positiver Maßnahmen für Frauen. In dieser Empfehlung wurden die Mitgliedstaaten 1984 aufgefordert, gegen faktische Ungleichheiten, Geschlechtertrennung am Arbeitsmarkt und Verhaltensweisen und Strukturen im traditionellen Rollenverhalten zwischen Frau und Mann anzukämpfen. Weiters soll die Empfehlung 92/241/EWG[57] des Rates zur Kinderbetreuung Erwähnung finden. Als wichtiges politisches Signal ist auch die Empfehlung 96/694/EG[58] des Rates über die ausgewogene Mitwirkung von Frauen und Männern am Entscheidungsprozeß zu verstehen.

---

[54]) Zu den einzelnen Gemeinschaftsaktionen später.

[55]) Basis für diese Vorgangsweise ist der sogenannte Komitologie-Beschluß des Rates 87/373/EWG, Art 2 des Beschlusses des Rates zur Festlegung der Modalitäten für die Ausübung der der Kommission übertragenen Durchführungsbefugnisse, ABl 1987 L 197/33. Dazu *Thun-Hohenstein/Cede,* Europarecht[2] 122. Stimmen die Maßnahmen der Kommission jedoch mit der Stellungnahme des Ausschusses nicht überein, so muß die Kommission dies dem Rat sofort mitteilen. In einem solchen Fall verschiebt sich die Durchführung der von der Kommission beschlossenen Maßnahmen um zwei Monate. Innerhalb dieses Zeitraumes hat der Rat die Möglichkeit, mit qualifizierter Mehrheit einen anderslautenden Beschluß zu fassen.

[56]) ABl 1984 L 331/34.

[57]) ABl 1992 L 123/16.

[58]) ABl 1996 L 319/11.

Entschließungen spielten vor allem im Zusammenhang mit den ersten drei Aktionsprogrammen zur Chancengleichheit eine große Rolle.[59] Bemerkenswert ist die Entschließung des Rates zur Förderung der Gleichbehandlung zwischen Männern und Frauen durch die europäischen Strukturfonds[60], die Entschließung des Rates vom 27. März 1995[61] über die ausgewogene Beteiligung von Frauen und Männern am Entscheidungsprozeß sowie die Entschließung zur Verwirklichung der Chancengleichheit im öffentlichen Dienst.[62]

Weiters ist auf das Memorandum über gleiches Entgelt für gleichwertige Arbeit[63] und die Mitteilung der Kommission vom 17. Juli 1996 – Leitfaden zur Anwendung des Grundsatzes des gleichen Entgelts für Männer und Frauen bei gleichwertiger Arbeit[64] – hinzuweisen. Der Annahme des Vierten Aktionsprogramms folgte im Februar 1996 die Mitteilung der Kommission über die Einbindung der Chancengleichheit in sämtliche politische Konzepte und Maßnahmen der Gemeinschaft.[65]

G. Die mit Frauenförderung befaßten Organe und Einrichtungen

Das Organ, das sich in der Vergangenheit besonders um die Verwirklichung der Chancengleichheit verdient gemacht hat, ist die Kommission. Eine ihrer Hauptaufgaben besteht nämlich darin, dem Rat Rechtsakte vorzuschlagen, denn sie hat (faktisch) das Initiativmonopol. Darüber hinaus fungiert sie als "Hüterin der Verträge". Die Kommission ist in dieser Funktion insbesondere für die Prüfung der Einhaltung und Umsetzung der Richtlinien zuständig und kann – wie Österreich jüngst am Beispiel der Geldwäsche-Richtlinie erfahren mußte – ein Verfahren vor dem EuGH anstrengen.[66]

---

[59]) Auflistungen bei *Jessernigg*, Frauenförderungsprogramme 22 (FN 51); *Breitenmoser/Bühler* (Hg), Praxis des Europarechts (1996) 570 und im Vierten Aktionsprogramm.

[60]) ABl 1994 C 231/1.

[61]) ABl 1995 C 168/3.

[62]) ABl 1996 C 362/337.

[63]) KOM (94) 6 endg.

[64]) KOM (96) 336 endg.

[65]) KOM (96) 67 endg.

[66]) Zur Rolle der Kommission vgl ua *Haller-Block*, Gestalten statt verwalten: die frauenpolitische Arbeit der Kommission, in *Piepenschneider* (Hg), Frauenpolitik in der Europäischen Union (1996) 11; *Fritz*, Gleichbehandlung und Frauenförderung im öffentlichen Dienst – Eine Randerscheinung in der EU? ÖJZ 1995, 801; *Schunter-Kleemann*, Das Demokratiedefizit der EG und die Verrechtlichung der Frauenfrage, in *Schunter-Kleemann* (Hg), Herrenhaus Europa – Geschlechterverhältnisse im Wohlfahrtsstaat (1992) 29.

Die Frauenpolitik der Kommission richtet sich nach außen, an die Mitgliedstaaten. Hier sind die legistischen Instrumente und Aktionsprogramme wichtig. Ebenso wichtig ist aber die Politik der Chancengleichheit, die die Kommission nach innen in bezug auf ihre eigene Verwaltung betreibt. Zunächst ist hervorzuheben, daß der Frauenanteil in der öffentlichen Verwaltung auf europäischer Ebene rund 40% beträgt. An der Verwaltungsspitze ist – wie überall sonst auch – der Frauenanteil relativ gering; so findet man unter 20 Kommissaren nur fünf Frauen. Besonderes Augenmerk legt die Kommission daher auf eine Erhöhung des Frauenanteils in der Verwaltungsspitze. 1988 wurde das erste Förderprogramm für Frauen in der Kommission verabschiedet. Am 2. April 1997 verabschiedete die Kommission das mittlerweile Dritte Aktionsprogramm für Chancengleichheit, das in ihren eigenen Abteilungen im Zeitraum 1997 – 2000 umgesetzt werden soll. In diesem letzten kommissionsinternen Aktionsprogramm wird nach dem Vorbild des Vierten Aktionsprogrammes als neue Dimension das Mainstreaming eingeführt.

Auch auf institutioneller Ebene wurden Einrichtungen geschaffen, die sich mit Frauenfördermaßnahmen beschäftigen. In der Kommission gibt es sogar eine eigene Gruppe der Kommissare für Chancengleichheit und Rechte der Frau, die Anfang 1995 auf Initiative des Kommissionspräsidenten Jacques Santer gegründet wurde.[67] Der Beratende Ausschuß für die Chancengleichheit von Frauen und Männern tagt zweimal jährlich. Er hat die Aufgabe, die Kommission bei der Ausarbeitung und Durchführung der Strategien im Bereich der Gleichbehandlungspolitik zu unterstützen. Darüber hinaus wurde nach dem Vierten Aktionsprogramm der Verwaltungsausschuß für Chancengleichheit eingerichtet. Er setzt sich aus VertreterInnen der Mitgliedstaaten zusammen und unterstützt die Kommission bei der Umsetzung des Aktionsprogramms.

Auch in den administrativen Einheiten der Kommission, den Generaldirektionen (GD oder DG), wurden Projektgruppen und Ausschüsse eingerichtet, die sich mit dem Thema Chancengleichheit beschäftigen. Zur Durchführung, Beobachtung und Koordinierung des zweiten kommissionsinternen Aktionsprogramms wurde 1991 das Referat für Chancengleichheit in der Generaldirektion IX (Personal und allgemeine Verwaltung) gegründet, das eng mit dem Paritätischen Ausschuß für Chancengleichheit

---

[67]) Sie besteht aus ständigen Mitgliedern Padraig Flynn (Beschäftigung und soziale Angelegenheiten), Anita Gradin (Einwanderung und Justiz), Erkki Liikanen (Personal) und Monika Wulf-Mathies (Regionalpolitik). Darüber hinaus steht die Gruppe jedem interessierten Kommissionsmitglied offen. Den Vorsitz führt der Kommissionspräsident Jacques Santer.

(COPEC) zusammenarbeitet.[68] In der Generaldirektion V (Beschäftigung, Arbeitsbeziehungen und soziale Angelegenheiten) befindet sich bereits seit 1976 ebenfalls ein Referat für Chancengleichheit.[69] Die GD V bringt die Schriftenreihe "Soziales Europa" heraus, die sich auch mit frauenrelevanten Themen auseinandersetzt.[70] Sehr wichtig ist das Referat Fraueninformation in der GD X. Es wurde 1976 anläßlich eines Symposiums auf Antrag von 120 Frauen gegründet. Neben der Veranstaltung von Seminaren, Konferenzen und Schulungen gibt es seit 1989 monatlich die Zeitschrift "Info Frauen Europas" in allen Amtssprachen heraus. Zusätzlich erscheinen als Quartalszeitschrift die "Sonderhefte von Frauen Europas", die sich mit Schwerpunktthemen auseinandersetzen.[71] Auch für entwicklungspolitische Belange gibt es eigene Projektgruppen "Frauen und Entwicklung" (GD I B) und "Frauen" (GD VIII).[72]

Der Rat, das Hauptrechtsetzungsorgan der Europäischen Gemeinschaft, ist für Frauenangelegenheiten als Sozialrat in der Zusammsetzung der nationalen Arbeits- und Sozialminister zuständig. In bezug auf das Europäische Parlament (EP) ist zunächst festzuhalten, daß sein Frauenanteil höher ist als in den meisten nationalen Parlamenten.[73] Der frühere Ad-hoc-Ausschuß des EP zur Prüfung der Fragen der Frauenrechte wurde in einen ständigen Ausschuß, den Ausschuß für die Rechte der Frau, übergeleitet. Seine Hauptaufgaben liegen in der Ausarbeitung von Berichten und in der Überwachung der bereits existierenden Gleichbehandlungsrichtlinien. Das Europäische

---

[68]) Vgl Soziales Europa 3/91: Chancengleichheit für Frauen und Männer 59.

[69]) Vgl *Heide,* Erarbeiten, prüfen, koordinieren: Die Arbeit des Büros für Chancengleichheit, in *Piepenschneider* (Hg), Frauenpolitik in der Europäischen Union (1996) 25.

[70]) Vgl zB Nr 3/91: Chancengleichheit für Frauen und Männer, Beiheft Nr 3/93: Geschlechtertrennung im Beruf in der Europäischen Gemeinschaft, Beiheft 4/95: Strategien für eine Geschlechterdemokratie und Beiheft 5/96: Beruf und Kinderbetreuung.
1994 regte die Europäische Stiftung zur Verbesserung der Lebens- und Arbeitsbedingungen in Abstimmung mit der GD V ein neues Projekt über Chancengleichheit und Tarifverhandlungen an. Der erste diesbezügliche Forschungsbericht von *Brian Bercusson* und *Linda Dickens,* herausgegeben vom *Amt für amtliche Veröffentlichungen* (1996), liegt bereits vor.

[71]) Vgl zB Nr 42: Frauenförderung in der Europäischen Union – Eine Bestandsaufnahme, Nr 43: 100 Jahre Kino; Nr 44: Die Informationsgesellschaft ... als Sache der Frauen und zuletzt Nr 45: Das Alter – Na und? Die Frauen im Alter in der Europäischen Union.

[72]) Erstere hat die Aufgabe, das Kommissionspersonal auf die umfassende Einbeziehung von Frauenfragen in die Entwicklungsprogramme zu sensibilisieren. Letztere ist für die Förderung der Beteiligung von Frauen(gruppen) an Entwicklungsprojekten in den AKP-Staaten (Staaten in Afrika, der Karibik und dem pazifischen Raum) zuständig.

[73]) Er liegt per 1996 bei rund 26%, während er in nationalen Parlamenten bei rund 15,5% liegt. Vgl *Vertretung der Europäischen Kommission in Österreich* (Hg), Frauenförderung in der Europäischen Union (oJ) 7, 10; *Lenz Marlene,* Reformbedarf allerorten: aktuelle frauenpolitische Ziele des Europäischen Parlaments und frauenpolitische Initiativen im Rahmen der Regierungskonferenz, in *Piepenschneider* (Hg), Frauenpolitik in der Europäischen Union (1996) 19.

Parlament gibt eine Reihe – zumeist externer Studien – unter dem Titel "Rechte der Frau" heraus.[74] Der EuGH, der lange als einer der "Motoren" der Gleichbehandlung galt, hat seinen Sitz in Luxemburg. Vor dem Hintergrund der jüngeren Judikatur des EuGH wurde aber vielfach ein Rückschritt in seiner frauenfreundlichen Einstellung diagnostiziert.[75] Der Wirtschafts- und Sozialausschuß (WSA) setzt sich aus VertreterInnen der ArbeitgeberInnen, ArbeitnehmerInnen und anderer Interessensgruppen zusammen. Er hat in sehr vielen Fällen ein Stellungnahmerecht. Dem Ausschuß der Regionen kam bisher eine eher untergeordnete praktische Bedeutung in Frauenangelegenheiten zu.

Wichtig für die Verwirklichung der Chancengleichheit auf gesamteuropäischer Ebene ist die Europäische Lobby der Frauen. Es handelt sich dabei um den größten Zusammenschluß regierungsunabhängiger Frauenorganisationen (NGO's) in der Europäischen Union. Die Europäische Lobby der Frauen wurde 1990 gegründet und hat derzeit rund 2.600 nationale und europäische Frauenverbände als Mitglieder. Sie vertritt die Interessen der Frauen in der Europäischen Union und war maßgeblich an der Revision des Art 119 EGV im Rahmen des Vertrages von Amsterdam beteiligt. Weiters ist der Frauenausschuß des Europäischen Gewerkschaftsbundes erwähnenswert. Als Teil des Europäischen Gewerkschaftsbundes, der Dachorganisation der nationalen Gewerkschaften, liegt der Schwerpunkt der Tätigkeit des Frauenausschusses auf den Themenbereichen "Frauen auf dem Arbeitsmarkt" und "Frauen in den Gewerkschaften". Es wurde ein Aktionsplan erarbeitet, der die gleichberechtigte Partizipation von Frauen auf allen Ebenen der Gewerkschaftsbewegung anstrebt. Das Europäische Zentrum für die Förderung der Berufsbildung (CEDEFOP) wurde 1975 gegründet und ist heute eine unabhängige Einrichtung mit Sitz in Thessaloniki. Mitglieder sind ArbeitgeberInnenorganisationen, Gewerkschaften, nationale Regierungen und die Europäische Kommission. CEDEFOP setzt sich im Rahmen seiner sozialpolitischen Aufgaben auch für Frauenförderung und Chancengleichheit ein und betreut ein Programm zur Förderung der Chancengleichheit und Berufsbildung. Dieses Programm soll zur Diversifizierung der weiblichen Berufswahl, zur Aus- und Weiterbildung von Frauen und zur Aufwertung typischer Frauenarbeitsplätze durch neue Qualifizierungkonzepte beitragen.

---

[74]) Vgl zB W-4 (7/1994): "Der Schwangerschaftsabbruch im internationalen Überblick und in den Staaten der Europäischen Union; W-7 (6/1996): Menschenrecht = Frauenrechte?; W-9 (6/1996): "Alleinerziehende Mütter und Väter in den Mitgliedstaaten der Europäischen Union".

[75]) Vgl dazu Kapitel H.

H. Rechtsschutz und Klagemöglichkeiten

Der EuGH hat in der Vergangenheit mehr als 80 richtungsweisende Entscheidungen zur Gleichbehandlung getroffen.[76] Während er sich zunächst auf die Lohngleichheit nach Art 119 EGV konzentrierte, stehen heute vermehrt Fälle der mittelbaren Diskriminierung im Vordergrund. Es gibt eine Vielzahl von Klagsarten, die von Relevanz sein können: Vertragsverletzungsverfahren, Nichtigkeitsklagen, Untätigkeitsklagen und Schadenersatzklagen. Die mit Abstand wichtigste Verfahrensart ist jedoch das Vorabentscheidungsverfahren nach Art 177 EGV. Auf seiner Grundlage wurden und werden die meisten frauenrelevanten Entscheidungen getroffen.[77] Sinn des Vorabentscheidungsverfahrens ist es – sehr verkürzt ausgedrückt –, daß nationale Gerichte, die Zweifel bei der Auslegung des Gemeinschaftsrechts haben, den EuGH um Hilfe anrufen können. Letztinstanzliche Gerichte sind sogar dazu verpflichtet, den EuGH anzurufen, dem ein Auslegungsmonopol zukommt.[78]

Es sollen im folgenden exemplarisch und zugegebenermaßen willkürlich einige der neuesten Judikate des EuGH herausgegriffen werden:

Im **Urteil Larsson**[79] geht es um die Entlassung einer Frau infolge von Fehlzeiten wegen einer durch Schwangerschaft und Entbindung verursachten Krankheit (Beckenlockerung). Die maßgebliche Rechtsgrundlage ist ausschließlich die Richtlinie 76/207/EWG, da die Richtlinie 92/85 zu diesem Zeitpunkt noch nicht erlassen war. Dies führt unter Bezugnahme auf das Urteil Hertz[80] zum Ergebnis, daß nach Meinung des EuGH die Entlassung nicht

---

[76]) Vgl ua *Zuleeg,* Die Rechtsprechung des Europäischen Gerichtshofs zur Chancengleichheit: Rückschritt oder Fortschritt für die Frauen in der EU? in *Piepenschneider* (Hg), Frauenpolitik in der Europäischen Union (1996) 31; *Sporrer*, Gleichberechtigung 150; *Falkner*, Geschlechtergleichbehandlung im EG-Recht, in *Strunz/Al-Ani* (Hg), Österreichische Unternehmen im Europäischen Binnenmarkt (1992) 86.

[77]) Derzeit liegt ein Vorlageantrag des LG Linz vor: Rs C-249/97 *(Gabriele Gruber/Silhouette)*. Es geht dabei um den Fall der Selbstkündigung einer Frau, weil keine Kinderbetreuungseinrichtung zur Verfügung steht. Dies führt zur Kürzung des Abfertigungsanspruches nach § 23 a AngG. Vgl ABl 1997 C 271/8.

[78]) Vgl *Thun-Hohenstein/Cede*, Europarecht[2] 207; *Kirschbaum,* Frauen und EG-Recht, in *Aichhorn* (Hg), Frauen & Recht (1997) 253. Zur Rolle der EuGH-Judikatur vgl *Hummer/Obwexer*, Vom "Gesetzesstaat zum Richterstaat" und wieder retour? EuZW 1997, 295.

[79]) EuGH 29. Mai 1997, Rs C-400/95 *(Larsson)*, noch nicht in Sammlung, vgl Tätigkeitsbericht des EuGH 15/97, 28.

[80]) EuGH 8. November 1990, Rs C-179/88, Slg 1990, I-3979. Die Begründung wurde bereits von Urlesberger zurecht kritisiert, da sie im Verhältnis zum unmittelbar vorangehenden Urteil Dekker (EuGH 8. November 1990, Rs C-177/88, Slg 1990, I-3941) nicht logisch ist. Vgl *Urlesberger,* Eine Wende in der Rechtsprechung des EuGH in der Frage der Gleichbehandlung der Geschlechter? ZAS 1993, 181 (185, 187).

der Gleichbehandlungsrichtlinie widerspreche. Es handle sich vielmehr um "pathologische" Zustände, die unter die allgemeine Regelung für Krankheitsfälle fallen.

Als Rechtsfolgen von legislativen Verstößen gegen das Gleichbehandlungsgebot kommen unmittelbare Anwendbarkeit der Richtlinie oder Staatshaftung in Betracht.[81] In der Rechtssache **Draehmpaehl**[82] wurde mittels eines Inserates eine Mitarbeiter*in* gesucht.[83] Bemerkenswert ist in diesem Zusammenhang, daß sich nicht – wie man *prima vista* annehmen würde – Frauen gegen die stereotypen Rollenzuweisungen zur Wehr setzten, sondern daß sich ein Mann an das Gericht wendete, weil die Stelle nicht geschlechtsneutral ausgeschrieben wurde. Inhaltlich geht es in diesem Vorabentscheidungsverfahren um Fragen nach der Auslegung der Art 2 und 3 der Richtlinie 76/207/EWG, ua um die Höhe des Schadenersatzes bei Diskriminierung und die Irrelevanz eines Verschuldens. Es wird festgestellt, daß die Richtlinie einer innerstaatlichen gesetzlichen Regelung entgegensteht, die wie § 611 a Abs 1 und 2 BGB den Anspruch auf Schadenersatz vom Vorliegen eines Verschuldens abhängig macht. Weiters beschäftigt sich der EuGH mit der Höchstgrenze des Schadenersatzes von drei Monatsgehältern.[84]

II. Die Verwirklichung der Chancengleichheit

Um die Chancengleichheit der Geschlechter effektiv voranzutreiben, stellt die EU Fördermittel im Rahmen unterschiedlicher Projekte zur Verfügung. Auch die Generaldirektionen verfügen über Budgets für einzelne Projekte.

---

[81]) Vgl dazu zB EuGH 22. April 1997, Rs C-66/95, Slg 1997, I-2163 *(Sutton)*.

[82]) EuGH 22. April 1997, Rs C-180/95, Slg 1997, I-2195 *(Draehmpaehl)*.

[83]) Das Inserat hatte folgenden Wortlaut: "Für unseren Vertrieb suchen wir eine versierte Assistentin der Vertriebsleitung. Wenn Sie mit den Chaoten eines vertriebsorientieren Unternehmens zurechtkommen können, diesen Kaffee kochen wollen, wenig Lob erhalten und viel arbeiten können, sind Sie bei uns richtig. Bei uns muß einer den Computer bedienen können und für die anderen mitdenken. Wenn Sie sich dieser Herausforderung wirklich stellen wollen, erwarten wir Ihre aussagefähigen Bewerbungsunterlagen. Aber sagen Sie nicht, wir hätten Sie nicht gewarnt ..."

[84]) Das Urteil Draehmpaehl ist für Österreich wichtig, weil § 2 GlBG nur einen pauschalierten Schadenersatz von zwei Monatsgehältern vorsieht. Vgl ua Die Presse vom 23. April 1997; *Weinmeier*, Freizügigkeit und Sozialpolitik im EWR und ihre Umsetzung im österreichischen Recht (1994) 130; *Eichinger*, in *Rill* (Hg), Forschung für die Wirtschaft 15 (19); *Falkner/Tálos*, Österreichische Gleichbehandlungspolitik und das EU-Recht, in *Bundesministerin für Frauenangelegenheiten* (Hg), Bericht über die Situation der Frauen in Österreich – Frauenbericht 1995 (1995); *Mairhuber*, Gleichbehandlungs- und Frauenförderpolitik: Zu große Erwartungen oder frauenpolitischer Backlash? in *Tálos/Falkner* (Hg), EU-Mitglied Österreich (1996) 221 (228).

1993 wurde der Grundsatz der Chancengleichheit von Frauen und Männern als eine der Prioritäten der **Strukturfonds** festgelegt.[85] Für die Verwaltung der Strukturfonds sind allerdings die Mitgliedstaaten zuständig, sodaß es ihnen obliegt, die Chancengleichheit zu verwirklichen. Zunächst sind die Zielgebietsdefinitionen – zum einen für die Förderungsschwerpunkte, zum anderen für die mögliche Förderhöhe – von Bedeutung. Ziel-1-Gebiete sind Regionen mit Entwicklungsrückstand, Ziel-2-Gebiete Regionen, die von der rückläufigen industriellen Entwicklung besonders stark betroffen sind. Im Zentrum der Ziel-3-Gebiete steht die Bekämpfung der Langzeitarbeitslosigkeit und die Erleichterung der Eingliederung der Jugendlichen und der vom Ausschluß aus dem Arbeitsmarkt bedrohten Personen in das Erwerbsleben. In den Ziel-4-Gebieten geht es um die Anpassung der Arbeitskräfte an den industriellen Wandel. Ziel 5-(a und b)-Gebiete sind der Förderung der Entwicklung des ländlichen Raums und Ziel-6-Gebiete der Förderung subarktischer Regionen gewidmet.

Im Rahmen der Regionalpolitik gibt es drei verschiedene hier relevante Fonds:

- **Der Europäische Fonds für regionale Entwicklung (EFRE)** soll zur Beseitigung der regionalen Unterschiede in der wirtschaftlichen Entwicklung der Gemeinschaft beitragen. Gefördert werden insbesondere Infrastruktureinrichtungen, wie etwa der Bau von Kinderbetreuungseinrichtungen und sonstigen sozialen Einrichtungen, in Ziel 1, 2 und 5 b Gebieten.
- **Der Europäische Sozialfonds (ESF)** hat die Aufgabe, die Beschäftigungsmöglichkeiten zu verbessern, die Langzeitarbeitslosigkeit zu bekämpfen und die Eingliederung von Jugendlichen in den Erwerbsprozeß zu erleichtern. Aus seinen Mitteln werden die von den nationalen Regierungen eingeleiteten Programme unterstützt. Zu diesen gehören ua Qualifizierungsmaßnahmen für Frauen, Erleichterungen beim Zugang zu nicht-traditionellen Berufsfeldern, Hilfe beim Wiedereinstieg und Aktionen zur Vereinbarkeit von Beruf und Familie. In Österreich wird aus dem Sozialfonds zB ein Projekt gefördert, das sich unter der Leitung von Willi Dungl mit der professionellen Ausbildung von Biotrainerinnen beschäftigt.[86] Insgesamt rechnet man in der Förderperiode 1995 – 1999 mit Mitteln aus dem ESF in Höhe von rund sieben Milliarden Schilling.[87]

[85]) Vgl ABl 1993 L 193/5 und ABl 1994 C 231/1.
[86]) *Vertretung der Europäischen Kommission in Österreich* (Hg), Frauenförderung in der Europäischen Union 17.
[87]) *Bundesministerin für Frauenangelegenheiten* (Hg), Frauenförderung in der EU, Schriftenreihe der Frauenministerin XII (1997) 45.

- **Der Europäische Ausrichtungs- und Garantiefonds für die Landwirtschaft (EAGFL)** fördert ua die Niederlassung von JunglandwirtInnen und Diversifizierungsmaßnahmen, wie Urlaub am Bauernhof.[88]

Mehr Gestaltungsmöglichkeiten hat die EU im Gegensatz zu den Strukturfonds im Rahmen von **Gemeinschaftsinitiativen**, weil sie hier selbst die Aktionsbereiche festlegt und die Ziele formuliert. Finanziert werden die Gemeinschaftsinitiativen aus den Mitteln der Strukturfonds. Auf sie entfallen ca 9% der gesamten Budgetmittel der Strukturfonds.

Die Gemeinschaftsinitiative EMPLOYMENT (Beschäftigung, 1995 – 1999) setzt sich aus drei Aktionsbereichen zusammen:
- NOW: Förderung der Chancengleichheit auf dem Arbeitsmarkt
- HORIZON: Förderung neuer Bildungsmaßnahmen zur Eingliederung von Behinderten in den Arbeitsmarkt
- YOUTHSTART: Förderung der Eingliederung von Jugendlichen ohne Qualifikation in den Arbeitsmarkt

Für Frauen am wichtigsten ist der Aktionsbereich **NOW** (New Opportunities for Women – Programm zur Verbesserung der Chancen von Frauen auf dem Arbeitsmarkt). NOW wurde 1991 gestartet und war die erste Initiative, deren explizites Ziel die Förderung der Chancengleichheit auf dem Arbeitsmarkt war. Es wird ein sehr umfassender Ansatz verfolgt, geht es doch ua um Unternehmensgründungen von Frauen, Aktionen im Bereich der Berufsberatung und Berufsvorbereitung, Sponsoring von Bildungseinrichtungen und die Schaffung von Informationszentren für Frauen. Mit einem Gesamtbudget von 470 Mio ECU für die Förderperiode 1994 – 1999 ist NOW das finanzstärkste Programm zur Beseitigung der Frauenarbeitslosigkeit und zur Verbesserung der Situation der berufstätigen Frauen.[89] Die EMPLOYMENT-NOW-Initiative soll in der ersten Phase etwa 700 Projekte umfassen.[90]

---

[88]) Vgl auch die externe Studie des Europäischen Parlaments: Förderprogramme zugunsten von Frauen: Strukturfonds und Gemeinschaftsinitiativen der Europäischen Union 1994 – 1999, Vademecum, in der Reihe Rechte der Frau E-1 (9/1994). Von der Kommission wurde in der Reihe Regionalpolitik und Kohäsion eine Broschüre mit dem Titel "Frauen – Akteurinnen der Regionalentwicklung" herausgegeben, in der einige ausgewählte Projekte vorgestellt werden.

[89]) HORIZON ist mit 830 Mio ECU und YOUTHSTART mit 400 Mio ECU dotiert. Vgl *Bundesministerin für Frauenangelegenheiten* (Hg), Frauenförderung 51.

[90]) KOM (96) 650 endg.

NOW geht von fünf Leitprinzipien aus:
1. Innovation
2. Transnationalität (mindestens drei Partner aus verschiedenen Mitgliedstaaten)
3. Multiplikatoreffekt (Übertragbarkeit auf andere Länder und Regionen)
4. Bottom-up-Ansatz (Projektstrategien sollen zuerst auf lokaler Ebene erarbeitet werden) und
5. Komplementarität (Nutzung auch anderer Fördertöpfe).

Die Kofinanzierung seitens der Gemeinschaft beträgt in Ziel-1-Gebieten (zB Burgenland) bis zu 75%, in den übrigen Fördergebieten maximal 50%. Als Beispiel für NOW kann das Projekt Women in network (1996 – 1999) des Vereines zur Förderung der Qualifikation von Frauen in Linz mit PartnerInnen aus Dänemark, Schweden und Griechenland genannt werden, das eine umfassende Ausbildung zur Kunsthandwerkerin ermöglichen soll.[91]

Eine weitere Gemeinschaftsinitiative zur Anpassung der ArbeitnehmerInnen an den industriellen Wandel ist ADAPT. Mit KMU (Anpassung kleinerer und mittlerer Unternehmen an den Binnenmarkt) soll ua auch die Unternehmensgründung von Frauen unterstützt werden. LEADER II (Initiative zur ländlichen Entwicklung) fördert zB den ländlichen Fremdenverkehr ("Urlaub am Bauernhof"). URBAN II (Förderung weniger entwickelter städtischer Gebiete) fördert Maßnahmen zur wirtschaftlichen Entwicklung, sozialen Eingliederung, Sanierung der Infrastrukturen und Verbesserung der Umweltbedingungen in Ballungsräumen mit mehr als 100.000 Einwohnern. Dabei werden ua Frauenhäuser und Kinderbetreuungseinrichtungen gebaut. RETEX, die Initiative zugunsten der vom Textil- und Bekleidungssektor stark abhängigen Regionen, betrifft in erster Linie Frauen, da diese in der Textilindustrie überdurchschnittlich vertreten sind. Es geht vor allem um Berufsbildungsmaßnahmen für von der Arbeitslosigkeit betroffene Personen.[92]

Ergänzend zu den vorhin genannten strukturellen Maßnahmen bewirkt der im **Vierten Aktionsprogramm** eingeführte Grundsatz des Mainstreaming zunächst, daß die Kommission selbst in zahlreiche Weißbücher und Berichte

---

[91]) Vgl *Vertretung der Europäischen Kommission in Österreich* (Hg), Frauenförderung 20. S auch Lokal Total vom 6. März 1997. Der Verein VFQ, der Linzer Verein zur Förderung der Qualifikation von Frauen, bietet ua die Projekte Fragile (Tischlerinnenausbildung), Via Vista (Glaserinnenausbildung) und Art of Work (Frauenkunsthandwerk) an.

[92]) Zu den aktuellen Gemeinschaftsinitiativen und Aktionsprogrammen vgl *Bundesministerin für Frauenangelegenheiten* (Hg), Frauenförderung.

die Dimension der Chancengleichheit einbezieht.[93] Mit dem Aktionsprogramm werden im allgemeinen Projekte im Ausmaß von maximal 60% der veranschlagten Projektkosten finanziert.[94] Projektanträge sind an die Europäische Kommission zu richten. Sie haben genaue Informationen über ProjektträgerInnen, PartnerInnen, eine Projektbeschreibung und einen detaillierten Kostenvoranschlag zu enthalten. Als Koordinationsstelle steht das Büro ANIMA zur Verfügung. Bis Jänner 1997 wurden 600 Projektvorschläge eingereicht. Zwei Projekte wurden aus Österreich ausgewählt. Eines dieser Projekte wurde von NOWA (Netzwerk für Berufsbildung – Verein Regionale Wirtschafts- und Qualifizierungsinitiative Graz und Graz-Umgebung) unter dem Titel "Aufbau und Entwicklung eines mobilen Internetcafés für Frauen" eingereicht. Das andere Projekt stammt von BBI Austria und trägt den Titel "Euro Info- und Chancengleichheitsprojekt". Kern dieses Projektes ist die Einrichtung einer Informations- und Beratungsstelle für die Förderung von Frauenprojekten im Rahmen des Vierten Aktionsprogramms.[95]

Neben dem Aktionsprogramm für Chancengleichheit von Frauen und Männern sind noch einige allgemeine mehrjährige Programme zu nennen, die auch für Frauen von Relevanz sind:

- SOKRATES: Förderung der allgemeinen Bildung[96]
- LEONARDO DA VINCI: Förderung der Berufsbildung[97]
- TEMPUS: Austauschprogramm mit mittel- und osteuropäischen Hochschulen
- KAROLUS: Austauschprogramm für nationale Beamte
- PHARE: Förderung der wirtschaftlichen Integration mittel- und osteuropäischer Länder (MOEL)

---

[93]) Vgl zB zuletzt den Bericht der Kommission "Beschäftigung in Europa 1997", KOM (97) 479 endg sowie die Mitteilung der Kommission "Leitlinien für beschäftigungspolitische Maßnahmen der Mitgliedstaaten 1998", KOM (97) 497 endg.

[94]) Für die Durchführung von Studien im Bereich der Chancengleichheit und die Verbreitung der Ergebnisse der eingeleiteten Initiativen ist allerdings eine Finanzierungsquote von 100% vorgesehen, vgl Art 8 iVm Art 4 des Aktionsprogrammes.

[95]) Vgl *Bundesministerin für Frauenangelegenheiten* (Hg), Frauenförderung 20.

[96]) SOKRATES (1995 – 1999) verfügt über ein Gesamtbudget von 850 Mio ECU. Es zerfällt ua in ERASMUS (Hochschulbildung, insbesondere StudentInnenaustausch) und COMENIUS (Schulbildung). In diesem Rahmen hat zB die Handelsakademie Augarten ein Projekt über "Die Frau von heute" durchgeführt. Vgl Der Standard vom 8. April 1997, 9; *Bundesministerin für Frauenangelegenheiten* (Hg), Frauenförderung 55.

[97]) Der Zuschuß für transnationale Projekte beträgt bis zu 75%. Im Rahmen dieses Programms gibt es zB das FEM-TRAINING-Net, das Netzwerk im Bereich der Mädchen- und Frauenbildung.

- TACIS: Förderung der wirtschaftlichen und politischen Zusammenarbeit mit den Neuen Unabhängigen Staaten[98]

Die Idee der **Netzwerke** durchzieht wie ein roter Faden die programmatische Arbeit der EU seit den 80er Jahren. Mittels solcher Netzwerke will die Kommission eine schnellere und effizientere Umsetzung von Maßnahmen erreichen. Es handelt sich dabei um lose zusammengeschlossene Projektgruppen, die abseits streng reglementierter Strukturen bedarfsgerecht zusammengesetzt sind und unbürokratisch und hierarchieübergreifend tätig werden.[99]

Das Netzwerk **IRIS**, das autonome Netzwerk zur beruflichen Bildung der Frau, wurde 1987 durch die Europäische Kommission gegründet, seit 1995 ist es eine unabhängige Gesellschaft. Die Verbesserung der beruflichen Bildung von Frauen soll ua durch innovative Ausbildungsformen, durch Austauschprogramme sowie durch Partnerschaften zwischen regionalen Fraueninitiativen erreicht werden. Aufgabe des Netzwerkes ist daher vor allem die PartnerInnensuche für die Durchführung von Projekten.[100] Das IRIS-Netzwerk betreut auch das Aktionsprogramm zur beruflichen Bildung (IRIS II, Laufzeit 1994 – 1998). Auf Gemeinschaftsebene wird die Koordination von CREW (Centre for Research on European Women) übernommen.[101]

Von derzeit eher historischer Bedeutung sind die folgenden Netzwerke. Sie sollen jedoch kurz dargestellt werden, weil die Hoffnung besteht, daß die eine oder andere Idee wieder aufgegriffen wird:

---

[98]) Die Programme PHARE und TACIS stellen seit 1993 zusätzliche Mittel in Höhe von 600.000 ECU für frauenspezifische Maßnahmen bereit. Zwei Teilbereiche dieser Programme, das "Programm für Demokratie" und das LIEN-Programm, wurden um einen Spezialteil "Frauen" erweitert. Im Rahmen des "Programms für Demokratie" werden frauenspezifische Projekte, die sich mit den Rechten von Minderheiten, der Verwirklichung der Chancengleichheit, dem unterschiedslosen Zugang zur Ausbildung usw beschäftigen, unterstützt. Das LIEN-Programm gibt Frauen eine Hilfestellung, die nur begrenzten Zugang zu Gesundheitsdiensten und dem Arbeitsmarkt haben.

[99]) Diese Elemente kommen insbesondere Frauen zugute, die schon immer gegen männlich dominierte Hierarchien ankämpften. Überdies haben Frauen zum Teil wenig Erfahrung mit einer Teilnahme an formalen Organisationsstrukturen. Vgl *Bretherton/Sperling*, Women's Networks and the European Union: Towards an Inclusive Approach? Journal of Common Market Studies 1996, 487.

[100]) Zu diesem Zweck werden Informationsblätter und einmal jährlich ein Kontaktverzeichnis herausgegeben. Der Mitgliedsbeitrag beträgt ca 5.000 öS.

[101]) Eines der wichtigsten Projekte ist die Vernetzung von "Creame" (Unternehmerinnen-Initiative in Spanien), "Women in Management" (Griechenland) und "Leergang Eigen Bedrijven (Niederlande). Ziel dieser Kooperation ist es, Frauen als Unternehmerinnen im Einzelhandel zu unterstützen.

- Bei den Örtlichen Initiativen zur Beschäftigung von Frauen (ÖIB, frz ILE bzw engl LEI) handelte es sich um ein Netzwerk zur Beschäftigung von Frauen, das bereits abgeschlossen wurde. Aufgrund der schlechten Arbeitsplatzsituation sollten Frauen zu Unternehmensgründungen ermutigt werden.[102]
- Das Netzwerk "Kinderbetreuung" wurde 1986 initiiert und beschäftigte sich ua mit Fragen des Elternurlaubes und der Arbeitsplatzgestaltung für Eltern.
- Das Netzwerk "Positive Aktionen in Unternehmen" sollte sich den Bereichen Stellenausschreibung, Vorstellungsgespräch, Fort- und Weiterbildung, Karrierechancen, Arbeitsbedingungen, Maßnahmen gegen sexuelle Belästigung, Wiedereinstieg nach einer Familienpause usw widmen.
- Das Netzwerk zur Anwendung der Richtlinien zur Chancengleichheit wurde 1982 geschaffen und bestand aus 15 juristischen Sachverständigen. Es beschäftigte sich in erster Linie mit der Festellung von in den einzelnen Mitgliedstaaten auftretenden Problemen bei der Umsetzung des Gleichbehandlungsprinzips. Seine Erkenntnisse gab das Netzwerk an die Kommission weiter, die ihrerseits allenfalls neue Richtlinienvorschläge ausarbeitete.
- Beim Netzwerk zur Lage der Frauen auf dem Arbeitsmarkt handelte es sich um ein 1983 geschaffenes Forschungsnetzwerk, das aus 15 unabhängigen Sachverständigen bestand. Themenschwerpunkt war die Analyse der Hindernisse bei der Eingliederung von Frauen in den Arbeitsmarkt sowie die Aufteilung von Arbeits- und Freizeit. In englischer und französischer Sprache wurde das Bulletin "Frauen und Beschäftigung in der EU" herausgegeben.

1996 wurde erstmals ein **Jahresbericht über Chancengleichheit** veröffentlicht.[103] Diesem Bericht kommt eine wichtige Funktion zu, da er frauenbenachteiligende Strukturen für eine breite Öffentlichkeit transparent macht. Es ist daher beabsichtigt, in Zukunft jedes Jahr einen solchen Bericht vorzulegen.

Dem Vorwort zufolge werden mit diesem Bericht drei Hauptziele verfolgt:
1. Die Gleichbehandlungspolitik soll publik gemacht (Evidenz),
2. die Debatte über die zu erreichenden Fortschritte und die zu entwickelnde Politik soll gefördert (Strategie), und
3. der Kommission, den Mitgliedstaaten und Beitrittsanwärtern ein Bezugspunkt in die Hand gegeben werden (Konvergenz).

Der Bericht gliedert sich in zwei Teile mit insgesamt sechs Kapiteln, die der Gliederung des Aktionsprogrammes folgen. Kapitel 1 des ersten Teils "Die Bildung von Partnerschaften in einer sich verändernden Gesellschaft" ist den Strukturfonds und dem Vierten Aktionsprogramm gewidmet. Kapitel

---

102) Wurden dabei zwei bis maximal fünf Vollzeitarbeitsplätze geschaffen, so förderte dies die Generaldirektion X mit Zuschüssen pro Arbeitsplatz. Es handelte sich um das einzige Netzwerk, das direkt, ohne Zwischenschaltung von ProjektträgerInnen, Förderungen vergab.

103) *Amt für amtliche Veröffentlichungen der Europäischen Gemeinschaften* (Hg), Chancengleichheit für Frauen und Männer in der Europäischen Union – Jahresbericht 1996 (1997) [= KOM (96) 650 endg].

2 "Frauen und Männer in einer sich wandelnden Wirtschaft" beschäftigt sich mit den Problemen auf dem Arbeitsmarkt, dem hohen Anteil von Frauen in schlechtbezahlten Beschäftigungen, der starken Geschlechtertrennung und den Unternehmensgründungen durch Frauen. Diesbezüglich wird zB das Projekt "Weiber Wirtschaft" in Berlin vorgestellt. Im Zentrum von Kapitel 3 "Vereinbarkeit von Familien- und Berufsleben" stehen die Kinderbetreuung und der Elternurlaub. Kapitel 4 beschäftigt sich mit der Förderung der ausgewogenen Beteiligung von Frauen und Männern am Entscheidungsprozeß. Die Unterrepräsentation von Frauen wird ausdrücklich als schwerwiegendes demokratisches Defizit erklärt, dann werden Überlegungen zu Quotenregelungen angestellt. In Kapitel 5 wird überprüft, ob und wie Frauen in die Lage versetzt werden, ihre Rechte wahrzunehmen. Teil 2 besteht lediglich aus einem Kapitel (Kapitel 6) und beschäftigt sich mit der UN-Weltfrauenkonferenz von Peking.

Der Jahresbericht ist zum Teil auf erhebliche Kritik gestoßen. So sei insbesondere der aus der Umweltpolitik entlehnte Begriff "Mainstreaming" unklar und verwirrend. Die Berichterstatterin im Europäischen Parlament, Mimi Kestelijn-Sierens, zieht aus dem dritten Kapitel den Schluß, daß das Mehrheitswahlrecht einen negativen Einfluß auf die Repräsentation von Frauen habe, ein Faktum, das nach ihrer Meinung nur die Forderung nach Quoten aufkommen lasse.[104] Auch der Wirtschafts- und Sozialausschuß, allen voran die Berichterstatterin Drijfhout-Zweijtzer, kritisiert viele Punkte, zunächst die Unausgewogenheit und den Aufbau der Darstellungen.[105] Der Bericht konzentriere sich zu sehr auf die Chancengleichheit. Dadurch entstünde der Eindruck, daß die Gleichstellung der Frau in bezug auf ihre Rechte bereits verwirklicht wäre. Das Fundament müsse aber die Gleichberechtigung sein, die Chancengleichheit wäre erst der zweite Schritt. Im Bericht werde der Umsetzung der Gleichbehandlungsrichtlinien in den Mitgliedstaaten zu wenig Beachtung geschenkt. Frau Drijfhout-Zweijtzer weist auf ein weiteres Phänomen hin, nämlich, daß die Gemeinschaft immer mehr auf allerlei nichtbindende Instrumente, wie Empfehlungen, zurückweicht. Bezüglich der Vereinbarkeit von Familien- und Berufsleben spricht sie sich für eine Reaktivierung des Netzwerkes Kinderbetreuung aus.

Der vorliegende Beitrag sollte in Kurzform den Status quo von Gleichberechtigung und Chancengleichheit auf EU-Ebene darstellen. Im Rahmen der bisherigen Diskussions- und Aktionsschwerpunkte zeichnen sich bereits wichtige Zielsetzungen für die künftige Frauenpolitik ab. Neben dem Kampf gegen Frauenhandel und Sextourismus werden durch die Telearbeit neue

---

104) Europäisches Parlament, Plenum Aktuell: PE 262.256, 37.

105) CES (1997) 770.

Herausforderungen, aber auch Gefahren für Frauen entstehen. Es gibt Bestrebungen, 1999 zum europäischen Jahr der Gewalt gegen Frauen zu machen. Die Kommission hat in diesem Zusammenhang bereits das STOP-Programm mit einer Laufzeit von 1996 – 2000 aufgelegt, in dem RichterInnen und AnwältInnen, die sich mit Gewaltopfern beschäftigen, geschult werden sollen.

Ein weiteres wichtiges Anliegen betrifft das Bild der Frau in den Medien, insbesondere in der Werbung. Im Juni 1997 hat der Ausschuß für die Rechte der Frau eine Anhörung über die Diskriminierung der Frauen in der Werbung veranstaltet. Nur einige der durchaus bemerkenswerten Ergebnisse sollen kurz erwähnt werden. Arke d'Anethan vom Weltbund der Werbungstreibenden weist darauf hin, daß 70% der Käufe von Frauen getätigt werden und kommt zum Ergebnis, daß es "verantwortlichen Inserenten" nicht daran gelegen sein kann, die Hälfte ihrer potentiellen Verbraucher zu beleidigen. Das Europäische Parlament hingegen ist nach wie vor skeptisch. Insbesondere wird die Darstellung junger Frauen von magersüchtigem Aussehen abgelehnt. Weiters wird die Betonung der Rolle der Frau als Hausfrau und Mutter kritisiert. Oliver Gray, der Generaldirektor der Europäischen Allianz für Werbeselbstkontrolle, präsentierte eine Meinungsumfrage, derzufolge es nur sehr wenige Klagen gebe. Lediglich 5% der zwischen 1992 und 1995 eingegangenen Beschwerden beziehen sich auf die Darstellung der Geschlechter. Allerdings lag in drei Ländern – Österreich (!), Spanien und Deutschland – der Anteil erheblich höher, nämlich zwischen 25 und 50%.[106]

Angesichts dieser Umstände wird es auch in Zukunft genügend Handlungsbedarf in den Bereichen Gleichberechtigung und Chancengleichheit der Geschlechter auf EU-Ebene geben.

[106]) Vgl Info Frauen Europas, Nr 73 (September 1997) 4.

Literaturverzeichnis

- *Amt für amtliche Veröffentlichungen der Europäischen Gemeinschaften* (Hg), Chancengleichheit für Frauen und Männer in der Europäischen Union – Jahresbericht 1996 (1997) [= KOM (96) 650 endg].
- *Amt für amtliche Veröffentlichungen der Europäischen Gemeinschaften* (Hg), EUROSTAT: Frauen und Männer in der Europäischen Union – Ein statistisches Portrait (1995).
- *Amt für amtliche Veröffentlichungen der Europäischen Gemeinschaften* (Hg), Vertrag von Amsterdam zur Änderung des Vertrags über die Europäische Union, der Verträge zur Grün-dung der Europäischen Gemeinschaften sowie einiger damit zusammenhängender Rechtsakte (1997).
- *Beutler/Bieber/Pipkorn/Streil*, Die Europäische Union[4] (1993).
- *Bleckmann,* Europarecht[6] (1997).
- *Breitenmoser/Bühler* (Hg), Praxis des Europarechts (1996).
- *Bretherton/Sperling*, Women's Networks and the European Union: Towards an Inclusive Approach? Journal of Common Market Studies 1996, 487.
- *Bundesministerin für Frauenangelegenheiten* (Hg), Frauenförderung in der EU, Schriftenreihe der Frauenministerin XII (1997).
- *Eichinger*, EU-Rechtsangleichung als Impuls zur Fortentwicklung des österreichischen Frauenarbeitsrechts, in *Rill* (Hg), Forschung für die Wirtschaft. Die Europäisierung des österreichischen Wirtschaftsrechts (1995) 15.
- *Eichinger*, Frauenarbeitsrecht im Überblick. Unter besonderer Berücksichtigung des Arbeitsrechtlichen Begleitgesetzes zur Pensionsreform, in *Aichhorn* (Hg), Frauen & Recht (1997) 39.
- *Emmert,* Europarecht (1996).
- *Falkner*, Geschlechtergleichbehandlung im EG-Recht, in *Strunz/Al-Ani* (Hg), Österreichische Unternehmen im Europäischen Binnenmarkt (1992) 86.
- *Falkner/Tálos,* Österreichische Gleichbehandlungspolitik und das EU-Recht, in *Bundesministerin für Frauenangelegenheiten* (Hg), Bericht über die Situation der Frauen in Österreich – Frauenbericht 1995 (1995).
- *Fischer/Köck,* Europarecht[3] (1997).
- *Fritz,* Gleichbehandlung und Frauenförderung im öffentlichen Dienst – Eine Randerscheinung in der EU? ÖJZ 1995, 801.
- *Geiger,* Kommentar zum EG-Vertrag[2] (1995).

- *Generalsekretariat des Rates der Europäischen Union* (Hg), Vertragsentwurf vom Juni 1997 (1997), CONF/4001/97.
- *Grabitz/Hilf* (Hg), Kommentar zur Europäischen Union, Loseblatt.
- *Griller,* Der Anwendungsvorrang des EG-Rechts, ecolex 1996, 639.
- *Griller/Droutsas* ua, Regierungskonferenz 1996: Der Vertrag von Amsterdam in der Fassung des Gipfels vom Juni 1997, IEF Working Paper Nr 27, Forschungsinstitut für Europafragen der WU Wien (1997).
- *Groeben/Thiesing/Ehlermann* (Hg), Kommentar zum EWG-Vertrag[4] (1991).
- *Haas,* Frauenförderprogamme der Europäischen Union, in *Bandhauer-Schöffmann* (Hg), Auf dem Weg zur Beletage. Frauen in der Wirtschaft (1997) 181.
- *Hailbronner/Klein/Magiera/Müller-Graff* (Hg), Handkommentar zum Vertrag über die Europäische Union (EUV/EGV), Loseblatt.
- *Haller-Block,* Gestalten statt verwalten: die frauenpolitische Arbeit der Kommission, in *Piepenschneider* (Hg), Frauenpolitik in der Europäischen Union (1996) 11.
- *Handstanger/Waldherr,* Aus der Rechtsprechung der Gerichte der Europäischen Union, ÖJZ 1996, 17.
- *Heide,* Erarbeiten, prüfen, koordinieren: Die Arbeit des Büros für Chancengleichheit, in *Piepenschneider* (Hg), Frauenpolitik in der Europäischen Union (1996) 25.
- *Hummer/Obwexer,* Vom "Gesetzesstaat zum Richterstaat" und wieder retour? EuZW 1997, 295.
- *Jessernigg,* Frauenförderungsprogramme der Europäischen Union, Diplomarbeit (1996).
- *Kattein,* Frauenerwerbstätigkeit in der EG (1994).
- *Kirschbaum,* Frauen und EG-Recht, in *Aichhorn* (Hg), Frauen & Recht (1997) 253.
- *Kischel,* Zur Dogmatik des Gleichheitssatzes in der Europäischen Union, EuGRZ 1997, 1.
- *Kliemann,* Die europäische Sozialintegration nach Maastricht (1997).
- *Kyriazis,* Die Sozialpolitik der Europäischen Wirtschaftsgemeinschaft in bezug auf die Gleichberechtigung männlicher und weiblicher Erwerbstätiger (1990).
- *Langenfeld,* Die Gleichbehandlung von Mann und Frau im Europäischen Gemeinschaftsrecht (1990).
- *Lenz* (Hg), Kommentar zum EG-Vertrag (1994).

- *Lenz* Marlene, Reformbedarf allerorten: aktuelle frauenpolitische Ziele des Europäischen Parlaments und frauenpolitische Initiativen im Rahmen der Regierungskonferenz, in *Piepenschneider* (Hg), Frauenpolitik in der Europäischen Union (1996) 19.
- *Mairhuber,* Gleichbehandlungs- und Frauenförderpolitik: Zu große Erwartungen oder frauenpolitischer Backlash? in *Tálos/Falkner* (Hg), EU-Mitglied Österreich (1996) 221.
- *Obwexer/Niedermühlbichler,* Das EU-Recht in der österreichischen Rechtsordnung, ecolex 1995, 145.
- *Piepenschneider* (Hg), Frauenpolitik in der Europäischen Union (1996).
- *Schunter-Kleemann,* Das Demokratiedefizit der EG und die Verrechtlichung der Frauenfrage, in *Schunter-Kleemann* (Hg), Herrenhaus Europa – Geschlechter-verhältnisse im Wohlfahrts-staat (1992) 29.
- *Schweizer/Hummer,* Europarecht[5] (1996).
- *Sporrer,* Gleichberechtigung und Gleichheitsgrundsatz, Dissertation (1995).
- *Streinz,* Europarecht[3] (1996).
- *Thun-Hohenstein/Cede,* Europarecht[2] (1996).
- *Urlesberger,* Europarecht: Das Neueste auf einen Blick, WBl 1997, 328.
- *Urlesberger,* Eine Wende in der Rechtsprechung des EuGH in der Frage der Gleichbehandlung der Geschlechter? ZAS 1993, 181.
- *Vertretung der Europäischen Kommission in Österreich* (Hg), Frauenförderung in der Europäischen Union (oJ).
- *Weinmeier,* Freizügigkeit und Sozialpolitik im EWR und ihre Umsetzung im österreichischen Recht (1994).
- *Zahlbruckner,* Die Empfehlung im EWG-Vertrag – Rechtswirkung und Kontrolle durch den EuGH, JBl 1993, 345.
- *Ziegler,* Frauennachtarbeitsverbot in Österreich (1997).
- *Zuleeg,* Die Rechtsprechung des Europäischen Gerichtshofs zur Chancengleichheit: Rückschritt oder Fortschritt für die Frauen in der EU? in *Piepenschneider* (Hg), Frauenpolitik in der Europäischen Union (1996) 31.

ZUR FRAGE DER ZULÄSSIGKEIT VON FRAUENFÖRDERNDEN VERGABEKRITERIEN IM ÖFFENTLICHEN AUFTRAGSWESEN

von Silvia Ulrich

I. Einleitung

1997 wurde in Österreich vom Unabhängigen Frauenforum ein Frauenvolksbegehren initiiert, das von 644.665 Bürgerinnen und Bürgern unterstützt wurde.[1] Mit dem Frauenvolksbegehren wurde an den Nationalrat die Forderung gerichtet, die tatsächliche Gleichberechtigung zwischen Frauen und Männern durch eine Reihe von gesetzlichen Maßnahmen herzustellen. Unter anderem wird im Text des Frauenvolksbegehrens folgende Forderung erhoben:

„1. Unternehmen erhalten Förderungen und öffentliche Aufträge nur, wenn sie dafür sorgen, daß Frauen auf allen hierarchischen Ebenen entsprechend ihrem Anteil an der Bevölkerung vertreten sind.“[2]

Die Forderung in Pkt 1 wird in den Erläuterungen zum Frauenvolksbegehren dahingehend konkretisiert, daß Unternehmen *Pläne und Etappenziele* vorzulegen haben, deren Eignung vor Erteilung des Auftrages zu prüfen ist. Förderungen und öffentliche Aufträge sind demnach nur zu vergeben, wenn entweder bereits Geschlechterparität herrscht oder wenn zumindest geprüfte Pläne und Etappenziele vorliegen, die diese Parität anstreben.

Mit dieser Forderung des Frauenvolksbegehrens ist unter anderem die rechtliche Problematik der Zulässigkeit von „vergabefremden Kriterien“ im öffentlichen Auftragswesen angesprochen. Von „vergabefremden Kriterien“ wird dann gesprochen, wenn ein Anbieter den öffentlichen Auftrag nur dann erhält, wenn neben dem Zuschlagskriterium des niedrigsten Preises oder des wirtschaftlich günstigsten Angebotes auch noch andere Kriterien zu erfüllen sind, die mit der Bedarfsdeckung im engeren Sinne nichts zu tun haben. Dazu gehören sozialpolitische Lenkungsziele, wie zB die bevorzugte Auftragsvergabe an Behindertenwerkstätten oder an solche Unternehmen, die Jugendliche ausbilden, Langzeitarbeitslose einstellen oder frauenfördernde Maßnahmen setzen.

[1]) Vgl zum Ergebnis der Eintragungen - aufgelistet nach Bundesländern - 716 BlgNR 20. GP 4.

[2]) 716 BlgNR 20. GP 1.

Im folgenden soll der Frage nachgegangen werden, ob die Bindung der öffentlichen Auftragsvergabe an vergabefremde Kriterien, insbesondere an gleichstellungspolitische Ziele, aus europarechtlicher und innerstaatlicher Sicht zulässig ist.

II. Rechtsgrundlagen für die öffentliche Auftragsvergabe

A. Gemeinschaftsrechtliche Grundlagen

Auf gemeinschaftsrechtlicher Ebene bestehen für den Bereich der öffentlichen Auftragsvergabe sechs Richtlinien, deren materielle und verfahrensrechtliche Standards von den Mitgliedstaaten umzusetzen sind. Es sind dies die:

- Baukoordinierungsrichtlinie[3]
- Lieferkoordinierungsrichtlinie[4]
- Dienstleistungsrichtlinie[5]
- Sektorenrichtlinie[6]
- Rechtsmittelrichtlinie[7]
- Rechtsmittelrichtlinie Sektoren[8]

Das von den Richtlinien strukturierte Vergabesystem dient der Verwirklichung des Binnenmarktes, insbesondere der Realisierung und Wahrung des freien Waren-, Dienstleistungs- und Kapitalverkehrs. Diskriminierungsfreie und transparente Vergabeverfahren sollen den freien Wettbewerb im gesamten EU-Raum sicherstellen. Die Vergaberichtlinien wurden geschaffen,

---

[3]) Richtlinie 93/37/EWG zur Koordinierung der Verfahren zur Vergabe öffentlicher Bauaufträge v 14. 6. 1993, ABl 1993 Nr L 199/34.

[4]) Richtlinie 93/36/EWG über die Koordinierung der Verfahren zur Vergabe öffentlicher Lieferaufträge v 14. 6. 1993, ABl 1993 Nr L 199/1.

[5]) Richtlinie 92/50/EWG über die Koordinierung der Verfahren zur Vergabe öffentlicher Dienstleistungsaufträge v 18. 6. 1992, ABl 1992 Nr L 209/1.

[6]) Richtlinie 90/531/EWG zur Koordinierung der Auftragsvergabe durch Auftraggeber im Bereich der Wasser-, Energie- und Verkehrsversorgung sowie im Telekommunikationssektor v 14. 6. 1993, ABl 1993 Nr L 199/84.

[7]) Richtlinie 89/665/EWG zur Koordinierung der Rechts- und Verwaltungsvorschriften für die Anwendung der Nachprüfungsverfahren im Rahmen der Vergabe öffentlicher Liefer- und Bauaufträge v 21. 12. 1989, ABl 1989 Nr L 395/33.

[8]) Richtlinie 92/13/EWG zur Koordinierung der Rechts- und Verwaltungsvorschriften für die Anwendung der Gemeinschaftsvorschriften über die Auftragsvergabe durch Auftraggeber im Bereich der Wasser-, Energie- und Verkehrsversorgung sowie im Telekommunikationssektor v 25. 2. 1992, ABl 1992 Nr L 76/14.

um die nationalen Beschaffungsmärkte einem diskriminierungsfreien innergemeinschaftlichen Wettbewerb zu öffnen.

In materiellrechtlicher Hinsicht sind in den Richtlinien einheitliche Grundsätze für die Auftragsvergabe, insbesondere Eignungs- und Zuschlagskriterien sowie technische Spezifikationen vorgesehen. Korrespondierend dazu steht den Bietern ein subjektives Recht auf Einhaltung dieser Grundsätze zu. In verfahrensrechtlicher Hinsicht verpflichten die Rechtsmittelrichtlinien die Mitgliedstaaten zur Etablierung eines effektiven Rechtsschutzsystems, das die Nachprüfung der Vergabeentscheidungen sicherstellt.

Die Richtlinien gelten nur für Aufträge, die oberhalb der in den Richtlinien definierten Schwellenwerte liegen.[9] Adressaten der Richtlinien sind die öffentlichen Auftraggeber.[10] Diese haben diskriminierungsfreie Vergabeentscheidungen iSd genannten Richtlinien zu treffen.

B. Überblick über die innerstaatlichen Rechtsgrundlagen

Der Beitritt Österreichs zum EWR und die damit verbundene Verpflichtung zur Umsetzung der einschlägigen Vergaberichtlinien führte zu einer tiefgreifenden Umgestaltung des österreichischen Vergabewesens. Bis zum EWR-Beitritt war das Vergabewesen der Gebietskörperschaften nur durch verwaltungsinterne Vorschriften geregelt, die sich im wesentlichen an der ÖNORM A 2050 aus dem Jahre 1957 orientierten.

Aufgrund der EG-Vergaberichtlinien mußten in Österreich sowohl vom Bund als auch von den Ländern außenwirksame Regelungen geschaffen werden, da aufgrund der bundesstaatlichen Kompetenzverteilung Bund und

---

[9]) Art 3 Baukoordinierungsrichtlinie 5.000.000 ECU; Art 5 Lieferkoordinierungsrichtlinie 200.000 ECU; Art 7 Dienstleistungsrichtlinie 200.000 ECU; Art 14 Sektorenrichtlinie 400.000 / 600.000 ECU bei Liefer- und Dienstleistungsaufträgen bzw 5.000.000 ECU bei Bauaufträgen. Bestimmte Aufträge sind vom Anwendungsbereich der Richtlinien gänzlich ausgenommen. ZB Aufträge, die von den Mitgliedstaaten für geheim erklärt werden, deren Durchführung gemäß den Vorschriften der Mitgliedstaaten besondere Sicherheitsmaßnahmen erfordern, oder wenn es der Schutz wesentlicher Interessen der Staatssicherheit gebietet. Vgl Art 10 Sektorenrichtlininie; Art 4 lit b Baukoordinierungsrichtlinie; Art 2 lit b Lieferkoordinierungsrichtlinie; Art 4 Abs 2 Dienstleistungsrichtlinie.

[10]) „Öffentliche Auftraggeber" sind der Staat, Gebietskörperschaften, Einrichtungen des öffentlichen Rechts und Verbände, die aus einer oder mehreren dieser Körperschaften oder Einrichtungen bestehen. Den Richtlinien liegt ein funktioneller Auftraggeberbegriff zugrunde. Die Sektorenrichtlinie gilt unter bestimmten Bedingungen auch für private Unternehmungen, die in den einschlägigen Sektoren tätig werden. Vgl zur Frage des persönlichen Anwendungsbereichs der Richtlinien *Hailbronner/Weber*, Die Neugestaltung des Vergabewesens durch die Europäische Gemeinschaft, EWS 1997, 73.

Ländern Gesetzgebungs- und Vollziehungskompetenzen im Bereich des öffentlichen Beschaffungswesens zustehen.[11,12] Auf der Ebene des Bundes wurde 1993 das *Bundesvergabegesetz (BVergG)*[13] geschaffen. Die Bundesländer sind ihrer europarechtlichen Umsetzungsverpflichtung in der Folge durch die Erlassung von einschlägigen *Landesvergabegesetzen*[14] nachgekommen.[15]

Der sachliche Geltungsbereich des BVergG und der Landesvergabegesetze erstreckt sich grundsätzlich nur auf Aufträge, deren jeweils geschätzter Auftragswert oberhalb der einschlägigen Schwellenwerte der EG-Vergaberichtlinien liegen.

Hinsichtlich der Frage der konkreten Implementierung frauenfördernder Kriterien im österreichischen Vergaberecht wird im folgenden nur auf das BVergG abgestellt. Die Ausführungen gelten in ihrer grundsätzlichen Problematik jedoch auch für die Landesvergabegesetze, die sich in ihrer Systematik im wesentlichen am BVergG orientieren.

III. Zur gemeinschaftsrechtlichen Zulässigkeit frauenfördernder Vergabekriterien

A. Zur gemeinschaftsrechtlichen Zulässigkeit frauenfördernder Vergabekriterien oberhalb der Schwellenwerte

Die Vergabe öffentlicher Aufträge oberhalb der Schwellenwerte muß einerseits den EG-Vergaberichtlinien und andererseits auch den primärrechtli-

---

[11]) Vgl zu den kompetenzrechtlichen Grundlagen insbesondere *Pernthaler,* Die innerstaatliche Umsetzung der Vergaberichtlinien der EG aus der bundesstaatlichen Kompetenzverteilung in Österreich, in *Funk/Marko/Pernthaler* (Hg), Die innerstaatliche Umsetzung der Vergaberichtlinien der EG (1992), 477 und *Korinek,* Der Stand des österreichischen Vergaberechts, ecolex 1996, 58 mwH.

[12]) Durch sonderverfassungsgesetzliche Bestimmungen in § 11 Abs 1 Z 3 und 5 BVergG wurde die allgemeine Kompetenzverteilung jedoch abgeändert. Die Auftragsvergabe durch Unternehmen der Elektrizitätswirtschaft ist in Gesetzgebung und Vollziehung zur Gänze Landessache. Die Auftragsvergabe von Unternehmen, die Aufgaben nicht gewerblicher Art erfüllen und der Rechnungshofkontrolle unterliegen, ist in Gesetzgebung und Vollziehung Bundessache, soweit die finanzielle Beteiligung des Bundes an diesen Unternehmen überwiegt. Ansonsten sind für die Auftragsvergabe derartiger Unternehmen in Gesetzgebung und Vollziehung die Länder zuständig.

[13]) Wiederverlautbart durch BGBl I 1997/56.

[14]) Stammfassungen: Bgld LGBl 1995/1; Krnt LGBl 1997/65 (Wv); NÖ LGBl 1995/84; OÖ LGBl 1994/59; Sbg LGBl 1995/1; Stmk LGBl 1995/85; Tir LBGl 1994/87; Vlbg LBGl 1994/24; Wr LGBl 1995/36.

[15]) Vgl *Winkler/Slovak,* EU-Vergaberecht und seine Umsetzung auf Landesebene - eine Übersicht, ÖGZ 1996/10, 2.

chen Garantien des EG-Vertrages (EGV) entsprechen. Hinsichtlich der primärrechtlichen Garantien darf die Vergabe öffentlicher Aufträge insbesondere nicht dem allgemeinen Diskriminierungsverbot, der Freiheit des Warenverkehrs, der Niederlassungs- und der Dienstleistungsfreiheit widersprechen. Bieter aus anderen Mitgliedstaaten dürfen durch nationale Vergabeentscheidungen weder unmittelbar noch mittelbar diskriminiert werden.

1. Die Eignungskriterien der EG-Vergaberichtlinien

Die EG-Vergaberichtlinien enthalten einen taxativen Katalog von Eignungskriterien, welche die Unternehmen zu erfüllen haben. Ein Unternehmen kann vom Vergabeverfahren ausgeschlossen werden, wenn eines der genannten Eignungskriterien nicht erfüllt ist. Soziale Kriterien sind nur von Relevanz, soweit sie unter einen der Ausschlußtatbestände zu subsumieren sind.[16]

Von der Teilnahme am Vergabeverfahren können aufgrund der einschlägigen EG-Richtlinien insbesondere jene Unternehmen ausgeschlossen werden,

- die mit rechtskräftigem Urteil aus Gründen bestraft worden sind, die ihre berufliche Zuverlässigkeit in Frage stellen oder
- die im Rahmen ihrer beruflichen Tätigkeit eine schwere Verfehlung begangen haben, die von den öffentlichen Auftraggebern nachweislich festgestellt wurde.

Diese Ausschlußgründe könnten zulässigerweise herangezogen werden, wenn Verstöße eines Unternehmens gegen das primärrechtliche Verbot der geschlechtsspezifischen Lohndiskriminierung (Art 119 EGV) bzw gegen die geschlechtsspezifischen Diskriminierungsverbote iSd Gleichbehandlungsrichtlinie 76/207/EWG[17] evident geworden sind. Die Diskriminierungstatbestände der Gleichbehandlungsrichtlinie wurden in allen Mitgliedstaaten durch Erlassung einschlägiger geschlechtsspezifischer Verbotsnormen umgesetzt. Art 119 EGV und die hinreichend bestimmten Diskriminierungsverbote der RL 76/207/EWG sind im übrigen sogar unmittelbar geltendes Gemeinschaftsrecht.[18] Das spezifische Lohndiskriminierungsverbot des Art 119 EGV wurde nicht zuletzt deshalb geschaffen, um Wettbewerbsverzerrungen hintanzuhalten, die durch das Lohndumping mit weiblichen Arbeitskräften

---

[16]) EuGH Rs C-360/89, Slg 1992, I 3401 (Europäische Kommission/Italien).

[17]) Richtlinie 76/207/EWG zur Verwirklichung des Grundsatzes der Gleichbehandlung von Männern und Frauen hinsichtlich des Zugangs zur Beschäftigung, zur Berufsbildung und zum beruflichen Aufstieg sowie in bezug auf die Arbeitsbedingungen v 9. 2. 1976, ABl 1976 Nr L 39/40.

[18]) Vgl EuGH Rs 43/75, Slg 1976, 45 (Defrenne II); EuGH Rs 149/77, Slg 1978, 1365 (Defrenne III) und EuGH Rs 8/81, Slg 1982, 53 (Becker/Finanzamt Münster-Innenstadt).

entstanden sind. Durch die Mißachtung der genannten Diskriminierungsverbote ist eindeutig die berufliche Zuverlässigkeit des Unternehmens in Frage gestellt.

Die nachweisliche Feststellung einer schweren Verfehlung durch Mißachtung der einschlägigen Diskriminierungsverbote wäre von den öffentlichen Auftraggebern in Österreich in der Weise durchzuführen, daß sie die gem § 5 Abs 3 Gleichbehandlungsgesetz (GlBG)[19] veröffentlichten Gutachten der Gleichbehandlungskommission und die gem § 6 Abs 4 GlBG von der Gleichbehandlungskommission zu veröffentlichenden Feststellungsurteile der Arbeitsgerichte über die Verletzung des Gleichbehandlungsgebotes gem § 2 GlBG für die Entscheidung über einen Ausschluß heranziehen. Zur Beurteilung von Bietern aus anderen Mitgliedstaaten sind die einschlägigen institutionellen Feststellungen dieser Mitgliedstaaten von Relevanz.

Daß die genannten Ausschlußtatbestände im Falle der Nichteinhaltung von geschlechtsspezifischen Diskriminierungsverboten heranzuziehen sind, hat die Kommission in ihrem jüngst vorgelegten Grünbuch „Das öffentliche Auftragswesen in der Europäischen Union: Überlegungen für die Zukunft“[20] explizit hervorgehoben. So wird von der Kommission in dem Kapitel über Vergabewesen und Soziale Belange betont, daß die Sozialpolitik der Europäischen Union neben anderen Zielen auch zur Förderung der Chancengleichheit zwischen Männern und Frauen beiträgt und daß Auftraggeber aufgefordert sein können, die verschiedenen Aspekte der Sozialpolitik bei ihrer Auftragsvergabe zu berücksichtigen:

> „Die öffentlichen und sonstigen Auftraggeber können aufgefordert sein, die verschiedenen Aspekte der Sozialpolitik bei ihrer Auftragsvergabe zu berücksichtigen, da öffentliche Beschaffungen erheblich dazu beitragen können, die Wirtschaftsteilnehmer in ihrem Handeln zu lenken. Als Beispiele dafür seien die gesetzlichen Pflichten zur Einhaltung der Arbeitsschutzbestimmungen und der Mindeststandards am Erfüllungsort eines Bauauftrags oder die sogenannten ‘positive Aktionen’ genannt, bei denen öffentliche Aufträge dazu dienen, bestimmte Ziele zu erreichen, beispielsweise die Schaffung eines gesicherten Marktes für eine Behindertenwerkstatt, die gegenüber rein gewinnorientierten Unternehmen mit normaler Produktivität im Nachteil ist.“[21]

Besonders hervorzuheben ist in diesem Zusammenhang die Aussage der Kommission in bezug auf die Ausschlußtatbestände der EG-Vergaberichtlinien:

> „Die in allen Richtlinien enthaltenen Bestimmungen lassen den Ausschluß von Unternehmen zu, die aufgrund eines rechtskräftigen Urteils aus Gründen bestraft worden sind, die ihre berufliche Zuverlässigkeit in Frage stellen oder die in ihrer Tätigkeit eine schwere Verfehlung begangen haben. Dies gilt natürlich gleichermaßen, wenn das Vergehen bzw. die schwere Verfehlung durch

---

[19]) BG 23. 2. 1979 über die Gleichbehandlung von Frau und Mann im Arbeitsleben BGBl 108 idF BGBl 1992/833.

[20]) Grünbuch der Kommission, vorgelegt am 26. 11. 1996, KOM [96] 538.

[21]) KOM [96] 583, Pkt 5. V. 5.39.

die Verletzung von Rechtsvorschriften begangen wurde, mit denen die Förderung sozialer Ziele erreicht werden soll. In solchen Fällen ermöglichen die vorstehend angesprochenen Bestimmungen indirekt den öffentlichen Auftraggebern, eine soziale Zielstellung zu verfolgen, indem sie Bewerber, die die entsprechenden Rechtsvorschriften nicht eingehalten haben, vom dem Vergabeverfahren ausschließt."[22]

2. Die Zuschlagskriterien der EG-Vergaberichtlinien

Die EG-Vergaberichtlinien sehen nur zwei Zuschlagskriterien vor, die die öffentlichen Auftraggeber anwenden dürfen. Der Zuschlag hat demnach entweder aufgrund des *niedrigsten Preises* oder des *wirtschaftlich günstigsten Angebotes* zu erfolgen. Zur Beurteilung des wirtschaftlich günstigsten Angebotes können nur streng auftragsbezogene Kriterien herangezogen werden wie zB Preis, Ausführungsfrist, Betriebskosten, Rentabilität oder technischer Wert. Die Zuschlagskriterien dürfen also für Aufträge oberhalb der Schwellenwerte von den Mitgliedstaaten nicht erweitert werden.

3. Einbeziehung der Frauenförderung in die Ausschreibungsbedingungen

Aufgrund des EuGH-Urteils in der Rechtssache *Beentjes*[23] ist jedoch davon auszugehen, daß den Mitgliedstaaten ein gewisser Gestaltungsspielraum über die in den Richtlinien normierten Zuschlagskriterien hinaus zukommt.

Die nachstehend dargestellte Auslegung des *Beentjes-Urteils* wird in der rechtswissenschaftlichen Literatur vielfach vertreten[24] und auch die Kom-

---

[22]) KOM [96] 583, Pkt 5. V. 5.41.

[23]) EuGH Rs 31/87, Slg 1988, 4635 (Gebroeder Beentjes BV/Niederländischer Staat).

[24]) Vgl zB *Osterloh*, Rechtsgutachten zu Fragen der Frauenförderung im Rahmen öffentlicher Mittelvergabe, erstattet im Auftrag des Ministeriums für Wirtschaft, Mittelstand und Technologie des Landes Nordrhein-Westfalen (1991); *Battis,* in *Senatsverwaltung für Arbeit und Frauen* (Hg), Öffentliche Auftragsvergabe und staatliche Leistungsgewährung - ein Instrument der Frauenförderung? Dokumentation der Sachverständigenanhörung zu Rechtsfragen der §§ 13 und 14 Landesgleichstellungsgesetz (LGG) am 3. November 1994, Teil 1 (1995) 91; *McCrudden,* in *Senatsverwaltung für Arbeit und Frauen* (Hg), Öffentliche Auftragsvergabe und staatliche Leistungsgewährung - ein Instrument der Frauenförderung? Dokumentation der Sachverständigenanhörung zu Rechtsfragen der §§ 13 und 14 Landesgleichstellungsgesetz (LGG) am 3. November 1994, Teil 1 (1995) 72; *Eberstein,* in *Senatsverwaltung für Arbeit und Frauen* (Hg), Öffentliche Auftragsvergabe und staatliche Leistungsgewährung - ein Instrument der Frauenförderung? Dokumentation der Sachverständigenanhörung zu Rechtsfragen der §§ 13 und 14 Landesgleichstellungsgesetz (LGG) am 3. November 1994, Teil 1 (1995) 61; *Rust,* in *Senatsverwaltung für Arbeit und Frauen* (Hg), Öffentliche Auftragsvergabe und staatliche Leistungsgewährung - ein Instrument der Frauenförderung? Dokumentation der Sachverständigenanhörung zu Rechtsfragen der §§ 13 und 14 Landesgleichstellungsgesetz (LGG) am 3. November 1994, Teil 1 (1995) 30; *Sudhof,* in *Senatsverwaltung für Arbeit und Frauen* (Hg), Öffentliche Auftragsvergabe und staatliche Leistungsgewährung - ein Instrument der Frauenförderung? Dokumentation der Sachverständigenanhörung zu

mission gibt dieser Auslegungsvariante den Vorzug. Dies ergibt sich insbesondere aus der Mitteilung der Kommission betreffend das *Beentjes-Urteil*[25] und aus der Positionierung der Kommission im Grünbuch über das öffentliche Auftragswesen.[26]

In der Rechtssache *Beentjes* ging es um die Vergabe eines öffentlichen Bauauftrages durch das niederländische Ministerium für Landwirtschaft und Fischerei. Der Auftraggeber hatte als notwendige Bedingung für den Zuschlag gefordert, daß das Unternehmen in der Lage sein müsse, Langzeitarbeitslose zu beschäftigen. Obwohl die Firma *Beentjes* das niedrigste Angebot vorgelegt hatte, bekam den Zuschlag eine Firma mit dem zweitniedrigsten Angebot. Begründet wurde diese Zuschlagsentscheidung unter anderem damit, daß die Firma *Beentjes* nicht in der Lage sei, Langzeitarbeitslose einzusetzen.

Der EuGH hatte in diesem Vorabentscheidungsverfahren ua die Frage zu klären, ob die Baukoordinierungsrichtlinie 71/305 dem Ausschluß eines Bieters entgegensteht, weil er nicht in der Lage ist, Langzeitarbeitslose zu beschäftigen. Der EuGH hat zunächst festgestellt, daß der Ausschluß eines Bieters mit einer derartigen Begründung weder mit der fachlichen Eignung noch mit den Kriterien für die Zuschlagserteilung etwas zu tun hat.[27] Es handle sich vielmehr um eine besondere *zusätzliche Bedingung,* die in der Bekanntmachung auch erwähnt werden muß, damit die Unternehmer in der Lage sind, von ihrem Bestehen Kenntnis zu nehmen.[28]

Ausdrücklich wird festgehalten, daß eine solche Bedingung mit der RL vereinbar ist, wenn diese nicht unmittelbar oder mittelbar zu einer Diskriminierung der Bieter aus anderen Mitgliedstaaten der Gemeinschaft führt.[29] Der EuGH hat auch grundsätzlich darauf hingewiesen,

> „daß die Richtlinie kein einheitliches und erschöpfendes Gemeinschaftsrecht schafft, sondern daß es den Mitgliedstaaten vorbehaltlich der Beachtung aller einschlägigen Vorschriften des Gemeinschaftsrechts und insbesondere der Verbote, die aus den vom Vertrag aufgestellten Grundsätzen auf dem Gebiet des Niederlassungsrechts und des freien Dienstleistungsverkehrs folgen, unbenommen bleibt, materiellrechtliche oder verfahrensrechtliche Bestimmungen auf dem Gebiet der öffentlichen Bauaufträge aufrechtzuerhalten oder zu erlassen".[30]

Rechtsfragen der §§ 13 und 14 Landesgleichstellungsgesetz (LGG) am 3. November 1994, Teil 1 (1995) 50; *Otting*, Zur Zulässigkeit beschaffungsfremder Vergabekriterien, Stadt und Gemeinde 1996, 461 (462); *Hailbronner/Weber*, EWS 1997, 74.

[25]) Mitteilung der Kommission vom 22. September 1989, KOM [89] 400.

[26]) KOM [96] 583.

[27]) Slg 1988, 4635, RdN 28 (Beentjes).

[28]) Slg 1988, 4635, RdN 36 (Beentjes).

[29]) Slg 1988, 4635, RdN 37 (Beentjes).

[30]) Slg 1988, 4635, RdN 20 (Beentjes).

Aus diesem EuGH-Urteil läßt sich ableiten, daß es für Aufträge oberhalb der Schwellenwerte zulässig ist, *zusätzliche Vertragsbedingungen* zu formulieren, die vom Bieter erfüllt werden müssen. Voraussetzung ist, daß die zusätzlichen Bedingungen in die Ausschreibung aufgenommen werden und diese nicht gegen die Garantien des EG-Vertrages verstoßen.

Wird die Erstellung eines Frauenförderungsplanes und die Formulierung von Etappenzielen als zusätzliche Vergabebedingung genannt, muß der Bieter diesen Aspekt in seine Anbotslegung miteinbeziehen, dh er hat entsprechende unternehmensbezogene Angaben über dieses Erfordernis zu machen. Diese Angaben des Bieters werden mit der Zuschlagserteilung zum Vertragsinhalt. Ob diese vertragliche Nebenpflicht vom Unternehmen erfüllt wird, ist gerichtlich nachprüfbar und führt im Falle der Vertragsverletzung zur Zuerkennung von Schadenersatz.

Die Einbeziehung der Frauenförderung in die Auftragsvergabe über den Weg von zusätzlichen Vertragsbedingungen hat die Kommission im Grünbuch ausdrücklich befürwortet:

> „Eine weitere Möglichkeit besteht darin, die Einhaltung von Pflichten sozialen Inhalts zur Vorbedingung für die Ausführung der vergebenen öffentlichen Aufträge zu machen, um beispielsweise die Beschäftigung von Frauen oder den Schutz bestimmter benachteiligter Personengruppen zu fördern. Die Überprüfung eines solchen Kriteriums müßte in diesem Fall außerhalb des Vergabeverfahrens erfolgen (siehe das bereits erwähnte Beentjes-Urteil sowie die Mitteilung der Kommission über die sozialen und regionalen Aspekte des öffentlichen Auftragswesens). Selbstverständlich sind nur Ausführungsbedingungen zulässig, die sich weder mittelbar noch unmittelbar diskriminierend auf die Bieter aus anderen Mitgliedstaaten auswirken. Im übrigen muß durch die Angabe dieser Bedingungen in den Bekanntmachungen oder in den Leistungsbeschreibungen eine entsprechende Transparenz gewährleistet sein.“ [31]

Überlegt wird von der Kommission auch, mit Hilfe einer auslegenden Mitteilung die durch das Vergaberecht gebotenen Möglichkeiten zur Verwirklichung der gemeinschaftlichen und einzelstaatlichen Ziele der Sozialpolitik abzuklären.[32]

Daraus ergibt sich, daß die Forderung des Frauenvolksbegehrens (Vorlage von Frauenförderplänen und Formulierung von Etappenzielen oberhalb der Schwellenwerte) als Typus einer zusätzlichen Vertragsbedingung umgesetzt werden könnte. Bleibt schließlich aus europarechtlicher Sicht noch zu klären, ob durch eine frauenfördernde Vertragsbedingung insbesondere gegen das Diskriminierungsverbot des Art 6 EGV (Verbot der Diskriminierung aus Gründen der Staatsangehörigkeit), gegen Art 30 EGV (Warenverkehrsfreiheit), Art 52 (Niederlassungsfreiheit), Art 59 (freier Dienstleistungsverkehr) und Art 92 (staatliche Beihilfen) verstoßen wird.

---

[31]) KOM [96] 583, Pkt 5. V. 5.42.

[32]) KOM [96] 583, Pkt 5. V. 5.44.

Die Vorlagepflicht von Plänen und Etappenzielen ist nicht als Diskriminierung aus Gründen der Staatsangehörigkeit anzusehen, da diese Vorgaben von allen Bietern zu erfüllen sind. *Battis*[33] hat zB in Hinblick auf die Berliner frauenfördernden Vergaberegelungen ausdrücklich betont, daß diese ihrer Zielsetzung und Ausgestaltung nach deutsche und ausländische Bieter gleichermaßen bevorzugen bzw benachteiligen. Die Forderung des Frauenvolksbegehrens orientiert sich in ihrer Grundstruktur an § 13 des Berliner Landesgleichstellungsgesetzes (vgl Anhang A) und kann in gleicher Weise beurteilt werden.

Daß derartige frauenfördernde Vertragsbedingungen im Lichte der Ausnahmebestimmung des Art 2 Abs 4 der Gleichbehandlungsrichtlinie 76/207/EWG sachlich gerechtfertigt sind, steht außer Zweifel. Diese Ausnahmebestimmung zum allgemeinen Verbot geschlechtsspezifischer Diskriminierung des Art 2 Abs 1 normiert folgendes:

„Diese Richtlinie steht nicht den Maßnahmen zur Förderung der Chancengleichheit für Männer und Frauen, insbesondere durch Beseitigung der tatsächlich bestehenden Ungleichheiten, die die Chancen der Frauen in den in Art 1 Abs 1 genannten Bereichen beeinträchtigen, entgegen."

Diese Ausnahmebestimmung ist nunmehr durch das Urteil in der Rechtssache Marschall[34] hinreichend konkretisiert. Hinzuweisen ist in diesem Zusammenhang auch auf die im Rahmen der Regierungskonferenz von Amsterdam ausverhandelte Änderung des Art 119 EGV, welche mit dem Inkrafttreten des Vertrages von Amsterdam Geltung haben wird. Dem Art 119 EGV wird ein neuer Abs 4 angefügt, der folgenden Wortlaut hat:

„Im Hinblick auf die effektive Gewährleistung der vollen Gleichstellung von Männern und Frauen im Arbeitsleben hindert der Grundsatz der Gleichbehandlung die Mitgliedstaaten nicht daran, zur Erleichterung der Berufstätigkeit des unterrepräsentierten Geschlechts oder zur Verhinderung oder zum Ausgleich von Benachteiligungen in der beruflichen Laufbahn spezifische Vergünstigungen beizubehalten oder zu beschließen."

Damit wird in naher Zukunft sogar eine ausdrückliche Ermächtigung zur Frauenförderung durch die Mitgliedstaaten im EG-Vertrag verankert sein.[35]

Damit reduziert sich die Frage nichtdiskriminierender frauenfördernder Vergabekriterien auf den Aspekt der mittelbaren Diskriminierung. Bieter aus dem EWR-Raum[36] wären nur dann mittelbar diskriminiert, wenn die frauenfördernde Vertragsbedingung so gestaltet wäre, daß deren Umsetzung in Österreich legal, in einem anderen Mitgliedstaat des EWR jedoch rechtswidrig wäre bzw nur unter größten Schwierigkeiten erfüllt werden könnte, sodaß

---

[33]) *Battis,* in *Senatsverwaltung für Arbeit und Frauen* (Hg), Auftragsvergabe, 97.

[34]) EuGH 11. 11. 1997, Rs C-409/95 (Marschall/Land Nordrhein-Westfalen).

[35]) Vgl dazu insbesondere *Pirstner*, Die Quote im Gemeinschaftsrecht, DRdA 1997, 461 (468).

[36]) Gem Art 65 Abs 1 EWR-Abkommen iVm Anhang XVI gelten die Vergaberichtlinien im gesamten Europäischen Wirtschaftsraum.

die österreichischen Unternehmen hinsichtlich der Vertragserfüllung einen unzulässigen Vorteil hätten. So wäre zB die frauenfördernde Maßnahme einer Quotierung in vielen Mitgliedstaaten verfassungswidrig. Nationale Vorgaben hinsichtlich der Ausgestaltung der Pläne und der Erreichung von Etappenzielen müßten also auf diesen Aspekt Bedacht nehmen.

Die Grundfreiheiten des EGV sind durch eine zusätzliche Vertragsbedingung zur Erstellung von Plänen und Etappenzielen ebenfalls nicht berührt.[37]

- Die Vertragsbedingung der Erstellung eines Frauenförderungsplanes und der Formulierung von einschlägigen unternehmensbezogenen Etappenzielen hat keine Auswirkungen auf die Warenverkehrsfreiheit iSd Art 30 EGV. Sie läßt sich nicht mit den vom EuGH verpönten Beschränkungen der Warenverkehrsfreiheit vergleichen, wie zB Bindung des Bieters an bestimmte Produkte, Vorbehalt eines Prozentanteils an öffentlichen Lieferaufträgen für heimische Betriebe oder die Verpflichtung zur Beschäftigung von überwiegend inländischen Arbeitskräften.[38] Eine frauenfördernde Vertragsbedingung im Sinne des Frauenvolksbegehrens würde keinerlei Lokal- oder Regionalpräferenzen beinhalten, auf deren europarechtliche Unzulässigkeit *Kirschbaum*[39] zu Recht hinweist.[40]
- Auch der freie Dienstleistungsverkehr und die Niederlassungsfreiheit bleiben durch die Verpflichtung zur Erfüllung einer derartigen frauenfördernden Vertragsbedingung aus denselben Gründen unberührt. Verpönt sind nach der Judikatur des EuGH zB das Erfordernis einer Niederlassungsgenehmigung im Vergabeland; eine Bevorzugung von Unternehmen, die ihre Haupttätigkeit in der Region ausüben, in der die zu vergebenden Arbeiten durchgeführt werden; die Vorgabe, daß ein Teil der Arbeiten von

---

[37]) So insbesondere auch *Osterloh*, Rechtsgutachten, 62.

[38]) Vgl die Judikaturhinweise bei *Hailbronner/Weber*, EWS 1997, 74.

[39]) *Kirschbaum*, Sozialpolitik durch öffentliche Ausschreibung - Europarecht setzt Grenzen, DRdA 1997, 525.

[40]) Im übrigen teile ich nicht die pessimistische Ansicht von *Kirschbaum*, daß eine europarechtskonforme Anreicherung des Vergaberechtes mit sozialpolitischen Lenkungszielen für eine national orientierte Arbeitsmarktpolitik eine „uninteressante Variante" wäre, weil Steuerungs- bzw Entlastungseffekte auch auf dem Arbeitsmarkt anderer Mitgliedstaaten eintreten würden. Vgl *Kirschbaum*, DRdA, 527. Durch das Vergaberecht können frauenpolitische Impulse oberhalb der Schwellenwerte auf nationaler Ebene sehr wohl Wirksamkeit entfalten, wenngleich zu beachten ist, daß dies nicht ausschließlich der Fall sein kann. Das faktische Ausmaß der nationalen Steuerungsdimension wird sehr deutlich, wenn man im Grünbuch zur Auftragsvergabe die statistischen Angaben der Kommission zu den grenzüberschreitenden Beschaffungsvorgängen betrachtet. Die Kommission weist unter Pkt 2.11 darauf hin, daß der Anteil der Importe an den Beschaffungen in Europa weiterhin bescheiden ist und hinsichtlich der direkten grenzüberschreitenden Transaktionen von 1,4% im Jahr 1987 auf 3% im Jahr 1995 und hinsichtlich der durch Importunternehmen und Niederlassungen vor Ort realisierten Geschäfte von 4% auf 7% gestiegen ist.

inländischen Subunternehmern übernommen werden muß; die Berücksichtigung nur von Bietern mit Staatsbürgerschaft des Vergabelandes usw.[41]

- Das Vorlegen eines Frauenförderungsplanes und die Formulierung von Etappenzielen als zusätzliche Ausschreibungsbedingungen sind auch nicht als Beihilfen iSd Art 92 EGV anzusehen. Derartige Vorgaben gehören als Ausschreibungsbedingung zum vereinbarten Leistungsumfang und sind daher als Nebenpflicht anzusehen. Aufgrund dieser synallagmatischen Struktur fällt der Zuschlag schon begrifflich nicht unter Art 92 EGV.
- Eine frauenfördernde Vertragsbedingung erscheint auch im Lichte des im Rahmen der Uruguay-Runde abgeschlossenen Regierungsabkommens über die öffentliche Auftragsvergabe (Agreement on Government Procurement) GPA[42] nicht unzulässig. Die Vorschriften des GPA sind zT sogar günstiger als die Vergaberichtlinien. *McCrudden* weist darauf hin, daß die USA zwar einen Vorbehalt zugunsten von Bietern ethnischer Minderheiten gemacht haben, nicht jedoch hinsichtlich der bedeutsamen Executive Order 11 246[43] betreffend Frauen. Auch Kanada hat keinen Vorbehalt gemacht, obwohl ähnliche Programme laufen. Dies läßt für *McCrudden* den Schluß zu, daß diese bedeutsamen sozialpolitisch motivierten Vergabeentscheidungsmöglichkeiten von den USA und Kanada als mit dem GPA in Einklang stehend angesehen wurden. Die EG-Vergaberichtlinien lassen im

---

[41]) Vgl die Judikaturnachweise bei *Heilbronner/Weber,* EWS 1997, 75 und den Überblick über die jüngsten Tendenzen in der Rechtsprechung des EuGH von *Hornbanger,* Die Rechtsprechung des EuGH zum öffentlichen Auftragswesen, ecolex 1997, 220.

[42]) Es ist dies das neue Beschaffungsübereinkommen im Rahmen der Welthandelsorganisation (WTO), das am 1. 1. 1996 in Kraft getreten ist. Dem Übereinkommen gehören insbesondere die EU, die USA, Kanada, Japan, Israel, Norwegen und die Schweiz an. Das Übereinkommen wurde von der Gemeinschaft noch nicht umgesetzt; die Vorschriften des Abkommens sind auch nicht unmittelbar anwendbar. Vgl zu diesen Fragen insbesondere *Prieß*, Das Öffentliche Auftragswesen im Jahre 1996, EuZW 1996, 391 und *Brenner*, Neuere Entwicklungen im Vergaberecht der Europäischen Union, Schriftenreihe des Forschungsinstituts für Europarecht der Karl-Franzens-Universität Graz, Band 11 (1997) 47.

[43]) Vgl zur Frage der Vergabe öffentlicher Aufträge in den USA insbesondere *v. Wahl*, Affirmative Action, das amerikanische Modell der Frauenförderung durch öffentliche Auftragsvergabe, in *Senatsverwaltung für Arbeit, Berufliche Bildung und Frauen* (Hg), Öffentliche Auftragsvergabe und staatliche Leistungsgewährung - ein Instrument der Frauenförderung? Teil 2, Dokumentation der Sachverständigenanhörung zu den §§ 13 und 14 Landesgleichstellungsgesetz (LGG) am 18. und 19. Mai 1995 (1997) 18; *v Wahl,* Öffentliche Auftragsvergabe als Mittel der Frauenförderung: Das amerikanische Modell der „Affirmative Action", Kritische Justiz 1996, 180; *Conradi*, Erfolge amerikanischer Unternehmen durch Frauenförderung im Rahmen der affirmative action, in Senatsverwaltung für Arbeit, Berufliche Bildung und Frauen (Hg), Öffentliche Auftragsvergabe und staatliche Leistungsgewährung - ein Instrument der Frauenförderung? Teil 2, Dokumentation der Sachverständigenanhörung zu den §§ 13 und 14 Landesgleichstellungsgesetz (LGG) am 18. und 19. Mai 1995 (1997) 28.

Vergleich dazu - wie bereits ausführlich dargestellt wurde - nur über vertragliche Nebenabreden Spielraum für die Berücksichtigung sozialpolitisch motivierter Vergabekriterien. Der europarechtliche Gestaltungsspielraum liegt weit unter der Lenkungsintensität amerikanischer und kanadischer Vergabevorschriften und wird daher umso mehr als vereinbar mit dem GPA anzusehen sein.[44]

B. Zur gemeinschaftsrechtlichen Zulässigkeit frauenfördernder Vergabekriterien unterhalb der Schwellenwerte

Unterhalb der Schwellenwerte der EG-Vergaberichtlinien können sowohl Eignungs- als auch Zuschlagskriterien zur Realisierung gleichstellungspolitischer Ziele normiert werden.

1. Schaffung eines speziellen Ausschlußtatbestandes wegen Verletzung geschlechtsspezifischer Diskriminierungsverbote

Hinsichtlich der Eignungskriterien der EG-Vergaberichtlinien wurde bereits festgehalten, daß diese einen Ausschluß von Unternehmen wegen Verletzung geschlechtsspezifischer Diskriminierungsverbote zulassen. Solche Rechtsverletzungen sind unter die in Pkt III. A. 1. genannten allgemeinen Ausschlußkriterien zu subsumieren.

Unterhalb der Schwellenwerte sollte aus Gründen der Rechtsklarheit ein spezieller Ausschlußtatbestand für die Verletzung geschlechtsspezifischer Diskriminierungsverbote geschaffen werden. Innerstaatlich wäre ein derartiges Ausschlußkriterium am Sachlichkeitsgebot des Gleichheitsgrundsatzes und dem daraus erfließenden Sachlichkeitsgebot zu messen.

Derzeit prüft zB der Verfassungsgerichtshof, ob die rechtliche Möglichkeit des Ausschlusses von Firmen wegen illegaler Ausländerbeschäftigung in ihrer derzeitigen Ausgestaltung dem Gleichheitsgrundsatz widerspricht. Aus dem Ergebnis dieses Gesetzesprüfungsverfahrens, das im Frühjahr 1998 zu erwarten ist, werden sich auch die Vorgaben für die konkrete legistische Ausgestaltung eines Ausschließungsgrundes wegen Übertretung von gesetzlichen geschlechtsspezifischen Diskriminierungsverboten ableiten lassen.

---

44) *McCrudden*, in *Senatsverwaltung für Arbeit und Frauen* (Hg), Auftragsvergabe, 88ff.

2. Schaffung eines frauenfördernden Zuschlagskriteriums

Die Zuschlagskriterien können unterhalb der Schwellenwerte um ein frauenförderndes Kriterium erweitert werden.

Die Kommission hat in ihrem Grünbuch zum Gestaltungsspielraum der Mitgliedstaaten hinsichtlich der Zuschlagskriterien unterhalb der Schwellenwerte klar Stellung bezogen:

> „Hingegen können die Beschaffungsstellen bei Aufträgen unterhalb der für die Anwendung der Richtlinien geltenden Schwellenwerte soziale Präferenzen in die Zuschlagskriterien aufnehmen, sofern diese Präferenzen nichtdiskriminierend sind, also für alle Wirtschaftssubjekte der Gemeinschaft mit gleichen Merkmalen gelten.“ [45]

Unterhalb der Schwellenwerte könnte also eine frauenfördernde Maßnahme als spezielles Zuschlagskriterium formuliert werden. Auf die Notwendigkeit einer diskriminierungsfreien Ausgestaltung dieses Zuschlagskriteriums im Lichte des Primärrechtes wurde bereits unter Pkt III. A. 3. hingewiesen.

Aus innerstaatlicher Sicht wäre bei der Ausgestaltung eines frauenfördernden Zuschlagskriteriums insbesondere der Gleichheitsgrundsatz der Verfassung zu beachten. Eine sachliche Rechtfertigung ist nach der Judikatur des Verfassungsgerichtshofes anzunehmen, wenn die Differenzierung im öffentlichen Interesse geboten ist, ein geeignetes Mittel zur Zielerreichung darstellt und verhältnismäßig ist. Dem Gleichheitsgrundsatz würden sogenannte *Mehrpreisstaffeln* entsprechen. Derartige Mehrpreisstaffeln sind zB im Berliner Landesgleichstellungsgesetz verankert (vgl Anhang A). *Osterloh*[46] weist zutreffend darauf hin, daß bei Mehrpreisstaffeln die Auswahlentscheidung zwischen etwa gleich annehmbaren Angeboten, also zwischen Angeboten, die im Preis nur geringfügig voneinander abweichen und auch im übrigen im wesentlichen gleichwertig sind, der grundsätzliche Vorrang von Kriterien des Leistungswettbewerbs erhalten bleibt. Die Anwendung von gleichstellungspolitischen Bevorzugungskriterien in dem verbleibenden relativ schmalen Auswahlbereich stellt deshalb weder eine unbillige Behinderung noch eine sachlich nicht gerechtfertigte Diskriminierung des nicht bevorzugten Bewerbers dar.

---

[45]) KOM [96] 583, Pkt 5. V. 5.43.

[46]) *Osterloh,* Rechtsgutachten, 54 und 69.

IV. Zur konkreten Umsetzung gleichstellungspolitischer Ziele nach der Systematik des Bundesvergabegesetzes

A. Der sachliche Geltungsbereich des Bundesvergabegesetzes für Aufträge oberhalb der Schwellenwerte

Der sachliche Geltungsbereich des BVergG erstreckt sich grundsätzlich nur auf die Vergabe von öffentlichen Aufträgen, deren jeweils geschätzter Auftragswert oberhalb der einschlägigen Schwellenwerte liegt (§§ 1 bis 10 BVergG).[47]

Das BVergG ist im Sinne des gemeinschaftsrechtlichen Begriffsverständnisses der Vergaberichtlinien auszulegen.[48] Insofern besteht für den sachlichen Geltungsbereich des BVergG nur jener Gestaltungsspielraum, wie er im Kapitel III. A. beschrieben wurde.

Die Eignungskriterien sind in § 58 BVergG gleichlautend normiert wie in den EG-Vergaberichtlinien. Es ist Aufgabe der Vollziehung, die Verletzung von geschlechtsspezifischen Diskriminierungsverboten unter den Tatbestand von § 58 Abs 1 Z 3 oder 4 BVergG zu subsumieren und derartige Unternehmen vom Vergabeverfahren auszuschließen. Wie unter Pkt III. A. 1. gezeigt wurde, ist eine derartige Vorgangsweise richtlinienkonform.

Hinsichtlich des Zuschlags ist in § 53 BVergG das *Bestbieterprinzip* verankert. Der Zuschlag ist dem technisch und wirtschaftlich günstigsten Angebot gemäß den in der Ausschreibung festgelegten Kriterien zu erteilen. Wie bereits unter Pkt III. A. 2. erläutert, darf dieses rein auftragsbezogene Zuschlagskriterium aufgrund der Vorgaben der EG-Vergaberichtlinien nicht erweitert werden.

Zulässig ist daher im sachlichen Geltungsbereich des BVergG nur die Aufnahme einer zusätzlichen frauenfördernden Vertragsbedingung, wie dies bereits unter Pkt III. A. 3. dargestellt wurde.

---

[47]) Das vergabespezifische Rechtsschutzinstrumentarium des BVergG kann jedoch auch auf Aufträge erstreckt werden, die unterhalb der Schwellenwerte liegen (§ 14 BVergG). Solange die BReg von der Ermächtigung zur Erlassung einer Erstreckungsverordnung keinen Gebrauch macht, kann jeder Bundesminister für seinen Wirkungsbereich eine solche Verordnung erlassen. Eine derartige Erstreckungsverordnung hat bisher nur das BMwA für Bauleistungen des Ressorts erlassen (BGBl 1995/802).

[48]) Vgl dazu insbesondere *Fruhmann*, Die Novelle zum Bundesvergabegesetz, WBl 1997, 41 (43).

B. Der sachliche Geltungsbereich der ÖNORM A 2050 für Aufträge unterhalb der Schwellenwerte

Unterhalb der Schwellenwerte haben die öffentlichen Auftraggeber bei der Auftragsvergabe die Bestimmungen der ÖNORM A 2050 vom 1. Jänner 1993[49] anzuwenden,[50] soweit ihr Inhalt nicht dem Gemeinschaftsrecht, den bundesgesetzlichen Bestimmungen - ausgenommen ist der 3. Teil des BVergG - und den Modifikationsverordnungen im 2. Teil des BVergG widerspricht.

Die BReg hat darüber hinaus für die Auftragsvergabe unterhalb der Schwellenwerte durch Verordnung erforderliche Ergänzungen der ÖNORM A 2050 insbesondere hinsichtlich der vergaberechtlichen Regelungen von Dienstleistungsaufträgen, der Maßgeblichkeit des geschätzten Auftragswertes für die Wahl des Vergabeverfahrens, der Ausschließungsgründe vom Vergabeverfahren, der Umgehungsverbote und der technischen Spezifikationen vorzunehmen.[51]

Dies bedeutet, daß es in der Zuständigkeit der Bundesregierung liegt, eine entsprechende europarechtskonforme Adaptierung der ÖNORM A 2050 im Sinne der im Frauenvolksbegehren geforderten gleichstellungspolitischen Maßnahmen im Verordnungswege vorzusehen.

Es kann ein spezieller Ausschlußtatbestand wegen Verletzung geschlechtsspezifischer Diskriminierungsverbote und ein frauenförderndes Zuschlagskriterium geschaffen werden. Welche europarechtlichen und innerstaatlichen Grundsätze bei deren Ausgestaltung zu beachten sind, wurde bereits unter Pkt III. B. 2. dargestellt.

V. Jugendbeschäftigung als vergabefremdes Kriterium im Bundesvergabegesetz

Am 11. Dezember 1997 hat der Nationalrat die berufliche Ausbildung von Jugendlichen als beschaffungsfremdes Lenkungsziel im BVergG verankert.

---

[49]) Vgl die Anlage zur Allgemeinen Bundesvergabeverordnung, BGBl 1994/17.

[50]) Vgl § 13 BVergG. Ausgenommen vom Anwendungsbereich der ÖNORM A 2050 sind nur der Sektorenbereich und die Dienstleistungen des Anhang IV.

[51]) Vgl § 13 Abs 3 BVergG.

A. Die Gesetzesinitiative

Die Gesetzesinitiative ging von der SPÖ aus. Am 14. 11. 1997 wurde ein Initiativantrag[52] eingebracht, der in geänderter Fassung am 27. 11. 1997 im Verfassungsausschuß einstimmig beschlossen und in der Plenarsitzung vom 10./11. Dezember 1997 verabschiedet wurde.

Aus juristischer Sicht ist bemerkenswert, daß in diesem Initiativantrag in bezug auf die Beschäftigung von Jugendlichen genau jener juristische Umsetzungsweg beschritten wurde, der in diesem Beitrag als zulässiger Weg der Implementierung von frauenfördernden Maßnahmen im Vergaberecht oberhalb der Schwellenwerte beschrieben wurde, nämlich die Aufnahme von Förderungsmaßnahmen in die Vertragsbedingungen. In diesem Initiativantrag wurde konkret vorgeschlagen, den § 37 BVergG (Technische Spezifikationen und andere Bestimmungen des Leistungsvertrages) zu ändern. Und zwar in der Form, daß § 37 Abs 3 BVergG eine neue Ziffer 11 mit folgendem Wortlaut angefügt werden sollte:

„11. der Auftragnehmer im Leistungsvertrag zu verpflichten ist, bei der Vertragserfüllung im Inland bzw. bei deren Vorbereitung eine nach Art und Umfang des Unternehmens bzw. der Leistung angemessene Anzahl von Arbeitnehmern, die das 19. Lebensjahr noch nicht vollendet haben, vorwiegend zu Ausbildungszwecken zu beschäftigen."

In den Erläuterungen zum Initiativantrag wird ausdrücklich betont, daß diese zusätzliche Vertragsbedingung oberhalb und unterhalb der Schwellenwerte Anwendung finden soll. Im einzelnen wird in den Erläuterungen dazu ausgeführt:

„Da für die Vergaben über dem Schwellenwertbereich das Vergaberecht der Europäischen Union die Vergabekriterien taxativ aufzählt, schlägt der vorliegende Gesetzesantrag den Weg ein, die Beschäftigung von auszubildenden Jugendlichen in die Verdingungsbedingungen aufzunehmen. In Zukunft soll ein Inhalt des mit dem Unternehmen abzuschließenden Leistungsvertrages (§ 37 Bundesvergabegesetz) die Verpflichtung des Unternehmens sein, bei der Vertragserfüllung im Inland bzw. bei deren Vorbereitung eine nach Art und Umfang des Unternehmens bzw. der Leistung angemessene Anzahl von Arbeitnehmern, die das 19. Lebensjahr noch nicht vollendet haben, vorwiegend zu Ausbildungszwecken zu beschäftigen.

Wie hoch die angemessene Anzahl ist, hängt einerseits von Art und Umfang des Unternehmens ab, wobei dieses Kriterium naheliegender Weise auf Grund eines Branchenvergleiches beurteilt werden kann. Andererseits ist als Beurteilungskriterium auch die Leistung heranzuziehen, die vom Bund vergeben wird, wobei hier nach der Art der Aufträge zu differenzieren sein wird.

Die Wendung ‚Vertragserfüllung im Inland bzw. bei deren Vorbereitung' ist weit zu verstehen. Soweit es sich um Lieferaufträge handelt, ist beispielsweise unter Vorbereitung die gesamte Produktion zu verstehen, bei Bauaufträgen die Durchführung des Auftrages.

Die Verpflichtung, die Beschäftigung einer in diesem Sinne angemessenen Anzahl von Jugendlichen zu Ausbildungszwecken in den Leistungsvertrag aufzunehmen, soll im Rahmen des

[52]) 641/A 20. GP

persönlichen Geltungsbereiches des Bundesvergabegesetzes (§ 11) für sämtliche Vergaben des Bundes gelten, und zwar oberhalb und unterhalb der Schwellenwerte sowie auch für den Sektorenbereich."

Dieser Antrag wurde vom Verfassungsausschuß am 27. 11. 1997 in Verhandlung genommen. In der Ausschußsitzung wurde von den Abgeordneten Kostelka und Kohl ein Abänderungsantrag[53] zu diesem Initiativantrag eingebracht. Die Ziffern 1 bis 4 des Initiativantrages wurden durch zwei neue Ziffern 1 und 2 ersetzt, die nunmehr anderes vorsehen:

- In Ziffer 1 wird die Änderung des § 16 BVergG vorgeschlagen, welcher die allgemeinen Grundsätze des Vergabeverfahrens regelt. Demnach soll Abs 7, der bisher nur den Grundsatz der Bedachtnahme auf die Umweltgerechtigkeit der Leistung normiert hat, folgendermaßen geändert werden:

  „(7) Im Vergabeverfahren ist auf die Umweltgerechtigkeit der Leistung sowie auf die Beschäftigung von Personen im Ausbildungsverhältnis Bedacht zu nehmen."

- In Ziffer 2 ist vorgesehen, daß die Neufassung des § 16 Abs 7 mit 1. Jänner 1998 in Kraft treten soll.

Dieser geänderte Gesetzesvorschlag wurde im Verfassungsausschuß einstimmig angenommen und in der Plenarsitzung des Nationalrats vom 10./11. Dezember 1997 beschlossen.

B. Der Entschließungsantrag

Zudem wurde von den Abgeordneten Kostelka und Kohl ein *Entschließungsantrag* eingebracht, der folgenden Wortlaut hat:

„Die Bundesregierung wird ersucht, auf ausgegliederte Rechtsträger sowie Länder und Gemeinden dahingehend einzuwirken, daß sie bei Ausschreibungen in die Bekanntmachungen bzw. in die Ausschreibungsunterlagen die Bedingung aufnehmen, daß bei der Vertragserfüllung im Inland bzw. bei deren Vorbereitung eine nach Art und Umfang des Unternehmens bzw. der Leistung angemessene Anzahl von Arbeitnehmern, die das 19. Lebensjahr noch nicht vollendet haben, vorwiegend zu Ausbildungszwecken zu beschäftigen sind."

Dieser Entschließungsantrag wurde damit begründet, daß die Bundesregierung bereits am 25. November 1997 beschlossen hat, daß bei der Vergabe von öffentlichen Aufträgen die Bundesministerien und deren nachgeordnete Dienststellen verpflichtet sind, in die Bekanntmachungen bzw. in die Ausschreibungsunterlagen die Bedingung aufnehmen, daß bei der Vertragserfüllung im Inland bzw. bei deren Vorbereitung eine nach Art und Umfang des Unternehmens bzw. der Leistung angemessene Anzahl von Arbeitneh-

---

[53]) Vgl den Bericht des Verfassungsausschusses 977 BlgNR 20. GP, 2.

mern, die das 19. Lebensjahr noch nicht vollendet haben, vorwiegend zu Ausbildungszwecken zu beschäftigen sind.

Dieser Entschließungsantrag wurde ebenfalls in der Plenarsitzung des Nationalrats am 10./11. Dezember 1997 angenommen.

VI. Rechtspolitischer Ausblick

In Österreich ist die Frage von beschaffungsfremden Vergabekriterien im wesentlichen erst mit dem Frauenvolksbegehren zum rechtspolitischen Thema geworden. Es scheint jedoch, daß das Frauenvolksbegehren mit der Forderung nach Implementierung einer frauenfördernden Maßnahme im Vergaberecht nur als Ideenlieferant für die rasche Umsetzung eines anderen sozial- und arbeitsmarktpolitischen Zieles, nämlich der beruflichen Ausbildung Jugendlicher, fungiert hat.

Während die Regierungskoalition hinsichtlich der Jugendbeschäftigung eine einschlägige Änderung des Vergaberechtes oberhalb und unterhalb der Schwellenwerte rechtlich unverzüglich realisiert hat, sind hinsichtlich der Forderung des Frauenvolksbegehrens keinerlei Umsetzungsschritte erkennbar.[54]

In diesem Beitrag wurde versucht, die europarechtliche und innerstaatliche Zulässigkeit der Implementierung von frauenfördernden Lenkungszielen im Beschaffungswesen auszuloten. Als Ergebnis ist festzuhalten, daß für die vergaberechtliche Verankerung frauenpolitischer Maßnahmen sowohl oberhalb als auch unterhalb der Schwellenwerte ein Gestaltungsspielraum besteht. Es ist daher ausschließlich eine Frage des politischen Willens, ob das Vergaberecht dahingehend abgeändert wird, daß dieser Regelungsmaterie auch Steuerungskraft zur Beseitigung faktischer Benachteiligungen von Frauen am Arbeitsmarkt zukommt.

Auch in Deutschland hat eine langwierige Debatte über die Zulässigkeit frauenfördernder Vergabekriterien stattgefunden. Als Ergebnis dieser Debatte haben bereits drei Bundesländer eine rechtliche Verknüpfung von Auftragsvergabe und Frauenförderung vorgenommen. Es sind dies die Bundesländer Berlin,[55] Brandenburg[56] und das Saarland.[57] Die Kenntnis dieser Be-

---

[54]) Vgl dazu die Kritik von *Rosenberger*, Gleichbehandlung nach Art des Hohen Hauses. Bundesvergabegesetz: Frauendiskriminierung zweitrangig? Der Standard v 2. 12. 1997, 27.

[55]) Vgl § 13 Landesgleichstellungsgesetz Berlin v 31. 12. 1990 idF v 29. 6. 1995, GVBl 400.

[56]) Vgl § 14 Landesgleichstellungsgesetz Brandenburg v 4. 7. 1994, GVBl I 254 und die Verordnung über die bevorzugte Berücksichtigung von Unternehmen bei der Vergabe öffentlicher Aufträge zur Förderung von Frauen im Erwerbsleben (Frauenförderungsverordnung - FrauFöV) v 25. 4. 1996, GVBl II 354.

stimmungen könnte für die österreichische Umsetzungsdiskussion hilfreich sein. Aus diesem Grund sind diese frauenfördernden Vergabevorschriften als Anhang zu diesem Beitrag abgedruckt.

ANHANG A

BerLGG - Landesgleichstellungsgesetz Berlin

v 31.12.1990 idFv 29.6. 1995 (GVBl 1995, 400)

§ 13 Frauenförderung durch Auftragsvergabe

(1) Beim Abschluß von Verträgen über Leistungen, die einen Aufwand von mehr als 10 000 DM erfordern, soll bei mehreren vergleichbar qualifizierten Anbietern derjenige bevorzugt werden, der sich ausweislich eines Frauenförderplanes der Gleichstellung der Frauen im Erwerbsleben besonders angenommen hat. Der Frauenförderplan enthält mindestens feste Ziel- und Zeitvorgaben zur Erhöhung des Frauenanteils in Orientierung am Ziel des § 3. Es soll festgelegt werden, mit welchen personellen und organisatorischen Maßnahmen der Anteil von Frauen in Bereiche, in denen sie unterrepräsentiert sind, bei dem Anbieter erhöht werden kann. Das Angebot eines Anbieters nach Satz 1 ist auch dann vergleichbar qualifiziert, wenn der Preis geringfügig über dem anderer Angebote liegt. Welche Überschreitungen geringfügig sind, ist der Anlage zu § 13 zu entnehmen.
(2) Beim Abschluß von Verträgen über Leistungen sollen Anbietern, die Personen unterhalb der grenze des § 8 Abs 1 SGB IV beschäftigen, keinen Zuschlag erhalten.
(3) Das Nähere, insbesondere über die Art der betroffenen Unternehmen, den Inhalt der Frauenförderpläne und die Kontrolle der Durchführung der angegebenen Frauenfördermaßnahmen, regelt ein besonderes Gesetz.

Anlage zu § 13

Als geringfügige Überschreitung des annehmbarsten Angebotes gelten folgende Mehrpreise:
bei Angeboten über Beträge

bis	5 000 DM			6	vom Hundert
von	5 000 DM	bis	10 000 DM	5	vom Hundert
von	10 000 DM	bis	50 000 DM	4	vom Hundert
von	50 000 DM	bis	100 000 DM	3	vom Hundert
von	100 000 DM	bis	500 000 DM	2	vom Hundert
von	500 000 DM	bis	1 000 000 DM	1	vom Hundert
über	1 000 000 DM			0,5	vom Hundert

[57] Vgl § 27 Landesgleichstellungsgesetz Saarland v 24. 4. 1996, ABl. A. 161.

ANHANG B

BrandLGG - Landesgleichstellungsgesetz Brandenburg

v 4. 7. 1994 (GVBl I S 254)

§ 14 Auftragsvergabe

(1) Beim Abschluß von Verträgen über Leistungen mit einem Aufwand von über 100 000 Deutsche Mark soll bei gleichwertigen Angeboten derjenige Anbieter bevorzugt werden, der sich der Gleichstellung von Frauen im Erwerbsleben angenommen hat.
(2) Das Nähere regelt eine Rechtsverordnung der Landesregierung.

Verordnung über die bevorzugte Berücksichtigung von Unternehmen bei der Vergabe öffentlicher Aufträge zur Förderung von Frauen im Erwerbsleben (Frauenförderverordnung - FrauFöV)

v 25.4. 1996 (GVBl II 354)

Auf Grund des § 14 Abs. 2 des Landesgleichstellungsgesetzes vom 4. Juli 1994 (GVBl I S 254) verordnet die Landesregierung:

§ 1 Anwendungsbereich

(1) Die Behörden des Landes, die Gemeinden und Gemeindeverbände sowie die sonstigen der Aufsicht des Landes unterstehenden Körperschaften, Stiftungen und Anstalten des öffentlichen Rechts sind bei allen Aufträgen ab einem Auftragswert von über 100 000,- DM verpflichtet, diese Rechtsverordnung anzuwenden.
(2) Ein Gesamtauftrag darf nicht in der Absicht geteilt werden, die Anwendung dieser Rechtsverordnung zu umgehen.

§ 2 Ausnahmen

(1) Die bevorzugte Berücksichtigung findet nicht statt für Aufträge, die aufgrund des jeweiligen Auftragsvolumens die Schwellenwerte der folgenden Richtlinien erreichen oder überschreiten:
a) Baukoordinierungsrichtlinie 93/37/EWG (ABl. EG Nr. L 199) bei einem geschätzten Auftragswert von mindestens 5 Mio ECU oder 9 529 019,00 DM,
b) Dienstleistungsrichtlinie 92/50/EWG (ABl. EG Nr. L 209) bei einem geschätzten Auftragswert von mindestens 200 000 ECU oder 381 161,00 DM,
c) Lieferkoordinierungsrichtlinie 93/36/EWG (ABl. EG Nr. L 199) bei einem geschätzten Auftragswert von mindestens 200 000 ECU oder 381 161,00 DM,
d) Sektorenkoordinierungsrichtlinie 93/38/EWG (ABl. EG Nr. L 199) bei einem geschätzten Auftragswert von mindestens 400 000 ECU oder 762 322,00 DM für den Bereich der Wasser-, Energie oder Verkehrsversorgung; bei einem geschätzten Auftragswert von mindestens 600 000 ECU oder 1 143 482,00 DM für den Telekommunikationsbereich.

Die in DM angegebenen Beträge finden mit Ablauf des 31. Dezember 1997 keine Anwendung mehr. Ab dem 1. Jänner 1998 gelten die von der Kommission der Europäischen Gemeinschaft festgelegten und vom Ministerium für Wirtschaft bekanntgemachten Beträge in DM.
(2) Die Verordnung findet keine Anwendung auf die Vergabe öffentlicher Aufträge durch Dienststellen des Landes, deren Sitz sich außerhalb der Landesgrenzen befindet.

§ 3 Begriffsbestimmungen

(1) Öffentliche Aufträge sind privatrechtliche Verträge über Lieferungen und Leistungen gegen Entgelt, wenn zumindest ein Vertragspartner ein öffentlicher Auftraggeber ist.
(2) Gleichwertigkeit eines Angebots im Sinne von § 6 liegt vor, wenn es unter Würdigung aller für die Auftragsvergabe entscheidenden Kriterien gleich wirtschaftlich oder gleich annehmbar im Vergleich zu einem anderen Angebot ist.
(3) Der Bieter ist das bietende Unternehmen.

§ 4 Bevorzugter Bieter

(1) Bevorzugte Bieter sind diejenigen, die sich der Gleichstellung von Frauen im Erwerbsleben angenommen haben und im Verhältnis zu den übrigen Bietern im Zeitpunkt der Angebotsabgabe
1. einen höheren Frauenanteil an den Beschäftigten, einschließlich der zu ihrer Ausbildung Beschäftigten, aufweisen und
2. Frauen in höherem Maße in qualifizierten Positionen beschäftigen.
Die qualifizierte Position wird ermittelt auf Grundlage des Bruttolohns oder Bruttogehalts der weiblichen Beschäftigten in Relation zum Bruttolohn oder Bruttogehalt der Beschäftigten insgesamt (§ 10 Abs 1 Ziffer 2, Abs. 2).
(2) Geringfügige Beschäftigungsverhältnisse nach § 8 des Vierten Buches des Sozialgesetzbuches werden nicht berücksichtigt.
(3) Die Bewertung der Merkmale erfolgt nach dem Verfahren gemäß § 10.

§ 5 Unterauftrag

(1) Sofern ein Bieter, der sich zur Vertragserfüllung eines Unterauftragnehmers bedienen darf, nach § 6 oder § 7 bevorzugt werden will, muß er im Rahmen des Ausschreibungsverfahrens die Angaben zu § 4 in Form der Anlage dieser Rechtsverordnung auch für das Unternehmen des Unterauftragnehmers vorlegen. § 9 Abs. 2 und 3 gilt entsprechend.
(2) Bei Verträgen nach Absatz 1 sind die auf den Unterauftragnehmer bezogenen Angaben bei der Entscheidung über die Bevorzugung von der Vergabestelle den Angaben des Bieters zuzurechnen.

§ 6 Inhalt der Bevorzugung

Ist bei Öffentlichen oder Beschränkten Ausschreibungen oder bei Freihändiger Vergabe das Angebot eine nach § 4 bevorzugten Bieters gleichwertig mit dem wirtschaftlichsten oder annehmbarsten Angebot eines anderen Bieters, soll dem bevorzugten Bieter der Zuschlag erteilt werden.

§ 7 Eintrittsrecht

(1) Sofern im Rahmen eines Ausschreibungsverfahrens, bei dem der Angebotspreis das ausschlaggebende Wertungskriterium ist, das Angebot eines nach § 4 bevorzugten Bieters um nicht mehr als 20 vom Hundert über dem Preis des wirtschaftlichsten oder annehmbarsten Angebots liegt, ist ihm anzubieten, in den bei der Vergabe für den Zuschlag in Betracht kommenden Preis dieses Angebots einzutreten.
(2) Die Eintrittsmöglichkeit nach Absatz 1 ist nicht gegeben, wenn es sich bei dem Angebot um ein Nebenangebot oder ein Angebot mit technischen Änderungsvorschlägen handelt. Eine Eintrittsmöglichkeit ist auch nicht gegeben bei Ausschreibungen mit funktionaler Leistungsbeschreibung (§ 8 Nr. 2 Abs. 1 Buchstabe a in Verbindung mit § 27 Nr. 3 Buchstabe c Verdingungsordnung für Leistungen - ausgenommen Bauleistungen - Teil A, § 9 Nr. 10 Verdingungsordnung für Bauleistungen - Teil A).
(3) Die Vergabestelle kann in begründeten Ausnahmefällen davon absehen, bei einem Bieter, der die Voraussetzungen des § 4 erfüllt, nach Absatz 1 zu verfahren. Ein begründeter Ausnahmefall liegt vor, wenn die Bevorzugung unbillig wäre, weil die betroffenen Bieter erhebliche Unterschiede in der Unternehmensstruktur aufweisen oder weil in den maßgeblichen Berufszweigen kein ausreichendes Angebot an weiblichen Arbeitskräften besteht. Das für Frauen und Gleichstellung zuständige Ressort legt im Einvernehmen mit dem für Wirtschaft zuständigen Ressort auf der Grundlage der Statistik der Bundesanstalt für Arbeit in regelmäßigen Abständen fest, welche Berufszweige dies betrifft.
(4) Die Vergabestelle unterrichtet denjenigen Bieter, dem ein Eintrittsrecht nach dieser Vorschrift zusteht, rechtzeitig vor Ablauf der Zuschlagsfrist über den wirtschaftlichsten Preis, der im Wettbewerb angegeben worden ist, ohne namentliche Nennung dieses Bieters. Der eintrittsberechtigte Bieter erhält die Möglichkeit, sein Angebot zu diesem Preis abzugeben. Macht der Bieter von diesem Angebot Gebrauch, dann erhält er den Zuschlag mit der Maßgabe des § 11.

§ 8 Hinweis auf die Bevorzugung

Auf die Bevorzugung von Bietern, die sich der Gleichstellung von Frauen im Erwerbsleben angenommen haben, und deren Bedingungen ist bereits in der Bekanntmachung oder in der Aufforderung zur Angebotsabgabe hinzuweisen.

§ 9 Erforderliche Angaben im Angebot

(1) Bieter, die nach § 4 bevorzugt werden wollen, müssen im Rahmen des Ausschreibungsverfahrens zusätzliche, nach Geschlecht getrennte Angaben machen, über die Gesamtzahl der Beschäftigten, einschließlich der Auszubildenden, sowie über die Bruttolohnsummen oder Bruttogehaltssummen. Die erforderlichen Angaben für Unternehmen ergeben sich aus der Anlage zu dieser Rechtsverordnung.
(2) Bieter, in deren Unternehmen unter den Beschäftigten entweder nur eine Frau oder nur ein Mann tätig ist, geben nur die Anzahl der im Unternehmen sozialversicherungspflichtig beschäftigten Frauen und Männer an. Die Angaben des Bieters zu Bruttolohnausgaben entfallen; stattdessen errechnet der Bieter die Kennziffer selbst.
(3) Die Angebote und ihre Anlagen sind sorgfältig zu verwahren und vertraulich zu behandeln.

§ 10 Verfahren zur Feststellung der Bevorzugung

(1) Die Vergabestelle vergibt Kennziffern
1. für den Anteil der Frauen an der Gesamtzahl der sozialversicherungspflichtigen Beschäftigten, einschließlich der zu ihrer Ausbildung Beschäftigten,
2. für den Anteil des Bruttoarbeitsengelts der weiblichen Beschäftigten im Verhältnis zum Bruttoarbeitsentgelt der gesamten Beschäftigten des Unternehmens, mit Ausnahme der Fälle nach § 9 Abs. 2 bei Bietern, in deren Unternehmen unter den Beschäftigten nur eine Frau oder nur ein Mann tätig ist.
(2) Das Bruttoarbeitsentgelt richtet sich nach der im Arbeitsvertrag vereinbarten Grundvergütung vor Abzug von Steuern und Sozialabgaben. Dies gilt auch, wenn Beschäftigte Lohnersatzleistungen wegen Krankheit, Mutterschutz, Kurzarbeit oder Schlechtwetter oder Leistungen für Kindererziehung erhalten. Zum Bruttoarbeitsentgelt gehören übertarifliche Zulagen, nicht aber sonstige Zuschläge.
(3) Die Kennziffern nach Absatz 1 Ziffer 1 und 2 werden als Vom Hundertsatz berechnet. Die jeweiligen Beträge werden auf die nächste ganze Zahl gerundet.
(4) Bevorzugt nach § 4 wird der Bieter mit der höchsten Summe der Kennziffern.

§ 11 Nebenpflichten und Nachprüfung

(1) Ein nach § 4 bevorzugter Bieter erhält den Zuschlag, wenn er sich bereit erklärt,
1. den Anteil der Frauen, wie im Angebot angegeben, bis zur Erfüllung des Vertrages, mindestens jedoch bis zum Ende des Jahres, das der Zuschlagserteilung folgt, nicht zu verringern,
2. die Richtigkeit der Angaben durch die Vergabestelle überprüfen zu lassen. Zur Überprüfung der Richtigkeit der Angaben kann die Vergabestelle Auskunft und Urkundenherausgabe verlangen. Eine Übermittlung personenbezogener Daten kann nicht verlangt werden.
(2) In den Verdingungsunterlagen ist klarzustellen, daß die dargelegten Verhältnisse maßgeblich für die Zuschlagentscheidung sind und bei fehlerhaften Angaben die Vertragserklärung wegen arglistiger Täuschung angefochten werden kann. Schadensersatzansprüche sind vorzubehalten.

§ 12 Nachvollziehbarkeit der Entscheidung

Der Vergabevermerk hat sich auf die Prüfung der Bevorzugung nach dieser Rechtsverordnung und ihr Ergebnis zu erstrecken. Wird ein Bieter nicht bevorzugt, obgleich Angaben nach § 9 mit dem Angebot vorgelegt wurden, so sind die Gründe, weshalb der Zuschlag nicht erteilt worden ist, ebenfalls aktenkundig zu machen. Die Vergabestelle ist in diesem Fall verpflichtet, dem Bieter auf sein Verlangen die Gründe mitzuteilen, weshalb er nicht bevorzugt worden ist. Der Vergabevermerk hat sich auch auf die Anwendung von § 7 Abs. 3 zu erstrecken.

§ 13 Anderweitige Bevorzugung

Soweit aufgrund von sonstigen Regelungen eine anderweitige Bevorzugung nachgewiesen wird, ist Grundlage der Entscheidung zwischen den verschiedenen als bevorzugt geltenden Bietern der Grundsatz des wirtschaftlichsten oder annehmbarsten Angebots.

§ 14 Berichterstattung

Das für Frauen und Gleichstellung zuständige Ressort ist berechtigt, jährlich von den Vergabestellen statistische Angaben über Art und Ausmaß der nach dieser Verordnung an bevorzugte Unternehmen vergebenen Aufträge zu verlangen.

§ 15 Inkrafttreten

Diese Rechtsvorschrift tritt am Tage nach der Verkündung in Kraft.

ANHANG C

SaarLGG - Landesgleichstellungsgesetz Saarland

v 24. 4. 1996 (ABl A. 161)

§ 27 Auftragsvergaben und staatliche Leistungen

(1) Beim Abschluß von Verträgen über Leistungen sowie bei allen freiwilligen staatlichen und kommunalen Leistungen soll durch vertragliche Vereinbarung bzw. Auflagen sichergestellt werden, daß bei der Ausführung des Auftrages bzw. der Verwendung der Mittel die Grundzüge dieses Gesetzes Beachtung finden.
(2) Durch vertragliche Vereinbarung bzw. Auflagen ist zu gewährleisten, daß bei der Ausführung von Aufträgen bzw. bei der Verwendung staatlicher Leistungen keine Person unterhalb der Grenze des § 8 Absatz 1 SGB IV beschäftigt wird.
(3) Soweit Aufträge öffentlich ausgeschrieben werden, ist auf die in Absatz 1 und 2 enthaltenen gesetzlichen Bestimmungen hinzuweisen; ebenso darauf, daß der Zuschlag zwischen zwei wirtschaftlich gleichwertigen Angeboten danach erfolgen kann, welcher Anbieter eine relativ größere Anzahl von Frauen beschäftigt oder bereits konkrete Maßnahmen zur Frauenförderung ergriffen hat.

Literaturverzeichnis

- *Battis,* in *Senatsverwaltung für Arbeit und Frauen* (Hg), Öffentliche Auftragsvergabe und staatliche Leistungsgewährung - ein Instrument der Frauenförderung? Dokumentation der Sachverständigenanhörung zu Rechtsfragen der §§ 13 und 14 Landesgleichstellungsgesetz (LGG) am 3. November 1994, Teil 1 (1995) 91.
- *Brenner*, Neuere Entwicklungen im Vergaberecht der Europäischen Union, Schriftenreihe des Forschungsinstituts für Europarecht der Karl-Franzens-Universität Graz, Band 11 (1997).
- *Conradi*, Erfolge amerikanischer Unternehmen durch Frauenförderung im Rahmen der affirmative action, in *Senatsverwaltung für Arbeit, Berufliche Bildung und Frauen* (Hg), Öffentliche Auftragsvergabe und staatliche Leistungsgewährung - ein Instrument der Frauenförderung? Teil 2, Dokumentation der Sachverständigenanhörung zu den §§ 13 und 14 Landesgleichstellungsgesetz (LGG) am 18. und 19. Mai 1995 (1997), 28.
- *Eberstein,* in *Senatsverwaltung für Arbeit und Frauen* (Hg), Öffentliche Auftragsvergabe und staatliche Leistungsgewährung - ein Instrument der Frauenförderung? Dokumentation der Sachverständigenanhörung zu Rechtsfragen der §§ 13 und 14 Landesgleichstellungsgesetz (LGG) am 3. November 1994, Teil 1 (1995) 61.
- *Fruhmann,* Die Novelle zum Bundesvergabegesetz, WBl 1997, 41.
- *Hailbronner/Weber*, Die Neugestaltung des Vergabewesens durch die Europäische Gemeinschaft, EWS 1997, 73.
- *Hornbanger,* Die Rechtsprechung des EuGH zum öffentlichen Auftragswesen, ecolex 1997, 220.
- *Kirschbaum*, Sozialpolitik durch öffentliche Ausschreibung - Europarecht setzt Grenzen, DRdA 1997, 525.
- *Korinek*, Der Stand des österreichischen Vergaberechts, ecolex 1996, 58
- *McCrudden,* in *Senatsverwaltung für Arbeit und Frauen* (Hg), Öffentliche Auftragsvergabe und staatliche Leistungsgewährung - ein Instrument der Frauenförderung? Dokumentation der Sachverständigenanhörung zu Rechtsfragen der §§ 13 und 14 Landesgleichstellungsgesetz (LGG) am 3. November 1994, Teil 1 (1995) 72.
- *Osterloh*, Rechtsgutachten zu Fragen der Frauenförderung im Rahmen öffentlicher Mittelvergabe, erstattet im Auftrag des Ministeriums für Wirtschaft, Mittelstand und Technologie des Landes Nordrhein-Westfalen (1991).

- *Otting*, Zur Zulässigkeit beschaffungsfremder Vergabekriterien, Stadt und Gemeinde 1996, 461 (462).
- *Pernthaler*, Die innerstaatliche Umsetzung der Vergaberichtlinien der EG aus der bundesstaatlichen Kompetenzverteilung in Österreich, in *Funk/Marko/Pernthaler* (Hg), Die innerstaatliche Umsetzung der Vergaberichtlinien der EG (1992), 477.
- *Pirstner*, Die Quote im Gemeinschaftsrecht, DRdA 1997, 461 (468).
- *Prieß*, Das Öffentliche Auftragswesen im Jahre 1996, EuZW 1996, 391.
- *Rosenberger,* Gleichbehandlung nach Art des Hohen Hauses. Bundesvergabegesetz: Frauendiskriminierung zweitrangig? Der Standard v 2. 12. 1997, 27.
- *Rust,* in *Senatsverwaltung für Arbeit und Frauen* (Hg), Öffentliche Auftragsvergabe und staatliche Leistungsgewährung - ein Instrument der Frauenförderung? Dokumentation der Sachverständigenanhörung zu Rechtsfragen der §§ 13 und 14 Landesgleichstellungsgesetz (LGG) am 3. November 1994, Teil 1 (1995) 30.
- *Sudhof,* in *Senatsverwaltung für Arbeit und Frauen* (Hg), Öffentliche Auftragsvergabe und staatliche Leistungsgewährung - ein Instrument der Frauenförderung? Dokumentation der Sachverständigenanhörung zu Rechtsfragen der §§ 13 und 14 Landesgleichstellungsgesetz (LGG) am 3. November 1994, Teil 1 (1995) 50.
- *v Wahl,* Öffentliche Auftragsvergabe als Mittel der Frauenförderung: Das amerikanische Modell der „Affirmative Action", Kritische Justiz 1996, 180.
- *v Wahl,* Affirmative Action, das amerikanische Modell der Frauenförderung durch öffentliche Auftragsvergabe, in *Senatsverwaltung für Arbeit, Berufliche Bildung und Frauen* (Hg), Öffentliche Auftragsvergabe und staatliche Leistungsgewährung - ein Instrument der Frauenförderung? Teil 2, Dokumentation der Sachverständigenanhörung zu den §§ 13 und 14 Landesgleichstellungsgesetz (LGG) am 18. und 19. Mai 1995 (1997), 18.
- *Winkler/Slovak,* EU-Vergaberecht und seine Umsetzung auf Landesebene - eine Übersicht, ÖGZ 1996/10, 2.

EIN „VIELKÖPFIGES UNGEHEUER“
Pornographie in der Diskussion[1]

von Elisabeth Holzleithner

Einleitung

> Läßt man nicht gerade um der endlosen Erweiterung und Erneuerung der Sprechanreize willen den Sex als äußerste Grenze jedes aktuellen Diskurses oder als das unbedingt zu lüftende Geheimnis erscheinen? - als eine widerrechtlich zum Schweigen verurteilte Sache, über die zu sprechen gleichzeitig schwierig und notwendig, gefährlich und kostbar ist?[2]

Pornographie hat sich in den letzten Jahren vor allem im angloamerikanischen Raum als Dauerbrenner feministischer Diskurse erwiesen. Die Forschung dazu ist nahezu unüberblickbar geworden, und die Positionen der einzelnen feministischen Theoretikerinnen könnten divergenter nicht sein. Mit einer gewissen Berechtigung stellte *Valverde* schon Mitte der achziger Jahre fest: „Für Feministinnen ist die Pornodebatte ein vielköpfiges Ungeheuer“.[3] Diese Debatte hat in den letzten Jahren überdies eine Zuspitzung erfahren, die zu einer offenen Spaltung in der feministischen Bewegung führte.[4]

Protagonistinnen dieses öffentlich ausgetragenen Konflikts sind auf der einen Seite radikale Gegnerinnen jeglicher Zensurmaßnahmen, insbesondere Mitglieder von Organisationen, die sich dem Schutz der Grundrechte verschrieben haben[5], auf der anderen Seite Catharine *MacKinnon* und andere radikalfeministische[6] Verfechterinnen weitreichender rechtlicher Disziplinie-

---

[1]) Mein Dank richtet sich an Nikolaus Benke, Viktor Mayer-Schönberger und Alexander Somek für kritische Lektüre sowie hilfreiche Anregungen und Kommentare.

[2]) *Foucault*, Der Wille zum Wissen. Sexualität und Wahrheit 1 (1983) 48-49.

[3]) *Valverde*, Sex, Macht und Lust (1994) 152.

[4]) S dazu nur *Frug*, Postmodern Legal Feminism (1991) 146: „it [...] politicized us by brutally and bitterly fracturing our community.“

[5]) Wie etwa die American Civil Liberties Union (ACLU) oder Feminists for Free Expression (FFE), um nur zwei Organisationen herauszugreifen.

[6]) Diese Bezeichnung verdankt sich der Selbstzuschreibung dieses Strangs feministischer Theorie. S nur die Anthologie *Bell/Klein* (Hg), Radically Speaking: Feminism Reclaimed (1996).

rungsmaßnahmen der Pornoindustrie. „Porn has its own extremists“[7], um mit Tracy *Quan* zu sprechen. Wie jede Debatte läßt sich freilich auch diese nicht auf ihre Extreme reduzieren.

Daß gerade beim Thema Pornographie die Wogen derart hochgehen, scheint aus mehreren Gründen verständlich. Ein zentraler Untersuchungsgegenstand feministischer Theorie ist seit etlichen Jahren das Verhältnis von Sexualität und Macht. Die Öffentlichkeit von (nackten) Männer- und Frauenkörpern in einer sexuell expliziten und potentiell sexuell stimulierenden Weise führt zu einer Sexualisierung männlicher und weiblicher Körper, die in einen geschlechterhierarchischen Kontext eingebettet ist. Es wäre naiv zu behaupten, die gesellschaftliche Machtverteilung spielte bei der Produktion wie bei der Interpretation von sexuell expliziten Darstellungen keine Rolle. Vor dem Hintergrund einer viele Wünsche offenlassenden Rechtsprechung etwa zu Vergewaltigung und sexueller Belästigung erscheint es nur schlüssig, daß der kritische feministische Fokus auch auf jene Bilder gerichtet wird, die sexuelle Botschaften vermitteln; daß darüber hinaus die Frage gestellt wird, welche Wirkungen diese Bilder für unser Verständnis von männlicher und weiblicher Sexualität haben und wie sich dieses Verständnis in der Realität niederschlägt.

Damit ist die Debatte über Pornographie immer auch eine darüber, in welcher Weise Körper sexualisiert werden (dürfen), welche sexuellen Praktiken legitim sind. Der Diskurs über Pornographie ist ein Metadiskurs über Sexualität und Macht und damit über die Frage, wie sich Männer und Frauen in diesem Intimbereich begegnen (sollen). Es scheint, als könnte eine aufmerksame Betrachterin bei kritischer Lektüre der Debattenbeiträge wie bei der Sichtung pornographischen Materials in der Tat sehr viel über das Geschlechterverhältnis lernen.

Aufbau

Zunächst sind (I) einige grundsätzliche Bemerkungen zu Begriff und traditioneller - strafrechtlicher - Regulierung von Pornographie zu machen. Diese ist ganz geprägt vom Versuch der Durchsetzung bestimmter, in der Gesellschaft idealiter „auffindbarer“, konventioneller Moralvorstellungen.[8] Ich

---

[7]) *Quan*, Voting for Porn, reviewing *Strossen*, Defending Pornography (1995) http://desires.com/1.3/Sex/docs/porn.html. Tracy Quan ist Aktivistin von PONY (Prostitutes of New York).

[8]) S dazu den materiellen Gesetzesvorbehalt zum Grundrecht der freien Meinungsäußerung, etwa Art 10 Abs 2 EMRK:

nenne diesen Zugang das „Obszönitätsparadigma", dessen Wirkungsweise (II) anhand der Entwicklung der österreichischen Rechtslage, die ganz im Zeichen des Begriffspaars „Sittlichkeit" versus „Unzucht" steht, exemplifiziert werden soll.

(III) Die Fragwürdigkeiten des herkömmlichen Begriffs- und Analyseinstrumentariums werden von der radikalfeministischen Pornographiekritik in bedeutsamer Weise auf den Punkt gebracht. Dies erlaubt insbesondere die Neufassung des Pornographiebegriffs als diskriminierende Praxis durch die erniedrigende Sexualisierung von Frauen. Dadurch kam es zu einem regelrechten Paradigmenwechsel in der Wahrnehmung der Pornographieproblematik. Radikalfeministische Entwürfe für Antipornographiegesetze haben, unter Verabschiedung traditioneller Sittlichkeitskonzepte, das Anliegen, realer Freiheit und Gleichheit von Frauen zum Durchbruch zu verhelfen. Dies soll auch dadurch zum Ausdruck kommen, daß das Strafrecht verabschiedet und durch Bürgerrechtsgesetze ersetzt werden soll.

Allerdings scheint kaum ein westlicher Staat ohne strafrechtliche Pornographieverbotstatbestände auszukommen. Daher wird (IV) im folgenden die Frage zu stellen sein, ob eine Reform des Strafrechts im Sinne feministischer Vorstellungen einen gangbaren Kompromißweg darstellt. Aus diesem Grund erscheint ein Blick auf die kanadische Rechtslage zielführend. Denn das im kanadischen *Criminal Code* verankerte Pornographieverbot, dessen Funktion es ursprünglich war, die Moral der Gemeinschaft zu schützen, wird seit (spätestens) 1992 aufgrund eines Urteils des kanadischen *Supreme Court* neu interpretiert. Das Schutzgut des Pornographieverbots soll nun die „Würde der Frau", ganz im radikalfeministischen Sinne, sein. Im Zentrum der Betrachtung werden daher einerseits die Argumentation des Supreme Court, andererseits die bisherigen Auswirkungen dieser neuen Interpretationsmaxime auf Rechtsprechung und behördliche Konfiszierungspraxis sein.

Vor diesem Hintergrund werde ich mich (V) einer eingehenderen Analyse der theoretischen, rhetorischen und politischen Strategien der feministischen Antipornographiebewegung widmen, ihre Analysen und Schlußfolgerungen durchleuchten. Diese Untersuchung wird (VI) Anlaß dafür sein, einen Ebenenwechsel vorzunehmen. Der Fokus wird verschoben auf die Herstellungs-

---

Da die Ausübung dieser Freiheiten Pflichten und Verantwortung mit sich bringt, kann sie bestimmten, vom Gesetz vorgesehenen Formvorschriften, Bedingungen, Einschränkungen oder Strafdrohungen unterworfen werden, wie sie in einer demokratischen Gesellschaft im Interesse der nationalen Sicherheit, der territorialen Unversehrtheit oder der öffentlichen Sichterheit, der Aufrechterhaltung der Ordnung und der Verbrechensverhütung, des Schutzes der Gesundheit und der Moral, des Schutzes des guten Rufes oder der Rechte anderer unentbehrlich sind, um die Verbreitung von vertraulichen Nachrichten zu verhindern oder das Ansehen und die Unparteilichkeit der Rechtsprechung zu gewährleisten.

bedingungen von Pornographie und die Situation der Darstellerinnen und Darsteller in der Sex-Industrie. In diesem Kontext ist auch darzustellen, wie manche Pornodarstellerinnen zu den radikalfeministischen Anliegen stehen und welche rechtlichen Maßnahmen ihnen selbst für eine Verbesserung ihrer Lage als zielführend erscheinen. Diese Perspektive wird (VII) provisorische Schlußfolgerungen dahingehend eröffnen, welche rechtliche Zähmung der Pornoindustrie denkbar sein könnte und welche Maßnahmen sich im Lichte der vorgetragenen Erwägungen nicht als sinnvoll darstellen.

I. „Obszönitäten"

> Though I am not known to be a purist - or a shrinking violet - this book is too much even for me.[9]

„Pornographie" ist ein schillernder Begriff. Die Definitionen jener, die sich damit beschäftigen, variieren je nach theoretischer Zugangsweise, zeitlichem und örtlichem Kontext, insbesondere auch der Einbettung in verschiedene Rechtstraditionen, ganz beträchtlich.[10] Zur Annäherung bieten sich, quasi als kleinster gemeinsamer Nenner, drei Elemente an:

1. Der Begriff „Pornographie" bezieht sich gewöhnlich auf sexuell explizites Material.[11]
2. Dieses Material wird überdies charakterisiert durch die Kapazität, sexuell zu stimulieren.[12]

---

[9]) Justice Clark, *Memoirs v. Massachusetts*, 383 US 413, 433 (1966) (*dissenting*), bringt damit seine persönlichen Vorbehalte gegen John Clelands, *Memoirs of a Woman of Pleasure* (Fanny Hill) zum Ausdruck.

[10]) S dazu nur *Frug*, Postmodern 147:

[W]hat constitutes pornography is usually a charged and unexplored question in any discussion involving pornography.

[11]) *Strossen*, Defending Pornography. Free Speech, Sex, and the Fight for Women's Rights (1995) 219 weist darauf hin, daß der Begriff „Pornographie" in totalitären Staaten für Schriften von politischen Dissidenten verwendet wird: „In places where real pornography is conspicuously absent, tellingly, works of political dissents are labeled as such."

[12]) S dazu treffend *Williams, Linda*, Second Thoughts on Hard Core: American Obscenity Law and the Scapegoating of Deviance, in *Gibson/Gibson* (Hg), Dirty Looks: Women. Pornography. Power (1994) 46 (46):

Pornography is a volatile issue not simply because it represents sexual acts and phantasies, but because in that representation it frankly seeks to arouse viewers. Perhaps more than any other genre its pleasures are aimed at the body. Indeed, pornography fails as a genre if it does not arouse the body.

3. „Pornographie“ ist ein negativ konnotierter Begriff, der eine Grenzüberschreitung markiert.

Für den Rechtsdiskurs bedeutet letzteres, daß jenseits der autoritativ in Einzelfallentscheidungen gesetzten Grenzen von sexuell expliziten „Äußerungen“, die unter dem Schutz der Meinungsfreiheit oder auch der Kunstfreiheit stehen, die „Pornographie“ liegt.

Wenn im folgenden daran gegangen wird, einige Eigenheiten von Pornographie zu bestimmen und diese Eigenheiten am Rechtsdiskurs so unterschiedlicher Rechtssysteme wie jenen Österreichs, Kanadas und der USA festzumachen, so sollen damit nicht die Charakteristika und spezifischen Traditionen dieser Rechtsordnungen verschliffen werden. Hier wird lediglich folgende These vertreten: Jede dieser Rechtsordnungen sieht sich vor einem bestimmten gesellschaftlichen Problem, das eine normative Antwort provoziert: Inwieweit ist es legitim, die Meinungsfreiheit zum Zweck der moralischen Veredelung der Gesellschaft einzuschränken? Oder anders formuliert: Welche Meinungen würden nach Ansicht der rechtlichen Autoritäten die Rechtsgemeinschaft moralisch derart korrumpieren, daß das Verbot ihrer Verbreitung im Lichte der Meinungsfreiheit als notwendiges und legitimierbares Übel konstruiert wird.

An dieser Stelle ist ein weiteres caveat anzubringen: „Pornographie“ ist ein Begriff, der vorwiegend in der Alltagssprache und auch in vielen theoretischen Analysen verwendet wird. Die Rechtssprache hingegen bedient sich einer anderen, differenzierteren Begrifflichkeit und/oder differenziert innerhalb des Pornographiebegriffs. So fallen etwa in Österreich „unzüchtige Darstellungen“ gemäß § 1 PornographieG unter absolute Herstellungs- und Verbreitungsverbote. Erst seit den siebziger Jahren findet der Begriff „Pornographie“ überhaupt Verwendung in der österreichischen Judikatur; seit 1977 wird differenziert zwischen verbotener „harter“ Pornographie, die den Tatbestand der „Unzüchtigkeit“ erfüllt, und prinzipiell erlaubter „relativer“ Pornographie, die allerdings einigen Einschränkungen unterworfen werden kann.[13] Ähnlich ist die Situation in den Vereinigten Staaten, wo „pornography“ prinzipiell erlaubt, „obscenity“ (bzw. „hard-core pornography“) hingegen verboten ist.[14] So gesehen stellt die Verwendung des Begriffs „Pornographie“, um damit auch rechtlich verpöntes Material zu bezeichnen, eine gewisse Unschärfe dar. Diese wird aus Gründen der Einfachheit in den theoretischen Passagen in Kauf genommen.

---

[13]) Etwa wenn eine pornographische Darstellung unter den Tatbestand der „Anstößigkeit“ gem § 2 PornographieG, einer Jugendschutzbestimmung, subsumiert wird.

[14]) Die Standards dessen, *was* als *obscenity* verboten ist, variieren je nach den *community values* der einzelnen amerikanischen Bundesstaaten.

Inhaltlich wurde und wird der rechtlich-normative Begriff, mit erheblicher Breitenwirkung, durch Urteile von Strafgerichten aufgefüllt.[15] Diese haben jeweils zu entscheiden, wo die Grenze des „Erträglichen" liegt, dessen also, was einer bestimmten Gesellschaft zu einem bestimmten geschichtlichen Moment „zumutbar" sein soll und was nicht. Dabei geht es zentral um die „Moral der Gemeinschaft". Diese ist einerseits *Maßstab* der Entscheidung, andererseits *geschütztes Rechtsgut*.

Die einschlägigen Gesetze richten sich gegen sexuell explizite Materialien, die auf „die Vermittlung sexueller Eindrücke als Selbstzweck, zur Stimulierung sexueller Gefühle"[16] reduziert sind oder, wie ein kanadischer Richter 1961 formulierte, „dirt for dirt's sake"[17] zum Inhalt haben. Diese Materialien gereichen der öffentlichen Moral zum Schaden, sie werden als „sozialschädlich" konstruiert und von daher verboten. Der Begriff der „Obszönität" bringt dies auf den Punkt: „Obszön" sind jene Darstellungen, die nicht das Licht der Öffentlichkeit erblicken (sollen).[18]

„Obszönität" ist eine Kategorie, der strikte Vorstellungen von gut und böse, Tugend und Laster eingeschrieben sind. Die damit angesprochenen normativen Beurteilungen fließen zusammen in der Person des Richters bzw in der Institution der Gerichtsbarkeit. Sie werden veredelt durch die Prämisse, es handle sich dabei jedenfalls um die „bei gesitteten Menschen herrschenden sittlichen Anschauungen."[19] Aufwendige juristische Konstruktionen sollen zu verstehen geben, hier werde nicht ein subjektiver, gar mit den Empfindungen des Richters in eins zu setzender Maßstab angewendet. Um die

---

15) S dazu die These von *Hunt*, Obszönität und die Ursprünge der Moderne (1599-1800), in *Hunt* (Hg), Die Erfindung der Pornographie. Obszönität und die Ursprünge der Moderne (1994) 7 (9): Pornographie [ist] immer wieder durch die Bemühungen definiert worden [...], die für ihre Überwachung aufgebracht wurden.

16) *Triffterer/Schmoller*, Die Freiheit der Kunst und die Grenzen des Strafrechts. Auswirkungen des Art 17a StGG auf die strafrechtliche Verantwortlichkeit bei künstlerischer oder vermeintlich künstlerischer Betätigung, Österreichische Juristenzeitung (1993) 547; 573 (578).

17) *Brodie v. The Queen*, [1962] S.C.R. 681, 704-705; damals wurde judiziert, daß D.H. Lawrence' *Lady Chatterley's Lover* nicht als „obszön" im Sinne des kanadischen Criminal Code anzusehen ist:

That the work under attack is a serious work of fiction is to me beyond question. It has none of the characteristics that are often described in judgments dealing with obscenity -- dirt for dirt's sake, the leer of the sensualist, depravity in the mind of an author with an obsession for dirt, pornography, an appeal to a prurient interest, etc.

18) S dazu *Williams*, American Obscenity Laws 47:

[T]he very word obscenity has been interpreted by many to mean that which is or should be off (*ob*) the stage (*scene*) of representation [...].

Da die meisten Pornographieverbote zwar Herstellung und Handel, nicht aber privaten Besitz und Konsum kriminalisieren, ist diesem Konzept gleichzeitig die liberale Trennung von Öffentlichkeit und Privatheit eingeschrieben.

19) SSt 11/33.

Verallgemeinerbarkeit richterlicher Grenzziehungen zu indizieren, wird der Begriff der „Objektivität" in Anspruch genommen:

> Ob eine Darstellung als unzüchtig zu werten ist, richtet sich nur nach ihrem objektiven Inhalt, nach ihrer äußeren Erscheinungsform, wobei ein geschlechtlicher Vorgang, eine reale Sexepisode, in einer gegen das allgemeine Scham- und Sittlichkeitsgefühl gröblich verstoßenden Weise wiedergegeben oder jedenfalls unverkennbar angedeutet werden muß.[20]

Die dadurch vorgeblich erzeugten Bestimmtheiten sind freilich äußerst fragil und erweisen sich „jenseits des trauten Kreises moralisch Gleichgesinnter"[21] als reichlich kühn. Offenherziger bezüglich des solchen Grenzziehungen inhärenten Subjektivismus sind amerikanische Richter. Justice Stewart brachte dies mit dem von ihm gebrauchten, nachgerade als „klassisch" zu bezeichnenden Obszönitätsstandard, auf den Punkt: „I know it when I see it."[22]

II. Österreich: Das Schicksal „unzüchtiger Darstellungen"

Schweinereien gehören verboten.[23]

Exemplarisch möchte ich in diesem Zusammenhang auf die österreichische Rechtslage eingehen, der ein Pornographiegesetz aus dem Jahr 1950[24] zugrunde liegt. Das erklärte Ziel der Väter des Pornographiegesetzes war es, neben § 516 StG[25] eine weitreichendere Handhabe gegen die Herstellung und Verbreitung von „Schmutz und Schund" in Österreich zu erlassen. Den An-

---

[20]) *Leukauf/Steininger*, Das neue österreichische Strafrecht. Dritter Teil. Strafrechtliche Nebengesetze mit erläuternden Anmerkungen und Entscheidungen[2] (1984) 742.

[21]) *Benke/Holzleithner*, Zucht durch Recht. Juristische Konstruktionen der Sittlichkeit im österreichischen Strafrecht (Manuskript Wien 1997), erscheint in L'Homme. Zeitschrift für feministische Geschichtswissenschaften (1998).

[22]) Justice Potter Stewart, *Jacobellis v. Ohio*, 378 US 184, 197 (1964) (*concurring*). Das Zitat im Kontext lautet:

I have reached the conculusion [...] that, under the First and Fourteenth Amendments, criminal laws in this area are constitutionally limited to hard-core pornography. I shall not today attempt further to define the kinds of material I understand to be embraced within that shorthand description, and perhaps I could never succeed in intelligibly doing so. But I know it when I see it, and the motion picture involved in this case is not that.

[23]) Michael Graff, in *Graff/Lorenz*, Streitgespräch, Wienerin 9 (1994) 28 (28).

[24]) Bundesgesetz vom 31. März 1950, BGBl Nr 97, über die Bekämpfung unzüchtiger Veröffentlichungen und den Schutz der Jugend gegen sittliche Gefährdung.

[25]) § 516. Wer durch bildliche Darstellungen oder durch unzüchtige Handlungen die Sittlichkeit oder Schamhaftigkeit gröblich und auf eine öffentliches Ärgernis erregende Art verletzt, macht sich einer Übertretung schuldig, und soll zu strengem Arreste von acht Tagen bis zu sechs Monaten verurteilt werden. Wurde aber eine solche Verletzung durch Druckschriften begangen, so ist sie als ein Vergehen mit strengem Arreste von sechs Monaten bis zu einem Jahre zu ahnden.

stoß dazu gab die Sorge um den „Sittenverfall" nach dem Zweiten Weltkrieg. Diesem sollte durch den „eisernen Besen"[26] eines Pornographiegesetzes entgegengewirkt werden.

Besonders besorgt war man hinsichtlich des durch Pornographie verbreiteten Frauenbildes. So ereiferte sich in jener Sitzung des Nationalrats, in der das PornG beschlossen wurde, Abg. Kranebitter (ÖVP) über „gewissenlose Geschäftsspekulanten, die unserer Jugend statt kräftiger gesunder Geistesnahrung in Presse, Literatur, Lichtbild, Theater und Rundfunk geistiges Schweinefutter in Massen dargereicht haben. In diesen Schmutz- und Schundprodukten ist an Stelle des edlen Frauentums das schamlose Dirnentum zum Ideal erhoben worden."[27]

Hinsichtlich der Anwendung des Begriffs „unzüchtig" in § 1 PornG[28], vertraute man auf die Kontinuität der Judikatur zu § 516 StG, die dem „Obszönen" enge und, wie man meinte, durchaus absehbare Grenzen gesteckt hatte. Diese Grenzen erweiterten sich freilich, wohl im Gefolge der „sexuellen Revolution", sukzessive seit den siebziger Jahren, was zu einer bedeutsamen inhaltlichen Dynamisierung des Unzuchtsbegriffs führte. Diese drückte sich auch in einer neuen „Maßfigur" aus, dem „normalen, gesunden Durchschnittsmenschen"[29], dessen „zeitverbundene, soziologisch und gesellschaftlich aufgeschlossene Ansichten"[30] förderhin die Richtschnur für die Judikatur darstellen sollten.

In einem weitreichenden Entkriminalisierungsschub wurden Herstellung und Vertrieb von Fäkaldarstellungen, Darstellungen von Analverkehr und

---

[26]) Abg. Kranebitter (ÖVP), StenProt NR, 23. Sitzung, VI. GP, 31.3.1950, 863.

[27]) StenProt NR, 23. Sitzung, VI. GP, 31.3.1950, 861.

[28]) § 1 (1) Einer gerichtlich strafbaren Handlung macht sich schuldig, wer in gewinnsüchtiger Absicht

a) unzüchtige Schriften, Abbildungen, Laufbilder oder andere unzüchtige Gegenstände herstellt, verlegt oder zum Zwecke der Verbreitung vorrätig hält,

b) solche Gegenstände einführt, befördert oder ausführt,

c) solche Gegenstände anderen anbietet oder überläßt, sie öffentlich ausstellt, aushängt, anschlägt oder sonst verbreitet oder solche Laufbilder anderen vorführt,

d) sich öffentlich oder vor mehreren Leuten oder in Druckwerken oder verbreiteten Schriften zu einer der in den lit. a bis c bezeichneten Handlungen erbietet,

e) auf die in lit. d bezeichnete Weise bekanntgibt, wie, von wem oder durch wen unzüchtige Gegenstände erworben oder ausgeliehen oder wo solche Gegenstände besichtigt werden können.

(2) Die Tat wird mit Freiheitsstrafe bis zu einem Jahr bestraft. Neben der Freiheitsstrafe kann eine Geldstrafe bis zu 360 Tagessätzen verhängt werden.

(3) Wurde die Tat mit Beziehung auf ein Druckwerk verübt, so sind die für die strafbare Handlung nach § 218 geltenden Bestimmungen des Preßgesetzes über den Verfall des Druckwerkes, die Unbrauchbarmachung der zu seiner Herstellung dienenden Platten und Formen, die vorläufige Beschlagnahme und das Strafverfahren in Preßsachen überhaupt dem Sinne nach anzuwenden.

[29]) OGH in EvBl 1973/210.

[30]) 10 Os 148/70, 29.01.1971.

Gruppensex legalisiert.[31] Ein Leitsatz einer Entscheidung eines verstärkten Senats des OGH aus 1977 hält die Judikaturlinie der folgenden Jahrzehnte exemplarisch fest. Dabei wurde unter anderem erstmals zwischen „harter" und „relativer" Pornographie unterschieden:

> Es ist ein Auslegungsgrundsatz, daß das Strafrecht erst einzugreifen hat, wenn ein Verhalten vorliegt, das das Zusammenleben grob stört.
>
> Aus der Gesamtschau des Rechtes ergibt sich ein absoluter Unzüchtigkeitsbegriff für pornographische Darstellungen sexueller Gewalttätigkeiten und von Unzuchtsakten mit Unmündigen, mit Personen gleichen Geschlechts oder mit Tieren (harte Pornographie).
>
> Für sonstige pornographische Darstellungen ist der Begriff strafbarer Unzüchtigkeit nach § 1 PornG relativ unter Abstellung auf die Schutzzwecke dieses G zu verstehen. Druckwerke, die pornographische Darstellungen enthalten, die nicht zur „harten Pornographie" gehören und die bei Konfrontation mit der Allgemeinheit als unzüchtig zu qualifizieren sind, sind daher dennoch nicht tatbildlich iS des § 1 PornG, wenn sie nur einem bestimmt angesprochenen Interessentenkreis erwachsener Personen vorbehalten sind und durch die Art ihrer Präsentation auch die abstrakte Möglichkeit der Erregung eines öffentlichen Ärgernisses oder der Gefährdung Jugendlicher ausgeschlossen ist.[32]

Da pornographische Darstellungen von „Unzuchtsakten" mit Personen gleichen Geschlechts jedenfalls als „harte Pornographie" qualifiziert wurden, konnten die angesprochenen Entkriminalisierungen auch nur soweit gehen, als nicht „auch gleichgeschlechtliche Handlungen vorgenommen" [werden,] „denen ein entsprechender Auffälligkeitswert zukommt"[33]. Während in vielen westlichen Staaten Ähnliches zu beobachten ist,[34] verdankte sich diese Judikaturlinie des OGH einer systematischen Interpretation des Pornographiegesetzes in Zusammenhalt mit §§ 209[35] und 220 StGB. Denn Akte „gleichgeschlechtlicher Unzucht" „dürfen - wenn auch als Handlungen nicht oder nur beschränkt strafbar - nicht propagiert werden (§ 220 StGB); pornographische Darstellungen solcher Art müssen daher im Sinne der heterose-

---

[31]) S *Mayerhofer/Rieder*, Das österreichische Strafrecht, 3. Teil, Nebenstrafrecht^3 (1992) 906.

[32]) 13 Os 39/77 (verst Senat), 06.06.1977, RZ 1977/95.

[33]) Zitiert in *Mayerhofer/Rieder*, Nebenstrafrecht^3 906.

[34]) S für die USA etwa *Williams*, American Obscenity Laws sowie für Kanada *Cossman/Bell/Gotell/Ross*, Bad Attitude/s on Trial: Pornography, Feminism and the Butler Decision (1997).

[35]) § 209. Eine Person männlichen Geschlechtes, die nach Vollendung des neunzehnten Lebensjahres mit einer Person, die das vierzehnte, aber noch nicht das achtzehnte Lebensjahr vollendet hat, gleichgeschlechtliche Unzucht treibt, ist mit Freiheitsstrafe von sechs Monaten bis zu fünf Jahren zu bestrafen.

Die Judikatur zu § 209 wurde herangezogen für die Interpretation der Frage, ab welcher Berührungsintensität Repräsentationen von gleichgeschlechtlichen Handlungen als „unzüchtig" im Sinne des Pornographiegesetzes zu bewerten sind. S dazu etwa OGH in RZ 1979/51.

xuellen Orientierung der rechtlich geordneten Gesellschaft und ihres Schutzes als unzüchtig angesehen werden."[36]

Nachdem es Unstimmigkeiten in der Judikatur des OGH gegeben hatte, die sich auf die Frage bezogen, inwieweit die Eignung einer Darstellung, jemand zur Homosexualität zu „verführen", nachgewiesen werden mußte, wurde ein solcher Fall vor einen verstärkten Senat gebracht, der dann unmißverständlich festhielt:

> Die Darstellung gleichgeschlechtlicher Unzucht ist generell und ohne Rücksicht auf den angesprochenen Personenkreis unzüchtig/pornographisch. Eine propagandistische Wirkung dieser Darstellung iS einer Massenbeeinflussung und deren Eignung, eine zur gleichgeschlechtlichen Unzucht anregende Wirkung zu erzielen, ist nach § 1 PornG nicht erforderlich, wohl aber eine - nach objektiven Kriterien zu beurteilende - Werbekomponente, die jedoch bei Druckwerken und Laufbildern regelmäßig gegeben ist.[37]

In einer Gesamtschau der Gesetzesmaterialien wie der Judikatur erweist sich die Moral, die hier geschützt werden soll, als Sittlichkeitsregime, dem traditionelle Vorstellungen von männlichen und weiblichen Identitäten und Bestimmungen zugrundeliegen. Die damit institutionalisierte Praxis „sexueller Politik" soll traditionelle Institutionen (Ehe und Familie) sowie eingelebte Stereotypen („Männer" und „Frauen") stützen. Von anderen Lebenszusammenhängen abgelöste Darstellungen von Sexualität sind verpönt, weil damit der Wert der angesprochenen Institutionen und die damit verbundenen Bilder sowie deren stabile Verankerung in der Gesellschaft untergraben werden.[38] Diese Argumentation stützt sich auf die in dieser Logik verankerte traditionell dichotome Sichtweise von Frauen, die nur zwei Orte besetzen können: jenen der Jungfrau/Mutter („edles Frauentum") und jenen der „Hure" („schamloses Dirnentum"). Auch die Beobachtung, daß zwar alle möglichen heterosexuellen pornographischen Darstellungen im Laufe der letzten Jahrzehnte entkriminalisiert wurden, homosexuelles Material aber mit der Definition als „absolut unzüchtig" immer wieder als „Kern" des strafrechtlichen Verbotstatbestands bestätigt wurden, ist ein weiteres, etwas anders gelagertes Indiz für diese These.

---

36) OGH in EvBl 1981/186, verstärkter Senat. Die propagandistische Wirkung einer gleichgeschlechtlichen Darstellung hat innerhalb dieser Logik „die Feststellung zur Voraussetzung, daß mit dem Verkauf der Druckwerke eine größere Zahl von Menschen („Massen"), die bisher heterosexuell eingestellt waren, der homosexuellen Betätigung zugeführt werden können und tatsächlich zugeführt werden sollen." (OGH in EvBl 1980/115).

37) OGH in RZ 1980/20. Aus diesem Grunde wurde wohl auch vom österreichischen Zoll eine Aufklärungsbroschüre der deutschen AIDS-Hilfe konfisziert.

38) S dazu nur *Eisenstein*, The Female Body and the Law (1988) 163-165 und anknüpfend an ihre Ausführungen über die neokonservative Anti-Porno-Kampagne *Holzleithner*, Die Kodierung des Körpers. Pornographie im Spannungsfeld von Obszönität, sexueller Diskriminierung und sexuellem Pluralismus, in Juridikum 1 (1995) 22 (23).

III. Begriffsverschiebungen: Pornographie als sexuelle Diskriminierung

> In contemporary industrial society, pornography is an industry that mass produces sexual intrusion on, access to, possession and use of women by and for men for profit. It exploits women's sexual and economic inequality for gain. It sells women to men as and for sex. It is a technologically sophisticated traffic in women.[39]

A. Paradigmenwechsel

Die herkömmliche Begrifflichkeit und damit auch die gängige Rechtspraxis, so monierte die radikalfeministische Kritik an den herrschenden Bildern des Sexuellen ab Mitte der siebziger Jahre, könne das Phänomen der Pornographie und den Schaden, den diese anrichtet, nicht hinreichend erfassen. Es könne nicht darum gehen, ob sexuell explizite Darstellungen wider die Moral des als männlich und heterosexuell entlarvten Normmenschen seien. Demgegenüber werde die gegen Frauen ausgeübte Gewalt durch Pornographie, die sich in ein System der Diskriminierung von Frauen einfüge, nicht problematisiert. Diese Kritik führte zu einer bedeutsamen Verschiebung von Begriffs- und Problemlage innerhalb des Pornographiediskurses. In Analyse und Rechtspolitik wurde das Paradigma des „Obszönen“ von jenem der sexuellen Diskriminierung von Frauen abgelöst.

Für Radikalfeministinnen stellen die Sex-Industrie und die von ihr massenproduzierten Konsumartikel eine Praxis sexueller Politik dar, durch die die männliche Vorherrschaft auf Basis der Sexualität institutionalisiert wird.[40] Sie hat, so das neue Paradigma, eine zentrale Funktion in der Schaffung und Aufrechterhaltung der Ungleichheiten der Geschlechter, ist eine Form der Diskriminierung, die sich des Sexes bedient und die Gleichheit der Frauen in nahezu allumfassender Weise beeinträchtigt:

> [P]ornography is central in creating and maintaining the civil inequality of the sexes. Pornography is a systematic practice of exploitation and subordination based on sex which differentially harms women. The bigotry and contempt it promotes, with the acts of aggression it fosters, harm women's opportunities for equality of rights in employment, education, property rights, public accommodations and public services; create public harassment and private denigration; promote injury and degradation such as rape, battery and prostitution and inhibit just enforcement of laws against these acts; contribute significantly to restricting women from full exercise of citizenship and participation in public life, including in neighborhoods; damage relations between the sexes;

---

[39]) *MacKinnon*, Towards a Feminist Theory of the State (1989), 195.
[40]) *MacKinnon*, Towards 197.

and undermine women's equal exercise of rights to speech and action guaranteed to all citizens under the Constitution and laws of the United States [...].[41]

Pornographie als diskriminierende Praxis soll in mehrfacher Hinsicht greifen: durch die Produktion von Pornographie für einen heterosexuellen, männlichen Markt, durch die Macht des sexuell expliziten Materials auf die männlichen Konsumenten und durch die Herstellungsbedingungen von Pornographie. Der radikalfeministische Antipornographiediskurs, namentlich Catharine MacKinnon, produziert die entsprechenden Konstrukte: „die" Bedeutung und „die" Botschaft „des" pornographischen Materials, nämlich: „Nimm sie";[42] „den" Pornokonsumenten, der „sie nimmt";[43] „die" Frau im allgemeinen sowie „die" Pornodarstellerin im besonderen als Opfer; und „das" Recht als Ausweg, als Schutzmechanismus, als Inbegriff des Traums von einer neu gestalteten gleichen Freiheit. Nur eine Welt ohne Pornographie könne verbürgen, daß die Meinungsfreiheit, die als schützender Mantel über ihr liegt, nicht mehr auf Kosten der Gleichheit der Frauen geht:

Stopping pornography, and with it the sexualization of aggression and legitimized use of women from brothels to courtrooms, is women's only chance to gain, in or out of court, a voice that cannot be used against us.[44]

B. „Nimm Sie" - Die Botschaft von Pornographie

Zentrales Moment der Gefahr, die Pornographie im radikalfeministischen Diskurs zugeschrieben wird, ist ihre Macht bei der Konstruktion der gesellschaftlichen Realität und insbesondere ihre Wirkung auf die männlichen Konsumenten. MacKinnon begnügt sich nicht damit zu postulieren, daß der Konsum von Pornographie mittel- und langfristig zu verächtlichen Einstellungen und diskriminierenden Verhaltensweisen gegenüber Frauen führt.[45]

---

[41]) The Minneapolis Ordinance, http://www.igc.apc.org/nemesis/ACLU/Porn/newday/AppA.htm.

[42]) *MacKinnon*, Only Words (1993); dt. Nur Worte, aus dem amerikanischen Englisch von *Susanne Baer* (1994) 21:

The message of these materials, and there is one, as there is to all conscious activity, is 'get her,' pointing at all women [...]. This message is addressed directly to the penis, delivered through an erection, and taken out on women in the real world.

[43]) *MacKinnon*, Only Words 19:

Sooner or later, in one way or another, the consumers want to live out the pornography further in three dimensions. Sooner or later, in one way or another, they do. *It* makes them want to; when they believe they can, when they feel they can get away with it, *they* do.

[44]) *MacKinnon*, Only Words 68.

[45]) In diesem Sinne etwa *Langton*, Whose Right? Ronald Dworkin, Women, and Pornographers, in Philosophy and Public Affairs (1990) 311, die davon ausgeht, daß Pornographie die „Macho-Ideologie" transportiert, überhaupt nur „wirkt", wenn Männer von dieser Macho-Ideologie schon „infiziert" sind und diese in Männern noch verstärkt.

Sie faßt Pornographie vielmehr als performativen Sprechakt. Pornographische Darstellungen transportieren ihr zufolge nicht einfach Ideen, sondern sie „handeln“:

> Pornography makes the world a pornographic place through its making and use, establishing what women are said to exist as, are seen as, are treated as, constructing the social realtiy of what a woman is and can be in terms of what can be done to her, and what a man is in terms of doing it.[46]

Darüber hinaus wird Pornographie die unmittelbare Macht zugeschrieben, zum sexuellen Gewaltverbrechen anzustiften. Für diese These stützt MacKinnon sich einerseits auf selektiv zusammengestellte Ergebnisse der psychologischen Wirkungsforschung. Da diese aber aufgrund ihrer verstörend widersprüchlichen Resultate[47] und vielfach kritisierten Methoden,[48] insbesondere der fragwürdigen Aussagekraft von Laborexperimenten, einigermaßen in Mißkredit geraten ist, legt sie ihrer These der Kausalität von Pornographie andererseits die Geständnisse von Sexualverbrechern zugrunde. So kommt sie zu folgendem Schluß:

> The murderer said he spent much of the day of the murder in an adult bookstore. Suppose he consumed the *Penthouse* and then went and killed the little girl. Such linear causality [...] is not all that rare or difficult to prove. It is only one effect of pornography, but when pornography has that effect, is restricting those pictures ‘thought control’ [...]?[49]

C. Anrufung des Rechts

Solche und ähnliche Analysen haben ein erhebliches Mobilisierungspotential, das gezielt eingesetzt wurde, als es darum ging, eine Änderung der gesetzlichen Situation herbeizuführen. Andrea Dworkin und Catharine MacKinnon formulierten Anti-Pornographie Gesetze, die als „Civil Rights Ordinances“ an lokale Gesetzgeber herangetragen wurden, um von einzelnen Städten und Regionen aus, so die Intention der Verfasserinnen, einen Sieges-

---

[46]) *MacKinnon*, Only Words 25.

[47]) Was auch die als Kronzeugen angegebenen Forscher selbst zugeben:
With regard to negative changes in attitudes about women's roles in society, less sensitivity toward rape victims, or tendencies to be less harsh in evaluations of rapists following long-term exposure to pornography the data are sparse. The data that exist are contradictory. (*Donnerstein/Linz/Penrod*, zitiert in *Lacombe*, Blue Politics. Pornography and the Law in the Age of Feminism [1994] 37.)

[48]) S dazu etwa *Lacombe*, Blue Politics 33-38 sowie *Koch*, Die neue Sittlichkeit. Zur gegenwärtigen Debatte um die Pornographie, in *Classen* (Hg), PORNOST. Triebkultur und Gewinn (1989) 68 (72-73).

[49]) *MacKinnon*, Only Words 37.

zug durch ganz Amerika anzutreten. Die darin normierten Pornographiedefinitionen bringen das radikalfeministische Programm auf den Punkt:

> *(q) Pornography* shall mean the graphic sexually explicit subordination of women, whether in pictures or in words, that also includes one or more of the following:
> (1) Women are presented as sexual objects who enjoy pain or humiliation; or
> (2) Women are presented as sexual objects who experience sexual pleasure in being raped; or
> (3) Women are presented as sexual objects tied up or cut up or mutilated or bruised or physically hurt or as dismembered or truncated or fragmented or severed into body parts; or
> (4) Women are presented being penetrated by objects or animals; or
> (5) Women are presented in scenarios of degradation, injury, abasement, torture, shown as filthy or inferior, bleeding, bruised, or hurt in a context that makes these conditions sexual; [or]
> (6) Women are presented as sexual objects for domination, conquest, violation, exploitation, possession, or use, or through postures or positions of servility or submission or display.
> The use of men, children, or transsexuals in the place of women in paragraphs (1) through (6) above shall also constitute pornography under this section.[50]

Anders als bei traditionellen Pornographiegesetzen sollte über derartige Darstellungen aber nicht von Strafgerichten abgeurteilt werden. Ermöglicht werden sollte vielmehr das Einbringen von „Beschwerden" (*complaints*) mit dem Ziel, ein Verbreitungsverbot für bestimmte Darstellungen zu erwirken sowie von Schadenersatzforderungen vor Zivilgerichten. Für eine Beschwerde sollte der Nachweis ausreichen, daß jemand sich durch pornographische Darstellungen im Sinne obiger Definition „gekränkt" (*aggrieved*) fühlt. Dies hätte freilich zur Konsequenz, daß einzelne Frauen mit ihrer emotionalen Beschwer darüber bestimmen könnten, was anderen Frauen zumutbar ist und was nicht.

Darüber hinaus sollte die Möglichkeit geschaffen werden, die Porno-Industrie dafür zur Rechenschaft zu ziehen, wenn jemand zur Produktion von Pornographie gezwungen wird (*Coercion into pornographic performance*). Dieser Zwang wurde als per se gegeben postuliert. So sollte sich ein Hersteller unter anderem nicht darauf berufen können, daß eine Darstellerin auf vertraglicher Basis, gegen Entgelt und freiwillig an der Produktion sexuell expliziten Materials mitgewirkt habe.[51]

Diese Normierungen im Zusammenhalt mit der außerordentlich weiten Pornographiedefinition hätten in der Tat nachgerade vernichtende Auswirkungen nicht nur gegen die Porno-Industrie, sondern gegen die Verbreitung jeglichen sexuell expliziten Materials zeitigen können.

---

[50]) Indianapolis Ordinance, http://www.igc.apc.org/nemesis/ACLU/Porn/newday/AppB1.htm.

[51]) (5) a. Proof of the following facts or conditions shall not constitute a defense: [...]
11. That the person signed a contract, or made statements affirming a willingness to cooperate in the production of pornography; or
12. That no physical force, threats, or weapons were used in the making of pornography; or
13. That the person was paid or otherwise compensated.

D. Die Kampagne

Die für diesen und ähnlich lautende Gesetzesentwürfe gestartete Kampagne verwendete unter anderem Diashows[52], deren Bildmaterial sich auf Ausschnitte aus Gewaltpornos beschränkte[53] und mit einem suggestiven Text unterlegt war.[54] Sie sollten die Bewegung in gemeinsamer Empörung gegen „den Feind" einen: Pornographie als das „schärfste Geschütz im Krieg der Geschlechter", als die „Propaganda des Frauenhasses".[55] Diverse Parolen hatten die Funktion, die Gefahr von Pornographie in griffige Slogans zu fassen: „Pornographie ist die Theorie, Vergewaltigung die Praxis".

Verursachten schon diese Vereinfachungen sowie die Anrufung des Rechts an sich, gerade in einer Zeit des Wiedererstarkens der Rhetorik und Politik von Law and Order großes Unbehagen bei vielen Feministinnen, so verstärkte sich dieses noch durch die Allianz, die zur Zielerreichung, der rechtlichen Implementierung des Pornographiegesetzes, geschlossen wurde.[56] Denn die politischen Aktivistinnen verbündeten sich mit christlich-konservativen Gruppierungen, die sich die neue Rhetorik zur Unterbindung der Verbreitung von „Schmutz und Schund" sehr schnell aneigneten. Das

---

[52]) S dazu *Vance*, More Danger, More Pleasure: A Decade after the Barnard Sexuality Conference, in *Vance* (Hg.), Pleasure and Danger: Exploring Female Sexuality^2 (1992), xvi (xix).

[53]) S *Rubin*, Thinking Sex: Notes for a Radical Theory of the Politics of Sexuality, in *Abelove/Barale/Halperin* (Hg), The Lesbian and Gay Studies Reader (1993) 3 (25-26):

All of the early anti-porn slide shows used a highly selective sample of S/M imagery to sell a very flimsy analysis. Taken out of context, such images are often shocking. This shock value was mercilessly exploited to scare audiences into accepting the anti-porn perspective.

[54]) *Vance*, More Danger xix.

[55]) *Schwarzer* (Hg), PorNO. Opfer & Täter, Gegenwehr & Backlash, Verantwortung und Gesetz (1994) 13.

[56]) Was von einer Unzahl an Feministinnen schärfstens kritisiert wurde und wird. Am heftigsten *Hartley*, Reflections of a Feminist Porn Star, in *Hoffmann*, Porn in the USA (1993), 62 (66):

These prudes are nothing less than lap dogs of the right wing, which has calculatingly employed them as willing pawns.

Als eine der wenigen positiv dazu *Frug*, Postmodern, 148:

I claim the conservative alliance was a virtue of the ordinance campaign because of its role in extending the ordinance debate beyond predictable feminist constituencies. [...] the ordinance campaign boldly and successfully engaged non-feminist political camps. Conservative support for the ordinance undoubtedly posed troublesome management issues for the feminists supporting the ordinance. However, a broad theater of political involvement was obviously vital to the ordinance campaign, and similarly broad coalitions will also be important to the success of other feminist law reform projects.

Wenn sie denn zu bilden sind.

Bild und die Würde „der Frau" war ja immer schon, wenn auch unter völlig anderen Vorzeichen, die zentrale Sorge dieser Kreise gewesen.[57]

Nach einem Mißerfolg in Minneapolis, wo der Bürgermeister ein Veto gegen den Entwurf einlegte, wurde in Indianapolis ein Bürgerrechtsgesetz inklusive Pornographieverbots erlassen. Dieses wurde allerdings von den Höchstgerichten zu Fall gebracht, weil es im Lichte der Rechtsprechung zum First Amendment zu vage und zu weitgehend war.[58] An MacKinnons und Dworkins Entwürfe angelehnte deutsche Gesetzesvorlagen[59] verendeten schon in einem früheren Stadium: Sie waren Anlaß für große Symposien,[60] wurden aber im deutschen Bundestag niemals ernsthaft als zu beschließendes Gesetzesvorhaben diskutiert.

IV. Kanadische Verstörungen: *R. v. Butler* und die Folgen

Den feministischen Anliegen aufgeschlossener war das kanadische Supreme Court. Seit einem aufsehenerregenden Urteil aus dem Jahr 1992, *R. v. Butler*,[61] gibt es eine neue Anwendungsmaxime des ursprünglich im Zeichen des Obszönitätsparadigmas stehenden traditionellen Pornographieverbots des *Criminal Code*. Zentraler Ausgangspunkt der Argumentation des Supreme Court war die Vorgabe, daß der selbstzweckhafte Schutz eines tradierten Sittlichkeitsregimes im Lichte eines modernen Grundrechtsverständnisses keine Basis mehr für die Einschränkung der Meinungsfreiheit abgeben könne.[62] Sei allerdings der Verfassung selbst ein Moralprinzip zu entnehmen, das mit dem unbeschränkten Gebrauch der Meinungsfreiheit kollidiere, so könne eine Abwägung sehr wohl zu Lasten der Meinungsfreiheit ausgehen.[63]

---

[57]) S zur Konvergenz des radikalfeministischen und des christlich-konservativen Frauenbildes insbesondere *Hunter/Law*, Brief Amici Curiae of Feminist Anticensorhip Task Force et al., in American Booksellers v. Hudnut, in *Smith* (Hg), Feminist Jurisprudence (1993) 467.

[58]) Das Supreme Court bestätigte 1986 (*aff'd. mem.*, 475 U.S. 1001) das Urteil des 7th Circuit im Fall *American Bookseller's Ass'n v. Hudnut*, 771 F.2 d 323, das die *Civil Rights Ordinance* als verfassungswidrig zu Fall brachte.

[59]) S den Entwurf von Emma in *Schwarzer*, PorNO 40-42 sowie *Baer/Slupik*, Entwurf eines Gesetzes gegen Pornographie, Kritische Justiz (1988) 171.

[60]) S etwa *Dane/Schmidt* (Hg), Frauen & Männer und Pornographie (1990).

[61]) *R. v. Butler* 1 S. C. R. 452 (1992, Canada),
http://www.droit.umontrail.ca/doc/csc-scc/en/pub/1992/vol1/html/1992scr1_0452.html.

[62]) *R. v. Butler* 492:
To impose a certain standard of public and sexual morality, solely because it reflects the conventions of a given community, is inimical to the exercise and enjoyment of individual freedoms, which form the basis of our social contract.

[63]) *R. v. Butler* 493:

Als potentiell kollidierendes Schutzgut wurde der Schutz der Gleichheit der Geschlechter, ebenfalls verfassungsrechtlich verankert, in Rechnung gestellt.

A. „Avoiding harm" - Freiheit und Gleichheit auf Kollisionskurs

> The objective of the legislation [...] is of fundamental importance in a free society. It is aimed at avoiding harm, which Parliament has reasonably concluded will be caused directly or indirectly, to individuals, groups such as women and children, and consequently to society as a whole, by the distribution of these materials.[64]

Auf dem Prüfstand des kanadischen Höchstgerichts stand die Verfassungsmäßigkeit von s 163 des Criminal Code, der als im Widerspruch zur Meinungsfreiheit[65] stehend angefochten worden war. Das Gericht beschränkte die Überprüfung auf die Definition von Pornographie in s 163 (8):

> For the purposes of this Act, any publication a dominant characteristic of which is the undue exploitation of sex, or of sex and any one more of the following subjects, namely, crime, horror, cruelty and violence, shall be deemed to be obscene.

Zunächst hielt das Gericht fest, daß s 163 in der Tat einen Eingriff in die Meinungsfreiheit darstellt;[66] wenn auch die Herstellung und Verbreitung sexuell expliziter Botschaften nicht im Zentrum der von der Meinungsfreiheit geschützten Werte liege, so sei dies doch Ausdruck des „individual fulfilment".[67] Als zweiten Schritt überprüfte es, ob dieser Eingriff im Lichte des Gleichheit der Geschlechter[68] zu rechtfertigen sei. Dafür ist es notwendig

---

Moral disapprobation is recognized as an appropriate response when it has its basis in Charter values.

[64]) *R. v. Butler* 509.

[65]) S 2 (b) der *Canadian Charter of Rights and Freedoms*:
2. Everyone has the following fundamental freedoms: [...]
(b) freedom of thought, belief, opinion and expression, including freedom of the press and other means of communication.

[66]) *R. v. Butler* 489:
Meaning sought to be expressed need not be 'redeeming' in the eyes of the court to merit the protections of s 2 (b), whose purpose is to ensure that thoughts and feelings may be conveyed freely in non-violent ways without fear of censure. [...] In my view, there is no doubt that s 163 seeks to prohibit certain types of expressive activity and thereby infringes s 2 (b) of the *Charter*.

[67]) *R. v. Butler* 509:
[T]his kind of expression lies far from the core of the guarantee of freedom of expresion. It appeals only to the most base aspect of individual fulfilment, and it is primarily economically motivated.

[68]) S 1 der *Canadian Charter of Rights and Freedoms*:

aufzuweisen, daß dieser durch bestimmte Formen von Pornographie (nämlich *undue exploitation of sex*) Schaden droht. Hinsichtlich des potentiellen Schadens zitierte das Gericht zustimmend ein Passage aus dem MacGuigan-Report:

> The clear and unquestionable danger of this type of material is that it reinforces some unhealthy tendencies in Canadian society. The effect of this type of material is to reinforce male-female stereotypes to the detriment of both sexes. It attempts to make degradation, humiliation, victimization, and violence in human relationships appear normal and acceptable. A society which holds that egalitarianism, non-violence, consensualism, and mutuality are basic to any human interaction, whether sexual or other, is clearly justified in controlling and prohibiting any medium of depiction, description or advocacy which violates these principles.[69]

Vor diesem Hintergrund wurde festgestellt, daß sowohl „explicit sex with violence", als auch „explicit sex without violence but which subjects people to treatment that is degrading and dehumanizing" von s 163 (8), insbesondere der Formel „undue exploitation of sex" erfaßt sind.[70] Der Schaden dieser Darstellungen liege darin, daß sie Menschen dazu bewegen, „anti-soziale" Einstellungen und Verhaltensweisen an den Tag zu legen. Diese bestünden etwa darin, daß solche Pornographie Männer dazu disponiere, Frauen physisch oder psychisch zu mißhandeln.[71]

Zwei Argumente des Gerichts stechen besonders hervor: Zum einen wird Pornographie analog zu *hate speech* gefaßt.[72] Insbesondere wird darauf verwiesen, daß auch Pornographie (bei Frauen) zu psychologischen Traumata führen kann und schon von daher ihr Verbot einen zentralen Beitrag zur Gleichheit der Geschlechter leisten kann. Denn: „Materials portraying

---

The Canadian Charter of Rights and Freedoms guarantees the rights and freedoms set out in it subject only to such reasonable limits prescribed by law as can be demonstrably justified in a free and democratic society.

[69]) *R. v. Butler* 493.

[70]) *R. v. Butler* 484. Demgegenüber sei „explicit sex without violence that is neither degrading nor dehumanizing" von dieser Formel nicht erfaßt.

[71]) *R. v. Butler* 485.

[72]) *R. v. Butler* 501:

The message of obscenity which degrades and dehumanizes is analogous to that of hate propaganda. [...] obscenity wields the power to wreak social damage in that a significant portion of the population is humiliated by its gross misrepresentations.

In der österreichischen Rechtsordnung gibt es eine dazu analoge Norm, die „Verhetzung", § 283 StGB:

(1) Wer öffentlich auf eine Weise, die geeignet ist, die öffentliche Ordnung zu gefährden, zu einer feindseligen Handlung gegen eine im Inland bestehende Kirche oder Religionsgesellschaft oder gegen eine durch ihre Zugehörigkeit zu einer solchen Kirche oder Religionsgesellschaft, zu einer Rasse, zu einem Volk, einem Volksstamm oder einem Staat bestimmte Gruppe auffordert oder aufreizt, ist mit Freiheitsstrafe bis zu zwei Jahren zu bestrafen.

(2) Ebenso ist zu bestrafen, wer öffentlich gegen eine der im Abs 1 bezeichneten Gruppen hetzt oder sie in einer die Menschenwürde verletztenden Weise beschimpft oder verächtlich zu machen sucht.

women as a class of objects for sexual exploitation and abuse have a negative impact on 'the individual's sense of self-worth and acceptance'".[73] Das bedeutet, daß Frauen nicht nur mittelbar - über verächtliche Einstellungen und darauf basierenden Verhaltensweisen von Männern, sondern auch mittelbar, durch eine nachhaltige Beeinträchtigung ihrer psychischen Integrität, zu Schaden kommen sollen.

Zum anderen bringt der Supreme Court seine Interpretation von „undue exploitation of sex" in Einklang mit der Moral der Gemeinschaft. Da es bei der Beurteilung der Frage, was darunter zu verstehen sei, eine gewisse Breite an Meinungen gebe und es nicht auf die subjektive Meinung von Richterinnen und Richtern ankommen könne, sondern eine Norm gefunden werden müsse, die erlaubt, dies festzustellen, müsse die Gemeinschaft aller Kanadierinnen und Kanadier ins Spiel kommen: „The community is the arbiter as to what is harmful to it."[74] Und da sich die kanadische Gesellschaft zunehmend über die Auswirkungen von Darstellungen der Ausbeutung von Frauen und Kindern [sic],[75] besorgt zeige, sei die neue Interpretationsmaxime völlig im Einklang mit dem viel älteren „Community Standard of Tolerance"-Test, der nunmehr von traditionellen Moralvorstellungen befreit sei und ganz im Zeichen der Gleichheit der Geschlechter und der Würde der Frau stehe.

B. Rezeption und Implementierung

Von radikalfeministischer Seite wurde dieses Urteil als großer Sieg gefeiert. MacKinnon faßte zusammen: „What [the Court] did was to make more space for the unequal to find voice."[76] Bald schon offenbarten sich allerdings die Schattenseiten des ambitionierten Unterfangens.[77] Die Konfiszierungspraxis der kanadischen Zollbehörden ist zumindest gleichgeblieben; einiges deutet auch darauf hin, daß die Maßnahmen noch drastischer geworden sind - allerdings nicht gegen konventionelle Mainstream-Pornographie.

---

[73]) *R. v. Butler* 497; Zitat aus: *R. v. Red Hot Video Ltd.* (1985), 45 C.R. (3d) 36 (B.C.C.A.).

[74]) *R. v. Butler* 484.

[75]) S das Eingangszitat zu diesem Abschnitt.

[76]) *MacKinnon*, Only Words 103.

[77]) So schildert etwa Susie Bright, „Sexpertin" in Sachen lesbischer Liebe, in *Bright*, Susie Sexperts liederliche Lesbenwelten (1995) 24-25 ihre äußerst kurios anmutenden Probleme, als sie nach Kanada einreisen wollte:

Das kanadische Gesetz definiert Obszönität als ‚alles, was Frauen erniedrigt'. [...] Nach dieser Definition ist meine Einreise nach Toronto eindeutig als obszöner Witz zu bewerten. Die Zollbeamten untersuchten jeden einzelnen Finger eines jeden Gummihandschuhs, den ich in mein Safer-Sex-Täschchen gepackt hatte, wobei sich der weiße Talkumpuder über den ganzen Tisch verteilte.

Konfisziert werden vom Zoll bzw von der Polizei vor Ort unter Berufung auf die „Würde von Frauen“ vor allem Bücher auf dem Weg zu oder in feministischen, lesbischen und schwulen Buchläden.[78] Wie zuvor geht man größtenteils „gegen diejenigen sexuellen Ausdrucksformen [vor], die die Regierung und die moralische Mehrheit nicht (wahr)haben wollen“[79]. Die Bücher, die an der Grenze zurückgehalten werden, sind zum großen Teil feministische Schriften und solche aus dem Bereich der *Queer Studies*. „Erniedrigend für Frauen“ ist demnach etwa der *Lesbian and Gay Studies Reader*. *The Sexual Politics of Meat*, eine feministische Kritik der Fleischindustrie, wurde auf ihrem Weg zu WonderWorks, einer feministischen Buchhandlung, die auf Bücher über weibliche Spiritualität und Ökologie spezialisiert ist, abgefangen.[80] Nicht zuletzt schaffte auch *Pornography. Men Possessing Women* von Andrea Dworkin zunächst nicht den Weg über die amerikanisch-kanadische Grenze.[81] Brett Easton Ellis’ Roman *American Psycho* dagegen, der plastische Beschreibungen von sexueller Gewalt an Frauen beinhaltet, in einem großen Verlagshaus erschienen ist und an „normale“ Buchhandlungen ausgeliefert wird, war für die Zollbehörden niemals ein Thema.[82]

Auch vor Gericht zeitigte die neue Interpretationsmaxime erstaunliche Folgen. Knapp nach Erlassung von *R. v. Butler* wurde ein einem schwul/lesbischen Buchladen ein Exemplar des lesbischen Pornomagazins *Bad Attitude* konfisziert. Die Eigentümer des *Glad Day Bookshop* wurden nach s 163 *Criminal Code* angeklagt und auch verurteilt. Beim Gerichtsverfahren ging es um die Frage, ob eine lesbische S/M-Erzählung einen Schaden für die Gleichheit der Geschlechter dadurch zu entfalten im Stande sei, daß sie eine Erniedrigung von Frauen darstelle.

Nun könnte davon ausgegangen werden, daß zentraler Fokus von *Butler* das Verhältnis zwischen Männern und Frauen ist und von daher lesbische sexuelle Phantasien eine weitaus geringere Bedrohung für die Gleichheit von Frauen darstellen als die Botschaft von Dominanz und Unterwerfung in einem heterosexuellen Kontext. Der entscheidende Richter behalf sich damit, daß er die auf dem Prüfstand stehende Erzählung einfach „heterosexualisierte“:

---

[78]) *Strossen*, Hot, Hotter, Hottest. Gespräch mit Anette Baldauf, in [sic!] Forum für Feministische GangArten Nr. 8-9 (1995) 22 (23).

[79]) Ebd.

[80]) *Bernstein*, Chronicle of the Freedom of Expression in Canada, http://insight.mcmaster.ca/org/efc/pages/chronicle/chronicle.html.

[81]) Nicht sehr trocken kommentiert Nadine Strossen: „We warned you, Andrea!“ (*Strossen*, Defending 204.)

[82]) *Strossen*, Defending 237.

In his official ruling Judge Paris maintained that *by substituting a man for the 'sexually aggressive' woman* in the story 'Wunna My Fantasies,' the criminally violent character of the scene is fully revealed (*Scythes* 1993, 5). By crafty sleight of hand, Paris-the-magician transformed one (paper) expression of consensual female homoerotic desire into a (live) non-consensual heterosexual 'rape,', and in doing so obliterated the radical specificity of the lesbian imagery/text.[83]

Hier werden Maßstäbe, die zur Kritik an heterosexuellen Mainstream-Pornos geeignet sein könnten, undifferenziert an ein anderes Genre angelegt, was zu einer eigentümlichen Bedeutungsverschiebung führt. Die Frage in diesem Zusammenhang muß lauten, ob eine solche Anwendung Zufall, respektive eine Fehlinterpretation der radikalfeministischen Intentionen ist, oder ob sie systemische Gründe hat. Dieser Frage soll im nächsten Abschnitt nachgegangen werden. Dabei ist zunächst auf die Gemeinsamkeiten zwischen Dworkins und MacKinnons Konzeption und der kanadischen Adaptierung einzugehen (Begrifflichkeit, Gleichheitsverständnis). Sodann soll die Frage gestellt werden, ob die Unterschiede zwischen den beiden Ansätzen - auf der einen Seite ein Bürgerrechtsgesetz, auf der anderen Seite die Anwendung des Strafrechts, derart zu Buche schlagen können, daß das Strafrecht als Instrumentarium mit einem vorgeschalteten Zensurregime an der Grenze zwar möglicherweise nicht die gewünschten Wirkungen entfalten kann, ein Bürgerrechtsgesetz aber vielleicht doch.

V. Pluralistische Verstörungen

I am in favor of localized disruptions; I am against totalizing theory.[84]

A. Mächtige Monolithen und rhetorische Strategien

Radikalfeministinnen haben, so suggerieren ihre Ausführungen, „die“ Wahrheit über „die“ Frauen und „die“ Pornographie erkannt. (Der kanadische Supreme Court hat diese Wahrheiten zur Basis von *R. v. Butler* gemacht.) Gleich einer marxistischen Avantgarde sind sie im Bewußtsein höherer Erkenntnis, die Gegendiskurse als Ausfluß „falschen Bewußtseins“ zu entlarven imstande ist. Die Rhetorik zielt in zwei Richtungen: einerseits gegen „die Männer“ als gleichsam kreatürlichen Feind auf dem Weg zur Gleichheit, andererseits gegen andersdenkende Frauen, die ihren Beitrag zur Aufrechter-

---

[83]) *Ross*, 'It's Merely Designed for Sexual Arousal': Interrogating the Indefensibility of Lesbian Smut, in *Cossman/Bell/Gotell/Ross*, Bad Attitude/s 152 (176).

[84]) *Frug*, Postmodern, 125.

haltung „des" Patriarchats (noch) nicht begriffen haben. Sie sind Kollaborateurinnen und sollten davon Abstand nehmen, sich Feministinnen zu nennen:

> Women who defend the pornographers are defending a source of their relatively high position among women under male supremacy, keeping all women, including them, an inferior class on the basis of sex, enforced by sexual force.
>
> I really want you to stop your lies and misrepresentations of our position. I want you to do something about your thundering ignorance about the way women are treated. I want you to remember your own lives. I also really want you on our side. But, failing that, I want you to stop claiming that your liberalism, with its elitism, and your Freudianism, with its sexualized misogyny, has anything in common with feminism.[85]

Pornographie wird im Zuge dessen als Unterdrückungsfaktor von singulärer Bedeutung isoliert und mit einer einzigen, den sexuell expliziten Bildern und Texten inhärenten Botschaft ausgestattet. Frauen werden als homogene Kategorie konstruiert, sodaß es völlig unproblematisch sein soll, wenn die Beschwer einer einzigen Frau durch eine pornographische Darstellung zu einem Verbreitungsverbot führt, weil jede einzelne Frau für alle und zum Besten von allen Frauen sprechen und agieren kann. Jene, die sich dadurch in ihrer Freiheit eingeschränkt fühlen, haben schlicht das Licht des von *MacKinnon* repräsentierten feministischen Bewußtseins (noch) nicht erblickt. Eine Frau kann nur dann eine Feministin sein, wenn sie den von diesem Paradigma als Identifikationsrolle angebotenen Opferstatus annimmt.

Dies aber ist eine Konzeption, die gefährlich vertraut klingt und die der Grund dafür sein mag, warum Konservative aller Schattierungen sich so leichtherzig mit der radikalfeministischen Rhetorik anfreunden konnten. Denn die Opferrhethorik steht in einer Ideologiegeschichte, die eng an traditionelle Sittlichkeitsvorstellungen angelehnt ist und nicht nur zufällig das Bild des „edlen Frauentums" heraufbeschwört. Frauen können in dieser Konzeption ihre Subjektivität und Würde nur auf Kosten ihrer Sexualität bewahren, da das „Porno-Kino" im Kopf (sei es bei der Betrachtung von pornographischen Repräsentationen, sei es beim Phantasieren eigener Bilder) jedenfalls als vom Patriarchat infiziert verworfen wird.

Auch die Idee, Sondergesetze für Frauen zu implementieren, steht in einer solchen Tradition. Solche Sondergesetze haben schon immer dazu gedient, Frauen aufgrund ihres „Wesens" aus bestimmten Bereichen des öffentlichen Lebens auszuschließen und sie auf bestimmte Stereotypen und Lebensoptionen (Mutterschaft, liebevolle Sorge um die Familie) festzulegen. Diese Konstruktionen des „Wesens" von Frauen, die nicht zuletzt Frauen bis weit ins

---

[85]) *MacKinnon*, Feminism Unmodified. Discourses on Life and Law (1987) 205.

zwanzigste Jahrhundert von verschiedenen Studien, Berufsfeldern[86] und auch vom Wahlrecht ausgeschlossen haben, wurden immer auf dem Rücken jener ausgetragen, die ambitioniert ihr Recht auf freie Wahl hinsichtlich ihrer Lebensgestaltung einforderten und öffentlich tätig sein wollten.

Um dies zurückzubinden an unsere Problematik: Im Bereich der pornographischen Repräsentationen werden sich derartige Sittlichkeits- und Frauenwürderegimes immer gegen Dissidentinnen richten, denen das Recht auf Repräsentation und Provokation abgesprochen wird. Es sollte also nicht verwundern, wenn lesbische Pornographie ebenso wie Kunst von Prostituierten weder in einem konventionellen Sittlichkeitsregime noch in einer radikalfeministischen Konzeption Platz haben. Ein Beispiel mag dies illustrieren: Bei einem 1992 abgehaltenen Symposium in Ann Arbor, Michigan, unter dem Titel *Prostitution: from Academia to Activism* sollte eine Ausstellung abgehalten werden, die von der Künstlerin Carol Jacobsen gestaltet wurde. Darunter war auch ein Videofilm der Pornodarstellerin Veronica Vera, *Portrait of a Sexual Evolutionary*, der Teile aus Pornofilmen, Bilder aus Magazinen und einen kurzen Ausschnitt aus ihrer Aussage vor der *Meese Commission*[87] enthielt. Aus Gründen der „Sicherheit“ wurde das Video entfernt. MacKinnon unterstützte diese Entscheidung, die die organisierenden Studierenden nach einer Beschwerde einer Konferenzteilnehmerin getroffen hatten:

> It is one thing to talk about trafficking women, and it is another thing to traffic women [...]. There is nothing in the First Amendment to require that this school, or students in it, be forced to traffic women. If these materials are pornography - and I haven't seen them so I can't say - it is not a question of their offensiveness, but of safety and equality for women. Showing pornography sets women up for harassment and rape.[88]

B. Pornographiekonstruktionen

Dieses Beispiel mag auch ganz gut illustrieren, wie weit der radikalfeministische Pornographiebegriff ist. Die drastische Rhetorik inklusive verstörender Exempel der „Abgründe“ pornographischer Produktion suggerieren auf den ersten Blick, hier ginge es vor allem darum, die schlimmeren „Auswüchse“ der Porno-Industrie zu bekämpfen. Bei näherer Betrachtung zeigt sich allerdings, daß der Pornographiebegriff der *Civil Rights Ordinances* nachgerade

---

[86]) S dazu nur *Hunter/Law*, Brief *Amici Curiae*; *Feldner*, Alle Menschen werden Brüder. 75 Jahre Juristinnen, in Juridikum 5 (1994) 39; *Benke*, Women in the Courts: An Old Thorn in Men's Sides, in Michigan Journal of Gender & Law (1995) 195.

[87]) Vom damaligen Präsidenten Ronald Reagan eingerichtete Kommission zur Untersuchung von Pornographie unter dem Vorsitz von Edward Meese.

[88]) Zitiert in *Lilly*, Sex, Smears and Feminists, in *Hoffman*, Porn in the USA 118 (122).

ins Unendliche ausfließt, vor allem wenn so unscharfe Begriffe wie *humiliation* und *degradation* einer näheren Bestimmung zugeführt werden sollen.

Das pornographische Genre wird auf ein einziges frauenverachtendes System reduziert. Pornographie aber war, wie die hervorragende historische Studie von Linda Williams[89] zeigt, niemals ein „Monolith". Überdies ist hier anzumerken, daß die Unterdrückung von „Pornographie" sich niemals nur auf sexuelles Stimulationsmaterial beschränkte. Konfisziert und verboten wurden und werden auch Aufklärungsschriften, wenn sie nicht die „richtige" Konzeption von Sexualität verbreiteten.[90]

Darüber hinaus zeichnet die Moderne ebenso wie ihr „Parasit", die Postmoderne, sich aus durch eine Ausdifferenzierung und Vervielfältigung aller Lebensbereiche und mit ihnen auch der Angebotspalette an Konsumgütern. Die permanente Suche nach Marktnischen und damit nach der Befriedigung von immer mehr und spezielleren Bedürfnissen führte auch zu einer Aufsplitterung und Veränderung des pornographischen Genres.[91] Dazu folgende Beobachtungen: Erstens, Frauen sind vom Pornomarkt als Zielgruppe entdeckt worden. Der Videomarkt hat das seine dazu getan, denn es ist nun nicht mehr notwendig, in Pornokinos zu gehen, um dort Pornofilme anzusehen. Dies führte, wie Linda Williams aufzeigt, auch zu einer wie Veränderung konventioneller pornographischer Produkte.[92]

Zweitens, Frauen werden zunehmend selbst aktiv bei der Produktion sexuell expliziten Materials. Produzentinnen wie Debi Sundahl und Candida Royalle, selbst ehemalige Pornodarstellerinnen, versuchen, das Genre von innen zu unterwandern und einen Kontrapunkt zu den hegemonialen Bildern weiblicher *und* männlicher Sexualität zu setzen. Notwendigerweise werden dabei bestimmte Strukturen und Darstellungsformen reproduziert. Doch versucht etwa Candida Royalle mit ihren Filmen, andere Fragen zu stellen und andere Antworten anzubieten:

---

[89]) *Williams, Linda*, Hard Core: Power, Pleasure, and the „Frenzy of the Visible" (1989); dt. Hard Core: Macht, Lust und die Traditionen des pornographischen Films. Aus dem amerikanischen Englisch von Beate Thill (1995).

[90]) Vgl dazu oben Anmerkung 37 und überdies folgende Ausführungen des OGH, 10.04.1931, 5 Os 177/31 (SSt 11/33):

Mag auch der Zweck der Druckschrift der gewesen sein, Anleitungen für die Verhütung der Empfängnis zu geben, so ist doch die Art, wie dies geschehen ist, als grob unzüchtig zu bezeichnen, weil der Verfasser ohne alle Nötigung geschlechtliche Vorgänge, und zwar in einer das Schamgefühl verletzenden, daher unzüchtigen Weise, zur Darstellung gebracht hat. Das gilt insbesondere von den Ausführungen über widernatürlichen Geschlechtsverkehr und unzüchtige Versuche der Schwangerschaftsverhütung sowie von den Stellen, die unverkennbar eine Billigung und Anpreisung des außerehelichen Geschlechtsverkehrs enthalten.

[91]) S dazu *Arcand*, The Jaguar and the Anteater. Pornography Degree Zero (1993) 156.

[92]) *Williams*, Hard Core (engl) 234-246; (dt) 298-311.

> From the beginning, I wanted the focus to be sensuality as opposed to explicit sexuality. Even though these films are explicit, I wanted there to be a lot of attention to sensuality. That builds up to touching, to nuances, to subtlety, to seduction. And I wanted there to be more a focus on female fantasy and desire, how women like to make love, how they like to be touched.[93]

Hier wird versucht, das Begehren von Frauen zu kultivieren und zu erforschen, seine Entwicklung darzustellen: „Eine wichtige Strategie bei der Konstruktion eines solchen [weiblichen, E.H.] Helden-Subjekts besteht darin, das Schauspiel des weiblichen sexuellen Erwachens in den Mittelpunkt zu stellen, die eine utopische Re-Vision bietet für die oft verstohlene, hastige, schuldbeladene Art, in der die meisten jungen Frauen den Beginn ihrer Sexualität erfahren.“[94] Wesentlich erscheint mir in diesem Zusammenhang auch, daß Frauen die Definitionsmacht hinsichtlich des Phänomens „weibliches Begehren“ in die Hand nehmen und so die Hegemonie des männlichen Blicks aufbrechen.

Drittens, sexuelle Minderheiten (Lesben, Schwule, TransGender-Personen, S/M) beginnen zunehmend, eigene Bilder ihrer Sexualitäten zu entwerfen und für ein positives Selbstverständnis nutzbar zu machen.

Diese Entwicklungen hätten in einer radikalfeministischen Rechtswelt keinen Platz, genausowenig wie in einem Regime traditioneller Sittlichkeit. Das Erforschen von Sexualität und Macht mit Hilfe sexuell expliziter Bilder führt auch zu Produktionen, die verstören, weil der Betrachterin bestimmte sexuelle Praktiken und Rituale fremd und unbegreiflich sind, Ausdruck einer unbekannten Welt. Es ist die Frage, ob die Repräsentationen „fremder Welten“ aufgrund der Beschwer einzelner Frauen, die sich davon abgestoßen fühlen und diesen Ekel mit dem Begriff der „Entwürdigung“ veredeln, unterbunden werden sollen. Klar ist, daß diese Repräsentationen immer lange vor konventionellen pornographischen Darstellungen auf dem Prüfstand der öffentlichen Moral stehen, sei diese auch mit feministischer Rhetorik verbrämt.

Ein radikalfeministisches Argument, das im Zusammenhang mit der Verbreitungsbeschränkung (nicht nur) drastischer sexueller Darstellungen gerne gebracht wird, soll durch einen schon zitierten Slogan ins Bewußtsein einsickern: „Pornographie ist die Theorie, Vergewaltigung die Praxis.“

---

[93]) *Royalle*, Interview with Don Vaughan, in *Hoffmann*, Porn in the USA 99 (100).
[94]) *Williams*, Hard Core 323.

C. Fahrlässige Verknüpfungen: „Pornographie ist die Theorie, Vergewaltigung die Praxis“

> Most men are, as they have always been, quite capable of violence without the assistance of pornography.[95]

Eine selektive Rezeption der Erkenntnisse der psychologischen Wirkungsforschung, die darin bestehen sollen, daß Männer auf Pornographie aggressiv gegen Frauen reagieren, sollte diesen Zusammenhang theoretisch und empirisch legitimieren. Daß die Beobachtungen dieser Wissenschaft, wie schon angemerkt, zum einen methodisch problematisch, zum anderen durchaus widersprüchlich sind, kümmerte die GegnerInnen von Pornographie wenig. Darüber hinaus stützte frau sich auf Geständnisse von sexuellen Gewaltverbrechern, die auf eine einfache Antwort reduziert wurden: „Porn made me do it“.[96]

In gewisser Weise scheint die Verknüpfung von Pornographie und Vergewaltigung nicht unbegreiflich. Das mag mit der Hilflosigkeit angesichts der Realität massiver sexueller Gewalt von Männern gegen Frauen zu tun haben. Denn Pornographie ist „öffentlich“ in einer Weise, wie es die sexuellen Gewaltverbrechen nicht sind. Doch werden die tatsächlichen Verbrechen nur zu oft in ihrer Bedeutung bagatellisiert, während die Bilder von Sexualität und sexueller Gewalt als höchst willkommene Objekte der Schuldzuweisung dienen.[97] In Abwandlung eines Zitats von Carol Vance könnten wir hier festhalten: „Pornography is always guilty before proven innocent“[98] Dadurch schillert auch der Status von Porno-Darstellerinnen, schon gar, wenn sie ihre Arbeit auch noch „gern“ tun: Mittelbar könnte eine „Schuld“ auf ihrer Seite konstruiert werden, da sie sich für die Produktion des gefährlichen Materials zur Verfügung stellen. Das Wort „Kollaborateurin“ ist das Signal.

D. Absolutheiten - radikalfeministische Interpretationspolitik

Gleichzeitig ist diese Verknüpfung nur möglich, weil der als Monolith konstruierten Pornographie eine einzige, eindeutige Botschaft zugeschrieben

---

[95]) *Segal*, Does Pornography Cause Violence? The Search for Evidence, in *Gibson/Gibson*, Dirty Looks 5 (18).

[96]) *Clover*, Introduction, in *Gibson/Gibson*, Dirty Looks 1 (4).

[97]) Vgl dazu *Williams*, American Obscenity Laws 53.

[98]) Vgl *Vance*, More Danger 7.

wird. Lacombe bezeichnet diesen Interpretationsabsolutismus als eine rhetorische Strategie, die *Politics of Interpretation.*[99] Damit wird nicht zuletzt negiert, daß die Erfahrungen von Frauen mit Pornographie äußerst widersprüchlich sind.[100] Die unterschiedlichen Deutungen sexuell expliziter Darstellungen ergeben sich trivialerweise daraus, daß Bilder und Texte nicht „an sich“ Bedeutung mit sich herumtragen. Bedeutung und „Botschaft“ liegen nicht einfach vor, sie werden in einem kreativen Interpretationsprozeß gemacht.

Genauso wie im Kontext eines bestimmten theoretischen Verständnisses in jede sexuell explizite Darstellung die Wirkungsmächtigkeit des Patriarchats hineininterpretiert werden kann (diese Deutung soll hier nicht desavouiert werden), können auch viele andere Bedeutungen gelesen werden. Diese hängen jeweils unmittelbar von den Lebensumständen, Einstellungen, Biographien und (sexuellen) Vorlieben der Betrachterinnen und Betrachter ab. Diese Gleichzeitigkeit vielfältigster Bedeutungen eröffnet freilich für ein feministisches Konzept, das auf Absolutheiten basiert, erhebliche Probleme. Aus demselben Grund ist die Überantwortung von Definitionsmacht an das Rechtssystem, sei es auch über Beschwerden von Einzelpersonen, die auf die Einhaltung ihrer Bürgerrechte dringen, ein riskantes Unterfangen und würde wohl ähnlich problematische Ergebnisse zeitigen wie die Anwendung des Strafrechts. Zwar beharren MacKinnon und Dworkin auf die Unterschiede in diesen rechtlichen Zugangsweisen und distanzieren sich in diesem Sinne auch vom kanadischen Zugang:

> Canada has not adopted our civil rights law against pornography. It has not adopted our statutory definition of pornography; it has not adopted our civil (as opposed to criminal) approach to pornography; nor has Canada adopted any of the five civil causes of action we proposed (coercion, assault, force, trafficking, defamation).[101]

Doch die Probleme liegen, wie hier gezeigt wurde, offensichtlich tiefer. Das Recht der Pornographie ist, wohl noch mehr als jenes anderer Bereiche, aufgrund seiner Abhängigkeit von individuellen richterlichen Biographien und Befindlichkeiten einerseits und von Richterinnen und Richtern konstruierten Vorstellungen der öffentlichen Moral andererseits in hohem Maße unvorhersehbar und hauptsächlich gerichtet gegen „dissidente“ Darstellungen. Diese werden als Spitze des Eisbergs des „Abnormalen“, „Perversen“ ausge-

---

[99]) *Lacombe*, Blue Politics 38-42.

[100]) *West*, Pornography as a Legal Text: Comments from a Legal Perspective, in *Gubar/Hoff* (Hg), For Adult Users Only. The Dilemma of Violent Pornography (1989) 108 (109). S dazu etwa *Hofstadler/Körbitz*, Stielaugen oder scheue Blicke. Psychoanalytische Erhebungen zum Verhältnis von Frauen zu Pornographie (1996).

[101]) *Dworkin/MacKinnon*, Statement Regarding Candian Customs and Legal Approaches to Pornography (1994), http://www.igc.apc.org/womensnet/dworkin/OrdinanceCanada.html.

sondert. Die Irritationen von Einzelpersonen, die das Rechtssystem gemäß der von den *Civil Rights Ordinances* verbürgten Rechte wahrzunehmen hätten, würde wohl keine anderen Ergebnisse zeitigen. Ob ein solches Antipornographiegesetz wirklich eine Handhabe für einen geglückten sozialen Wandel darstellen kann, ist füglich zu bezweifeln:

> Law and legal discourse is a far more complex and contradictory site of engagement than envisioned by anti-pornography feminism, which assumes that law is a simple instrument of social change. New legal tests do not simply displace older legal discourse, but interact in complex and unanticipated ways. Law is not an instrument, but a site of contradiction, where new discourses are superimposed on old, and where legal victories are rarely unequivocal.[102]

VI. Ebenenwechsel: Von den Bildern zu den Darstellerinnen

Dies wendet unseren Blick auf eine andere Ebene, nämlich die Situation der Darstellerinnen und Darsteller in der Sex-Industrie und den Bedarf nach einem anderen, pluralistischeren Feminismus.

Ich verstehe feministische (Rechts-)Theorie mit Bartlett als die „Frage nach den Ausgeschlossenen"[103] und gehe in diesem Sinne der Frage nach, welche Auschlüsse und Marginalisierungen von diversen hegemonialen Diskursen - Gesetzen, Rechtsprechung, Rechtspolitik, Rechtstheorie - vorgenommen werden. Das sind allerdings auch Analysen, mit denen ich den Brüchen im „System" auf der Spur bin. Mit diesem Fokus gehe ich davon aus, daß die „große" feministische Theorie, wie sie hier anhand von Catharine MacKinnons Konzeption vorgestellt wurde, ausgedient hat. Denn diese bezieht sich auf ein als völlig homogen konstruiertes feministisches Subjekt.[104] Und dahinter steckten - grob gesprochen - lange Zeit unhinterfragt und unentdeckt weiße, heterosexuelle Frauen aus der bürgerlichen Mittelklasse mit den typischen Problemen ihrer typischen Lebensumstände.[105] Sie schreiben

---

[102]) *Cossman/Bell*, Introduction, in *Cossman/Bell/Gotell/Ross*, Bad Attitude/s 3 (29).

[103]) *Bartlett*, Feminist Legal Methods, in *Bartlett/Kennedy* (eds), Feminist Legal Theory. Readings in Law and Gender (1991) 370 (376).

[104]) Meines Erachtens ist es unabdingbar, sich den eigenen Standpunkt bei der Analyse und bei den politischen Forderungen und Folgerungen immer wieder klar zu machen und ihn zu hinterfragen. Denn das Anknüpfen an „die" Situation „der" Wesen mit äußeren weiblichen Geschlechtsmerkmalen und bestimmten, möglicherweise realisierbaren biologischen Kapazitäten auch durch Feministinnen führt zur Blindheit im einzelnen. Wenn aber die Frauenfrage eine nach den „Ausgeschlossenen" war und ist, dann dürfen feministische Theoretikerinnen für die eigenen Auschlüsse nicht blind sein.

[105]) In diesem Sinne etwa auch *Lorey*, Immer Ärger mit dem Subjekt. Theoretische und politische Konsequenzen eines juridischen Machtmodells: Judith Butler (1996) 83:

die Geschichte einer großen Unterdrückung, die Geschichte *ihrer* Unterdrükkung. Nur unter Ausblendung dieser Beschränktheit kann eine einheitliche weibliche Erfahrung angenommen werden, mit deren Hilfe ein ebenso monolithisch konstruiertes System männlicher Machtausübung kritisiert wird:[106]

> Die Geschichte der Frauen vornehmlich als Geschichte der Unterdrückung oder des Widerstandes gegen patriarchale Zuschreibungen zu rekonstruieren, wie es nur allzu häufig geschieht, verstellt den Blick auf die hegemonialen schicht-, klassen- und kulturspezifischen Differenzen sowie die Macht- und Herrschaftsverhältnisse zwischen Frauen. Aktuell zeigt sich dies insbesondere an der großen Schwierigkeit, die Entstehung des Feminismus und der Frauenbewegung als hegemoniale Selbststilisierung eines Teils der westlichen bürgerlichen weißen Frauen zu erkennen und die darin liegenden imperialen Gefahren gegenüber Frauen anderer Schichten und Klassen in den eigenen Gesellschaften sowie in der sogenannten Dritten Welt kritisch zu diskutieren.[107]

Seit Ende der achziger Jahre werden die herrschenden Strömungen des Feminismus genau aus diesem Grunde zunehmend hinterfragt.[108] Jene, die sich vom „Feministischen Wir" ausgeschlossen fühlen, analysieren diese Ausschlüsse und fordern ihre Rechte ein. Dazu gehören etwa auch Prostituierte und Pornodarstellerinnen. Feministische (Rechts-)Theorie sollte in meinen Augen für die Rede der aufgrund ihrer Körper und Körperpraktiken „Ausgeschlossenen"[109] einen Raum öffnen, ihren Subjektstatus ernst nehmen.

Eine feministischer Ansatz, der unter anderem Pornodarstellerinnen im Rahmen von *Civil Rights Ordinances* als nicht fähig definiert, Verträge zur Herstellung von Pornographie zu schließen,[110] kann dies meines Erachtens nicht leisten. In dieses Bild fügt sich auch trefflich der *false consciousness*-Vorwurf gegen Pornodarstellerinnen. MacKinnon und ihre Mitstreiterinnen

---

Weiße Frauen hatten die Macht, zu benennen und Identitäten festzuschreiben. Sie sprachen für alle Frauen, „im Namen (auch) von" Frauen, die sich mit den Kollektividentitäten nicht identifizieren konnten.

106) S etwa *Bell*, Reading, Writing & Rewriting the Prostitute Body (1994) 85.

107) *Maihofer*, Geschlecht als Existenzweise. Macht, Moral, Recht und Geschlechterdifferenz (1995) 104-105. S dazu auch schon ebda, 27 und insgesamt zur Etablierung einer „weiblichen Sonderanthropologie" und deren klassenspezifischen Nutzen für bürgerliche Frauen *Honegger*, Die Ordnung der Geschlechter. Die Wissenschaft vom Menschen und das Weib (1991), auf die Maihofer sich bezieht.

108) Ein Prozeß intensiver Selbstreflexion feministischer Theoriebildung wurde etwa durch *Butler*, Gender Trouble. Feminism and the Subversion of Identity (1990); dt. Das Unbehagen der Geschlechter, aus dem Amerikanischen von Karin Menke (1991) stimuliert.

109) Solche Ansätze verfolgen etwa *Eisenstein*, The Color of Gender. Reimaging Democracy (1994) 2:

> I [...] take the language of universal democratic rights and demand that they be reconceptualized to include women of color.

oder *Butler*, Bodies That Matter (1993); dt. Körper von Gewicht. Die Grenzen des Geschlechts, aus dem Amerikanischen von Karin Wördemann (1995) aus der Sicht der „Verworfenen".

110) S dazu oben Anm 53.

analysieren und konstruieren Pornodarstellerinnen, Stripperinen und Prostituierte in gewisser Weise nicht anders als nach dem Code der puritanischen tugendhaften Frau. Deren Sichtweise wird nicht berücksichtigt, wenn sie ihrem Bild von Frauen in der Sex-Industrie als Opfer[111] nicht entspricht. Diese Sichtweise wird als Ausfluß „falschen Bewußtseins" diffamiert. Das ist zum einen respektlos[112] und bedeutet zum anderen, „in das patriarchalische Muster der Isolierung von Frauen untereinander zu verfallen."[113] Frauen werden von der radikalfeministischen Bewegung gegeneinander ausgespielt, ohne daß zur Kenntnis genommen wird, daß patriarchale Wertvorstellungen historisch Ehefrau und Hure, Mutter und Stripperin gleichermaßen unterdrückt haben.[114]

Frauen im Sex-Business behaupten nicht, daß die Entscheidung, Prostituierte oder Pornodarstellerin zu werden, eine „freie Wahl"[115] im emphatischen Sinn ist; sie insistieren gleichwohl darauf, daß sie frei wie jede andere Wahl ist, die Frauen in einem kapitalistisch, patriarchal und rassistisch strukturierten System treffen. In diesem Sinne negieren sie auch nicht, daß ökonomische und sexuelle Ungleichheiten als Gründe dafür anzusehen sind, sich für die Arbeit im Sex-Business zu entscheiden.[116] Und sie wollen die Bedingungen dieses Business zu ihren Gunsten verändern:

> Die Frauen, die sich für eine Organisation einsetzen, wollen die verdeckte Welt der Pornofilme ans Tageslicht bringen. Ihr Ziel ist es, diese Welt in einen Arbeitsmarkt wie jeden anderen umzuwandeln und den hier beschäftigten Frauen ihr Ansehen zurückzugeben, das sie [...] eingebüßt haben [...] nicht zuletzt auch dank der streitbaren Feministinnen, die zu ihrer „Rettung" ausgezogen sind.[117]

VII. Rechtliche Zähmungen

Sollen Pornodarstellerinnen im Sinne meiner Konzeption von Feminismus ernst genommen werden, so sind ihre Anliegen zu unterstützen. Daher kann

---

[111]) Kritisch in dieser Hinsicht gegen die Antipornographie-Aktivistinnen *Hartley*, Reflections 66: When the sex-negs go on and on about the 'horrors' of sex work, I cannot help but hear a clear chord of class bias (flavored liberally with a projection of their own worst fears).

[112]) *Hartley*, Reflections 66:
Their blatant lack of respect for the voices and experiences of other women would be laughable if it were not so insulting.

[113]) *Valverde*, Sex, Macht und Lust 169.

[114]) *Valverde*, Sex, Macht und Lust 169.

[115]) S zu einer hervorragenden Abhandlung über die Rhetorik der „freien Wahl" *Williams, Joan C.*, Gender Wars: Selfless Women in the Republic of Choice, in New York University Law Review (1993) 1558.

[116]) *Bell*, Reading 111.

[117]) *Cornell*, Die Versuchung der Pornographie (1995) 56.

die Schlußfolgerung aus diesen Ausführungen nur sein, daß im Zentrum der rechtlichen Überlegungen zu Pornographie das Anliegen zu stehen hat, die Situation von Pornodarstellerinnen zu verbessern.[118] Demnach erscheint ein rechtliches Korrekturinstrumentarium am ehesten dann angebracht, wenn Pornographie von der Produktion her auf gravierenden Machtgefällen (Gewalt, Ausbeutung, Unmündigkeit) beruht. Diesbezüglich könnten Strafrecht[119], Zivilrecht und Arbeitsrecht einen ausreichenden Schutz für die Protagonistinnen und Protagonisten bieten.[120] Eine weitere Überlegung könnte dahin gehen, daß es für den Fall, daß sie gezwungen werden, andere als die vereinbarten sexuellen Handlungen auszuführen, möglich sein soll, auf Schadenersatz zu klagen und ein gerichtlich verfügtes Verbreitungsverbot des so entstandenen Materials zu erwirken.[121]

Die Pornoindustrie ist sicherlich keine feministische Utopie: „It reflects the sexism that exists in the society as a whole.“[122] Gleichzeitig ist sie aber ein Arbeitsplatz, der existiert und weiter existieren wird. Je weniger er sich im Schatten der Gesellschaft befindet und mit der Hilfe von Recht auch noch in diesen Schatten abgedrängt wird, desto weniger leicht können Diskriminierungsmechanismen und Gewalt greifen. In diesem Sinne artikuliert sich die Pornodarstellerin Nina Hartley:

> Drive us underground and we have lost any chance at bettering working conditions for women and men in this arena and are condemned to greater exploitation and fewer rights.[123] Bring porn and sex work into the light of the day. Promote worker control and the means of production. Legitimize its existence. Acknowledge and encourage its potential as a social and sexual tool. Enforce existing laws on kidnapping, assault, battery and rape more assiduously. See the women who are sex workers as individual people, not as some stereotype.[124]

Frauen insgesamt als Individuen wahrzunehmen und ihre Erfahrungen ernst zu nehmen, ist eine vorrangige Aufgabe feministischer (Rechts-)Theorie. Die vorstehenden Ausführungen verstehen sich als einem bestimmten Konzept der sexuellen Autonomie verpflichtet, die diese nicht bloß als Freiheit von Eingriffen anderer fassen will. Sexuelle Autonomie hat, wie die Idee

---

[118]) S dazu auch *Cornell*, Versuchung.

[119]) Die Normen gegen Vergewaltigung, (geschlechtliche) Nötigung, Erpressung etc. Hier wird also nicht an ein „Sonderstrafrecht“ gedacht.

[120]) S *Benke/Holzleithner*, Zucht durch Recht.

[121]) *Cornell*, Versuchung 36.

[122]) *Rubin*, Thinking Sex 28.

[123]) In diesem Zusammenhang ist auf die Feststellung von *Cornell*, Versuchung 91 zu verweisen, daß das Verbotene einen gewissen Anreiz für den Konsum von Pornographie darstellen mag - verbunden mit einer Warnung an die Vorkämpferinnen für Zensur:
Die Düsternis der pornographischen Welt ist Teil ihrer tiefen Anziehung. Verbanne sie in den Untergrund, und sie wird noch begehrenswerter.

[124]) *Hartley*, Reflections 67.

der Autonomie insgesamt, auch eine positiv-affirmative Seite: Das Recht, den eigenen Körper auch in Bereichen wie der Sex-Industrie einzusetzen, die aus feministischer Perspektive - mitunter aus guten Gründen - immer wieder scharf kritisiert werden. Will man aber nicht ein repressives System reproduzieren oder gar als Vision in feministische Theorie einbringen, ist es notwendig, nach den Bedingungen der Autonomie einer jeden Frau zu fragen und insbesondere ignorierte, abgedrängte Betroffenheiten in den Blick zu nehmen.

Literaturverzeichnis

- *Arcand*, The Jaguar and the Anteater. Pornography Degree Zero (1993).
- *Baer/Slupik*, Entwurf eines Gesetzes gegen Pornographie, Kritische Justiz (1988) 171-181.
- *Bartlett*, Feminist Legal Methods, in *Bartlett/Kennedy* (eds), Feminist Legal Theory. Readings in Law and Gender (1991) 370-403.
- *Bell/Klein* (Hg), Radically Speaking: Feminism Reclaimed (1996).
- *Bell*, Reading, Writing & Rewriting the Prostitute Body (1994).
- *Benke*, Women in the Courts: An Old Thorn in Men's Sides, in Michigan Journal of Gender & Law (1995) 195-256.
- *Benke/Holzleithner*, Zucht durch Recht. Juristische Konstruktionen der Sittlichkeit im österreichischen Strafrecht (Manuskript Wien 1997), erscheint in L'Homme. Zeitschrift für feministische Geschichtswissenschaften (1998).
- *Bernstein*, Chronicle of the Freedom of Expression in Canada, http://insight.mcmaster.ca/org/efc/pages/chronicle/chronicle.html.
- *Bobby*, Sex, Smears, and Feminists, in *Hoffmann*, Porn in the USA 118-122.
- *Bright*, Susie Sexperts liederliche Lesbenwelten (1995).
- *Butler*, Gender Trouble. Feminism and the Subversion of Identity (1990); dt. Das Unbehagen der Geschlechter, aus dem Amerikanischen von Karin Menke (1991).
- *Butler*, Bodies That Matter (1993); dt. Körper von Gewicht. Die Grenzen des Geschlechts, aus dem Amerikanischen von Karin Wördemann (1995).
- *Clover*, Introduction, in *Gibson/Gibson*, Dirty Looks 1-4.
- *Cornell*, Die Versuchung der Pornographie (1995).
- *Cossman/Bell*, Introduction, in *Cossman/Bell/Gotell/Ross*, Bad Attitude/s 3-47.
- *Cossman/Bell/Gotell/Ross*, Bad Attitude/s on Trial: Pornography, Feminism and the Butler Decision (1997).
- *Dane/Schmidt* (Hg), Frauen & Männer und Pornographie (1990).
- *Dworkin/MacKinnon*, Statement by Catharine A. MacKinnon and Andrea Dworkin Regarding Candian Customs and Legal Approaches to Pornography August 26 (1994), http://www.igc.apc.org/womensnet/dworkin/OrdinanceCanada.html.
- *Eisenstein*, The Female Body and the Law (1988).
- *Eisenstein*, The Color of Gender. Reimaging Democracy (1994).

- *Feldner*, Alle Menschen werden Brüder. 75 Jahre Juristinnen, Juridikum 5 (1994) 39-41.
- *Foucault*, Der Wille zum Wissen. Sexualität und Wahrheit 1 (1983).
- *Frug*, Postmodern Legal Feminism (1991).
- *Gibson/Gibson*, Dirty Looks: Women. Pornography. Power (1994).
- *Graff/Lorenz*, Streitgespräch zwischen Nadja Lorenz und ÖVP Justizsprecher Michael Graff, Wienerin 9 (1994) 28-30.
- *Hartley*, Reflections of a Feminist Porn Star, in *Hoffmann*, Porn in the USA 62-68.
- *Hoffman* (Hg), Porn in the USA (1993).
- *Hofstadler/Körbitz*, Stielaugen oder scheue Blicke. Psychoanalytische Erhebungen zum Verhältnis von Frauen zu Pornographie (1996).
- *Holzleithner*, Die Kodierung des Körpers. Pornographie im Spannungsfeld von Obszönität, sexueller Diskriminierung und sexuellem Pluralismus, Juridikum 1 (1995) 22-24.
- *Honegger*, Die Ordnung der Geschlechter. Die Wissenschaft vom Menschen und das Weib (1991).
- *Hunt*, Obszönität und die Ursprünge der Moderne (1599-1800), in *Hunt* (Hg), Die Erfindung der Pornographie. Obszönität und die Ursprünge der Moderne (1994) 7-43.
- *Hunter/Law*, Brief Amici Curiae of Feminist Anticensorhip Task Force et al., in American Booksellers v. Hudnut, in *Smith* (Hg), Feminist Jurisprudence (1993) 467-481.
- *Koch*, Die neue Sittlichkeit. Zur gegenwärtigen Debatte um die Pornographie, in *Classen* (Hg), PORNOST. Triebkultur und Gewinn (1989) 68-75.
- *Lacombe*, Blue Politics. Pornography and the Law in the Age of Feminism (1994).
- *Langton*, Whose Right? Ronald Dworkin, Women, and Pornographers, in Philosophy and Public Affairs (1990) 311-359.
- *Leukauf/Steininger*, Das neue österreichische Strafrecht. Dritter Teil. Strafrechtliche Nebengesetze mit erläuternden Anmerkungen und Entscheidungen² (1984).
- *Lilly*, Sex, Smears and Feminists, in *Hoffman*, Porn in the USA 118-122.
- *Lorey*, Immer Ärger mit dem Subjekt. Theoretische und politische Konsequenzen eines juridischen Machtmodells: Judith Butler (1996).
- *MacKinnon*, Feminism Unmodified. Discourses on Life and Law (1987).
- *MacKinnon*, Towards a Feminist Theory of the State (1989).

- *MacKinnon*, Only Words (1993); dt. Nur Worte, aus dem amerikanischen Englisch von Susanne Baer (1994).
- *MacKinnon/Dworkin*, Pornography and Civil Rights. A New Day for Women's Equality (1988) http://www.igc.apc.org/nemesis/ACLU/Porn/newday/TOC.htm.
- *Maihofer*, Geschlecht als Existenzweise. Macht, Moral, Recht und Geschlechterdifferenz (1995).
- *Mayerhofer/Rieder*, Das österreichische Strafrecht, 3. Teil, Nebenstrafrecht^3 (1992).
- *Quan*, Voting for Porn, reviewing Strossen, Defending Pornography (1995) http://desires.com/1.3/Sex/docs/porn.html.
- *Ross*, 'It's Merely Designed for Sexual Arousal': Interrogating the Indefensibility of Lesbian Smut, in Cossman/Bell/Gotell/Ross, Bad Attitude/s 152-198.
- *Royalle*, An Interview with Candida Royalle, Gespräch mit Don Vaughan, in *Hoffmann*, Porn in the USA 99-107.
- *Rubin*, Thinking Sex: Notes for a Radical Theory of the Politics of Sexuality, in *Abelove/Barale/Halperin* (Hg), The Lesbian and Gay Studies Reader (1993) 3-44.
- *Schwarzer* (Hg), PorNO. Opfer & Täter, Gegenwehr & Backlash, Verantwortung und Gesetz (1994).
- *Segal*, Does Pornography Cause Violence? The Search for Evidence, in *Gibson/Gibson*, Dirty Looks 5-22.
- *Strossen*, Defending Pornography. Free Speech, Sex, and the Fight for Women's Rights (1995).
- *Strossen*, Hot, Hotter, Hottest. Gespräch mit Anette Baldauf, in [sic!] Forum für Feministische GangArten Nr. 8-9 (1995) 22-23.
- *Triffterer/Schmoller*, Die Freiheit der Kunst und die Grenzen des Strafrechts. Auswirkungen des Art 17a StGG auf die strafrechtliche Verantwortlichkeit bei künstlerischer oder vermeintlich künstlerischer Betätigung, Österreichische Juristenzeitung (1993) 547-553; 573-582.
- *Valverde*, Sex, Macht und Lust (1994).
- *Vance*, More Danger, More Pleasure: A Decade after the Barnard Sexuality Conference, in *Vance* (Hg.), Pleasure and Danger: Exploring Female Sexuality^2 (1992), xvi-xxxviii.
- *West*, Pornography as a Legal Text: Comments from a Legal Perspective, in Gubar/Hoff (Hg), For Adult Users Only. The Dilemma of Violent Pornography (1989) 108-130.

- *Williams, Joan C.,* Gender Wars: Selfless Women in the Republic of Choice, in New York University Law Review (1993) 1558-1634.
- *Williams, Linda,* Hard Core: Power, Pleasure, and the „Frenzy of the Visible" (1989); dt. Hard Core: Macht, Lust und die Traditionen des pornographischen Films. Aus dem amerikanischen Englisch von Beate Thill (1995).
- *Williams, Linda,* Second Thoughts on Hard Core: American Obscenity Law and the Scapegoating of Deviance, in *Gibson/Gibson,* Dirty Looks 46-61.

AKTUELLE ERKLÄRUNGSVERSUCHE ZUR FRAUENKRIMINALITÄT UND IHR HINTERGRUND*

von Gabriele Schmölzer

Ganz im Sinne von **Göppingers** "Täter in seinen sozialen Bezügen" stellt sich mir das Thema: "Aktuelle Erklärungsversuche zur 'Frauenkriminalität'[1] und ihr Hintergrund" als "komplexe Einheit"[2] im wissenschaftlichen Erkenntnisinteresse dar. Das bedeutet, daß auch die Darstellung von Theorien, Annahmen oder Annäherungen zu Fragen der weiblichen Kriminalität nur dann ein Gesamtbild zeichnen kann, wenn die jeweiligen Hypothesen vor dem Hintergrund der gesamtkriminologischen Entwicklung gesehen werden. Damit ist einerseits die aktuelle Geschichte der Kriminologie gemeint, wie auch andererseits der Kontext der Entwicklungen von "Theorien" zur "Frauenkriminalität".

I. Zur zeitgenössischen Entwicklung der Kriminologie[3] und der Einbeziehung feministischer Anliegen[4]

Die geschichtliche Entwicklung der Kriminologie in der zweiten Hälfte des 20. Jahrhunderts kann wohl nicht als *Ab*lösungsprozeß der sog "klassischen" oder "traditionellen" Kriminologie durch die "kritische", die "neue", die "konfliktorientierte", die "marxistische" oder durch die "radikale" Kriminologie angesehen werden, sondern stellt wohl eher eine *Los*lösung einzelner Strömungen *von* klassischem kriminologischen Gedankengut in Gestalt eines

---

*) Erweiterte Fassung eines am 10.10.1997 im Rahmen der Fachtagung der Neuen Kriminologischen Gesellschaft in Halle/Saale gehaltenen Vortrages.

1) Zur Präzisierung vgl die dritte Vorfrage: "Frauenkriminalität" - Definition und Differenzierung des Erkenntnisgegenstandes, in *Schmölzer*, Aktuelle Diskussionen zum Thema "Frauenkriminalität" - ein Einstieg in die Auseinandersetzung mit gegenwärtigen Erklärungsversuchen, MSchrKrim 1995, 226f.

2) *Göppinger*, Angewandte Kriminologie (1985) 33.

3) Es kann und soll hier keineswegs eine auch nur annähernd vollständige Darstellung der Geschichte der Kriminologie gegeben, sondern nur versucht werden, einen Einblick in die die kriminologische Forschung bewegenden Strömungen zu geben. Im Kontext dieser Arbeit interessiert dies im Zusammenhang mit dem Aspekt "feministisch orientierter Kriminologie(n)".

4) Vgl dazu umfassender *Schmölzer*, MSchrKrim 1995, 219-224.

"Paradigmenwechsels"[5] dar.[6] Diese stellen ein Feld miteinander konkurrierender Theorien und alternativer Ansätze dar.[7] Die Kritik an der "traditionellen Kriminologie" bezog sich vor allem auf den Gegenstandsbereich der Kriminologie und zielte auf eine Erweiterung des Forschungsgebietes durch Einbeziehung der strafrechtlichen Reaktionen.[8] Allerdings gibt es nunmehr Bestrebungen, die ätiologischen, somit täterorientierten Aspekte wiederum in das Betrachtungsspektrum der kritischen Kriminologen aufzunehmen;[9] dies aufgrund des konstatierten "Syndroms der kriminologischen Lustlosigkeit (*anhedonia criminologica*)", wie *Scheerer*[10] den besorgniserregenden Zustand der kritischen Kriminologie in ihrer derzeitigen Desorientierung bezeichnet.

Die Entwicklung in der *britischen Kriminologie* stellte einen Sonderfall innerhalb dieses Paradigmenwechsels dar.[11] Dies hing wohl damit zusammen, daß die Idee des Etikettierungsansatzes vor allem im anglo-amerikanischen Raum durch die herrschende Kriminalpolitik rezipiert wurde und damit ihr kritisches Potential verlor,[12] was eine Weiterentwicklung bedingte. Symptomatisch für diese Strömung erscheint der Titel einer Publikation von *Young*: "Radikale Kriminologie in Großbritannien: Die Entfaltung eines konkurrierenden Paradigmas"[13].

Ähnlich wie für den *Abolitionismus*, der auf die "Ersetzung des Strafrechts durch andere gesellschaftliche Umgangsformen mit konflikthaften Situationen"[14] abstellt, ist das Strafrecht für Feministinnen ebenfalls "kein neutrales Mittel zur Verwirklichung ihrer Forderungen", auch wenn ihre Ablehnung des Kriminaljustizsystems nicht ganz durchgängig ist.[15] Das Spannungsfeld zwischen Feminismus und Abolitionismus ergibt sich aber daraus, daß bei letzterem die praktischen Forderungen der Frauenbewegung zu kurz kommen; Ei-

---

[5]) *Funken*, Frau - Frauen - Kriminelle, Zur aktuellen Diskussion über "Frauenkriminalität" (1989) 35.

[6]) *Van den Boogaart/Seus*, Radikale Kriminologie, Die Rekonstruktion zweier Jahrzehnte Wissenschaftsgeschichte Großbritanniens (1991) 7.
Vgl dazu auch *Kunz*, Kriminologie, Eine Grundlegung (1994) 41-51.

[7]) *Kaiser*, Kriminologie, Ein Lehrbuch^2 (1988) 185.

[8]) *Kaiser*, Kriminologie^2 (1988) 168.

[9]) *Scheerer*, Anhedonia Criminologica, KrimJ 1997, 35.

[10]) *Scheerer*, KrimJ 1997, 23.

[11]) Dies sei nicht nur der "Vollständigkeit" halber, sondern auch im Hinblick auf die Berücksichtigung feministischer Perspektiven erwähnt.

[12]) *Albrecht*, Hans-Jörg/*Villmow*, Plädoyer für mehr Mut bei der deutschen kritischen Kriminologie, KrimJ 1978, 309f.

[13]) *Young*, Radikale Kriminologie in Großbritannien, KrimJ 1988, 247-264.

[14]) *Kunz*, Kriminologie 48.

[15]) *Van Swaaningen*, Feminismus und Abolitionismus als Kritik der Kriminologie, KrimJ 1989, 162, 169, 173f.

nigkeit über Ursachen und Strukturen von Problemen reicht nicht.[16] Nicht nur, daß dem Abolitionismus der Vorwurf gemacht wird, wenig oder gar nichts für die Frauenbewegung getan zu haben, es wird auch moniert, daß seine Dekriminalisierungsbemühungen gerade bei Sexualdelikten ansetzten, deren bevorzugte Opfer wiederum Frauen und Kinder seien.[17]

Gerade diese Fragestellung nach den feministischen Implikationen des Abolitionismus und nach möglichen Schnittstellen dieser beiden Ansätze mag erkennen lassen, daß nach einem Kurzabriß der geschichtlichen Entwicklung der Kriminologie nun auf die Einbeziehung feministischer Anliegen in die verschiedenen kriminologischen Strömungen einzugehen ist.[18]

Als feministisch gilt nach *Kunz* "ein die gesellschaftliche Unterdrückung der Frau thematisierendes Wissenschaftsverständnis, das sich das Ziel setzt, diese Unterdrückung abzubauen..."; "aus feministischer Perspektive sei *Weiblichkeit* ein *gesellschaftliches Konstrukt*"[19], eine "negative ideologische Kategorie"[20]. Die feministische Kritik an der Kriminologie richtet sich gegen die Ignoranz der Geschlechterdifferenz in der gesellschaftlichen Analyse, gegen die "Auslassung der Kategorie 'Geschlecht' "[21]; feministische Wissenschaftskritik ist Machtkritik.[22] Somit kämpft sie gegen den *Androzentrismus*,[23] strebt

---

[16]) *Van Swaaningen*, KrimJ 1989, 174f.

[17]) *Smaus*, Feministische Beobachtung des Abolitionsimus, KrimJ 1989, 188f.

[18]) Hinzuweisen ist jedoch darauf, daß es keinen einheitlichen Feminismus gibt (*Smaus*, KrimJ 1989, 182; *Bertrand*, Eine radikale Feministische Kritik von Kriminologie und Strafrecht, in *Krüger* (Hg), Kriminologie, Eine feministische Perspektive (1992) 13).
Zu verschiedenen Ausformungen des Feminismus vergleiche *Gransee/Stammermann*, Kriminalität als Konstruktion von Wirklichkeit und die Kategorie Geschlecht, Versuch einer feministischen Perspektive (1992) 44-46.

[19]) *Kunz*, Kriminologie 73, 76.

[20]) *Althoff/Leppelt*, Feminismus und Foucault: eine Perspektive Kritischer Kriminologie, KrimJ 1991, 107f.

[21]) *Gransee/Stammermann*, Kriminalität als Konstruktion von Wirklichkeit (1992) 13.

[22]) *Gransee/Stammermann*, Feminismus und kritische Kriminologie. Oder: Was kann eine sich kritisch verstehende Kriminologie vom Feminismus lernen? KrimJ 1991, 82; vgl auch *Smaus*, Feministische Erkenntnistheorie und Kriminologie von Frauen, KrimJ, 5. Beiheft 1995, 9.

[23]) Von *Stammermann*, "Weiblichkeit" und die Macht kultureller Deutungsmuster, KrimJ 1997, 211, als zentraler Kritikpunkt - auch Arbeiten von autorisierten Vertretern der kritischen Kriminologie betreffend - bezeichnet.
Aber müßte nicht auch die vorgeschlagene Perspektivenverkehrung, die statt der Frage nach der geringen weiblichen Kriminalität die nach der hohen männlichen Verbrechensquote stellt (*Cain*, Towards Transgression: New Directions in Feminist Criminolgy, International Journal of the Sociology of Law 18 (1990) 11; *Kersten*, Kriminalität, Kriminalitätsangst und Männlichkeitskultur, KrimSozBibl 1991/72-73, 43; *Verrijn Stuart*, Proces 1992/7, 172; *Wyss*, Delinquenz: "Frauen latent gefährlich", plädoyer 1996/3, 22; *Göppinger*, Kriminologie^5, bearbeitet von *Bock/Böhm* (1997) 528) - was übrigens ein interessanter Gedanke ist - sich *prima vista* den Vorwurf des Androzentrismus gefallen lassen bzw im zweiten Gedankengang als sexistisch bezeichnet werden?

seine *Dekonstruktion* an; die Verschleierung des *asymmetrischen Verhältnisses der Geschlechter* soll nicht länger der Aufrechterhaltung der Dominanz der Männerwelt dienen.[24] Die Stabilisierung dieses Machtgefüges sei auch *eine* Funktion des Strafrechtssystems, weshalb es von Feministinnen abgelehnt wird.

Somit strebt feministische Kriminologie im Sinne einer "wissenschaftskritisch ausgerichteten programmatischen Grundorientierung"[25] bewußt Parteilichkeit für Frauen an; ihr Wissenschaftsverständnis ist nicht wertfrei.[26] Feministische Beiträge führten in die Analyse von Frauenkriminalität den Begriff "*Patriarchat*" ein;[27] ausgehend von der Ansicht, daß patriarchalische Unterdrückung ein wesentliches Merkmal des Kapitalismus sei, kam es zur Verbindung von Sozialismus und Feminismus in der "*doppelten Unterdrükkung der Frau*".[28]

Inwiefern und inwieweit eine Annäherung bzw Synthese der Prämissen der neuen Forschungsansätze in der Kriminologie erfolgen kann, wurde in den letzten Jahren vielfach diskutiert;[29] daß ein derartiger Handlungsbedarf besteht, ist wohl außer Streit, *wer* von *wem* allerdings etwas "lernen" sollte - die kritischen Kriminologen bzw die Abolitionisten von den Feministinnen oder umgekehrt - scheint noch nicht geklärt.[30] Die kritische Kriminologie jeden-

---

24) *Kunz*, Kriminologie 78.

25) *Kunz*, Kriminologie 79.

26) *Van Swaaningen*, KrimJ 1989, 172; vgl auch die bei *Gransee/Leppelt*, "Feministische Perspektiven in der Kriminologie", Bericht über eine Tagung in Saarbrücken vom 26.-28. Februar 1993, KrimJ 1993, 227, gestellte Frage nach dem Anspruch einer "wertfreien" Wissenschaft.

27) Vgl *Lamott*, Konstruktionen von Weiblichkeit und die "male stream" Kriminologie, Neue Kriminalpolitik 1995, 31f: "Frauenkriminalität bedroht in ganz anderem Maße die herrschende Ordnung als Männerkriminalität, weil sie ins Zentrum des Patriarchats zielt." - Eine andere Perspektive im Hinblick auf Ursache und Wirkung!

28) *Smaus*, Das Strafrecht und die Frauenkriminalität, KrimJ 1990, 266; *van Swaaningen*, Feminismus und Abolitionismus, KrimJ 1989, 164; *Dürkop*, Theorien über weibliche Kriminalität aus feministischer Sicht, in *Gerhard/Limbach* (Hg), Rechtsalltag von Frauen (1988) 186.
Vgl aber auch den Hinweis bei *van den Boogaart/Seus*, Radikale Kriminologie 85, daß das Patriarchat ein bestimmendes, aber nicht kapitalismusspezifisches Merkmal unserer Gesellschaft sei.

29) *Dürkop*, Feminismus und Labeling-Approach. Ansätze gegen die Diskriminierung von Menschen, KrimJ 1986, 273-289; *van den Boogaart*, Buchbesprechung: Funken, Frau - Frauen - Kriminelle, (1989), KrimJ 1990, 148, 151; *van den Boogaart/Seus*, Radikale Kriminologie, 79-85; *Gransee/Stammermann*, KrimJ 1991, 82-96; *Althoff/Leppelt*, KrimJ 1991, 97-111; *Mischau*, Einige Gedanken über die Chancen einer feministischen Wissenschaft(skritik) in der kritischen Kriminologie, KrimJ, 5. Beiheft 1995, 28-41; *van den Boogaart*, " 'Weiblichkeit' in 'feministisch kritischer' Kriminologie", Bericht über die Tagung der Sektion "*Feministische Kriminologie*" *der GIWK* vom 17.-19.11.95 in Hamburg: *Drei Tage Weiblichkeit*, KrimJ 1996, 138-140.

30) Vgl dazu *Stehr*, Buchbesprechung: *Gransee/Stammermann*, Kriminalität als Konstruktion von Wirklichkeit und die Kategorie Geschlecht (1992) KrimJ 1994, 150, in der er als "einziges Manko" der rezensierten Arbeit den fehlenden "Blick von der Kritischen Kriminologie zurück auf den

falls hat bereits zugegeben, die Herausforderungen der Frauenbewegung (noch) nicht angenommen zu haben;[31] seitens der feministischen Kriminologie wird nach wie vor kritisiert, daß die "gesellschaftliche Organisation von Produktions- und Reproduktionsverhältnissen" nicht "in den Blick gerät".[32]

II. Gibt es "feministische Kriminologie" als Wissenschaft?

Ob man bei Ansätzen, die einbekanntermaßen auf ideologischen Prämissen aufbauen, und die über das Stadium der Wissenschaftskritik noch nicht weit hinausgekommen sind, von "feministischer Kriminologie" sprechen kann, ist wohl mehr als fraglich. Dekonstruktion allein ist nicht mehr als die Basis für eine eigene Konstruktion. Erst wenn diese "steht", kann über ihre wissenschaftliche Qualität geurteilt werden. Auch wird nicht über "*die* feministische Kriminologie" zu befinden sein, sondern über einzelne Konzeptionen. Diesen Eindruck von der feministischen Kriminologie als programmatische Grundorientierung, "deren Ausformulierung im einzelnen noch zu leisten ist", hat wohl nicht nur *Kunz*[33] gewonnen.[34] Selbst aus dem Bereich feministischer Kriminologie kommt die Erkenntnis, daß "in der kriminologischen Diskussion noch weitgehendst ungeklärt zu sein scheint, was den Anspruch einer dezidiert *feministischen* Kriminologie ausmacht", weil zu viele Fragen bislang unbeantwortet geblieben sind.[35]

Feminismus, unter dem Motto: Was kann der Feminismus von der Kritischen Kriminologie lernen?" ortet. Ähnlich schon *Smart*, Feminist approaches to criminology or postmodern woman meets atavistic man, in *Gelsthorpe/Morris* (Hg), Feminist Perspectives in Criminology (1990) 70-84, die zu dem Schluß kommt, daß feministische Arbeit die radikale Kriminologie belebt hat, daß aber unter den gegebenen Umständen schwer erkennbar sei, was die Kriminologie dem Feminismus zu bieten hätte.

[31]) *Scheerer*, KrimJ 1997, 31.

[32]) *Gransee*, Ein Problemaufriß zur Kategorie "Geschlecht" in der feministischen Kriminologie, KrimJ 1997, 15. Vgl zB auch die Kritik von *Gelsthorpe/Morris*, Feminism and Criminology in Britain, British Journal of Criminology 28 (1988) 101 an Young.

[33]) *Kunz*, Kriminologie 79.

[34]) Vgl *Gelsthorpe/Morris*, British Journal of Criminology 28 (1988) 103: "For us, feminism is a mode of analysis; a perspective rather than a theory."

[35]) *Gransee*, KrimJ 1997, 2. Vgl auch die bei *Gelsthorpe/Morris*, British Journal of Criminology 28 (1988) 96f referierten Zweifel an der Etablierung einer "feministischen Kriminologie" bzw ihre zutreffendere Umschreibung als "feminist perspectives within criminology".

Um über die Wissenschaftlichkeit einer Disziplin und ihrer Theorien Aussagen treffen zu können, ist es nicht nur notwendig, sich mit den diesbezüglichen Kriterien auseinanderzusetzen, sondern es muß auch eine Abgrenzung dahingehend getroffen werden, was sich eindeutig jenseits von Wissenschaft befindet: die (reine)[36] *Ideologie*. Dieser Begriff umfaßt ein breiteres Spektrum, als es in so mancher feministischen Kritik an bisherigen kriminologischen Ansätzen anklingt: Ideologie ist mehr als die Vorstufe zu Sexismus; sie beinhaltet die "Gesamtheit der Anschauungen einer bestimmten gesellschaftlichen Schicht"[37] ebenso wie politische Theorie und Betrachtung. Nach *Göppinger*[38] ist "kaum ein Gebiet der Kriminologie ideologisch so vorbelastet wie das der weiblichen Kriminalität".[39] Im Sinne obiger Definition ist auch Feminismus als Ideologie zu bezeichnen,[40] was seitens der Feministinnen fallweise sogar ausgesprochen wird. Daß (rein) ideologische Ansätze einer wissenschaftskritischen Diskussion und Bewertung allerdings nicht zugänglich sind, beruht auf der Definition von Wissenschaftlichkeit und hängt insbesondere mit der Interpretation und dem Stellenwert der "Wertfreiheit"[41] zusammen.

In Bezug auf die Kriterien der Wissenschaftlichkeit wird die Parteinahme für (durch Kriminalisierung) Unterdrückte, wie sie Teile der kritischen bzw radikalen Kriminologie fordern[42] und was aus feministischer Perspektive übernommen wurde[43], von *Kunz*[44] als bedenklich angesehen. Gerade diese Position der "Subjektivierung stigmatisierter Frauen und diskriminierender Männer"[45] ist es auch, die aus feministischer Sichtweise gefordert wird: "Der Forscher solle sich über die subjektive Seite seines Denkens und Handelns im

---

[36]) Diese Präzisierung wurde deshalb vorgenommen, weil (Misch)-Theorien vorstellbar sind, die sowohl wissenschaftliche als auch ideologische Argumente beinhalten; diese sind nach Ausgrenzung der ideologischen Aspekte einer wissenschaftlichen Diskussion zugänglich.

[37]) *Wahrig* (Hg), Fremdwörter-Lexikon (1975) 249.

[38]) *Göppinger,* Kriminologie[5] 524.

[39]) Vgl *Kerschke-Risch,* Gelegenheit macht Diebe - doch Frauen klauen auch. Massenkriminalität bei Frauen und Männern (1993) 11, die ebenfalls davon ausgeht, daß Theorien zur Frauenkriminalität "häufig ideologisch gefärbt sind und entbehren oftmals jeglicher wissenschaftlicher Grundlage".

[40]) Feministische Ansätze als "häufig ideologisch einseitig" bezeichnend *Kerschke-Risch,* Gelegenheit macht Diebe 30f.

[41]) S dazu etwas detaillierter *Schmölzer,* MSchKrim 1995, 224f.

[42]) Vgl zB *Young,* KrimJ 1988, 248f.
Zur ausdrücklichen Ersetzung der Wertfreiheit durch Parteilichkeit in der streng marxistischen Kriminologie s *Bock,* Kriminologie als Wirklichkeitswissenschaft (1984) 128 (Sozialwissenschaftliche Schriften, Heft 10).

[43]) Vgl zB *van Swaaningen,* KrimJ 1989, 167, 172f.

[44]) *Kunz,* Kriminologie 19, 81; vgl auch *Schneider,* Kriminologie (Grundlagen II), in *Sieverts/Schneider* (Hg), Handwörterbuch der Kriminologie[2] (1977) 524.

[45]) *Dürkop,* Feminismus und Labeling-Approach, KrimJ 1986, 281.

klaren sein, und dieses Bewußtsein gezielt im Forschungsprozeß *einsetzen*[46]."[47] Das Bewußtsein der Subjektivität ist aus meiner Sicht zu begrüßen, jedoch nur, um in Kenntnis dieser Befangenheit gezielter nach *Objektivierung als Realisat von Objektivität* streben zu können.[48] Jedes Verständnis von Kriminologie als wertbehafteter Disziplin ist ideologiebefrachtet und daher dem Anspruch von Wissenschaft nicht mehr zugänglich. Richtig ist in dem Zusammenhang wohl auch, wenn für feministische Arbeiten aus den eigenen Reihen die Forderung gestellt wird, "sich Rechenschaft darüber abzugeben, was es heißt, wenn aus der Perspektive weiblicher Lebens- und Erfahrungszusammenhänge argumentiert wird"[49].

Unter den oben dargelegten Prämissen von Wissenschaftlichkeit hat *kriminologische Theorienbildung*[50] zu erfolgen.

III. Die "Aktualität" von Erklärungsversuchen zur "Frauenkriminalität"

Geht man vom Sinngehalt des Wortes "Aktualität" aus, der in "Bedeutung für die Gegenwart" besteht,[51] so kann es nicht ausreichen, sich mit Theorien und Erklärungsversuchen im Bereich der weiblichen Kriminalität auseinanderzusetzen, die aus den letzten zehn oder zwanzig Jahren stammen. "To do a new kind of research on women and crime ... it is necessary to understand the assumptions made by the traditional writers and to break away from them."[52]

Die Auseinandersetzung mit dem Thema "Kriminalität der Frau" - aus welchem Blickwinkel und in Bezug auf welches Detailproblem auch immer - wurde Mitte der 70er Jahre durch Monographien wie die von *Adler*[53], *Simon*[54]

---

[46]) Hervorhebung durch die Verfasserin.

[47]) *Dürkop*, KrimJ 1986, 286f.

[48]) Vgl *Gransee*, KrimJ 1997, 2, die auf die Frage, wie es die feministische Kritik mit dem Objektivitätsanspruch halte, Bezug nimmt.

[49]) *Gransee*, KrimJ 1997, 6.

[50]) Vgl dazu auch *Leder*, Die geringe Delinquenzbelastung der Frau - Echte kriminologische und soziologische Verlegenheiten, Soziale Arbeit 1975, 200-206; *ders*, Frauen- und Mädchenkriminalität, Betrachtungen aus devianzsoziologischer, kriminologischer und wissenschaftstheoretischer Sicht (1978) 98-114.

[51]) *Wahrig* (Hg), Fremdwörterlexikon 32.

[52]) *Klein*, The Etiology of Female Crime: A Review of the Literature, Issues in Criminology 8 (1973) 28; ähnlich *Brown*, Women and crime: the dark figures of criminology, Economy and Society 15 (1986) 401.

[53]) *Adler*, Sisters in Crime, The Rise of the New Female Criminal (1975).

[54]) *Simon*, Women and Crime (1975).

und *Smart*[55] in ein breiteres Licht der (wissenschaftlichen) Öffentlichkeit gerückt.[56] Daraus resultieren in der Zwischenzeit zahlreiche[57] Forschungen und Publikationen - nicht unbedingt in Österreich -[58], die ich weder quantifizieren noch deren Anteil an weiblichen Autoren bzw männlichen Lesern[59] ich eruieren will. Diese Entwicklung bedingte jedenfalls, daß die noch vor 25 Jahren getroffenen Einschätzungen, daß man über Frauenkriminalität nicht mehr wisse als vor 30 oder mehr Jahren,[60] verstummten.[61]

Vermeint man, *biologische Erklärungsversuche*, die insbesondere von *Lombroso* und *Ferrero*[62] vor mehr als hundert Jahren vertreten wurden, als keineswegs mehr aktuell für irgendeinen Aspekt der Frauenkriminalität abtun zu können, so irrt man.[63] Auch sind Stimmen laut geworden, die kritisieren, daß der Biologismus ein zentrales Angriffsziel feministischer Kriminologie darstellt,[64] und die gerade bei Lombroso/Ferrero Aspekte der Umweltbeeinflussung orten und es den Feministinnen vorwerfen, dies übersehen zu haben; ebenso wie es ihnen zugeschrieben wird, *Pollak*[65] mißverstanden und ihn ins

---

55) *Smart*, Women, Crime and Criminology: A Feminist Critique (1976).

56) Vgl *Gelsthorpe/Morris*, Introduction: Transforming and transgressing criminology, in *dies* (Hg), Feminist Perspectives in Criminology 3; *Heidensohn*, Women and Crime in Europe, in *Heidensohn/Farell* (Hg), Crime in Europe (1993) 65. S dazu etwa die Entwicklung in der American Society of Criminology, die ebenfalls 1975 begann, dargestellt bei *Adler*, The ASC and Women; One Generation Without, One Generation With, The ASC Criminologist (The Official Newsletter of the American Society of Criminology) vol 22, No 3, May/June 1997, 1-5.

57) So auch die Einschätzung zB bei *Miller*, Buchbesprechung: *Belknap*, The Invisible Woman: Gender, Crime and Justice (1996), The Criminologist 22 (1997) 30. Vgl *Kaiser*, Kriminologie[3] (1996) 496, der von "ganzen Bibliotheken" spricht, die von der neueren Literatur über die Frau als Täter und Opfer gefüllt werden. Hervorheben möchte ich, daß dies vor allem für die viktimologische Forschung gilt, wobei ich mich dezidiert gegen eine generelle publizistische Vermengung von Frauen als Täter und als Opfer aussprechen möchte.

58) Vgl dazu die Übersicht bei *Schmölzer*, Frauenkriminalität in Österreich, ÖJZ 1995, 691-695.

59) Vgl *Kersten*, Junge Männer und Gewalt, Neue Kriminalpolitik 1995, 22.

60) Eine ältere Quelle als noch immer aktuell bestätigend *Hoffman-Bustamante*, The Nature of Female Criminality, Issues in Criminology 8 (1973) 117; *Datesman/Scarpitti/Stephenson*, Female Delinquency: An Application of Self and Opportunity Theories, Journal of Research in Crime and Delinquency 12 (1975) 107.

61) Den Meinungsstand über die Ursachen der Frauenkriminalität als "noch mehr verwirrend als klärend" ansehend *Maelicke*, Frauenkriminalität, Frauenstrafvollzug und ambulante Alternativen. Für einen eigenständigen Umgang mit Frauenkriminalität, ZfStrVo 1993, 226.

62) *Lombroso/Ferrero*, Das Weib als Verbrecherin und Prostituierte. Anthropologische Studien, gegründet auf eine Darstellung der Biologie und Psychologie des normalen Weibes (1894) (Übersetzung von Kurella).

63) Deshalb sei dieses Kapitel einer chronologischen Entwicklungsdarstellung auch vorangestellt.

64) Vgl zB *Dürkop*, Theorien über weibliche Kriminalität aus feministischer Sicht, in *Gerhard/Limbach* (Hg), Rechtsalltag von Frauen 184.

65) *Pollak*, The Criminality of Women (1950).

"biologistische Lager" hineininterpretiert zu haben.[66]

Auch *Cremer*[67] hat die intensive Auseinandersetzung mit der Frage nach "somatisch beeinflußter weiblicher Kriminalität"[68] immer wieder Kritik eingebracht, indem man ihn dadurch in die Nähe des "biologistischen Lagers" stellte;[69] zu Unrecht, glaube ich,[70] denn auch seine Schlußaussage zu diesem Kapitel drückt die Vorsicht[71] im Umgang mit diesen (Hypo)Thesen aus, die mir auch im Einzelfall nicht abgegangen ist: "Insgesamt kann festgehalten werden, daß die geschlechtseigentümlichen somatischen Merkmale der Frau - einzeln für sich gesehen - bei dem augenblicklichen Forschungsstand nur wenige Denkmöglichkeiten für die Bildung von Hypothesen zu den Phänomenen der weiblichen Kriminalität einräumen."[72] *Gove*[73] kommt etwa zu dem Schluß, daß der geringe Anteil an weiblichem abweichenden Verhalten "is due largely to their affiliative nature, their physique and to their lack of assertiveness, all of which have a biological base."[74] Allerdings hält er die "incorporation of biological, physiological and social variables" zumindest für eine teilweise Erklärung dafür, daß Kriminalität vor allem ein männliches Phänomen ist.[75] - Läßt er also doch mehr Aspekte zu?

Gegen die Ablehnung biologisch-anthropologischer Gründe zur Erklärung der "Frauenkriminalität" spricht sich zB auch *Sagel-Grande*[76] aus, die den Schluß zieht, daß das Maß des kriminogenen Einflusses biologischer Faktoren von der Intensität hemmender Faktoren im sozialen Bereich abhinge.[77] Eine

---

[66]) *Brown*, Reassessing the critique of biologism, in *Gelsthorpe/Morris* (Hg), Feminist Perspectives in Criminology 41, 51f.

[67]) *Cremer*, Untersuchungen zur Kriminalität der Frau. Versuch einer Phänomenologie und einer Diskussion der wichtigsten aetiologischen Ansätze (1974).

[68]) *Cremer*, Untersuchungen zur Kriminalität der Frau 173.

[69]) Vgl *Schwind*, Kriminologie, Eine praxisorientierte Einführung mit Beispielen[7] (1996) 65.

[70]) *Schmölzer*, MSchrKrim 1995, 228f.

[71]) Vgl dazu wie zur oben folgenden Kritik auch *Einsele*, Buchbesprechung: *Cremer*, Untersuchungen zur Kriminalität der Frau (1974), MSchrKrim 1975, 309.

[72]) *Cremer*, Untersuchungen zur Kriminalität der Frau 203.

[73]) *Gove*, The Effect of Age and Gender on Deviant Behavior: A Biopsychological Perspective, in *Rossi* (Hg), Gender and the Life Course (1985) 138.

[74]) Vgl *Kaiser*, Kriminologie[3] (1996) 504f. Zurückhaltend und vorsichtig in seinen Zuschreibungen *Meyer-Bahlburg*, Geschlechtsunterschiede und Aggression: Chromosomale und hormonale Faktoren, in *Bischof/Preuschoft* (Hg), Geschlechtsunterschiede. Entstehung und Entwicklung. Mann und Frau in biologischer Sicht (1980) 124-145.

[75]) *Gove* in *Rossi* (Hg), Gender and the Life Course 115, 136.

[76]) *Sagel-Grande*, Zur Erklärung der Frauenkriminalität, ZStW (100) 1988, 996-1001.

[77]) Vgl die Hypothesen von *Rutenfrans*, Criminaliteit en Sexe (1989) 302, der annimmt, daß außergewöhnliche externe oder interne Umstände (Armut, Beziehungsprobleme uä) als Voraussetzung für weibliche Kriminalität vorliegen müssen, welche die von ihm dargestellten biopsychologischen Faktoren nicht wirken lassen.

Betrachtungsweise, die von ihrer *Grundstruktur* aus zwei Aspekten nicht ganz von der Hand zu weisen ist: Einerseits ist es ein multifaktorieller Ansatz, der ähnlich dem *Göppinger*schen "Täter in seinen sozialen Bezügen" aufgebaut ist, also die Täterpersönlichkeit, die ua auch durch biologische Merkmale geprägt ist, in eine Interaktionsrelation mit seiner Umwelt stellt; andererseits könnten es wohl bei Männern wie bei Frauen gewisse, dem biologischen Bereich zurechenbare Facetten sein, die letztendlich in Konnex mit ihrer Kriminalität stehen.[78] All dies ist dann vertretbar, wenn "Biologie" nicht so verstanden wird, wie es all die vorurteilsbehafteten Erklärungsversuche zur "Frauenkriminalität" unter dem Schlagwort "Natur der Frau" getan haben,[79] sowie unter der unabdingbaren Prämisse eines Mehrfaktorenansatzes.

Hält man sich vor Augen, daß psychologische[80] wie auch manche sozialwissenschaftliche Erklärungsversuche eigentlich auf einen biologischen Ursprung zurückzuführen sind,[81] so ist der Aspekt der Biologie kein grundweg abzulehnender. Anders war die Auffassung in der feministischen Diskussion schon in den 70er Jahren, als man zwischen "*sex*" als "nicht weiter interessierenden, biologisch begründeten Geschlechtszugehörigkeit" und "*gender*" - einer "kulturell festgeschriebenen Geschlechtsbinarität" zu unterscheiden begann.[82] Aber selbst aus der Sicht der "Erfinder" dieser Differenzierung wird diese Einteilung heute als nicht mehr haltbar verworfen[83] oder zumindest ihr Resultat als unbefriedigend[84] angesehen. Die Begründung liegt in der Ablehnung der gerade vertretenen biologischen Prämisse, denn die sex/gender-Unterscheidung "unterstellt das Vorhandensein der Geschlechter als natürlich-biologisches Faktum und läßt außer acht, die Zweigeschlechtlichkeit selbst als

---

[78]) Vgl etwa *Felson*, Big People hit Little People: Sex Differences in Physical Power and Interpersonal Violence, Criminology 34 (1996) 433-452.

[79]) Vgl die Kritik an Arbeiten jüngeren Datums bei *Naffin*, The Masculinity-Femininity Hypothesis. A Consideration of Gender-based Personality Theories of Female Crime, The British Journal of Criminology 25 (1985) 365-381.

[80]) Vgl etwa *Blankenburg*, Haben Frauen ein anderes Rechtsbewußtsein als Männer? in *Gerhard/Limbach* (Hg), Rechtsallltag von Frauen 154, der "selbst genetische Unterschiede des Aggressionspotentials in der Erklärungskette nicht ausschließen" will; *Luthe/Witter*, Über die geschlechtsspezifische Kriminoresistenz bei Frauen. Zugleich ein Beitrag zum Problem des erweiterten Selbstmordes, in *Kerner/Kaiser* (Hg), Kriminalität - Persönlichkeit, Lebensgeschichte und Verhalten, *Göppinger*-FS (1990) 275-290, die eine "Hypothese der Kriminoresistenz synthetischen, 'weiblichen' Denkens" aufstellen.

[81]) Vgl sogar *Dürkop* in *Gerhard/Limbach* (Hg), Rechtsalltag von Frauen 188f: "Die Wahrscheinlichkeit ist groß, daß biologische Faktoren sich auf soziales Verhalten und soziale Faktoren sich auf Körperfunktionen auswirken, ...".

[82]) *Gransee*, KrimJ 1997, 7.

[83]) *Stammermann*, KrimJ 1997, 214.

[84]) *Gransee*, KrimJ 1997, 7.

Produkt von Zuschreibungsprozessen zu erkennen"[85]. Wie die Erfahrungstatsache einer biologischen Geschlechterdifferenzierung hinweggeleugnet werden soll, erscheint mir jedoch nicht nachvollziehbar.

Aus dem Faktum, daß das "Frau"-Sein *per se* zu verschiedenen Zeiten, aus unterschiedlichen Perspektiven dafür verantwortlich gemacht wurde, daß (auch) Frauen kriminell werden, mag noch lange keine derartige Argumentation rechtfertigen. Den verschiedenen Fragen, die weibliche Kriminalität betreffend, wird - wohl auch in durchaus wissenschaftskritischer Weise - auf andere Art sowie auf konstruktiverem Terrain begegnet werden können.

Einer der zu beschreitenden Wege wird - wie bereits ansatzweise vorgezeigt[86] - in der *Dunkelfeldforschung* liegen.[87] Nicht nur deshalb, weil zu einem - lediglich über Statistiken[88] zu erforschenden - Hellfeld zur Vervollständigung des Gesamtbildes auch das Dunkelfeld dazugehört; erst daran wären letztendlich Theorien zu messen[89].

Zu pessimistisch überzogen stellt *Leder*[90] den Stand der Dunkelfeldforschung und damit den der Kriminologie als einen traurigen dar. Neuerdings vertritt er die Meinung, daß die "Annahme einer echten Gleichverteilung" angesichts der fehlenden Lösung des Dunkelfeldproblems nicht vertretbar sei und modifiziert seine "Tendenz zur Gleichverteilung der Männer- und Frauenkriminalität"[91] sprachlich nuanciert in eine "tendenzielle Annäherung an die Gleichverteilung"[92]. In welcher Intensitätsfacette auch immer, es ist nicht gelungen, die Annahme gleichverteilter Kriminalitätsbelastung beider Geschlechter empirisch zu sichern.[93]

---

[85]) *Stammermann*, KrimJ 1997, 214mwN.

[86]) Vgl die bei *Krämer*, Frau gleich Mann? Delinquenz, Suchtmittelumgang und andere Formen abweichenden Verhaltens bei Frauen, Kriminalistik 1992, 331 FN 1 angeführten Quellen mwN.

[87]) *Kaiser*, Kriminologie[3] (1996) 503; stärker *Schwind*, Kriminologie 68, für den bis zu "erhellenderer" (Anm der Verfasserin) Dunkelfeldforschung alle bisherigen Vermutungen nicht mehr wert sind als Spekulation.

[88]) Auf die vieldiskutierte Problematik des Aussagewertes von Statistiken soll in dieser Arbeit nicht eingegangen werden. Erwähnt werden soll an dieser Stelle nur, daß *Feest*, Frauenkriminalität, in Kleines Kriminologisches Wörterbuch[3] (1993) 143, davon ausgeht, daß Statistiken die Frauenkriminalität zwar größenmäßig verzerren, aber ansonsten real sind.

[89]) Vgl *Kerschke-Risch*, Gelegenheit macht Diebe 15.

[90]) *Leder*, Frauen- und Mädchenkriminalität: Kritische Bestandsaufnahme aus devianzsoziologischer Sicht[3] (1997) 118.

[91]) *Leder*, Der Stand kriminologischer Arbeit über Frauen- und Mädchenkriminalität - desorientierend für Politik, Kriminalpolitik, Sozialarbeitspraxis und Wissenschaft? MSchrKrim 1984, 313f, 324.

[92]) *Leder*, Frauen- und Mädchenkriminalität 101.

[93]) *Krämer*, Kriminalistik 1992, 327; *Schmölzer*, MSchKrim 1995, 229; *Kaiser*, Kriminologie[3] (1996) 503. Vgl dazu die Aufnahme der Kritiken bei *Leder*, Frauen- und Mädchenkriminalität 101, 105f.

IV. Entwicklungsgeschichtliche Aspekte des gegenwärtigen Standes an Erklärungsversuchen zur "Frauenkriminalität"[94]

Auszugehen ist davon, daß die Auseinandersetzung mit Fragen der weiblichen Kriminalität Anfang der 70er Jahre einen vehementen Aufschwung erlebt hat, sich die Erklärungsversuche aber noch immer im herkömmlichen Spektrum bewegen, während die Fragen in neuem Licht erscheinen.[95] Ohne Rückblende aus einer entwicklungsgeschichtlichen Perspektive läßt sich jedoch kein neuer Anfang finden.

Bereits *Ende der 60er Jahre* wurden in Abkehr von den biologisch-psychologischen Ansätzen durchwegs explizit *rollentheoretische Aspekte* vertreten, wenn auch mit unterschiedlichsten Schlußfolgerungen: Für *Müller-Luckmann*[96] war das Leben in der weiblichen Rolle "sozial weniger gefährlich, wobei nicht zu verkennen ist, daß auch das Binnendasein der angeblich typischen Frau seine Gefahren hat". Im selben Jahr schlägt *Heidensohn*[97] vor, sich dem Phänomen des weiblichen abweichenden Verhaltens unter dem Aspekt der "female sex role" anzunähern, und bereits 1969 erklärt *Bertrand*[98] dezidiert, daß die Rollentheorie letztendlich die umfassendste Erklärung für den Unterschied in der Kriminalitätsbelastung der Geschlechter sei.

Nach solchen Pauschalerklärungen begann man einerseits, sie in ihren Aussagen zu differenzieren bzw die rollen- und sozialisationstheoretischen Aspekte zu verfeinern,[99] und andererseits, sie anhand von Studien auf ihre Gültigkeit zu überprüfen. Auch die Idee, daß bereits der Gesetzgeber in der Formulierung von Straftatbeständen Geschlechtsrollenunterschiede verarbeite, wurde geboren.[100] Die ersten expliziten Vertreter[101] einer "*Emanzipationsthese*" äußerten ihre Hochrechnungen dahingehend, daß eine Geschlechtsrollenannäherung zu einem Anstieg der Frauenkriminalität und zu mehr von

---

[94]) Zur neueren Entwicklung im deutschsprachigen Raum - auf die in dieser Arbeit nicht eingegangen werden soll - s ausführlich *Schmölzer*, MSchrKrim 1995, 227-235.

[95]) Vgl *Kaiser*, Kriminologie³ (1996) 500f.

[96]) *Müller-Luckmann*, Die kriminelle Frau. Aus der Sicht des Psychologen, Ärztliche Praxis, Die Zeitung des Arztes in Klinik und Praxis, Nr 65 vom 13.8.1968, 2855.

[97]) *Heidensohn*, The deviance of women: a critique and an enqiry, The British Journal of Sociology 19 (1968) 170.

[98]) *Bertrand*, Self-Image and Delinquency. A Contribution to the Study of Female Criminality and Woman's Image, Acta Criminologica. Etudes sur la conduite antisociale 2 (1969) 74.

[99]) ZB *Scutt*, Role Conditioning Theory: An Explanation for Disparity in Male and Female Criminality? Australian and New Zealand Journal of Criminology 9 (1976) 25-35.

[100]) *Hoffman-Bustamente*, Issues in Criminology 8 (1973) 136; aA *Smart*, Women, Crime and Criminology 112.

[101]) Zu ihren Vorläufern zählen bereits *Pollak* (1950) und *Vedder/Sommerville* (1970).

Frauen begangenen schweren Delikten führen müßte.[102] Eigentlich waren diese Überlegungen nur Weiterentwicklungen des Frauenbildes von Lombroso[103], der vor gebildeten Frauen warnte, denen die Schranken von Häuslichkeit und Mütterlichkeit fehlten, oder von Freud: Die kriminelle Frau ist dem Manne ähnlicher als die nicht-kriminelle.

Adlers Kreation der "new female criminal" - als Meilenstein in der Erforschung der weiblichen Kriminalität angesehen - stellte auf das Vordringen der Frau in den legalen wie illegalen Bereich bisheriger "Männer-Reservate" ab;[104] was als Paradigmenwechsel erschien, war allerdings nur eine konsequente - wenn auch überspitzte - Fortführung von Aspekten der Rollentheorie. "Wenn die sozialen Trends anhalten, werden Mann und Frau nicht nur Magengeschwüre, Herzleiden und Lungenkrebs gemein haben, sondern auch Kriminalitätsformen gegen die Person, aggressive Eigentums- und insbesondere Wirtschaftskriminalität."[105]

Etwas modifiziert fand sich diese These der Auswirkungen von beruflichem und wirtschaftlichem Wandel der Stellung der Frau in der Gesellschaft bei *Simon*, die einen Anstieg an weiblicher Kriminalität nur bei leichteren Eigentumsdelikten feststellen konnte.[106]

Aber kaum waren diese Monographien zur "Emanzipationsthese" ("Liberation Theory") erschienen, wurden vehemente Gegenstimmen laut:[107] *Smart* machte darauf aufmerksam, daß nicht die geänderte Kriminalität der Frau aus der Frauenbewegung resultierte, sondern daß beide Phänomene aus dem Wandel sozialer und wirtschaftlicher Bedingungen resultierten.[108] *Klein/Kress* faßten ihren Standpunkt in einem Satz zusammen: "..., we are certain that the women's movement is not criminogenic."[109] Zahlreiche Untersuchungen mit teilweise differenzierenden Fragestellungen wurden im Hell- und Dunkelfeld durchgeführt und kamen - eine plakative Aussage ausgewählt - zu dem Schluß, daß "the 'new female criminal' is more a social invention than an em-

---

[102]) *Datesman/Scarpitti/Stephenson*, Female Delinquency, Journal of Research in Crime and Delinquency 12 (1975) 109.

[103]) Vgl *Smart*, Women, Crime and Criminology 70, 192 FN 1.

[104]) *Adler*, Sisters in Crime 13.

[105]) *Adler*, Sisters in Crime 132, 252.

[106]) *Simon*, Women and Crime 47. Sehr kritisch *Heidensohn*, Buchbesprechung: *Simon*, Women and Crime (1975), The British Journal of Criminology 16 (1976) 313f.

[107]) Einige versuchten, Beweise für die Richtigkeit der Emanzipationsthese zu schaffen; etwa indem Beschäftigtenzahlen und die Scheidungsrate als Maß der Emanzipation in Erhebungen eingesetzt wurden (*Austin*, Women's Liberation and Increases in Minor, Major, and Occupational Offenses, Criminology 20 (1982) 407-430).

[108]) *Smart*, Women, Crime and Criminology 26, 70.

[109] *Klein/Kress*, Any Woman's Blues: A Critical Overview of Women, Crime and the Criminal Justice System, Crime and Social Justice 1976, 42.

pirical reality"[110].[111] Darüber hinaus fanden weitere Modifzierungen[112] der *Adler*schen These statt, die darin gipfelten, zwischen der Frage nach einem direkten bzw einem indirekten Zusammenhang zwischen Veränderungen der Frauenkriminalität und der Emanzipation zu unterscheiden.[113] Letzterer besteht darin, daß (auch) für die Frau neue wirtschaftliche Bedürfnisse und Gelegenheiten entstanden sind, die sich in gewaltlosen Vermögensdelikten niederschlagen (können).[114] Damit ist man in der Nähe der Ideen von *Simon*, und eigentlich bei der Rollentheorie im weitesten Sinne gelandet.

Nachdem diese Diskussion um die Emanzipationsthese nahezu ein Jahrzehnt die Forschungen im Bereich der Frauenkriminalität geprägt hatte, erinnerte man sich der von *Pollak* schon 1950 propagierten "*Ritterlichkeitsthese*" ("*Kavalierstheorie*" bzw die "*Theorie der selektiven Sanktionierung*"), nach der Frauen in der Maschinerie des Strafrechtssystems auf allen Ebenen bevorzugt behandelt würden.[115] Die Ergebnisse von Untersuchungen blieben jedoch

---

110) *Weis*, Liberation and Crime: The Invention of the New Female Criminal, Crime and Social Justice 1976, 24.

111) *Norland/Shover*, Gender Roles and Female Criminality. Some Critical Comments, Criminology 15 (1977) 87-104; für eine Art multifaktoriellen Ansatz *Scutt*, Toward the Liberation of the Female Lawbreaker, International Journal of Criminology and Penology 6 (1978) 5-18; vorsichtig *Steffensmeier*, Assessing the Impact of the Women's Movement on Sex-Based Differences in Handling of Adult Criminal Defendants, Crime & Delinquency 26 (1980) 344-356; sinnvoller Weise nach quantitativen und qualitativen Aspekten differenzierend *Steffensmeier/Hoffman Steffensmeier*, Trends in Female Delinquency. An Examination of Arrest, Juvenile Court, Self Report, and Field-Data, Criminology 18 (1980) 62-85.

112) ZB weitere Faktoren einbauend *Figueira-Mc Donough/Selo*, A Reformulation of the "Equal Opportunity" Explanation of Female Delinquency, Crime & Delinquency 26 (1980) 333-343.

113) *Norland/Wessel/Shover*, Masculinity and Delinquency, Criminology 19 (1981) 421-433; *Figueira-Mc Donough*, Feminism and Delinquency, In Search of an Elusive Link, The British Journal of Criminology 24 (1984) 325-342.

114) *Hartnagel*, Modernization, Female Social Roles, and Female Crime: A Cross-National Investigation, The Sociological Quarterly 23 (1982) 477-490.

115) *Visher*, Gender, Police Arrest Decisions, and Notions of Chivalry, Criminology 21 (1983) 5-28; *Krohn/Curry/Nelson-Kilger*, Is Chivalry Dead? An Analysis of Changes in Police Dispositions of Males and Females, Criminology 21 (1983) 417-437; unter einem anderen Blickwinkel *Geißler/Marißen*, Junge Frauen und Männer vor Gericht. Geschlechtsspezifische Kriminalität und Kriminalisierung, Kölner Zeitschrift für Soziologie und Sozialpsychologie 40 (1988) 505-526 (s dazu auch die Replik von *Oberlies*, Geschlechtsspezifische Kriminalität und Kriminalisierung oder: Wie sich Frauenkriminalität errechnen läßt, Kölner Zeitschrift für Soziologie und Sozialpsychologie 42 (1990) 129-143 sowie die Antwort: *Geißler/Marißen*, Anmerkungen zur Analyse und Bewertung von Frauenkriminalität, Kölner Zeitschrift für Soziologie und Sozialpsychologie 42 (1990) 144-148).

Zu Mehrfaktorenanalysen vgl *Stein-Hilbers*, Frauenkriminalität, in *Seitz* (Hg), Kriminal- und Rechtspsychologie, Ein Handbuch in Schlüsselbegriffen (1983) 68-74; *Box/Hale*, Liberation/Emancipation, Economic Marginalization, or Less Chivalry, The Relevance of Three Theoretical Arguments to Female Crime Patterns in England and Wales, 1951-1980, Criminology 22 (1984) 473-497.

uneinheitlich.[116] Welcher Meinung man sich auch anschließt, man sollte nur wirklich Vergleichbares zueinander in Relation setzen, dh Taten, deren Einzelfallumstände übereinstimmen.

Letztendlich mehren sich mit wenigen Ausnahmen[117] die Stimmen, die Emanzipationsthese für wissenschaftlich nicht erwiesen zu erklären.[118] Andererseits wird nicht nur die Debatte um "Kriminalisierung" statt "Kriminalität" geführt,[119] sondern - zum Teil in Verbindung mit ersterem - der Weg eines multifaktoriellen Ansatzes gesucht.[120]

V. Resümee

Mehr als 100 Jahre lang hat man versucht, Erklärungen zu Phänomenen der Frauenkriminalität zu finden, indem man immer neue Aspekte und Perspektiven aufgetan und weitere Einzelfaktoren untersucht hat; nun ist es an der Zeit, über alle kriminologischen Strömungen und Gruppierungen hinweg die geschaffenen Einzelbausteine zu einem geschlossenen Bild zusammenzuführen. - *Das* wäre der Paradigmenwechsel im wissenschaftlichen Umgang mit weiblicher Kriminalität!

---

[116]) Das Gegenteil feststellend *Anderson*, The "chivalrous" treatment of the female offender in the arms of the criminal justice system: a review of the literature, Social Problems 23 (1976) 354f.

[117]) Für die Vermutung, daß ein geringeres Maß an Emanzipation kriminalitätshemmend wirken könnte *Traulsen*, Delinquenz und soziale Benachteiligung der Ausländerinnen, MSchrKrim 1990, 256; für eine "modifizierte Emanzipationsthese", die in den Bereich der indirekten Konnexität fallen könnte, *Schwind*, Kriminologie 68.

[118]) *Kaiser*, Kriminologie 508f; differenzierend *Haen Marshall*, The Women's Movement and Female Criminality in the Netherlands, in *Barak-Glantz/Johnson* (Hg), Comparative Criminology (1983) 87-102; *Dijksterhuis/Nijboer*, Delinquentiepatronen bij meisjes en jongens, Tijdschrift voor Criminologie 1986, 41f; *Dürkop*, Theorien über weibliche Kriminalität aus feministischer Sicht, in *Gerhard/Limbach* (Hg), Rechtsalltag von Frauen 185; jedenfalls was den Zusammenhang mit der Beschäftigungssituation anlangt (*Naffine/Gale*, Testing the Nexus: Crime, Gender, and Unemployment, The British Journal of Criminology 29 (1989) 144-156; *Katoh*, Zu politisch motivierter Frauenkriminalität - Eine vergleichende Untersuchung über japanische und deutsche Terroristinnen-, in *Albrecht*, Peter-Alexis/*Ehlers/Lamott/Pfeiffer/Schwind/Walter* (Hg), *Schüler-Springorum*-FS (1993) 187; gegen die Emanzipationsthese von Adler, aber für einen mittelbaren Einfluß *Kerschke-Risch*, Gelegenheit macht Diebe 43.

[119]) ZB *Mansel*, Ausländische Frauen und Mädchen unter Tatverdacht - Die Häufigkeit der Registrierung von deutschen, türkischen und italienischen Frauen in der polizeilichen Kriminalstatistik, MSchrKrim 1988, 167.

[120]) S etwa *Laberge*, Les recherches sur les femmes criminalisées: questions actuelles et nouvelles questions de recherche, Annales internationales de Criminologies 1991, 21-41; *Guyomarch*, Buchbesprechung: La Criminalité des Femmes: Questions Actuelles de Criminologie (1989), The British Journal of Criminology 35 (1995) 168.

Literaturverzeichnis

- *Adler*, Sisters in Crime, The Rise of the New Female Criminal (1975).
- *Adler*, The ASC and Women; One Generation Without, One Generation With, The ASC Criminologist (The Official Newsletter of the American Society of Criminology) vol 22, No 3, May/June 1997, 1.
- *Albrecht*, Hans-Jörg/*Villmow*, Plädoyer für mehr Mut bei der deutschen kritischen Kriminologie, KrimJ 1978, 308.
- *Althoff/Leppelt*, Feminismus und Foucault: eine Perspektive Kritischer Kriminologie, KrimJ 1991, 97.
- *Anderson*, The "chivalrous" treatment of the female offender in the arms of the criminal justice system: a review of the literature, Social Problems 23 (1976) 350.
- *Austin*, Women's Liberation and Increases in Minor, Major, and Occupational Offenses, Criminology 20 (1982) 407.
- *Bertrand*, Eine radikale Feministische Kritik von Kriminologie und Strafrecht, in *Krüger* (Hg), Kriminologie, Eine feministische Perspektive (1992) 13.
- *Bertrand*, Self-Image and Delinquency. A Contribution to the Study of Female Criminality and Woman's Image, Acta Criminologica. Etudes sur la conduite antisociale 2 (1969) 71.
- *Blankenburg*, Haben Frauen ein anderes Rechtsbewußtsein als Männer? in *Gerhard/Limbach* (Hg), Rechtsallltag von Frauen 143.
- *Box/Hale*, Liberation/Emancipation, Economic Marginalization, or Less Chivalry, The Relevance of Three Theoretical Arguments to Female Crime Patterns in England and Wales, 1951-1980, Criminology 22 (1984) 473.
- *Brown*, Reassessing the critique of biologism, in *Gelsthorpe/Morris* (Hg), Feminist Perspectives in Criminology 41, 41.
- *Brown*, Women and crime: the dark figures of criminology, Economy and Society 15 (1986) 355.
- *Cremer*, Untersuchungen zur Kriminalität der Frau. Versuch einer Phänomenologie und einer Diskussion der wichtigsten aetiologischen Ansätze (1974).
- *Datesman/Scarpitti/Stephenson*, Female Delinquency: An Application of Self and Opportunity Theories, Journal of Research in Crime and Delinquency 12 (1975) 107.
- *ders*, Frauen- und Mädchenkriminalität, Betrachtungen aus devianzsoziologischer, kriminologischer und wissenschaftstheoretischer Sicht (1978).

- *Dijksterhuis/Nijboer*, Delinquentiepatronen bij meisjes en jongens, Tijdschrift voor Criminologie 1986, 41.
- *Dürkop*, Feminismus und Labeling-Approach. Ansätze gegen die Diskriminierung von Menschen, KrimJ 1986, 273.
- *Dürkop*, Theorien über weibliche Kriminalität aus feministischer Sicht, in *Gerhard/Limbach* (Hg), Rechtsalltag von Frauen (1988) 183.
- *Einsele*, Buchbesprechung: *Cremer*, Untersuchungen zur Kriminalität der Frau (1974), MSchrKrim 1975, 308f.
- *Feest*, Frauenkriminalität, in Kleines Kriminologisches Wörterbuch[3] (1993) 142.
- *Felson*, Big People hit Little People: Sex Differences in Physical Power and Interpersonal Violence, Criminology 34 (1996) 433.
- *Figueira-Mc Donough*, Feminism and Delinquency, In Search of an Elusive Link, The British Journal of Criminology 24 (1984) 325.
- *Figueira-Mc Donough/Selo*, A Reformulation of the "Equal Opportunity" Explanation of Female Delinquency, Crime & Delinquency 26 (1980) 333.
- *Funken*, Frau - Frauen - Kriminelle, Zur aktuellen Diskussion über "Frauenkriminalität" (1989).
- *Geißler/Marißen*, Anmerkungen zur Analyse und Bewertung von Frauenkriminalität, Kölner Zeitschrift für Soziologie und Sozialpsychologie 42 (1990) 144.
- *Geißler/Marißen*, Junge Frauen und Männer vor Gericht. Geschlechtsspezifische Kriminalität und Kriminalisierung, Kölner Zeitschrift für Soziologie und Sozialpsychologie 40 (1988) 505.
- *Gelsthorpe/Morris*, Feminism and Criminology in Britain, British Journal of Criminology 28 (1988) 93.
- *Gelsthorpe/Morris*, Introduction: Transforming and transgressing criminology, in *dies* (Hg), Feminist Perspectives in Criminology 1.
- *Göppinger*, Kriminologie[5], bearbeitet von *Bock/Böhm* (1997) 524.
- *Gove*, The Effect of Age and Gender on Deviant Behavior: A Biopsychological Perspective, in *Rossi* (Hg), Gender and the Life Course (1985) 115
- *Gransee*, Ein Problemaufriß zur Kategorie "Geschlecht" in der feministischen Kriminologie, KrimJ 1997, 2.
- *Gransee/Leppelt*, "Feministische Perspektiven in der Kriminologie", Bericht über eine Tagung in Saarbrücken vom 26.-28. Februar 1993, KrimJ 1993, 225.
- *Gransee/Stammermann*, Feminismus und kritische Kriminologie. Oder: Was kann eine sich kritisch verstehende Kriminologie vom Feminismus lernen? KrimJ 1991, 82.

- *Gransee/Stammermann*, Kriminalität als Konstruktion von Wirklichkeit und die Kategorie Geschlecht, Versuch einer feministischen Perspektive (1992).
- *Guyomarch*, Buchbesprechung: La Criminalité des Femmes: Questions Actuelles de Criminologie (1989), The British Journal of Criminology 35 (1995) 167f.
- *Haen Marshall*, The Women's Movement and Female Criminality in the Netherlands, in *Barak-Glantz/Johnson* (Hg), Comparative Criminology (1983) 87.
- *Hartnagel*, Modernization, Female Social Roles, and Female Crime: A Cross-National Investigation, The Sociological Quarterly 23 (1982) 477.
- *Heidensohn*, Buchbesprechung: *Simon*, Women and Crime (1975), The British Journal of Criminology 16 (1976) 313f.
- *Heidensohn*, The deviance of women: a critique and an enqiry, The British Journal of Sociology 19 (1968) 160.
- *Heidensohn*, Women and Crime in Europe, in *Heidensohn/Farell* (Hg), Crime in Europe (1993) 55.
- *Hoffman-Bustamante*, The Nature of Female Criminality, Issues in Criminology 8 (1973) 117.
- *Kaiser*, Kriminologie, Ein Lehrbuch[3] (1996) 495.
- *Katoh*, Zu politisch motivierter Frauenkriminalität - Eine vergleichende Untersuchung über japanische und deutsche Terroristinnen -, in *Albrecht*, Peter-Alexis/*Ehlers/Lamott/Pfeiffer/Schwind/Walter* (Hg), *Schüler-Springorum*-FS (1993) 173.
- *Kerschke-Risch*, Gelegenheit macht Diebe - doch Frauen klauen auch. Massenkriminalität bei Frauen und Männern (1993).
- *Kersten*, Junge Männer und Gewalt, Neue Kriminalpolitk 1995, 22.
- *Kersten*, Kriminalität, Kriminalitätsangst und Männlichkeitskultur, KrimSozBibl 1991/72-73, 41.
- *Klein*, The Etiology of Female Crime: A Review of the Literature, Issues in Criminology 8 (1973) 3.
- *Klein/Kress*, Any Woman's Blues: A Critical Overview of Women, Crime and the Criminal Justice System, Crime and Social Justice 1976, 34.
- *Krämer*, Frau gleich Mann? Delinquenz, Suchtmittelumgang und andere Formen abweichenden Verhaltens bei Frauen, Kriminalistik 1992, 327.
- *Krohn/Curry/Nelson-Kilger*, Is Chivalry Dead? An Analysis of Changes in Police Dispositions of Males and Females, Criminology 21 (1983) 417.
- *Kunz*, Kriminologie, Eine Grundlegung (1994) 41.
- *Laberge*, Les recherches sur les femmes criminalisées: questions actuelles

et nouvelles questions de recherche, Annales internationales de Criminologies 1991, 21.

- *Lamott*, Konstruktionen von Weiblichkeit und die "male stream" Kriminologie, Neue Kriminalpolitik 1995, 29.
- *Leder,* Die geringe Delinquenzbelastung der Frau - Echte kriminologische und soziologische Verlegenheiten, Soziale Arbeit 1975, 197.
- *Leder*, Der Stand kriminologischer Arbeit über Frauen- und Mädchenkriminalität - desorientierend für Politik, Kriminalpolitik, Sozialar-beitspraxis und Wissenschaft? MSchrKrim 1984, 313.
- *Leder*, Frauen- und Mädchenkriminalität: Kritische Bestandsaufnahme aus devianzsoziologischer Sicht[3] (1997).
- *Lombroso/Ferrero*, Das Weib als Verbrecherin und Prostituierte. Anthropologische Studien, gegründet auf eine Darstellung der Biologie und Psychologie des normalen Weibes (1894) (Übersetzung von Kurella).
- *Luthe/Witter*, Über die geschlechtsspezifische Kriminoresistenz bei Frauen. Zugleich ein Beitrag zum Problem des erweiterten Selbstmordes, in *Kerner/Kaiser* (Hg), Kriminalität - Persönlichkeit, Lebensgeschichte und Verhalten, *Göppinger*-FS (1990) 275.
- *Maelicke*, Frauenkriminalität, Frauenstrafvollzug und ambulante Alternativen. Für einen eigenständigen Umgang mit Frauenkriminalität, ZfStrVo 1993, 226.
- *Mansel*, Ausländische Frauen und Mädchen unter Tatverdacht - Die Häufigkeit der Registrierung von deutschen, türkischen und italienischen Frauen in der polizeilichen Kriminalstatistik, MSchrKrim 1988, 166.
- *Meyer-Bahlburg*, Geschlechtsunterschiede und Aggression: Chromosomale und hormonale Faktoren, in *Bischof/Preuschoft* (Hg), Geschlechtsunterschiede. Entstehung und Entwicklung. Mann und Frau in biologischer Sicht (1980) 123.
- *Miller*, Buchbesprechung: *Belknap*, The Invisible Woman: Gender, Crime and Justice (1996), The Criminologist 22 (1997) 29f.
- *Mischau*, Einige Gedanken über die Chancen einer feministischen Wissenschaft(skritik) in der kritischen Kriminologie, KrimJ, 5. Beiheft 1995, 28.
- *Müller-Luckmann*, Die kriminelle Frau. Aus der Sicht des Psychologen, Ärztliche Praxis, Die Zeitung des Arztes in Klinik und Praxis, Nr 65 vom 13.8.1968, 2841, 2853, 2855.
- *Naffin*, The Masculinity-Femininity Hypothesis. A Consideration of Gender-based Personality Theories of Female Crime, The British Journal of Criminology 25 (1985) 365.
- *Naffine/Gale*, Testing the Nexus: Crime, Gender, and Unemployment, The

British Journal of Criminology 29 (1989) 144.
- *Norland/Shover*, Gender Roles and Female Criminality. Some Critical Comments, Criminology 15 (1977) 87.
- *Norland/Wessel/Shover*, Masculinity and Delinquency, Criminology 19 (1981) 421.
- *Oberlies*, Geschlechtsspezifische Kriminalität und Kriminalisierung oder: Wie sich Frauenkriminalität errechnen läßt, Kölner Zeitschrift für Soziologie und Sozialpsychologie 42 (1990) 129.
- *Pollak*, The Criminality of Women (1950).
- *Rutenfrans*, Criminaliteit en Sexe (1989).
- *Sagel-Grande*, Zur Erklärung der Frauenkriminalität, ZStW (100) 1988, 994.
- *Scheerer*, Anhedonia Criminologica, KrimJ 1997, 23.
- *Schmölzer*, Aktuelle Diskussionen zum Thema "Frauenkriminalität" - ein Einstieg in die Auseinandersetzung mit gegenwärtigen Erklärungsversuchen, MSchrKrim 1995, 219.
- *Schmölzer*, Frauenkriminalität in Österreich, ÖJZ 1995, 691.
- *Schwind*, Kriminologie, Eine praxisorientierte Einführung mit Beispielen[7] (1996) 64.
- *Scutt*, Role Conditioning Theory: An Explanation for Disparity in Male and Female Criminality? Australian and New Zealand Journal of Criminology 9 (1976) 25.
- *Scutt*, Toward the Liberation of the Female Lawbreaker, International Journal of Criminology and Penology 6 (1978) 5.
- *Simon*, Women and Crime (1975).
- *Smart*, Feminist approaches to criminology or postmodern woman meets atavistic man, in *Gelsthorpe/Morris* (Hg), Feminist Perspectives in Criminology (1990) 70.
- *Smart*, Women, Crime and Criminology: A Feminist Critique (1976).
- *Smaus*, Das Strafrecht und die Frauenkriminalität, KrimJ 1990, 266.
- *Smaus*, Feministische Beobachtung des Abolitionsimus, KrimJ 1989, 182.
- *Smaus*, Feministische Erkenntnistheorie und Kriminologie von Frauen, KrimJ, 5. Beiheft 1995, 9.
- *Steffensmeier*, Assessing the Impact of the Women's Movement on Sex-Based Differences in Handling of Adult Criminal Defendants, Crime & Delinquency 26 (1980) 344.
- *Steffensmeier/Hoffman Steffensmeier*, Trends in Female Delinquency. An Examination of Arrest, Juvenile Court, Self Report, and Field-Data, Criminology 18 (1980) 62.

- *Stehr*, Buchbesprechung: *Gransee/Stammermann*, Kriminalität als Konstruktion von Wirklichkeit und die Kategorie Geschlecht (1992) KrimJ 1994, 149.
- *Stein-Hilbers*, Frauenkriminalität, in *Seitz* (Hg), Kriminal- und Rechtspsychologie, Ein Handbuch in Schlüsselbegriffen (1983) 68.
- *Traulsen*, Delinquenz und soziale Benachteiligung der Ausländerinnen, MSchrKrim 1990, 256.
- *van den Boogaart*, " 'Weiblichkeit' in 'feministisch kritischer' Kriminologie", Bericht über die Tagung der Sektion "*Feministische Kriminologie*" *der GIWK* vom 17.-19.11.95 in Hamburg: *Drei Tage Weiblichkeit*, KrimJ 1996, 138.
- *van den Boogaart*, Buchbesprechung: Funken, Frau - Frauen - Kriminelle, (1989), KrimJ 1990, 148.
- *Van den Boogaart/Seus*, Radikale Kriminologie, Die Rekonstruktion zweier Jahrzehnte Wissenschaftsgeschichte Großbritanniens (1991).
- *Van Swaaningen*, Feminismus und Abolitionismus als Kritik der Kriminologie, KrimJ 1989, 162.
- *Verrijn Stuart*, Proces 1992/7, 170.
- *Visher*, Gender, Police Arrest Decisions, and Notions of Chivalry, Criminology 21 (1983) 5.
- *Von Stammermann*, "Weiblichkeit" und die Macht kultureller Deutungsmuster, KrimJ 1997, 211.
- *Wahrig* (Hg), Fremdwörter-Lexikon (1975) 32, 249.
- *Weis*, Liberation and Crime: The Invention of the New Female Criminal, Crime and Social Justice 1976, 17.
- *Wyss*, Delinquenz: "Frauen latent gefährlich", Plädoyer 1996/3, 22.
- *Young*, Radikale Kriminologie in Großbritannien, KrimJ 1988, 247.

DER WEIBLICHE LEBENSZUSAMMENHANG
am Beispiel der Hausfrauenehe im österreichischen Privatkonkursrecht

von Lilian Hofmeister

I. Partnerschaftliche Ehe

Seit der Familienrechtsreform 1977/1978 normiert das österreichische Familienrecht die sog **partnerschaftliche Ehe**:

Gem § 44 ABGB ist für den **Begriff der Ehe** essentiell, daß „zwei Personen verschiedenen Geschlechtes gesetzmäßig ihren Willen (erklären), in unzertrennlicher Gemeinschaft zu leben, Kinder zu zeugen, sie zu erziehen, und sich gegenseitig Beistand zu leisten".

§ 89 ABGB lautet: „Die persönlichen Rechte und Pflichten der Ehegatten im Verhältnis zueinander sind, soweit in diesem Hauptstück nicht anderes bestimmt ist, gleich."

Gem § 90 ABGB sind die Ehegatten „einander zur umfassenden ehelichen Lebensgemeinschaft, besonders zum gemeinsamen Wohnen, sowie zur Treue, zur anständigen Begegnung und zum Beistand verpflichtet. Im Erwerb des anderen hat ein Ehegatte mitzuwirken, soweit ihm dies zumutbar und es nach den Lebensverhältnissen der Ehegatten üblich ist".

Nach § 91 ABGB sollen die Ehegatten „ihre eheliche Lebensgemeinschaft, besonders die Haushaltsführung und die Erwerbstätigkeit, unter Rücksichtnahme aufeinander und auf das Wohl der Kinder einvernehmlich gestalten".

§ 94 ABGB normiert: „(1) Die Ehegatten haben nach ihren Kräften und gemäß der Gestaltung ihrer ehelichen Lebensgemeinschaft zur Deckung der ihren Lebensverhältnissen angemessenen Bedürfnisse gemeinsam beizutragen.

(2) Der Ehegatte, der den gemeinsamen Haushalt führt, leistet dadurch seinen Beitrag im Sinn des Abs. 1; er hat an den anderen einen Anspruch auf Unterhalt, wobei eigene Einkünfte angemessen zu berücksichtigen sind. Dies gilt nach der Aufhebung des gemeinsamen Haushaltes zu Gunsten des bisher Unterhaltsberechtigten weiter, sofern nicht die Geltendmachung des Unterhaltsanspruches, besonders wegen der Gründe, die zur Aufhebung des gemeinsamen Haushalts geführt haben, ein Mißbrauch des Rechtes wäre. Ein Unterhaltsanspruch steht einem Ehegatten auch zu, soweit er seinen Beitrag nach Abs. 1 nicht zu leisten vermag.

(3) Auf den Unterhaltsanspruch an sich kann im vorhinein nicht verzichtet werden."

§ 95 ABGB lautet: „Die Ehegatten haben an der Führung des gemeinsamen Haushalts nach ihren persönlichen Verhältnissen, besonders unter Berücksichtigung ihrer beruflichen Belastung, mitzuwirken; ist jedoch ein Ehegatte nicht erwerbstätig, so obliegt ihm die Haushaltsführung."

§ 96 ABGB regelt die sog Schlüsselgewalt: „Der Ehegatte, der den gemeinsamen Haushalt führt und keine Einkünfte hat, vertritt den anderen bei den Rechtsgeschäften des täglichen Lebens ....".

§ 98 ABGB lautet: „Wirkt ein Ehegatte im Erwerb des anderen mit, so hat er Anspruch auf angemessene Abgeltung seiner Mitwirkung. Die Höhe des Anspruchs richtet sich nach der Art und Dauer der Leistungen; die gesamten Lebensverhältnisse der Ehegatten, besonders auch die gewährten Unterhaltsleistungen, sind angemessen zu berücksichtigen."

Eine nähere Analyse dieser Tatbestände unter Berücksichtigung des legistischen und realpolitischen Kontextes enthüllt, daß der Gesetzgeber unter Partnerschaft zwischen Eheleuten sehr wohl ein **stereotypes Geschlechterverhältnis** vor Augen hat, bei welchem die Ehefrau als sog **Hausfrau** die unbezahlte Versorgungsarbeit daheim verrichtet, während der Ehemann als sog Alleinverdiener der bezahlten, meist außerhäuslichen Erwerbsarbeit nachgeht und damit die finanziellen Rahmenbedingungen für dieses Arrangement herstellt. In der Praxis ist es die Ehefrau, die im Erwerb des Mannes mitzuwirken hat, wenn es zumutbar und üblich ist. Der Führungsanspruch des Ehemannes („Haupt der Familie") wurde zwar ex lege abgeschafft. Die Tradition in den österreichischen Familien, den männlichen Familienmitgliedern einen **Geschlechtsvorrang** im Alltag einzuräumen, blieb aufrecht: Erfahrungsgemäß werden Burschen und Männer auch heute noch weit seltener zur Hausarbeit herangezogen als Mädchen und Frauen. Bestenfalls „helfen" sie mit bei der unbezahlten Versorgungsarbeit in der Familie. In Ausbildung und Beruf werden die männlichen Familienmitglieder nach wie vor mehr gefördert und unterstützt als die weiblichen Familienmitglieder. Bezahlte Vollzeitarbeit wird eher Männern als Frauen zugeordnet. Die **Rechtsprechung** trug ihrerseits seit 1978 nur wenig dazu bei, Rollenstereotype im Familienkreis aufzuheben. Sie fand Argumente nicht nur in der gesellschaftlichen Tradition, sondern auch in der speziellen **Gesetzestechnik der Familienrechtsreform 1978**, bei der die **ausschließliche Haushaltsführung durch einen** Ehepartner dadurch intendiert wird, daß entweder im 2. Satz des Tatbestandes oder im 2. Absatz der jeweiligen Bestimmung die bestehende Tradition der **Arbeitsteilung in der Familie als ideal-**

typische „Variante“ von Partnerschaft ausdrücklich genannt wird. Ehefrauen, die **allein** den gemeinsamen Haushalt führten und sich noch ihre Einkünfte aus Vermögen und bezahlter Erwerbstätigkeit auf den Unterhalt anrechnen lassen mußten, wurden zwar wegen ihrer Mehrfachbelastung allgemein bedauert, von Politik und Recht aber im Stich gelassen.[1]

II. Privatkonkurs

Mit der Konkursordnungsnovelle 1993, BGBl 1993/974, wurden **Sonderbestimmungen für natürliche Personen** als dritter Teil in die Konkursordnung aufgenommen. Ziel der Reform war, sog natürlichen Personen - also Menschen, die kein Unternehmen betreiben - den faktischen Zugang zu den Wohltaten der **Generalexekution** zu ermöglichen. Die Novelle trat mit 1.1.1995 in Kraft. Private, die zahlungsunfähig geworden sind und nichts anderes besitzen als ihre Arbeitskraft, sollen einen Teil ihrer Einkünfte aus bezahlter Erwerbsarbeit zur **perzentuellen Befriedigung** ihrer Gläubiger im Rahmen einer Quote zur Verfügung stellen können. **Mit Leistung der Quote sollte die Tilgung der gesamten Schuld eintreten.** Das Verfahren beginnt mit einem außergerichtlichen Ausgleichsversuch zwischen dem Schuldner und seinen Gläubigern und bietet zahlreiche Möglichkeiten einer „maßgeschneiderten“ Entschuldung durch Zwangsausgleich, Zahlungsplan und Abschöpfungsverfahren mit Restschuldbefreiung. Letztlich soll die wirtschaftliche Fähigkeit des Schuldners wiederhergestellt werden.

Nun sollte man meinen, daß der Gesetzgeber bei der Reform des Insolvenzrechtes auch die sog Hausfrauenehe als intendiertes idealtypisches Geschlechterverhältnis zwischen Mann und Frau im Auge hatte und dieses Lebensmodell mit den Normen des Insolvenzrechtes unterstützt und fördert. Leider ist es nicht so.

---

[1]) E 69 zu § 94 ABGB, Dittrich-Tades, MGA ABGB[34]. Geschlechterstereotype Entscheidungen finden sich in der aktuellen kommentierten Ausgabe beispielsweise: E 7a zu § 94 ABGB zum Thema: Verlust des Unterhaltsanspruches bei einseitigem grundlosen Abgehen von der einmal vereinbarten Rollenverteilung; E 55 zu § 94 ABGB zum Thema: Gestaltung einer Hausfrauenehe; E 69 zu § 94 ABGB zum Thema: Kein Unterhalt für eine vollberufstätige Ehefrau, auch wenn sie die familiäre Versorgungsarbeit allein verrichtet; E 82ff zu § 94 ABGB zum Thema: Verwirkung des Unterhaltsanspruches, Rechtsmißbrauch durch die Ehefrau. Dabei unterscheidet sich die aktuelle kommentierte Ausgabe wohltuend von den früheren Ausgaben (MGA ABGB[32] und MGA ABGB[33]) in den Jahren 1985 bis 1994.

§ 12a KO lautet: „(1) Aus- oder Absonderungsrechte, die vor Konkurseröffnung durch Abtretung bzw. Verpfändung einer Forderung auf Einkünfte aus einem Arbeitsverhältnis oder auf sonstige wiederkehrende Leistungen mit Einkommensersatzfunktion erworben worden sind, erlöschen zwei Jahre nach Ablauf des Kalendermonats, in den die Konkurseröffnung fällt.

(2) Nur für den in Abs. 1 bezeichneten Zeitraum kann der Drittschuldner gegen die Forderung auf Einkünfte aus einem Arbeitsverhältnis oder auf sonstige wiederkehrende Leistungen mit Einkommensersatzfunktion eine Forderung aufrechnen, die ihm gegen den Gemeinschuldner zusteht. §§ 19 und 20 bleiben unberührt. ... ."

Diese Vorschrift dient dazu, Einkünfte aus einem Arbeitsverhältnis oder Einkünfte mit Einkommensersatzfunktion von bereits bestehenden Verpflichtungen zu entlasten. Über diese Entlastung soll der wirtschaftliche Spielraum gewonnen werden für die zumindest teilweise Befriedigung der Gläubiger. Voraussetzung ist allerdings, daß jemand **bezahlt erwerbstätig** ist. In der sog Hausfrauenehe ist die Verteilung der unbezahlten und bezahlten Versorgungsarbeit jedoch geschlechtsstereotyp: Ein Ehegatte, das ist in aller Regel der Mann, geht bezahlter Arbeit nach; der andere Ehegatte, das ist in der Regel die Frau, geht unbezahlter Arbeit nach, die wegen ihrer Unbezahltheit häufig gar nicht als „**Arbeit**" wahrgenommen wird („Entökonomisierung der Frauenarbeit").[2] Betrachtet man die realpolitischen Arbeitsverhältnisse in Österreich, so heißt das, daß Frauen nur dann selbst antragstellend im Privatkonkurs auftreten können - dh **sich selbst entschulden können** -, wenn sie bezahlter Erwerbsarbeit nachgehen und daher eigene Einkünfte anbieten können.

Hausfrauen haben häufig keine eigenen Einkünfte. Sie sind nach dem Gesetz auf den **Unterhalt** vom Ehepartner verwiesen, der seinem Wesen nach ein Naturalunterhalt ist.[3] Zwar haben die Hausfrauen in aller Regel das sog **Wirtschaftsgeld** zu verwalten, das oft annähernd das gesamte verfügbare Familieneinkommen ausmacht, doch stehen ihnen **Geldbeträge für eigene Ansprüche kaum** zu (ausgenommen das sog Nadelgeld für bescheidensten „Luxus" wie Lesestoff, Gesundheits- und Schönheitspflege). **Bürgt nun eine Hausfrau für die Schuld des Gatten**, so kann sich die Sache in der Praxis wie folgt entwickeln: Der Kredit wird notleidend, worauf der Ehemann in Privatkonkurs geht. Die Ehefrau als Hausfrau unterstützt ihn

---

[2]) Renner-Institut: „Regionalisierung der Märkte: Eine Alternative zur Globalisierung aus Frauensicht"; am 3.11.1997 in Wien.

[3]) E 14ff zu § 94 ABGB.

durch ihre unbezahlte Familienarbeit, damit er als Antragsteller im Konkurs die Befriedigungsquote für seine Gläubiger aufbringt. In der Folge gelingt der Privatkonkurs und der Ehemann wird entschuldet. Die Ehefrau als Bürgin kann aber selbst keinen Privatkonkurs beantragen, weil sie keine Einkünfte aus einem Arbeitsverhältnis aufweisen kann. Ihre Haftung als Bürgin bleibt daher aufrecht. Seine Gläubiger, die auch ihre Gläubiger sind, treiben bei ihr den **Ausfall** ein. Aber es kommt noch härter.

§ 214 Abs 1 bis 3 KO lautet nämlich: „(1) Wird die Restschuldbefreiung erteilt, so wirkt sie gegen alle Konkursgläubiger. Dies gilt auch für Gläubiger, die ihre Forderungen nicht angemeldet haben, und für Forderungen nach § 58 Z 1.

(2) Die Rechte der Konkursgläubiger gegen Bürgen oder Mitschuldner des Schuldners sowie gegen Rückgriffsverpflichtete werden durch die Restschuldbefreiung nicht berührt. Der Schuldner wird jedoch gegenüber den Bürgen und anderen Rückgriffsberechtigten in gleicher Weise befreit wie gegenüber den Konkursgläubigern.

(3) Wird ein Konkursgläubiger befriedigt, obwohl er auf Grund der Restschuldbefreiung keine Befriedigung zu beanspruchen hat, so begründet dies keine Pflicht zur Rückgabe des Erlangten."

Diese Vorschrift regelt die rechtliche Wirkung des Beschlusses, mit welchem die sog **Restschuldbefreiung** ausgesprochen wird. Der Schuldner wird nach Abs 1 von sämtlichen Verbindlichkeiten gegenüber seinen Konkursgläubigern, auch gegenüber jenen, die ihre Forderungen nicht angemeldet haben, befreit.

Es werden sowohl freiwillig als auch nicht freiwillig eingegangene Forderungen (zB Kredite bzw Forderungen deliktisch Geschädigter) erfaßt.

Der Schuldner wird weiters von den seit der Konkurseröffnung laufenden Zinsen von Konkursforderungen sowie den Kosten, die den einzelnen Konkursgläubigern aus ihrer Teilnahme am Verfahren erwachsen, befreit, obwohl diese Ansprüche nach § 58 Z 1 nicht als Konkursforderungen geltend gemacht werden können. Dies entspricht allgemein der **Rechtslage bei Ausgleich und Zwangsausgleich**.

Wie bei Ausgleich und Zwangsausgleich (§§ 48 und 53 AO bzw §§ 151 und 156 KO) werden die **Rechte der Konkursgläubiger gegen mithaftende Personen durch die Gewährung der Restschuldbefreiung nicht berührt** (Abs 2). Dies gilt ebenfalls - ohne daß dies ausdrücklich gesagt werden muß - für die Zugriffsrechte auf dingliche Sicherheiten. Die restlichen Forderungen der Konkursgläubiger werden nach Abs 3 bei Erteilung der Restschuldbefreiung zu erfüllbaren, aber nicht erzwingbaren Verbindlichkeiten (sog Naturalobligationen).

Das bedeutet, daß die **bürgende Hausfrau keinen Rückgriff auf den durch Privatkonkurs entschuldeten Ehemann hat,** dh den Ehemann für das, was sie als Bürgin geleistet hat, nicht zur Kasse bitten darf. Ihr gegenüber wächst die Schuld weiter an, weil ihr nicht der Vorteil nach § 58 KO, wonach die seit Konkurseröffnung laufenden Zinsen ausgeschlossene Ansprüche sind (Zinsenstopp), zukommt. Persönlich bleibt sie in der **Einzelexekution** und muß sich mit dem Gerichtsvollzieher herumschlagen. Sie haftet letztendlich für das Drei- und Vierfache der ursprünglichen Schuld, während der Hauptschuldner und Ehemann im günstigsten Fall über den Privatkonkurs mit einer 10%igen Rückzahlung entschuldet wird. Obwohl es sich juristisch also um die **idente Forderung** der Gläubigerin - meist einer Bank - handelt, die durch die **Unterschrift der Hausfrau besichert** wurde, **erlischt die Haftung ihr gegenüber nicht**. Dies, obwohl ihre Bonität, dh die wirtschaftliche Zahlungskraft, schon im Zeitpunkt der Kreditaufnahme nicht gegeben war und auch später nicht eingetreten ist, als der Kredit notleidend wurde! Wenn die Ehe inzwischen vielleicht zerbrochen ist, hat zwar der geschiedene Mann den „fresh start", während die geschiedene Frau die „Lasten" der gemeinsamen Jahre alleine aufarbeiten muß.

III. Familienentschuldung und Bürgschaft im bürgerlichen Recht

In Politikerinnen- und Expertinnenkreisen wurde dieser **legistische Fehler zu Lasten einer großen Gruppe** der Bevölkerung schon im Stadium der Gesetzeswerdung erkannt.

Die Abgeordnete zum Nationalrat Terezija *Stoisits* forderte etwa eine **Familienentschuldung**. Als es zum Gesetzesbeschluß kam, verfaßte sie eine **Abweichende Persönliche Stellungnahme** zum Bericht des Justizausschusses, die wie folgt lautet:

„Nach Untersuchungen verschiedener Institute ist jeder dritte österreichische Haushalt (also rund eine Million Haushalte) verschuldet. 1990 betrug das Gesamtvolumen der Konsumkredite bei den Banken 235 Milliarden Schilling. Zirka 80.000 Haushalte sind auf Grund ihrer Kreditverpflichtungen bereits am Rande des finanziellen Ruins. 170.000 Haushalte leben in der Angst, ihre Kredite nicht mehr zurückzahlen zu können. Dies ergab eine Studie aus dem Jahre 1988 und in der Zwischenzeit hat sich die

Situation eher noch verschlechtert. Das gegenständliche Gesetz, das für die privaten Haushalte eine Möglichkeit der Entschuldung bieten soll, ist daher grundsätzlich zu begrüßen. Trotzdem ist das Gesetz als unzureichend zu kritisieren. Insbesondere bei folgenden Punkten haben die Grünen durch ihre Abgeordnete Terezija Stoisits Abänderungsvorschläge unterbreitet, wie sie auch von den Schuldnerberatungsstellen gefordert werden.

1. Mit der Konkurseröffnung sollten die „vertraglichen Sicherheitsrechte" (Lohnpfändung der Erstgläubiger) sofort erlöschen. Nach der im Ausschuß beschlossenen Gesetzesbestimmung erlöschen Aus- und Absonderungsrechte, die vor der Konkurseröffnung erworben worden sind, erst zwei Jahre nach Konkurseröffnung. Damit wird es kaum gelingen, die Quote von 20 bzw. 30 Prozent der Gesamtschulden im Zwangsausgleichsverfahren zu erreichen, wenn in dieser Zeit ein Gläubiger über Lohnpfändung vorrangig befriedigt wird. Außerdem setzt ein Schuldenregulierungsverfahren voraus, daß das Einkommen des Schuldners zur Befriedigung der Gläubiger zur Verfügung steht, weil es zumeist das einzige Vermögen des Schuldners ist. Im Falle von Vorausabtretungen und Verpfändungen der Bezüge zugunsten einzelner Gläubiger nach Konkurseröffnung wird es dem Schuldner in vielen Fällen nicht möglich sein, den Abschluß eines Zwangsausgleiches oder Zahlungsplanes zu erreichen.

2. Wie auch in der Stellungnahme zur Petition der Abgeordneten Müller, Heiß und Renoldner betreffend die Überschuldung privater Haushalte durch Konsumkredite von den Schuldnerberatungsstellen gefordert wird, soll der Zeitraum des Abschöpfungsverfahrens von sieben Jahren auf fünf Jahre gesenkt werden. Der Zeitraum, in dem der Schuldner mit dem Existenzminimum leben muß, soll überschaubar sein, also höchstens fünf Jahre betragen.

3. Straftaten nach den §§ 156, 158, 162 oder 192a StGB dürfen kein Einleitungshindernis darstellen. Diese Regelung steht im Widerspruch zu unseren Strafrechtsprinzipien. Strafrechtlich Verurteilte sollen nicht darüber hinaus wegen ihrer Vergehen, deretwegen sie bereits bestraft wurden, benachteiligt werden. Die Bestimmung des § 201 Abs. 1 Z 3 läßt weiters befürchten, daß Personen, die der Spielsucht verfallen sind, die Möglichkeit zu einer Bereinigung ihrer finanziellen Situation genommen wird. Der Vorwurf, drei Jahre vor dem Antrag auf Konkurseröffnung grob fahrlässig die Befriedigung der Konkursgläubiger vereitelt zu haben, da unverhältnismäßige Verbindlichkeiten begründet oder Vermögen verschleudert wurde, kann auch „Normalverbraucher" treffen, die immer wieder auf die massive Werbung verschiedener Versandhäuser hereinfallen.

Diese Bestimmung geht daher am Grundproblem vieler Privatverschuldungen vorbei. Die Konsumenten fallen in den meisten Fällen lediglich auf die verlockenden Angebote verschiedenster Kreditinstitute und Versandhäuser herein. Sie handeln nicht in der Absicht, die Befriedigung der Gläubiger zu vereiteln, indem sie bewußt unverhältnismäßige Verbindlichkeiten eingehen. Dabei ist zu bedenken, daß es gerade Ziel der Werbung ist, den Konsumenten glaubhaft zu machen, auch ohne ausreichende finanzielle Mittel bedingungslos konsumieren zu können.

4. Unbefriedigend ist vor allem die Regelung, daß Bürgen und Mitschuldner sowie Rückgriffsverpflichtete von der Restschuldnerbefreiung (sic) nicht berührt sind. Dadurch wird in vielen Fällen das Problem nur auf die Bürgen verlagert. Vor allem bei Ehegattinnen ist dies ein Problem, da kein Rückgriffsrecht gegenüber dem Schuldner, der ursprünglich eigentlich die Rückzahlungsverpflichtung übernommen hat, besteht. Es sollte daher die Gläubigerforderung gegenüber Bürgern (sic), Mitschuldnern und Rückgriffsverpflichtete(n), wie im Abänderungsantrag der Grünen vorgeschlagen, ebenfalls mit dem Prozentanteil, den der Hauptschuldner leistete, beschränkt werden.

Die beschlossene Bestimmung geht vor allem zu Lasten der (Ehe-)Frauen, die in vielen Fällen während aufrechter Ehe für die Gatten als Bürginnen mitunterschreiben und somit gegenüber den Kreditinstituten haften. In den meisten Fällen handelt es sich dabei um Kredite, die in erster Linie den (Ehe-)Männern zugute kommen (zB Autokauf ...). Im Rahmen einer Scheidung kann es dann zwar vorkommen, daß die Männer die Rückzahlung der Kredite übernehmen und die Frauen nur mehr als Ausfallsbürgen haften. Bei Durchführung eines Privatkonkurses können dann aber die Frauen trotzdem von den Banken zur Rückzahlung der Schuld belangt werden, da gemäß § 1356 ABGB die Ausfallsbürgschaft mit Konkurseröffnung die Wirkung verliert. Wenn also der Ehemann bei Aufteilung des Vermögens das Auto und die Rückzahlung des Kredites, mit dem das Auto angekauft wurde, übernimmt, so wird diese Regelung mit Antrag des Privatkonkurses durch den Ehemann hinfällig. Die Bank kann die aushaftende Forderung mit dem Tage der Konkurseröffnung einklagen. Erschwerend dazu ist noch, daß die Frau keine Möglichkeit hat, die von ihr zurückgezahlten Schulden vom Mann zurückzufordern. Der Privatkonkurs in dieser Form macht somit die Verpflichtung, die Frau hinsichtlich des übernommenen Kredites schad- und klaglos zu halten, zu einer Leerformel. Die Bestimmung des § 98 Ehegesetz, die die Ausfallsbürgschaft regelt, wird mit diesem Gesetz ausgehöhlt. Dies sollte aber nach Möglichkeit vermieden werden.

5. Die Verbindlichkeiten, die Schuldnern aus strafbaren Handlungen entstanden sind, sollten keineswegs aus der Restschuldbefreiung ausgenommen werden, da damit nicht nur Resozialisierungsmaßnahmen von Verurteilten

wesentlich behindert werden, sondern auch zu befürchten ist, daß durch die Kriminalisierung der Privatschuldner die Gläubiger versuchen werden, ihre Forderungen aus der Restschuldbefreiung herauszuhalten. Bereits jetzt ist bemerkbar, daß vermehrt von manchen Gläubigern Strafanzeigen gegen Schuldner eingebracht werden. Eine derartige Tendenz sollte aber unter allen Umständen vermieden werden. Außerdem wird durch diese Regelung ein wesentlicher Personenkreis von vornherein von der Schuldnerbefreiungsregelung ausgeschlossen. Damit verliert diese Novelle weiter erheblich an Wert.

Die Abgeordnete des Grünen Klubs, Terezija *Stoisits*, bedauert, daß die angeführten Verbesserungsvorschläge nicht berücksichtigt wurden und im Endeffekt doch den Banken und Versandhäusern nachgegeben wurde.“[4]

Die Ehefrau als **Hausfrau** ist im geltenden Konkursrecht sogar **schlechter gestellt** als im Privatrecht. Die einschlägigen Bestimmungen des **Allgemeinen Bürgerlichen Gesetzbuches** lauten nämlich wie folgt:

„§ 1346. (1) Wer sich zur Befriedigung des Gläubigers auf den Fall verpflichtet, daß der erste Schuldner die Verbindlichkeit nicht erfülle, wird ein Bürge, und das zwischen ihm und dem Gläubiger getroffene Übereinkommen ein Bürgschaftsvertrag genannt. Hier bleibt der erste Schuldner noch immer der Hauptschuldner, und der Bürge kommt nur als Nachschuldner hinzu.

(2) Zur Gültigkeit des Bürgschaftsvertrages ist erforderlich, daß die Verpflichtungserklärung des Bürgen schriftlich abgegeben wird.

§ 1355. Der Bürge kann in der Regel erst dann belangt werden, wenn der Hauptschuldner auf des Gläubigers gerichtliche oder außergerichtliche Einmahnung seine Verbindlichkeit nicht erfüllt hat.

§ 1357. Wer sich als Bürge und Zahler verpflichtet hat, haftet als ungeteilter Mitschuldner für die ganze Schuld; es hängt von der Willkür des Gläubigers ab, ob er zuerst den Hauptschuldner, oder den Bürgen oder beide zugleich belangen wolle (§ 891).

§ 1358. Wer eine fremde Schuld bezahlt, für die er persönlich oder mit bestimmten Vermögensstücken haftet, tritt in die Rechte des Gläubigers und ist befugt, von dem Schuldner den Ersatz der bezahlten Schuld zu fordern. Zu diesem Ende ist der befriedigte Gläubiger verbunden, dem Zahler alle vorhandenen Rechtsbehelfe und Sicherungsmittel auszuliefern.

§ 1359. Haben für den nämlichen ganzen Betrag mehrere Personen Bürgschaft geleistet; so haftet jede für den ganzen Betrag. Hat aber eine von ih-

---

[4]) *Hofmeister* (Hg), „Insolvenzgesetz“ (1994) 267ff.

nen die ganze Schuld getragen; so gebührt ihr gleich dem Mitschuldner (§ 896) das Recht des Rückersatzes gegen die übrigen.

§ 1363. Die Verbindlichkeit des Bürgen hört verhältnismäßig mit der Verbindlichkeit des Schuldners auf. Hat sich der Bürge nur auf eine gewisse Zeit verpflichtet; so haftet er nur für diesen Zeitraum. Die Entlassung eines Mitbürgen kommt diesem zwar gegen den Gläubiger; aber nicht gegen die übrigen Mitbürgen zustatten (§ 896)."

Während also die Bürgschaft nach bürgerlichem Recht streng **akzessorisch**, dh abhängig vom Bestand und der Höhe der besicherten Schuld ist, gilt diese Regel im Insolvenzrecht - wie oben dargestellt - nicht uneingeschränkt. Zahlt der Bürge außerhalb einer Insolvenz, kann er beim Schuldner Rückgriff nehmen.

Der mit BGBl 1985/481 eingeführte **§ 98 Ehegesetz** hatte hingegen keine nachhaltige Verbesserung für mithaftende Ehefrauen in der Hausfrauenehe gebracht.

§ 98 Ehegesetz lautet: „(1) Entscheidet das Gericht ..... oder vereinbaren die Ehegatten ...., wer von beiden im Innenverhältnis zur Zahlung von Kreditverbindlichkeiten, für die beide haften, verpfichtet ist, so hat das Gericht auf Antrag mit Wirkung für den Gläubiger auszusprechen, daß derjenige Ehegatte, der im Innenverhältnis zur Zahlung verpflichtet ist, Hauptschuldner, der andere Ausfallsbürge wird. Dieser Antrag muß in der Frist nach § 95 gestellt werden.

(2) Der Ausfallsbürge nach Abs. 1 kann - vorbehaltlich des § 1356 ABGB - nur wegen des Betrags belangt werden, der vom Hauptschuldner nicht in angemessener Frist hereingebracht werden kann, obwohl der Gläubiger gegen ihn nach Erwirkung eines Exekutionstitels

1. Fahrnis- oder Gehaltsexekution und

2. Exekution auf eine dem Gläubiger bekannte Liegenschaft des Hauptschuldners, die offensichtlich für die Forderung Deckung bietet, geführt sowie

3. Sicherheiten, die dem Gläubiger zur Verfügung stehen, verwertet hat.

Müßte der Exekutionstitel im Ausland erwirkt oder müßten die angeführten Exekutionsmaßnahmen im Ausland durchgeführt werden, bedarf es ihrer nicht, soweit sie dem Gläubiger nicht möglich oder nicht zumutbar sind.

(3) Überdies kann der Bürge, dem der Rechtsstreit gegen den Hauptschuldner rechtzeitig verkündet worden ist (§ 21 ZPO), dem Gläubiger Einwendungen, die nicht in seiner Person begründet sind, nur entgegenhalten, soweit sie auch der Hauptschuldner erheben kann."

Ausfallsbürge ist nach § 1356 ABGB, wer sich „ausdrücklich nur für den Fall verbürgt hat, daß der Hauptschuldner zu zahlen unvermögend sei." Auch hier kann der Bürge zuerst belangt werden, wenn der Hauptschuldner in Konkurs verfällt oder unbekannten Aufenthalts ist und dem Gläubiger keine Nachlässigkeit zur Last gelegt werden kann.

Den Ehefrauen in der Hausfrauenehe waren die zuletzt genannten Vorschriften vor allem deshalb nicht dienlich, weil die Gläubiger - meist Banken - durch die Vertragsgestaltung noch daraus Nutzen ziehen konnten, daß der Hauptschuldner die Schuld nicht bezahlte und auf die Ausfallsbürgin erst nach einer langwierigen Verfolgung im Zivilprozeß und in der Zwangsvollstreckung gegriffen werden durfte, was in aller Regel - wegen des Zeitablaufes - die Schuld noch **vervielfachte**.

IV. Rechtsprechung und Konsumentenschutzgesetz

Der **Oberste Gerichtshof** hat in seiner Entscheidung vom 27.3.1995, 1 Ob 544/95, folgendes ausgesprochen:

„§ 879 und 880a ABGB: § 1 KautionsschutzG:

Inhaltliche Erfordernisse einer nicht akzessorischen Garantie der Leistung eines Dritten sind Bestimmtheit des Begünstigten, des Garanten und des Erfolgs, für dessen Ausbleiben gehaftet wird.

Im allgemeinen kann jeder erkennen, daß die Übernahme einer Mithaftung - Bürgschaft, Schuldbeitritt oder Garantie - ein erhebliches persönliches Risiko darstellt, die Tragweite eines solchen Handelns entsprechend abwägen und dann seine Entscheidung treffen. Dies gilt grundsätzlich auch bei verwandtschaftlichen Beziehungen zwischen Hauptschuldner und Bürgen, Mitschuldner oder Garanten. Erst die Verbindung der strukturell ungleich größeren Verhandlungsstärke der Gläubigerbank, die ein derart starkes wirtschaftliches Übergewicht hat, daß sie vertragliche Regelungen faktisch einseitig setzen und damit den die Privatrechtsordnung tragenden Gedanken der Privatautonomie obsolet machen kann, gegenüber einem dem Hauptschuldner gutstehenden Angehörigen, dessen Verpflichtung seine gegenwärtigen und in absehbarer Zukunft zu erwartenden Einkommens- und Vermögensverhältnisse bei weitem übersteigt, mit weiteren in der Person des gutstehenden Angehörigen liegenden, seine Entscheidungsfreiheit weitgehend beeinträchtigenden und der Gläubigerbank zurechenbaren Umstände kann in Ausnahmefällen in sinngemäßer Anwendung der Grundsätze des Wucherverbots wegen Vorliegens eines Ausbeutungstatbestands zur Annahme der Sittenwidrigkeit und damit der Nichtigkeit des die Verpflichtung begründeten Rechtsgeschäfts führen .....".[5]

In dieser richtungsweisenden Entscheidung spricht der Oberste Gerichtshof im Zusammenhang mit Garantie und Bürgschaft darüber ab, „ob und unter welchen Voraussetzungen rechtsgeschäftliche Haftungserklärungen durch (dafür) gutstehende Familienangehörige mit unzulänglichem Einkommen bzw Vermögen durch **Bürgschaft**, Schuldbeitritt oder durch dreipersonale Garantie für einen Hauptschuldner gegenüber einer Bank iS des § 879 ABGB sittenwidrig sind ....".

Für die Frage, was unter **Sittenwidrigkeit** zu verstehen ist, sind die **Wertentscheidungen und Grundprinzipien der Rechtsordnung** maßgeblich. „.... Wegen des Grundsatzes der Privatautonomie wird eine solche Rechtswidrigkeit nach einer Interessenabwägung nur dann bejaht, wenn sie eine grobe Verletzung rechtlich geschützter Interessen oder ein grobes Mißverhältnis zwischen den durch die Handlung verletzten und den durch sie geförderten Interessen ergibt ..... .". Der Oberste Gerichtshof verweist auf die Judikatur des Deutschen Bundesverfassungsgerichtshofes zur früheren **Rechtsprechung des deutschen BGH**. Dieses Gericht hat etwa **Sittenwidrigkeit** angenommen, wenn folgende Indizien vorlagen:

- Ein Bankvertreter konfrontiert den Ehegatten in der ehelichen Wohnung unvorbereitet mit dem Ansinnen auf Mithaftung.
- Der mithaftende Ehegatte wird durch den Appell an die eheliche Liebe und Hilfsbereitschaft zur Mithaftung bewegt.
- Dem Ehegatten wird seine Unterschriftsleistung als bloße Formalität verharmlost etc.

„Entscheidend kommt es darauf an, ob die Kreditsumme der alleinigen Verfügung des anderen Ehegatten unterliegen soll, oder ob beide gemeinsam über die Verwendung entscheiden."[6]

Der Oberste Gerichtshof läßt folgende **Kriterien** (kumulativ?) gelten: Mißverhältnis zwischen der Haftungserklärung und dem Empfangenen; Mißverhältnis zwischen der Haftungserklärung und dem Umfang der Haftung; Unerfahrenheit; fehlende Eigeninteressen; Verharmlosung der Bedeutung der Haftungserklärung; Überrumpelung beim Abschluß; Aussichtslosigkeit der Erfüllung. Es geht hier um die Grenzen zulässiger Rechtsausübung und das Ausnützen einer strukturell ungleichen Verhandlungsstärke. **Der Oberste Gerichtshof hat hier erstmalig für Österreich**

[5]) JBl 1995 65ff.

[6]) BGH, Urt vom 24.11.1992 - VI ZR 98/92 (= BGH WM 1993, 2129 = ZiP 1993, 26).

grundsätzlich anerkannt, daß unter bestimmten Umständen des Falles Sittenwidrigkeit vorliegen kann.

Die Novelle zum **Konsumentenschutzgesetz**, BGBl 1997/6, hat ua die Sorgfaltspflicht für Banken verschärft und sieht ein **richterliches Mäßigungsrecht** von Forderungen aus Kreditverträgen vor, bei denen es „unter Berücksichtigung aller Umstände" zu einem unbilligen Mißverhältnis zwischen Haftung und Leistungsfähigkeit des Interzedenten gekommen ist:

„§ 25a. Kreditgeschäfte von Ehegatten

Unternehmer, deren Unternehmensgegenstand die Gewährung oder die Vermittlung von Krediten ist, haben Ehegatten, die als Verbraucher gemeinsam einen Kredit aufnehmen, mag auch einer die Haftung nur als Bürge eingehen, oder einem Ehegatten, der als Verbraucher die Haftung für eine bestehende Kreditverbindlichkeit des anderen übernimmt, durch die Übergabe einer gesonderten Urkunde darüber zu belehren,

1. daß, falls die Ehegatten solidarisch haften, von jedem der Schuldner in beliebiger Reihenfolge der volle Schuldbetrag verlangt werden kann, ohne Rücksicht darauf, wem von ihnen die Kreditsumme zugekommen ist,

2. daß die Haftung auch bei Auflösung der Ehe aufrecht bleibt sowie

3. daß nur das Gericht im Fall der Scheidung die Haftung eines der Ehegatten gemäß § 98 Ehegesetz auf eine Ausfallsbürgschaft beschränken kann, was binnen eines Jahres nach Eintritt der Rechtskraft der Scheidung beantragt werden müßte.

§ 25b. Kreditverbindlichkeiten von Verbrauchern

(1) Ist ein Verbraucher Solidarschuldner eines von einem in § 25a genannten Unternehmer gewährten Kredites, so hat der Gläubiger jede Mahnung und sonstige Erklärung wegen einer Säumigkeit eines anderen Solidarschuldners auch dem Verbraucher zuzustellen.

(2) Ist ein Verbraucher Bürge oder Garant eines von einem in § 25a genannten Unternehmer gewährten Kredites und wird der Hauptschuldner säumig, so hat der Gläubiger den Verbraucher davon in angemessener Frist zu verständigen. Unterläßt er dies, so haftet ihm der Verbraucher nicht für die Zinsen und Kosten, die ab der Kenntnis des Gläubigers von der Säumigkeit des Hauptschuldners bis zu einem Verzug des Verbrauchers selbst entstehen.

§ 25c.

Tritt ein Verbraucher einer Verbindlichkeit als Mitschuldner, Bürge oder Garant bei (Interzession), so hat ihn der Gläubiger auf die wirtschaftliche Lage des Schuldners hinzuweisen, wenn er erkennt oder erkennen muß, daß der Schuldner seine Verbindlichkeit voraussichtlich nicht oder nicht vollständig erfüllen wird. Unterläßt der Unternehmer diese Information, so haftet der Interzedent nur dann, wenn er seine Verpflichtung trotz einer solchen Information übernommen hätte.

§ 25d. Mäßigungsrecht

(1) Der Richter kann die Verbindlichkeit eines Interzedenten (§ 25c) insoweit mäßigen oder auch ganz erlassen, als sie in einem unter Berücksichtigung aller Umstände unbilligen Mißverhältnis zur Leistungsfähigkeit des Interzedenten steht, sofern die Tatsache, daß der Verbraucher bloß Interzedent ist, und die Umstände, die dieses Mißverhältnis begründet oder herbeigeführt haben, bei Begründung der Verbindlichkeit für den Gläubiger erkennbar waren.

(2) Bei der Entscheidung nach Abs. 1 ist insbesondere zu berücksichtigen:

1. das Interesse des Gläubigers an der Begründung der Haftung des Interzedenten,

2. das Verschulden des Interzedenten an den Umständen, die das in Abs. 1 genannte Mißverhältnis begründet oder herbeigeführt haben,

3. der Nutzen des Interzedenten aus der Leistung des Gläubigers sowie

4. der Leichtsinn, die Zwangslage, die Unerfahrenheit, die Gemütsaufregung oder die Abhängigkeit des Interzedenten vom Schuldner bei Begründung der Verbindlichkeit."

Sowohl die neue Leitjudikatur als auch die neue Gesetzeslage befriedigen nicht: Eine Hausfrau, die als **Beklagte** in einem Millionenprozeß mit einer Bank steht, hat in aller Regel gerade dann, wenn der **Vertragsabschluß sittenwidrig** war, weder die ökonomischen noch die sonstigen Rahmenbedingungen, einen derartig risikoreichen Zivilprozeß „durchzustehen"!

Die neue Gesetzeslage wiederum stellt nur auf **neue Verträge** ab und greift nicht in schon bestehende sog **Exekutionstitel**, also Verurteilungen zu Geldzahlungen, ein. **Alle jene Hausfrauen, die heute schon schwerstverschuldet sind, können aus dieser Rechtsentwicklung nichts gewinnen.**

V. Schlußthesen

Vater Staat hat die Definitionsmacht. Sein **Frauenbild** wechselt stets - je nach Rechtsfach und gesellschaftspolitischer Interessenslage. Die Hausfrauenehe ist zwar der Idealtypus des österreichischen Familien- und Eherechtes. Es wäre aber ein verhängnisvoller Irrtum zu glauben, daß der geschlechterstereotype Lebensentwurf einer Frau in der Hausfrauenehe im

Rahmen der Rechtsordnung abgesichert wäre! Vor dem eben dargestellten Befund ist es gesellschafts- und rechtspolitisch absolut unverantwortlich, Frauen einzureden, sie wären durch die Hausfrauenehe **existenzgesichert**.

Ich schlage daher vor, das aufgezeigte Problem von zwei Seiten anzugehen:

- vom Insolvenzrecht her durch gemeinsame Entschuldung aller Haftenden bei familienorientierten Schulden;
- durch legislative Zurückdrängung der sog Hausfrauenehe und Neudefinition der partnerschaftlichen Ehe als rechtliche Gemeinschaft zwischen Ebenbürtigen mit jeweils selbständiger Existenzsicherung.

REFORMNOTWENDIGKEITEN IM ÖSTERREICHISCHEN EHE- UND SCHEIDUNGSRECHT

von Monika Gimpel-Hinteregger

I. Einleitung

Das österreichische Ehe- und Scheidungsrecht ist reformbedürftig. Die umfangreichen Novellen der Siebziger Jahre[1] haben zwar die Gleichbehandlung von Mann und Frau im Familienrecht und die Erleichterung der Scheidung mitsamt einer Neuordnung der vermögensrechtlichen Scheidungsfolgen gebracht, die strukturellen Probleme des Eherechts wurden aber nicht bereinigt. Das Ehe- und Scheidungsrecht beruht in seinen Grundstrukturen nach wie vor einerseits auf den Vorschriften des Allgemeinen bürgerlichen Gesetzbuches vom 1. Juni 1811, JGS 946, und andererseits auf dem deutschen Ehegesetz vom 6. Juli 1938, Deutsches Reichsgesetzblatt I 807, das von der "Reichsregierung" "vorbehaltlich einer abschließenden Neuordnung des gesamten Eherechts zur Vereinheitlichung des Rechts der Eheschließung und der Ehescheidung im Lande Österreich und im übrigen Reichsgebiet" beschlossen worden war.[2] Der Gesetzgeber der zweiten Republik hat diesen Rechtsbestand in den kritischen Teilen durch umfangreiche Novellierungen mit neuen Inhalten aufgefüllt. Regelungen, die infolge ihrer praktischen Bedeutungslosigkeit unschädlich erschienen, wurden einfach belassen.

Diese Zersplitterung des Eherechts hat zur Folge, daß dieses Rechtsgebiet für die betroffenen Bürger und Bürgerinnen schwer zugänglich ist. Da Rege-

---

[1]) BG, mit dem Bestimmungen über die Geschäftsfähigkeit und die Ehemündigkeit geändert werden, BGBl 1973/108; BG über die Neuordnung der persönlichen Rechtswirkungen der Ehe, BGBl 1975/412; BG über Änderungen des Ehegattenerbrechts, des Ehegüterrechts und des Ehescheidungsrechts, BGBl 1978/280; BG über eine Änderung des Ehegesetzes, BGBl 1978/303. Weitere Änderungen: BG über Änderungen des Personen-, Ehe- und Kindschaftsrechts, BGBl 1983/566; BG über die Erlassung von Bestimmungen zum Schutz des für einen Kredit mithaftenden Ehegatten, BGBl 1985/481; BG über eine Änderung der ehenamensrechtlichen Bestimmungen im allgmeinen bürgerlichen Gesetzbuch (Ehenamensrechtsänderungsgesetz 1986), BGBl 1986/97; BG über die Gleichstellung des unehelichen Kindes im Erbrecht und die Sicherung der Ehewohnung für den überlebenden Ehegatten (Erbrechtsänderungsgesetz 1989), BGBl 1989/656; BG, mit dem Regelungen über die medizinisch unterstützte Fortpflanzung getroffen (Fortpflanzungsmedizingesetz) sowie das allgemeine bürgerliche Gesetzbuch, das Ehegestz und die Jurisdiktionsnorm geändert werden, BGBl 1992/275; BG, mit dem das allgemeine bürgerliche Gesetzbuch, das Ehegesetz, das Außerstreitesetz, das Personenstandsgesetz, das Namensrechtsänderungsgesetz und das Gerichtsgebührengesetz geändert werden (Namensrechtsänderungsgesetz), BGBl 1995/25 sowie das BG zum Schutz vor Gewalt in der Familie, BGBl 1996/759.

[2]) Für Österreich im "Gesetzblatt für das Land Östereich", GBlÖ 1938/244, kundgemacht.

lungen verschiedenster geschichtlicher Epochen zum Teil reichlich unverbunden nebeneinander stehen, ist das Eherecht in seinen Wertungen uneinheitlich und manchmal sogar widersprüchlich. Meines Erachtens wäre es hoch an der Zeit, sich vom deutschen Ehegesetz mitsamt seiner unrühmlichen Vergangenheit zu verabschieden. Eine ernsthafte Reform des Eherechts müßte sich das Ziel setzen, das gesamte Eherecht neu zu kodifizieren. Es wäre dabei durchaus möglich, das Eherecht wieder vollständig in das zweite Hauptstück des ABGB aufzunehmen, da zur Zeit die §§ 47 - 88 und die §§ 101 - 136 des ABGB nicht besetzt sind. Auch von den 131 Paragraphen des EheG sind infolge der Entfernung von nationalsozialistischem Gedankengut durch das Gesetz vom 26. Juni 1945 über Maßnahmen auf dem Gebiete des Eherechts, des Personenstandsrechts und des Erbgesundheitsrechts, StGBl 1945/31, und infolge der umfangreichen Novellierungen seit den Siebziger Jahren einige Paragraphen unbesetzt, sodaß allein vom Umfang her eine Eingliederung seiner Regelungsinhalte in das ABGB durchaus möglich wäre.

Inhaltliche Leitlinie einer Neukodifikation müßte sein, eine klare, in sich konsistente Rechtslage zu schaffen, die die Autonomie des einzelnen Bürgers/der einzelnen Bürgerin stärkt und den wirtschaftlich schwächeren Ehepartner schützt. Dabei könnte durchaus auf der geltenden Rechtslage aufgebaut werden, und Normen, die sich bewährt haben, könnten in das neue Recht übernommen werden. Die Erfolgsaussichten eines solchen Projektes hängen wesentlich davon ab, inwieweit man weltanschaulich umstrittene Fragen in die Reform einbezieht. Dies gilt etwa für die Bedeutung und Funktion von Ehe und Familie.[3] Grundlegende Auffassungsunterschiede sind auch bei der Frage der rechtlichen Anerkennung der Partnerschaft von Gleichgeschlechtlichen zu erwarten.

Unabhängig davon, ob und inwieweit man eine solche Maximallösung einer Neukodifikation des Eherechts verfolgen will, können und sollen einzelne Bereiche des Eherechts jedenfalls neu geregelt werden. Denn infolge des starken gesellschaftlichen Wandels, das das Rechtsinstitut der Ehe in den letzten Jahrzehnten erfahren hat, geht das Ehe- und Scheidungsrecht in einigen Bereichen an den Bedürfnissen und Wertvorstellungen der Menschen von heute vorbei. Im folgenden werden die wichtigsten Punkte, die einer Reform bedürfen, kurz dargestellt.

---

[3]) Aus dem dazu vorliegenden Schrifttum vgl beispielsweise *Schwab*, Konkurs der Familie? Familienrecht im Umbruch (1994). *Hermanns*, Neuere sozialwissenschaftliche Befunde zum inhaltlichen Verständnis von Ehe und Familie, FamRZ 1994, 1001 kommt zum Ergebnis, daß für die meisten Deutschen Ehe und Familie nach wie vor Teil der Lebensplanung sind, und *Nave-Herz*, Familie heute (1994); *Nave-Herz/Matthias-Bleck/Sander*, Ehe - Triumph der Tradition, FuR 1996, 1ff betonen, daß die Ehe vor allem als Lebensform für die kinderorientierte Partnerschaft gewählt wird.

II. Eherecht

A. Eheschließung

1. Ehemündigkeit

Obwohl der Gesetzgeber seit den Siebziger Jahren bemüht war, das Familienrecht geschlechtsneutral auszugestalten, wird im geltenden Recht nach wie vor bei der Fähigkeit, eine Ehe zu schließen, zwischen Männern und Frauen differenziert. Gemäß § 1 EheG wird ein Mann mit dem vollendeten neunzehnten, eine Frau mit dem vollendeten sechzehnten Lebensjahr ehemündig. Da das Ehemündigkeitsalter für eine bestimmte Ehe auf Antrag vom Gericht um ein Jahr herabgesetzt werden kann, bedeutet dies, daß Mädchen schon ab dem vollendeten fünfzehnten Lebensjahr, Burschen aber erst ab dem vollendeten achtzehnten Lebensjahr heiraten dürfen. Auch beim Adoptionsalter werden Männer und Frauen verschieden behandelt. Gemäß § 180 ABGB muß die Wahlmutter das 28. Lebensjahr, der Wahlvater dagegen das 30. Lebensjahr vollendet haben. Diese Altergrenzen können dann unterschritten werden, wenn zwischen dem Annehmenden und dem Wahlkind bereits eine dem Verhältnis zwischen leiblichen Eltern und Kindern entsprechende Beziehung besteht und entweder Ehegatten gemeinsam annehmen oder das Wahlkind ein leibliches Kind des Ehegatten des Annehmenden ist.

Diese unterschiedlichen Altersgrenzen entstammen einem überkommenen Rollenverständnis und sind meines Erachtens heute aus Gleichheitsgesichtspunkten nicht mehr rechtfertigbar. Die Anknüpfung des Ehemündigkeitsalters an der biologischen Reife entspricht nicht mehr der gesellschaftlichen Realität, da für Jugendliche allgemein die Berufsausbildung einen hohen Stellenwert hat und weder für Mädchen noch für Burschen eine Heirat mit fünfzehn oder sechzehn Jahren gesellschaftlich erwünscht sein kann. Meines Erachtens sollte das Ehemündigkeitsalter einheitlich mit achtzehn Jahren erreicht werden, wie dies auch in einigen anderen europäischen Ländern vorgesehen ist.[4] Analog der jetzigen Regelung könnte es auf Antrag und für eine bestimmte Ehe um ein Jahr herabgesetzt werden. Auch das Adoptionsalter sollte für Männer und Frauen gleich sein, da die Ungleichbehandlung jeglicher sachlicher Grundlage entbehrt.

---

[4]) Dänemark: § 1 EheG I; Deutschland: § 1 EheG iVm § 2 BGB; Italien: Art 2 iVm Art 84 Codice civile; Niederlande: Art 1:31 Abs 1 Burgerlijk Wetboek. In Frankreich (Art 144 Code Civil) wird der Mann mit 18, die Frau mit 15 Jahren ehemündig.

2. Nichtigkeit und Aufhebbarkeit der Ehe

Das Ehegesetz regelt reichlich umfangreich und kompliziert in den §§ 20 bis 45 die Nichtigkeit und die Aufhebbarkeit der Ehe. Vor allem die Möglichkeit der Aufhebung einer Ehe wegen Irrtums (§§ 36, 37 EheG), arglistiger Täuschung (§ 38 EheG) oder Drohung (§ 39 EheG) hat infolge des erleichterten Zugangs zur Scheidung an praktischer Relevanz verloren. De lege ferenda wäre es durchaus überlegenswert, eine Vereinfachung und Straffung dieser Auflösungsgründe vorzunehmen. Meines Erachtens könnte auf die Möglichkeit der Aufhebbarkeit der Ehe überhaupt verzichtet werden und insgesamt mit einem überarbeiteten Katalog von Nichtigkeitsgründen mit einheitlichen Rechtsfolgen das Auslangen gefunden werden.

B. Eheverhältnis

1. Rechtsgrundlagen

Das aufrechte Eheverhältnis wird zur Zeit in den §§ 44 - 46 und §§ 89 - 100 ABGB geregelt. Die Definition der Ehe in § 44 ABGB und die Regelung des Verlöbnisses stammen noch aus dem Originaltext des ABGB aus dem Jahre 1811; die Regelung des Ehenamens (§§ 93 und 93a) liegt in der Fassung des Namensrechtsänderungsgesetzes, BGBl 25/1995, die anderen Bestimmungen liegen in der Fassung des Gesetzes über die Neuordnung der persönlichen Rechtswirkungen der Ehe, BGBl 412/1975, und des Eherechtsänderungsgesetz, BGBl 280/1978, vor.

2. Definition der Ehe

§ 44 ABGB definiert die Ehe als Vertrag, in dem "zwei Personen verschiedenen Geschlechts gesetzmäßig ihren Willen" erklären, "in unzertrennlicher Gemeinschaft zu leben, Kinder zu zeugen, sie zu erziehen, und sich gegenseitigen Beistand zu leisten". Diese Definition der Ehe geht am geltenden Eherecht vorbei. Zum einen ist die Ehe keine unzertrennliche Gemeinschaft mehr, und zum anderen ist völlig unbestritten, daß die Zeugung von Kindern nicht den Wesensgehalt der Ehe ausmacht, da auch Kinderlose eine Ehe führen können. Eine Pflicht zur Zeugung von Kindern entspricht auch nicht mehr den heutigen gesellschaftlichen Vorstellungen von der autonomen Gestaltung des Privatlebens.

Es wäre sicherlich reizvoll, eine neue Legaldefinition der Ehe zu erarbeiten. Dabei ist zu bedenken, daß über einzelne Tatbestandselemente, etwa über die

Notwendigkeit der Geschlechtsverschiedenheit, höchst unterschiedliche Auffassungen bestehen, sodaß es zumindest sehr schwierig sein wird, eine allgemein konsensfähige Definition zu finden. Es sei darauf hingewiesen, daß andere Rechtsordnungen[5] ohne eine Legaldefinition der Ehe auskommen. Das schwedische Recht begnügt sich etwa mit dem Satz "Die Ehe wird zwischen einem Mann und einer Frau geschlossen".[6]

In diesem Zusammenhang zu diskutieren wäre auch die Frage der gesetzlichen Anerkennung und Ausgestaltung der nicht-ehelichen Lebensgemeinschaft im allgemeinen[7] sowie der gleichgeschlechtlichen Partnerschaft im besonderen[8]. Für beide Bereiche bietet sich als rechtspolitisch gangbarer Weg die Lösung der dabei auftretenden Probleme (zB Unterhaltspflichten, Wohnrecht, Vermögensteilung bei Auflösung der Lebensgemeinschaft, Schadenersatzlegitimation des überlebenden Lebensgefährten, Erbansprüche) durch sukzessive Einzelregelungen an.

3. Unterhalt

a) Vorrang des Naturalunterhalts

Der Unterhaltsanspruch bei aufrechter Ehe wird in § 94 ABGB geregelt. Grundsätzlich haben die Ehegatten nach ihren Kräften und gemäß der Gestaltung ihrer ehelichen Lebensgemeinschaft zur Deckung der ihren Lebensverhältnissen angemessenen Bedürfnisse gemeinsam beizutragen. Unterhaltsberechtigt ist der Ehegatte, der den Haushalt führt oder geführt hat, wobei eigene Einkünfte angemessen zu berücksichtigen sind, sowie der schlechter verdienende Ehegatte, soweit er seinen Beitrag zur Deckung der gemeinsamen Bedürfnisse nicht zu leisten vermag. Unterhaltsansprüche sind gerichtlich durchsetzbar und mit einstweiliger Verfügung sicherbar.

Nach Meinung der Rechtsprechung ist der Unterhaltsanspruch bei aufrechter ehelicher Lebensgemeinschaft aber grundsätzlich in *Naturalien* (Wohnung, Kleidung, Nahrung und ein angemessenes Taschengeld) zu leisten. Geldunterhalt steht nur zu, wenn dies ausdrücklich vereinbart wird oder wenn eine

---

[5]) ZB Deutschland, Frankreich, Italien, Niederlande, Schweiz, Spanien.

[6]) 1. Kapitel § 1 Ehegesetz vom 14.5.1987 Äktenskapsbalken (ÄktB).

[7] Vgl dazu aus jüngster Zeit: *Deixler-Hübner*, Scheidung, Ehe und Lebensgemeinschaft[4] (1997) Rz 234ff; *Engel*, Rechtliche Probleme der nichtehelichen Lebensgemeinschaft, JRP 1994, 160 und 202 und *Stabentheiner*, Die nichteheliche Lebensgemeinschaft - ein Überblick, NZ 1995, 49ff.

[8]) Einen rechtsvergleichenden Überblick gibt *Verschraegen*, Gleichgeschlechtliche "Ehen" (1994). Zur Diskussion in Deutschland vgl *Schumacher*, Zum gesetzlichen Regelungsbedarf für nichteheliche Lebensgemeinschaften, FamRZ 1994, 857; *Bruns*, Art. 6 I GG und gesetzliche Regelungen für gleichgeschlechtliche Lebensgemeinschaften, ZRP 1996, 6; *Zuck*, Die schwule Braut, NJW 1995, 175.

Unterhaltsverletzung vorliegt.[9] Die Verwendung des Haushaltsgeldes, das der verdienende Ehegatte dem Haushaltsführenden zur Verfügung stellt, hat im gegenseitigen Einvernehmen zu erfolgen. Somit hat die österreichische Hausfrau[10] im Gegensatz zur deutschen[11] nicht die Berechtigung, den Haushalt in eigener Verantwortung zu führen. Die Rechtsprechung anerkennt zum Teil sogar, daß der verdienende Ehegatte dem Haushaltsführenden lediglich ein Taschengeld zur freien Verfügung überlassen kann und ihm im übrigen die für die Haushaltsführung notwendigen Mittel in natura zukommen lassen kann. Damit wird die nicht erwerbstätige Ehefrau de facto in eine unmündige Position gedrängt.

b) Prozentsatzklauseln

Obwohl grundsätzlich davon ausgegangen wird, daß die Höhe des Unterhaltsanspruchs einerseits von der Leistungsfähigkeit des Verpflichteten und andererseits von den Bedürfnissen des Berechtigten determiniert wird, legt die Rechtsprechung bei der Bemessung der Unterhaltshöhe als Orientierungswerte *Prozentsätze*[12] zugrunde, die den Unterhaltsbedürftigen von vornherein benachteiligen.

Nach Auffassung der Rechtsprechung hat der *nicht Erwerbstätige* grundsätzlich Anspruch auf 33% des Einkommens des Unterhaltsverpflichteten. Damit wird der Hausfrau von vornherein ein weit geringerer Anteil am Familieneinkommen zugestanden als dem erwerbstätigen Ehemann. Gilt in dieser Ehe der gesetzliche Güterstand der Gütertrennung, so bewirkt dies, daß die Hausfrau bei aufrechter Ehe nicht oder nur sehr eingeschränkt am ehelichen Vermögenszuwachs partizipiert.

Sind *beide Eheleute erwerbstätig*, so hat der Ehegatte mit dem geringeren Einkommen einen Unterhaltsanspruch gegenüber dem anderen, soweit sein eigener Erwerb weniger als 40% der Summe beider Einkommen ausmacht. Dies führt dazu, daß Frauen, die selbst einer Erwerbstätigkeit nachgehen, in der überwiegenden Mehrzahl der Fälle keinen oder nur einen sehr geringen Unterhaltsanspruch haben. Dies mag bei kinderlosen, erwerbstätigen Eheleuten vielleicht angemessen erscheinen. Dennoch entspricht diese Auslegung nicht dem in § 94 Absatz 1 ABGB festgelegten Grundsatz, daß die Ehegatten

---

[9]) Vgl dazu *Thöni*, Geldunterhalt und Naturalunterhalt, in *Harrer/Zitta* (Hg), Familie 8ff.

[10]) Das hier und im folgenden für die Hausfrau Ausgeführte gilt mutatis mutandis natürlich auch für das seltene Exemplar des Hausmannes.

[11]) Vgl § 1356 Abs 1 BGB.

[12]) Zu den von der Rechtsprechung entwickelten Prozentsätzen vgl im einzelnen *Purtscheller/Salzmann*, Unterhaltsbemessung unter besonderer Berücksichtigung der aktuellen Leitsatzjudikatur des OGH (1993) Rz 91ff. Dazu bereits kritisch *Lackner*, Gleichbehandlung im Unterhaltsanspruch der Ehegatten? RZ 1992, 62.

entsprechend ihrer Leistungsfähigkeit zur Deckung ihrer gemeinsamen Bedürfnisse beizutragen haben.

Vollends unangemessen ist diese Auslegung aber in jenen Fällen, wo ein Ehepartner (meist die Frau) die Familienarbeit allein übernimmt, oder seine Erwerbstätigkeit einschränkt oder karrieremäßig zurückstellt, um einen vermehrten Anteil an der Haushaltsführung und (oder) der Kinderbetreuung leisten zu können. Diese Leistungen spielen für die Rechtsprechung bei der Bemessung des Unterhaltes keine Rolle. Dies, obwohl § 94 Abs 2 ABGB ausdrücklich festlegt, daß der Ehegatte, der den Haushalt führt, dadurch seinen Beitrag zur Befriedigung der gemeinsamen Bedürfnisse leistet.

Damit ermöglicht die Rechtsprechung dem weiterhin voll Erwerbstätigen die Führung einer societas leonina. Dieser kann seine beruflichen Karrieremöglichkeiten voll nutzen, da er von seinen grundsätzlich halbteiligen Haushalts- und Kinderbetreuungspflichten entlastet wird. Er braucht aber den anderen Partner nicht voll an seinem Erwerb teilhaben zu lassen. Die Problematik dieser Rechtsprechung entfaltet in der Praxis dann ihre Wirkung, wenn die eheliche Lebensgemeinschaft aufgelöst ist und die Ehefrau auf Geldunterhalt verwiesen wird.

Dies sei an einem Beispiel demonstriert: Der Mann ist vollbeschäftigt und verdient netto S 30.000,--. Die Frau ist halbtagsbeschäftigt, sie verdient S 10.000,-- und erbringt weitgehend die Familienarbeit. Der Unterhaltsanspruch der Frau beträgt in diesem Fall S 6.000,-- (40% von 40.000,-- = 16.000 minus eigenes Einkommen von 10.000,--). Damit kann sie über 16.000,-- verfügen, der Mann jedoch über 24.000,--.

Haben die beiden ein 4-jähriges Kind, so lautet die Berechnung folgendermaßen: Die Frau erfüllt in diesem Beispiel ihre Unterhaltspflicht gegenüber dem Kind durch die Erbringung von Pflege und Erziehung (§ 140 Abs 2 ABGB). Das Kind hat gegenüber dem Vater einen Unterhaltsanspruch von 16%. Aufgrund der Unterhaltsverpflichtung des Mannes gegenüber dem Kind reduziert sich der Teilhabeanspruch der Frau am Familieneinkommen auf 36%. Der Unterhaltsanspruch der Frau beträgt sohin S 4.400,---. Das Kind erhält 4.800,--. Die Frau kann über einen Betrag von S 14.400,-- und der Mann über S 20.800,-- verfügen.

Diese Benachteiligung des unterhaltsbedürftigen Ehegatten setzt sich im Ehegüterrecht fort. Die §§ 1233 und 1237 ABGB normieren als gesetzlichen Güterstand die Gütertrennung. Gemäß § 1237 "behält jeder Ehegatte sein voriges Eigentumsrecht, und auf das, was ein jeder Teil während der Ehe erwirbt, und auf was immer für eine Art überkommt, hat der andere keinen Anspruch." Das ist grundsätzlich begrüßenswert, weil das Prinzip der Gütertrennung den überaus bedeutsamen Vorteil hat, daß kein Eheteil von Gesetzes wegen mit seinen Vermögensgütern für die Schulden des anderen haftet.

Da die Rechtsprechung den Unterhaltsanspruch des Unterhaltsbedürftigen auf seinen Lebensbedarf beschränkt, hat dies aber zur Folge, daß dem Unterhaltsberechtigten, solange die Ehe aufrecht ist, sein Anteil am ehelichen Zugewinn vorenthalten bleibt. Dies führt zu einer Ungleichverteilung der wirtschaftlichen Macht zwischen den Ehegatten. Da der erwerbstätige Ehegatte meist zum sachenrechtlichen Eigentümer der während der Ehe angeschafften Güter wird, besteht außerdem die Gefahr, daß dieser zum Nachteil des anderen über den ehelichen Zugewinn verfügt. Das geltende Recht begegnet dieser Gefahr nur durch einzelne Vorschriften zum Schutz des Wohnbedürfnisses an der Ehewohnung, und zwar sowohl unter Lebenden[13] wie nach dem Tod des verfügungsberechtigten Ehegatten.[14]

Die strikte Gütertrennung endet erst bei Scheidung, Aufhebung oder Nichtigerklärung der Ehe. In diesem Fall hat jeder Ehegatte unabhängig von den formalen Eigentumsverhältnissen einen gerichtlich durchsetzbaren Anspruch auf Aufteilung des ehelichen Gebrauchsvermögens und der ehelichen Ersparnisse (§ 81ff EheG). Auch hier genießt das dringende Wohnbedürfnis an der Ehewohnung besonderen Schutz (§ 82 Abs 2 EheG). Bei der Auflösung der Ehe von Todes wegen bleibt es dagegen bei den formalen Eigentumsverhältnissen. Der überlebende Ehegatte hat nur ein durch das Pflichtteilsrecht abgesichertes gesetzliches Erbrecht[15] und den Anspruch auf das gesetzliche Vorausvermächtnis, das den Hausrat und das Recht, weiter in der Ehewohnung zu wohnen, umfaßt (§ 758 ABGB).

Theoretisch könnte die Schlechterstellung des nicht erwerbstätigen Ehegatten durch eine vertragliche Regelung über den Güterstand ausgeschlossen werden. Dazu käme vor allem die Gütergemeinschaft in Frage. Das vom ABGB im übrigen ausführlich geregelte Heiratsgabensystem (Heiratsgut § 1218, Widerlage §§ 1230, Morgengabe § 1232, Witwengehalt §§ 1242, 1244 und Advitalitätsrecht §§ 1255 - 1258) ist völlig antiquiert und könnte ersatzlos gestrichen werden. Die Gütergemeinschaft kann als allgemeine Gütergemeinschaft das gesamte Vermögen der Ehegatten erfassen oder auf bestimmte Güter (zB die eheliche Errungenschaft) beschränkt werden. Sie kann

---

13) Gemäß § 97 ABGB ist der über die Wohnung verfügungsberechtigte Ehegatte gehalten, alles zu unterlassen und vorzukehren, damit der auf die Wohnung zur Befriedigung seines dringenden Wohnungsbedürfnisses angewiesene Ehegatte diese nicht verliert. Dies ist, solange die Ehe aufrecht ist, gegen den verfügungsberechtigten Ehegatten mit Unterlassungsklage und einstweiliger Verfügung durchsetzbar und hat auch eingeschränkte Wirkung gegenüber dritten Personen. Bei Miteigentum an der Ehewohnung verwehrt die Rechtsprechung die Möglichkeit, die Aufhebung der Miteigentumsgemeinschaft gem § 830 ABGB zu begehren: zB OGH 22.6.1995 EvBl 1996/14.

14) § 758 ABGB, § 14 MRG, § 10 WEG, § 20 Abs 3 WGG.

15) § 757 ABGB: neben Kindern und deren Nachkommen 1/3, neben Eltern und deren Nachkommen 1/2 bzw neben Großeltern 2/3 des Nachlasses.

als Gütergemeinschaft unter Lebenden oder auf den Todesfall geschlossen werden.[16]

Güterstandsvereinbarungen sind in Österreich aber nur im ländlichen Bereich praktisch bedeutsam. Die große Mehrzahl der Eheleute lebt im gesetzlichen Güterstand der Gütertrennung. Bei Gütertrennung kann die Schlechterstellung des nicht erwerbstätigen Ehegatten aber selbst durch Vereinbarung nicht völlig ausgeschlossen werden, da die freiwillige Einräumung von Miteigentum steuerrechtlich als Schenkung betrachtet wird, was sich vor allem beim Erwerb und bei der Übertragung von Liegenschaften auswirkt.[17]

c) Lösung

Die Wurzel aller dieser Probleme liegt in der unangemessenen Auslegung des gesetzlichen Unterhalts durch die Rechtsprechung. Sowohl der Vorrang des Naturalunterhalts wie die Prozentklauseln sind bloße Produkte der Rechtsprechung und haben im Gesetz keine explizite Grundlage.

Der Gesetzgeber geht im Gegenteil von einer Gleichbehandlung der Ehegatten aus. § 89 ABGB ordnet ausdrücklich an, daß die persönlichen Rechte und Pflichten der Ehegatten im Verhältnis zueinander gleich sind. Grundsätzlich sollen sie die Gestaltung ihrer ehelichen Lebensgemeinschaft unter Rücksicht aufeinander und auf das Wohl der Kinder einvernehmlich gestalten (§ 91 ABGB). Die Gleichwertigkeit der Haushaltsführung mit der Erwerbstätigkeit muß auch für beide einen gleichwertigen Anspruch darauf begründen, über Geld verfügen zu können. Solange zwischen den Ehegatten Einvernehmen besteht, bleibt es ihnen überlassen, wie sie ihre finanzielle Gebarung regeln wollen. Das Gesetz kann aber nicht dahin verstanden werden, daß einem der beiden, nur weil er sich in der Rolle des Erwerbstätigen befindet, die alleinige Entscheidungsbefugnis darüber zukommen soll.

Fehlt es am Einvernehmen, so ist dem unterhaltsberechtigten Ehepartner im Gegensatz zur Auffassung der Rechtsprechung grundsätzlich ein *Geldanspruch* zuzugestehen, da er nicht wie ein Kind auf Naturalversorgung verwiesen werden darf.

Die Höhe des Anspruchs muß sich grundsätzlich auf die *Hälfte des Einkommens* belaufen. Eine Beschränkung des Unterhaltsanspruches auf 33 bzw 40 Prozent des (gemeinsamen) Einkommens ist gesetzlich nicht vorgesehen und sachlich nicht zu rechtfertigen. Die von der Rechtsprechung vorgetragenen Argumente, daß der erwerbstätige Ehegatte einen höheren Aufwand hat und er außerdem einen Anreiz benötigt, seine Erwerbstätigkeit fortzusetzen,

---

16) Vgl im einzelnen *Koziol/Welser*, Grundriß des bürgerlichen Rechts[10] II (1996) 211ff.

17) Vgl die spezielle Steuerbefreiung für die Anschaffung und Errichtung einer Wohnstätte mit höchstens 150 m² Wohnfläche in § 15 Abs 1 Z 1 lit c ErbStG.

sind meines Erachtens nicht stichhältig. Die unbedingt notwendigen berufsbedingten Aufwendungen könnten bereits bei der Festlegung der Bemessungsgrundlage berücksichtigt werden. Und einen Anreiz, um ihre Tätigkeit aufrechtzuerhalten, kann auch eine Hausfrau durchaus brauchen, vor allem, wenn sie für die Kinderbetreuung allein zuständig ist. Leben die Ehegatten im gemeinsamen Haushalt, so ist jeder Ehegatte dann natürlich verpflichtet, jeweils die Hälfte der Ausgaben für die gemeinsame Lebensführung zu tragen. Tritt bloß ein Ehegatte einem Dritten gegenüber als Schuldner für ehelichen Aufwand (Energiekosten für die Ehewohnung, Kredite etc) auf, so muß der geschuldete Betrag vom verfügbaren Familieneinkommen abgezogen werden. Ist ein Ehegatte erwerbstätig und führt er auch noch allein den Haushalt, so ist sein Einkommen nicht voll auf das Familieneinkommen anzurechnen, sondern, wie dies von § 94 Abs 2 ABGB angeordnet wird, nur angemessen zu berücksichtigen.

Diese Neuorientierung des Unterhaltsanspruches wäre bereits nach geltendem Recht möglich und meines Erachtens sogar geboten. Wird der Unterhaltsanspruch als Anspruch auf Beteiligung an der Hälfte des Erwerbseinkommens verstanden, so ist die nicht erwerbstätige Ehefrau auch bei *Gütertrennung* hinreichend geschützt, da sie an den während aufrechter Ehe erworbenen Vermögensgegenständen Miteigentum erlangen kann. Es kann ihr zugemutet werden, dies gegenüber dem Ehemann durchzusetzen. Damit kann die Gefahr der einseitigen Verfügung über gemeinsam Erwirtschaftetes durch den Ehemann abgewehrt werden. Da die Hausfrau damit auch bei aufrechter Ehe einen Anspruch auf Vermögensbildung erhält, wäre der Erwerb der sachenrechtlichen Berechtigung am Ehevermögen auch steuerlich nicht mehr als Schenkung zu betrachten.

Stehen die wesentlichen Vermögensgüter von Eheleuten in ihrem Miteigentum, so kommt es auch im *Erbfall* zu keinen unangemessenen Folgen zu Lasten des nicht erwerbstätigen Ehegatten, da gemeinsam Erwirtschaftetes nicht mehr zur Gänze in den Nachlaß des erwerbstätigen Ehegatten fällt.

Versteht man den Unterhaltsanspruch im Sinne einer partnerschaftlichen Anteilhabe am gemeinsamen Erwerb, so erübrigt sich auch die Normierung der sogenannten *Schlüsselgewalt*. § 96 ABGB sieht vor, daß der nicht erwerbstätige Ehegatte den anderen Ehegatten "bei den Rechtsgeschäften des täglichen Lebens, die er für den gemeinsamen Haushalt schließt und die ein den Lebensverhältnissen der Ehegatten entsprechendes Maß nicht übersteigen", vertritt. Diese Regelung ist kompliziert und, zumal sie nur für den einkommenslosen Ehegatten gilt, praktisch wenig bedeutsam. Die Idee der Schlüsselgewalt entspricht einem patriarchalisch geprägten Familienmodell, bei dem der Mann allein erwerbstätig ist und der haushaltsführenden Frau zur

Abdeckung ihrer Lebensbedürfnisse in Form von Unterhalt verpflichtet ist. Um die finanziell unselbständige Frau in die Lage zu versetzen, Einkäufe für den Haushalt des Ehemannes tätigen zu können, ist es notwendig, sicherzustellen, daß durch ihr rechtsgeschäftliches Handeln nicht sie, sondern der wirtschaftlich leistungsfähige Ehemann verpflichtet wird.

III. Ehescheidung

A. Scheidungsrecht

1. Rechtslage

Das österreichische Scheidungs- und Scheidungsfolgenrecht ist äußerst unübersichtlich und voller Wertungswidersprüche. Es gibt vier verschiedene Scheidungsarten mit jeweils unterschiedlichen unterhaltsrechtlichen Folgen, die auch Wirksamkeit für das Sozialversicherungsrecht entfalten. Einheitlich geregelt ist das Scheidungsfolgenrecht bezüglich des Namens (§ 93a ABGB) und der Vermögensaufteilung (§ 81ff EheG). Mit Scheidung entfällt das gesetzliche Erbrecht des Ehegatten.

Praktisch am bedeutsamsten ist die Scheidung im Einvernehmen nach § 55a EheG. Ist die eheliche Lebensgemeinschaft seit mindestens einem halben Jahr aufgehoben und gestehen die Ehegatten die unheilbare Zerrüttung des ehelichen Verhältnisses zu, so können sie die Scheidung gemeinsam begehren. Die Ehe darf nur geschieden werden, wenn die Ehegatten dem Gericht eine schriftliche Vereinbarung über die Scheidungsfolgen (rechtliche Beziehungen zu den Kindern, Aufteilung des Ehevermögens und wechselseitige Unterhaltsansprüche) unterbreiten oder vor Gericht schließen. Der Scheidungsantrag ist im Außerstreitverfahren zu stellen, die Scheidung erfolgt durch Beschluß.

Kann kein Einvernehmen erzielt werden, so muß die Scheidung im streitigen Verfahren durch Klage verfolgt werden. Zu unterscheiden sind die Scheidung aus Verschulden und die Scheidung aus anderen Gründen. Ein Ehegatte kann auf Scheidung klagen, wenn der andere Ehebruch (§ 47 EheG)[18] begangen hat, wenn dieser die Fortpflanzung verweigert (§ 48 EheG) oder er durch eine sonstige schwere Eheverfehlung die Ehe so tief zerrüttet hat, daß eine Wiederherstellung einer ihrem Wesen entsprechenden Lebensgemeinschaft

[18]) Ein gerichtliches Geständnis oder eine Feststellung in einem Verfahren bewirkt, daß die Ehebruchspartner, auch wenn sie vielleicht in langjähriger Lebensgemeinschaft zusammenleben, gegenseitig von einem testamentarischen Erbrecht ausgeschlossen sind (§ 543 ABGB).

nicht erwartet werden kann (§ 49 EheG). Die Scheidung aus anderen Gründen umfaßt die Scheidung wegen auf geistiger Störung beruhenden Verhaltens (§ 50 EheG), wegen Geisteskrankheit (§ 51 EheG), wegen ansteckender oder ekelerregender Krankheit (§ 52 EheG) sowie die Scheidung wegen mindestens dreijähriger Auflösung der häuslichen Gemeinschaft (§ 55 EheG). Diese Scheidungsmöglichkeit steht auch dem Ehegatten zu, der selbst schwere Eheverfehlungen begangen hat. Der Beklagte kann dem Scheidungsbegehren widersprechen, wenn der Kläger die Zerrüttung der Ehe allein oder überwiegend verschuldet hat und den Beklagten die Scheidung härter träfe als den klagenden Ehegatten die Abweisung des Scheidungsbegehrens. Ist die häusliche Gemeinschaft seit mindestens sechs Jahren aufgehoben, so ist dem Scheidungsbegehren jedenfalls stattzugeben.

2. Kritik

Grundsätzlich ist festzuhalten, daß das österreichische Scheidungsrecht *unnötig kompliziert* ist. Von den verschiedenen Scheidungsarten sind nur die Verschuldensscheidung (§§ 47 - 49 EheG), die Scheidung wegen mindestens dreijähriger Auflösung der häuslichen Gemeinschaft (§ 55 EheG) sowie die einvernehmliche Scheidung heute noch gebräuchlich. Die Scheidung nach den §§ 50 bis 52 EheG stellt weitgehend totes Recht dar.

Die starke Betonung des *Verschuldensprinzips* entspricht nicht mehr den heutigen Vorstellungen von einer autonomen Gestaltung des Privatlebens. Das Verschuldensprinzip zwingt die Eheleute im Scheidungsprozeß zu einer gänzlichen Offenlegung ihres Privatlebens, wobei notwendigerweise zu Beweiszwecken das gesamte soziale Umfeld des Paares miteinbezogen wird. Dies führt in der gerichtlichen Praxis oft zu einem unwürdigen und abstoßenden Schauspiel gegenseitiger Vorwürfe und Schuldzuweisungen, in dem kein Bereich des ehelichen Zusammenlebens ausgespart wird. Scheidungswillige Eheleute können dem nur entkommen, wenn sie sich auf eine einvernehmliche Scheidung einigen. Wie die Erfahrung zeigt, besteht dann aber die konkrete Gefahr, daß Frauen vorschnell auf Unterhaltsansprüche und damit auch auf Pensionsansprüche verzichten.

Ein Blick in andere europäische Rechtsordnungen zeigt, daß das Verschuldensprinzip zunehmend an Bedeutung verliert. So spielt das Verschulden für die Berechtigung zur Ehescheidung beispielsweise in *Deutschland*, in den *Niederlanden* und in *Schweden* keine Rolle mehr. Am einfachsten ist die Scheidung in *Schweden* und in den Niederlanden. In Schweden kann eine Ehe im beiderseitigen Einvernehmen sofort geschieden werden.[19] Wünscht nur ein

[19]) 5. Kapitel § 1ff Ehegesetz 1987. Wenn beide Ehegatten dies verlangen oder wenn ein Ehegatte

Ehegatte die Scheidung, so ist eine Bedenkzeit von 6 Monaten einzuhalten (5. Abschnitt § 2 EheG). Das Recht der *Niederlande* sieht nur mehr eine Scheidung auf Antrag eines oder beider Ehegatten vor (Art 1:150 Burgerlijk Wetboek), der stattzugeben ist, wenn die Ehe dauerhaft zerrüttet ist (Art 1:151 Burgerlijk Wetboek).

Das *deutsche* Scheidungsrecht (§§ 1564ff BGB) legt fest, daß eine gescheiterte Ehe durch gerichtliches Urteil geschieden werden kann. Gescheitert ist eine Ehe, wenn die eheliche Lebensgemeinschaft nicht (mehr) besteht und nicht erwartet werden kann, daß die Ehegatten sie (wieder) herstellen. Das Scheitern einer Ehe wird unwiderlegbar vermutet (§ 1566 BGB), wenn entweder die Ehegatten seit einem Jahr getrennt leben und beide Ehegatten die Scheidung beantragen bzw einer dem Scheidungsantrag des anderen zustimmt, oder wenn die Ehegatten seit drei Jahren getrennt leben. Greifen diese Vermutungen nicht ein, so muß im Einzelfall bewiesen werden, daß die Ehe gescheitert ist. Leben die Ehegatten noch nicht ein Jahr getrennt, so kann die Ehe nur geschieden werden, wenn die Fortsetzung der Ehe für den Antragsteller aus Gründen, die in der Person des anderen Ehegatten liegen, eine unzumutbare Härte darstellen würde (§ 1565 Abs 2 BGB). Dies gilt auch, wenn beide die Scheidung wünschen. Auch eine gescheiterte Ehe kann nicht geschieden werden, "wenn und solange die Aufrechterhaltung der Ehe im Interesse der aus der Ehe hervorgegangenen minderjährigen Kinder aus besonderen Gründen ausnahmsweise notwendig ist oder wenn und solange die Scheidung für den Antragsgegner, der sie ablehnt, aufgrund außergewöhnlicher Umstände eine so schwere Härte darstellen würde, daß die Aufrechterhaltung der Ehe auch unter Berücksichtigung der Belange des Antragstellers ausnahmsweise geboten erscheint".[20]

In *Italien* haben Verschuldenstatbestände Bedeutung für die Berechtigung zur einseitigen Trennung der Ehe, die der Ehescheidung vorausgehen muß. Eine starke Betonung des Verschuldensprinzips findet sich dagegen in *England* und *Wales,*[21] *Griechenland*[22] und *Frankreich.* In der *Schweiz* sieht die derzeit geltende Rechtslage noch einen umfangreichen Katalog von Verschuldenstatbeständen[23] vor, die Mehrzahl der Scheidungen erfolgt aber nach dem

---

dauerhaft mit einem eigenen Kind unter 16 Jahren zusammenlebt, das unter der Personensorge dieses Ehegatten steht, muß der Scheidung eine Bedenkzeit von 6 Monaten vorangehen.

[20]) Härteklausel des § 1568 BGB.

[21]) *Freeman*, Marriage and Divorce in England, in *Levi* (Hg), M. Rotondi: inchieste di diritto comparato, The Marriage (1998) 217.

[22]) *Dracoronia*, The Greek Family Law and the Principle of the Equality of the two Sexes, in *Levi* (Hg), M. Rotondi: Inchieste di diritto comparato, The Marriage (1998) 236.

[23]) Art 137 ZGB: Ehebruch, Art 138 ZGB: Nachstellung nach dem Leben, Misshandlung und schwere Ehrenkränkung, Art 139 ZGB: entehrendes Verbrechen, unehrenhafter Lebenswandel, Art 140 ZGB: böswillige Verlassung. Vgl *Hegnauer/Breitschmid*, Grundriß des Eherechts³ (1993) Rz

Zerrüttungstatbestand des Art 142 ZGB.[24] Überdies ist in der Schweiz eine Reform des Scheidungsrechts in Vorbereitung, mit der das Verschuldensprinzip aus dem Scheidungsrecht weitgehend zurückgedrängt werden soll.[25] Neben einer Scheidung auf gemeinsames Begehren (Art 111ff) ist eine Scheidung auf einseitige Klage vorgesehen. Dieser ist stattzugeben, wenn die Ehe seit mindestens 5 Jahren getrennt ist oder die Fortsetzung der Ehe aus schwerwiegenden Gründen unzumutbar ist (Art 114f).

3. Lösungsvorschlag

Der Gesetzgeber sollte das Scheidungsrecht vereinfachen und von der Dominanz des Verschuldensprinzips befreien. Die rechtsvergleichende Analyse zeigt, daß zumindest drei Scheidungstatbestände erforderlich sind. Vorgesehen werden muß die Scheidung auf beiderseitigen Antrag der Eheleute und die Scheidung gegen den Willen eines Ehegatten. Für die Scheidung auf gemeinsamen Antrag kann es bei der Regelung der einvernehmlichen Scheidung des § 55a EheG bleiben. Für die Scheidung gegen den Willen eines Ehegatten empfiehlt es sich, die jetzigen Zerrüttungs- und Verschuldenstatbestände in einem Tatbestand zusammenzufassen. Jeder Ehegatte soll auf Scheidung klagen können, wenn die häusliche Gemeinschaft seit mindestens drei Jahren getrennt ist oder wenn ihm die Fortsetzung der Ehe aus Gründen, die in der Person des anderen Ehegatten liegen, nicht zumutbar ist.

Um Ehegatten ein geordnetes Auseinandergehen zu erleichtern, sollte die zur Zeit an zwei Bezirksgerichten in Österreich zur Erprobung eingerichtete *Mediation*[26] allgemein ermöglicht werden.

9.15ff.

[24]) *Hegnauer*, Die Reform des schweizerischen Scheidungsrechts, FamRZ 1994, 730: Im Jahr 1991 entfielen 97,6% der Scheidungen auf den Zerrüttungstatbestand.

[25]) Botschaft vom 21.11.1995 über die Änderung des Schweizerischen Zivilgesetzbuches (Eheschließung und Scheidung, Personenstand, Verwandtenunterstützungspflicht, Vormundschaft, Heimstätten und Ehevermittlung); diese geht auf einen Vorentwurf der Expertenkommission vom 29.1.1992 zurück. Vgl dazu *Hegnauer*, FamRZ 1994, 729; *Plate*, Altes und neues Scheidungsrecht in der Schweiz, FuR 1996, 53; *Graham-Siegenthaler/Siehr*, Swiss Law of Marriage, Marital Relations and Divorce, in *Levi* (Hg), M.Rotondi: Inchieste di diritto privato Comparato, The Marriage (1998) 506.

[26]) Eine Forderung, die in Österreich von Praktikern zu Recht bereits vehement vorgebracht wird: *Draxler*, Konfliktlösung kreativ - Vom vertikalen zum lateralen Denken, RZ 1996, 131; *Kovar*, Ein anderer Weg bei Scheidung und Trennung - Reden statt Rosenkrieg, RZ 1996, 130. Für das Verhältnis von Eltern und Kindern: *Figdor*, Obsorge, Kindeszuteilung, Besuchsrecht - Betrachtung aus psychoanalytisch-pädagogischer Sicht, ÖA 1994, 167; *derselbe*, Kindliches Erleben im Obsorgestreit: Bei staatlicher Intervention und im Kulturzwiespalt, ÖA 1995, 183. *Reitsamer*, Aus der Praxis eines österreichischen Familienrichters, ÖA 1995, 190 fordert die Einrichtung von Familienberatungsstellen bei jedem Familiengericht. Zum österreichischen Modellversuch vgl *Stormann*, Partner- und Familienberatung bei Gericht - Mediation - Kinderbegleitung bei Trennung oder Schei-

B. Scheidungsfolgen

1. Unterhalt

a) Rechtslage

Die wahre Problematik der starken Betonung des Verschuldensprinzips im österreichischen Eherecht liegt in der Anknüpfung der unterhaltsrechtlichen Folgen der Scheidung an den Verschuldensausspruch (§§ 60f EheG).[27] Dazu kommt, daß die Unterhaltsberechtigung auch davon abhängen kann, daß der Unterhalt begehrende Ehegatte im Scheidungsprozeß in der Beklagtenrolle war. Dies kann in der Praxis zu äußerst unbilligen Ergebnissen führen.

Grundsätzlich steht es den Ehegatten frei, den nachehelichen Unterhaltsanspruch vertraglich zu regeln (§ 80 EheG). Bei der einvernehmlichen Scheidung ist eine solche Vereinbarung sogar Scheidungsvoraussetzung und der danach geschuldete Unterhalt ist einem gesetzlichen Unterhalt gleichzuhalten, soweit er den Lebensverhältnissen der Ehegatten angemessen ist (§ 69a EheG).

Erfolgt keine einvernehmliche Regelung, ist der Unterhaltsanspruch nach der Scheidung vom Verschulden an der Ehescheidung abhängig. Danach hat der *allein oder überwiegend schuldige Ehegatte* dem anderen angemessenen Unterhalt zu leisten, wenn diesem keine Erwerbstätigkeit zumutbar ist (§ 66 EheG). Die Höhe des Unterhaltsanspruches entspricht in etwa dem bei aufrechter Ehe. Neue Sorgepflichten vermindern den Unterhaltsanspruch entsprechend.

Sind *beide schuld* an der Scheidung, trifft aber keinen ein überwiegendes Verschulden, dann kann dem Ehegatten, der sich "nicht selbst unterhalten kann", ein Unterhaltsbeitrag zugesprochen werden. Dieser Unterhaltsbeitrag ist kein echter Unterhaltsanspruch und soll nur einen Teil der Lebensbedürfnisse abdecken. Die Unterhaltspflichten von Verwandten, insbesondere der Eltern und der Kinder, gehen vor. Erst wenn diese nichts leisten können, kann der geschiedene Ehegatte zur Beitragsleistung herangezogen werden (§ 68 EheG).

Trifft *keinen* der Ehegatten die Schuld an der Scheidung, kann dem, der die Scheidung verlangt, nach Billigkeit eine Unterhaltspflicht gegenüber dem anderen Ehegatten auferlegt werden (§ 69 Abs 3 EheG).

Als Ausnahme in diesem System ist der *Unterhaltsanspruch nach § 69 Abs*

---

dung der Eltern in Österreich, FamRZ 1994, 1310 und *Filler*, Partner- und Familienberatung bei Gericht - Mediation - Kinderbegleitung bei Trennung oder Scheidung der Eltern, ÖA 1995, 19.

[27]) Kritisch zur Verschuldensabhängigkeit des Unterhaltsanspruches: *Knoll*, Die rechtliche Umschreibung und Erfassung der Bedarfslage des Unterhaltsansprechers im Ehescheidungsfolgenrecht (mit Blick zum BGB), RZ 1996, 237ff.

2 EheG anzusehen. Ist die häusliche Gemeinschaft der Ehegatten seit 3 Jahren aufgehoben und die Ehe unheilbar zerrüttet, so muß der Ehegatte, der die Scheidung verlangt, wenn er die Zerrüttung allein oder überwiegend verschuldet hat, dem anderen Unterhalt wie bei aufrechter Ehe leisten (§ 55 EheG). Ausgangspunkt für diese Regelung war der Fall der "verlassenen Hausfrau", die nach langen Jahren der Haushaltsführung und Kinderbetreuung gegen ihren Willen geschieden wird.

Der Unterhaltsanspruch ruht nach Ansicht der Rechtsprechung bei Eingehen einer Lebensgemeinschaft und erlischt, wenn der Unterhaltsberechtigte wieder heiratet (§ 75 EheG). Außerdem kann er verwirkt werden, wenn sich der Unterhaltsberechtigte einer schweren Verfehlung gegen den Verpflichteten schuldig macht oder gegen dessen Willen einen ehrlosen oder unsittlichen Lebenswandel führt (§ 74 EheG).

Der privatrechtliche Unterhaltsanspruch wirkt im Pensionsversicherungsrecht weiter, da der Anspruch auf eine Hinterbliebenenpension vom Vorliegen eines Unterhaltsanspruches abhängt.[28]

b) Kritik

Die Verbindung zwischen Unterhaltsanspruch und Verschulden ist nicht sachgerecht. Sie führt zu dem eigenartigen Ergebnis, daß die Bedürftigkeit eines Eheteiles nur dann zu einem Unterhaltsanspruch führt, wenn er dem anderen die Setzung eines Verschuldenstatbestandes nachweisen kann. Es kommt dabei zu einer unsachlichen Verquickung von schadenersatzrechtlichen Zurechnungskriterien mit familienrechtlichen Versorgungsnotwendigkeiten. Eine konsequente Verwirklichung des Verschuldensprinzips müßte dagegen dem Schuldlosen gegenüber dem Schuldigen einen von der eigenen Bedürftigkeit unabhängigen Schadenersatzanspruch geben, mit dem der wirtschaftliche und ideelle Nachteil, den der schuldlose Ehegatte durch die Auflösung der Ehe erleidet, ausgeglichen wird. Das französische[29] und das Schweizer Recht[30], die die Verschuldensscheidung noch kennen, sehen einen solchen Anspruch vor.

Die Verknüpfung von Unterhalt und Verschulden fördert außerdem bei aufrechter Ehe das Machtungleichgewicht zwischen den Ehegatten. Während der erwerbstätige Ehegatte selbst bei Setzung schwerster Verschuldenstatbestände

---

[28]) Dazu *Binder*, Die Problematik der Geschiedenen-Pensionsregelung, in *Harrer/Zitta* (Hg), Familie 669ff.

[29]) Art 266 Code civil verpflichtet den Schuldigen zum Ersatz für materielle und immaterielle Schäden.

[30]) Art 151 ZGB sieht einen Anspruch auf Entschädigung und auf Genugtuung für die erlittene Verletzung der persönlichen Verhältnisse vor.

lediglich damit rechnen muß, daß er im Scheidungsfall für den anderen unterhaltspflichtig ist, wenn diesem keine Erwerbstätigkeit zugemutet werden kann, riskiert der wirtschaftlich abhängige Eheteil mit der Scheidung seine Existenzgrundlage.

Da die Familienarbeit überwiegend von Frauen erbracht wird, benachteiligt dies vor allem Frauen. Bei fortgeschrittenem Alter werden nicht selbst erwerbstätige Frauen gut daran tun, auch an einer vollkommen zerrütteten Ehe festzuhalten und sich dem Scheidungsbegehren des Ehemannes so lange zu widersetzen, bis die Voraussetzungen des § 55 EheG eingetreten sind, sodaß sie auch weiterhin als "Lohn der Angst" oder "Preis für die besseren Nerven", wie das Rechtswissenschafter[31] einmal formuliert haben, einen Unterhaltsanspruch wie bei aufrechter Ehe haben und auch pensionsversicherungsrechtlich besser dastehen. Die Unbilligkeit dieser Regelung ist offensichtlich.

In *Dänemark*, *Deutschland*, *Griechenland*, der *Niederlande* und *Italien* ist der Unterhaltsanspruch nach Ehescheidung nicht vom Verschulden abhängig. Das deutsche Recht ist bei der Gewährung von Unterhaltsansprüchen relativ großzügig (§§ 1569ff BGB). Soweit ein Ehegatte sich nicht aus seinem eigenen Vermögen oder aus Einkünften einer angemessenen Erwerbstätigkeit selbst erhalten kann, hat er gegen den anderen einen Anspruch auf Unterhalt. Als unterhaltsbedürftig gilt derjenige, von dem wegen Pflege oder Erziehung eines gemeinschaftlichen Kindes, wegen Alters, wegen seines Gesundheitszustandes oder aus sonstigen Gründen eine Erwerbstätigkeit nicht erwartet werden kann. Der Unterhaltsanspruch ist zu reduzieren oder zu versagen, soweit die Inanspruchnahme des Verpflichteten grob unbillig wäre (§ 1579 BGB). Dies ist beispielsweise der Fall, wenn die Ehe von kurzer Dauer war, wenn sich der Berechtigte eines Verbrechens oder eines schweren vorsätzlichen Vergehens gegen den Verpflichteten oder einen nahen Angehörigen des Verpflichteten schuldig gemacht hat, wenn der Berechtigte seine Bedürftigkeit mutwillig herbeigeführt hat, oder auch wenn „der Berechtigte sich über schwerwiegende Vermögensinteressen des Verpflichteten mutwillig hinweggesetzt hat" oder "dem Berechtigten ein offensichtlich schwerwiegendes, eindeutig bei ihm liegendes Fehlverhalten gegen den Verpflichteten zur Last fällt".

Nach dem *Schweizer Reformentwurf* kann ein Ehegatte verpflichtet werden, dem anderen einen angemessenen Beitrag zu leisten, wenn diesem nicht zugemutet werden kann, für den ihm gebührenden Unterhalt selbst aufzukommen (Art 125 des Enwurfes). Dafür sollen berücksichtigt werden: die Aufga-

---

[31]) *Krejci*, Neues Scheidungsrecht und soziale Sicherung, JBl 1979, 169ff; *Aicher*, Die Scheidung wegen Auflösung der häuslichen Gemeinschaft (§ 55 EheG) und ihre unterhaltsrechtlichen Folgen, in *Ostheim* (Hg), Schwerpunkte der Familienrechtsreform 1977/1978 (1979) 101.

benverteilung während der Ehe, die Dauer der Ehe, Alter und Gesundheit, Einkommen und Vermögen, die noch zu leistende Kinderbetreuung, die berufliche Ausbildung, die Erwerbsaussichten und die Anwartschaften auf Altersversorgung. Bei offensichtlicher Unbilligkeit kann der Unterhaltsbeitrag gekürzt werden. Gemäß Art 125 Abs 3 des Entwurfs liegt offensichtliche Unbilligkeit vor, wenn die berechtigte Person ihre Pflicht, zum Unterhalt der Familie beizutragen, grob verletzt hat, sie ihre Bedürftigkeit mutwillig herbeigeführt oder gegen die verpflichtete Person oder eine dieser nahe verbundenen Person eine schwere Straftat begangen hat.

In *Schweden*[32] steht nach Auflösung der Ehe grundsätzlich kein Unterhaltsanspruch zu. Unterhalt kann nur ausnahmsweise und nur vorübergehend beansprucht werden. Ein längerer oder unbefristeter Anspruch kann nur gewährt werden, wenn die Ehe von längerer Dauer war oder der Ehegatte sich wegen Vorliegens außerordentlicher Gründe nicht selbst versorgen kann. In den Niederlanden ist der Unterhaltsanspruch seit 1994 grundsätzlich auf höchstens 12 Jahre befristet (Art 1:157 Burgerlijk Wetboek).[33]

Die angemessene Regelung des nachehelichen Unterhalts stellt ein äußerst schwieriges Problem dar. Seine Relevanz steht in unmittelbarem Verhältnis dazu, wie eine Gesellschaft zur Erwerbstätigkeit von Frauen im allgemeinen und zur Erwerbstätigkeit von Müttern im besonderen steht. Je einfacher es Frauen haben, Erwerbstätigkeit und Kinderbetreuung zu vereinbaren, desto weniger Bedeutung haben nacheheliche Versorgungsansprüche. Je ablehnender eine Gesellschaft der weiblichen Erwerbstätigkeit gegenübersteht, umso wichtiger sind Ansprüche auf nacheheliche Versorgung.

Es ist eine Tatsache, daß es in Österreich Frauen und Männern nicht leicht gemacht wird, Berufstätigkeit und Kinderbetreuung unter einen Hut zu bringen. Das liegt an den völlig unzureichenden Möglichkeiten zur außerhäuslichen Betreuung von Kleinkindern und Schulkindern, an der Unflexibilität der Arbeitszeitgestaltung und nicht zuletzt an der ablehnenden Haltung vieler Menschen, auch und vor allem Arbeitgebern, gegenüber berufstätigen Müttern. Die Folge ist, daß Frauen nach wie vor in den häuslichen Bereich gedrängt werden.

Dabei handelt es sich aber um eine wirtschaftliche Sackgasse, da die dort erbrachte Arbeitsleistung kaum honoriert wird: Die Rechtsprechung sorgt dafür, daß Unterhaltsansprüche bei aufrechter Ehe restriktiv bemessen werden; nach der Scheidung sind sie vom Verschulden des Mannes an der Ehescheidung abhängig und üblicherweise nicht ausreichend, um einen angemessenen

---

[32]) 6. Kapitel § 7 Ehegesetz 1987.

[33]) Vgl *Ebben*, Marriage and Divorce in Netherlands, in *Levi* (Hg), M.Rotondi: Inchieste di diritto comparato, The Marriage (1998) 351f.

Lebensstandard zu gewährleisten. Denn viele Einkommen reichen kaum aus, um einen Familienhaushalt, geschweige denn zwei Haushalte zu finanzieren.

c) Lösungsvorschlag

Der Gesetzgeber ist gefordert, das nacheheliche Unterhaltsrecht neu zu regeln. Der Unterhaltsanspruch nach Ehescheidung darf nicht vom Verschulden des unterhaltspflichtigen Ehegatten abhängen. Sein Bestehen ist Ausdruck der ehelichen Beistandspflicht. Diese muß dann über die Scheidung der Ehe hinaus fortwirken, wenn die Gestaltung der ehelichen Lebensgemeinschaft kausal dafür ist, daß ein Ehegatte nach Auflösung der Ehe schlechtere Startbedingungen vorfindet als der andere. Als Anknüpfungspunkte für den nachehelichen Unterhaltsanspruch müssen objektive Kriterien dienen, die eine finanzielle Ausgleichspflicht des besser gestellten Ehegatten begründen. Als solche kommen jedenfalls die Dauer der Ehe, die vereinbarte oder geübte Aufgabenverteilung während der Ehe und die künftige Belastung der Ehegatten durch die Betreuung der Kinder in Betracht. Auch auf Seite des Berechtigten sollte das Verschulden an der Eheauflösung grundsätzlich keine Rolle spielen. Der Unterhalt darf nur bei Vorliegen besonders schwerwiegender Gründe verweigert werden; so wenn die berechtigte Person gegen die verpflichtete Person oder gegen eine dieser nahestehenden Person eine schwere Straftat begangen hat.

2. Sozialversicherungsrechtliche Absicherung des nicht erwerbstätigen Ehegatten

Die Erbringung der Familienarbeit bringt auch eine krasse Verminderung der sozialversicherungsrechtlichen Absicherung, da diese weitgehend an eigene Erwerbstätigkeit gekoppelt ist. So sind Hausfrauen in Österreich weder unfall- noch arbeitslosenversichert. Nach der Ehescheidung verlieren sie auch die Angehörigeneigenschaft in der Krankenversicherung.[34] In der Pensionsversicherung haben sie nur vom Versicherten abgeleitete Ansprüche, die nach der Scheidung an den Unterhaltsanspruch geknüpft sind. Die Erzielung eigenständiger ausreichender Pensionsansprüche ist für Frauen überhaupt schwierig, da Kinderbetreuungsleistungen in der Pensionsversicherung nach wie vor nur unzureichend berücksichtigt werden (§ 227a ASVG).

---

[34]) Ausgenommen ist gem § 56 Abs 7 B-KUVG der geschiedene Ehegatte eines Beamten, wenn und solange dieser Anspruch auf Unterhalt hat.

Vorschläge zur Verbesserung der Situation existieren sonder Zahl. So war die Verbesserung der Vereinbarkeit von Berufstätigkeit und Familie im Jahr 1994 sogar Gegenstand der Abteilung Arbeits- und Sozialrecht des 60. Deutschen Juristentages.[35] Die dabei erhobenen Forderungen waren zB Flexibilisierung der Arbeitszeit, Schaffung von qualifizierter Teilzeitbeschäftigung, Ausgestaltung des Erziehungsurlaubs zu einem Zeitbudget, Möglichkeiten zur Fort- und Weiterbildung während des Erziehungsurlaubs, angemessene Berücksichtigung der Kinderbetreuungsleistung in Unfall-, Arbeitslosen- und Pensionsversicherungsrecht.[36]

Alle diese Erkenntnisse haben auch für das österreichische Recht Gültigkeit. Gefordert ist dabei der Arbeits- und Sozialversicherungsgesetzgeber. In der Sozialversicherung ist dafür Sorge zu tragen, daß jeder Ehegatte einen eigenständigen, gleichwertigen Anspruch auf Leistungen in der Kranken-, Unfall- und Pensionsversicherung hat. Die Finanzierung der daraus resultierenden zusätzlichen, aus dem Titel der Kinderbetreung resultierenden Leistungsansprüche könnte etwa durch eine stärkere Belastung kinderloser Personen erfolgen. Denn infolge des geltenden Umlagesystems können diese voll am Nutzen der Kinder als zukünftige Beitragszahler teilhaben, ohne selbst die Lasten der Kinderversorgung tragen zu müssen.[37]

"Innerehelich" sollte die gerechte Verteilung von Lasten und Nutzen meines Erachtens "ex ante" durch die Festlegung von Beitragspflichten des erwerbstätigen Ehegatten für die sozialversicherungsrechtliche Absicherung des nicht Erwerbstätigen erfolgen. Die Verpflichtung zu einem "ex post" Anwartschaftssplitting, wie dies etwa in Deutschland für den Fall der Ehescheidung in Gestalt des sogenannten "Versorgungsausgleichs" vorgesehen ist, ist nicht ausreichend. Denn die eigenständige Absicherung der Frau sollte nicht nur in der Pensionsversicherung, sondern in allen Bereichen der Sozialversicherung, also auch in der Unfall-, Kranken- und Arbeitslosenversicherung, gewährleistet sein. Ein nachträgliches Anwartschaftssplitting bei Eintritt des Versicherungsfalles ist hier nicht denkbar. Außerdem würde die bereits bei aufrechter

---

35) *Birk*, Welche Maßnahmen empfehlen sich, um die Vereinbarkeit von Berufstätigkeit und Familie zu verbessern? NJW 1994, 16ff; *Fuchs*, Welche Maßnahmen empfehlen sich, um die Vereinbarkeit von Berufstätigkeit und Familie zu verbessern? NJW 1994 19ff. Vgl weiters Verhandlungen des 60. Deutschen Juristentages (1994) I (Gutachten) II/1 (Sitzungsberichte - Referate und Beschlüsse) II/2 (Sitzungsberichte - Diskussion Beschlußfassung.

36) Besonders verwiesen sei hier auf das Referat von *Renate Jaeger*, Richterin des Bundesverfassungsgerichts, II/1 O 27 - 59.

37) Die Tatsache, daß das derzeitige Pensionssystem Kinderlose voll, Mütter aber nur minimal versorgt, wird in Deutschland zunehmend kritisiert: Vgl *Borchert*, Kindererziehung und Alterssicherung, FuR 1990, 78; *Kohleiss*, Die Gefährdung der eigenen Alterssicherung der Frauen durch Kindererziehung, FuR 1991, 147; *Lenze*, Altersversorgung durch Kindererziehung? FuR 1992, 328; *Oeter*, Einspruch ...! FuR 1993, 149.

Ehe unmittelbar spürbare Belastung des Ehemannes mit Zahlungen für die sozialversicherungsrechtliche Absicherung seiner nicht erwerbstätigen Frau sicherlich einen Anreiz bieten, auf eine traditionelle Rollenverteilung bei aufrechter Ehe zu verzichten.

3. Obsorge

Mit Auflösung der Ehe zwingt der Gesetzgeber die Eheleute, auch die gemeinsame Elternverantwortung zu beenden. Gemäß § 177 ABGB sollen die Eltern dem Gericht einen Vorschlag unterbreiten, wem von beiden nun die alleinige Obsorge über die Kinder zukommen soll. Kommt diese Vereinbarung nicht fristgerecht zustande oder entspricht sie nicht dem Wohl des Kindes, entscheidet das Gericht. Der Elternteil, dem die Obsorge nicht zukommt, muß dem Kind Geldunterhalt leisten. Ihm bleibt ein Besuchsrecht und das Recht, von wichtigen Angelegenheiten, die das Kind betreffen, verständigt zu werden und sich dazu zu äußern (§ 178 ABGB).

Die gemeinsame Obsorge kann nur weiterbestehen, wenn die Eltern auch nach erfolgter Scheidung mit dem Kind in dauernder häuslicher Gemeinschaft leben (§ 167 ABGB). In Österreich ist die Frage der gemeinsamen Obsorge nach Ehescheidung zunehmend Gegenstand lebhafter Diskussion.[38] Das deutsche Bundesverfassungsgericht hat im Jahr 1982 den deutschen Gesetzgeber verpflichtet, geschiedenen Eltern die Vereinbarung eines gemeinsamen Sorgerechts zu ermöglichen, "wenn sie willens und geeignet sind, die Elternverantwortung zum Wohl des Kindes weiterhin zusammen zu tragen". Die Kindererziehung obliege den Eltern. Der Staat könne und solle in das Elternrecht nur eingreifen, wenn widerstreitende Interessen der Eltern einer Konfliktlösung bedürften oder das Wohl des Kindes gefährdet sei; beides sei in diesem Fall nicht gegeben.[39]

Meines Erachtens sollte auch der österreichische Gesetzgeber die Bereitschaft von Eltern, nach der Scheidung weiterhin gemeinsame Elternverantwortung gegenüber ihren Kindern zu tragen, fördern und nicht behindern. Wenn beide die gemeinsame Obsorge wünschen und das Kindeswohl dem nicht entgegensteht, so sollte dies auch rechtlich möglich sein.

---

[38]) ZB *Deixler-Hübner*, Die Obsorgerechtsregelung nach der Ehescheidung, ÖJZ 1993, 722; *Engel*, Probleme der Obsorgezuteilung bei Trennung der Eltern, ÖJZ 1994, 542; *Pichler*, Probleme der gemeinsamen Obsorge, ÖJZ 1996, 92; *Stolzlechner*, Die Übertragung der Obsorge auf einen Elternteil nach Eheauflösung bzw nach einer nicht bloß vorübergehenden Trennung der Eltern (§ 177 ABGB) im Lichte des Art 8 MRK sowie des Art 5 des 7. ZProt, in *Harrer/Zitta*, Familie 785; *Verschraegen*, Gemeinsame Obsorge - ausländisches Recht und UN-Kinderrechtekonvention, ÖJZ 1996, 257 .

[39] BVfG 3. November 1982, BVerfGE 61, 358.

Literaturverzeichnis

- *Aicher*, Die Scheidung wegen Auflösung der häuslichen Gemeinschaft (§ 55 Ehegesetz) und ihre unterhaltsrechtlichen Folgen, in *Ostheim* (Hg), Schwerpunkte der Familienrechtsreform 1977/1978 (1979) 101.
- *Beitzke/Lüderitz*, Familienrecht[26] (1992).
- *Bergmann/Ferid*, Internationales Ehe- und Kindschaftsrecht (Lose-Blatt-Sammlung) I - XII.
- *Meier-Hayoz* (Hg), Berner Kommentar, Kommentar zum schweizerischen Privatrecht II, 1. Abteilung, 1.Teilband, 2. Hälfte (1991).
- *Binder*, Die Problematik der Geschiedenen-Pensionsregelung, in *Harrer/Zitta* (Hg), Familie und Recht (1992) 669.
- *Birk*, Welche Maßnahmen empfehlen sich, um die Vereinbarkeit von Berufstätigkeit und Familie zu verbessern? NJW 1994, 16.
- *Borchert*, Kindererziehung und Alterssicherung, FuR 1990, 78.
- *Bruns*, Art. 6 I GG und gesetzliche Regelungen für gleichgeschlechtliche Lebensgemeinschaften, ZRP 1996, 6.
- *Deixler-Hübner*, Die Obsorgerechtsregelung nach der Ehescheidung, ÖJZ 1993, 722.
- *Deixler-Hübner*, Scheidung, Ehe und Lebensgemeinschaft[4] (1997).
- *Dittrich/Tades*, Das Allgemeine Bürgerliche Gesetzbuch[34] (1994).
- *Dracoronia*, The Greek Family Law and the Principle of the Equality of the two Sexes, in *Levi* (Hg), M. Rotondi: Inchieste di diritto comparato, The Marriage (1998) 231.
- *Draxler*, Konfliktlösung kreativ - Vom vertikalen zum lateralen Denken, RZ 1996, 131.
- *Ebben*, Marriage and Divorce in Netherlands, in *Levi* (Hg), M.Rotondi: Inchieste di diritto comparato, The Marriage (1998) 313.
- *Engel*, Probleme der Obsorgezuteilung bei Trennung der Eltern, ÖJZ 1994, 542.
- *Engel*, Rechtliche Probleme der nichtehelichen Lebensgemeinschaft, JRP 1994, 160 und 202.
- *Feil/Holeschofsky*, Unterhalt und Vermögensrechte nach der Scheidung (1986).
- *Ferid/Sonnenberger*, Das französische Zivilrecht, Familienrecht Erbrecht III[2] (1987).
- *Figdor*, Kindliches Erleben im Obsorgestreit: Bei staatlicher Intervention und im Kulturzwiespalt, ÖA 1995, 183.
- *Figdor*, Obsorge, Kindeszuteilung, Besuchsrecht - Betrachtung aus psycho-

analytisch-pädagogischer Sicht, ÖA 1994, 167.

- *Filler*, Partner- und Familienberatung bei Gericht - Mediation - Kinderbegleitung bei Trennung oder Scheidung der Eltern, ÖA 1995, 19.
- *Floretta* (Hg), Das neue Ehe- und Kindschaftsrecht (1979).
- *Freeman*, Marriage and Divorce in England, in *Levi* (Hg), M. Rotondi: inchieste di diritto comparato, The Marriage (1998) 217.
- *Fuchs*, Welche Maßnahmen empfehlen sich, um die Vereinbarkeit von Berufstätigkeit und Familie zu verbessern ? NJW 1994, 19.
- *Gernhuber/Coester-Waltjen*, Lehrbuch des Familienrechts[4] (1994).
- *Graham-Siegenthaler/Siehr*, Swiss Law of Marriage, Marital Relations and Divorce, in *Levi* (Hg), M.Rotondi: Inchieste di diritto privato Comparato, The Marriage (1998) 489.
- *Gschnitzer/Faistenberger*, Österreichisches Familienrecht[2] (1979).
- *Hegnauer*, Die Reform des schweizerischen Scheidungsrechts, FamRZ 1994, 729.
- *Hegnauer/Breitschmid*, Grundriss des Eherechts[3] (1993).
- *Hermanns*, Neuere sozialwissenschaftliche Befunde zum inhaltlichen Verständnis von Ehe und Familie, FamRZ 1994, 1001.
- *Hoffman/Stephan*, Kommentar zum Ehegesetz nebst Durchführungsverordnungen[2] (1968).
- *Kindler*, Einführung in das italienische Recht (1993).
- *Klang/Gschnitzer*, Kommentar zum Allgemeinen bürgerlichen Gesetzbuch[2] I/1 (1964), I/2 (1962).
- *Knoll*, Die rechtliche Umschreibung und Erfassung der Bedarfslage des Unterhaltsansprechers im Ehescheidungsfolgenrecht (mit Blick zum BGB), RZ 1996, 243, 266; 1997, 2.
- *Kohleiss*, Die Gefährdung der eigenen Alterssicherung der Frauen durch Kindererziehung, FuR 1991, 147.
- *Kovar*, Ein anderer Weg bei Scheidung und Trennung - Reden statt Rosenkrieg, RZ 1996, 130.
- *Koziol/Welser*, Grundriß des bürgerlichen Rechts[10] II (1996).
- *Krejci*, Neues Scheidungsrecht und soziale Sicherung, JBl 1979, 169.
- *Lackner*, Gleichbehandlung im Unterhaltsanspruch der Ehegatten? RZ 1992, 62.
- *Lenze*, Altersversorgung durch Kindererziehung? FuR 1992, 328.
- *Nave-Herz/Matthias-Bleck/Sander*, Ehe - Triumph der Tradition, FuR 1996, 1.
- *Nave-Herz*, Familie heute (1994).

- *Oeter*, Ferdinand, Einspruch...! FuR 1993, 149.
- *Palandt*, Bürgerliches Gesetzbuch[56] (1996).
- *Pichler*, Probleme der gemeinsamen Obsorge, ÖJZ 1996, 92.
- *Plate*, Altes und neues Scheidungsrecht in der Schweiz, FuR 1996, 50.
- *Purtscheller/Salzmann*, Unterhaltsbemessung unter besonderer Berücksichtigung der aktuellen Leitsatzjudikatur des OGH (1993).
- *Rebmann/Säcker* (Hg), Münchener Kommentar zum Bürgerlichen Gesetzbuch[3] VII (1993), VIII (1992).
- *Reitsamer*, Aus der Praxis eines österreichischen Familienrichters, ÖA 1995, 190.
- *Rummel*, Kommentar zum Allgemeinen bürgerlichen Gesetzbuch[2] (1990).
- *Schumacher*, Zum gesetzlichen Regelungsbedarf für nichteheliche Lebensgemeinschaften, FamRZ 1994, 857.
- *Schwab*, Handbuch des Scheidungsrechts[3] (1995).
- *Schwab*, Konkurs der Familie? Familienrecht im Umbruch (1994).
- *Schwimann*, Praxiskommentar zum Allgemeinen Bürgerlichen Gesetzbuch I[2] (1997).
- *Schwind*, Kommentar zum österreichischen Eherecht[2] (1980).
- *Stabentheiner*, Die nichteheliche Lebensgemeinschaft - ein Überblick, NZ 1995, 49.
- *Stolzlechner*, Die Übertragung der Obsorge auf einen Elternteil nach Eheauflösung bzw nach einer nicht bloß vorübergehenden Trennung der Eltern (§ 177 ABGB) im Lichte des Art 8 MRK sowie des Art 5 des 7. ZProt, in *Harrer/Zitta* (Hg), Familie und Recht (1992) 785.
- *Stormann*, Partner- und Familienberatung bei Gericht - Mediation - Kinderbegleitung bei Trennung oder Scheidung der Eltern, FamRZ 1994, 1310.
- *Thöni*, Geldunterhalt und Naturalunterhalt, in *Harrer/Zitta* (Hg), Familie und Recht (1992) 3.
- Verhandlungen des 60. Deutschen Juristentages (1994) I (Gutachten) II/1 (Sitzungsberichte - Referate und Beschlüsse) II/2 (Sitzungsberichte - Diskussion und Beschlußfassung).
- *Verschraegen*, Gleichgeschlechtliche "Ehen" (1994).
- *Verschraegen*, Gemeinsame Obsorge - ausländisches Recht und UN-Kinderrechtekonvention, ÖJZ 1996, 257.
- *Zuck*, Die schwule Braut, NJW 1995, 175.

DER NAME DER EHEFRAU
Gleichberechtigung kontra Familieneinheit

von Ingeborg Mottl

I. Grundsätze des Familiennamensrechts

Die gesetzlichen Regelungen über die Namensführung in der Ehe sind eng verknüpft mit der Frage nach der formalrechtlichen Gleichstellung von Frau und Mann. Die historisch[1] vorgegebene Vorrangstellung des Mannesnamens in § 92 des ABGB von 1811 ist im Zuge zahlreicher Reformen[2] des Familienrechts einer - zumindest auf den ersten Blick - rechtlichen Gleichstellung gewichen. Nach dem Namensrechtsänderungsgesetz[3] aus 1995 als vorläufigen Endpunkt zahlreicher Reformen des Familiennamensrechts erfolgte ein „Abrücken" von dem bisher die namensrechtlichen Bestimmungen prägenden Ordnungsprinzip[4] und eine Lockerung des Grundsatzes der einheitlichen Namensführung in der Ehe.[5] Die EhepartnerInnen können nunmehr iSd

---

[1]) Zur historischen Entwicklung des geltenden Namensrechts ausführlich *Aichhorn/Furgler*, Das Familiennamensrecht, in *Aichhorn* (Hg), Frauen & Recht (1997) 300 bzw *Furgler*, Das österreichische Ehenamensrecht im internationalen Vergleich, in *Bundesministerin für Frauenangelegenheiten* (Hg), Frauen und Recht (1994) 212; für Deutschland *Giesen*, Der Familienname aus rechtshistorischer, rechtsvergleichender und rechtspolitischer Sicht, FuR 1993, 65 sowie *Sturm*, Der Ehename - Versteinerte Eitelkeit oder betonte Familieneinheit, StAZ 1988, 290; s auch *Schott*, Der Name der Ehefrau - Eine historische Skizze, in *Riemer/Walder/Weimar* (Hg), *Hegnauer*-FS (1986) 471.

[2]) Insbesondere EheRwG (BG über die persönlichen Rechtswirkungen der Ehe vom 1.7.1975, BGBl 1975/412) sowie das BG vom 11.11.1983 über Änderungen des Personen-, Ehe- und Kindschaftsrechts (BGBl 1983/566).

[3]) NamRÄG: Bundesgesetz vom 17.12.1994, mit dem das Allgemeine Bürgerliche Gesetzbuch, das Ehegesetz, das Außerstreitgesetz, das Personenstandsgesetz, das Namensänderungsgesetz und das Gerichtsgebührengesetz geändert wurde, BGBl 1995/25; JAB 49 BlgNR 19; Initiativanträge in der 19. Gesetzgebungsperiode 4/A, 21/A und 25/A. Zum geltenden Namensrecht s *Aichhorn/Furgler*, Das Familiennamensrecht 293; *Mottl*, Ein Jahr neues Namensrecht, NZ 1996, 321; *Zeyringer*, Das Namensrechtsänderungsgesetz, ÖStA 1995, 14; *ders*, Neues Ehe- und Kindernamensrecht in Österreich, StAZ 1995, 97; *ders*, Neuregelung des Ehe- und Kindesnamensrechts, ÖA 1995, 76; *Bernat/Jesser*, Meier & Müller, Meier-Müller oder Müller-Meier: Neue Grundsätze im Namensrecht, JAP 1995/96, 54; kritisch *Birkelbauer*, Am Anfang war der Mannesname, Juridikum 1996, 8.

[4]) Diese ist im internationalen Umfeld bereits längst als überholt anzusehen: *Sporrer*, Gleichheit und Emanzipation, in *Aichhorn* (Hg), Frauen & Recht (1997) 31f mit Hinweis auf *Aichhorn*, Überlegungen zu einer Reform des Familiennamens unter dem Blickwinkel der Gleichberechtigung, L'Homme 1994, 146.

[5]) Im Gegensatz dazu erfolgte im anglo-amerikanischen Rechtsbereich die Bestimmung bzw Änderung des Familiennamens seit jeher ausschließlich auf Grundlage privatautotonomer Gestal-

Gleichberechtigungsgrundsatzes[6] auch nach Eheschließung ihren bisherigen Familiennamen beibehalten und sind nicht mehr zur Führung eines gemeinsamen Ehenamens verpflichtet.[7] Dennoch ist bei Nichteinigung bzw Nichtbestimmung eines gemeinsamen Ehe- oder Kindesnamens der Vorrang des Mannesnamens (§ 93 Abs 1 letzter Satz bzw § 139 Abs 3) im Gesetz belassen worden.

II. Die Namensführung in der Ehe

Die Namensführung in der Ehe ist in § 93 geregelt. Gemäß dem in Abs 1 S 1 verankerten Grundsatz der Namenseinheit in der Ehe geht das Gesetz vom Modell eines gemeinsamen Ehenamens aus, der nach außen hin die Einheit der ehelichen Gemeinschaft dokumentieren soll.[8] Den Ehenamen können die Verlobten einvernehmlich bestimmen, ansonsten führen beide *ex lege* den *Mannesnamen*. Durch die Namensrechtsnovelle 1995 wurde als zusätzliche Variante die *getrennte Namensführung* ermöglicht.

A. Gemeinsamer Ehename

1. Einvernehmlich bestimmter Frauen- oder Mannesname

Zum gemeinsamen Ehenamen können die Verlobten vor oder bei Eheschließung einvernehmlich und formgebunden einen ihrer bisherigen Familiennamen bestimmen. Nach der Eheschließung führen demnach beide entweder den bisherigen Frauen- oder Mannesnamen als gemeinsamen Ehenamen. Der aus dem EheG stammende Begriff „Ehename" ist dem ABGB allerdings fremd, statt dessen wird die Bezeichnung „gemeinsamer Familienname" verwendet. Diese Wahlfreiheit wurde erst 1976 durch das EheRwG ins

---

tung. Hiezu *Bernat/Jesser* 54 bzw *Edlbacher*, Namensrecht (1978) 27f. Der als „legal name" unabänderbare Geburtsname kann durch den tatsächlich hinzugefügten „conventional name" ergänzt werden: *Nelle*, Der Familienname - Perspektiven für eine rechtsvereinheitlichende Reform, FamRZ 1990, 811 FN 32.

[6]) Dazu *Sporrer*, Gleichheitssatz und Emanzipation 22f und 30f; *Hintermüller*, Ist § 93 verfassungswidrig? ÖStA 1993, 9ff.

[7]) Alle Paragraphenangaben ohne nähere Bezeichnung beziehen sich im folgenden auf das ABGB.

[8]) Die Beibehaltung dieser Bestimmung als Ausdruck der Familieneinheit war die zentrale Forderung jener, die im Gefolge ihrer Beseitigung den „Niedergang der Familie als Institution" befürchteten. Siehe dazu JAB 7.

ABGB aufgenommen, bis dahin erhielt die Frau nach der Heirat automatisch den Mannesnamen (§ 92 aF).[9]

Eva Moser ∞ Franz Müller
• Eva und Franz Müller
• Eva und Franz Moser

Zum Ehenamen kann der unmittelbar vor Eheschließung geführte Familienname bestimmt werden. Zunächst kommt dafür der jeweilige Geburts- oder Geschlechtsname in Betracht. Der Namenserwerbsgrund spielt allerdings keine Rolle, es kann sich daher auch um einen durch Adoption oder Legitimation „erhaltenen" Familiennamen bzw einen aus einer inzwischen geschiedenen oder aufgehobenen Vorehe abgeleiteten Namen handeln. Eine zusätzliche Wahlmöglichkeit eröffnet § 93a: War die Frau oder der Mann bereits früher einmal verheiratet, so kann zur Namensbestimmung auch ein in dieser Vorehe rechtmäßig geführter und vor neuerlicher Eheschließung (rechtzeitig) wiederangenommener Name herangezogen werden (siehe unten III. A. 1.). Eine Doppelnamensbildung scheidet jedoch ebenso aus wie die Vereinbarung der Weiterführung der bisherigen Familiennamen.

Scheidung von Eva und Franz Müller
Eva Müller ∞ Paul Schwarz
• Eva und Paul Müller
• Eva und Paul Schwarz

Frau führt wieder den Namen Moser
Eva Moser ∞ Paul Schwarz
• Eva und Paul Moser
• Eva und Paul Schwarz

Die EhepartnerInnen führen den gemeinsamen Ehenamen grundsätzlich während der gesamten Dauer ihrer Ehe. Ändert sich allerdings der Familienname der Ehefrau/des Ehemannes infolge einer familienrechtlich relevanten Statusänderung wie einer Legitimation (§§ 161ff) oder Adoption (§§ 179ff), so führt dies bei entsprechender Zustimmung zu einer Änderung des Partnernamens (§ 183 Abs 1 iVm § 162d bzw § 162a). Nach Neufassung der §§ 4

[9]) Zum Gesetzwerdungsprozeß ausführlich *Bernat/Jesser* 54ff, insbesondere 56.

und 5 NÄG erstrecken sich hingegen die Wirkungen einer verwaltungsbehördlichen Namensänderung nicht mehr auf andere Personen.

2. Subsidiäre Geltung des Mannesnamens

Mangels einer Namensbestimmung ist gemäß der *Subsidiaritätsregel* des § 93 Abs 1 letzter Satz der gemeinsame Familienname der *Mannesname*, dh die Frau erhält diesen und der Mann führt ihn weiter. Obwohl im Gesetzestext nur der Fall fehlender Namensbestimmung („Wahl") angesprochen ist, wird der Mannesname auch in folgenden Fällen zum verpflichtend zu führenden Ehenamen: Einerseits bei fehlender Einigung auf einen gemeinsamen Familiennamen, andererseits aber auch dann, wenn die Frau den Mann nicht zur Annahme ihres Namens bewegen kann. Die Notwendigkeit entsprechender „Überzeugungsarbeit" der Frau wird „übersehen", wenn von einer nunmehr gleichheitskonformen Regelung gesprochen wird.[10] Davon abgesehen kommt es aber auch bei beiderseitiger Erklärung der Beibehaltung der bisherigen Familiennamen zur subsidiären Geltung des Mannesnamens: Dies deshalb, weil eine entsprechende Erklärung des Mannes gesetzlich nicht vorgesehen ist. Der Mann kann nur eine Erklärung über eine Namenswahl (Frauen- oder Mannesname) abgeben, an die Erklärung über die Namensbeibehaltung knüpft § 93 den automatischen Übergang des Mannesnamens auf die Frau!!! Sachgerechter und mit dem offensichtlichen Wunsch der Verlobten nach getrennter Namensführung eher zu vereinbaren, wäre es wohl, die nicht vorgesehene Erklärung des Mannes als unwirksam zu betrachten und die Erklärung der Frau als solche gemäß § 93 Abs 3 (auf Beibehaltung ihres Namens) zu qualifizieren. Vom Ergebnis her käme es dadurch tatsächlich zu der gewünschten getrennten Namensführung.[11]

Diese unter Gleichheitserwägungen sachlich nicht gerechtfertigte Bevorzugung des Mannesnamens wurde weiterhin im Gesetz belassen. Der mit der Prüfung der Verfassungskonformität (Art 7 B-VG) der Subsidiaritätsregel des § 93 Abs 1 letzter Satz befaßte VfGH konnte bisher darin keine Verfassungswidrigkeit erblicken. Er konstatierte 1985 zwar die - nur in seltenen Ausnahmefällen zum Tragen kommende - Verfassungswidrigkeit des § 93 Abs 3 aF, weil es dem Mann nicht möglich war, seinen bisherigen Namen dem als Ehenamen gewählten Familiennamen seiner Frau anzufügen.[12] Er sah im automatischen Übergang des Mannesnamens auf die Frau bei Uneinigkeit oder Unterlassung der Namenswahl keine Bevorzugung des Mannes,

[10]) So *Zeyringer*, ÖA 1995, 76.
[11]) Vgl *Schwimann* in *Schwimann*, ABGB² I, Rz 2 zu § 93.
[12]) VfGH VfSlg 10.384 = JBl 1985, 414 (*Pichler*) = ÖStA 1985, 59.

sondern bezeichnet dies als *„technisch einfachste Form, die von den Verlobten regelmäßig gewünschte Rechtsfolge eintreten zu lassen* (!)“. Selbst 1993 stellte er noch fest,[13] daß § 93 Abs 1 „nicht auf die Bevorzugung des männlichen Geschlechts, sondern nur auf die erfahrungsgemäß im Einzelfall vorhandene tatsächliche Gegebenheit“ Bedacht nimmt und daher nicht gegen das Gleichheitsgebot des Art 7 Abs 1 B-VG verstößt![14] Besonders beachtenswert ist die vergleichbare Rechtsentwicklung in Deutschland, wo es 1994 zu einer Neufassung des § 1355 des deutschen BGB kam. Diese dem § 93 ABGB entsprechende Norm sieht nunmehr statt der subsidiären Geltung des Mannesnamens die Beibehaltung der bisherigen Familiennamen vor. Die Neuregelung war als Folge eines Erkenntnisses des deutschen Bundesverfassungsgerichts (BVerfG) aus dem Jahr 1991 notwendig geworden, weil das BVerG den den Mannesnamen bevorzugenden § 1355 BGB wegen Unvereinbarkeit mit dem im deutschen Grundgesetz (Art 3 Abs 2) verankerten Gleichheitsgrundsatz als verfassungswidrig aufgehoben hatte.[15] Nach Ansicht des BVerfG war diese Vorschrift wegen *„ungerechtfertigter Bevorzugung des Mannesnamens*“(!) diskriminierend, weil es dafür *„keine biologische oder funktionelle Rechtfertigung“* gab.

Abgesehen von der Unvereinbarkeit mit dem Gleichheitsgrundsatz des Art 7 Abs 1 B-VG widerspricht diese geltende Subsidiaritätsregel zahlreichen, in Österreich in Geltung stehenden internationalen Vereinbarungen zur rechtlichen Gleichstellung von Mann und Frau, wie Art 16 Abs 1 der UN-Konvention zur Beseitigung jeder Form von Diskriminierung der Frau,[16] Art 12 iVm Art 14 EMRK[17] bzw Art 5 des 7. Zusatzprotokolls, Art 23 Abs 4

---

[13]) VfGH VfSlg 13.661 = JBl 1994, 326 (*Pichler*).

[14]) Weiterführend *Sporrer*, Gleichheitssatz und Emanzipation 22f.

[15]) Grundsatzentscheidung des deutschen Bundesverfassungsgerichts vom 5.3.1991: NJW 1991, 1602 = FamRZ 1991, 535 = FuR 1991, 93 = ZfRV 1991, 386 (*Bernat* 390). S dazu *Detholff/Walter*, Abschied vom Zwang zum gemeinsamen Ehenamen, NJW 1991, 1575; *Detholff/Walter,* Der Ehename im Lichte von Persönlichkeitsrecht und Gleichberechtigung, EuGRZ 1987, 41; *Detholff*, Das internationale Ehenamensrecht vor neuen Aufgaben, JA 1992, 895; *Schwenzer*, Namensrecht im Überblick, StAZ 1991, 390 sowie *Schwab*, Der Name ist Schall und Rauch, FamRZ 1992, 1015.

[16]) BGBl 1982/443 (Erfüllungsvorbehalt gemäß Art 50 Abs 2 B-VG).

[17]) BGBl 1958/210 idF BGBl 1994/593; die EMRK steht seit dem BGBl 1964/59 in Verfassungsrang.

S 1 des Internationalen Paktes über bürgerliche und politische Rechte[18] sowie der Europäischen Sozialcharta.[19]

3. Doppelnamensbildung

Führen die EhepartnerInnen einen gemeinsamen Ehenamen, so kommt eine Doppelnamensbildung in Betracht, bei getrennter Namensführung ist hingegen keine Doppelnamensbildung möglich. De facto stellt die Doppelnamensbildung für Frauen oftmals die einzige Möglichkeit dar, nach Eheschließung ihren Namen - wenn auch in „veränderter“ Form - bei gleichzeitiger Wahrung der „äußeren Familieneinheit“ weiterzuführen.

Jener Verlobte, der nach der Eheschließung den Partnernamen zu führen hat, kann gemäß § 93 Abs 2 aufgrund einer rechtzeitigen und formgebundenen Erklärung den „verlorenen“ Namen mittels eines Bindestrichs dem gemeinsamen Ehenamen beifügen, dh vor- oder nachstellen und somit einen Doppelnamen führen.[20] Soll der Doppelname mit einem nicht unmittelbar vor Eheschließung geführten, früheren Familiennamen aus einer aufgelösten Ehe gebildet werden, so muß dieser Name rechtzeitig durch formgebundene Erklärung gemäß § 93a wiederangenommen werden. Eine Weitergabe des Doppelnamens an Kinder bzw Wahlkinder sowie an andere Personen (zB künftige Ehepartner durch Namensbestimmung) ist nicht möglich.

Eva Moser ∞ Franz Müller

- Eva Moser und Franz Moser-Müller
- Eva Moser und Franz Müller-Moser
- Eva Moser-Müller und Franz Müller
- Eva Müller-Moser und Franz Müller

[18]) BGBl 1978/591. Wegen eines Erfüllungsvorbehalts, gemäß Art 50 Abs 2 B-VG steht der Pakt nicht in Verfassungsrang und ist daher nicht unmittelbar anwendbar. S dazu auch das Übereinkommen über die politischen Rechte der Frau (BGBl 1969/256) bzw Art 2 StGG über die allgemeinen Rechte der Staatsbürger (RGBl 1867/142).

[19]) BGBl 1969/460 (Erfüllungsvorbehalt gemäß Art 50 Abs 2 B-VG).

[20]) Dieser „Bindestrichname“ kann auch mehrgliedrig sein, er wird stets aus dem gemeinsamen und dem früheren Familiennamen gebildet: *Zeyringer*, ÖStA 1995, 77 bzw *ders*, StAZ 1995, 98.

Scheidung von Eva und Franz Müller;
Frau führt wieder den Namen Moser
Eva Moser ∞ Paul Schwarz

- Eva Moser und Paul Moser-Schwarz
- Eva Moser und Paul Schwarz-Moser
- Eva Moser-Schwarz und Paul Schwarz
- Eva Schwarz-Moser und Paul Schwarz

Die Führung eines Doppelnamens steht nicht im Belieben der/des Berechtigten, sondern ist Rechtspflicht, dh bei entsprechender Erklärung besteht eine Verpflichtung zur Doppelnamensführung. Eine einmal abgegebene Erklärung kann daher im nachhinein nur mehr durch eine verwaltungsbehördliche Namensänderung nach den Vorschriften des § 2 Abs 1 Z 7 NÄG „rückgängig" gemacht werden. Der Doppelname wird in sämtliche Dokumente wie Führerschein, Paß, Ernennungsdekrete oder ins Grundbuch sowie in alle Personenstandsurkunden (Geburts-, Heirats- und Sterbeurkunde) und die entsprechenden Personenstandsbücher eingetragen.[21] Dabei ist gemäß § 10 Abs 2 PStG jeweils zu vermerken, welcher Namensbestandteil gemeinsamer Ehename ist. Ergänzend ordnet § 72c PStG für alle ab dem 1.5.1995 ausgestellten amtlichen Lichtbildausweise die Ersichtlichmachung des gemeinsamen Familiennamens bei Doppelnamensführung an, wobei gleichzeitig ein Eintrag über die Verpflichtung zur Führung des Doppelnamens vorzunehmen ist. Für alle vor dem 1.5.1995 geschlossenen Ehen ist weiterhin die „beliebige" Führung des nachgestellten Bindestrichnamens möglich.

B. Getrennte Namensführung

Seit der Namensrechtsnovelle 1995 besteht erstmals die Möglichkeit zur getrennten Namensführung in der Ehe, dh eine Eheschließung zieht nicht mehr zwangsläufig namensrechtliche Folgen nach sich und sowohl die Frau als auch der Mann können ihren bisherigen Familiennamen weiterführen. Insbesondere ist die Frau nicht mehr - mangels Einigung auf ihren Namen als gemeinsamen Familiennamen - gezwungen, den Mannesnamen anzunehmen. Dieses Abgehen vom Grundsatz der Namenseinheit in der Ehe berücksichtigt die Identifizierung der Frau mit ihrem bisherigen Namen, „unter dem sie be-

---

[21]) Die bisher geführten „Begleitnamen" konnten zwar in die Personaldokumente, nicht aber in die Personenstandsbücher und -urkunden eingetragen werden.

rufliches, gesellschaftliches oder wirtschaftliches Ansehen erlangt hat", als Bestandteil ihrer Persönlichkeit.[22]

So einfach wie dies erscheinen mag, ist der Weg zur getrennten Namensführung jedoch nicht. Der Gesetzgeber hat sich für einen „Umweg" entschieden: Die Verlobten können nicht einfach die getrennte Namensführung vereinbaren bzw bestimmen, diese tritt auch nicht - wie nach dem mit § 93 vergleichbaren § 1355 des deutschen BGB - als Folge mangelnder Namensbestimmung oder Uneinigkeit ein. Gemäß § 139 Abs 3 ist die getrennte Namensführung nur ein „Ausnahmefall vom Ausnahmefall"! Erfolgt keine oder keine einvernehmliche Namensbestimmung vor Eheschließung und würde daher der Mannesname ex lege zum gemeinsamen Familiennamen, so kann „*derjenige Verlobte* (gemeint ist die Frau!!!),[23] der ... den Familiennamen des anderen Ehegatten als gemeinsamen Familiennamen zu führen hätte, formgebunden die Beibehaltung des bisher geführten Namens erklären." Hierin zeigt sich deutlich die Ungleichgewichtung zwischen dem Frauen- und dem Mannesnamen. Während die Frau rechtzeitig eine entsprechende Erklärung abgeben muß, um ihren Namen behalten zu können, behält der Mann seinen Namen automatisch aufgrund der Subsidiaritätsregel des § 93 Abs 3 und muß daher nicht aktiv werden.

Die Erklärung der Frau muß vor oder bei Eheschließung in einer öffentlichen oder öffentlich beglaubigten Urkunde gegenüber dem zuständigen Standesbeamten abgegeben werden. Bei Fristversäumnis kann die Frau ihren Namen im Wege einer - allerdings gebührenpflichtigen - Namensänderung nach dem NÄG „zurückerlangen", wobei sie dazu seit der Novelle 1995 nicht mehr die Zustimmung ihres Mannes benötigt.[24]

C. Kindesname

Der Familienname eines Kindes bestimmt sich nach dem Personenstand des Kindes im Zeitpunkt der Geburt, der Vorname ist von den Eltern entsprechend § 21 Abs 2 PStG im Rahmen der Personensorge zu bestimmen.[25] Zu

---

[22]) JAB 3; zum grundrechtlichen Namensschutz ausführlich *Raschauer*, Namensrecht (1978) 84ff; zum Namensrecht als Persönlichkeitsrecht *Edlbacher*, Namensrecht 24 und 64f; *ders*, Der Stand der Persönlichkeitsrechte in Österreich, ÖJZ 1983, 423 bzw *Frick*, Persönlichkeitsrechte (1991) 62.

[23]) Im Sinne einer besseren Lesbarkeit des Gesetzestextes hätte hier gleich „die Frau bzw Verlobte" genannt werden können, der Gesetzgeber wollte jedoch bereits den Anschein einer geschlechtsspezifischen Formulierung vermeiden.

[24]) Dazu *Aichhorn/Furgler*, Das Familiennamensrecht 316f.

[25]) Dazu *Sturm*, Die Vornamenswahl in Österreich, ÖStA 1987, 66.

einer Änderung des Geburtsnamens kann es als Folge einer Änderung des Personenstands des Kindes durch Legitimation bzw Adoption oder eine Eheschließung des Kindes kommen. Eine spätere Änderung des Elternnamens (Eheschließung der unehelichen Mutter oder Scheidung der ehelichen Eltern mit nachfolgender Wiederheirat) hat jedoch grundsätzlich keinen Einfluß mehr auf den Kindesnamen.

1. Geburtsname

Während ein unehelich geborenes Kind den Familiennamen der Mutter im Geburtszeitpunkt erhält (§ 165), leitet sich der Familienname eines ehelichen Kindes von der Namensführung der Eltern ab (§ 139).

- Führen die Kindeseltern im Zeitpunkt der Kindesgeburt einen *gemeinsamen Ehenamen*, so erhält das Kind gemäß dem Grundsatz der einheitlichen Namensführung innerhalb der ehelichen Familie diesen als Familiennamen (§ 139 Abs 1), dh das Kind erhält nur dann den Mutternamen, wenn dieser gemeinsamer Ehename ist. Ein von einem Elternteil gemäß § 93 Abs 2 geführter Doppelname (in der Praxis betrifft dies in der Mehrzahl der Fälle die Kindesmutter) kann nicht auf das Kind übertragen werden.

> - Eva und Franz Moser: Anna Moser
> - Eva und Franz Müller: Anna Müller
> - Eva Moser und Franz Moser-Müller: Anna Moser
> - Eva Moser und Franz Müller-Moser: Anna Moser
> - Eva Moser-Müller und Franz Müller: Anna Müller
> - Eva Müller-Moser und Franz Müller: Anna Müller

- Bei *getrennter Namensführung* können die (zukünftigen) Kindeseltern gemäß § 139 Abs 2 den Familiennamen „der aus der Ehe stammenden Kinder"[26] einvernehmlich bestimmen und sich vor bzw spätestens bei der Eheschließung formgebunden[27] zwischen dem Namen der Mutter und dem des Vaters entscheiden. Die Bildung eines Doppelnamens ist

[26]) Grundsatz der einheitlichen Namensführung aller Kinder eines Ehepaares. S dazu bei *Kraner*, ÖStA 1995, 77 bzw *Birkelbauer*, 8 ein Beispiel für eine dennoch getrennte Namensführung ehelicher Geschwister, welche in einem Abstand von zwei Jahren (1994 und 1996) geboren wurden.

[27]) Eine entsprechende Namensbestimmung muß gegenüber dem Standesbeamten in öffentlicher oder öffentlich beglaubigter Urkunde erfolgen.

ebenfalls nicht möglich.[28] Eine Änderung einer einmal vorgenommenen Namensbestimmung (zB bis zur Geburt des ersten Kindes) durch Widerruf ist gesetzlich nicht vorgesehen, explizit ausgeschlossen jedoch ebensowenig.[29]

Bestimmen die Verlobten keinen Familiennamen oder können sie sich nicht einigen bzw kann die Frau den Mann nicht von der Wahl ihres Namens überzeugen, so führen die Kinder ex lege den *Vaternamen* (§ 139 Abs 3).

Eva Moser und Franz Müller: • Namensbestimmung: Anna Moser/Anna Müller • ansonsten: Anna Müller

Es setzt sich in dieser Subsidiaritätsvorschrift das patriachalische Prinzip wiederum durch und widerspricht damit klar den Gleichheits- bzw Gleichberechtigungsgrundsätzen. Die Weitergabe des Familiennamens an ein Kind ist für eine Frau im Vergleich zu einem Mann ungleich schwerer: Während ein Übergang des Mutternamens ein aktives Tätigwerden der Frau voraussetzt, erreicht der Mann dieses Ziel ohne sein Zutun automatisch. Zur Rechtfertigung der Bevorzugung des Mannesnamens beruft sich der österreichische Gesetzgeber in den Materialien zur Namensrechtsnovelle 1995 auf die „*namensrechtlichen Traditionen*" in Europa.[30] Eine Analyse[31] der entsprechenden namensrechtlichen Bestimmungen zeigt jedoch, daß diese Aussage nicht stichhaltig ist, weil die meisten europäischen Rechtsordnungen entsprechende Regelungen nicht bzw nicht mehr kennen.

Im Gegensatz dazu sah ein Gesetzesentwurf des BMJustiz[32] aus dem Jahr 1990 als Subsidiaritätsregel in Übereinstimmung mit der faktischen Rollenverteilung bei der Kindeserziehung sowie aus Kindeswohlüberlegungen die subsidiäre Geltung des Muttername[s] vor. Auch andere nicht diskriminierende Alternativen wie ein Losentscheid, eine Doppel-

---

[28]) Die - gesetzlich nicht befristete - Nichtbestimmung ist sanktionslos und führt mangels Qualifikation als Ehehindernis zu keiner Versagung der Eheschließung (vgl dazu Art 12 EMRK).

[29]) Die Zulässigkeit eines beiderseitigen, einvernehmlichen Widerrufs bis zur Geburt des ersten Kindes überlegen *Bernat/Jesser* 59.

[30]) JAB 8.

[31]) S dazu *Sporrer*, Gleichheitssatz und Emanzipation 31 bzw *Nelle*, 809 und 932 sowie die Ausführungen zu den Länderteilen, in *Bergmann/Ferid*, Internationales Ehe- und Kindschaftsrecht, Loseblattausgabe.

[32]) JMZ 4408/21-I1/90, 16 f, vgl JAB 5.

namensbildung bzw eine Namensbestimmung durch den/die gesetzliche(n) VertreterIn des Kindes[33] wurden diskutiert, letztlich aber nicht ins Gesetz aufgenommen. Gegen einen Losentscheid wurden Bedenken hinsichtlich der Vereinbarkeit mit der Menschenwürde des Kindes vorgebracht, gegen die Bildung eines Doppelnamens aus den Familiennamen der Mutter und des Vaters mit alphabetischer Reihenfolge[34] bei Nichteinigung die Folgeprobleme bei späterer Heirat des Kindes bzw bei Scheidung der Elternehe als unüberwindbar angesehen. Diese Einwände vermögen nicht zu überzeugen. Insbesondere lehnte der Gesetzgeber die Doppelnamensbildung wegen einer möglichen „Überlastung der Verwaltungsbehörden durch die Bildung endloser Namensketten" bzw wegen der Notwendigkeit des Festlegens eines Zeitpunktes zur Ablegung einzelner Namensteile ab. Eine gesetzliche Normierung eines „Namensablegungszeitpunktes" ist hingegen nicht erforderlich, da sich die Frage nach dem Entfall eines Teiles des Kindesnamens begrifflich nur anläßlich der ersten Statusänderung des Kindes (Adoption, Legitimation oder Kindesheirat) stellen kann. Dafür ist jedoch bereits von Gesetzes wegen eine Namensänderung vorgesehen, die problemlos auf eine „Verkürzung" des bisherigen Namens erstreckt werden könnte.[35]

2. Legitimations- und Adoptionsname

Die namensrechtlichen Wirkungen einer *Legitimation* eines unehelich geborenen Kindes durch nachfolgende Eheschließung der Kindeseltern ergeben sich aus § 162a, jene einer *Adoption* aus den §§ 183, 183a (jeweils mit einem Verweis auf § 139). Das Kind erhält entweder den gemeinsamen Familiennamen der Eltern oder bei getrennter Namensführung den zum Kindesnamen bestimmten Familiennamen eines Elternteiles.[36] Mangels einer (rechtzeitigen) Namensbestimmung führt das legitimierte Kind subsidiär den Vaternamen, das adoptierte Kind behält den bereits geführten Vaternamen (zB bei Annahme durch die nunmehrige Ehefrau des leiblichen Vaters) bzw er-

---

[33]) Ausführlich *Zeyringer*, StAZ 1995, 99.

[34]) Vgl die Initiativanträge 412/A, 130/A sowie 25/A. Nach dem Vorschlag der Initiativanträge 197/A bzw 4/A sollte es bei Eheschließung des Kindes zu einem ex-lege-Wegfall eines Namensteiles kommen. Zu den verschiedenen Gestaltungsvarianten *Bernat/Jesser* 59 sowie *Moritz*, Die Neuregelung des Namensrechts - Darstellung und Kritik, ZfJ 1994, 264.

[35]) Gemäß dem neuen § 1616 Abs 3 BGB überträgt bei getrennter Namensführung der Eltern im Fall der Nichtbestimmung bzw Uneinigkeit das Vormundschaftsgericht der Mutter oder dem Vater das alleinige Namensbestimmungsrecht. Bestimmt sie/er innerhalb angemessener Frist keinen Namen, so erhält das Kind automatisch ihren/seinen Familiennamen. Hiezu *Liermann*, Der „Namensrichter" des Familiennamensrechtsgesetzes, FamRZ 1995, 199.

[36]) Näheres *Mottl*, 327ff.

hält den Wahlvaternamen. Ab Erreichen der Mündigkeit treten diese Rechtsfolgen nur mehr bei Zustimmung des betroffenen Kindes ein. Bei einem selbst bereits verheirateten Kind sind diese Namensfolgen von einer entsprechenden Zustimmung abhängig. Bei Zustimmungserteilung sind die einzelnen Namenswirkungen je nach der Art der Namensgestaltung in der Ehe des legitimierten/adoptierten Kindes (gemeinsamer Ehename oder getrennte Namensführung) unterschiedlich. Gleiches gilt für den Fall, daß das legitimierte/adoptierte Kind bereits selbst wieder ein Kind hat.

3. Namensänderung

Bei Versäumung der rechtzeitigen Namensbestimmung, bei Heirat vor dem 1.1.1995 sowie bei ansonsten subsidiär zum Zug kommendem Vaternamen kann der Kindesname auf verwaltungsbehördlichem Wege nachträglich auf den Mutternamen geändert werden (§ 2 Abs 1 Z 7 NÄG). Eine „Einbenennung eines unehelichen Kindes in die Stieffamilie“ durch den nunmehrigen Ehemann der Kindesmutter ist seit der Namensrechtsnovelle 1995 zivilrechtlich nicht mehr möglich, kann aber ebenfalls über eine verwaltungsbehördliche Namensänderung (§ 2 Abs 1 Z 8 bzw 9 NÄG) erreicht werden.[37]

III. Die Namensführung nach Beendigung der Ehe

Die Auflösung einer Ehe durch Scheidung, Aufhebung/Nichtigerklärung oder Tod/Todeserklärung hat grundsätzlich keinen Einfluß auf die Namensführung der ehemaligen EhepartnerInnen. Unabhängig davon kann sowohl die Frau als auch der Mann durch formgebundene Erklärung eine Namensänderung bzw eine Wiederannahme eines früheren Namens erreichen.

A. Ehescheidung

1. Weiterführung des Ehenamens

Die *ex nunc* wirkende Ehescheidung hat prinzipiell keinen Einfluß auf die Namensführung, dh sowohl die Frau als auch der Mann kann den während der Ehe geführten gemeinsamen Ehenamen bzw den weitergeführten „eigenen“ Namen beibehalten. Gleiches gilt für einen Doppelnamen. Es ist

---

[37]) Zur verwaltungsbehördlichen Namensänderung ausführlich *Aichhorn/Furgler*, Das Familiennamensrecht 316ff mit Beispielen.

dabei unerheblich, ob sich der Familienname durch die Eheschließung geändert hatte oder nicht. Die Beibehaltung eines abgeleiteten Namens ergibt sich aus § 62 EheG. Dessen Weiterführung kann nach Aufhebung der §§ 64 und 65 EheG durch das NamRÄG nunmehr weder durch den/die ehemalige(n) EhepartnerIn noch durch das Vormundschaftsgericht wegen eines „ehrlosen oder unsittlichen Lebenswandels" untersagt werden.[38] Der weitergeführte Name kann in einer Folgeehe ohne Untersagungsmöglichkeit zum gemeinsamen Ehenamen bestimmt werden.

Eva Moser ⚭ Franz Moser: Eva Moser und Franz Moser
Eva Müller ⚭ Franz Müller: Eva Müller und Franz Müller
Eva Moser ⚭ Franz Müller: Eva Moser und Franz Müller

2. Wiederannahme eines früheren Namens

Alternativ zur Weiterführung des Ehenamens besteht in allen vorgenannten Fällen nach § 93a die Möglichkeit der Wiederannahme eines früheren Familiennamens. § 93a hat den nicht mehr zeitgemäßen § 63 EheG über die Wiederannahme eines früheren Namens nach Aufhebung der Ehe oder Scheidung abgelöst und auf die Ehelösung durch Tod bzw Todeserklärung ausgedehnt sowie geschlechtsneutral formuliert. Die Wiederannahme eines früheren Familiennamens kann nunmehr jeder Ehepartner unabhängig von einer neuerlichen Eheschließung erklären. Nach dem Wortlaut des § 93a ist es auch zulässig, daß jener Ehepartner, dessen Name sich durch die Eheschließung nicht geändert hatte, eine entsprechende Erklärung abgibt und damit nach Ehelösung seinen Namen ändert. In gleicher Weise können beide Ehepartner, die während aufrechter Ehe infolge einer Erklärung der Frau iSd § 93 Abs 2 getrennte Familiennamen geführt haben, von der Wiederannahme Gebrauch machen.

Durch formgebundene Erklärung kann sowohl der unmittelbar vor Eheschließung als auch jeder andere, zuvor geführte Name, insbesondere auch der Geburts- oder ein früherer Ehename wiederangenommen werden. Voraussetzung für die Wiederannahme eines von einem ehemaligen Ehepartner abgeleiteten Namens ist jedoch, daß aus dieser aufgelösten Ehe noch lebende leibliche Nachkommen, dh eheliche oder legitimierte Kinder vorhanden sind,[39] das Scheidungsverschulden spielt hingegen keine Rolle. Führt ein

[38]) Die Aufhebung erfolgte wegen Unvereinbarkeit der einschlägigen Bestimmungen mit persönlichkeitsrechtlichen Grundsätzen: JAB 7.

[39]) Das Vorhandensein von Wahlkindern ist nicht ausreichend: *Zeyringer*, ÖStA 1995, 15 bzw *Hintermüller*.

ehemaliger Ehepartner einen Doppelnamen, so kann sich die Wiederannahme iSd § 93a nur auf jenen Namensteil beziehen, welcher gemeinsamer Ehename war. Der vor- bzw nachgestellte eigene Familienname kann dadurch nicht verändert werden. Soll dieser Name nunmehr als alleiniger Familienname geführt werden, so muß zuerst durch eine verwaltungsbehördliche Namensänderung der Doppelname „beseitigt" werden (§ 2 Abs 1 Z 7 NÄG) und nachfolgend der bisher vor- oder nachgestellte Name durch entsprechende Erklärung gemäß § 93a wiederangenommen werden. Eine zeitliche Befristung für diese Wiederannahmemöglichkeit ist im Gegensatz zu jener nach § 72a Abs 4 PStG (für alle vor dem 1.5.1995 bereits aufgelösten Ehen) nicht vorgesehen. Soll ein wiederangenommener Name jedoch zur Namensführung in einer neuerlichen Ehe herangezogen werden, so muß eine entsprechende Erklärung rechtzeitig vor Abgabe des Ehekonsenses der Folgeehe abgegeben werden. Der wiederangenommene Name kann in der Folge zum gemeinsamen Familiennamen bestimmt bzw als Doppelname beigefügt werden.

B. Aufhebung oder Nichtigerklärung

Die Regeln über die Namensführung nach Ehescheidung gelten gemäß § 62 EheG auch für die *Aufhebung* einer Ehe[40] bzw für die gesetzlich nicht geregelte Namensführung nach einer Ehelösung durch den *Tod* bzw *Todeserklärung* des Ehepartners/der Ehepartnerin.

Kommt es hingegen zu einer *ex tunc* wirkenden Nichtigerklärung der Ehe (§§ 21 ff EheG), so erlangt mit Rechtskraft des Nichtigkeitsurteils die Frau bzw der Mann den durch die Eheschließung „verlorenen" Familiennamen *eo ipso* wieder. Eine Erklärung iSd § 93a ist dafür nicht erforderlich.[41] Der Partner/die Partnerin führt den unveränderten Namen weiter. Eine Wiederannahme eines früheren Familiennamens nach § 93a ist nicht möglich. Ob eine verwaltungsbehördliche Namensänderung (§ 2 Abs 1 Z 5 NÄG) hier „eingreifen" kann, könnte wegen einer damit verbundenen Gesetzesumgehung fraglich sein.[42]

---

[40]) Gemäß § 42 Abs 1 EheG richten sich die Namensfolgen der Aufhebung ebenfalls nach den §§ 62 - 65 EheG. § 62 EheG normiert dies nach seinem Wortlaut nur für die Frau, gleiches gilt aber aufgrund Art II Z 1 EheRwG sinngemäß für den Ehemann. Eine geschlechtsneutrale Formulierung des § 62 EheG wäre wünschenswert gewesen, ist aber leider nicht erfolgt.

[41]) Die unterschiedliche Behandlung von Ehenichtigkeit einerseits bzw Eheaufhebung sowie Scheidung andererseits ist auf den unterschiedlichen Wirksamkeitszeitpunkt der entsprechenden Rechtsgestaltungsurteile zurückzuführen.

[42]) Vgl *Zeyringer*, ÖStA 1995, 68.

C. Kindesname

Der Kindesname ändert sich durch die Lösung der Elternehe nicht. Zur Erzielung der Namenseinheit mit der im Regelfall nach Scheidung alleinobsorgeberechtigten Kindesmutter kann eine verwaltungsbehördliche Namensänderung (§ 2 Abs 1 Z 8 NÄG) erfolgen. In der Praxis ist dies einerseits in jenen Fällen relevant, in denen die alleinobsorgeberechtigte Kindesmutter gemäß § 93a ihren Geburtsnamen bzw den vor der Ehe geführten Familiennamen wiederannimmt bzw andererseits dann, wenn das Kind bei getrennter Ehenamensführung bisher den Vaternamen trug und nunmehr den Mutternamen erhalten soll.

Kommt es infolge der Ehescheidung[43] zu einer *erfolgreichen Bestreitung der Ehelichkeit* des „gemeinsamen" Kindes (§ 138 Abs 1), so erhält das nunmehr uneheliche Kind *ex tunc* ab Kindesgeburt gemäß den § 165 den in diesem Zeitpunkt von der Mutter geführten Familiennamen. War dies der gemeinsame Ehename, so behält das Kind diesen ebenso wie die Mutter. Hat hingegen das Kind bei getrennter Namensführung der Eltern bisher den Vaternamen geführt, so erhält es mit Rechtskraft der Ehelichkeitsbestreitung den Mutternamen. Ein von der Kindesmutter im Geburtszeitpunkt geführter „Bindesstrichname" (aufgrund von § 93 Abs 2 bzw der Übergangsregelung des § 72a PStG) kann nicht auf das Kind übergehen: Das Kind erhält nur jenen Namensteil, welchen die Mutter als gemeinsamen Ehenamen zu führen hatte. Der andere Namensteil kann selbst dann nicht auf das uneheliche Kind übergehen, wenn es sich um den Geburtsnamen der Mutter handelt.

IV. Erklärungsabgabe

Sämtliche Erklärungen über eine Namensführung oder -bestimmung sind gegenüber dem zuständigen Standesbeamten in öffentlicher oder öffentlich beglaubigter Urkunde abzugeben. Die dafür notwendigen Unterlagen im Anhang zur Personenstandsverordnung zu finden. Zuständig für eine Beurkundung oder Beglaubigung einer namensrechtlich relevanten Erklärung ist neben dem Standesbeamten jeder österreichische Notar (§ 53 Abs 1 PStG, §§ 1 und 76 ff NO). Eine Erklärungsabgabe in einer privaten Urkunde kann zusätzlich vor jedem inländischen Gericht sowie jeder österreichischen Vertretungsbehörde im Ausland abgegeben werden (§ 53 PStG). Bei verspäteter

[43]) Eine Ehelichkeitsbestreitung ist nicht an eine Scheidung gebunden und auch während aufrechter Ehe jederzeit - mit denselben namensrechtlichen Wirkungen - möglich.

oder nichterfolgter Abgabe dieser Erklärungen ist nachfolgend eine verwaltungsbehördliche Namensänderung nach dem NÄG (§ 2 Abs 1) möglich.

Für alle vor dem 1.5.1995 geschlossenen Ehen sehen die umfangreichen Übergangsbestimmungen (§§ 72 ff PStG) Anpassungsmöglichkeiten vor. EhepartnerInnen aus „Altehen“ können formgebunden bis zum 30.4.2007 von den neuen Namensführungsvarianten (getrennte Namensführung/Doppelname, Wiederannahme eines früheren Familiennamens) Gebrauch machen. Gleiches gilt für den Kindesnamen.

V. Zusammenfassung

Das geltende österreichische Familiennamensrecht bevorzugt auch nach der Namensrechtsreform im Jahr 1995 nach wie vor den Mannesnamen, obwohl mittlerweile längst ein partnerschaftliches Familienmodell die ehemals rechtliche Vorrangstellung des Mannes als Haupt der Familie abgelöst hat. Dies blieb trotz einiger Verbesserungen wie der Möglichkeit einer getrennten Namensführung ohne echte Auswirkungen auf die namensrechtlichen Bestimmungen. Diese enthalten trotz geschlechtsneutraler Formulierungen nach wie vor formalrechtliche Unterschiede zwischen dem Mannes- und dem Frauennamen und diskriminieren daher die Frau.

Durch die *Möglichkeit der getrennten Namensführung* in der Ehe vermeinte der Gesetzgeber eine völlige rechtliche Gleichwertigkeit zwischen dem Namen der Frau und dem des Mannes zu schaffen.[44] Es ist jedoch nach wie vor eine gemeinsame Erklärung zur Beibehaltung beider Familiennamen schlichtweg nicht vorgesehen, stattdessen verlangt das Gesetz von der Frau eine entsprechende Erklärung spätestens vor Eheschließung, während der Mann seinen Namen *ex lege* behält.

Die *Subsidiarität des Mannesnamens* als Ehe- und Kindesname bei fehlender Namensbestimmung bzw -einigung wurde beibehalten. Die Frau kann zwar für sich durch rechtzeitige Erklärung den automatischen Erhalt des Mannesnamens verhindern. Eine völlige namensrechtliche Gleichstellung umfaßt jedoch stets zwei Faktoren: Neben der Möglichkeit der Beibehaltung des eigenen Namens auch eine Gleichberechtigung bei Weitergabe des Namens auf die eigenen Kindern. In beiden Fällen ist die Frau nach wie vor benachteiligt: Der Mannesname wird mangels entsprechender Einigung automatisch zum Ehe- bzw Kindesnamen. Der Frauenname kommt demgegenüber nur dann zum Zug, wenn die Frau form- und fristgebundene Erklärun-

---

[44]) Vgl dazu *Zeyringer*, ÖStA 1995, 14 bzw *ders*, StAZ 1995, 97.

gen abgibt bzw den Mann zu einer entsprechenden Einigung bewegen kann. Der Mann erreicht dieses „Ziel“ bereits durch seine Nichtäußerung. Selbst wenn es der Frau aufgrund einer entsprechenden Erklärung nunmehr möglich ist, ihren Namen nach Eheschließung weiterzuführen, ist damit nicht sichergestellt, daß dieser auf ihre Kinder übergeht, da beim Kindesnamen wiederum das patriachalische Prinzip im Gesetz verblieb. Will die Frau den gleichen Namen führen wie ihre Kinder, so bleibt ihr mangels entsprechender Namensbestimmung nur die Doppelnamensführung als nicht wirklich befriedigende Alternative.[45] Eine Berücksichtigung der faktischen Betreuungsleistung gegenüber den Kindern erfolgt nicht. Hinzu kommt, daß ein damit in der Mehrzahl der Fälle vorprogrammierter Wechsel des Frauennamens sowohl dem Grundsatz der Namenskontinuität als auch der Individualfunktion widerspricht.

Diese *rechtliche Ungleichgewichtung* zwischen dem Frauen- und dem Mannesnamen ist *gleichheitswidrig*. Dies gilt insbesondere vor dem Hintergrund des Erkenntnisses des deutschen Bundesverfassungsgerichts von 1994, welches die entsprechenden Regelungen des deutschen BGB als verfassungswidrig eingestuft und in der Folge eine Änderung der namensrechtlichen Vorschriften erzwungen hat. Angesichts der fehlenden Symmetrie zwischen der rechtlichen Behandlung des Frauen- und Mannesnamens sind zur Herstellung eines geschlechterdemokratischen Namensrechts weitere Reformen dringend notwendig. Einen ersten, wenn auch kleinen Schritt zur Beseitigung der rechtlichen Diskriminierung von Frauen und damit zur geschlechtskonformen Ausgestaltung des Namensrechts stellt die Möglichkeit zur getrennten Namensführung dar, die beiden EhepartnerInnen die Weiterführung ihrer Namen ermöglicht und damit die Identität der Frau in der Ehe wahrt.

---

[45]) Dazu eingehend die Ausführungen von *Aichhorn/Furgler*, Das Familiennamensrecht 325ff mit konkreten Forderungen an den Gesetzgeber. Vgl dazu auch *Kren*, Geschlechterdemokratie im Recht, in *Bundesministerin für Frauenangelegenheiten* (Hg), Frauen und Recht 233 bzw *dies*, Geschlechterdemokratische Fortentwicklung von Recht und Rechtsanwendung, in *Floßmann* (Hg), Feministische Jurisprudenz (1995) 55ff, insbes 58.

Literaturverzeichnis

- *Aichhorn* (Hg), Frauen & Recht (1997).
- *Aichhorn*, Überlegungen zu einer Reform des Familiennamens unter dem Blickwinkel der Gleichbereichtigung, L'Homme 1994, 146.
- *Aichhorn/Furgler*, Das Familiennamensrecht, in *Aichhorn* (Hg), Frauen und Recht (1997) 293.
- *Bergmann/Ferid*, Internationales Ehe- und Kindschaftsrecht, Loseblattausgabe.
- *Bernat/Jesser*, Meier & Müller, Meier-Müller oder Müller-Meier: Neue Grundsätze im Namensrecht, JAP 1995/96, 54.
- *Birkelbauer*, Am Anfang war der Mannesname, Juridikum 1996, 8.
- *Bundesministerin für Frauenangelegenheiten* (Hg), Frauen und Recht (1994).
- *Detholff*, Das internationale Ehenamensrecht vor neuen Aufgaben, JA 1992, 895.
- *Detholff/Walter*, Abschied vom Zwang zum gemeinsamen Ehenamen, NJW 1991, 1575.
- *Detholff/Walter*, Der Ehename im Lichte von Persönlichkeitsrecht und Gleichberechtigung, EuGRZ 1987, 41.
- *Edlbacher*, Namensrecht (1978).
- *ders*, Der Stand der Persönlichkeitsrechte in Österreich, ÖJZ 1983, 423.
- *Floßmann* (Hg), Feministische Jurisprudenz (1995).
- *Frick*, Persönlichkeitsrechte (1991).
- *Furgler*, Das österreichische Ehenamensrecht im internationalen Vergleich, in *Bundesministerin für Frauenangelegenheiten* (Hg), Frauen und Recht (1994) 212.
- *Giesen*, Der Familienname aus rechtshistorischer, rechtsvergleichender und rechtspolitischer Sicht, FuR 1993, 65.
- *Hintermüller*, Ist § 93 verfassungswidrig? Zum Stand der Diskussion über ein neues Ehenamensrcht, ÖStA 1993, 9.
- *Kraner*, ÖStA 1995, 77.
- *Kren*, Geschlechterdemokratie im Recht, in *Bundesministerin für Frauenangelegenheiten* (Hg), Frauen und Recht (1994) 233.
- *dies*, Geschlechterdemokratische Fortentwicklung von Recht und Rechtsanwendung - Eine Bestandsaufnahme, in *Floßmann* (Hg), Feministische Jurisprudenz (1995) 55.

- *Liermann*, Der „Namensrichter“ des Familiennamensrechtsgesetzes, FamRZ 1995, 199.
- *Moritz*, Die Neuregelung des Namensrechts - Darstellung und Kritik, ZfJ 1994, 264.
- *Mottl*, Ein Jahr neues Namensrecht, NZ 1996, 321.
- *Nelle*, Der Familienname - Perspektiven für eine rechtsvereinheitlichende Reform, FamRZ 1990, 809 und 935.
- *Raschauer*, Namensrecht (1978).
- *Riemer/Walder/Weimar* (Hg), *Hegnauer*-FS (1986).
- *Schott*, Der Name der Ehefrau - Eine historische Skizze, in *Riemer/Walder/Weimar* (Hg), *Hegnauer*-FS (1986) 471.
- *Schwab*, Der Name ist Schall und Rauch, FamRZ 1992, 1015.
- *Schwenzer*, Namensrecht im Überblick, StAZ 1991, 390.
- *Schwimann*, ABGB² I (1997).
- *Sporrer*, Gleichheit und Emanzipation, in *Aichhorn* (Hg), Frauen und Recht (1997) 1.
- *Sturm*, Der Ehename - Versteinerte Eitelkeit oder betonte Familieneinheit, StAZ 1988, 290.
- *Sturm*, Die Vornamenswahl in Österreich, ÖStA 1987, 66.
- *Zeyringer*, Das Namensrechtsänderungsgesetz, ÖStA 1995, 14.
- *Zeyringer*, Neues Ehe- und Kindernamensrecht in Österreich, StAZ 1995, 97.
- *Zeyringer*, Neuregelung des Ehe- und Kindesnamensrechts, ÖA 1995, 76.

KRITISCHE AUSEINANDERSETZUNG MIT DEM FORTPFLANZUNGSMEDIZINGESETZ

von Sabine Engel

I. Einleitung

Der (juristischen) Problematik der medizinisch unterstützten Fortpflanzung wurde in Österreich etwa seit Mitte der achziger Jahre ein hohes Ausmaß an literarischer Aufmerksamkeit zuteil.[1] Bereits 1988 befand daher *Posch*[2], daß die - äußerst kontroverse - Diskussion zu diesem Thema an einem toten Punkt angelangt sei, wirklich neue Argumente fänden sich im deutschsprachigen juristischen Schrifttum nicht mehr. Diese Diagnose war zum damaligen Zeitpunkt sicher berechtigt, die zentralen Rechtsprobleme sind seither ebenso definiert, wie die weltanschaulichen Positionen zur Fortpflanzungsmedizin. Meine Motivation, mich dennoch mit der Problematik zu beschäftigen, bestand darin, daß mit dem Inkrafttreten des Fortpflanzungsmedizingesetzes 1992[3] die Reproduktionsmedizin eine rechtliche Regelung erfahren hat. Mich hat dabei interessiert, welche der bislang vertretenen Positionen Eingang in die Regelungen des FMedG gefunden haben, insbesondere, inwieweit den von Frauenseite geäußerten Bedenken hinsichtlich der artifiziellen Humanreproduktion Rechnung getragen wurde, und wie die gesetzlichen Regelungen des FMedG letztlich bewertet werden können.

Dabei stellte sich eine Reihe von Problemen: Die Komplexität des Regelungsgegenstandes des FMedG würde an und für sich die Behandlung sowohl verfassungsrechtlicher, verwaltungsrechtlicher, strafrechtlicher, sozialversicherungsrechtlicher als auch zivilrechtlicher Fragestellungen erfordern. Aber auch bei einer Beschränkung auf die vielfältigen zivilrechtlichen Fragen im Zusammenhang mit der Fortpflanzungsmedizin (vertragsrechtliche Probleme, Haftungsfragen, abstammungsrechtliche Fragen und die sich daraus ergebenden erbrechtlichen und unterhaltsrechtlichen Probleme) würde eine auch nur annähernd vollständige Abhandlung den Rahmen des vorliegenden Beitrages bei weitem sprengen. Hinzu kam, daß ich es für notwendig

---

[1]) Ein Überblick über den Großteil des umfangreichen Schrifttums zu dieser Thematik findet sich in der juristischen Bibliographie: *Bernat*, Anfang und Ende des menschlichen Lebens 15ff.

[2]) Rechtsprobleme 20f.

[3]) Bundesgesetz, mit dem Regelungen über die medizinisch unterstützte Fortpflanzung getroffen (Fortpflanzungsmedizingesetz - FMedG) sowie das allgemeine bürgerliche Gesetzbuch, das Ehegesetz und die Jurisdiktionsnorm geändert werden BGBl 1992/275.

hielt, einen kurzen Überblick über die medizinische Seite der Problematik und einige ethische Positionen zur Fortpflanzungsmedizin zu geben. Ich war daher zur Beschränkung auf einige ausgewählte Fragestellungen gezwungen.

II. Medizinische Grundlagen - „Stand der Technik“[4]

A. Sterilität und ungewollte Kinderlosigkeit

In der einschlägigen Fachliteratur wird zwischen Sterilität (Unfruchtbarkeit bei Mann und Frau) und Infertilität (Unfähigkeit der Frau, eine Schwangerschaft bis zur Geburt auszutragen) unterschieden, beide Formen werden auch als primäre bzw sekundäre Unfruchtbarkeit bezeichnet. Sowohl die juristische, als auch die medizinische Fachliteratur verwendet die Begriffe Sterilität und ungewollte Kinderlosigkeit häufig synonym, da hier meist von der sogenannten „sterilen Ehe“ ausgegangen wird. *Roth*[5] weist aber mE zurecht darauf hin, daß ein Paar auch dann ungewollt kinderlos bleibt, wenn nur ein Partner steril ist, sodaß die Bezeichnung einer Person oder eines Paares als ungewollt kinderlos nicht identisch mit deren biologischem Status als fruchtbar oder unfruchtbar verwendet werden sollte.

B. Techniken artifizieller Fortpflanzung[6]

1. Artifizielle Insemination (AI)[7]

Bei dieser instrumentellen Einbringung männlicher Keimzellen in den weiblichen Genitaltrakt handelt es sich um die wohl älteste artifizielle Fortpflanzungstechnik. Von einer erfolgreichen AI durch J. Hunter in England wird bereits aus dem Jahr 1780 berichtet.[8] Künstlich ist an der AI lediglich der

---

[4]) Zur Schilderung der medizinischen Grundlagen wurde vorwiegend *Merz*, Problematik 4ff herangezogen.

[5]) *Roth*, Aspekte, in *Pauritsch/Frakele/List* (Hg), Kinder 22.

[6]) Die medizinischen Ausführungen sind va aus Platzgründen bewußt relativ knapp gehalten und so stark simplifiziert, wie es im Interesse der inhaltlichen Richtigkeit vertretbar erschien. Von der einschlägigen medizinischen Literatur wurden nur einige Werke berücksichtigt.

[7]) *Merz*, Problematik 6 mwN; *Posch*, Rechtsprobleme 8f; *Ranner*, Aspekte, in *Bernat* (Hg), Lebensbeginn 23f.

[8]) *Merz*, Problematik 6 mwN; *Ranner*, Aspekte, in *Bernat* (Hg), Lebensbeginn 24f, *Ranner* weist allerdings darauf hin, daß der Gedanke einer Schwängerung ohne Geschlechtsakt bereits auf Dokumente der Talmud-Juristen aus dem 2. Jdt nChr zurückgehe.

Transport der Samenflüssigkeit in den weiblichen Körper, der Befruchtungsvorgang an sich erfolgt wie bei einer natürlichen Zeugung.

Wird die Insemination mit Samen des Ehemanns vorgenommen, spricht man von homologer oder maritogener Insemination (AIH)[9]; stammt der Samen hingegen von einem (oder mehreren) Spender(n), von heterologer oder donogener Insemination (AID)[10]. Beide Formen dienen vorwiegend der Überwindung männlicher Fertilitätsstörungen[11]: Die AIH wird bei Subfertilität des Ehemannes, sowie bei impotentia generandi und coeundi angewandt, während bei dauernder therapieresistenter männlicher Sterilität die AID zur Anwendung kommen kann.

2. In-vitro-Fertilisation (IVF)[12]

Hierbei handelt es sich um die Technik der extrakorporalen Befruchtung - ihr Produkt ist das vielzitierte „Retortenbaby". Dabei werden der Patientin nach einer vorausgegangenen Hormonbehandlung mittels Laparoskopie oder Folikelpunktation Eizellen entnommen. Diesen Eizellen werden nunmehr aufbereitete Spermazoten zugegeben. Kommt es zu einer Befruchtung außerhalb des Körpers, werden die befruchteten Eizellen in die Gebärmutter der Patientin verpflanzt (Embryonentransfer). Dieser Embryonentransfer erfolgt in unterschiedlichen Entwicklungsstadien[13] durch einen dünnen Plastikkatheter auf vaginalem Weg. Pro Transfer werden idR drei Embryonen übertragen, um die Schwangerschaftsrate zu steigern; gleichzeitig sinkt jedoch die Wahrscheinlichkeit der Einnistung für jeden einzelnen Embryo, und das Risiko einer Mehrlingsschwangerschaft nimmt zu.[14] Dies ist auch einer der Gründe, daß bei der IVF Embryonen „übrigbleiben" können, die nicht sofort im Anschluß an die IVF transferiert werden können - die sogenannten „spare embryos".

Auch die IVF ist sowohl in homologer Form (also mit den Keimzellen der Wunscheltern), als auch in heterologer Form (mittels Samen- oder auch Ei-

[9]) artificial insemination with semen derived from the husband

[10]) artificial insemination with semen derived from a donor

[11]) Zur Indikation der AI vgl *Merz*, Problematik 6f mwH.

[12]) *Merz*, Problematik 13ff; *Schlag*, Aspekte 3ff; *Feichtinger/Kemeter*, In-Vitro-Fertilisierung, in *Bernat*, Lebensbeginn 59 (63ff); *Winter*, In-vitro-Fertilisation, in *Bernat* (Hg), Lebensbeginn 41 ff uam.

[13]) Meist im Zwei- bis Achtzellenstadium (*Merz*, Problematik 18).

[14]) Relativierend allerdings *Winter*, In-vitro-Fertilisation, in *Bernat* (Hg), Lebensbeginn 57.

zellenspende) möglich.[15] Weiters ermöglicht diese Technik auch Embryonenspenden und Formen der sog Leihmutterschaft.

Als klassische Indikation für eine IVF gilt die tubare Sterilität, sie wird aber auch bei idiopathischer Sterilität, also bei Sterilität ohne festzustellende Ursache, und auch zur Überwindung männlicher Zeugungsschwächen angewendet.[16]

3. Intratubarer Gametentransfer (GIFT)[17]

Bei der GIFT-Technik werden, wie auch bei der IVF, Eizellen und Samen gewonnen und aufbereitet, dann jedoch unter laparoskopischer Kontrolle in den Eileiter der Frau eingespült, wo es in der natürlichen Umgebung zu einer Befruchtung kommen soll. Es bedarf also keines Eitransfers, und das Problem der „spare embryos" stellt sich nicht.

Als Indikationen werden vorwiegend idiopathische Sterilität und männliche Subfertilität genannt.

4. Embryonenlavage

Darunter versteht man das Ausspülen von in vivo gezeugten Embryonen vor Einnistung in die Gebärmutter der Spenderin, welche dann einer anderen Frau eingepflanzt werden.[18]

5. Kryokonservierung[19]

Dieses Verfahren eröffnet die Möglichkeit der Konservierung von Gameten und Embryonen auf lange Zeit, indem diese bei -196° C in flüssigem Stickstoff eingefroren werden. Die Kryokonservierung von Sperma ist bereits seit den fünfziger Jahren möglich.[20] IdF gelang Mitte der achziger Jahre das Tiefgefrieren von Embryonen, die dadurch theoretisch unbegrenzt aufbewahrt werden können. Allerdings bleiben nach dem Auftauen nur bis zu

---

[15]) Zu erwähnen wäre auch noch die Inta-cystoplasmatic-sperm-injection (ICSI), bei der eine Samenzelle mit einer hauchdünnen Nadel direkt in die reife Eizelle injiziert wird (*Feiertag*, Der Standard vom 30.7.1997; *Merz*, Problematik 41; *Szalay*, AnwBl (Sonderheft) 1985, 14.

[16]) *Winter*, In-vitro-Fertilisation, in *Bernat* (Hg), Lebensbeginn 46f; kritisch zur Anwendung der IVF an körperlich gesunden Patientinnen, deren Partner Zeugungsschwächen zeigen: *Klein*, Segen, in *Pauritsch/Frakele/List* (Hg), Kinder 65.

[17]) *Merz*; Problematik 33ff; *Posch*, Rechtsprobleme 10f.

[18]) *Merz*, Problematik 41, *Szalay*, AnwBl (Sonderheft) 1985, 14.

[19]) *Merz*; Problematik 8, 27ff; *Schlag*, Aspekte 8f; *Ranner*, Aspekte, in *Bernat* (Hg), Lebensbeginn 29f.

[20]) *Ranner*, Aspekte, in *Bernat* (Hg), Lebensbeginn 29 (Allerdings ist eine Aufbewahrung nur bis zu ca 8 Jahre sinnvoll, da die Befruchtungsfähigkeit während der Tiefkühlzeit absinkt.).

60 % lebensfähig.[21] Das Tiefkühlen weiblicher Eizellen schien lange Zeit technisch nicht machbar, ist aber inzwischen auch bereits mehrfach gelungen.[22]

Die Spermakonservierung wird vorwiegend bei Patienten vor keimzellenschädigenden Therapien, bestimmten operativen Eingriffen und Sterilisation angewendet. Auch Personen, die in strahlenausgesetzten Berufen arbeiten, können so ihr Keimgut „sichern".[23] *Merz*[24] nennt als weitere Indikation die örtliche Trennung von Ehepaaren. Dies mutet zunächst etwas skurril an, doch wird bereits aus dem Zweiten Weltkrieg berichtet, daß ca 10.000-20.000 amerikanische Soldaten ihr Sperma an ihre Ehefrauen in der Heimat übersandten, um dort ein eigenes Kind zu zeugen.[25]

Die Kryokonservierung von gezeugten Embryonen dient dazu, Patientinnen eines In-vitro-Fertilisationsprogramms nach einem mißlungenen Embryonentransfer neue Eingriffe zur Eizellenentnahme zu ersparen. Auch sollen so die überzähligen Embryonen vor der Vernichtung bewahrt werden.[26] Allerdings wurde bereits verschiedentlich darauf hingewiesen, daß das Problem, wie mit den spare embryos verfahren werden soll, auf diese Weise keine Lösung erfährt, sondern sich - zeitlich verschoben - weiter stellt.[27]

III. Ethische/weltanschauliche Positionen zur Fortpflanzungsmedizin

A. Vorbemerkung

Die relativ neuen Methoden medizinisch unterstützter Fortpflanzung haben vielfältige Positionen der ethisch/weltanschaulichen Bewertungen dieser Technik hervorgerufen. Nicht nur das breite Spektrum von Meinungen, sondern vor allem auch die Kontroversialität und der Fundamentalismus mancher Standpunkte zur Fortpflanzungsmedizin beruhen auf einem Bündel von Ursachen: Die Diskussionen zur FMed führen Vertreter der verschiedensten wissenschaftlichen Disziplinen (Ärzte, Juristen, Theologen, Philosophen,

---

[21]) *Merz*, Problematik 29; *Schlag*, Aspekte 8, nennt eine „Tötungsrate" von 30-50% im Zuge des Einfrierens.

[22]) 1986 in Australien, 1987 in Deutschland (*Merz*, Problematik 29).

[23]) *Merz*, Problematik 8; *Bernat*, Rechtsfragen 184.

[24]) Problematik 8.

[25]) *Leipold*, Aspekte, in *Kralik*-FS 471; *Holzberger*, AnwBl 1985, 627.

[26]) *Merz*, Problematik 28.

[27]) Vgl zB *Schlag*, Aspekte 8; Zu denken ist allerdings an den Fall, daß die Empfängerin sich nach dem ersten erfolgreichen Transfer ein weiteres Kind wünscht und auf einen kryokonservierten „überzähligen Embryo" zurückgegriffen werden kann.

Psychologen). Zudem handelt es sich hier um eine Thematik, bei der geradezu naturgemäß fast alle Stellungnahmen erheblich vom ideologischen, weltanschaulichen oder religiösen Hintergrund des Betrachters geprägt sind.[28] Angesichts der Tatsache, daß die moderne Medizin hier bislang gesicherte Eckpfeiler der menschlichen Existenz (neben dem Tod nun auch Zeugung und Geburt) in bislang ungekanntem Ausmaß beeinflußt, entsteht in weiten Kreisen Verunsicherung. Die Anteilnahme der Öffentlichkeit wird durch die Medien gewährleistet,[29] wobei naturgemäß auch bei durchaus seriöser Berichterstattung vor allem spektakuläre Fälle den Weg in die Medien finden.[30]

Ich möchte idF einen knappen Überblick über einige besonders prononcierte Stellungnahmen zur Bewertung der FMed geben.[31]

B. Stellungnahmen

1. Der Standpunkt der katholischen Kirche und Moraltheologie

Das Lehramt der katholischen Kirche hat zur FMed in eindeutiger Weise Stellung genommen, wobei eine klar restriktive Position vertreten wurde. Diese findet sich zusammenfassend dargelegt in der von der Kongregation für Glaubenslehre 1987 veröffentlichten Instruktion „Donum Vitae“[32]. Die Instruktion geht von einem ganzheitlichen Menschenbild aus und basiert auf den Grundwerten des Schutzes menschlichen Lebens und der Achtung der Menschenwürde vom ersten Augenblick des Daseins an. Die Achtung der Menschenwürde beinhalte ebenfalls, daß es kein „Recht auf ein eigenes Kind“ geben könne. Zwar will die Instruktion nicht das Leid ungewollt kinderloser Paare verkennen, dennoch lehnt sie schon aus der unzertrennlichen

---

[28]) Vgl *Posch*, Rechtsprobleme 14.

[29]) Vgl allein die unzähligen Berichte über „Retortenbabys“.

[30]) So zuletzt die breite Berichterstattung über eine 61jährige Frau, die nach einer IVF ein Baby mittels Kaiserschnitt in einer Wiener Privatklinik zur Welt brachte. Der Vater des Babys war 71 Jahre, mit seinem Samen wurden zehn Eizellen einer Spenderin in den USA befruchtet. (vgl Kronen-Zeitung vom 24.5.97; TT vom 24./25.5.97; Der Standard vom 26.5.1997; News 22/97 uvm).

[31]) Angesichts der reichen literarischen Auseinandersetzung mit diesem Thema erscheint es mir vertretbar, auch diesen Teil des vorliegenden Beitrags stark zu raffen. Für eine nähere Beschäftigung mit dem Thema sei va auf die ausführliche, detailreiche und wohltuend sachliche Aufbereitung verschiedenster ethischer Positionen zur FMed bei *Merz*, Problematik 50ff verwiesen.

[32]) *Ecclesia Catholica/Congregatio pro Doctrina Fidei*, Instruktion der Kongregation für die Glaubenslehre über die Achtung vor dem beginnenden menschlichen Leben und die Würde der Fortpflanzung vom 22.2.1987; eine ausführliche Darlegung der wesentlichen Inhalte von Donum Vitae findet sich bei *Merz*, Problematik 82ff.

Einheit von liebender Vereinigung und Fortpflanzung im ehelichen [!] Akt[33] sämtliche Formen medizinisch unterstützter Fortpflanzung ab. Die Absicht, durch solche Methoden das Leid kinderloser Ehepaare zu überwinden, kann nach Ansicht der Verfasser nicht zur positiven moralischen Bewertung einer an sich abzulehnenden Methode führen. Selbst homologe Formen der artifiziellen Befruchtung sind abzulehnen, im Fall der homologen Insemination, weil hier ein technischer Eingriff des Arztes an Stelle des zweipersonalen ehelichen Aktes tritt.[34] Auch die homologe IVF sei wegen der Trennung der ehelichen Vereinigung (an deren Stelle eine technische Handlung tritt) und der Fortpflanzung abzulehnen und beraube den Vorgang der Zeugung menschlichen Lebens der ihm eigenen Würde. Hier werde der Technik die Herrschaft über den Ursprung der menschlichen Person eingeräumt.[35] Sämtliche heterologen Formen der FMed werden kategorisch abgelehnt: Die Verwendung fremder Keimzellen bedeute eine schwere Verfehlung der Eheleute im Hinblick auf die Einhaltung der ehelichen Verpflichtungen und einen Verstoß gegen den wesentlichen Grundsatz der Einheit der Ehe.[36] Aus den gleichen Gründen werden die künstliche Befruchtung einer unverheirateten Frau und alle Formen der Ersatzmutterschaft abgelehnt. Die strikte Ablehnung heterologer Formen der medizinisch unterstützten Fortpflanzung wirkt sich im „rechtspolitischen" Teil der Instruktion[37] dahingehend aus, daß der staatliche Gesetzgeber aufgefordert wird, heterologe Formen der FMed zu untersagen. Weiters wird der Gesetzgeber zu unbedingtem und konsequentem Embryonenschutz aufgerufen.[38]

Die Positionen katholischer Moraltheologen zu Fragen der artifiziellen Humanreproduktion stellen sich zum einen differenzierter, zum anderen aber auch weniger kategorisch restriktiv dar.[39] Zwar folgt ein Teil den Positionen der Instruktion Donum Vitae, andere Moraltheologen halten hingegen einzelne - homologe - Formen der FMed als Ergebnis einer Güterabwägung für bedingt verantwortbar,[40] andere Methoden hingegen könnten keineswegs befürwortet werden.[41]

---

[33]) Donum Vitae II, 4.

[34]) Hingegen sind Eingriffe, die den natürlichen Akt lediglich erleichtern oder dazu dienen, sein natürliches Ziel zu erreichen, statthaft.

[35]) Donum Vitae II, 5f.

[36]) Sozusagen einen „Ehebruch in der Petrischale".

[37]) Donum Vitae III (Moral und staatliche Gesetzgebung).

[38]) Donum Vitae III, 41.

[39]) Vgl den umfassenden Überblick bei *Merz*, Problematik 90ff (tabellarische Übersicht 113).

[40]) Vgl zB *Rotter*, Würde 38ff; weitere Nachweise bei *Schlag*, Aspekte 28 bei FN 129 und *Posch*, Rechtsprobleme 14 bei FN 36.

[41]) Vgl die tabellarische Übersicht bei *Merz*, Problematik 113.

2. Evangelische Kirche und Theologie

Die Auffassungen der evangelischen Kirche und Theologie sind von im wesentlichen gleichen Grundprinzipien und dem gleichen Menschenbild bestimmt wie jene der katholischen Ethik. Allerdings wird hier der persönlichen Gewissensentscheidung der Betroffenen ein höherer Stellenwert eingeräumt, was zu einer Vorgabe von Entscheidungshilfen anstelle konkreter Handlungsanleitungen führt.[42] Inhaltlich bestehen gegen die homologe Insemination keine grundsätzlichen moralischen Bedenken, auch die homologe IVF wird von der Mehrzahl evangelischer Theologen bedingt befürwortet.[43] Heterologe Formen artifizieller Humanreproduktion werden hingegen grundsätzlich abgelehnt.[44]

3. Weibliche Stellungnahmen

Eine Reihe von Abhandlungen hat bislang versucht, die Problematik medizinisch unterstützter Fortpflanzung unter „feministischen" Aspekten[45] zu untersuchen.[46] Keinesfalls zutreffend ist daher die Diagnose *Weinkes*[47], es gebe zu diesem Problemkomplex fast ausschließlich männliche Abhandlungen und keine Arbeiten, die Fragen künstlicher Befruchtungstechniken von weiblicher Seite beleuchteten.[48] Verschiedentlich wird in Beiträgen zur Fortpflanzungsmedizin ausgeführt, die „Feministinnen" seien diesbezüglich in zwei diametrale Positionen gespaltenen.[49] Neben den Frauen, die die Fortpflanzungsmedizin ablehnten, gebe es auch jene Feministinnen, die „das Recht der alleinstehenden Frau auf die Anwendung einer ‚künstlichen Be-

---

[42]) Ausführlich zu den Grundprinzipien evangelischer Ethik, auch im Unterschied zur katholischen Ethik *Merz*, Problematik 114ff; vgl auch *Posch*, Rechtsprobleme 17.

[43]) Vgl die Nachweise bei *Merz*, Problematik 120. Allerdings rät die Evangelische Kirche in Deutschland in ihrer 7. Synode 1987 von der IVF generell ab (*Evangelische Kirche in Deutschland (EKD)*, Maßstäbe 3ff) und sieht sie allenfalls als ultima ratio für zulässig an.

[44]) *Evangelische Kirche in Deutschland (EKD)*, Maßstäbe 5; vgl auch die Belege bei *Merz*, Problematik 122.

[45]) Dabei werden in verschiedenen Publikationen unterschiedliche Auffassungen als „feministisch" oder „um die Emanzipation bemüht" deklariert. Ich möchte im vorliegenden Beitrag auf eine grundsätzliche Feminismusdiskussion verzichten.

[46]) So zB *Renesse*, In vitro veritas, in *Battis/Schulz* (Hg), Frauen 103; weiters die Beiträge in den Sammelbänden *Pauritsch/Frakele/List* (Hg), Kinder; *Arditti/Duelli-Klein/Minden* (Hg), Retortenmütter.

[47]) Gedanken, in *Bernat* (Hg), Lebensbeginn 86.

[48]) Wenngleich ein starkes männliches Interesse an der Thematik auffällt. Auch finden sich die besonderen Befürworter reproduktionsmedizinische Praktiken nahezu ausschließlich unter den männlichen Autoren.

[49]) *Schick*, Entwurf, in *Bernat* (Hg), Fortpflanzungsmedizin 13; *Schlag*, Aspekte 10 mwH; *Renesse*, In vitro veritas, in *Battis/Schulz* (Hg), Frauen 109.

fruchtungstechnik' fordern, um auch in diesen Belangen den Mann ‚überflüssig' zu machen."[50] Bei der Betrachtung der mir bekannten Abhandlungen zu diesem Thema aus weiblicher Sicht sind jedoch überwiegend massive Bedenken hinsichtlich der Technologien der Fortpflanzungsmedizin zu konstatieren.[51] Dabei handelt es sich idR um ganz grundsätzliche Erwägungen; das Thema wird vom weiblichen Lebenskontext in unserer Gesellschaft ausgehend untersucht. Einige Hauptkritikpunkte tauchen immer wieder auf:

Zunächst fällt auf, daß sich viele Autorinnen mit dem Kinderwunsch als Behandlungsmotivation bzw dem „Recht auf ein eigenes Kind" kritisch auseinandersetzen. In der Tat müßte bei einer Befürwortung der Fortpflanzungsmedizin zunächst die positive Bewertung des Handlungsziels „Erfüllung des Kinderwunsches" nachgewiesen werden. Die Frage nach der Vertretbarkeit der Methoden zur Zielerreichung stellt sich erst sekundär. Es kann wohl nicht ausreichen, den Wunsch nach Kindern einfach als Grundbedürfnis des Menschen anzunehmen[52] und aus seinem Bestehen ein Recht auf seine Erfüllung abzuleiten.[53] Zum einen stellt sich die Frage, inwieweit der Kinderwunsch des Individuums oder eines Paares nicht vielfach von Beweggründen getragen wird, die sich nicht auf das Kind an sich, sondern die eigenen Bedürfnisse und Ansprüche beziehen.[54] Weiters ist der Kinderwunsch (gerade der Frauen) häufig stark gesellschaftlich mitbestimmt.[55] Solange es zu einer „echten Frau" gehört, Kinder zu bekommen, wird Frauen, die dazu nicht in der Lage sind, vermittelt, versagt zu haben, defekt zu sein.[56] Als besonders anschauliches Beispiel für diese Werthaltung mag die Aussage von *Weinke*[57] dienen, die heterologe Insemination trage dazu bei, viele Frauen zur Mutter „hinaufzuwürdigen". Es scheint daher ein vordringliche-

---

[50]) *Schick*, Entwurf 29.

[51]) So zB in den Sammelbänden *Pauritsch/Frakele/List* (Hg), Kinder; *Arditti/Duel-li-Klein/Minden* (Hg), Retortenmütter; (Ein Teil der von den dortigen Autorinnen genannten Bedenken wird von manchen männlichen Wissenschaftlern geteilt, auch Übereinstimmungen mit christlich-religiös geprägten Stellungnahmen fallen immer wieder auf.).

[52]) *Hopf*, Entwurf, in *Bernat* (Hg), Fortpflanzungsmedizin 51; *Szalay*, AnwBl (Sonderheft) 1985, 14.

[53]) So zB der Gynäkologe *Erich Müller-Tyl* in einem Interview (Der Standard vom 30.7.1997): „Ethik und Technik muß man völlig trennen, es gibt ja zu allem ethische Kontroversen. Prinzipiell sollte man auf diesem Gebiet niemandem etwas verbieten, das er oder sie sich wünscht, solange dies zur Schaffung eines Wunschkindes führt."; vgl auch *Schick*, Entwurf, in *Bernat* (Hg), Fortpflanzungsmedizin 19.

[54]) *Merz*, Problematik 65f; *Roth*, Aspekte, in *Pauritsch/Frakele/List* (Hg), Kinder 27 mwN.

[55]) *Roth*, Aspekte 27ff; *Lyon*, Chancen 19, beide in *Pauritsch/Frakele/List* (Hg), Kinder 47f; aber auch *Schick*, Entwurf, in *Bernat* (Hg), Fortpflanzungsmedizin.

[56]) Vgl dazu *Klein*, Segen 63f; *Lyon*, Chancen 42; *Roth*, Aspekte 29ff (32) alle, in *Pauritsch/Frakele/List* (Hg), Kinder.

[57]) Gedanken, in *Bernat* (Hg), Lebensbeginn 81.

res Problem aller Frauen zu sein, auch (gewollt oder ungewollt) kinderlos als vollwertige Frauen und ebenbürtige Menschen akzeptiert zu werden, als unter Zuhilfenahme reproduktionsmedizinischer Techniken der Norm zu entsprechen und Kinder zu bekommen.

Im Zusammenhang mit der hohen Bewertung des Kinderwunsches und va der Bedeutung der Mutterschaft für den Wert einer Frau schafft die moderne Fortpflanzungsmedizin für Frauen einen weiteren Leistungsdruck. Bislang konnte eine ungewollt kinderlose Frau noch mit einem gewissen Mitgefühl für ihre als schicksalhaft bewertete Lage rechnen. Nunmehr aber ist ein Angebot geschaffen worden, ihr Problem zu lösen. *Hölzle*[58] diagnostiziert mE zurecht, daß die Existenz dieses Angebotes schon impliziere, es sei wünschenswert, den Kinderwunsch auch in schwierigen Situationen weiter zu verfolgen. Die ungewollt kinderlose Frau nutzt vielfach dieses Angebot, um sich nicht vorwerfen zu müssen, sie habe nicht alles getan, um Kinder zu bekommen und damit ihrer Rolle zu entsprechen.[59] Schlägt dann auch eine medizinisch unterstützte Fortpflanzung fehl, fühlt sich die Betroffene noch mehr als Versagerin.[60]

Dennoch glaube ich, daß es für Frauen wie Männer legitim ist, sich Nachwuchs zu wünschen. Es stellt sich jedoch die Frage, ob dieser Wunsch zugleich ein Recht auf seine Erfüllung begründet, ob also ein Recht auf ein Kind besteht, das die Methode, wie dieser Wunsch erfüllt wird, rechtfertigt.[61]

Am Umgehen mit dem unerfüllten Kinderwunsch durch den Einsatz reproduktionsmedizinischer Methoden wird aus weiblicher Sicht vielfältige Kritik geübt:

Zunächst wird kritisiert, daß die moderne Fortpflanzungsmedizin die Verleugnungstendenzen der betroffenen Paare (das „Sich nicht abfinden Wollen“ mit der möglichen dauernden Kinderlosigkeit) verstärke. Statt Trauerarbeit über den Verlust einer Hoffnung/eines Potentials zu ermöglichen, werde in den Betroffenen neue Hoffnung geweckt, die angesichts der tatsächlichen Erfolgschancen nur zum Teil realistisch sei.[62]

---

[58]) Probleme, in *Pauritsch/Frakele/List* (Hg), Kinder 17; vgl auch *Klein*, Segen 61, 63; *Trallori*, Österreich 247, beide in *Pauritsch/Frakele/List* (Hg), Kinder.

[59]) Allerdings rechtfertigt die Möglichkeit des Drucks auf Frauen mE noch nicht, ihnen die Inanspruchnahme reproduktionsmedizinischer Techniken quasi in Form eines „Schutzgesetzes“ zu verbieten.

[60]) *Klein*, Segen, in *Pauritsch/Frakele/List* (Hg), Kinder 50.

[61]) Diese Frage stellt ua auch *Schlag*, Aspekte 150.

[62]) *Hölzle*, Kinder, in *Pauritsch/Frakele/List* (Hg), Kinder 11ff (13, 19); zu den Erfolgschanchen vgl *Feiertag*, Künstliche Wege zum Wunschkind, in Der Standard vom 30.7.1997; *Bonelli*, Fragen, in *Bydlinski/Mayer-Maly* (Hg), Fortpflanzungsmedizin 19; *Merz*, Problematik 11f, 24f, 36;

Zudem wird die Pathologisierung der Kinderlosigkeit bemängelt.[63] Statt auf Ursachen und Auswirkungen der ungewollten Kinderlosigkeit einzugehen, wird den Betroffenen eine Umgehung mittels reproduktionsmedizinischer Techniken angeboten. Das beinhaltet, daß die Bewältigung des Problems an die Experten, die Fortpflanzungsmediziner delegiert wird. Die Frau (nunmehr Patientin) gibt damit nicht nur die Verantwortung für sich selbst zu einem Teil aus der Hand, sondern erlebt idF auch einen durch die hohe Technizität der Methode bedingten Kontrollverlust über ihren Körper.[64]

Grundsätzlich scheint mir diese hohe Technizität eine der Hauptursachen für das starke Unbehagen in Hinblick auf die Fortpflanzungsmedizin zu sein. In der Trennung von Sexualität und Fortpflanzung sehen viele Frauen nicht nur eine Entwürdigung der Frauen (oder des beteiligten Paares), sondern befürchten à la longue auch eine Aneignung der weiblichen Gebärfähigkeit.[65] Wenn man bedenkt, daß es schon jetzt Autoren gibt, die für den Fall der „Leihmutterschaft" von dieser Frau als „Austragungsort"[66] sprechen, bzw davon, daß sich eine Leihmutter als „Brutkasten"[67] fühle, scheint diese Befürchtung nicht ganz abwegig. Dafür kann die Anwendung fortpflanzungsmedizinischer Techniken dazu dienen, den männlichen Anspruch auf (ausschließlich) eigene Nachkommen zu erfüllen. So hat *Klein*[68] darauf hingewiesen, daß es durch die Methoden der Fortpflanzungsmedizin erstmals in der Geschichte für Männer möglich sei, sich ihre Vaterschaft im Labor bestätigen zu lassen. Sie weist weiters darauf hin, daß bei einer von ihr durchgeführten Studie gut ein Drittel der beteiligten Frauen auch andere Lösungen (kein - weiteres - Kind, Adoption, allenfalls heterologe Insemination) in Erwägung gezogen hätten, in diesen Fällen aber der Partner auf einer IVF zur Fortpflanzung mit seinen eigenen Genen bestanden habe.[69] In diesem Zusammenhang fällt auch auf, daß eine Reihe männlicher Autoren besondere Bedenken gegen Methoden der Fortpflanzungsmedizin haben, die mit fremden männlichen Keimzellen erfolgen. Dabei geht es vorwiegend darum, welche Auswirkungen eine heterologe Insemination auf die eheliche Gesinnung

---

Schick, Entwurf, in *Bernat* (Hg), Fortpflanzungsmedizin 22; *Feichtinger/Kemeter*, In-Vitro-Fertilisierung, in *Bernat* (Hg), Lebensbeginn 66f.

[63]) *Lyon*, Chancen, in *Pauritsch/Frakele/List* (Hg), Kinder 41f.

[64]) *Hölzle*, Probleme 15; *Klein*, Segen 60f; *Lyon*, Chancen 47; *Roth*, Aspekte 33; alle in *Pauritsch/Frakele/List* (Hg), Kinder.

[65]) Vgl zB *Klein*, Segen 60f; *Lyon*, Chancen 47; *Roth*, Aspekte 33, alle in *Pauritsch/Frakele/List* (Hg), Kinder

[66]) *Weinke*, Gedanken, in *Bernat* (Hg), Lebensbeginn 87.

[67]) *Edlbacher*, ÖJZ 1988, 421.

[68]) Segen, in *Pauritsch/Frakele/List* (Hg), Kinder 78 bei FN 33.

[69]) *Klein*, Segen, in *Pauritsch/Frakele/List* (Hg), Kinder 79 bei FN 38.

einer Ehefrau haben könne,[70] oder ob es ein Mann wirklich verwinden könne, „daß ein anderer seiner Frau geben konnte, wozu er nicht imstande war.“[71] Selbst Autoren, die der Fortpflanzungsmedizin weitgehend positiv gegenüberstehen, scheinen vor einem solchen Unbehagen nicht ganz gefeit. So empfiehlt zB *Bernat* als Schutzmaßnahme zugunsten des Ehemanns bei heterologen Inseminationen, den Arzt zu verpflichten, die Frau vor dem Eingriff auf eine uU schon bestehende Schwangerschaft zu untersuchen. „Denn nur allzuleicht könnte sonst eine künstliche Insemination den Ehebruch der Frau verschleiern helfen.“[72] Auch äußern einige Autoren Bedenken hinsichtlich der Freiwilligkeit der Zustimmung des Ehemannes zur heterologen Insemination. So befürchtet *Zimmermann*[73], daß eine gesunde Frau wohl oft in der Lage sein werde, ihren unfruchtbaren Ehemann so lange unter Druck zu setzen, bis er aus einer schweren seelischen Notlage heraus einer heterologen Insemination zustimme.

Es zeigt sich hier mE recht deutlich, daß die moderne Medizin zwar eine (zT) funktionierende Technik zur Humanreproduktion geschaffen hat, ihre potentiellen Kunden, Männer wie Frauen, dieser Technik aus den unterschiedlichsten Gründen psychisch oft nicht gewachsen sind.

Weiters kann auch der hohe technische Aufwand nicht verhindern, daß die Anwendung mancher reproduktionsmedizinischer Verfahren immer noch ein nicht unerhebliches Potential an gesundheitlichen Belastungen und Risiken für Wunschmutter und Kind mit sich bringt.[74]

Hinzu kommt, daß dieser hohe technische Aufwand natürlich auch entsprechende Kosten verursacht. In diesem Zusammenhang sprechen verschiedene Autorinnen an, daß es sich bei der Fortpflanzungsmedizin um eine Technik handelt, die von einer bestimmten Schicht für eine bestimmte Schicht entwickelt wurde. Die Befürworter der Fortpflanzungsmedizin berufen sich darauf, diese diene dazu, den Leidensdruck unfruchtbarer Frauen zu beheben.[75] Doch betrifft dies, wie schon *Klein*[76] erörtert, nur das Leid bestimmter Frauen, die durch das Gebären von Kindern ihrer gesellschaftlichen

---

[70]) *Edlbacher*, ÖJZ 1986, 324 eine E des BGH von 7.4.1983 (NJW 1983, 2073 = BGHZ 87, 169 = FamRZ 1983, 686) zitierend.

[71]) *Hörmann*, Problematik, in *Rippmann* (Hg), Befruchtung 43.

[72]) *Bernat*, Fragen, in *ders* (Hg), Lebensbeginn 153.

[73]) FamRZ 1981, 931; ähnlich *Deutsch* VersR 1985, 1003.

[74]) Zu den Risiken vgl *Merz*, Problematik 19ff, 35; *Lyon*, Chancen, in *Pauritsch/Frakele/List* (Hg), Kinder 45f.

[75]) zB *Schick* Entwurf, in *Bernat* (Hg), Fortpflanzungsmedizin 19.

[76]) Segen, in *Pauritsch/Frakele/List* (Hg), Kinder 74 bei FN 7.

Rolle entsprechen, nämlich Ehefrauen oder allenfalls Lebensgefährtinnen.[77] Weiters wird befürchtet, daß auch innerhalb dieser Gruppe von Frauen unterschieden wird zwischen „vermehrungswürdigen“ und „nicht vermehrungswürdigen“ Frauen, wobei ein wichtiger Selektionsfaktor die Fähigkeit sein werde, die Kosten für eine fortpflanzungsmedizinische Behandlung aufzubringen.[78] In der Tat lassen sich behandlungswillige Paare ihr Wunschkind etwas kosten.[79] Die durchschnittlichen Kosten jedes Eingriffs betragen ca 20.000,-- bis 30.000,-- S[80], jenes Ehepaar, das sich mit 61 bzw 71 Jahren noch ein Kind leistete, soll dafür insgesamt 200.000,-- S angelegt haben.[81] Im Zusammenhang damit, daß die Fortpflanzungsmedizin einen kommerziellen Aspekt aufweist, weist schon *Lyon*[82] darauf hin, daß in diesem Umfeld der Mensch zur Ware werde. Dieser Gedanke führt hin zu den Befürchtungen hinsichtlich eines möglichen Mißbrauchs reproduktionsmedizinischer Techniken zu einer neuen Zuchtwahl (Bestimmung des Geschlechtes des gewünschten Babys, des Äußeren, seiner Intelligenz etc).[83] Wenn auch eine echte „Menschenzüchtung nach Katalog“ aufgrund der Komplexität der Entwicklungsvorgänge bei der menschlichen Reproduktion wohl kaum wirklich möglich sein wird, so heißt das doch nicht, daß die Klienten der Fortpflanzungsmediziner nicht vielfach (bewußt oder unbewußt) eine diesbezügliche Erwartungshaltung hegen. Auch sind die Ansätze zu einem social engineering der Fortpflanzungsmediziner mE erschreckend genug. So sind schon die von *Ranner*[84] referierten Auswahlkriterien für Samenspender recht aufschlußreich. Neben körperlicher Gesundheit und Qualität der Samenflüssigkeit wird Wert auf „gute Charaktereigenschaften“ gelegt, junge verheiratete Akademiker bevorzugt bzw werden Anforderungen an die soziale Herkunft gestellt, um die Anpassung der Spender an das geistige und soziale Milieu der Empfängerfamilie zu ermöglichen. Gedacht ist wohl auch hin-

---

[77]) Mediziner, die Fortpflanzungsmedizin betreiben, sprechen generell davon, daß sie diese Technik nur bei intakten Ehepaaren (oder allenfalls Lebensgemeinschaften) anwenden vgl zB *Feichtinger/Kemeter,* In-vitro-Fertilisierung, in *Bernat* (Hg), Lebensbeginn 63.

[78]) *Lyon,* Chancen 50ff; *Trallori,* Österreich 249, beide in *Pauritsch/Frakele/List* (Hg), Kinder.

[79]) Zur Frage, inwieweit die verschiedenen Methoden medizinisch unterstützter Fortpflanzung durch Sozialversicherungsträger getragen werden können vgl OGH vom 28.1.1997 ZAS 1997, 28; *Bernat,* ÖA 1993, 51; *Schlag,* Aspekte 68; *Holzer,* Konsequenzen, in *Bernat* (Hg), Lebensbeginn 173; *Posch,* Rechtsprobleme 42, 67.

[80]) *Feiertag,* Wege, Der Standard vom 30.7.1997.

[81]) NEWS 22/97.

[82]) Chancen, in *Pauritsch/Frakele/List* (Hg), Kinder 51.

[83]) *Klein,* Segen 69f; *Lyon,* Chancen 41, 49 ff; *Wichterich,* Vom Kampf gegen die „Über“bevölkerung zur Industrialisierung der Menschenproduktion 243, alle in *Pauritsch/Frakele/List* (Hg), Kinder.

[84]) Aspekte, in *Bernat* (Hg), Lebensbeginn 32f.

sichtlich der Empfänger an verheiratete Akademiker mit gutem Charakter. Weiters wird schon jetzt die Möglichkeit zumindest erwogen, den Eltern die Möglichkeit zu geben, das Geschlecht ihres Wunschkindes zu bestimmen. Dies kann entweder durch eine Selektion der Spermien nach ihren Geschlechtschromosomen geschehen[85] oder dadurch, daß man beim Embryonentransfer mittels Prae-Implantations-Diagnostik das Geschlecht bestimmt und dann nur das gewünschte Geschlecht implantiert.[86] Die Prae-Implantations-Diagnostik ermöglicht selbstverständlich auch, „defekte" Embryonen vor Einpflanzung auszuscheiden, sodaß nur gesunde Embryonen eingepflanzt werden. Einige Autorinnen[87] befürchten, daß idF für dieses Verfahren, dessen Entwicklung sehr kostenintensiv war, ein Markt geschaffen werden müsse, der über die eigentliche Klientel der Fortpflanzungsmedizin (nämlich unfruchtbare Paare) hinausgehe. Wenn ich auch die Befürchtung *Kleins*[88] nicht teilen kann, es könne demnächst die IVF als sicherste Empfängnismethode für alle empfohlen werden, um eine Qualitätskontrolle der Embryonen vor Einpflanzung zu gewährleisten, läßt doch der schon jetzt bestehende erschreckende Mißbrauch von Methoden vorgeburtlicher Diagnostik (zB der Amniozentese), etwa zur selektiven Abtreibung weiblicher Embryonen, für die Zukunft nichts Gutes erwarten.

In engem Zusammenhang damit steht auch die Befürchtung der kommerziellen Verbindung reproduktionsmedizinischer Methoden mit der Gentechnologie[89]: Die Techniken der modernen Reproduktionsmedizin (besonders der IVF) dienen auch der Produktion von Material für die gentechnische Forschung.

4. Abschließende Bemerkung

Schon der kursorische Abriß der ethischen Positionen zur Fortpflanzungsmedizin zeigt, daß eine wertneutrale Behandlung des Themas kaum möglich und mE auch gar nicht wünschenswert ist. Allerdings macht das die juristische Auseinandersetzung mit der Thematik noch schwieriger.

---

[85]) *Huber*, Überlegungen, in *Bernat* (Hg), Fortpflanzungsmedizin 5f.

[86]) *Szalay*, AnwBl (Sonderheft) 1985, 16.

[87]) *Klein*, Segen 69ff; *Lyon*, Chancen 49f; *Wichterich*, Kampf 243, alle in *Pauritsch/Frakele/List* (Hg), Kinder.

[88]) Segen, in *Pauritsch/Frakele/List* (Hg), Kinder 70.

[89]) *Coester-Waltjen* FamRZ 1984, 230; *Gimpel-Hinteregger*, Sexualität 92; *Klein*, Segen 69ff; *Lyon*, Chancen 49ff, alle in *Pauritsch/Frakele/List* (Hg), Kinder.

Grundsätzlich kann ich viele Bedenken, die von feministischer Seite, aber auch von einigen männlichen Autoren[90] und von kirchlicher Seite gegen die Technologien moderner Reproduktionsmedizin erhoben wurden, teilen. Neben dem Unbehagen, das es mir verursacht, wenn Frauen mit Methoden Kinder „gemacht werden", die bislang nur in der Viehzucht gang und gebe waren, den Problemen des Umgehens mit Embryonen (also menschlichem Leben) und den vielfältigen Mißbrauchsmöglichkeiten empfinde ich dabei die unterschiedlichsten Möglichkeiten der Aufspaltung der Elternschaft als besonders problematisch. Sicher stimmt auch bei natürlich gezeugten Kindern die soziale und die biologische Elternschaft nicht immer überein (Stiefeltern, Adoptiveltern, Pflegeeltern etc), und ich will sicher nicht einer ausschließlich biologisch genetischen Elternschaft (im Sinne von „eigenes Fleisch und Blut") das Wort reden. Dennoch stellt sich die Frage, ob es zu rechtfertigen ist, solche aufgespaltenen Elternverhältnisse künstlich zu erzeugen. Hinzu kommt die mE schon aufgrund der Ausbeutungsgefahr massiv abzulehnende Möglichkeit der Leihmutterschaft.

Ich persönlich würde mir wünschen, daß möglichst wenige Menschen die angebotenen Technologien in Anspruch nehmen.

Dennoch muß man zur Kenntnis nehmen, daß es die moderne Fortpflanzungsmedizin nun einmal gibt, und daß kinderlose Paare deren Methoden in Anspruch nehmen wollen. Die Aufgabe des Gesetzgebers kann es nur sein, rechtliche Rahmenbedingungen für den Umgang mit der Fortpflanzungsmedizin zu schaffen. In Österreich ist daher am 14.5.1992 nach umfänglichen Vorarbeiten[91] ein Fortpflanzungsmedizingesetz[92] geschaffen worden, das mit 1.7.1992 in Kraft getreten ist. Es wird idF zu untersuchen sein, ob dieses Gesetz der Problematik gerecht wird.

---

[90]) Sämtliche Autoren, die sich mit (Teilen) der modernen FMed kritisch auseinandersetzen, anzuführen, ist hier nicht möglich, vgl aber zB die kritischen Beiträge, in *Bydlinski/Mayer-Maly* (Hg), Fortpflanzungsmedizin; ebenso *Schlag*, Aspekte jeweils mwN.

[91]) Zur Genese der rechtlichen Regelung der Fortpflanzungsmedizin vgl EB RV 216 BlgNR 18. GP 8ff; *Bernat*, ÖA 1993, 47; *ders*, ÖA 1991, 63; *Schlag*, Aspekte 39ff; *Posch*, Rechtsprobleme 22ff ua.

[92]) Bundesgesetz, mit dem Regelungen über die medizinisch unterstütze Fortpflanzung getroffen (Fortpflanzungsmedizingesetz - FMedG) sowie das allgemeine bürgerliche Gesetzbuch, das Ehegesetz und die Jurisdiktionsnorm geändert werden BGBl 1992/275.

IV. Rechtliche Regelung in Österreich - Das Fortpflanzungsmedizingesetz (FMedG)

A. Die wichtigsten Regelungen des FMedG

1. Begriffsbestimmungen

Die Bestimmung des Begriffs „medizinisch unterstützter Fortpflanzung" und damit die Festlegung des Anwendungsbereiches des FMedG in § 1 Abs 1 erfaßt jede Anwendung medizinischer Methoden zur Herbeiführung einer Schwangerschaft anders als durch Geschlechtsverkehr.[93] Demonstrativ erwähnt werden in Abs 2 einzelne Methoden: die Insemination (Z 1), die IVF (Z 2), der Embryonentransfer (Z 3) und der GIFT (Z 3).

Weiters wird in § 1 Abs 3 FMedG der Embryo in vitro als „entwicklungsfähige Zelle" umschrieben, worunter befruchtete Eizellen und daraus entwickelte Zellen zu verstehen sind.

2. Zulässigkeit

Die §§ 2 und 3 regeln die Zulässigkeit der medizinisch unterstützten Fortpflanzung:

- Sie ist nur zulässig in einer aufrechten Ehe oder eheähnlichen Lebensgemeinschaft (§ 2 Abs 1). Unverheiratete Frauen sind damit von der Anwendung artifizieller Fortpflanzungstechniken jedenfalls ausgeschlossen. Weiters beinhaltet diese Regelung das Verbot postmortaler Insemination/IVF (also nach dem Tod des Ehegatten oder Lebensgefährten).
- Sie ist nur zulässig als ultima ratio, also wenn alle anderen nach dem Stand der Wissenschaft möglichen und zumutbaren Behandlungen zur Herbeiführung einer Schwangerschaft durch Geschlechtsverkehr erfolglos gewesen oder aussichtslos sind (§ 2 Abs 2).
- Heterologe Methoden sind grundsätzlich nicht statthaft (§ 3 Abs 1 u 3), eine Ausnahme wird nur hinsichtlich der zulässigen heterologen Insemination gemacht (§ 3 Abs 2). Eizellen- und Embryonenspenden sind nicht zulässig (§ 3 Abs 3), auch die sog „Leihmutterschaft" ist unzulässig.

Eine weitere Zulässigkeitsbestimmung findet sich in § 9 Abs 3: Bei der heterologen Insemination ist die Verwendung eines Samengemischs verschiedener Männer (Samencocktail) verboten.

---

[93]) Also nicht Behandlungen, die eine natürliche Fortpflanzung ermöglichen oder erleichtern sollen; vgl EB RV 216 BlgNR 18. GP 15.

3. Befugnis

§ 4 beinhaltet sowohl einen Facharzt- als auch einen Krankenanstaltenvorbehalt. Sämtliche Formen erlaubter medizinisch unterstützter Fortpflanzung dürfen lediglich in einer hierfür zugelassenen Krankenanstalt durchgeführt werden. Lediglich die homologe Insemination darf auch in der Ordination eines Facharztes für Frauenheilkunde durchgeführt werden (§ 4). Weiters werden Melde- und Zulassungserfordernisse aufgestellt (§ 5).

4. Diskriminierungsverbot

§ 6 sichert die Freiwilligkeit der Durchführung von/Mitwirkung an fortpflanzungsmedizinischen Methoden und beinhaltet ein Diskriminierungsverbot hinsichtlich der Teilnahme an einer medizinisch unterstützten Fortpflanzung oder deren Verweigerung.

5. Beratungspflichten

Neben einer allgemeinen Aufklärungs-/Beratungspflicht des Arztes über die geplante fortpflanzungsmedizinische Methode und deren Risiken für die Frau und das erwünschte Kind in § 7 Abs 1 wird der Arzt durch § 7 Abs 2 verpflichtet, eine psychologische Beratung oder psychotherapeutische Betreuung der Ehegatten/Lebensgefährten zu veranlassen, sofern diese eine solche nicht ablehnen.

Weiters darf der Arzt jede artifizielle Fortpflanzung bei Lebensgefährten, sowie eine heterologe Insemination bei Ehegatten nur vornehmen, wenn diese vorher von einem Notar oder Gericht über die rechtlichen Folgen einer Zustimmung zur Behandlung aufgeklärt wurden (§ 7 Abs 3).

6. Zustimmung

Die Zustimmung zur Vornahme einer medizinisch unterstützten Fortpflanzung wird an verschiedene Formpflichten gebunden (§ 8 Abs 1):

- Homologe Formen dürfen bei Ehegatten nur mit deren schriftlicher Zustimmung durchgeführt werden.
- Bei einer heterologen Insemination muß die Zustimmung der Ehegatten in Form eines gerichtlichen Protokolls oder Notariatsaktes erteilt werden.
- Die Zustimmung der Lebensgefährten muß jedenfalls in Form eines gerichtlichen Protokolls oder Notariatsaktes erfolgen.

Der Widerruf der Zustimmung hingegen ist formlos möglich[94], allerdings nicht unbefristet (§ 8 Abs 4):

- Beide Partner können ihre Zustimmung grundsätzlich nur bis zur Einbringung der Samenzellen oder Eizellen in den Körper der Frau widerrufen.
- Bei einer IVF kann der Mann seine Zustimmung nur bis zur Vereinigung der Ei- und Samenzellen widerrufen. Die Frau kann ihre Zustimmung hingegen bis zum Embryonentransfer zurückziehen.

7. Forschung an Embryonen

§ 9 Abs 1 spricht ein absolutes Verbot der verbrauchenden Forschung an entwicklungsfähigen Zellen (Embryonen), sowie von deren Verwendung für andere Zwecke als eine medizinisch unterstützte Fortpflanzung aus. Gleiches gilt für Keimzellen, die für eine medizinisch unterstützte Fortpflanzung verwendet werden sollen.

8. Drittsamenverwendung

Samenspenden dürfen nur in Krankenanstalten, die über die Zulassung gem § 5 Abs 2 verfügen, vorgenommen werden (§ 11). Diese haben den potentiellen Spender und seinen Samen auf die (medizinische) Fortpflanzungseignung zu untersuchen (§§ 11 letzter Satz und 12).

Ein Spender darf seinen Samen für fortpflanzungsmedizinische Zwecke stets nur derselben Krankenanstalt zur Verfügung stellen, worauf er besonders hinzuweisen ist (§ 13 Abs 2).

Der Verwender muß sowohl der Verwendung seines Samens für eine medizinisch unterstützte Fortpflanzung als auch einer Auskunftserteilung gem § 20 schriftlich zustimmen (§ 13 Abs 1). Die Zustimmung ist jederzeit formlos widerruflich.

Der Samen eines Spenders darf in höchstens drei Ehen oder nichtehelichen Lebensgemeinschaften verwendet werden (§ 14).

Entgeltliche Samenspenden sind verboten (§ 16).

9. Kryokonservierung von Keimzellen und entwicklungsfähigen Zellen

Die Aufbewahrung hat gemäß dem jeweiligen Stand der Wissenschaft und Technik zu entsprechen und darf maximal ein Jahr dauern (§ 17 Abs 1).[95]

---

[94]) Allerdings vom Arzt schriftlich festzuhalten und auf Verlangen schriftlich zu bestätigen.

[95]) Anschließend sind die Keimzellen/entwicklungsfähigen Zellen zu „entsorgen".

Eine Weitergabe an die Personen von denen sie stammen, oder andere Personen oder Einrichtungen, ist generell unzulässig (§ 17 Abs 2).

10. Aufzeichnungs- und Berichtspflichten

Die Krankenanstalten unterliegen zunächst folgenden Aufzeichnungspflichten:

- über die Person des Spenders und seinen Samen (§ 15 Abs 1).
- über die Tatsache, für welche Ehen oder Lebensgemeinschaften der Samen verwendet wurde (§ 15 Abs 2).

Weiters hat der Arzt, der eine medizinisch unterstützte Fortpflanzung durchführt, schriftliche Aufzeichnungen zu führen über:

- bestimmte Daten der Wunscheltern (§ 18 Abs 1).
- das Vorliegen der Voraussetzungen für eine medizinisch unterstütze Fortpflanzung, deren Verlauf und Dauer, sowie die nach dem Stand der Wissenschaft für Schwangerschaft, Geburt und gesundheitliche Entwicklung des Wunschkindes wesentlichen Umstände (§ 18 Abs 2).

  All diese Aufzeichnungen sowie die Zustimmungserklärungen der Wunscheltern und des Samenspenders sind von Arzt/Krankenanstalt 30 Jahre lang aufzubewahren und anschließend dem Landeshauptmann zur dauernden Aufbewahrung zu übermitteln (§ 18 Abs 3).

§ 19 normiert eine jährliche Berichtspflicht der Ärzte/Krankenanstalten über ihre Tätigkeit auf dem Gebiet der FMed an den Landeshauptmann.

11. Auskünfte

Zwar sind sämtliche Aufzeichnungen über Samenspender grundsätzlich vertraulich (§ 20 Abs 1), doch normiert § 20 Abs 2 einen Auskunftsanspruch des mittels heterologer Insemination gezeugten Kindes nach vollendetem 14. Lebensjahr gegenüber der Krankenanstalt (allenfalls dem Landeshauptmann) über die Identität seines biologischen Vaters. Weiters kann der gesetzliche Vertreter oder Erziehungsberechtigte des Kindes in medizinisch begründeten Ausnahmefällen mit pflegschaftsgerichtlicher Genehmigung Einsicht in die Aufzeichnungen verlangen. Auch ein Einsichts- und Auskunftsrecht der Gerichte und Verwaltungsbehörden, „soweit dies zur Erfüllung ihrer Aufgaben in Vollziehung dieses Bundesgesetzes unentbehrlich ist", ist vorgesehen (§ 20 Abs 3).

12. Vermittlungsverbot

Die Vermittlung von Samen, Eizellen, entwicklungsfähigen Zellen und „Leihmüttern" verbietet § 21 ausdrücklich.

13. Strafbestimmungen

Die §§ 22-25 sehen abgestufte verwaltungsstrafrechtliche Sanktionen für Verstöße gegen das FMedG vor. Diese kommen nur zur Anwendung, sofern die Tat nicht den Tatbestand einer gerichtlich strafbaren Handlung bildet. Auch der Versuch von nach dem FMedG verbotenen Verhaltensweisen ist strafbar (§ 25 Abs 2).

B. Änderungen des ABGB und des EheG

1. Kindschaftsrecht

Auch im Fall einer - durch das FMedG verbotenen - Eizellen- oder Embryonenspende gilt als Mutter eines Kindes stets die Frau, die es geboren hat (§ 137b ABGB).

Die Unehelichkeitsvermutung des § 155 ABGB wird (auch) durch den Beweis widerlegt, daß das Kind während aufrechter Ehe durch eine medizinisch unterstützte Fortpflanzung mit dem Samen des Ehemanns oder mit dessen qualifizierter Zustimmung mit dem Samen eines Dritten gezeugt worden ist (§ 155 letzter Halbsatz).

Der Ehemann, der einer heterologen Insemination qualifiziert zugestimmt hat, kann die Ehelichkeit des so gezeugten, in aufrechter Ehe geborenen Kindes nicht bestreiten (§ 156a ABGB).

Bei einer medizinisch unterstützten Fortpflanzung innerhalb einer Lebensgemeinschaft gilt die Vaterschaftsvermutung des § 163 ABGB für den Lebensgefährten, dessen Samen dazu verwendet worden ist (§ 163 Abs 1 letzter Satz), oder der einer heterologen Insemination qualifiziert zugestimmt hat (§ 163 Abs 3).

Der Drittsamenspender kann nicht als Vater des mit seinem Samen gezeugten Kindes festgestellt werden (§ 163 Abs 4).

2. Eherecht

Die Verweigerung der Durchführung einer medizinisch unterstützten Fortpflanzung bildet keinen Scheidungsgrund (§ 48 Abs 2 EheG).

C. Bewertung einzelner Regelungen

1. Begriffsbestimmungen

Nach den EB zur RV[96] wurde der Begriff „Fortpflanzungsmedizingesetz" gewählt, um auszudrücken, daß der Gesetzesentwurf der zu regelnden Materie neutral gegenüberstehe. Nun ist es zwar sicher richtig, daß sich der Gesetzgeber in der heutigen pluralistischen Gesellschaft einem Wechselspiel der Interessen zwischen wissenschaftlichem Forschungsdrang, ärztlicher Fürsorge, Erwerbstrieb, individuellen Patientenwünschen, unterschiedlichen ethischen und moralischen Bewertungen der Methoden der Fortpflanzungsmedizin usf gegenübersieht. Das Ergebnis eines hier zu treffenden Interessenausgleichs kann wohl nur eine Lösung im Wege des Minimalkonsenses sein.[97] Dennoch ist es mE verfehlt, von „Neutralität" gegenüber der Thematik zu sprechen. Wie die EB zur RV selbst anerkennen[98], gibt es hier sehr wohl einen Maßstab des gesetzgeberischen Handelns, nämlich die unserer Rechtsordnung zugrundeliegenden und allgemein anerkannten Wertentscheidungen (va die menschliche Würde, das Kindeswohl, aber auch das Recht auf Fortpflanzung). An diesen Werten sind die getroffenen Regelungen auch zu messen.

Auffallend ist bei den Begriffsbestimmungen, daß das FMedG in § 1 Abs 3 den Begriff „entwicklungsfähige Zellen" anstelle von „Embryo" verwendet. Begründet wird dies mit dem Bestreben, der mangelnden Eindeutigkeit und Einheitlichkeit im wissenschaftlichen und allgemeinen Sprachgebrauch Rechnung zu tragen.[99] *Schlag*[100] weist mE zurecht darauf hin, daß auch andere menschliche Körperzellen entwicklungsfähig seien (zB Knochenmarkszellen). Dem Spezifischen der befruchteten Eizelle, sich als individuelles menschliches Leben zu entwickeln, werde daher mit der Bezeichnung „entwicklungsfähige Zelle" nicht Rechnung getragen. In der Tat stellt sich die Frage, warum sich der Gesetzgeber veranlaßt sah, hier vom allgemeinen Sprachgebrauch abzugehen. Ist der Umgang mit „entwicklungsfähigen Zellen" vielleicht unproblematischer, als jener mit „Embryonen"?

---

[96]) 216 BlgNR 18. GP 14f.

[97]) Zur Problematik der gesetzlichen Regelung der FMed vgl auch *F. Bydlinski* JBl 1990, 741f.

[98]) 216 BlgNR 18. GP 10ff.

[99]) EB RV 216 BlgNR 18. GP 15.

[100]) Regierungsvorlage, in *Bydlinski/Mayer-Maly* (Hg), Fortpflanzungsmedizin 72.

2. Zulässigkeit

a) Zulässigkeit nur in einer aufrechten Ehe oder Lebensgemeinschaft

Durch § 2 Abs 1 FMedG wird die eheähnliche Lebensgemeinschaft der Ehe im Bereich der Reproduktionsmedizin gleichgestellt. Die EB zur RV[101] begründen diese Gleichstellung damit, daß aus dem Gleichheitssatz eine Verpflichtung zur rechtlichen Gleichbehandlung von Ehepaaren und in Lebensgemeinschaft lebenden Paaren, die entsprechend den gesellschaftlichen Gegebenheiten auch in anderen Rechtsbereichen Ehepaaren gleichgestellt seien, abzuleiten sei. Die Entscheidung des FMedG, eine medizinisch unterstützte Fortpflanzung nur in einer Ehe oder eheähnlichen Lebensgemeinschaft zuzulassen, wurde in der Literatur bereits eingehend diskutiert. Dabei wurde zum einen die Gleichstellung der Lebensgemeinschaft mit der Ehe aus grundsätzlichen Überlegungen kritisiert,[102] zum anderen aber auch auf eine Reihe von Problemen hingewiesen, die sich aus dieser Gleichstellung, so wie sie im FMedG erfolgt, ergeben.[103]

ME sprechen gegen eine grundsätzliche Gleichstellung der Ehe und nichtehelichen Lebensgemeinschaft im Bereich der Fortpflanzungsmedizin weder rechtliche noch rechtspolitische Gründe. Eine solche Gleichstellung wird nicht nur in den EB der RV[104] überzeugend begründet, sondern erscheint auch Verfassungsjuristen als verfassungskonforme Lösung.[105] Auch die breite gesellschaftliche Akzeptanz nichtehelicher Lebensgemein-schaften im heutigen Österreich legt eine solche Lösung nahe.

Dennoch verdienen eine Reihe der geäußerten Bedenken gegen die entsprechenden Regelungen im FMedG Beachtung. So wird die geringere rechtliche Stabilität der LG gegenüber der Ehe als problematisch angesehen. Erwogen wird, die Gleichstellung der LG wenigstens dahingehend zu beschränken, daß man neben einer gewissen Dauer der LG in der Vergangenheit eine positive Zukunftsprognose im Interesse des zu zeugenden Kindes verlangt.[106] Dabei stellt sich allerdings die Frage, wie treffsicher eine solche Prognose sein kann, bzw ob sie überhaupt möglich ist. Auch bei der

---

[101]) EB RV 216 BlgNR 18. GP 13.

[102]) *Ladurner*, ÖJZ 1991, 290, argumentiert in diesem Zusammenhang mit der Aufgabe des Staates, die Ehe zu fördern, und damit „...wenigstens vom Rechtsstandpunkt aus in geordneten und harmonischen Verhältnissen den charakterlich gefestigten Nachwuchs zu fördern". Er befürchtet weiters eine Sogwirkung für diese an sich vom verantworteten Gesetz unerwünschte Lebensform.

[103]) Vgl dazu den ausführlichen Aufsatz von *Memmer*, JBl 1993, 297.

[104]) 216 BlgNR 18. GP 13.

[105]) Vgl *Hopf*, Entwurf, in *Bernat* (Hg), Fortpflanzungsmedizin 45 (54); *Posch*, Rechtsprobleme 28ff; *Stolz*, Grundrechtsaspekte, in *Bernat* (Hg), Lebensbeginn 109 (116).

[106]) *Memmer*, JBl 1993, 301; *Ladurner*, ÖJZ 1991, 290; *F. Bydlinski*, JBl 1990, 742.

Ehe ist ja nur die rechtliche Stabilität (bis zu einer möglichen Scheidung) gegeben, verläßliche Aussagen über ihre faktische Stabilität in der Zukunft kann man nicht machen.[107] ME ist es (leider) wohl nie möglich, einem Kind das Heranwachsen in stabilen, intakten Familienbeziehungen zu garantieren.[108]

Ein weiterer Kritikpunkt am FMedG zielt auf das Fehlen einer eindeutigen Definition der "eheähnlichen LG" in § 2 FMedG.[109] Hier wird sich der Rechtsanwender wohl an die von der Rsp entwickelten Kriterien[110] halten müssen. Zuzustimmen ist der von *Memmer*[111] vorgetragenen Kritik an der Beurteilung der Frage, ob eine Lebensgemeinschaft vorliegt, durch den Arzt. Die von den EB zur RV[112] vorgeschlagenen Nachweismöglichkeiten (Meldezettel, Mietverträge) sind in der Tat völlig unzureichend. Allerdings weist *Memmer* zurecht auf die Entschärfung des Problems durch das Tätigwerden eines Notars oder Gerichtes im Zuge der vorgeschriebenen Rechtsbelehrung (§ 7 Abs 3 FMedG) und formgebundenen Zustimmung (§ 8 Abs 1 FMedG) hin.[113]

Auf die Folgeprobleme einer medizinisch unterstützten Fortpflanzung bei auf Lebensgefährten wird später noch näher einzugehen sein.

Die Beschränkung der Zulässigkeit medizinisch unterstützter Fortpflanzung auf Ehepaare/Lebensgefährten impliziert den Ausschluß unverheirateter Frauen von reproduktionsmedizinischen Techniken. Die EB zur RV[114] begründen diesen Ausschluß zum einen damit, daß das im Recht auf Familiengründung des Art 12 MRK enthaltene Recht auf Fortpflanzung offenbar voraussetzungsgemäß immer nur einem Mann und einer Frau gemeinsam zustehe. *Bernat*[115] hingegen äußert Bedenken, ob ein Ausschluß alleinstehender Frauen von Techniken der FMed mit den Gesetzesvorbehalten der Art 8 und 12 MRK in Einklang gebracht werden könne. Ohne auf die in diesem Zusammenhang relevanten verfassungsrechtlichen Fragen näher eingehen zu wollen, erscheint mir, daß, auch wenn Einzelpersonen kein verfassungsmäßig gewährleistetes Recht auf (artifizielle) Fortpflanzung haben sollten, das allein wohl kaum ein zwingender Grund sein kann, sie ihnen gesetzlich zu verbieten. Weiters konstatieren die EB bei Anwendung artifiziel-

---

107) So auch *Fucik*, ÖJZ 1991, 294 (295).
108) *Engel*, JRP 1994, 166.
109) *Memmer*, JBl 1993, 298; *Fucik*, ÖJZ 1991, 295.
110) Vgl dazu *Engel*, JRP 1994, 161ff; *Memmer*, JBl 1933, 298ff.
111) JBl 1993, 302.
112) 216 BlgNR 18. GP 16.
113) *Memmer*, JBl 1993, 302
114) EB RV 216 BlgNR 18. GP 12.
115) *Bernat*, Recht, in *ders* (Hg), Fortpflanzungsmedizin 65 (79ff).

ler Zeugungshilfen an alleinstehenden Frauen (und homosexuellen Paaren) eine nicht näher spezifizierte (erhöhte?) Mißbrauchsgefahr.[116] Auch stoße die Anwendung der in Betracht kommenden Methoden an Einzelpersonen (gemeint sein können in dem Zusammenhang nur Frauen) auf überwiegende gesellschaftliche Ablehnung. Weiters werde die medizinisch unterstützte Fortpflanzung nur eingeschränkt zugelassen, um den Vorrang der natürlichen Fortpflanzung sicherzustellen.[117] Das letztere Argument zielt wohl darauf ab, daß eine fortpflanzungsmedizinische Behandlung alleinstehender Frauen nicht als Sterilitätsbehandlung zu sehen sei, sondern vielmehr dazu diene, solchen Frauen ohne Notwendigkeit eines Geschlechtspartners zu einem Kind zu verhelfen. (Im Schrifttum wird in diesem Zusammenhang häufig besondere Aufmerksamkeit der Tatsache gewidmet, daß es sich bei alleinstehenden Frauen, die eine medizinisch unterstützte Fortpflanzung wünschen, um Feministinnen oder Lesbierinnen handeln könne.[118]) Zu dieser Argumentation ist zu sagen, daß sie nur bedingt tragfähig ist. Sie versagt in allen jenen Fällen, wo einer alleinlebenden Frau eine natürliche Fortpflanzung (wie einer Ehefrau/Lebensgefährtin) aus medizinischen Gründen nicht möglich ist. Hier bleibt wohl nur mehr das Argument der mangelnden gesellschaftlichen Akzeptanz. Tragfähiger erscheint mir zunächst ein in der Literatur häufig vorgebrachtes Argument gegen die Anwendung der Techniken der FMed auf Alleinstehende: Eine Zulassung auch bei Alleinstehenden gefährde das Kindeswohl, da ein Kind in einer vollständigen Familie günstigere Entwicklungsprognosen habe.[119] Dagegen wird vorgebracht, das vorrangige Interesse des Kindes müsse darauf abzielen, überhaupt geboren zu werden. Eine Prognose über das künftige Kindeswohl dürfe nicht zur Verhinderung der Zeugung eingesetzt werden.[120] Man könnte weiters argumentieren, daß es doch wohl, wie bei der natürlichen Zeugung, der Verantwortung der Frau überlassen werden kann, ob sie Mutter werden und ihr Kind ohne Ehemann/Lebensgefährten aufziehen möchte.[121] *Hopf*[122] stellt allerdings die nicht ganz unberechtigt scheinende Frage nach der bedingten Tragfähigkeit einer solchen „Naturanalogie" und kommt zu dem Schluß, daß im Zusammenhang mit einer artifiziellen, durch die Rechtsordnung kontrollierbaren

---

[116]) EB RV 216 BlgNR 18. GP 11.

[117]) EB RV 216 BlgNR 18. GP 13.

[118]) Vgl zB *Schlag*, Aspekte 10; *Schick*, Entwurf 29; *Posch*, Rechtsprobleme 67; *ders*, Recht, in *Bernat* (Hg), Lebensbeginn 217, 235.

[119]) *Hopf*, Entwurf, in *Bernat* (Hg) Fortpflanzungsmedizin 55; *Posch*, Rechtsprobleme 64ff mwN; *Benda*, Bericht, in *Lukes/Scholz* (Hg), Rechtsfragen 65; *Holzhauer*, FamRZ 1986, 1163.

[120]) *Bernat*, Recht, in *ders* (Hg), Fortpflanzungsmedizin 79ff; *Coester-Waltjen*, 56. DJT B 45ff.

[121]) So *Gimpel-Hinteregger*, Sexualität, in *Pauritsch/Frakele/List* (Hg), Kinder 85f.

[122]) Entwurf, in *Bernat* (Hg), Fortpflanzungsmedizin 53.

Zeugung sehr wohl rechtliche Rahmenbedingungen für deren Zulässigkeit im Interesse des Kindeswohls gesetzt werden können. Problematisch für das Wohl des Kindes ist mE die Tatsache, daß eine artifizielle Fortpflanzung bei einer unverheirateten Frau nur mit Verwendung von Spendersamen möglich ist. Da gem § 163 Abs 4 ABGB der Samenspender nicht als Vater des mit seinem Samen gezeugten Kindes festgestellt werden darf, würde so ein (weiterer) Fall juristisch vaterloser Kinder geschaffen. Dennoch stellt sich die Frage, warum der Gesetzgeber gerade im Fall einer alleinstehenden Frau, die sich ein Kind wünscht, dieser die Inanspruchnahme reproduktionsmedizinischer Methoden aus Gründen des Kindeswohls verbietet, während er in anderen Fällen juristisch vaterlose Kinder bewußt hinnimmt (dazu später). Dahinter steckt wohl wirklich die Überlegung, es sei gesellschaftlich zu mißbilligen, wenn sich eine Frau ein Kind, aber keine Dauerbeziehung zu einem Mann wünscht.

b) Unzulässigkeit heterologer Formen mit Ausnahme der heterologen Insemination

Nur eine Insemination darf mit Spendersamen durchgeführt werden (§ 2 Abs 2 FMedG), eine Verwendung von Drittsamen bei IVF oder GIFT ist hingegen nicht erlaubt. Weiters sind vom Verbot heterologer Formen die Eizellenspende und die Embryonenspende erfaßt. Begründet wird dies zum einen mit dem hohen technischen Aufwand und der Naturferne derartiger Verfahren, die im homologen Verfahren (gemeint ist wohl homologe IVF/GIFT) gerade noch hingenommen werden könnten, bei der Verwendung fremder Gameten/entwicklungsfähiger Zellen aber zunehmend Zweifel hervorriefen. Darüber hinaus führe die (bei Eizellen- und Embryonenspende) mögliche Aufspaltung der Mutterschaft eventuell zu schwersten psychischen Konflikten bei den beteiligten Frauen und dem Kind. Auch soll eine Ausbeutung der weiblichen Fruchtbarkeit durch eine mögliche Kommerzialisierung verhindert werden. Generell wird bei den heterologen Verfahren eine größere Mißbrauchsgefahr geortet. Die Sonderbehandlung der heterologen Insemination beruhe darauf, daß diese Methode bereits seit langem praktiziert werde, vergleichsweise einfach zu handhaben sei und zudem ein entsprechendes Verbot kaum praktikabel sei.[123] Diese Begründungen muten zunächst etwas vage und auch nicht sehr konsequent an. Untersucht man das Verbot heterologer reproduktionsmedizinischer Techniken im Detail, kommt man uU zu unterschiedlichen Ergebnissen. Besonders kraß erscheint mir die Ungleichbehandlung von heterologer Insemination und IVF bzw GIFT mit Spendersa-

---

[123]) EB RV 216 BlgNR 18. GP 11, 13.

men. Schon *Bernat*[124] weist darauf hin, daß es wohl kaum einen Unterschied machen könne, ob der Spendersamen inseminiert, zu einer Zeugung in vitro verwendet oder gemeinsam mit Eizellen der Mutter in deren Eileiter eingebracht wird. Der erhöhte technische Aufwand kann hier wohl kaum als sachlich gerechtfertigter Grund für eine Ungleichbehandlung ausreichen.[125] Die bei diesen Verfahren auftretende Aufspaltung zwischen sozialer und genetischer Vaterschaft wurde bei der heterologen Insemination in Kauf genommen. Überhaupt kann man generell sagen, daß sich rechtlich und wertungsmäßig bei heterologer IVF oder GIFT mit Spendersamen keine anderen Probleme stellen, als bei der heterologen Insemination.

Schwieriger zu beurteilen erscheint mir das Verbot der Eizellenspende. Auf den ersten Blick scheint es sich hier um eine krasse Benachteiligung mancher Frauen zu handeln. Verkürzt gesagt: Liegen die gesundheitlichen Probleme, die zu einer Sterilität ihrer Partnerschaft führen bei ihrem Partner, „hat sie Glück", eine heterologe Insemination ist erlaubt. Ist sie hingegen nicht fähig, fortpflanzungsfähige Eizellen zu produzieren, „hat sie Pech", eine Eizellenspende ist verboten. Die Situation ist allerdings im Vergleich zur IVF/GIFT mit Spendersamen etwas anders gelagert. Zum einen ist bei einer IVF mit der Eizelle einer Spenderin und dem Samen des Wunschvaters die mit dem Kind nicht genetisch verwandte Wunschmutter an der Entwicklung des Wunschkindes durch Austragung und Geburt beteiligt.[126] Meines Erachtens kann man aus der Tatsache, daß das Kind so eine zweifache Prägung (genetisch durch die Eizellenspenderin und pränatal durch die austragende Frau) erfährt, noch keinen Ansatzpunkt für eine Untersagung der Eizellenspende gewinnen.[127] Bei einer IVF mittels Eizellenspende besteht vielmehr uU ein engeres Band beider Wunscheltern zum Kind (bei der Wunschmutter durch Austragung und Geburt, beim Vater durch genetische Abstammung).[128] Rechtliche Probleme ergeben sich allerdings dadurch, daß die Eizellenspende einen Eingriff in die körperliche Integrität der Spenderin zur Entnahme erfordert. Es stellen sich hier ähnliche Probleme wie bei der Organspende. Daß ein Eingriff zur Entnahme einer Eizelle, die gespendet werden soll, nicht an sich sittenwidrig ist, wurde bereits mehrfach nachgewie-

---

124) ÖA 1991, 64.

125) So auch *Schick*, Entwurf, in *Bernat* (Hg), Fortpflanzungsmedizin 35.

126) *Bernat*, Rechtsfragen 226f; *ders*, JBl 1985, 725; *Klein*, Segen, in *Pauritsch/Frakele/List* (Hg), Kinder 78 bei FN 33; *Posch*, Rechtsprobleme 89.

127) Diese Auffassung wird von *Posch*, Rechtsprobleme 89f (idF eher ablehnend) wiedergegeben, allerdings fehlt der Nachweis zu FN 307.

128) *Bernat*, Rechtsfragen 221.

sen.[129] Allerdings weist schon *Gimpel-Hinteregger*[130] darauf hin, daß das Persönlichkeitsrecht des potentiellen Kindes die Entgeltlichkeit des Spendevertrages verbiete. Die Gefahr einer Kommerzialisierung der Eizellenspende scheint mir daher in Österreich eher zu vernachlässigen.[131] Vielmehr wäre zu überlegen, ob ein Verbot der Eizellenspende nicht vielleicht zu einem „Fortpflanzungsmedizintourismus" in Länder führt, in denen dieses Verfahren erlaubt ist.[132] Sinnvoller würde es mir erscheinen, wenn man heterologe Formen der artifiziellen Reproduktion überhaupt zuläßt, auch Eizellenspenden zuzulassen, die Zulässigkeit des Verfahrens jedoch an gewisse Erfordernisse zu knüpfen. Wünschenswert wäre eine ausdrückliche Klarstellung, daß Verträge zur Eizellenspende, die, wie schon *Gimpel-Hinteregger*[133] betont, immer nur unvollständige Verbindlichkeiten begründen können, keinesfalls entgeltlich sein dürfen. Weiters stellt sich die Frage, ob es der Gedanke des Kindeswohls rechtfertigen könnte, die Zulässigkeit einer IVF/GIFT-Behandlung unter Verwendung einer gespendeten Eizelle nur bis zu einem gewissen Alter der Wunschmutter zuzulassen. Ich bin mir der Problematik der Argumentation mit Naturanalogie durchaus bewußt; dennoch könnte das Alter, in dem eine gesunde Frau von Natur aus fortpflanzungsfähig ist, einen Anhaltspunkt bieten. Hieraus würden sich allerdings schwerwiegende legistische Probleme ergeben.[134] Auch wird man realistischerweise davon ausgehen müssen, daß auch solche Einschränkungen durch eine Behandlung im Ausland umgangen werden können. Das allein stellt aber wohl noch keinen

---

[129]) *Bernat*, Rechtsfragen 218ff; *Posch*, Rechtsprobleme 91ff, *Gimpel-Hinteregger*, Sexualität, in *Pauritsch/Frakele/List* (Hg), Kinder 92f.

[130]) Sexualität, in *Pauritsch/Frakele/List* (Hg), Kinder 93.

[131]) Denoch bleibt selbst die unentgeltliche Eizellenspende natürlich eine (fremdnützige) Verfügung über die Fertilität der Spenderin.

[132]) Man denke nur an den bereits in FN 30 erwähnten Fall der 61jährigen Frau, die nach einer In-vitro-Fertilisation ein Baby zur Welt brachte. Das bejahrte Wunschelternpaar flog zur Behandlung in die USA, wo sie sich eine Eizellenspenderin per Katalog aussuchen konnten. Um Mißverständnissen vorzubeugen: Ich möchte keinesfalls dafür eintreten, daß solche reproduktionsmedizinischen Behandlungen auch in Österreich möglich sein sollten.

[133]) Sexualität, in *Pauritsch/Frakele/List* (Hg), Kinder 93.

[134]) Eine absolute Altersgrenze kann im Einzelfall sicher ungerecht sein. Dennoch kennt unser Gesetz genug Beispiele der Bindung rechtlicher Konsequenzen an ein bestimmtes normiertes Lebensalter. Solche Altersgrenzen können immer nur auf den Durchschnitt der Bevölkerung und nicht auf den individuellen Fall zugeschnitten sein. Eine gleicheitswidrige Behandlung der Wunschmütter im Vergleich zu Wunschvätern (für die keine Altersgrenze besteht) kann in einer solchen Regelung mE ebenfalls nicht liegen: Eine Schwangerschaft/Geburt ist in hohem Alter mit nicht unerheblichen gesundheitlichen Risiken für Mutter und Kind verbunden, was eine unterschiedliche Behandlung (auch im Vergleich zu jüngeren Frauen) rechtfertigt. Ich möchte aber betonen, daß vom ethischen Standpunkt her eine künstliche Humanreproduktion auch bei älteren Wunschvätern mE durchaus bedenklich sein kann.

Grund dar, von einer Regelung in Österreich abzusehen, die einen legalen und kontrollierten Zugang zu einem solchen Verfahren ermöglicht. Was das Problem der Mutterschaft zu einem durch Eizellenspende gezeugten Embryo angeht, möchte ich auf die Regelung des § 137b ABGB verweisen (dazu weiter unten).

Abschließend bleibt zu bemerken, daß es die einfachste Lösung dargestellt hätte, heterologe Formen der Fortpflanzungsmedizin generell nicht zuzulassen. Dafür hätte auch die Vermeidung der vielfältigen abstammungsrechtlichen Probleme, die sich aus diesen Techniken ergeben, gesprochen. Da ein solches Verbot - vor allem der heterologen Insemination - jedoch vom Gesetzgeber nicht gewollt wurde (und tatsächlich rechtspolitisch schwer durchsetzbar wäre), zwingt die Zulassung der Fremdsamenverwendung mE auch zur Zulassung des quasi reziproken Verfahrens, der Verwendung fremder Eizellen.

Bei der Beurteilung des Verbots der Embryonenspende kommen zu den oben erwähnten Überlegungen weitere Aspekte hinzu. Es ist mE verfehlt, die Embryonenspende völlig ident zu beurteilen wie die Samen- und Eizellenspende, aus denen sie sich zusammensetze.[135] Vielmehr stellt sich hier bereits die später näher zu beleuchtende Frage nach der Rechtsnatur des extrauterinen Embryos und einer allfälligen Verfügungsbefugnis über diesen. Unverständlich ist jedenfalls, daß das Verbot auch für sog „spare embryos“ gelten soll, die - aus welchem Grund auch immer - der ursprünglichen Wunschmutter nicht eingepflanzt werden können. Zwar entschärft § 10 FMedG das Problem dahingehend, daß bei einer IVF nur so viele Eizellen befruchtet werden dürfen, wie nach dem Stand der wissenschaftlichen Erfahrung innerhalb eines Zyklus für eine aussichtsreiche Behandlung erforderlich sind. Das heißt idR, daß alle befruchteten Eizellen innerhalb dieses Behandlungszeitraumes der Wunschmutter eingepflanzt werden.[136] Da diese aber ihre Zustimmung bis zur Einbringung widerrufen kann (§ 8 Abs 4 FMedG) oder eine Einbringung aus anderen Gründen (zB Erkrankung/Ableben der Wunschmutter) dauernd unmöglich werden kann, besteht dennoch die Möglichkeit, daß Embryonen überbleiben. Es scheint völlig uneinsichtig, warum diese nicht im Interesse des Lebensrechtes des Embryos einer anderen Frau eingepflanzt werden dürfen. Das Verbot der Spende oder „pränatalen Adoption“ von „spare embryos“ wurde (auch schon in Bezug auf

---

[135]) So *Bernat*, Rechtsfragen 240; *Benda*, Bericht, in *Lukes/Scholz* (Hg), Rechtsfragen 64; *Coester-Waltjen*, 56. DJT B 116.

[136]) *Bernat*, JAP 1992/93, 40.

den Entwurf zum FHG) heftig kritisiert.[137] Die Begründung der EB zur RV[138], daß das Zulassen solcher Spenden die Gefahr einer Hintertür für Leihmutterschaftsverhältnisse in sich berge, kann nicht überzeugen. Einer solchen Gefahr könnte mit geeigneteren legistischen Mitteln begegnet werden als mit dem impliziten Gebot, allfällige „spare embryos" zu vernichten.

In allen anderen Fällen der Embryonenspende (also ohne, daß es sich um einen planwidrig entstandenen „spare embryo" handelt) bin ich wie schon *Hopf*[139] der Meinung, daß hier bei einer Interessenabwägung zwischen dem Wunsch nach Nutzung der Methoden der FMed zur Überwindung ungewollter Kinderlosigkeit und dem Gebot zur Achtung der Menschenwürde die Bedenken gegen eine derart weit von den Gegebenheiten natürlicher Fortpflanzung entferntes, den gewöhnlichen personalen Beziehungen zwischen Eltern und Kind, der gesellschaftlichen Auffassung von der Entstehung des menschlichen Lebens und der Menschenwürde entgegenlaufendes Verfahren überwiegen. Das grundsätzliche Verbot der Embryonenspende ist daher mE zu befürworten.

Ebenfalls positiv zu bewerten ist mE das Verbot jeglicher „Leihmutterschaft"[140], bei der der „Leihmutter" entweder ein fremder Embryo eingepflanzt wird oder sie mit dem Samen des Wunschvaters befruchtet wird, jeweils bei vertraglicher Verpflichtung, das von ihr geborene Kind nach der Geburt den Wunscheltern herauszugeben. Wenngleich behauptet wurde, diese Möglichkeit sei zu begrüßen als moralisch sehr akzeptablen Vorgang, der es ermögliche, „zum ersten Mal in der Geschichte der Menschheit, legitimen Bedürfnissen in einer relativ befriedigenden Weise zu genügen, empfundenes Leid abzubauen und dabei keinen Dritten zu schädigen"[141], so überwiegen wohl doch die Bedenken gegen diese Form der medizinisch unterstützten Fortpflanzung. Schon *Gimpel-Hinteregger*[142] hat die Sittenwidrigkeit (auch unentgeltlicher) Leihmutterschaftsverträge überzeugend nachgewiesen.[143] Nicht stichhaltig ist mE die Argumentation *Bernats*[144], der die Ziel-

[137]) Vgl *Bernat*, ÖA 1993, 47 (48) ; *ders*, Recht, in *Bernat* (Hg), Fortpflanzungsmedizin 105; *F. Bydlinski*, JBl 1990, 743.

[138]) 216 BlgNR 18. GP 22.

[139]) Entwurf, in *Bernat* (Hg), Fortpflanzungsmedizin 57.

[140]) So schon zum Entwurf des FHG *F. Bydlinski*, JBl 1990, 742.

[141]) *Weinke*, Gedanken, in *Bernat* (Hg), Lebensbeginn 87.

[142]) Sexualität, in *Pauritsch/Frakele/List* (Hg), Kinder 94f.

[143]) Vgl auch *Renesse*, In vitro veritas, in *Battis/Schulz* (Hg), Frauen 114f ua; etwas anders *Bernat*, Rechtsfragen 243ff; *ders*, Fragen, in *Bernat* (Hg), Lebensbeginn 167ff; *ders*, JBl 1985, 724ff, der zwar von der Sittenwidrigkeit einer allfälligen Entgeltvereinbarung ausgeht, aber nicht den ganzen Vertrag (der nur eine unvollkommene Verbindlichkeit erzeugen kann) als sittenwidrig ansieht.

[144]) Recht, in *ders* (Hg), Fortpflanzungsmedizin 86.

setzung der „Amme“, das Kind nach der Geburt an die Wunscheltern abzugeben, unter Berufung auf das Adoptionsrecht als von der Rechtsordnung akzeptiert ansieht und nur eine Regelung der vertraglichen Beziehungen zwischen den Beteiligten für erforderlich hält. ME kann man beim Problem der Leihmutterschaft nicht mit bestehenden adoptionsrechtlichen Regelungen argumentieren (ebenso wenig wie mit den Regelungen zum Schwangerschaftsabbruch). Es ist wohl immer etwas anderes, ob der Gesetzgeber eine Problemlage, die sich nicht vermeiden läßt, zu „reparieren“ sucht, oder ob er sehenden Auges eine Problemlage und damit erst den Reparaturbedarf schafft.

3. Beratungspflichten

Grundsätzlich positiv zu bewerten ist die Regelung des § 7 FMedG, die neben der allgemeinen ärztlichen Aufklärungspflicht auch eine psychologische oder psychotherapeutische Betreuung der potentiellen Klienten einer reproduktionsmedizinischen Behandlung vorsieht (Abs 2), sofern diese eine solche nicht ablehnen. Es ist zu hoffen, daß diese psychologische Betreuung vielleicht einige von ihnen sogar dazu bringt, auf die Inanspruchnahme des fortpflanzungsmedizinischen Angebotes zu verzichten.

Auch die in § 7 Abs 3 FMedG vorgesehene rechtliche Beratung der Wunscheltern durch Gericht oder Notar ist grundsätzlich zu begrüßen[145], allerdings hat bereits *Bernat*[146] auf den zweifelhaften Wert der Beratung von Lebensgefährten über die rechtlichen Folgen einer homologen Insemination/IVF hingewiesen.[147]

4. Recht auf Kenntnis der Abstammung

§ 20 Abs 1 FMedG ermöglicht dem mit Drittsamen gezeugten Kind, ab Vollendung des 14. Lebensjahres die Identität seines genetischen Vaters in Erfahrung zu bringen.[148] Begründet wird dieser Anspruch mit der Würde des Kindes, dessen Recht auf freie Entfaltung seiner Persönlichkeit und der Gefahr psychischer Fehlentwicklungen durch Zweifel an seiner Abstammung.[149] Die

145) Zu allfällig diesbezüglich auftretenden Problemen vgl *Bernat*, NZ 1992, 244.

146) JAP 1992/93, 40; *ders*, NZ 1992, 245.

147) Angesichts der Tatsache, daß - wie bereits erwähnt - der Arzt die Rechtsfrage nach dem Vorliegen einer Lebensgemeinschaft als Zulässigkeitsvoraussetzung für die Behandlung beantworten soll, ist hier vielleicht an eine nachträgliche Kontrolle gedacht.

148) Allerdings wird die Entscheidung, das Kind überhaupt über die Umstände seiner Zeugung aufzuklären. der Verantwortung der Eltern überlassen; vgl EB RV 216 BlgNR 18. GP 23.

149) EB RV 216 BlgNR 18. GP 23.

Sinnhaftigkeit einer solchen Bestimmung war lange umstritten. Ein zentrales Argument gegen die Aufgabe der Spenderanonymität war ein befürchteter Rückgang an Samenspenden, bzw die Befürchtung, es würden sich nur noch Spender aus finanziellen Motiven finden.[150] Da § 16 FMedG ein Entgeltverbot für Samenspenden vorsieht, kann diese Befürchtung wohl kaum mehr aufrecht erhalten werden. Ein allfälliger Rückgang an Spendewilligen allein kann mE die volle Anonymität des Drittsamenspenders nicht rechtfertigen, wenn es wirklich im Interesse des Kindes gelegen ist, Kenntnis von seiner genetischen Abstammung zu erlangen. Einige Autoren gehen davon aus, daß das Recht auf Kenntnis der eigenen Abstammung ein elementares Persönlichkeitsrecht des Kindes sei.[151] Andererseits ist der Wert der Kenntnis der genetischen Abstammung für die Entwicklung eines Kindes stark umstritten.[152] Auch stellt sich die Frage, welchen rechtlichen Vorteil die Kenntnis der biologischen Abstammung haben kann, wenn das Kind zwar die Identität seines genetischen Vaters in Erfahrung bringen kann, jegliche rechtliche Beziehungen zwischen beiden aber durch § 163 Abs 4 ABGB abgeschnitten wird.[153] Was für ein Recht auf Kenntnis der genetischen Abstammung spricht, ist die Überlegung, diese Kenntnis könnte im Krankheitsfall des Kindes aus therapeutischen Gründen erforderlich sein. Dagegen hat allerdings *Frank*[154] eingewandt, diesem Bedürfnis könne auch durch die Speicherung des genetischen Codes des Drittsamenspenders und Zugänglichmachen der medizinischen Dokumentation im Bedarfsfall Rechnung getragen werden. ME ist die Regelung des § 20 FMedG in Zusammenhang mit der Freistellung des Samenspenders von jeder väterlichen Verantwortung (auch in Fällen, in denen kein sozialer Vater „einspringt") widersprüchlich. Entweder der Gesetzgeber bekennt sich vorbehaltlos dazu, die heterologe Insemination und damit die Samenspende für so wünschenswert zu halten, daß er Drittsamenspender von jeder (finanziellen) Verantwortung für die mit ihrem Samen gezeugten Kinder befreit, dann müßte er konsequenterweise auch die Anonymität der Samenspender vorsehen. Oder der Gesetzgeber bewertet die Interessen der mit Spendersamen gezeugten Kinder höher als

---

150) Vgl *Bernat*, ÖA 1993, 50f; *ders* ÖA 1991, 64; *ders*, Recht, in *Bernat* (Hg), Fortpflanzungsmedizin 114f; *Huber*, Überlegungen, in *Bernat* (Hg), Fortpflanzungsmedizin 8f.

151) zB *Ladurner*, ÖJZ 1991, 291; *ders*, ÖJZ 1988, 424f; *Dietrich*, AnwBl (Sonderheft) 1985, 17 (19).

152) Skeptisch *Schick*, Entwurf 38; *Bernat*, Recht 11ff, beide in *Bernat* (Hg), Fortpflanzungsmedizin; Vgl va die instruktiven Ausführungen von *Hassenstein*, FamRZ 1988, 120.

153) Vgl zu diesem Problem *F. Bydlinski*, JBl 1990, 743; Besonders problematisch wäre das in den Fällen der Kinder, die keinen anderen juristischen Vater haben.

154) FamRZ 1988, 113.

diejenigen der Samenspender, der Wunscheltern und der Fortpflanzungsmediziner, die auf Spendersamen angewiesen sind. In diesem Fall wäre es konsequent, zumindest in jenen Fällen, wo das Kind keinen andern juristischen Vater hat, ein Kenntnisrecht zu statuieren und dem genetischen Vater auch die rechtliche Vaterstellung zuzumuten.

5. Forschung an Embryonen

Das absolute Verbot fremdnütziger Forschung an Embryonen in vitro trägt deren Rechtsnatur Rechnung: Nach wohl überwiegender Meinung ist der Embryo in vitro ab dem frühest möglichen Zeitpunkt[155] als potentielle Person iSd § 16 ABGB und als nasciturus iSd § 22 ABGB zu betrachten.[156] Ob die Betrachtung des extrauterinen Embryos als nasciturus ein generelles Forschungsverbot rechtfertigt, ist in der Literatur heftig umstritten:[157] Es geht dabei vorwiegend um das Wertungsproblem, ob es gerechtfertigter sei, einen „spare embryo" absterben zu lassen oder ihn im allgemeinen Interesse Forschungszwecken zu überlassen. Die Wertungspalette reicht dabei von der strikt dem Lebensschutz verpflichteten Auffassung *Selbs*[158], daß Leben vor jeder Inanspruchnahme im Gemeinschaftsinteresse geschützt sei, über eine Befürwortung der Zulässigkeit in Fällen besonderer Güterabwägung[159] bis hin zur mE geradezu zynisch lebensverachtend anmutenden Forderung nach der gezielten Produktion von Embryonen zu Forschungszwecken[160]. Der Gesetzgeber hat sich in § 9 Abs 1 FMedG für ein Verbot jeder Forschung entschieden, um den problematischen Abgrenzungsfragen, welche „höherwertigen" Vorhaben eine verbrauchende Forschung an menschlichen Embryonen zu rechtfertigen vermöchten, zu entgehen.[161] ME zeigt schon die intensive und auf teils hohem argumentativem Niveau geführte Diskussion der Pro-

155) Das FMedG geht von der befruchteten Eizelle, also der Penetration der Ei- durch die Samenzelle, und nicht von der Verschmelzung der Gametenkerne aus (vgl AB 490 BlgNR 18. GP 3).

156) *F. Bydlinski*, JBl 1990, 743; *Bernat*, NZ 1990, 165ff; *ders*, Rechtsfragen 33; *ders*, Gedanken, in *Maresch*-FS 34f (gegenteilig noch *ders*, Fragen, in *Bernat* (Hg), Lebensbeginn 158); *Posch*, Rechtsprobleme 73ff; *Gimpel-Hinteregger*, Sexualität, in *Pauritsch/Frakele/List* (Hg), Kinder 91f; *Steiner*, ÖJZ 1987, 513; *ders*, JBl 1984, 177ff uam.

157) *F. Bydlinski*, JBl 1990, 7432; *Bernat*, Gedanken, in FS-Maresch 41ff; vgl weiters die Übersicht über die (bis 1988) vertetenen Meinungen und Argumente bei *Posch*, Rechtsprobleme 79ff.

158) Rechtsordnung 48f; so im Ergebnis auch *Schlag*, Aspekte 14ff, 44ff, 139ff; ebenso; *Gimpel-Hinteregger*, Sexualität, in *Pauritsch/Frakele/List* (Hg), Kinder 91f.

159) *Bernat*, ÖA 1993, 635; *ders*, Gedanken, in FS-Maresch 41f; *ders*, AnwBl 1985, 635; *ders*, JBl 1985, 727f; *F. Bydlinski*, JBl 1990, 742; *Posch*, Rechtsprobleme 79ff (85); Regeln 17-24 der IVF-Kommission der Österreichischen Rektorenkonferenz, in *BMWF*, Bericht; *Steiner*, JBl 1984, 180; *ders*, ÖJZ 1987, 516f.

160) Sondervotum *Wohlgenannt* zum Gutachten der IVF-Kommission, in *BMWF*, Bericht.

161) EB RV 216 BlgNR 18. GP 12, 20.

blematik, daß eine Erlaubnis verbrauchender Forschung an „entwicklungsfähigen Zellen“ und damit an menschlichem Leben im Frühstadium selbst aufgrund einer umfassenden Güterabwägung derzeit auf keine breite gesellschaftliche Akzeptanz stößt. Auch die Vereinbarkeit einer solchen Erlaubnis mit den Grundwertungen unserer Rechtsordnung ist keinesfalls erwiesen. Aus diesen Gründen erscheint mir die Entscheidung für ein Verbot sachgerecht. Wie bereits erwähnt, wird sich angesichts der Regelung des § 10 FMedG das Problem der überzähligen Embryos (und damit das Entstehen von potentiellem Forschungsmaterials) wohl ohnehin nur mehr in eingeschränktem Umfang ergeben (und könnte durch die ausnahmsweise Zulassung einer Embryonenspende in solchen Fällen entschärft werden).

6. Kryokonservierung

§ 17 FMedG beinhaltet zunächst die grundsätzliche Erlaubnis zur Kryokonservierung von Samen- und Eizellen, sowie von Embryonen in vitro. Soweit das die Konservierung von Keimzellen betrifft, ist die Entscheidung mE gänzlich unproblematisch. Die Kryokonservierung von extrauterinen Embryonen hingegen bedingt einen Eingriff in deren körperliche Integrität. Da die Alternative jedoch ein Absterbenlassen der nicht sofort transferierbaren Embryonen wäre, ist die Konservierung sicher der vertretbarere Eingriff, da er dem Embryo noch die Chance auf einen allfälligen späteren Transfer läßt.[162]

Die maximale Aufbewahrungsfrist beträgt ein Jahr. Angesichts der Forschungsverbote des § 9 Abs 1 und 2 FMedG und des Verbotes der Embryonenspende durch § 17 Abs 2 FMedG sind die konservierten Gameten/Embryonen nach Ablauf dieser Zeit „wegzuwerfen“. Auf die diesbezügliche Problematik bei „spare embryos“ habe ich bereits hingewiesen. Weiters scheint mir der Gesetzgeber nicht bedacht zu haben, daß die kurze Aufbewahrungsfrist kryokonservierter Embryonen auch ein Problem für Patientinnen in einem IVF-Programm darstellen kann: Überlegt sich eine solche Patientin, aus dem Programm auszusteigen oder zu pausieren (zB zur Überlegung, ob sie die Behandlung fortsetzen will, oder wegen momentaner gesundheitlicher oder persönlicher Probleme), so kann diese Frist auf sie einen gewissen Druck ausüben weiterzumachen, damit ihr Embryo nicht weggeschüttet werden muß. Es gibt Untersuchungen darüber, daß Frauen in IVF-Programmen bereits den Embryonen in vitro gegenüber mütterliche Gefühle entwickeln (va wenn man ihnen, wie das in manchen IVF-Kliniken der Fall

---

[162]) Vgl *Bernat*, Rechtsfragen 74; Regel 17 der IVF-Kommission, in *BMWF* (Hg), Bericht.

sein soll, den embryo bereits durch das Mikroskop gezeigt hat).[163] Aber auch bei der Konservierung von Gameten scheint die relativ kurze Frist von einem Jahr verfehlt. So hat schon *Memmer*[164] auf den Fall hingewiesen, daß Keimzellen kryokonserviert werden, um beispielsweise vor keimschädigenden Therapien die Fortpflanzungsfähigkeit zu erhalten. In solchen Fällen kann eine Aufbewahrung von nur einem Jahr den gewünschten Erfolg nicht gewährleisten. Der Vermeidung von Generationensprüngen könnte auch bei längeren Fristen Rechnung getragen werden. Auch die von *Bernat*[165] vorgeschlagene flexible Lösung, die Konservierung von Embryonen bis zum Ende der natürlichen Fruchtbarkeit der genetischen Wunschmutter und von Gameten bis zum Ende der natürlichen Fruchtbarkeit der Personen, von denen sie stammen, zuzulassen, wäre mE vertretbarer gewesen.[166]

7. Kindschaftsrecht

Abstammungsrechtliche Probleme ergeben sich bei den heterologen Formen der medizinisch unterstützten Fortpflanzung, da das Kind hier nicht mit den (beiden) Wunscheltern genetisch verwandt ist. Das FMedG hat daher auch Neuerungen im Kindschaftsrecht des ABGB mit sich gebracht.

a) Mütterliche Abstammung

Obwohl das FMedG die Eizellen- und Embryonenspende verbietet und damit eine Aufspaltung der Mutterschaft in eine „genetische Mutter“ und eine „austragende Mutter“ nicht erfolgen soll, regelt § 137b ABGB (realistischerweise) die Frage der Mutterschaft für den Fall einer verbotswidrig oder im Ausland durchgeführten Eizellen- oder Embryonenspende. Die statusrechtliche Zuordnung auf solche Weise gezeugter und geborener Kinder ist in der Literatur umstritten.[167] Möglich sind dabei drei Lösungen. Entweder man geht wie *Edlbacher*[168] von der rein genetischen Abstammung aus. Dessen Argumentation mit dem „eigenen Fleisch und Blut“, der blutsmäßigen Abstammung und damit des Stammbaumes als einer Grundsäule unserer Rechtsordnung, die nicht durch umstürzlerische Betätigung gefährdet wer-

---

[163]) Vgl die Berichte bei *Klein*, Segen, in *Pauritsch/Frakele/List* (Hg), Kinder 67f mwN.

[164]) JBl 1992, 361.

[165]) Recht, in *ders* (Hg), Fortpflanzungsmedizin 104.

[166]) Auf die interessanten zivilrechtlichen Fragen, die sich im Zusammenhang mit Verträgen zur Gametenhinterlegung ergeben, kann hier aus Platzgründen nicht eingegangen werden.

[167]) Vgl auch die Darstellung der literarischen Auseinandersetzung zu dieser Frage bei *Posch*, Rechtsprobleme 89ff (93ff).

[168]) ÖJZ 1988, 420 mwN; *ders*, ÖJZ 1986, 322, 324f.

den dürfe, mutet jedoch etwas archaisch an[169] und kann mE nicht recht überzeugen. Andere Autoren[170] gehen hingegen von einer Doppelmutterschaft aus. Dem gegenüber führt schon *Bernat*[171] mE zurecht aus, daß eine solche Lösung im österreichischen Familienrecht systemfremd sei. Genau wie schon bisher ein Kind nicht zwei Väter haben könne, sei eine Doppelmutterschaft verfehlt. Für die Lösung des Gesetzgebers, allein die gebärende Frau als Mutter anzusehen, spricht neben dem Gedanken der Rechtssicherheit und -klarheit durch die Anknüpfung an den offenkundigen Akt der Geburt[172] auch die Entwicklung einer vorgeburtlichen Beziehung zwischen der austragenden Frau und dem Kind.[173] Probleme können sich allerdings im denkbaren Fall ergeben, daß einer Frau ohne deren Zustimmung (etwa irrtümlich) eine fremde Eizelle/ein fremder Embryo implantiert wurde.[174]

b) Väterliche Abstammung

Auch die väterliche Abstammung heterolog (mit Spendersamen) gezeugter Kinder wurde durch das FMedG neu geregelt.

Das durch heterologe Insemination gezeugte Kind einer Ehefrau gilt, wenn es während aufrechter Ehe oder binnen 302 Tagen nach ihrer Auflösung geboren wurde, als ehelich. Es stellt sich nunmehr die Frage, ob der Ehemann die Ehelichkeit eines solchen Kindes bestreiten kann:

Das Bestreitungsrecht des Ehemannes nach von ihm nicht konsentierter heterologer Insemination stand dabei stets außer Zweifel.[175] Problematisch ist dies nunmehr in Zusammenhang mit § 164 Abs 4 ABGB, der die Feststellung des Samenspenders als Vater ausschließt. Kommt es zu einer - verbotswidrigen - heterologen Insemination ohne Zustimmung des Ehe-

---

169) Unter Verweis auf *Schuppich* wird sogar der „Sippegedanke" bemüht (*Edlbacher*, ÖJZ 1988, 420 bei FN 43), wenngleich der Autor betont, dies habe nichts mit Rassismus zu tun.

170) So va Steiner, ÖJZ1987, 517; *ders*, JBl 1984, 182 und *Selb*, Rechtsordnung 72ff (76).

171) Rechtsfragen 225; *ders*, JBl 1985, 720; *ders*, Fragen, in *Bernat* (Hg), Lebensbeginn 163.

172) Vgl EB RV 216 BlgNR 18. GP 24; so auch *Bernat*, Rechtsfragen 226; *ders*, JBl 1985, 725; für Deutschland *Coester-Waltjen*, 56. DJT B 111.

173) EB RV 216 BlgNR 18. GP 24; ebenso *Bernat*, Rechtsfragen 226f; *ders*, JBl 1985, 725; *Klein*, Segen 78 bei FN 33; der Lösung sachlich zustimmend auch *Gimpel-Hinteregger*, Sexualität 94, beide in *Pauritsch/Frakele/List* (Hg), Kinder; die Bedeutung vorgeburtlicher Beziehungen zwischen austragender Frau und Kind völlig verkennend hingegen *Weinke*, Gedanken, in *Bernat* (Hg), Lebensbeginn 87, der zum Problem der sog Leihmutterschaft ausführt, diese sei unproblematisch; die Leihmutter sei nie die biologische Mutter sondern nur der „Austragungsort" für die vorher in vitro befruchtete Eizelle.

174) Vgl *Gimpel-Hinteregger*, Sexualität, in *Pauritsch/Frakele/List* (Hg), Kinder 94.

175) Vgl *Schwimann* in *Schwimann*[2] RZ 2 zu § 156a ABGB; *Bernat*, Rechtsfragen 121f; *Posch*, Rechtsprobleme 49 uam.

mannes der Mutter, droht dem so gezeugten Kind im Fall der erfolgreichen Bestreitung durch den Ehemann die juristische Vaterlosigkeit.

Die Frage, ob der Ehemann die Ehelichkeit auch bestreiten könne, wenn er der medizinisch unterstützten Fortpflanzung mit Drittsamen ausdrücklich zugestimmt habe, war in Österreich (wie auch in Deutschland) lange Zeit umstritten. Vgl nur die mE unsägliche Argumentation *Edlbachers*, der davon ausgeht, daß den bestreitenden Ehemann ja nicht „schändliche Absicht" zur Bestreitung getrieben haben müsse. Vielmehr werde es doch idR so sein, daß „ ... ihm der Gedanke, daß das Kind, das er nun als sein eigen Fleisch und Blut ausgeben soll, von einem anderen stammt, der stets wie ein Schatten über seiner Ehe steht, schließlich so unerträglich [wird], daß er ihn, damit er seiner Seelenlast endlich ledig wird, zur Erhebung der Bestreitungsklage gleichsam zwingt, besonders wenn das Kind mit dem Bild, das er sich in seiner Vorstellung von ihm gemacht hat, gar nicht übereinstimmt, etwa gar mißgebildet oder mongoloid ist."[176] Warum die Tatsache, daß sich der Ehemann bei Abgabe der Zustimmung über seine eigene seelische Stabilität geirrt hat bzw dessen Unbehagen, ein „mangelhaftes Kind" als von ihm gezeugt ausgeben zu müssen (?), eine nachträgliche Anfechtung rechtfertigen soll, ist kaum nachvollziehbar. Allerdings wurde der Standpunkt, dem Ehemann ein Bestreitungsrecht trotz vorheriger Zustimmung zu belassen, auch mit seriöseren Argumenten begründet: Eine Zustimmung begründe noch keinen Verzicht auf eine spätere Bestreitung bzw ein solcher Verzicht sei nicht rechtswirksam.[177] Der Gesetzgeber ist jedoch der Gegenmeinung gefolgt[178] und hat sich entschieden, dem zustimmenden Ehemann das Bestreitungsrecht zu versagen, wenn die Zustimmung in Form eines Notariatsaktes oder gerichtlichen Protokolls erfolgte (§ 156a ABGB). Ausschlaggebend hierfür war der Gedanke des Kindeswohls und die Überlegung, daß der heterologen Insemination gem § 8 Abs 1 FMedG eine Beratung der Wunscheltern über die rechtlichen Folgen vorangehe, sodaß sich diese (insbesondere auch der Ehemann) über die Rechtsfolgen der Verwendung von Spendersamen im klaren sind.[179]

---

[176]) ÖJZ 1986, 323.

[177] Vgl *Ehrenzweig/Schwind*, Familienrecht[3] 138; *Pichler* in *Rummel*[2] Rz 6 zu § 138; für das deutsche Recht *Coester/Waltjen*, 56. DJT B 50ff.

[178]) Vgl va *Bernat*, ÖA 1993, 50; *ders* Fortpflanzungsmedizin 122ff; *ders*, Fragen, in *Bernat* (Hg), Lebensbeginn 132f; *ders*, JBl 1985, 721ff; zweifelnd *Posch*, Rechtsprobleme 50ff (53).

[179]) EB RV 216 BlgNR 18. GP 25; In der Tat ist eine juristische Beratung der Wunscheltern aus diesem Grund zu begrüßen.

Problematisch bleiben jedoch weiters die Fälle, in denen die Zustimmung des Ehemannes zur heterologen Insemination mit einem Formmangel behaftet ist. Der OGH hatte sich mit diesem Problem bereits auseinanderzusetzen[180] und gewährte dem Ehemann bei Vorliegen eines formellen Zustimmungsmangels (lediglich schriftliche Zustimmung) das Anfechtungsrecht. Diese Entscheidung wurde von *Bernat*[181] mE zurecht kritisiert. Er argumentiert *Steininger*[182] folgend ua mit einer teleologischen Reduktion des § 156a ABGB dahingehend, daß der formelle Zustimmungsmangel bei tatsächlich erfolgter richtiger Beratung samt nachfolgender tatsächlicher Zustimmung als geheilt anzusehen sei; sowie mit einem Analogieschluß zur Übergangsbestimmung des Art V Abs 6 FMedG, da es sich hier zwar nicht um einen Fall, der zeitlich nicht von der Vorschrift des § 8 FMedG erfaßt wurde, handelte, aber um einen Fall, der sich außerhalb des territorialen Geltungsbereichs dieser Vorschrift ereignet hatte. Es ist davon auszugehen, daß solche Probleme die Gerichte auch in Zukunft beschäftigen werden, und es stellt sich dabei die Frage, ob § 156a ABGB eine sachgerechte Problemlösung bietet.

ME ist vor allem das Argument der Heilung durch tatsächliche Zustimmung nach Beratung in solchen Fällen zwar durchaus tragfähig, sodaß in solchen Fällen eine teleologische Reduktion des § 156a ABGB vertretbar wäre. Dafür spricht auch, daß der Zweck der Formvorschriften der § 8 FMedG und § 156a ABGB wohl der Beweis der tatsächlich erfolgten Beratung und anschließenden Zustimmung ist,[183] sodaß eine teleologische Reduktion auch dem Formzweck entsprechen würde. Weiters scheint mir in den hier angesprochenen Fällen einer tatsächlichen Zustimmung nach Beratung eine Berufung des Ehemannes auf den Formmangel gegen den Grundsatz von Treu und Glauben zu verstoßen. Die Entscheidung des OGH hat jedoch gezeigt, daß die Judikatur das Problem anders löst und lediglich an eine qualifizierte Zustimmung den Ausschluß des Bestreitungsrechts knüpft. Zudem

---

[180]) OGH 13.3.1996 JBl 1996, 717 (*Bernat*) = EvBl 1996/133 = ZfRV 1996, 160 = RdM 1996, 153; Der (ehemalige) Ehegatte der Mutter eines mittels heterologer Insemination gezeugten Kindes bestritt nach der Scheidung von der Kindesmutter die Ehelichkeit dieses Kindes mit der Begründung, seine damals zur heterologen Insemination erteilte Zustimmung habe nicht den Formerfordernissen des § 156a entsprochen. Der Kläger hatte der Insemination in München weder in Form eines Notariatsaktes noch eines gerichtlichen Protokolls zugestimmt. Er hatte allerdings gemeinsam mit seiner Frau eine Erklärung unterfertigt, die ua den Passus „Das aus dieser Behandlung hervorgehende Kind soll in jeder Beziehung und mit allen rechtlichen Konsequenzen unser gemeinsames eheliches Kind sein." enthielt.

[181]) Glosse zur Entscheidung JBl 1996, 719ff; kritisch schon zur erstinstanzlichen E (LG Graz 26.6.1995 ÖA 1995, 200) *ders*, ÖA 1995, 201.

[182]) ÖJZ 1995, 126, 129f.

[183]) EB RV 216 BlgNR 18. GP 19; *Koziol/Welser*, Grundriß I[10], 150.

bleibt zu überlegen, was in Fällen passieren soll, in denen der zustimmende Ehegatte nicht ausreichend beraten wurde. Gemäß § 156a ABGB würde ihm hier ein Bestreitungsrecht auf jeden Fall zustehen. ME wird hier das Interesse des Ehemannes, die Vaterschaft bestreiten zu können (und damit auch von unterhaltsrechtlichen Verbindlichkeiten entbunden zu sein), vom Gesetzgeber über das Interesse des Kindes gestellt. Angesichts der Tatsache, daß sich der Ehemann jedoch mit seiner Zustimmung ausdrücklich für die Zeugung des Kindes auf diesem Wege entschieden hat, ja sie mit veranlaßt hat, scheint er in jedem Fall weniger schutzwürdig als das so entstandene Kind.[184] Da der Drittsamenspender ja nicht als Vater festgestellt werden kann, wird dieses Kind mit erfolgreicher Ehelichkeitsbestreitung juristisch vaterlos.

Eine mögliche (Teil-)Lösung könnte im Schadenersatzrecht liegen: Die Mißachtung der Vorschriften der §§ 7 Abs 3 und 8 FMedG bedeutet eine Verwaltungsübertretung des behandelnden Arztes (wenn die Behandlung in Österreich erfolgte).[185] Dieser könnte allenfalls der Mutter oder dem Kind gegenüber schadenersatzpflichtig werden, wenn er gesetzwidrig eine heterologe Insemination vornimmt. Auch könnte man davon ausgehen, daß der formungültig zustimmende Vater zwar die Möglichkeit zur Ehelichkeitsbestreitung hat, dem Kind bzw der Mutter aber ein Schadenersatzanspruch gegen diesen wegen des Verstoßes gegen sein eigenes früheres Verhalten (die Zustimmung) zugestanden werden kann.[186] So bliebe zumindest die finanzielle Verantwortung des zustimmenden Ehemannes gewahrt, was mE sachgerecht wäre.

Bei medizinisch unterstützter Fortpflanzung innerhalb einer Lebensgemeinschaft ist die Frage nach der väterlichen Abstammung anhand von § 163 ABGB zu beantworten. Bei homologer Insemination oder IVF greift § 163 Abs 1 S 2, der den Lebensgefährten, dessen Samen verwendet wurde, (unabhängig von dessen Zustimmung[187]) als Vater vermutet. Probleme wirft jedoch eine Verwendung des Samens des Lebensgefährten nach Zerbrechen der LG auf: Schon *Memmer*[188] weist darauf hin, daß der frühere Lebensgefährte nunmehr zu einem Dritten iSd des § 163 Abs 4 ABGB wird und damit weder als Vater festgestellt werden kann, noch die Möglichkeit hat, das mit seinem Samen gezeugte Kind anzuerkennen. Auch hier ist die Konsequenz juristische Vaterlosigkeit des Kindes.

---

[184]) Vgl dazu *Bernat*, Fragen, in *ders* (Hg), Lebensbeginn 135ff.

[185]) § 23 Abs 1 Z 1 lit d) u e) FMedG; vgl auch *Bernat*, JBl 1996, 719.

[186]) So schon *Selb*, Rechtsordnung 60.

[187]) *Memmer*, JBl 1993, 303; aA *Schwimann* in *Schwimann*² Rz 6 zu § 163.

[188]) JBl 1933, 304; *ders*, JBl 1992, 369.

Hat der Lebensgefährte einer heterologen Insemination qualifiziert zugestimmt, greift die Vaterschaftsvermutung des § 163 Abs 3 ABGB.[189] Ähnliche Probleme wie bereits zu § 156a ABGB erörtert, ergeben sich aus der Vaterschaftsvermutung des § 163 Abs 3 FMedG für Fälle einer formmangelhaften Zustimmung des Lebensgefährten zu einer heterologen Insemination. Auch hier ist wohl mit *Steininger*[190] von einer Heilung durch tatsächliche Zustimmung auszugehen. Allerdings fallen jene Fälle, in denen auch eine Beratung unterblieben ist, abermals durch den Rost, und es bleiben allenfalls schadenersatzrechtliche Ansprüche zu erwägen.

Die Abstammungsregelungen des FMedG schaffen noch weitere Gruppen juristisch vaterloser Kinder in bestimmten Fällen verbotswidriger medizinisch unterstützter Fortpflanzung post mortem oder nach Auflösung einer Ehe/Lebensgemeinschaft.[191] Gegen diese Diskriminierung einer Gruppe von Kindern, die für die Umstände ihrer Entstehung nicht verantwortlich sind, hat sich bereits *Bydlinski*[192] vehement ausgesprochen. Auch die EB zur RV[193] bezeichnen es als unangemessen, postmortal gezeugten Kindern wesentliche familienrechtliche Beziehungen abzuschneiden. Dennoch wurde es verabsäumt, für alle möglichen Fallkonstellationen eine sachgerechte Lösung zu finden. Hier ist sicher gesetzgeberischer Reformbedarf gegeben. Das FMedG berücksichtigt ja schon bei der Regelung der Mutterschaft in § 137b ABGB nicht die Tatsache, daß Fälle verbotswidriger medizinisch unterstützter Fortpflanzung auftreten können.

Denkbar wäre etwa, den Ausschluß des Samenspenders von der Verantwortlichkeit für jene Fälle neu zu überdenken, in denen das Kind sonst vaterlos wäre. Dagegen können auch Bedenken hinsichtlich einer Beeinträchtigung der Bereitschaft zur Samenspende[194] nicht ins Treffen geführt werden. Diese Argumentation überzeugt mE nicht nur deshalb nicht, weil hier die Interessen der Samenspender[195] über die der so gezeugten Kinder gestellt werden.[196] Vielmehr können die Befürchtung, daß die „Spendenfreudigkeit“ zurückgehen könnte, und die daraus gezogenen Konsequenzen auch so interpretiert werden, daß der Gesetzgeber die Bereitschaft zur Samenspende und

---

189) Kritisiert wurde in diesem Zusammenhang der Umweg über eine Vaterschaftsvermutung, sinvoller sei es, die Zustimmung zur Drittsamenspende als Vaterschaftsanerkenntnis gelten zu lassen; vgl *Fucik*, ÖJZ 1991, 296; aA *Pichler*, ÖA 1993, 53 (54).

190) ÖJZ 1995, 126.

191) vgl die Fallkonstellationen bei *Memmer*, JBl 1992, 368ff.

192) JBl 1990, 743; ihm folgend *Memmer*, JBl 1992, 371.

193) 216 BlgNR 18. GP 25.

194) EB RV 216 BlgNR 18. GP 26.

195) oder vielleicht jener Ärzte/Kliniken, die heterologe Inseminationen durchführen

196) So schon *Memmer*, JBl 1992, 371.

damit das Ermöglichen von heterologen Inseminationen grundsätzlich für ein wünschenswertes Verfahren hält, dessen Ermöglichen auch die Vernachlässigung der Interessen einer „verschwindend kleinen" Gruppe von Kindern[197] rechtfertigt. Es stellt sich die Frage, wie dies mit den Aussagen der EB zur RV zu vereinbaren ist, den grundsätzlichen Bedenken gegen heterologe Formen der Reproduktionsmedizin bei der heterologen Insemination (lediglich) deshalb nicht Rechnung getragen zu haben, weil dieses Verfahren schon seit längerem praktiziert werde, technisch einfach sei und ein Verbot kaum überprüfbar wäre.[198] Weiters wäre, wie schon oben angeführt, an eine Reduktion des Bestreitungsrechtes des formmangelhaft einer heterologen Insemination zustimmenden Ehegatten/Lebensgefährten zu denken.[199]

8. Eherecht

Die Klarstellung, daß die Ablehnung einer medizinisch unterstützten Fortpflanzung nicht als Eheverfehlung geltend gemacht werden kann (§ 48 Abs 2 EheG), entspricht der schon zu § 48 EheG aF vertretenen hA[200] und ist zu begrüßen, wenngleich es erschreckend ist, daß es eine solche Klarstellung überhaupt braucht.

V. Abschließende Betrachtung:

Der Gesetzgeber stand bei der Schaffung des FMedG vor einer Reihe erheblicher Schwierigkeiten. Dabei befand er sich gleich mehrfach im Zugzwang. Zum einen war er gezwungen, der vorgegebenen (männlichen) Denklogik der Fortpflanzungsmediziner zu folgen: Ein Mensch kann keine Kinder bekommen - der „Defekt" des Menschen wird behoben/umgangen. Aus der fortpflanzungsmedizinischen Behandlung ergeben sich rechtliche Folgeprobleme - der „Defekt" des Rechts muß behoben werden. Nun ist aber, wie schon *Barta*[201] betont, Recht keine bloße Sozialtechnologie, die dazu dient, politisch gesellschaftliche Fragen zu kanalisieren, sondern es dient auch dazu, neue gesellschaftliche Risiken adäquat zu integrieren. Das heißt auch, daß das Recht die mit neuen Technologien verbundenen Risiken

---

197) EB RV 216 BlgNR 18. GP 26.

198) EB RV 216 BlgNR 18. GP 11, 13.

199) Auf die sich aus den durch das FMedG geschaffenen neuen Abstammungsregelungen ergebenden erbrechtlichen Probleme kann hier aus Platzgründen nicht eingegangen werden.

200) Vgl *Bernat*, JAP 1992/93, 42; *Schwimann* in *Schwimann*[1] RZ 2 zu § 48.

201) Ethica 1993/1, 26f.

nüchtern einzuschätzen hat und dann für den Menschen und sein künftiges Wohlergehen zu entscheiden hat.[202] Dem FMedG ist mE zumindest teilweise zu bescheinigen, daß es dieser Aufgabe gerecht zu werden versucht. Nur stellen sich gerade beim rechtlichen Umgehen mit artifizieller Humanreproduktion eine Reihe besonderer Schwierigkeiten.

Gerade im Bereich des Zivilrechts, bei der Regelung der abstammungsrechtlichen Fragen (aus denen sich wiederum zahlreiche unterhaltsrechtliche und erbrechtliche Konsequenzen ergeben) zeigt sich, wie massiv die modernen Methoden der Fortpflanzungsmedizin in unser traditionelles Abstammungs- und Familienmodell eingreifen. Die Aufspaltung der Elternschaft mußte systemkonform in ein Familienrechtsmodell eingepaßt werden, das auf diesen traditionellen Vorstellungen von Elternschaft und Familie beruht. Dies konnte nur teilweise gelingen (zumal sich der Gesetzgeber aus zT nachvollziehbaren Gründen nicht zu einem Verbot sämtlicher heterologer Formen durchringen konnte). Hinzu kommt, daß es sich bei der Entwicklung der modernen Fortpflanzungsmedizin um ein globales Problem handelt, das der österreichische Gesetzgeber durch ein Gesetz mit territorialem Geltungsbereich in den Griff zu bekommen versuchen mußte. Dabei hat er es (außer bei der Einführung des § 137b ABGB) leider verabsäumt, der Tatsache Rechnung zu tragen, daß ein Verbot bestimmter Techniken im Inland nicht verhindern kann, daß es dennoch zur entsprechender Behandlungen im Ausland (oder einer verbotswidrigen Behandlung im Inland) kommt. Den daraus entstehenden Rechtsproblemen (beispielsweise der väterlichen Abstammung bei postmortaler Insemination/IVF, Insemination/IVF nach Beendigung einer Ehe/Lebensgemeinschaft oder bei verbotswidriger Leihmutterschaft) wäre Rechnung zu tragen gewesen.[203]

Weiters krankt das FMedG an dem Mangel, daß es nicht auf sämtliche in der medizinischen Realität möglichen Fallkonstellationen eingeht.

Trotz der hier angesprochenen Probleme (und der oben aufgezeigten Detailmängel) muß dem österreichischen Gesetzgeber mE attestiert werden, daß das FMedG in seinen Grundwertungen einen gangbaren Kompromiß zwischen einem übermäßigen Liberalismus, der alles, was technisch möglich ist auch rechtlich absegnet, und einer zu restriktiven Haltung, die Menschen Möglichkeiten medizinischer Behandlung, für die sie sich entscheiden, gänzlich untersagt, versucht. In einigen wesentlichen Punkten ist dieser Versuch auch gelungen.

---

[202]) *Barta*, Ethica 1993/1, 35.

[203]) Vgl schon die diesbezügliche Kritik *F. Bydlinskis*, JBl 1990, 743, zum Entwurf des FHG.

Literaturverzeichnis:

- *Arditti/Duelli-Klein/Minden* (Hg), Retortenmütter. Frauen in den Labors der Menschenzüchter (1985).
- *Barta,* Recht und Verantwortung (im ausgehenden 20. Jhd.) Ethica 1993/1, 25.
- *Battis/Schulz* (Hg), Frauen im Recht (1990).
- *Benda,* Bericht über die Interministerielle Komission „In-vitro-Fertilisation, Genom-Analyse und Gentransfer“, in *Lukes/Scholz* (Hg), Rechtsfragen der Gentechnologie (1986) 56.
- *Bernat* (Hg), Lebensbeginn durch Menschenhand. Probleme künstlicher Befruchtungstechnologien aus medizinischer, ethischer und juristischer Sicht (1985).
- *Bernat* (Hg), Fortpflanzungsmedizin. Wertung und Gesetzgebung. Beiträge zum Entwurf eines Fortpflanzungshilfegesetzes (1991).
- *Bernat,* Anfang und Ende des menschlichen Lebens (1994).
- *Bernat,* Auf dem Weg zu einem neuen Recht der medizinisch unterstützen Fortpflanzung, ÖA 1991, 63.
- *Bernat,* Das Fortpflanzungsmedizingesetz - ein erster Tour d'Horizon, JAP 1992/93, 38.
- *Bernat,* Das Fortpflanzungsmedizingesetz: Neue Aufgaben für das Notariat, NZ 1992, 244.
- *Bernat,* Das Recht der medizinisch assistierten Zeugung 1990 - eine vergleichende Bestandsaufnahme, in *ders* (Hg), Fortpflanzungsmedizin. Wertung und Gesetzgebung. Beiträge zum Entwurf eines Fortpflanzungshilfegesetzes (1991) 65.
- *Bernat,* Die rechtliche Regelung von Fortpflanzungsmedizin und Embryonenforschung in Deutschland, Österreich und der Schweiz, ÖA 1993, 47
- *Bernat,* Entscheidungsbesprechung, JBl 1996, 719.
- *Bernat,* Entwicklungstendenzen im Recht der medizinisch assistierten Zeugung, NZ 1990, 164.
- *Bernat,* Gedanken zum rechtlichen Schutz des ungeborenen menschlichen Lebens - gezeigt am Beispiel medizinisch assistierter Zeugung, in *Dirnhofer/Schick* (Hg), *Maresch*-FS (1988) 33.
- *Bernat,* Künstliche Zeugungshilfe - Eine Herausforderung für den Gesetzgeber? JBl 1985, 720.
- *Bernat,* Rechtsfragen medizinisch assistierter Zeugung (1989).
- *Bernat,* Zivilrechtliche Fragen um die künstliche Humanreproduktion, in *Bernat* (Hg), Lebensbeginn durch Menschenhand (1985) 125.

- *BMWF* (Hg), Bericht des Bundesministers an den Nationalrat zu grundsätzlichen Aspekten der Gentechnologie und der humanen Reproduktionsbiologie (1986).
- *Bonelli,* Medizinethische Fragen zur In-vitro-Fertilisation, in *Bydlinski/Mayer-Maly* (Hg), Fortpflanzungsmedizin und Lebensschutz (1993) 15
- *Bydlinski F.,* Zum Entwurf eines Fortpflanzungshilfegesetzes, JBl 1990, 741.
- *Bydlinski/Mayer-Maly* (Hg), Fortpflanzungsmedizin und Lebensschutz (1993).
- *Coester-Waltjen,* Befruchtungs- und Gentechnologie beim Menschen - rechtliche Probleme von morgen? FamRZ 1984, 230.
- *Coester-Waltjen,* Die künstliche Befruchtung beim Menschen - Zulässigkeit und zivilrechtliche Folgen. Gutachten B für den 56. DJT (1986).
- *Deutsch,* An der Grenze von Recht und künstlicher Fortpflanzung, VersR 1985, 1002.
- *Dietrich,* Pater et mater nunc incerti sunt - ein Erfolg der Wissenschaft? AnwBl (Sonderheft) 1985, 17.
- *Ecclesia Catholica/Congregatio pro Doctrina Fidei,* Instruktion der Kongregation für die Glaubenslehre über die Achtung vor dem beginnenden menschlichen Leben und die Würde der Fortpflanzung vom 22.2.1987 (1987).
- *Edlbacher,* Eimutter, Ammenmutter, Doppelmutter, ÖJZ 1988, 417.
- *Edlbacher,* Künstliche Zeugungshilfe - eine Herausforderung für den Gesetzgeber? Eine Erwiderung auf Bernat, ÖJZ 1986, 321.
- *Ehrenzweig/Schwind,* Familienrecht[3] (1984).
- *Engel,* Rechtliche Probleme der nichtehelichen Lebensgemeinschaft, JRP 1994, 160/202.
- *Evangelische Kirche in Deutschland (EKD),* Zur Achtung vor dem Leben. Maßstäbe für Gentechnik und Fortpflanzungsmedizin. Kundgebung der Synode der Evangelischen Kirche in Deutschland, EKD-Texte Heft 20 (1987).
- *Feichtinger/Kemeter,* Über die In-Vitro-Fertilisierung beim Menschen, in *Bernat* (Hg), Lebensbeginn durch Menschenhand (1985) 59.
- *Feiertag,* Künstliche Wege zum Wunschkind, Der Standard vom 30.7.1997.
- *Fucik,* Medizinische Fortpflanzungshilfe - Stellung der Familienrichter zum Entwurf, ÖJZ 1991, 294.
- *Gimpel-Hinteregger,* Sexualität, Mutterschaft und Selbstbestimmungsrecht der Frau, in *Pauritsch/Frakele/List* (Hg), Kinder (1988) 82.

- *Hassenstein,* Der Wert der Kenntnis der eigenen genetischen Abstammung, FamRZ 1988, 120.
- *Holzberger,* Arten der künstlichen Befruchtung und ihre rechtliche Problematik, AnwBl 1985, 627.
- *Holzer,* Sozialversicherungsrechtliche Konsequenzen artifizieller Befruchtungstechnologien, in *Bernat* (Hg), Lebensbeginn durch Menschenhand (1985) 173.
- *Holzhauer*, Gentechnik und künstliche Fortpflanzung, FamRZ 1986, 1162
- *Hölzle,* Probleme des unerfüllten Kinderwunsches und seiner medizinischen Behandlung, in *Pauritsch/Frakele/List* (Hg) Kinder (1988) 10.
- *Hopf,* Zwischen Kindeswohl und Fortpflanzungsfreiheit: Der Entwurf zum FHG aus der Sicht des Legisten, in *Bernat* (Hg) Fortpflanzungsmedizin. Wertung und Gesetzgebung. Beiträge zum Entwurf eines Fortpflanzungshilfegesetzes (1991) 45.
- *Hörmann,* Zur ethischen Problematik der heterologen Insemination, in *Rippmann* (Hg) Die ehefremde künstliche Befruchtung der Frau (1974) 43
- *Huber,* Medizinethische Überlegungen zum FHG, in *Bernat* (Hg) Fortpflanzungsmedizin. Wertung und Gesetzgebung. Beiträge zum Entwurf eines Fortpflanzungshilfegesetzes (1991) 5.
- *Klein,* Segen oder Fluch? Reproduktions- und Gentechnologie aus feministischer Sicht, in *Pauritsch/Frakele/List* (Hg) Kinder (1988) 56.
- *Ladurner,* Der Stand der Gesetzgebung über die künstliche Fortpflanzung, ÖJZ 1988, 422.
- *Ladurner,* Ein neues Fortpflanzungshilfegesetz. Einige kritische Gedanken zum Entwurf, ÖJZ 1991, 289.
- *Leipold,* Erbrechtliche Aspekte der künstlichen Befruchtung und der künstlichen Verlängerung des Lebens, in *Rechberger/Walter* (Hg), *Kralik*-FS (1986) 467.
- *Lukes/Scholz* (Hg), Rechtsfragen der Gentechnologie (1986) 55.
- *Lyon,* Chancen und Gefahren der neuen Fortpflanzungstechniken oder die unbefleckte Empfängnis gibt es doch, in *Pauritsch/Frakele/List* (Hg), Kinder (1988) 40.
- *Memmer,* Eheähnliche Lebensgemeinschaften und Reproduktionsmedizin, JBl 1993, 297.
- *Memmer,* Rechtsfragen im Gefolge medizinisch assistierter Fortpflanzungen post mortem vel divortium, JBl 1992, 361.
- *Merz,* Die medizinische, ethische und juristische Problematik artifizieller menschlicher Fortpflanzung (1991).

- *Pauritsch/Frakele/List* (Hg), Kinder machen: Strategien der Kontrolle weiblicher Fruchtbarkeit (1988).
- *Pichler* in *Rummel*[2] zu § 138.
- *Pichler,* Probleme der medizinisch unterstützten Fortpflanzung, ÖA 1993, 53.
- *Posch,* Das Recht der künstlichen Humanreproduktion im Wandel, in *Bernat* (Hg), Lebensbeginn durch Menschenhand (1985) 203.
- *Posch,* Rechtsprobleme der medizinischen assistierten Fortpflanzung und Gentechnologie. Verhandlungen des Zehnten Österreichischen Juristentages 1988 (Gutachten) BdI/5 (1988).
- *Ranner,* Aspekte der künstlichen Insemination, in *Bernat* (Hg), Lebensbeginn durch Menschenhand (1985) 23.
- *Renesse,* In vitro veritas - Reproduktions- und Gentechnologie und die Frauen, in *Battis/Schulz* (Hg), Frauen im Recht (1990) 103.
- *Rippmann* (Hg), Die ehefremde künstliche Befruchtung der Frau (1974)
- *Roth,* Psychologische Aspekte von ungewollter Kinderlosigkeit, in *Pauritsch/Frakele/List* (Hg), Kinder (1988) 22.
- *Rotter,* Die Würde des Lebens. Fragen medizinischer Ethik (1987).
- *Schick,* Der Entwurf eines Fortpflanzungshilfegetzes (FHG) - eine kritische Wertungsanalyse, in *Bernat* (Hg), Fortpflanzungsmedizin. Wertung und Gesetzgebung. Beiträge zum Entwurf eines Fortpflanzungshilfegesetzes (1991) 13.
- *Schick,* Strafrechtliche und kriminalpolitische Aspekte der In-vitro-Fertilisation (IVF) und des Embryonentransfers (ET), in *Bernat* (Hg), Lebensbeginn durch Menschenhand (1985) 183.
- *Schlag,* Verfassungsrechtliche Aspekte der künstlichen Fortpflanzung. Insbesondere das Lebensrecht des in vitro gezeugten Embryos (1991).
- *Schlag,* Zur Regierungsvorlage eines Fortpflanzungsmedizingesetzes, in *Bydlinski/Mayer-Maly* (Hg), Fortpflanzungsmedizin und Lebensschutz (1993) 65.
- *Schwimann* in *Schwimann*[1] zu § 48.
- *Schwimann* in *Schwimann*[2] zu § 156a ABGB.
- *Schwimann* in *Schwimann*[2] zu § 163.
- *Selb*, Rechtsordnung und künstliche Reproduktion des Menschen (1987).
- *Steiner,* Ausgewählte Rechtsfragen der Insemination und Fertilisation, ÖJZ1987, 513.
- *Steiner,* Rechtsfragen der „In-vitro-Fertilisation", JBl 1984, 175.

- *Steininger,* Interpretationsvorschläge für die neuen Normierungen im ABGB über die väterliche Abstammung, ÖJZ 1995, 121.
- *Stolz,* Grundrechtsaspekte künstlicher Befruchtungsmethoden, in *Bernat* (Hg), Lebensbeginn durch Menschenhand (1985) 109.
- *Szalay,* Neue Aspekte menschlicher Fortpflanzung, AnwBl (Sonderheft) 1985, 14.
- *Trallori,* Österreich über alles, wenn es nur will, in *Pauritsch/Frakele/List* (Hg), Kinder (1988) 247.
- *Weinke,* Gedanken zu künstlichen Befruchtungstechniken aus philosophisch-ethischer Sicht, in *Bernat* (Hg), Lebensbeginn durch Menschenhand (1985) 73.
- *Wichterich,* Vom Kampf gegen die „Über"bevölkerung zur Industrialisierung der Menschenproduktion, in *Pauritsch/Frakele/List* (Hg), Kinder (1988) 243.
- *Winter,* In-vitro-Fertilisation und Embryonentransfer an der Frauenklinik Graz, in *Bernat* (Hg), Lebensbeginn durch Menschenhand (1985) 41.
- *Zimmermann,* Die heterologe künstliche Insemination und das geltende Zivilrecht, FamRZ 1981, 929.

EINSTWEILIGER RECHTSSCHUTZ ZUR ABWEHR VON GEWALT IN DER FAMILIE

von Thomas Klicka und Isabel Albrecht

I. Einleitung

Sowohl das österreichische materielle Recht als auch das Verfahrensrecht enthalten eine Reihe von Bestimmungen, deren Anwendung bei Auftreten von Gewalt in der Familie in Betracht kommt. So schützt § 16 ABGB ganz generell das Recht auf Wahrung der körperlichen Integrität einer Person, § 90 ABGB verpflichtet die Ehegatten zur anständigen Begegnung und zum gegenseitigen Beistand, § 92 Abs 2 ABGB regelt die gesonderte Wohnungsnahme eines Ehegatten, dem das Zusammenleben mit dem anderen Ehegatten unzumutbar ist und § 146 a ABGB verbietet bei der Kindeserziehung die Anwendung von Gewalt und die Zufügung körperlichen oder seelischen Leids. Diese Ansprüche können gerichtlich geltend gemacht und nötigenfalls mittels einstweiliger Verfügung durchgesetzt werden. In der Praxis hat sich jedoch gezeigt, daß die bereitgestellten Maßnahmen zumeist nicht geeignet waren, das Problem der Gewalt im Familienkreis effektiv zu bekämpfen, weshalb in Zusammenarbeit von Frauen-, Familien- und Justizministerium ein entsprechender Gesetzesentwurf zur Verbesserung des Rechtsschutzes vorgelegt und Ende 1996 als „Bundesgesetz zum Schutz vor Gewalt in der Familie (GeSchG)“[1] vom Parlament verabschiedet wurde.[2] In diesem Beitrag soll versucht werden, die Probleme der bisherigen Rechtslage aufzuzeigen und die mit 1. 5. 1997 in Kraft getretenen Neuerungen darzustellen.

II. Die einstweilige Verfügung gem § 381 Abs 2 EO

Einstweilige Verfügungen dienen grundsätzlich der Sicherung des Rechts einer Partei *vor* Einleitung eines Rechtsstreits oder *während* desselben bzw während des Exekutionsverfahrens. Auf Grund eines besonderen Eilverfahrens soll durch Sicherungsmaßnahmen verhindert werden, daß die Durchsetzung des behaupteten Rechts durch ein Verhalten des Gegners und/oder an-

---

[1]) BGBl 1996/759

[2]) Zur Ausgangslage vgl *Mottl*, Alte und neue rechtliche Instrumente gegen Gewalt in der Familie, ÖJZ 1997, 542 mit zahlreichen weiterführenden Literaturangaben.

dere widrige Umstände vereitelt oder erheblich erschwert wird.[3] Sollen andere als Geldleistungsansprüche (wie zB der Anspruch auf Wahrung der körperlichen Integrität) gesichert werden, können einstweilige Verfügungen gem § 381 Abs 2 EO getroffen werden, wenn diese zur *Verhütung drohender Gewalt* oder zur *Abwendung eines drohenden unwiederbringlichen Schadens* nötig erscheinen. Der Anwendung dieser zunächst sehr praktikabel anmutenden Bestimmung sind im Zusammenhang mit Gewalt in der Familie in der Praxis jedoch enge Grenzen gesteckt: Zum einen gehen die stRsp und ein Teil der Lehre davon aus, daß auch diese Art der einstweiligen Verfügungen anspruchsgebunden ist.[4] Das bedeutet, daß sie nur erlassen werden dürfen, wenn der gefährdeten Partei tatsächlich ein *materiellrechtlicher Anspruch* zusteht. In der Regel haben die Opfer familiärer Gewalt aber keinen über die Wahrung der körperlichen Integrität hinausgehenden Anspruch, wie beispielsweise einen Räumungsanspruch oder einen Anspruch auf Unterlassung des Zusammentreffens. Zum anderen darf die gefährdete Partei durch die Wahl der Sicherungsmittel in keinen Zustand versetzt werden, der im Ergebnis günstiger ist als der bei vollständiger gerichtlich durchgesetzter Anspruchserfüllung.[5] Dies hat zur Folge, daß zur Sicherung der körperlichen Integrität der gefährdeten Partei keine Maßnahmen getroffen werden dürfen, die dem Gegner dieser Partei zB auftragen, die Wohnung zu verlassen, oder das Zusammentreffen mit der gefährdeten Partei zu vermeiden, weil die gefährdete Partei dieses Ergebnis auch bei erfolgreicher Durchsetzung ihres Unterlassungsanspruchs nicht erreichen könnte. Da aber die gefährdete Partei zumeist keinen effektiv durchsetzbaren materiellen Anspruch nachweisen kann (weil sie zB nicht Eigentümer der Wohnung ist) und ein effektiver einstweiliger Rechtsschutz zur Sicherung jener Ansprüche, die ihr tatsächlich zustehen, von der Rsp weitgehend abgelehnt wird, ist die einstweilige Verfügung gem § 381 Abs 2 in der Praxis nur von sehr untergeordneter Bedeutung.

---

[3]) Vgl *Rechberger/Oberhammer*, Exekutionsrecht (1997) Rz 472.

[4]) Vgl zB WoBl 1994, 160; ÖBA 1995/481; zum Meinungsstand vgl *Konecny*, Der Anwendungsbereich der einstweiligen Verfügung (1992) 7ff.

[5]) *Konecny*, Anwendungsbereich (1992) 70ff. Die Rsp verweigerte sogar das Verbot an einen Lebensgefährten, der der gefährdeten Partei das Zusammenleben unerträglich machte, während des Räumungsprozesses die Wohnung zu betreten (LGZ Wien MietSlg 32.808; vgl aber OGH WoBl 1991, 67).

III. Die einstweilige Verfügung gem § 382 Abs 1 Z 8 lit b EO (alt)

Schon mit dem im Zuge des BG über die Neuordnung der persönlichen Rechtswirkungen der Ehe[6] eingeführten § 382 Abs 1 Z 8 lit b EO versprach man sich eine höhere Effizienz im Kampf gegen Gewalt in der Familie. Mit Hilfe dieser einstweiligen Verfügung konnte einem Ehegatten in Zusammenhang mit einem Eheverfahren aufgetragen werden, die *Ehewohnung zu verlassen*, sofern er dem anderen Teil das Zusammenleben unerträglich macht und die Wohnung zur Befriedigung des dringenden Wohnbedürfnisses der gefährdeten Partei dient. Diese Möglichkeit wurde später auch auf jene Fälle ausgedehnt, in denen ein Eheverfahren (noch) nicht anhängig ist, wobei allerdings der Zeitraum, für welchen eine derartige Verfügung getroffen werden darf, auf insgesamt drei Monate beschränkt wurde.[7]

Das Gesetz sah zwei Bedingungen für den Erlaß einer einstweiligen Verfügung gem § 382 Abs 1 Z 8 lit b EO vor: Einerseits mußte die Ehewohnung der *Befriedigung des dringenden Wohnbedürfnisses* der antragstellenden Partei dienen und andererseits mußte der Antragsgegner dieser das *Zusammenleben unerträglich* machen, wobei ausdrücklich eine erhebliche körperliche Bedrohung genannt war. Bei der Beurteilung des dringenden Wohnbedürfnisses war nach der Judikatur auf die Umstände des Einzelfalls abzustellen,[8] wobei dieses grundsätzlich nur dann zu verneinen war, wenn dem Antragsteller eine ausreichende Wohnung zur Verfügung stand, die entweder der Ehewohnung gleichwertig war oder den angemessenen Bedarf des Ehegatten nicht erheblich unterschritt oder ihm aus anderen Gründen unzumutbar war. Jedenfalls mußte es sich um eine Wohnmöglichkeit kraft eigenen Rechts handeln.[9] Hinsichtlich der Unerträglichkeit des Zusammenlebens legte die Judikatur einen sehr strengen Maßstab an, insbesondere reichte bloße Unzumutbarkeit zum Erlaß einer einstweiligen Verfügung nicht aus.[10] Die Unerträglichkeitsgrenze war vielmehr wesentlich höher anzusetzen als die Zumutbarkeitsgrenze bei der gesonderten Wohnungnahme gem § 92 Abs 2 ABGB.[11] Insbesondere setzte Unerträglichkeit des Zusammenlebens die Befürchtung künftiger erheblicher Beeinträchtigungen der körperlichen

---

[6]) EheRwG, BGBl 1975/412.

[7]) BGBl 1990/96.

[8]) EF 58.018.

[9]) EF 39.453. Vgl dazu auch *Schrott*, Zivilrechtliche Aspekte häuslicher Gewalt, in Frauen und Recht, Eine Dokumentation der Enquete der Bundesministerin für Frauenangelegenheiten und des Bundesministers für Justiz vom 18. und 19. Oktober 1993 (1994), 117.

[10]) SZ 50/81 = EF 30.267 = Miet 29.719/19 = RZ 1978/3; Miet 33.757; EF 41.977; EF 44.257 = Miet 35.886; EF 44.265.

[11]) EF 44.257 = Miet 35.886; EF 46.852; Miet 36.902.

und psychischen Sicherheit voraus.[12] Als unerträglich wurde somit nur ein Zustand angesehen, der das Leben, die körperliche und seelische Gesundheit, die Freiheit, die Ehre oder in größerem Ausmaß das Vermögen ernstlich bedroht.[13]

Die oben genannte Bestimmung erwies sich allerdings in dreierlei Hinsicht als defizitär: Einerseits und vor allem wurden die Anforderungen, die an die Unzumutbarkeit gestellt wurden, von den Betroffenen als zu hoch empfunden. Insbesondere der Nachweis der Unerträglichkeit stellte oft ein unüberwindliches Hindernis dar. Andererseits war der Personenkreis, der durch die einstweilige Verfügung geschützt werden sollte, zu eng gefaßt. Insbesondere die Unanwendbarkeit des § 382 Abs 1 Z 8 lit b EO im Verhältnis zwischen Lebensgefährten,[14] nahen Angehörigen und zwischen Eltern und Kindern wurde kritisiert. Als unzureichend erwies sich darüber hinaus die Durchsetzbarkeit der einstweiligen Verfügung im Wege nachträglicher Verhängung von Zwangsstrafen. Damit war bloß ein Reagieren auf einen der einstweiligen Verfügung widersprechenden Zustand (weitere Gewalt), nicht jedoch ein vorweggenommenes Verhindern von gewaltgeneigten Situationen möglich. Vor allem die Rückkehr des Verwiesenen in die Ehewohnung konnte nicht verhindert werden.

IV. Einstweilige Verfügungen nach dem GeSchG

Die durch das GeSchG unter dem Titel „Schutz vor Gewalt in der Familie" neu eingeführten §§ 382b ff EO traten an die Stelle des bisherigen § 382 Abs 1 lit b und Abs 2 EO und umfassen im wesentlichen zwei geschützte Lebenssituationen: Wird einer Person von einem nahen Angehörigen das weitere *Zusammenleben* mit ihm unzumutbar gemacht, so hat das Gericht diesem in Form einer einstweiligen Verfügung aufzutragen, die Wohnung und deren unmittelbare Umgebung zu verlassen und/oder ihm zu verbieten, an diesen Ort zurückzukehren (§ 382b Abs 1 EO). Daneben kann eine einstweilige Verfügung aber auch erlassen werden, wenn einer Person von einem nahen Angehörigen das weitere *Zusammentreffen* unzumutbar gemacht wird. In diesem Fall ist dem Gegner der gefährdeten Partei der Aufenthalt an bestimmten Orten zu verbieten und/oder ihm aufzutragen, das Zusammentreffen sowie die Kontaktaufnahme mit dem Antragsteller zu vermeiden (§ 382b Abs 2). Beiden Verfügungsarten gemeinsam ist die Voraussetzung

---

[12]) EF 41.981.
[13]) *Schrott*, in Frauen und Recht 119.
[14]) LGZ Wien Miet 32.808; EF 61.096.

der Unzumutbarkeit des Zusammenlebens bzw -treffens und der in § 382b Abs 4 EO näher definierte Kreis jener Personen, gegen die eine einstweilige Verfügung erlangt werden kann.

A. Voraussetzungen

1. Unzumutbarkeit des Zusammenlebens bzw Zusammentreffens

Die Unzumutbarkeit des Zusammenlebens bzw des Zusammentreffens mit einem nahen Angehörigen wird gem § 382b Abs 1 und Abs 2 EO von diesem durch einen körperlichen Angriff, eine Drohung mit einem körperlichen Angriff oder einem solchen Verhalten ausgelöst, das die psychische Gesundheit erheblich beeinträchtigt. Mit dieser Formulierung wird klargestellt, daß im Gegensatz zur bis dahin geltenden Rechtslage nunmehr nicht nur körperliche Übergriffe, sondern bereits die *Drohung* mit diesen das Zusammenleben unzumutbar machen können, ebenso wie jegliches Verhalten, das die psychische Integrität der betroffenen Person erheblich beeinträchtigt.

Das Kriterium der „*Unzumutbarkeit*" wurde ursprünglich bewußt in Anlehnung an den Wortlaut des § 92 Abs 2 ABGB gewählt, um die einschlägige Judikatur zur Unzumutbarkeit des Zusammenlebens mitzuübernehmen.[15] Nach dieser Bestimmung kann ein Ehegatte vorübergehend gesondert Wohnung nehmen, also ausziehen, wenn ihm der andere Ehegatte besonders wegen körperlicher Bedrohung das weitere Zusammenleben unzumutbar macht. Diese Bestimmung zielt darauf ab, die gesonderte Wohnungnahme eines bedrohten Partners zu rechtfertigen, da dies anderenfalls als Verletzung der in § 90 ABGB verfügten Ehegattenpflicht zum gemeinsamen Wohnen einen Scheidungsgrund darstellen würde. Die Rsp zu § 92 Abs 2 ABGB anerkennt Unzumutbarkeit bei besonders schweren Eheverfehlungen, wie zB bei schwerer Beeinträchtigung der körperlichen oder seelischen Integrität der Ehefrau[16] durch Mißhandlungen[17], Mißhandlungen mit Verletzungsfolgen[18] oder bei Bedrohung der Ehefrau und der Kinder mit dem Umbringen[19]. Aber nicht nur körperliche Bedrohung, sondern auch ein *anderes Verhalten* des

[15]) Erläuterungen zum Ministerialentwurf 15.
[16]) EF 44.825.
[17]) EF 28.544; OLG Wien EF 30.618; LGZ Wien EF 32697 = Miet 30.003; EF 47.421.
[18]) EF 32.697.
[19]) LGZ Wien Miet 30.003.

Ehepartners können einem Ehegatten das Zusammenleben unzumutbar machen.[20] Trunksucht[21], unleidliches schikanöses Verhalten[22] und ein durch stete Auseinandersetzungen und wiederholte ordinäre Beschimpfungen eines Ehegatten geschaffener Dauerzustand, der zu einem Nervenleiden des anderen Ehegatten geführt hat,[23] werden beispielsweise als unzumutbar iSd § 92 ABGB qualifiziert; ebenso die Tatsache, daß der Ehemann Beziehungen zu einer anderen Frau aufgenommen hat, die sich auch - zumindest zeitweise - in der Ehewohnung aufhält.[24] Nicht jede schwere Eheverfehlung des anderen Partners bedeutet nach der Rsp aber, daß das Zusammenleben unzumutbar geworden ist.[25] Gelegentliches Beschimpfen verbunden mit Schweigen,[26] das Einstellen des Kochens durch die Ehefrau[27] sowie eine einmalige Tätlichkeit minderer Art, nach der der Ehepartner noch einige Monate in der gemeinsamen Wohnung verbleibt,[28] rechtfertigen eine gesonderte Wohnungnahme nicht.[29] Beim Versuch der Übernahme der zu § 92 Abs 2 ABGB ergangenen Judikatur ist allerdings zu berücksichtigen, daß aus der Wortfolge „besonders durch körperliche Bedrohung“ des § 92 Abs 2 ABGB geschlossen wird, daß auch andere Formen unzumutbaren Verhaltens denkbar sind. Demgegenüber wird der Begriff der Unzumutbarkeit in § 382b EO insofern eingeschränkt, als das Zusammenleben durch einen körperlichen Angriff, eine Drohung mit einem solchen oder ein die psychische Gesundheit beeinträchtigendes Verhalten unzumutbar sein muß. Nur im Zusammenhang mit diesen drei Verhaltensformen kann überhaupt von Unzumutbarkeit gesprochen werden. Diese Differenzierung scheint insofern gerechtfertigt, als § 92 Abs 2 ABGB nur die gesonderte Wohnungnahme eines Ehegatten, nicht aber die Entfernung eines nahen Angehörigen aus der (möglicherweise auch seiner) Wohnung im Wege eines Eilverfahrens rechtfertigt. Insofern stellt § 92 Abs 2 ABGB die eingriffsschwächere Norm dar.

---

[20]) EF 35.517; EF 42.508; EF 50.156; EF 52.971.
[21]) EF 42.510.
[22]) EF 30.620; OLG Wien EF 35.159.
[23]) EF 30.621 = Miet 30.002.
[24]) EF 28.545.
[25]) EF 28.539; EF 42.508; EF 50.156.
[26]) LGZ Wien Miet 29.003.
[27]) LGZ Wien EF 32.698.
[28]) Miet 34.002.
[29]) Vgl auch EF 37.520, wonach das Verbleiben in der Ehewohnung einige Zeit nach den Vorfällen für die Frage der Unzumutbarkeit ohne Belang ist.

2. Dringendes Wohnbedürfnis

Eine einstweilige Verfügung, die das Verlassen der Wohnung bzw ein Rückkehrverbot anordnet, kann gem § 382 b Abs 1 letzter Satz EO wie bisher nur erlassen werden, soweit die Wohnung der Befriedigung eines dringenden Wohnbedürfnisses des Antragstellers dient. Zur Beurteilung des Vorliegens dieser Voraussetzung wird die zu § 382 Abs 1 Z 8 lit b EO alt ergangene Judikatur herangezogen werden können.[30] Auf eine Abwägung der Interessen zwischen Antragsteller und Antragsgegner, wessen Wohnbedürfnis dringender ist, kommt es dabei jedoch nicht an.[31]

3. Interessensabwägung

Während beim Auftrag zum Verlassen der Wohnung und dem Erlassen eines Rückkehrverbots nach § 382b Abs 1 EO auf das Interesse des Antragsgegners in *keiner* Weise abzustellen ist, kann einer Person der Aufenthalt an bestimmten Orten und die Kontaktaufnahme mit der gefährdeten Partei nur verboten werden, soweit dem nicht schwerwiegende Interessen dieser Person zuwiderlaufen (§ 382b Abs 2 letzter Satz EO). So wird sich ein Aufenthaltsverbot beispielsweise nicht auf den Arbeitsplatz des Antragsgegners oder dessen Arbeitsweg erstrecken können. In ländlichen Gebieten ist das Aufenthaltsverbot überhaupt nur in beschränktem Ausmaß möglich, da dem Antragsgegner nicht der Zugang zu Nahversorgungseinrichtungen und wichtigen öffentlichen Einrichtungen verwehrt werden darf.

B. Maßnahmen

1. Wegweisung und Rückkehrverbot

Wird einer Person von einem Angehörigen das weitere Zusammenleben unzumutbar gemacht, so kommen auf Antrag der Partei zwei gerichtliche Maßnahmen in Frage: 1. die Aufforderung an den Antragsgegner, die *Wohnung und deren unmittelbare Umgebung zu verlassen,* und 2. das *Verbot*, an diesen Ort *zurückzukehren.* Die Verwendung des unbestimmten Gesetzesbegriffs „unmittelbare Umgebung der Wohnung" soll die Einbeziehung der örtlichen Gegebenheiten und des bisherigen Verhaltens des Antragsgegners ermöglichen. Den Materialien folgend wird darunter jedenfalls jener Raum zu verstehen sein, in dem für den Antragsteller die Anwesenheit des Antrags-

---

[30]) Vgl oben III.

[31]) 252 BlgNR 20. GP 8.

gegners auf Grund dessen bisherigen Verhaltens unzumutbar ist.[32] Mit dieser Bestimmung soll verhindert werden, daß der gefährdeten Partei in unmittelbarer Umgebung der Wohnung (Stiegenhaus, Haustor) aufgelauert wird. Dieser Bereich darf andererseits aber nicht zu weit gefaßt werden, da anderenfalls das Verbot, sich an bestimmten Orten aufzuhalten, das nur nach einer Interessensprüfung erlassen werden darf, umgangen werden könnte. Vom Schutzbereich „unmittelbare Umgebung" der Wohnung sind uE jedenfalls jene Bereiche umfaßt, die den direkten Zugang zur Wohnung ermöglichen sowie Einrichtungen im Haus, die von der gefährdeten Partei im Rahmen ihres Wohnens regelmäßig benutzt werden (Waschküche, Trockenraum).

Die Möglichkeit, über die Wegweisung hinaus dem Antragsgegner die Rückkehr in die Wohnung und deren unmittelbare Umgebung zu verbieten, stellt eine entscheidende Verbesserung der bisherigen Rechtslage dar. Auf Grund dieser Anordnung wird es dem Gerichtsvollzieher erstmals möglich, unter Zuhilfenahme der Organe der öffentlichen Sicherheitsbehörden präventiv zu agieren und das Entstehen von gefahrengeneigten Situationen zu verhindern. Letztlich stellt das Rückkehrverbot nichts anderes als eine Ausweitung des bisherigen Wegweiserechts dar, wobei der Gerichtsvollzieher zur Durchsetzung der einstweiligen Verfügung nicht mehr warten muß, bis sich der Gegner der gefährdeten Partei tatsächlich wieder in der Wohnung aufhält. Er kann vielmehr bereits im Vorfeld einschreiten, wenn gegen das Rückkehrverbot verstoßen wird.

2. Aufenthaltsverbot und Auftrag zur Vermeidung des Zusammentreffens

Wird einer Person das weitere Zusammentreffen unzumutbar gemacht, so besteht die Möglichkeit, dem Gegner der gefährdeten Partei den *Aufenthalt an bestimmten zu bezeichnenden Orten zu verbieten*, und/oder ihm aufzutragen, das *Zusammentreffen* sowie die *Kontaktaufnahme* mit dem Antragsteller zu *vermeiden.* Diese Maßnahmen stellen ein Novum der familienrechtlichen einstweiligen Verfügungen dar und ermöglichen einen flexiblen Schutz des Antragstellers. Ausgehend von der Tatsache, daß familiäre Gewalt nicht nur in den eigenen vier Wänden stattfindet, sind nunmehr auch diejenigen Orte schützbar, an denen sich der Antragsteller regelmäßig aufhält. Insbesondere Arbeits- und Schulwege sowie Orte der Zuflucht waren bisher oft Schauplatz von Gewalttaten oder Drohungen. Mit Hilfe der neu eingeführten Maßnahmen soll gefährdeten Personen die Möglichkeit gegeben werden, auch an diesen Orten den Schutz einer einstweiligen Verfügung in Anspruch zu

---

[32]) 252 BlgNR 20. GP 8.

nehmen. Auf Grund der vorgeschriebenen *Abwägung der Interessen* des Antragstellers mit jenen des Antragsgegners ist auch sichergestellt, daß es durch die Erlassung eines Aufenthaltsverbots nicht zu unbilligen Härten in der Sphäre des Antragsgegners kommt.

C. Personenkreis

Eine besondere Erweiterung im Anwendungsbereich der einstweiligen Verfügung zum Schutz vor Gewalt in der Familie ergibt sich durch die Ausdehnung des geschützten Personenkreises auf „*nahe Angehörige*". Dieser Begriff wird in § 382b Abs 3 EO näher definiert und umfaßt neben Ehegatten, Kindern und diversen Verwandten auch Lebensgefährten und deren Verwandte.[33] Einbezogen wurden somit all jene Personen, deren Naheverhältnis zueinander es rechtfertigt, im gegebenen Kontext von „Familie" zu sprechen. Auf eine „eheähnliche" Beziehung ist uE nicht abzustellen, weshalb auch das Zusammenleben homosexueller Paare als Lebensgemeinschaft iSd § 382b Abs 3 EO anerkannt werden muß.[34] Zu beachten ist jedoch, daß als Voraussetzung für die Angehörigeneigenschaft jedenfalls das Zusammenleben in einer Wohnung oder zumindest das frühere Zusammenleben gefordert wird. Nicht jedes frühere Zusammenleben rechtfertigt allerdings eine Maßnahme gem § 382b Abs 1 und 2 EO. Der Antragsteller muß zumindest innerhalb der letzten drei Monate vor Antragstellung mit dem Antragsgegner zusammengelebt haben. Aus den erläuternden Bemerkungen zur Regierungsvorlage ergibt sich, daß diese Bestimmung dahingehend verstanden werden soll, daß der letzte Zeitraum des Zusammenlebens nicht länger als *drei Monate vor* dem die einstweilige Verfügung auslösenden Verhalten liegen darf.[35] Um eine einstweilige Verfügung zu rechtfertigen muß die Angehörigeneigenschaft (und somit auch die Lebensgemeinschaft) im Zeitpunkt des unzumutbaren Verhaltens also prinzipiell bestehen, dies bedeutet aber nicht notwendigerweise, daß auch die häusliche Gemeinschaft zu diesem Zeitpunkt aufrecht sein muß. Der Antragsgegner könnte ja bereits vor einiger Zeit die Wohnung verlassen haben und nun wieder versuchen, in die Wohnung zu-

---

[33]) Genannt werden: Ehegatten und Lebensgefährten, Geschwister und Verwandte in gerader Linie, einschließlich der Wahl- und Pflegekinder sowie der Wahl- und Pflegeeltern, die Ehegatten und Lebensgefährten dieser Personen sowie die oben genannten Verwandten des Ehegatten oder Lebensgefährten.

[34]) Gegenteilig die Jud zu § 14 Abs 3 MRG, wonach homosexuelle Lebensgemeinschaften heterosexuellen nicht gleichgestellt sind. OGH ÖJZ 1997, 305.

[35]) 252 BlgNR 20. GP 8.

rückzukehren. Auch in diesem Fall soll es dem Gericht möglich sein, einen Auftrag zum Verlassen der Wohnung bzw ein Rückkehrverbot zu erlassen, weil das weitere (bzw neuerliche) Zusammenleben dem Antragsteller unzumutbar wäre.[36] Problematisch ist dies insofern, als von einer *Lebensgemeinschaft* grundsätzlich nur während aufrechter häuslicher Gemeinschaft gesprochen werden kann. Hat ein Lebensgefährte die gemeinsame Wohnung jedoch verlassen, so führt dies idR zur Auflösung der Lebensgemeinschaft. Ergibt sich die Unzumutbarkeit des Zusammenlebens aber aus einem Verhalten des Antragsgegners nach Verlassen der gemeinsamen Wohnung (beispielsweise der ernsthaften Drohung zurückzukehren und den Antragsteller umzubringen), so könnte ihm die Rückkehr in die ehemals gemeinsame Wohnung nicht verboten werden, weil er im Zeitpunkt des unzumutbaren Verhaltens nicht mehr Lebensgefährte des Antragstellers war. Ebenso verhält es sich bei einer Scheidung in den letzten drei Monaten vor Antragstellung. Auch in diesem Fall würde der geschiedene Ehegatte bei einem unzumutbaren Verhalten nach der Scheidung nicht mehr zum Kreis der nahen Angehörigen zählen. Tatsächlich muß § 382b Abs 3 letzter Halbsatz EO wohl dahingehend interpretiert werden, daß eine einstweilige Verfügung gegen all jene Personen erwirkt werden kann, deren Angehörigeneigenschaft (inklusive Zusammenleben) vor nicht mehr als drei Monaten vor Antragstellung noch gegeben war. Demnach ist eine einstweilige Verfügung auch gegen den Exehemann und den Exlebensgefährten in zeitlich begrenztem Rahmen möglich.

Wenngleich § 382b Abs 3 EO den subjektiven Anwendungsbereich familienrechtlicher einstweiliger Verfügungen wesentlich erweitert hat, ist der durch die Bestimmung umschriebene Personenkreis noch immer zu eng gefaßt. Insbesondere geschiedene Ehegatten[37] und andere Personen, die mit der gefährdeten Partei eine Wohnung teilen (zB in einer Wohngemeinschaft), sowie andere Personen, die einen Schlüssel zur Wohnung besitzen, sollten in den Kreis jener Personen aufgenommen werden, gegen die ein Auftrag zum Verlassen der Wohnung bzw vor allem ein Rückkehrverbot erlassen werden kann. Eine Ausweitung der einstweiligen Verfügung über den Kreis der nahen Angehörigen wäre insoweit wünschenswert, als die gefährdete Partei primär in ihrem Wohnraum vor Angriffen geschützt werden soll. Hinsichtlich des Aufenthaltsverbots an bestimmten Orten und dem Auftrag, ein Zusammentreffen bzw die Kontaktaufnahme zu vermeiden, ist die Einschränkung des Personenkreises auf „nahe Angehörige" uE überhaupt nicht gerechtfertigt. Auf Grund der Interessensabwägung zwischen Antragsteller und

[36]) Vgl 252 BlgStenProt XX. GP 9.

[37]) Sowie geschiedene Ehegatten des Ehegatten bzw Lebensgefährten.

Antragsgegner wäre es durchaus vertretbar, den Adressatenkreis einer einstweiligen Verfügung nach § 382b Abs 2 EO generell auf jene Personen auszudehnen, die dem Antragsteller das weitere Zusammentreffen nach den oben dargestellten Kriterien unzumutbar machen. Stellt eine Person einer anderen in einer Weise nach, die ein weiteres Zusammentreffen für diese unzumutbar macht (sexuelle Belästigung, ständige bedrohliche Verfolgung etc), so ist nicht einzusehen, weshalb dieser Person nicht - selbstverständlich unter Abwägung der subjektiven Interessen - der Aufenthalt an gewissen Orten verboten werden sollte. Eine Differenzierung zwischen nahen Angehörigen und anderen Angreifern scheint diesbezüglich nicht geboten.

D. Geltungszeitraum

Eine familienrechtliche einstweilige Verfügung nach § 382b Abs 1 und 2 EO ist nicht vom Fortbestand der häuslichen Gemeinschaft der Parteien abhängig und kann auch ohne Zusammenhang mit einem Verfahren auf Scheidung, Aufhebung oder Nichtigerklärung der Ehe, einem Verfahren über die Aufteilung des ehelichen Gebrauchsvermögens und der ehelichen Ersparnisse oder einem Verfahren zur Klärung der Benützungsberechtigung an der Wohnung erlassen werden. Damit soll in Anlehnung an § 382b Abs 2 EO alt vermieden werden, daß die gefährdete Partei zur Rechtfertigung der einstweiligen Verfügung gezwungen wird, eine die Auflösung der Ehe bezweckende Klage einzubringen. Eine einstweilige Verfügung soll im Gegenteil ganz unabhängig davon beantragt werden können, ob die gefährdete Partei eine dauerhafte Trennung von ihrem Partner (Scheidung, Aufhebung der Ehe etc) wünscht oder nicht. Ebenfalls unerheblich ist die Frage der Benützungsberechtigung an der Wohnung, weil die einstweilige Verfügung die bestehenden Rechtsverhältnisse bezüglich der Nutzungsrechte an der Wohnung nicht verändert.[38] Darüber hinaus sind wegen des erweiterten Angehörigenbegriffs nunmehr auch Fälle denkbar, in denen eine der oben genannten Rechtfertigungsklagen mangels Legitimation gar nicht eingebracht werden könnte! Solange ein derartiges Verfahren jedoch nicht anhängig ist, ist der Zeitraum, für den eine einstweilige Verfügung angeordnet werden kann, allerdings beschränkt: Insgesamt darf er drei Monate nicht übersteigen.[39] Das bedeutet, daß Personen, die nicht über einen der oben genannten Ansprüche verfügen, eine einstweilige Verfügung nur für den relativ kurzen Zeitraum

---

[38]) Vgl *Mottl*, ÖJZ 1997, 545.

[39]) § 382b Abs 4 EO.

von drei Monaten erlangen können. Danach kann eine einstweilige Verfügung nur bei neuerlicher Unzumutbarkeit des gegnerischen Verhaltens beantragt werden. Wird dagegen nach Bewilligung der einstweiligen Verfügung ein Rechtfertigungsverfahren eingeleitet, bzw wurde die einstweilige Verfügung erst nach Einbringen der Klage beantragt, so kann die einstweilige Verfügung längstens bis zum Ende dieses Verfahrens gewährt werden.

E. Verfahren

Gem § 387 Abs 3 EO ist der Antrag auf einstweilige Verfügung zum Schutz vor Gewalt in der Familie grundsätzlich bei jenem Gericht einzubringen, das für den Prozeß in der Hauptsache zuständig wäre. Soll dem Antragsgegner der Aufenthalt an bestimmten Orten bzw die Kontaktaufnahme mit dem Antragsteller verboten werden, so ist die einstweilige Verfügung bei jenem Bezirksgericht zu beantragen, in dessen Sprengel der Antragsteller seinen gewöhnlichen Aufenthalt hat.

§ 382c EO sieht weitere Besonderheiten für das Verfahren zur Erlassung einer einstweiligen Verfügung zum Schutz vor Gewalt in der Familie vor. So hat das Gericht von einer *Anhörung des Antragsgegners* vor Erlassung der einstweiligen Verfügung gem § 382b Abs 1 EO (Auftrag zum Verlassen der Wohnung bzw Rückkehrverbot) insbesondere dann *abzusehen*, wenn eine weitere Gefährdung durch den Antragsgegner unmittelbar droht. Diese Klarstellung war notwendig, weil auf Grund der bisherigen Praxis auf eine Anhörung des Gegners nur selten verzichtet wurde und die Effizienz der einstweiligen Verfügung dadurch oft gemindert war.[40] Das Gericht kann sich bei der Beurteilung der drohenden Gefahr vor allem auf den Bericht der Sicherheitsbehörde stützen, der von Amts wegen beigeschafft bzw von den Sicherheitsbehörden unverzüglich übersendet werden muß. Da bei Einschreiten der Organe des öffentlichen Sicherheitsdienstes eine objektive Sachverhaltsdarstellung weitgehend gesichert ist, kann in diesen Fällen auf eine Anhörung des Gegners zumeist verzichtet werden. Eine Anhörung des Gegners hat jedenfalls dann zu unterbleiben, wenn die Organe des öffentlichen Sicherheitsdienstes von ihrem durch § 38a SPG neu eingeführten Recht Gebrauch gemacht haben, einen Angreifer aus einer Wohnung, in der ein Gefährdeter wohnt, wegzuweisen und ihm die Rückkehr in diesen Bereich zu verbieten.[41] Wird der Antrag zur Erlassung einer einstweiligen Verfügung „ohne unnöti-

---

[40]) 252 BlgNR 20. GP 9.

[41]) S dazu unten V.

gen Aufschub" nach einem derartigen Rückkehrverbot gem § 38a SPG gestellt, ist die einstweilige Verfügung dem Antragsgegner „unverzüglich" (dh ohne vorherige Anhörung des Antragsgegners) zuzustellen. Das Gericht hat bei seiner Entscheidung weiter darauf Rücksicht zu nehmen, daß ein sicherheitspolizeiliches Rückkehrverbot mit Ablauf des siebenten Tages, wenn aber die einstweilige Verfügung ohne unnötigen Aufschub nach der Anordnung des Rückkehrverbots beantragt wird, mit Ablauf des vierzehnten Tages nach seiner Anordnung endet.[42] Um einen Schwebezustand zwischen sicherheitspolizeilichem Rückkehrverbot und einstweiliger Verfügung zu verhindern, hat das Gericht mit der gebotenen Schnelligkeit zu entscheiden.

Die *Zustellung* des Auftrags zum Verlassen der Wohnung erfolgt grundsätzlich durch das Vollstreckungsorgan beim Vollzug. Dieser Zeitpunkt ist auch dem Antragsteller mitzuteilen. Haben die Organe des öffentlichen Sicherheitsdienstes dem Angreifer die Rückkehr in die gemeinsame Wohnung verboten, so ist der Betroffene von diesen gleichzeitig aufzufordern, eine *Abgabestelle* für Zwecke der Zustellung einer Information über die Aufhebung des Rückkehrverbots oder einer einstweiligen Verfügung nach § 382b EO bekanntzugeben.[43] Hat der Antragsgegner eine solche Bekanntgabe trotz Hinweis auf die Rechtsfolgen unterlassen, so können die Zustellungen im Verfahren über die einstweilige Verfügung durch Hinterlegung so lange ohne vorausgehenden Zustellversuch vorgenommen werden, bis dem Gericht eine Abgabestelle bekanntgegeben wird (§ 382c Abs 4 EO). Um die Zusammenarbeit mit den Sicherheitsbehörden beim Vollzug der einstweiligen Verfügung zu verbessern, ist der Inhalt des Beschlusses, mit dem über einen Antrag auf Erlassung einer einstweiligen Verfügung nach § 382b EO entschieden wird bzw mit dem eine derartige einstweilige Verfügung aufgehoben wird, der Bundespolizeidirektion bzw der sonst örtlich zuständigen Bezirksverwaltungsbehörde als Sicherheitsbehörde mitzuteilen. Ist eine der Parteien minderjährig, so ist darüber hinaus auch der Jugendwohlfahrtsträger zu verständigen (§ 382c Abs 3 EO).

F. Vollzug

Hinsichtlich des Vollzugs der einstweiligen Verfügungen ist zwischen der Wegweisung und dem Rückkehrverbot (§ 382b Abs 1 EO) einerseits und dem Verbot des Aufenthalts an bestimmten Orten und der Kontaktaufnahme

---

[42]) § 38a Abs 7 SPG.

[43]) § 38a Abs 3 SPG.

(§ 382b Abs 2 EO) andererseits zu unterscheiden: Einstweilige Verfügungen nach § 382b Abs 1 EO sind sofort von Amts wegen oder auf Antrag zu vollziehen. Liegt nicht bereits eine Wegweisung bzw ein Rückkehrverbot der Sicherheitsorgane vor, so hat das Vollstreckungsorgan den Antragsgegner ähnlich wie bei der Räumung aus der Wohnung zu verweisen, ihm alle Schlüssel zur Wohnung abzunehmen und bei Gericht zu hinterlegen. Er hat dem Antragsgegner Gelegenheit zur Mitnahme seiner persönlichen Wertsachen und Dokumente sowie jener Sachen zu gewähren, die seinem alleinigen persönlichen Gebrauch oder der Ausübung seines Berufs dienen (§ 382d Abs 2 EO). Ist der Antragsgegner beim Vollzug nicht anwesend, so ist vorgesehen, daß das Vollstreckungsorgan eine Mitteilung darüber hinterläßt, daß dem Antragsgegner zu einem späteren Zeitpunkt Gelegenheit geboten wird, seine Sachen aus der Wohnung zu holen (§ 382d Abs 3 EO).

Wurde der Antragsgegner bereits durch eine sicherheitspolizeiliche Wegweisung bzw ein Rückkehrverbot aus der Wohnung entfernt, wird die einstweilige Verfügung durch *Aufrechterhaltung bzw Wiederherstellung* des entsprechenden Zustands vollzogen. Zu diesem Zweck kann das Gericht - wie generell beim Vollzug einer einstweiligen Verfügung nach § 382b Abs 1 EO - die Sicherheitsbehörden mit dem Vollzug beauftragen. Die Organe der öffentlichen Sicherheit sind in diesem Fall als Vollstreckungsorgane jeweils auf Ersuchen des Antragstellers verpflichtet, den der einstweiligen Verfügung entsprechenden Zustand durch unmittelbare Befehls- und Zwangsgewalt herzustellen und dem Gericht darüber zu berichten (§ 382d Abs 4 EO). Der Vorteil dieser Regelung liegt insbesondere darin, daß die Sicherheitsorgane wegen ihrer ständigen Bereitschaft und besonderen Ausbildung und Ausrüstung am besten geeignet sind, den entsprechenden Zustand rasch und wirksam wiederherzustellen. Der Auftrag an die Sicherheitsbehörden muß zudem nicht bei jedem einzelnen Verstoß erneuert werden, sondern erfolgt gemeinsam mit der Verständigung über die einstweilige Verfügung für alle auf Grund dieser Anordnung notwendigen Vollzugsmaßnahmen.[44]

Der Vollzug des Aufenthaltsverbots an bestimmten Orten und der Auftrag, das Zusammentreffen und die Kontaktaufnahme mit dem Antragsteller zu vermeiden (§ 382b Abs 2 EO), richtet sich demgegenüber nach den allgemeinen, für einstweilige Verfügungen geltenden Bestimmungen.[45] Das bedeutet, daß sie wie sonstige Exekutionstitel zur Erwirkung von Duldungen und Unterlassungen nur durch nachträgliche Verhängung von *Beugemittel* dh durch Androhung sowie Verhängung von Geld- und Haftstrafen gem

---

[44]) Vgl 252 BlgNR 20. GP 10f.

[45]) Vgl *Rechberger/Oberhammer*, Exekutionsrecht Rz 523.

§ 355 EO vollzogen werden können. Der Einsatz von Zwangsgewalt kommt zur Durchsetzung dieser einstweiligen Verfügungen nicht in Betracht.

V. Verstärkte Zusammenarbeit mit den Sicherheitsbehörden

Kommt es zu häuslicher Gewalt oder fühlt sich eine Person durch einen nahen Angehörigen bedroht, so wendet sich diese idR zunächst an ein Organ des öffentlichen Sicherheitsdienstes. Nach der bisherigen Rechtslage war es diesen aber nur in sehr eingeschränktem Maße möglich, präventive Maßnahmen zur Abwehr von Gewalt zu ergreifen. In der Regel konnte der Schutz der Bedrohten nur darin bestehen, sie aufzufordern, sich selbst aus der Wohnung zu entfernen (§ 38 SPG). Im Zuge des GeSchG sollte daher auch die Kompetenz der Organe des öffentlichen Sicherheitsdienstes erweitert und ihre *Zusammenarbeit* mit den Gerichten *vor* Erlassung einer einstweiligen Verfügung und *bei* deren Durchsetzung wesentlich verbessert werden. Zu diesem Zweck wurde § 38a SPG unter dem Titel „Wegweisung und Rückkehrverbot bei Gewalt in Wohnungen“ eingeführt, der es den Sicherheitsorganen nunmehr erlaubt, einen Angreifer unmittelbar aus der Wohnung zu entfernen und ihm die Rückkehr in dieselbe zu verbieten.

Werden die Organe des öffentlichen Sicherheitsdienstes auf Grund häuslicher Gewalt gerufen, so haben diese festzustellen, ob tatsächlich ein *gefährlicher Angriff auf Leben, Gesundheit oder Freiheit einer Person* droht, was insbesondere dann zu bejahen sein wird, wenn es bereits zu gefährlichen Angriffen gekommen ist. In diesem Fall sind die Sicherheitsorgane gem § 38a SPG ermächtigt, einen Menschen, von dem die Gefahr ausgeht, aus einer Wohnung, in der ein Gefährdeter wohnt, und deren unmittelbarer Umgebung wegzuweisen. Überdies sind sie ermächtigt, dem Betroffenen die Rückkehr in diesen Bereich zu untersagen und ihm alle in seiner Gewahrsame befindlichen Schlüssel zur Wohnung abzunehmen. Während aber die Wegweisung auf Grund der unmittelbar drohenden Gefahr nötigenfalls auch mit Zwang durchgesetzt werden darf, ist die Ausübung von Zwangsgewalt zur Durchsetzung eines Rückkehrverbots ausdrücklich untersagt (§ 38a Abs 2 SPG). Die Nichtbefolgung einer diesbezüglichen Anordnung kann nur als Verwaltungsübertretung iSd § 84 Abs 1 Z 2 SPG geahndet werden.[46]

Wird ein Rückkehrverbot ausgesprochen, so haben die Sicherheitsorgane besonders darauf Bedacht zu nehmen, daß ein derartiger Eingriff in die Privatsphäre des Angreifers dem Grundsatz der *Verhältnismäßigkeit* (§ 29

---

[46]) Vgl dazu *Mottl*, ÖJZ 1997, 548.

SPG) entspricht (§ 38a Abs 2 SPG). Die Anordnung eines Rückkehrverbots ist der Sicherheitsbehörde unverzüglich bekanntzugeben und von dieser innerhalb von 48 Stunden zu überprüfen.[47] Die Organe des öffentlichen Sicherheitsdienstes sind weiters verpflichtet, dem Betroffenen Gelegenheit zu geben, dringend benötigte Gegenstände des persönlichen Bedarfs mitzunehmen und sich über Möglichkeiten, anderweitig unterzukommen, zu informieren. Darüber hinaus hat der Betroffene eine Abgabestelle für Zwecke der Zustellung einer Information über die Aufhebung das Rückkehrverbots oder einer einstweiligen Verfügung nach § 382b EO bekanntzugeben (§ 38a Abs 3 SPG).[48]

Die Organe des öffentlichen Sicherheitsdienstes trifft auch die Pflicht, die Gefährdeten von der Möglichkeit einer einstweiligen Verfügung und von geeigneten Opferschutzeinrichtungen zu informieren (§ 38a Abs 4 SPG). Dies ist insofern von großer Bedeutung, als ein sicherheitspolizeiliches Rückkehrverbot idR mit Ablauf des siebenten Tages nach seiner Anordnung endet. Wird hingegen ein Antrag auf Erlassung einer einstweiligen Verfügung „ohne unnötigen Aufschub" gestellt, und teilt das Gericht dies der Sicherheitsbehörde mit, so endet das sicherheitspolizeiliche Rückkehrverbot erst mit dem vom Gericht bekanntgegebenen Tag der Entscheidung, spätestens jedoch nach 14 Tagen (§ 38 a Abs 7 SPG).[49]

Um dem Antragsteller die *Bescheinigung der Unzumutbarkeit* im Provisorialverfahren zu erleichtern, haben die Sicherheitsorgane bei der Dokumentation der Anordnung eines Rückkehrverbots außerdem auf jene Umstände Bedacht zu nehmen, die für ein Verfahren nach § 382b EO von Bedeutung sein können (§ 38a Abs 5 SPG). Durch diese Maßnahmen soll das Erlangen einer einstweilige Verfügung erleichtert und die Zusammenarbeit zwischen Sicherheitspolizeibehörden und Gerichten verbessert werden. Tatsächlich wird es in Zukunft bei der Erlassung einer einstweiligen Verfügung zur Abwehr von Gewalt in der Familie in noch verstärkterem Maße als bisher auf die *Qualität des polizeilichen Protokolls* ankommen. Haben die Organe des öffentlichen Sicherheitsdienstes eine Wegweisung vorgenommen bzw ein Rückkehrverbot ausgesprochen, so kann das darüber verfaßte Protokoll der

---

47) Hierzu kann die Sicherheitsbehörde alle Einrichtungen und Stellen beiziehen, die zur Feststellung des maßgeblichen Sachverhaltes beitragen können. Die Bezirksverwaltungsbehörde als Sicherheitsbehörde kann überdies die im öffentlichen Sanitätsdienst stehenden Ärzte heranziehen. Vgl *Schwamberger*, Sicherheitspolizeigesetz - Mitwirkung von Ärzten des öffentlichen Sanitätsdienstes, RdM 1997, 85.

48) Vgl dazu auch oben IV. E.

49) Die Gerichte haben über einen derartigen Antrag auf Erlassung einer einstweiligen Verfügung mit der gebotenen Raschheit zu entscheiden, um einen lückenlosen Schutz zu gewährleisten. Vgl dazu auch oben IV. E.

Entscheidung über die einstweilige Verfügung zu Grunde gelegt werden und wird idR auch zum Erlassen einer einstweiligen Verfügung nach § 382b Abs 1 EO führen. Bedauerlich ist in diesem Zusammenhang allerdings, daß nur über die Anordnung einer Wegweisung bzw eines Rückkehrverbots von den Sicherheitsbehörden ein Protokoll aufzunehmen ist, nicht jedoch bei einem Einschreiten im Rahmen der Streitschlichtung (§ 26 SPG). In der Praxis hat ein Antrag auf Erlassung einer einstweiligen Verfügung aber ohne Vorhandensein eines polizeilichen Protokolls idR kaum Chancen auf positive Erledigung.

VI. Vergleich zur deutschen Rechtslage

Das deutsche Recht enthält gegenüber der österreichischen Rechtslage wesentlich allgemeiner gehaltene Rechtsgrundlagen zum raschen Schutz vor Gewalt in der Familie. Nach §§ 935, 940 dZPO können ganz allgemein von den Zivilgerichten *einstweilige Verfügungen* zur Abwendung „wesentlicher Nachteile oder zur Verhinderung drohender Gewalt" erlassen werden, welche durchaus auch im familienrechtlichen Bereich Anwendung finden.[50] Die einstweilige Verfügung stößt aber bei Gewalt in der Familie auf ein gravierendes rechtliches Problem: Gemäß § 940a dZPO kann nämlich „die Räumung von Wohnraum durch einstweilige Verfügung nur wegen verbotener Eigenmacht angeordnet werden". Der Gesetzeswortlaut scheint daher eine Räumungsverfügung gegen gewalttätige Mitbewohner auszuschließen, was die Position der Betroffenen massiv verschlechtern würde. Diese Konsequenz wird allerdings von der hA mit Recht nicht gezogen, sondern es wird im Wege einer (verfassungskonformen) teleologischen Reduktion des in § 940a dZPO enthaltenen Räumungsverbots davon ausgegangen, daß bei Gefahr für Leib und Leben durchaus eine einstweilige Verfügung erlassen werden kann.[51] Insofern ähnelt das Ergebnis der österreichischen Rechtslage, nur determiniert das österreichische Gesetz sowohl Voraussetzungen als auch Rechtsfolgen der einstweiligen Verfügung in den §§ 382b ff EO wesentlich genauer.

Das deutsche Recht ist aber auch durch etwas anderes gekennzeichnet: Die einstweiligen Verfügungen nach §§ 935, 940 dZPO stellen *subsidiäre* Rechtsbehelfe dar, die nur dann eingreifen, wenn nicht nach anderen Rechts-

---

[50]) *Heinze* in MünchKomm-ZPO Rz 233ff zu § 935.

[51]) LG Bochum, NJW-RR 1990, 896; LG Braunschweig, NJW-RR 1991, 832; *Heinze* in MünchKomm-ZPO Rz 5 zu § 940a; *Stein/Jonas/Grunsky* ZPO[21] Rz 4 zu § 940a; *Wieczorek/Schütze/Thümmel* ZPO[3] Rz 5 zu § 940a; *Zöller/Vollkommer* Rz 2 zu § 940a; *Helle*, NJW 1991, 213.

grundlagen einstweilige Maßnahmen getroffen werden können. Hier kommen zwei Instrumente in Betracht, die die einstweilige Verfügung verdrängen, allerdings nur bei Ehegatten eingreifen - nicht daher bei Lebensgefährten (für die es bei den einstweiligen Verfügungen nach §§ 935, 940 dZPO bleibt): die „einstweiligen Anordnungen" nach § 620 dZPO (Nr 5 und 7) und die „vorläufigen Anordnungen" der freiwilligen Gerichtsbarkeit, insbesondere nach § 13 Abs 4 HausratsVO (welche entgegen der üblichen Abkürzungsform ihres Titels auch die Wohnungszuweisung regelt, wobei die einstweiligen Maßnahmen in der HausratsVO terminologisch ebenfalls als einstweilige Anordnungen bezeichnet werden, während man im allgemeinen im Bereich der freiwilligen Gerichtsbarkeit - zu der die HaushaltsVO gehört - von vorläufigen Anordnungen spricht). Die Möglichkeit, eine von beiden Maßnahmen (einstweilige Anordnung nach § 620 dZPO und vorläufige Anordnungen) zu treffen, schließt einstweilige Verfügungen aus.[52] Eine einstweilige Anordnung nach § 620 dZPO kann allgemein bei Vorliegen eines „dringenden Regelungsbedürfnisses" getroffen werden - die Grenze liegt also nicht unangemessen hoch - setzt aber die *Anhängigkeit eines Eheverfahrens* voraus (§ 620a Abs 2 dZPO) und kommt daher regelmäßig zu spät; vorher verbleibt allerdings die einstweilige Verfügung nach §§ 935, 940 dZPO. Einstweilige Anordnungen nach § 620 dZPO kommen mithin nur für bereits in Scheidung befindliche Ehegatten in Frage, es reicht für eine einstweilige Anordnung, wenn das weitere Zusammenleben unzumutbar ist („schwere Härte" iS des § 1361b BGB); angenommen wurde dies etwa bei körperlichen Mißhandlungen, Störungen des Familienlebens durch Trunksucht oder wiederholtes Randalieren.[53] Dabei genügt es, wenn Unzumutbarkeit für die beim antragstellenden Ehegatten lebenden Kinder gegeben ist, also etwa nur diese bedroht oder mißhandelt werden.[54] In diesem Rahmen können Anordnungen in Hinblick auf die Benützung der Ehewohnung, wie auch Belästigungs-, Mißhandlungs- und Bedrohungsverbote ausgesprochen werden. Rechtspolitisch bedenklich ist der Vorrang der einstweiligen Anordnungen gegenüber den einstweiligen Verfügungen bei Anhängigkeit des Eheverfahrens deswegen, weil die einstweiligen Anordnungen nach § 620 dZPO in den Rechtsmittelmöglichkeiten erheblich eingeschränkt sind. Das zeigt sich vor allem daran, daß nach § 620c dZPO nur eine die einstweilige Anordnung erlassende Entscheidung der Beschwerdemöglichkeit unterliegt, während für Beschlüsse, die die Erlassung einer einstweiligen Anordnung verweigern, keine Beschwerdemöglichkeit besteht (allerdings kann der Antrag in erster Instanz

---

[52]) *Heinze* in MünchKomm-ZPO Rz 233 zu § 935.

[53]) *Gießler*, Vorläufiger Rechtsschutz in Ehe-, Familien- und Kindschaftssachen[2] Rz 892.

[54]) *Zöller/Philippi* Rz 70 zu § 620.

wiederholt werden, insbesondere bei neuen Anlässen für eine gerichtliche Maßnahme, § 620b Abs 1 S 1 dZPO).

Die Möglichkeit, eine vorläufige Anordnung gem § 13 Abs 4 HausratsVO erlangen zu können, verdrängt ebenfalls die Möglichkeit einer einstweiligen Verfügung nach §§ 935, 940 dZPO, vorläufige Anordnungen können aber nur bei einem bereits anhängigen Hauptsacheverfahren auf Wohnungszuweisung gestellt werden.[55] Allerdings besteht in diesem Fall ein *Wahlrecht* zwischen einstweiliger Anordnung nach § 620 dZPO und vorläufiger Anordnung, wenn sowohl Eheverfahren als auch Wohnungszuweisungsverfahren anhängig sind.[56] Das Wohnungszuweisungs- als Hauptsacheverfahren kann ein Verfahren auf Zuweisung der Ehewohnung wegen Getrenntleben der Ehegatten (§ 1361b BGB iVm § 18a HausratsVO) oder - auch ohne Getrenntleben - ein Verfahren auf Zuweisung nach § 621 Nr 7 dZPO (iVm § 1 Abs 1 HausratsVO) anläßlich der Scheidung sein. Als inhaltliche Voraussetzung wird für vorläufige Anordnungen zur Wohnungszuweisung - anders als nach § 620 dZPO - eine „besonders schwere Härte“ verlangt, welche freilich bei Gefahr für Leben oder Gesundheit des antragstellenden Ehegatten oder eines Kindes regelmäßig angenommen wird.[57]

Dieser Abriß zeigt jedenfalls eines: Das deutsche Recht zeichnet sich beim vorläufigen Rechtsschutz gegen Gewalt in der Familie durch eine große *Zersplitterung und Unübersichtlichkeit* der verschiedenen Wohnungszuweisungsverfahren als Haupt- bzw Provisorialverfahren aus und arbeitet im wesentlichen nur mit unbestimmten Generalklauseln (vgl zB § 1361b BGB, „schwere Härte“). Demgegenüber liegt der Vorteil der österreichischen Regelung vor allem in der klaren Überschaubarkeit und konkreteren inhaltlichen Determinierung.

An *sicherheitspolizeilichen Maßnahmen* stellt das deutsche Recht keine speziellen Regelungen gegen Gewalt in der Familie zur Verfügung. Es kann nur auf allgemeine *strafprozessuale* Mittel, auf das allgemeine Recht der Ordnungswidrigkeiten, dh den *Schutz der öffentlichen Ordnung und Sicherheit* oder den allgemeinen Grundsatz der *Gefahrenabwehr* zugunsten auch zivilrechtlicher Rechtspositionen im Polizei- und Ordnungsrecht zurückgegriffen werden, wobei das Polizei- und Ordnungswidrigkeitenrecht nicht bundeseinheitlich normiert, sondern als Länderangelegenheit unterschiedlich ausgeformt ist. Allerdings wird auch in jenen Bundesländern, die eine Gefahrenabwehr zugunsten zivilrechtlicher Rechtspositionen nicht ausdrücklich regeln, ein allgemeiner Grundsatz angenommen, daß eine Gefahrenabwehr-

---

55) BGHZ 72, 169 = NJW 1979, 38; *Klauser* in MünchKomm-ZPO Rz 23 zu § 620.

56) *Zöller/Philippi* Rz 33 zu § 620.

57) *Gießler*, Vorläufiger Rechtsschutz in Ehe-, Familien- und Kindschaftssachen[2] Rz 892.

maßnahme auch zum Schutz ziviler Rechte dann möglich ist, wenn gerichtlicher Schutz nicht rechtzeitig zu erlangen ist.[58] Da es sich bei Maßnahmen gegen Gewalt in der Familie aber um Maßnahmen handelt, welche regelmässig der Verhinderung von Straftaten bzw Ordnungswidrigkeiten dienen, ist eine grundsätzliche Eingriffsbefugnis der Sicherheitsbehörden (Polizei und Ordnungsverwaltung) schon aus dem öffentlichen Interesse an der Abwehr solcher Rechtsverletzungen grundsätzlich gegeben, wenngleich die Grenzen dieser Maßnahmen gesetzlich nicht klar vorgegeben sind. Ein Hauptproblem liegt dabei darin, daß Maßnahmen, die auf das allgemeine öffentliche Interesse der Gefahrenabwehr gestützt werden, sich im Rahmen der Verhältnismäßigkeit bewegen müssen, dh unter diesem Gesichtspunkt unter Umständen (bei geringeren Eingriffen durch den Täter) eine weiterreichende Schutzmaßnahme nicht getroffen werden kann. Auch hier mangelt es dem deutschen Recht an speziellen Normen gegen Gewalt in der Familie, und gerade in diesem Punkt gibt § 38a SPG den Sicherheitsbehörden wesentlich konkretere, dh genauere Anweisungen und Ermächtigungen.

---

[58]) *Götz*, Allgemeines Polizei- und Ordnungsrecht[12] Rz 92.

Literaturverzeichnis

- *Mottl*, Alte und neue rechtliche Instrumente gegen Gewalt in der Familie, ÖJZ 1997, 542.
- *Rechberger/Oberhammer*, Exekutionsrecht (1997).
- *Konecny*, Der Anwendungsbereich der einstweiligen Verfügung (1992).
- *Schrott*, Zivilrechtliche Aspekte häuslicher Gewalt, in Frauen und Recht, Eine Dokumentation der Enquete der Bundesministerin für Frauenangelegenheiten und des Bundesministers für Justiz vom 18. und 19. Oktober 1993 (1994), 116.
- *Schwamberger*, Sicherheitspolizeigesetz - Mitwirkung von Ärzten des öffentlichen Sanitätsdienstes, RdM 1997, 85.
- *Heinze* in Münchener Kommentar zur Zivilprozeßordnung III (1992).
- *Klauser* in Münchener Kommentar zur Zivilprozeßordnung II (1992).
- *Grunsky* in Stein/Jonas, Kommentar zur Zivilprozeßordnung[21] VII/1 (1996).
- *Vollkommer* in Zöller, Zivilprozeßordnung[20] (1997).
- *Philippi* in Zöller, Zivilprozeßordnung[20] (1997).
- *Thümmel* in Wieczorek/Schütze, Großkommentar zur deutschen ZPO[3], V (1995).
- *Helle*, Der schlagende Mitbewohner - Schutz durch einstweilige Verfügung? NJW 1991, 213f.
- *Gießler*, Vorläufiger Rechtsschutz in Ehe-, Familien- und Kindschaftssachen[2] (1993).
- *Götz*, Allgemeines Polizei- und Ordnungsrecht[12] (1995).

VERMISCHTE BEMERKUNGEN ZU GLEICHBEHANDLUNGSGESETZ UND IAO-ÜBEREINKOMMEN NR 100

von Neda Bei

I. Zur aktuellen legistischen Entwicklung

Das Bundesgesetz über die Gleichbehandlung von Frau und Mann im Arbeitsleben (Gleichbehandlungsgesetz), BGBl 1979/108 idF BGBl 1985/290, 410/1990, 1991/45 und 1992/833 sowie der Kundmachung BGBl 1994/370, ist ein wenig umfangreiches Gesetz, das der Gesetzgeber einer Legalabkürzung bisher nicht für würdig befunden hat (ich kürze in der Folge mit "GleichbG" ab). Der Wortlaut der Stammfassung ist durch drei Novellen aus 1985, 1990 und 1992, eine Novelle zum Bundesministeriengesetz (BMG) aus 1991 und zuletzt 1994 durch die partielle Aufhebung einer Bestimmung durch den Verfassungsgerichtshof (VfGH) geändert worden;[1] zum Inhaltlichen verweise ich auf die systematisch umfassende Darstellung von *Bei/Novak* (1997).[2]

Die Verabschiedung einer *vierten Novelle* zum GleichbG (RV 22.8.1997 842 BlgNR 20. GP) ist nach langen Verzögerungen für Jänner 1998 zu erwarten. Die Initiative zu einer zunächst "kleinen", "technisch" umfassenden Novelle wurde von der Bundesarbeitskammer (BAK) nach einer Akkordierung auf ExpertInnen-Ebene in der Gleichbehandlungskommission (GBK) im Frühherbst 1995 an das legistisch zuständige Bundesministerium für Arbeit und Soziales (BMAS) herangetragen. Inhaltlich ging es um Details, die in der Praxis für die (parallele) Rechtsdurchsetzung in der, zunehmend mit Einzelfalldiskriminierungen durch sexuelle Belästigung befaßten, GBK und vor Gericht regelungsbedürftig erschienen. Die BAK wollte eine Lücke in § 10 b GleichbG geschlossen[3] und die Vertraulichkeit des Verfahrens vor der GBK verankert wissen, die Arbeitgeberseite strebte einen Fahrtkostenersatz für Auskunftspersonen vor der GBK an und hatte vorgeschlagen, die Legaldefinition von Diskriminierung bei sexueller Belästigung durch die Einbeziehung Dritter präzisierend zu erweitern, sodaß

---

[1]) *Kammer für Arbeiter und Angestellte für Wien*, Gleichbehandlungsgesetz. Textausgabe Stand 1.3.1997 (1997) mit vollständigen parlamentarischen Motiven zu den den drei Novellen.

[2]) *Bei/Novak*, Das Gleichbehandlungsgesetz, in *Aichhorn* (Hg), Frauen & Recht (1997), 83.

[3]) Festlegung des Zeitpunkts, in dem die Fristenhemmung zur gerichtlichen Geltendmachung nach Abschluß eines Kommissionsverfahrens aufgehoben ist.

im Einzelfall eine Diskriminierung zweifelsfrei von der GBK im Rahmen einer Empfehlung an den Arbeitgeber (AG) festgestellt werden kann (§ 2 Abs 1a Abs 2 GleichbG idgF).[4] Durch den Bruch der Koalitionsregierung, die darauffolgenden Neuwahlen im Dezember 1995 und die Regierungsneubildung kam das legistische Vorhaben zum Stillstand. Das Büro der BM[in] für Frauenangelegenheiten arbeitete im Sommer 1996 zusammen mit dem Verfassungsdienst im Bundeskanzleramt (BKA-VD) einen Entwurf aus, der die "kleine Novelle" um die Einrichtung regionaler Geschäftsstellen der Anwältin für Gleichbehandlungsfragen und Vorschläge des VD zu einer legistischen Bereinigung ua hinsichtlich des Bestellungsmodus der (Ersatz-)Mitglieder der GBK erweiterte (§ 3 GleichbG). Im Spätherbst 1996 lud das nunmehrige BM für Arbeit, Gesundheit und Soziales (BMAGS) zu Sozialpartnergesprächen über dieses erweiterte Vorhaben ein und legte im Jänner '97 den Entwurf zu einer umfassenden, zwischen BMAGS und BKA sowie sozialpartnerschaftlich akkordierten Regierungsvorlage vor. Die Budgetkonsolidierung war Anlaß einer Austerität, die die Einrichtung neuer Dienststellen, wie sie im Rahmen der vorgesehenen Regionalisierung der Gleichbehandlungsanwaltschaft (GAW)[5] erfolgen sollte, erschwerten Bedingungen der politischen Legitimation unterwarf. Zusätzlich schuf die an der Jahreswende 96/97 vorgenommene Regierungsumbildung, die mit einer Neuordnung der Ressorts einherging und ua die dienstrechtliche Kompetenz des BKA ins Finanzministerium auslagerte, geänderte Bedingungen innerhalb der Verwaltungsorganisation. Der Entwurf wurde erst im Juli '97 als ergänzender Tagesordnungspunkt in den letzten Ministerrat vor der Sommerpause des Parlaments eingebracht. Dieser beschloß zwar die Vorlage im Nationalrat, die ÖVP band trotz der vorliegenden sozialpartnerschaftlichen Akkordierung ihre Zustimmung an zusätzliche Parteiengespräche vor den Ausschußberatungen; die Bedenken der ÖVP dürfen als nunmehr ausgeräumt gelten.

Im Hinblick auf die in der zweiten Jahreshälfte 1998 bevorstehende österreichische Präsidentschaft in der EU plant das BMAGS eine *fünfte Novelle* des GleichbG. Zunächst erachtet das BMAGS einen europarechtlichen Anpassungsbedarf hinsichtlich der Entsenderichtlinie 96/71/EG[6] und der

---

[4]) Vgl das im Ergebnis und in der Begründung höchst problematische Erkenntnis des VfGH 12.12.96, B/2903/95 ua, in dem die GBK als Behörde qualifiziert wird.

[5]) Der Entwurf sieht die Einrichtung von Außenstellen des BKA ("Regionalbüros") durch Verordnung des Bundeskanzlers vor, wobei die jährlichen Kosten für ein Regionalbüro mit rund 27 Mill. S veranschlagt sind.

[6]) Art 3 Abs 1 lit f der RL 96/71/EG 16.12.1996 über die Entsendung von Arbeitnehmern im Rahmen der Erbringung von Dienstleistungen (ABl 1997 Nr L 18 1ff) sieht vor, daß die Mitgliedstaaten, unabhängig von dem auf das jeweilige Arbeitsverhältnis anwendbaren Recht, den in ihr

Vorabentscheidung des Europäischen Gerichtshofs (EuGH) in der Rechtssache (Rs) *Draehmpaehl* als gegeben. In *Draehmpaehl* hatte der EuGH die in der BRD beim Schadenersatz für Einstellungsdiskriminierung vorgesehenen Höchstgrenzen als nicht richtlinienkonform beurteilt und dem AG die volle Beweislast dafür, nicht diskriminiert zu haben, auferlegt; die den bundesdeutschen Bestimmungen genau nachgebildeten Höchstgrenzen für den Schadenersatz bei Einstellungs- und Aufstiegsdiskriminierung (§ 2 a Abs 1, Abs 1 a und § 2 a Abs 5, Abs 5 a GleichbG) sind nunmehr zweifelsfrei als richtlinienwidrig zu qualifizieren.[7] Einen weiteren Anpassungsbedarf sieht das BMAGS im Hinblick auf ein Urteil des Obersten Gerichtshofs (OGH), das der Arbeitnehmerin (ANin) den vollen Beweis für eine sexuelle Belästigung auferlegt;[8] der Wortlaut des § 2 a Abs 9 GleichbG sollte durch einen ausdrücklichen Verweis auf die Bestimmungen über sexuelle Belästigung ergänzt und damit der Wahrscheinlichkeitsbeweis auch bei sexueller Belästigung anwendbar werden. Schließlich plant das BMAGS eine Neuerlassung des Gesetzes, in deren Rahmen es den Gesetzestext im Sinn der sprachlichen Gleichbehandlung bereinigen und die Kompetenzen für die Vollziehung mit dem BKA klären möchte.

Ich möchte das legistische Vorhaben des BMAGS nicht im Detail diskutieren. Betrachten wir die bisherige legistische Entwicklung des Gesetzes, ist festzustellen, daß der Schwerpunkt im materiellrechtlichen Bereich, nämlich in der Erweiterung des Gleichbehandlungsgebotes (§ 2) und der Klarstellung der Aktivlegitimation der einzelnen ANin zu Leistungsklagen entsprechend dem in § 2 a GleichbG festgelegten Rechtsfolgenkatalog liegt. Der Durchsetzungsmechanismus[9] ist zwar im Laufe der Novellierungen auch erweitert worden, so 1985 ua durch die Selbstbindung der Förderungsverwaltung des Bundes (§ 2 b) und die betriebliche Berichtspflicht (§ 6 a), 1990 durch die Anwältin für Gleichbehandlungsfragen (§ 3 a) und Berichtspflichten an den Nationalrat (§ 10 a), 1992 ua durch eine Verwaltungsstrafe für Verletzungen

---

Hoheitsgebiet entsandten Arbeitnehmern hinsichtlich der Gleichbehandlung von Frauen und Männern sowie hinsichtlich anderer Nichtdiskriminierungsbestimmungen die Arbeitsbedingungen garantieren, die durch Rechts- oder Verwaltungsvorschriften bzw KollV in ihrem Hoheitsgebiet festgelegt sind. Demnach müßte der personelle Geltungsbereich des GleichbG auf entsandte ArbeitnehmerInnen erweitert werden; die Durchführung der RL ist mit 16.12.1999 befristet.

[7]) EuGH Urteil 22.4.1887 Rs C-180/95 *(Nils Draehmpaehl* gegen *Urania Immobilienservice OHG)* = Volltext EuGRZ 1997, 155 = DRdA 1997, im Erscheinen (*Bei*, Art 6 Gleichb-RL - effektive Umsetzung); *Gahleitner*, EuGH: Schadenersatzbeschränkungen verstoßen gegen Gleichbehandlungsrichtlinie. Gleichbehandlungsgesetz nicht europarechtskonform, ASok 1997, 266; vgl *Bei/Novak* (1997), 135f mwH.

[8]) OGH 27.3.96, 9 ObA 2056/96 k = ARD 4755/21/96; *Bei/Novak* (1997), 141 mwH.

[9]) IS der Normen und Institutionen des GleichbG mit verwaltungs- und verfahrensrechtlicher Anknüpfung ("machinery"), *Bei/Novak* (1997), 142f.

des Gebots der geschlechtsneutralen Stellenausschreibung (§ 10 d). Der Durchsetzungsmechanismus des GleichbG ist jedoch seit der Stammfassung im Kern, nämlich in den Bestimmungen über die GBK, unverändert geblieben; im übrigen auch der Geltungsbereich des Gesetzes. Mehrere Gründe sprechen dafür, eine Novellierung des GleichbG auch unter Einbeziehung dieser bisher unveränderten Regelungen zu diskutieren.

Der Geltungsbereich ist durch den Bezug auf "Arbeitsverhältnisse aller Art, die auf privatrechtlichem Vertrag beruhen", definiert (§ 1 Abs 1). Von der Erosion des Normalarbeitsverhältnisses bzw der vielfach angesprochenen "Flucht aus dem Arbeitsrecht" und der damit verbundenen sozialrechtlichen Absicherung sind Frauen zunehmend betroffen. Nach der derzeitigen Rechtslage könnte allerdings eine arbeitnehmerähnliche Werkvertragnehmerin die im Vergleich zu männlichen arbeitnehmerähnlichen Werkvertragsnehmern schlechtere Bezahlung gar nicht als diskriminierend bekämpfen, die Zuweisung des vergleichsweise prekären Status nur dann, wenn sie nachweist, daß ein verschleiertes Arbeitsverhältnis vorliegt. Der Gesetzgeber sollte diese und verwandte Entwicklungen, in denen das letztlich fremdbestimmte Erbringen von Leistungen gegen Geld von rechtlichen Mindestgarantien entkoppelt wird, durch eine Ausdehnung des Geltungsbereiches berücksichtigen.

Was nun die Bestimmungen über die GBK betrifft, so hat der Gesetzgeber der Stammfassung eine Abwägung zwischen dem Recht, im Arbeitsverhältnis auf Grund des Geschlechtes nicht diskriminiert zu werden, und der Privat- bzw Kollektivvertragsautonomie getroffen. Das Diskriminierungsverbot (§ 2 GleichbG) ist eine zwingende Norm und vernichtet als Verbotsgesetz (§ 879 ABGB) entgegenstehende Vertragsinhalte (Teilnichtigkeit). Damit hat der Gesetzgeber in die Privatautonomie und auch in die Kollektivvertragsautonomie eingegriffen; dieser Eingriff ist aber nicht zuletzt auf Grund völkerrechtlicher Verpflichtungen, die sich ua aus den von Österreich ratifizierten IAO-Übereinkommen (Übk) über die Gleichheit des Entgelts männlicher und weiblicher Arbeitskräfte, 1951 (Nr 100), BGBl 1954/39, und über die Diskriminierung in Beschäftigung und Beruf, 1958 (Nr 111), BGBl 1973/111, sowie aus Art 4 Lohngleichheits-RL 75/117 ergeben, dh auf Grund der völkerrechtlichen und gemeinschaftsrechtlichen Verpflichtungen Österreichs zur Gewährleistung eines effektiven Schutzes vor Diskriminierung, verhältnismäßig.[10] Andererseits kann die dreigliedrig aus BeamtInnen und SozialpartnerInnen zusammengesetzte GBK über Diskriminierungen in Kollektivverträgen (KollV) Gutachten, die bloßen Empfehlungscharakter

---

[10]) *Bei/Novak* (1997), 97f.

haben und der Bindungswirkung ermangeln *(soft law)*, de facto nur unter Beiziehung der Kollektivvertragsparteien erstellen (§ 5 Abs 2 GleichbG). Die für das GleichbG zentrale Güterabwägung zwischen Diskriminierungsschutz und Kollektivvertragsautonomie in den §§ 2 und 5 Abs 2 GleichbG ist ausgewogen und sollte beibehalten werden, ebenso wie das besondere Feststellungsverfahren (§ 54 Abs 4 ASGG).

Was hingegen das Verfahren zur Überprüfung einer Diskriminierung im Einzelfall durch die GBK (§ 6 GleichbG) betrifft, so hat sich die derzeitige Konstruktion als problematisch erwiesen. Bereits in zwei Verfahren vor dem VfGH - Beschwerdeführer war im ersten Fall ein vor der GBK verfahrensverfangener Konzern, im zweiten Fall wandten sich mehrere der sexuellen Belästigung geziehene Arbeitnehmer an den Gerichtshof - stand die Rechtsstaatlichkeit der GBK zur Diskussion; in beiden Fällen war ein Verfahren nach § 6 GleichbG Anlaß der Beschwerde.

Das derzeitige Verfahren vor der GBK (§ 6 GleichbG) läßt sich aber nicht nur aus der Sicht verfahrensverfangener AG[11] und der sexuellen Belästigung geziehener AN sowie deren Rechtsanwälte, sondern auch hinsichtlich des Rechtsschutzinteresses der einzelnen ANin problematisieren. Die ANin hat grundsätzlich die Wahl: sie kann das Arbeitsgericht, oder die Kommission, oder beide gleichzeitig, oder beide jeweils nacheinander befassen; befaßt sie die Kommission, wird die Frist zur gerichtlichen Geltendmachung ihrer Ansprüche nach dem GleichbG gehemmt (§ 10 b). Die, etwa bei einer Kündigungsanfechtung nach ArbVG, aber auch bei der Geltendmachung sonstiger arbeitsrechtlicher Ansprüche mehr oder weniger unausweichliche parallele Befassung von Arbeitsgericht und Kommission mit Verletzungen des Gleichbehandlungsgebotes wirft ungeklärte Fragen auf. Eine Bindung des Gerichtes an die Beschlüsse der GBK ist naturgemäß ausgeschlossen; das Gericht ist frei, das Verfahren vor der GBK und dessen Ergebnisse zu ignorieren. Es ist allerdings auch frei, einen Beschluß der GBK als sachverständige Äußerung in seine Beweiswürdigung einzubeziehen und das Verfahren zu unterbrechen, bis ein solcher vorliegt; sein Recht auf Akteneinsicht wird allerdings im Hinblick auf die Nichtöffentlichkeit und, nach Inkrafttreten der vierten Novelle, auch Vertraulichkeit des Verfahrens vor der GBK (§ 7 Abs 4) zu verneinen sein. Abgesehen von der Unsicherheit, wie die Richterin, der Richter mit einem parallelen Kommissionsverfahren umgehen wird, kann sich im Fall einer Unterbrechung eine überlange, im Hinblick auf Art 6 EMRK möglicherweise problematische Verfahrensdauer ergeben.

---

[11]) *Mayer*, Gleichbehandlungsgesetz und Rechtsschutzstaat, ZAS 1992, 37 (42).

Was das Verhältnis von Kommissionsverfahren und Gerichtsbarkeit überhaupt betrifft, so haben sich die Vorstellungen des Gesetzgebers der Stammfassung - die GBK soll im Vorfeld der Gerichtsbarkeit vermittelnd tätig werden, die Verbandsklage (§ 6 Abs 3) das Prozeßrisiko der ANin mildern - sowie das Vertrauen, das der Gesetzgeber der 2. Novelle in die Gerichte gesetzt hat, nur bedingt als zutreffend bzw berechtigt erwiesen. Mittlerweile hat sich an einem, jede weitere Klagsführung entmutigenden Präzedenzfall zur Weiterbildungs- und Aufstiegsdiskriminierung gezeigt, daß die GBK und die höherinstanzliche Rsp unterschiedlich strenge Anforderungen an die Rechtfertigung eines Diskriminierungsvorwurfs stellen.[12] Somit liegen nicht nur zwei, die Mechanismen der tatsächlichen Diskriminierung von Frauen im Arbeitsleben unterschiedlich berücksichtigende Maßstäbe vor, sondern zwei materiell unterschiedliche Anwendungsstandards des GleichbG, wobei der regelmäßig inhaltlich günstigere der GBK der Rechtskraftsfähigkeit ermangelt. Ob dies der Rechtssicherheit dient und für die betroffene ANin einen effektiven Rechtsschutz vor Diskriminierung (Art 6 Gleichb-RL 76/207) gewährleistet, sei dahingestellt.

Aus Sicht des Verfassungsrechts hat *Maria Berger* bereits 1982, *Stolzlechner* aus Anlaß des Erkenntnisses VfSlg 13.699 neuerlich vorgeschlagen, die GBK in rechtsstaatlich einwandfreier Weise als sog Kollegialbehörde mit richterlichem Einschlag (Art 133 Z 4 B-VG) einzurichten und somit mit rechtsverbindlichen Entscheidungsbefugnissen auszustatten. Ich möchte diesen Vorschlag für das Verfahren der Überprüfung einer Diskriminierung im Einzelfall neuerlich zur Diskussion stellen.[13] Die Arbeit der GBK darf nach bald zwanzig Jahren Rechtsanwendung in den Bereichen Gleichbehandlung mit der Anbindung an schwierige arbeitsrechtliche Fragen als hochspezialisiert bezeichnet werden, weswegen sie als *tribunal* (Art 6 EMRK) auch über allfällige sonstige arbeitsrechtliche Ansprüche einer diskriminierten ANin bzw eines diskriminierten AN entscheiden könnte.

Darüberhinaus sollte das GleichbG endlich um einen wirksamen Viktimierungsschutz insb bei sexueller Belästigung[14] und eine mit der Rsp des EuGH konforme, echte Beweislastumkehr erweitert werden.

---

[12]) OGH 30.6.94, 8 ObA 271/94 = ARD 4553/19/94 = DRdA 1994, 524; GBK Beschluß 29.4.92; *Bei/Novak* (1997), 116.

[13]) *Berger*, Braucht Österreich ein Antidiskriminierungsgesetz? in *Bundeskanzleramt - Bundespressedienst* (Hg) - *Bichler-Tschon* (Red), Frau und Recht. Berichte von einer Enquete, die am 24. September 1981 vom Staatssekretariat für allgemeine Frauenfragen veranstaltet wurde (1982), 9 (12); *Stolzlechner*, DRdA 1995, 223.

[14]) Auch im Hintergrund dieser Forderungen stehen nunmehr vorliegende Erfahrungen bei der Rechtsdurchsetzung. So verlieren sexuell belästigte Frauen regelmäßig ihren Arbeitsplatz, und der Belästigung geziehene Arbeitgeber und Mitarbeiter reagieren auf die Einleitung eines Verfahrens

II. Die Literatur zum GleichbG

"Gleichbehandlung" bedeutete im *mainstream* der österreichischen Arbeitsrechtsrechtswissenschaft, wenn wir den Indices zu Standardwerken und Entscheidungssammlungen vertrauen, noch einige Zeit nach Inkrafttreten des GleichbG den sog arbeitsrechtlichen Gleichbehandlungsgrundsatz. In der arbeitsrechtswissenschaftlichen Literatur nimmt das GleichbG nach wie vor eine marginale Stelle ein. Demgegenüber steht ein europarechtlicher Diskussionsstand, in dem das *Equality Law* der Gleichbehandlungsrichtlinien als eigener Gegenstand zunehmend unter Gesichtspunkten des Zugangs zum Recht diskutiert wird.[15]

An der vorhandenen Literatur zum GleichbG, insb nach Inkrafttreten der Stammfassung, fällt zunächst die Methodenvielfalt im rechtswissenschaftlichen Zugang und über die Rechtswissenschaften hinaus auf. Für Literatur und Fundstellen zum GleichbG insgesamt sind weiters der nicht unerheblichen Anteil an grauer Literatur[16] sowie andere Einschränkungen der wissenschaftlichen Öffentlichkeit charakteristisch. So ist eine im Auftrag des Sozialministeriums erstellte Studie über diskriminierende Bestimmungen in KollV sowohl 1978 als auch in der aktualisierten Fassung 1988 unveröffentlicht geblieben.[17] Die im nicht-öffentlichen Verfahren gefaßten Beschlüsse der GBK zur Diskriminierung im Einzelfall wurden nur sporadisch veröffentlicht,[18] wobei ein das Amtsgeheimnis einschränkendes öffentliches Interesse an der anonymisierten rechtswissenschaftlichen Bearbeitung oder an

---

vor GBK und/oder Arbeitsgericht zunehmend mit strafrechtlichen Retorsionsmaßnahmen (§ 111 StGB).

[15]) *Verwilghen* (Hg), Access to Equality between Men and Women in the European Community. Records of the Proceedings of The European Conference organized at Louvain-la-Neuve (30 september - 3 october 1992) (1993). Eine der Fragen ist, ob im Hinblick auf den Grundrechtskonnex des Gleichbehandlungsrechts für die Rechtsdurchsetzung im Arbeitsrecht typische Figuren, wie etwa Haftungsbeschränkungen, den Kriterien eines effektiven Rechtsschutzes bei Diskriminierung entsprechen; *Fitzpatrick/Gregory/Szyszczak*, Sex Equality Litigation in the Member States of the European Community, European Commission DG V, 1993 V/407/94-EN, 11, FN 17.

[16]) "Graue Literatur" ist eine in den Bibliothekswissenschaften übliche Bezeichung für das Schrifttum von Behörden, Instituten, Firmen, Parteien, Verbänden etc, das nicht über den Buchhandel vertrieben wird und auch in Bibliotheken nur bedingt zugänglich ist.

[17]) *Österreichische Studiengruppe Automation und industrielle Arbeitnehmer*, Differenzierende Bestimmungen für Männer- und Frauenarbeit in den österreichischen Kollektivverträgen (unv; BM für soziale Verwaltung 1978). Die Studiengruppe setzte sich zusammen aus Eva *Cyba* (IHS), Christine *Haager* (AK NÖ), Richard *Kellner* (BWK), Paul *Kolm*, Ilse *Kucera* (gpa), Hans *Margulies* (ÖGB) und Eva *Schwarz-Regner* (AK Wien); s *Bei/Novak* (1997), 98, FN 46 mwH.

[18]) Vgl Staatssekretariat Franziska *Fast* im BM für soziale Verwaltung (Hg), Gleichbehandlung ist das Ziel (1981).

anonymisierten Informationen der Anwältin für Gleichbehandlungsfragen über die Kommissionstätigkeit außer Zweifel steht (vgl § 10 a GleichbG).[19]

Die rechtswissenschaftliche Diskussion des GleichbG in der Stammfassung - die erste Novelle 1985 fand kaum Beachtung - war von *Mayer-Maly* und *Martinek* bestimmt. Der 1981 erschienene Kommentar von *Mayer-Maly* ist noch heute in systematischer Hinsicht maßgeblich.[20] *Martinek* war in leitender Funktion für das GleichbG legistisch verantwortlich und seit Inkrafttreten des Gesetzes bis Ende der achtziger Jahre Vorsitzender der GBK. Die Beiträge von *Mayer-Maly*[21] und *Martinek*[22] lassen trotz einiger Auffassungsunterschiede methodische Gemeinsamkeiten erkennen: beide haben die Entstehung des Gesetzes aufbereitet und völkerrechtliche, europarechtliche sowie verfassungs- und verwaltungsrechtliche Anknüpfungen im GleichbG aufgegriffen.[23] In die verfassungsrechtliche Diskussion fand das GleichbG Eingang durch *Maria Berger*.[24] Für die Politikwissenschaften sind die kritische Aufarbeitung der Entstehung des Gesetzes durch *Erika Pircher* und die Scholarenarbeit von *Alfred Noll* am IHS zu erwähnen,[25] für die Verwal-

---

[19]) *Feigl*, Anträge an die Gleichbehandlungskommission. Verfahren, Entscheidungen, Gutachten, in *Anwältin für Gleichbehandlungsfragen bei der BMin für Frauenangelegenheiten und Verbraucherschutz* (Hg), Loseblattsammlung (1997); vgl zur Amtsverschwiegenheit und ihren materiellen Schranken weiters *Bei/Novak* (1997), 147, FN 229.

[20]) *Mayer-Maly*, Gleichbehandlungsgesetz = *Floretta/Strasser* (Hg), Manzsche Kurzkommentare zum Arbeitsrecht und Sozialrecht Bd 6 (1981).

[21]) *Mayer-Maly*, Gleichbehandlung im Arbeitsverhältnis, AR-Blattei 1975; *ders*, Die Gleichbehandlung der Arbeitnehmer, DRdA 1980, 261; *ders*, Die Gleichbehandlung der Arbeitnehmer in Österreich und in der Bundesrepublik Deutschland, frauen und arbeit 1982/2-3, 3 (Nachdruck aus DRdA 1980, 261).

[22]) *Martinek*, Auswirkungen der Familienrechtsreform auf das Arbeitsrecht, DRdA 1977, 11; *ders*, Angemessene Arbeitsbedingungen als soziale Grundrechte, in *Floretta*-FS 60. Geburtstag (1983), 237; *ders*, Kollektivvertragsautonomie und Gleichbehandlung, in *Rosenzweig*-FS 80. Geburtstag (1988), 329.

[23]) Es läßt sich nun freilich diskutieren, ob der Gegenstand "GleichbG" über die Arbeitsrechtswissenschaften hinausgeht und ein über diese hinausgehendes methodisches Instrumentarium unumgänglich macht, maW einen - zunächst im Bezug auf die Rechtswissenschaften - interdisziplinären Zugang erfordert, oder ob *Mayer-Maly* und *Martinek* die Arbeitsrechtswissenschaften methodisch weit definiert bzw im soeben genannten Sinn interdisziplinär aufgefaßt haben. In jedem Fall bleibt die juristische Methodenvielfalt bemerkenswert und bietet sich als ein möglicher Erklärungsansatz für Widerstände gegen die vollinhaltliche Rezeption des Gesetzes durch die österreichische *scientific community* der Arbeitsrechtler und durch die Arbeitsrechtspraxis an.

[24]) *Berger*, in Frau und Recht (1982), 9; *dies*, Die Gleichberechtigung von Mann und Frau im österreichischen Recht, in *Frauendorf* (Hg), Die Stellung der Frau im sozialen Rechtsstaat. Referate auf der 22. Fachtagung der wissenschaftlichen Mitarbeiter der Fachrichtung "Öffentliches Recht" in Tübingen (22. - 26. Februar 1982), 87; vgl weiters *dies*, Die Gleichheit von Frau und Mann in Österreich, EuGRZ 1983, 614.

[25]) *Pircher*, Gesetzwerdung und Fraueninteressen am Beispiel des Gleichbehandlungsgesetzes, ÖZPW 4/84, 443; *dies*, Die ökonomische Gleichbehandlung der Frau im Spannungsfeld zwischen

tungssoziologie die Beschreibung der Entstehung des GleichbG aus der Sicht teilnehmender Forschung im Sozialministerium durch *Dorothea Gaudart*.[26]

Die Diskussion lebte anläßlich der zweiten, bereits weitgehend am (europäischen) Gemeinschaftsrecht orientierten "großen" Novelle zum GleichbG wieder auf und wurde im Anschluß an die dritte Novelle 1992 - durchaus auch zu Detailproblemen - fortgesetzt, wobei nunmehr völkerrechtliche zugunsten europarechtlicher Bezüge gänzlich in den Hintergrund traten.[27] Verfassungsrechtliche Bezüge blieben marginal.[28] Hervorzuheben ist der Kontext zunehmender Artikulation frauenspezifischer Problem- und Interessenlagen durch Juristinnen auch in außeruniversitären institutionellen Zusammenhängen.[29] Zugleich mit der juristischen belebten sich nach der

---

Fraueninteressen und staatlicher Konfliktvermeidung am Beispiel des Gleichbehandlungsgesetzes (phil Diss Univ Salzburg 1985); *Noll*, Einkommensunterschiede zwischen Männern und Frauen. Rechtliche Regelungen und Einkommensstatistik im internationalen Vergleich = IHS Wien Forschungsbericht 202, 1984.

[26]) *Gaudart*, Sozialwissenschaftliche Grundlagenforschung - Praxisrelevante Verwertungsbeispiele, in *Floretta*-FS 60. Geburtstag (1983), 17; *dies*, Frauenbewegung und Frauenbewußtsein in Österreich, in *Khol/Ofner ua* (Hg), Jahrbuch für Politik 1985, 155.

[27]) Vgl ua *Runggaldier*, Die Regelung der Beweislast in dem von BMfAuS vorgelegten Entwurf einer Novelle zum Gleichbehandlungsgesetz, WBl 1989, 357; *Eichinger*, Zur Angleichung des österreichischen Arbeitsrechts an das Gemeinschaftsrecht im Bereich der Gleichbehandlung von Männern und Frauen, in *Runggaldier* (Hg), Österreichisches Arbeitsrecht und das Recht der EG (1990), 205; *dies*, Zum Gleichbehandlungsgebot gem § 18 BPG, ZAS 1991, 119; *Schneider*, Präsenzdienst als Gleichbehandlungsproblem, ecolex 1992, 430; *Mazal*, Geschlechtsneutrale Stellenausschreibung, ecolex 1992, 573; *Wilhelm*, Fraun, die sich was traun, ecolex 1992, 149; *ders*, Gleichbehandlung der Geschlechter, ecolex 1993, 77; *ders*, Diskriminierung und Beweislast, ecolex 1993, 77; *Rebhahn*, Gleichbehandlung, Qualifikation und Leistung. Zur Gleichbehandlung von Frau und Mann bei Einstellung, Entgelt und Beförderung, JBl 1993, 681; *Tinhofer*, Sexuelle Belästigung durch den Geschäftsführer einer GmbH - zugleich eine Besprechung von ASG Wien 25.2.1994, 25 Cga 461/93, RdW 1994, 248; *Trost*, Mittelbare Diskriminierung durch die Rechtsprechung zum allgemeinen Kündigungsschutz, in *Floßmann/Trost* (Hg), Aktuelle Themen der Frauenpolitik (1995), 133; *Dungl*, Handbuch des österreichischen Arbeitsrechts^3 (1995), 24; *Kirschbaum*, Neues zur Gleichbehandlung der Geschlechter bei Betriebspensionen, ZAS 1995, 37.

[28]) *Sporrer*, Verfassungsrechtliche Aspekte von Quotenregelungen, iwk-Nachrichten 1991/3, 19; *dies*, Gleichberechtigung und Gleichheitsgrundsatz. Gleichbehandlung und Frauenförderung aus der Sicht des Verfassungs- und Europarechts (Rechtswissenschaftliche Diss Univ Wien 1995); *Mayer*, ZAS 1992, 37; *Pesendorfer*, (Un-)Gleichheit der Geschlechter, ecolex 1992, 598; *Bei*, VfGH: § 2 b GleichbG teilweise rechtsstaatswidrig, DRdA 1994, 532; *Sporrer*, Die österreichische Gleichbehandlungsgesetzgebung, in Öffentliche Auftragsvergabe und staatliche Leistungsgewährung - ein Instrument der Frauenförderung? (Teil 2) = Dokumentation der Sachverständigenanhörung zu den §§ 13 und 14 Landesgleichstellungsgesetz (LGG) am 18. und 19. Mai 1995 (1997), 49.

[29]) *Floßmann* (Hg), Offene Frauenfragen in Wissenschaft, Recht und Politik (1991); *Hornyik*, Grundrechte für Frauen ...., Laufschritte 94, 22; *Siegmund-Ulrich*, Zur Ambivalenz des gleichen Rechts, ÖZPW 1994/2, 151; *Mesner/Steger/Mauerhofer* (Hg), Der Tod der Olympe de Gouges. 200 Jahre Kampf um Gleichberechtigung und Grundrechte (Renner-Institut 1994); *BMin für Frauenangelegenheiten im BKA* (Hg) - *Kugler* (Red), Frauen und Recht. Eine Dokumentation der

zweiten Novelle auch die soziologische und politologische Diskussion der Gleichbehandlungsgesetzgebung wieder.[30] Die Monographien von *Julia Eichinger* aus 1990 und 1993 waren die ersten arbeitsrechtswissenschaftlichen, umfassenden maßgeblichen Diskussionsbeiträge einer Frau zum GleichbG.[31] *Renate Novak* und ich haben in unserem bereits zitierten, 1997 erschienenen Beitrag die erste systematische Gesamtdarstellung des GleichbG unter Einbeziehung aller drei Novellen und der Praxis der Gleichbehandlungskommission (GBK) von 1979 bis 1985 erarbeitet.

Die Monographien von *Eichinger* setzen den rechtswissenschaftlich "interdisziplinären" Zugang von *Mayer-Maly* und *Martinek* durch die Einbeziehung verfassungsrechtlicher Überlegungen[32] und des Europarechts fort. Allerdings ergeben sich signifikante Lücken. Obwohl etwa die verwaltungsrechtlichen Anknüpfungen in der Praxis wichtig sind,[33] entgehen sie mit wenigen Ausnahmen[34] der Aufmerksamkeit,[35] sofern ihnen nicht überhaupt bewußt ausgewichen wird.[36] Auch völkerrechtliche Bezüge scheinen bedeutungslos geworden zu sein; *Mayer-Maly* etwa las in völkerrechtskonformer Interpretation ausgehend vom Begriff "Diskriminierung" (§ 2 GleichbG) den bis zum Inkrafttreten der 3. Novelle im Gleichbehandlungsgebot enthaltenen Begriff "gleiche Arbeit" in Übereinstimmung mit IAO-Übereinkommen Nr 100, BGBl 1954/39, und der Europäischen Sozialcharta (ESC), BGBl 1969/460, als "gleichwertige Arbeit".[37]

Enquete der BM für Frauenangelegenheiten und des BM für Justiz vom 18. und 19. Oktober 1993 = Schriftenreihe der Frauenministerin 4 (1994); *Floßmann/Trost* (Hg), Aktuelle Themen der Frauenpolitik (1995); *Floßmann* (Hg), Feministische Jurisprudenz (1995); *Aichhorn*, (Hg), Frauen & Recht (1997).

[30]) *Talos*, Politik der Gleichbehandlung und die sozialen Lebensbedingungen von Frauen, SWS-Rundschau 1990/4, 453; *Artner*, Gewerkschaftspolitik auf Kosten der Frauen? Lohn- und Arbeitszeitpolitik des österreichischen Gewerkschaftsbundes und dessen Frauenabteilung seit Mitte der siebziger Jahre (Diplomarbeit GrWi Wien 1990); *Cyba*, Frauen - Akteure im Sozialstaat? ÖZS 1991/16, 25.

[31]) *Eichinger*, Die Frau im Arbeitsrecht (1990); *dies*, Rechtsfragen zum Gleichbehandlungsgesetz: Mittelbare Diskriminierung - Sexuelle Belästigung - Beweislastverteilung (1993); vgl jedoch auch den für die Praxis maßgeblichen Beitrag von *Piffl-Pavelec*, Gleichbehandlung von Frauen und Männern, in *Hellmer* (Hg), Arbeitsrecht, Gesundheitsschutz und Sozialpolitik in der EU und im EWR (1994), D 2.1.2.1.

[32]) *Eichinger*, Frau im Arbeitsrecht (1990), 29ff.

[33]) Vgl insb *Bei/Novak* (1997), 142ff.

[34]) *Adamovich-Funk*, Allgemeines Verwaltungsrecht[3] (1987), 190.

[35]) So übersehen etwa *Dittrich/Tades*, Arbeitsrecht (Loseblattsammlung) Bd 3, 52 c (55. Ergänzungslieferung) den Kompetenzübergang vom BMAS ins BKA infolge der Novelle zum BMG BGBl 1991/45.

[36]) *Mayer*, ZAS 1992, 37 (42).

[37]) *Mayer-Maly*, GleichbG (1981), 50.

Inhaltlich bemerkenswert ist die möglicherweise methodenbedingt unterschiedliche Einschätzung des Ausmaßes von Verrechtlichung im GleichbG, insb des um die GBK zentrierten Soft-law-Mechanismus. Die von *Mayer-Maly* und *Martinek* vorgegebene positive und in der Arbeitsrechtwissenschaft etwa von *Eichinger* beibehaltene Einschätzung der "sozialpartnerschaftlichen Lösung" des GleichbG als ausgewogen, differiert entscheidend von der kritischen verfassungsrechtlichen Sicht und der noch kritischeren politikwissenschaftlichen.[38]

Allerdings kann gesagt werden, daß die Einschätzung der Gleichbehandlung im kollektiven Arbeitsrecht und, damit zusammenhängend, der Rechtsschutzmöglichkeiten der einzelnen ANin auf Grund des GleichbG bis etwa zu Beginn der neunziger Jahre der Eigentümlichkeit nicht entbehrte. Die für das GleichbG bestimmende Güterabwägung zwischen Privat- und Kollektivvertragsautonomie und Diskriminierungsschutz wurde bereits erwähnt. Allerdings stellte sich diese Güterabwägung zunächst angesichts einer weit zurückreichenden umfangreichen Diskussion und Rsp über das Verhältnis von arbeitsrechtlichem Gleichbehandlungsgrundsatz, mittelbarer Drittwirkung des verfassungsrechtlichen Gleichheitssatzes und Kollektivvertragsautonomie weit weniger klar dar als nach heutigem Diskussionsstand. Heute darf als vor allem in der Praxis zweifelsfrei klargestellt gelten, daß das GleichbG als spezielle Norm Vorrang vor dem arbeitsrechtlichen Gleichbehandlungsgrundsatz hat, der ua die Bevorzugung einzelner AN als nichtwillkürlich zuläßt.[39] Der zwingende Charakter des § 2 GleichbG als Verbotsgesetz (§ 879 ABGB) ist heute ebenfalls unbestritten;[40] Lehre und Rsp bejahen einhellig, daß der Verstoß gegen ein Gesetz im formellen Sinn die betreffende Bestimmung des KollV, nicht jedoch den gesamten KollV vernichtet (Teilnichtigkeit).[41] Einem anderen Verständnis von Teilnichtigkeit folgen hingegen die Motive zum GleichbG von der Stammfassung bis zur dritten Novelle; demnach sollten Verletzungen des Gleichbehandlungsgebotes lediglich im Einzelfall, dh im Leistungsstreitverfahren, zur Nichtanwendung der betreffenden KollV-Bestimmung, nicht jedoch zu deren Vernichtung führen.[42] Daß es bereits auf Grund der Stammfassung überhaupt zu einem solchen Leistungsstreit kommen konnte, dh daß die einzelne ANin zur Leistungsklage auf die Differenz zwischen tatsächlichem und nicht-

[38]) Vgl einerseits *Eichinger*, Frau im Arbeitsrecht (1990), 325ff, andererseits *Berger*, Antidiskriminierungsgesetz, Frau und Recht (1982), 9 (12) und *Pircher*, ÖZPW 4/84, 443.

[39]) *Eichinger*, Frau im Arbeitsrecht (1990), 63f; *Bei/Novak* (1997), 96.

[40]) *Eichinger*, Frau im Arbeitsrecht (1990), 63 und 330 mwH.

[41]) *Eichinger*, Frau im Arbeitsrecht (1990), 63 mwH; *Bei/Novak* (1997), 134f; vgl nunmehr insb auch OGH 14.9.1994, 9 ObA/94 - Leichtlohngruppe.

[42]) *Bei/Novak* (1997), 134, FN 184.

diskriminierendem Entgelt aktiv legitimiert war, mochte für mit der Anwendung der Lehre von der Teilnichtigkeit auf das Arbeitsrecht vertraute JuristInnen ein systematisch abzuleitendes eindeutiges Ergebnis sein, war jedoch explizit im Wortlaut des Gesetzes nicht erkennbar. Es ist daher nicht erstaunlich, daß die Aktivlegitimation der individuellen ANin zu Klagen nach dem GleichbG kontrovers beurteilt wurde, wobei allerdings unbestritten war, daß sich die einzelne ANin immer neben einer bzw zusätzlich zur Klagserhebung an die GBK wenden konnte. *Mayer-Maly* leitete aus der Teilnichtigkeit zwar die Aktivlegimation der einzelnen ANin zur Leistungsklage auf die Entgeltdifferenz ab, schloß aber im Hinblick auf den Wortlaut der Bestimmung über die Verbandsklage (§ 6 Abs 3) eine individuelle Feststellungsklage aus; der Österreichische Arbeiterkammertag (ÖAKT) wiederum erachtete die Aktivlegitimation der einzelnen ANin auch zur Feststellungsklage als gegeben bzw vorausgesetzt.[43] Die erste Novelle 1985 räumte der ANin eine Feststellungsklage hinsichtlich der Diskriminierung bei der betrieblichen Aus- und Weiterbildung ein; mit dem in der zweiten Novelle 1990 verankerten umfangreichen Katalog von Leistungsansprüchen ist die Frage der individuellen Aktivlegitimation zur Feststellungsklage praktisch weitgehend bedeutungslos geworden.[44] Der Mangel an Klarheit der Regelung bzw die irreführenden Erläuterungen zur Teilnichtigkeit führten zu Rechtsunsicherheit in der Praxis und haben wohl mit dazu beigetragen, daß auf das GleichbG gestützte Klagen zur Entgeltdiskriminierung weitgehend unterblieben.

Trotz der bemerkenswerten Methodenvielfalt der Literatur zum GleichbG bleibt schließlich festzustellen, daß grundsätzliche Desiderate wie eine Evaluierung des Gesetze, aber auch Detailfragen offen geblieben sind. Trotz der umfassenden Aufarbeitung der Entstehung des Gesetzes geht etwa daraus nicht eindeutig hervor, worauf sich die für das Zustandekommen des GleichbG wichtige, etwa von *Pircher* mehrfach angesprochene "internationale Kritik" bezog.

---

[43]) *Bei/Novak* (1997), 133ff mwH.

[44]) Allerdings läßt sich aus dem Rechtsfolgenkatalog nunmehr auch ein klar begründetes rechtliches Interesse an einer Feststellung ableiten.

III. Zur Entstehung von IAO-Übk Nr 100: Gleiches Entgelt für männliche und weibliche Arbeitnehmer für gleichwertige Arbeit

A. Vorbereitende Berichte des Internationalen Arbeitsamtes (IAA) und Internationale Arbeitskonferenz (IAK)

Im Dezember 1948 beschloß der Verwaltungsrat der IAO, die Frage des gleichen Entgelts für Männer und Frauen auf die Tagesordnung der für Juni 1950 geplanten 33. Sitzung der IAK zur erstmaligen Beratung zu setzen, wobei in der darauffolgenden Sitzung eine zweite Diskussion erfolgen sollte (*double discussion procedure* / Verfahren der zweimaligen Beratung; Art 39 Geschäftsordnung der IAK [IAK-GO]). Das IAA hatte daraufhin einen vorläufigen Bericht mit einer Darstellung der Gesetzgebung und Praxis der einzelnen Mitgliedstaaten sowie einen Fragebogen an die Mitgliedstaaten auszuarbeiten, der diesen spätestens ein Jahr vor Beginn der betreffenden Konferenz zugehen muß; die Mitgliedstaaten wiederum müssen vor der endgültigen Beantwortung des Fragebogens die maßgeblichen Verbände der AG und der AN *(most representative organisations of employers and workers)* befragen (Art 39 Abs 1 IAK-GO). Teil I dieses ersten vorbereitenden Berichts enthält eine vergleichende Aufarbeitung der Rechtslage und Praxis der Mitgliedstaaten und die daraus folgende Entwicklung des Fragebogens[45], Teil II befaßt sich mit den eingelangten Antworten und enthält als Schlußfolgerung die Grundsätze für ein Instrument bereits in Art eines Vorentwurfs; zum ersten Fragebogen zur Lohngleichheit gingen Antworten von 26 Mitgliedstaaten, darunter Österreich, ein.[46]

Für die zweite Beratung wird nochmals ein Fragebogen ausgeschickt und ausgewertet. Während die ersten Berichte des IAA grundsatzorientiert und sowohl in statistischer als auch rechtsvergleichender Hinsicht meist materialreich sind, fallen die zweiten Berichte im Hinblick auf die bereits vorliegenden Ergebnisse der ersten Beratung kürzer und aufs Rechtstechnische konzentriert aus. Zum zweiten Fragebogen gingen Antworten von 34 Mitgliedstaaten, darunter Österreich, ein.[47]

---

[45]) International Labour Conference (ILC) 33rd Session 1950, Report V (1), Equal Remuneration for Men and Women Workers for Work of Equal Value (Genf, International Labour Office - ILO 1949).

[46]) ILC 33rd Session 1950, Report V (2), Equal Remuneration for Men and Women Workers for Work of Equal Value (ILO 1950).

[47]) ILC 34th Session 1951, Report VII (2), Equal Remuneration for Men and Women Workers for Work of Equal Value (ILO 1951).

B. Regelungsbedarf durch internationale Arbeitsstandards

1. Ausgangspunkt (erster Bericht des IAA)

Das IAA hatte die Regelungsbedürftigkeit der Frage des gleichen Entgelts für Männer und Frauen, die gleichwertige Arbeit verrichten, durch internationale Arbeitsstandards zu begründen. An erster Stelle wies das IAA auf die zentrale Bedeutung hin, die die Frage der gleichen Entlohnung von Frauen und Männern im zweiten Weltkrieg bekommen, jedoch bereits im Ersten Weltkrieg gehabt hatte. Als Frauen Männer im Ersten Weltkrieg auf den unterschiedlichsten Arbeitsplätzen, vor allem jedoch in der Rüstungsindustrie ersetzten, wurde die Frage der Entgeltgleichheit in erster Linie als Frage des Schutzes der Männerlöhne vor der Angleichung an die niedrigeren Frauenlöhne verstanden; im zweiten Weltkrieg sei ein geschärftes Problembewußtsein für die "latente Bedrohung" entstanden, die niedrigere Frauenlöhne für Männerlöhne darstellten. Die Unterscheidung zwischen "Männerarbeit" *("men's" jobs)* und "Frauenarbeit" *("women's" jobs)* mit der Zuschreibung niedrigerer Lohnsätzen für letztere sei großteils von männlichen Arbeitnehmern zum Schutz ihrer Löhne aufrechterhalten worden; dadurch sei jedoch der Arbeitsmarkt in einem wesentlichen Ausmaß eingefroren, die freie Wahl individueller ArbeitnehmerInnen eingeschränkt und eine rationale Verwendung des verfügbaren Angebots von Arbeitskräften eingeschränkt worden. Mit der wachsenden Anerkennung des Grundsatzes, daß ein Maximum an Produktivität durch die wirksamste Nutzung der Arbeitskraftressourcen eines Landes aufrechterhalten oder erreicht werden sollte, werde aber auch klar, daß die Gleichbehandlung von Männern und Frauen beim Entgelt die Verteilung des Arbeitskräfteangebots entsprechend der Fähigkeiten und Befähigungen der ArbeitnehmerInnen erleichtern und die Mobilität der Arbeitskraft im Interesse der Produktion fördern würde.

Andererseits stellten Frauen einen unverzichtbaren und, in manchen Ländern wesentlichen, Teil der Arbeitskräfte dar; bemerkenswerte Veränderungen seien bei der Frauenbeschäftigung hinsichtlich der Verteilung auf Branchen und unterschiedlichste Qualifikationen festzustellen. Zwar sei die Unterscheidung zwischen "Männer-" und "Frauenarbeit" in einigen Ländern noch aufrecht, aber in vielen anderen Staaten drängen Frauen in bisher männliche Branchen vor.

Die Regelungsbedürftigkeit durch internationale Arbeitsstandards begründete das IAA durch näheres Eingehen auf drei Punkte: die zunehmende

Wichtigkeit weiblicher Erwerbsarbeit;[48] vorhandene Ansätze in der Arbeit der IAO und anderer internationaler Organisationen;[49] die Position von Regierungen und Sozialpartnern. Die Haltung der Regierungen nahm das IAA als grundsätzlich problembewußt wahr[50], wenn auch einzelne Staaten keinen unmittelbaren Handlungsbedarf auf IAO-Ebene sahen. Während die Haltung der Gewerkschaften zur Anerkennung des Grundsatzes "gleicher Lohn für gleichwertige Arbeit" als großteils, wenn nicht als durchgehend positiv bezeichnet werden konnte - nicht zuletzt hatte ein internationaler Dachverband wie die World Federation of Trade Unions (WFTU) 1948 die Frage an den Wirtschafts- und Sozialrat der Vereinten Nationen (ECOSOC) herangetragen - standen Arbeitgeberverbände mit wenigen Ausnahmen, so in den USA, dem Grundsatz "gleicher Lohn für gleichwertige Arbeit" ablehnend gegenüber. Das von Arbeitgeberseite im wesentlichen vorgebrachte Argument für die Beibehaltung unterschiedlicher Frauen- und Männerlöhne bei gleicher Tätigkeit war, daß der Gesamtwert *(over-all value)* der von Frauen geleisteten Arbeit aus Sicht des Unternehmens geringer sei als der von Männern geleisteten Arbeit.

Die vom IAA gestellte erste Frage bezog sich darauf, ob der Mitgliedstaat die Annahme einer internationalen Regelung durch die IAO für wünschenswert hält, und wenn ja, in welcher Form. Österreich stellte den Antworten eine allgemeine Bemerkung voran, in der auf die Beschlußlage des Österreichischen Gewerkschaftsbundes hingewiesen wurde.[51] Entsprechend wurde

---

[48]) Hierzu legte das IAA ausgewählte Statistiken vor und schloß mit dem Befund, daß das Ausmaß der Unterschiede zwischen Frauen- und Männerlöhnen unbeeinflußt von der tatsächlichen Effizienz und Befähigung der jeweiligen ArbeitnehmerInnen, sondern historisch und durch eine traditionelle Einstellung gegenüber Frauenerwerbsarbeit bedingt sei, International Labour Conference (ILC) 33rd Session, Report V (1), Equal Remuneration for Men and Women Workers for Work of Equal Value (Genf, International Labour Office - ILO 1949), 3ff.

[49]) Art 41 IAO-Vf und Erklärung von Philadelphia; Übk Nr 26 (1928) und Teil B der Empf (1928) zur Festetzung von Mindestlöhnen; Art 37 (1) Empf (1944) zur Beschäftigung (Übergang vom Krieg zum Frieden); Entschließungen der IAK aus 1937, 1939 und 1947; Entschließungen regionaler Konferenzen der Mitgliedstaaten der IAO; Art 23 (2) UN-Charter; ECOSOC Res 18.2.1949, Doc E/1177 (23.2.1949); Commission on the Status of Women, UN Doc. E/615, 26.1.1948, und UN Doc. E/C.N.6/108, 30.3.1949, nach: ILC 33rd Session 1950 Rep. V (1), 8ff.

[50]) Ausdrückliche Verankerung in den Verfassungen zuerst von Mexiko (1917), zuletzt von Jugoslawien (1946) und Hessen sowie Baden-Württemberg (1946), ILC 33rd Session 1950 Rep V (1), 14.

[51]) "A resolution unanimously adopted by the First Federal Congress of the Austrian Trade Union Federation held in May 1948 states that, in the conclusion of all collective agreements, the basic principle of equal pay for work of equal value should be given effect where possible. Thus this basic principle has become part of the official programme of the Austrian Trade Union Federation. Moreover, the Federation emphasises that this principle is not only part of its policy to collective agreements, but is valid for the entire field of remuneration for men and women workers. At the same Congress, a resolution proposed by the Women's Committee of the Trade Union Fe-

die Annahme einer internationalen Regelung befürwortet, uzw eines Übk, das jedoch im Hinblick auf die Lohnfestsetzung durch KollV nur Grundzüge regeln und durch eine Empf ergänzt werden sollte.[52]

2. Ergebnis

Die IAK entscheidet, ob das vorgeschlagene Thema die Form eines Übereinkommens (Übk) und/oder einer Empfehlung (Empf) annehmen soll; die Annahme von Übk durch die IAK bedarf einer Zweidrittelmehrheit (Art 10 Abs 1 Verfassung der IAO [IAO-Vf]). Die IAK beschloß bei der ersten Beratung in ihrer 33. Sitzung zwar einstimmig, die Beratungen auf der nächsten IAK fortzusetzen, ließ aber offen, welche Form das Instrument haben sollte.[53] Das IAA arbeitete daher im zweiten Bericht alternative Entwürfe für ein Übk mit Empfehlung und für eine Empfehlung allein aus. In ihrer Antwort auf den zweiten Fragebogen hielt die österr Bundesregierung fest, daß sie ein Übk mit Empfehlung befürworte, die Arbeitgeberseite jedoch ein Übk einhellig ablehne und nur eine Empfehlung befürworte.[54] Schließlich einigte sich die IAK in der zweiten Beratung auf ein Übk und eine Empfehlung.

C. Definition: "gleicher Lohn für gleichwertige Arbeit"

1. Ausgangspunkt (erster Bericht des IAA)

Das IAA erachtete eine Definition insb des Begriffs "gleichwertige Arbeit" in einer internationalen Arbeitsnorm im Hinblick auf die Festlegung von Vergleichskriterien zwischen Frauen- und Männerarbeit als notwendig; ein weiter Entgeltbegriff erschien weitgehend unproblematisch. Allerdings sollte

---

deration was unanimously adopted. This resolution expressed the attitude of the women trade unionists who expect that the trade unions should work for comparable wages for women where there is equal production", ILC 33rd Session Rep V (2), 2.

52) "In view of the special importance of the subject, it seems desirable for the regulation to take the form of a Convention. Since, however, the basic principle of equal remuneration for men and women workers for work of equal value is not in all countries based on law as regards all groups of employees but, rather, is left to collective bargaining, the Convention should be limited to laying down the most important principles, while the details of application would be included in a Recommendation." Weiters schlug Österreich vor, die Gestaltung des Entwurfs zu einem Übk über Arbeitsmigration aus 1949 zum Vorbild zu nehmen; demnach seien die Hauptbestimmungen im Übk mit einem Anhang enthalten, wobei sich die Mitgliedstaaten entscheiden könnten, ob sie den Anhang als Übk oder als Empf annehmen wollen. ILC 33rd Session 1950, Rep. V (2), 8.

53) ILC 33rd Session (1950), Record of Proceedings, 516.

54) ILC 34th Session (1951), Rep. VII (2), 4.

nach Ansicht des IAA im Hinblick auf unterschiedliche ökonomische, soziale und historische Bedingungen für unterschiedliche Lohnniveaus ein branchenübergreifender Vergleich vorweg ausgeschlossen sein, "wie zB zwischen einer Weberin und einem Schweißer"[55], und der Vergleich zwischen Frauen- und Männerlöhnen auf gleiche Produktionsvorgänge beschränkt bleiben. Drei unterschiedliche Zugänge boten sich an.

a) Entgeltfestsetzung aufgrund eines Leistungsvergleichs bei vergleichbarer Arbeit

Dieses Verfahren setzt vergleichbare Tätigkeiten und ein Bewertungsverfahren voraus. Auch in diesem Zusammenhang hielt das IAA Entwicklungen während des Krieges für ausschlaggebend: Frauen, die Männer ersetzten, sollten ein dem Wert ihrer Arbeit entsprechendes Entgelt erhalten, im Gegensatz zur traditionellen Unterscheidung zwischen Frauen- und Männerlöhnen. Nach Ansicht des IAA wurde diese Entwicklung insb von den Gewerkschaften unterstützt, die den Druck auf die Männerlöhne zu verhindern suchten. Ebenso betonte das IAA die Bedeutung der besonderen Bedingungen der Kriegswirtschaft für die (erzwungene) Erprobung und Entwicklung von Arbeitsbewertungsverfahren in großem Maßstab. Die Anwendung durch die (im Krieg) für die Lohnüberprüfung bzw -festsetzung zuständigen Stellen führte allerdings nicht zu einheitlichen und unumstrittenen Ergebnissen. So kam das australische *Women's Employment Board* in einer Grundsatzentscheidung zum Ergebnis, daß die Effizienz von Frauen teilweise gleich oder größer als die von Männern sei, insgesamt bzw im allgemeinen jedoch davon auszugehen sei, daß Frauen weniger produktiv als Männer seien; insb im Metall- und Industriebereich sei es daher gerechtfertigt, Frauenlöhne mit 90% der Männerlöhne festzusetzen.[56] Im Unterschied dazu erachtete das *National War Labour Board* in Kanada einen Gesamtvergleich zwischen Frauen- und Männerarbeit für unzulässig und hielt stattdessen bei der Einführung neuer Lohnschemata einzelfallbezogene Überlegungen sowie die Beachtung zweier Kriterien für notwendig, nämlich der für die jeweilige Arbeit erforderlichen Ausbildung und Fähigkeit. Im Ergebnis wurde damit allerdings die Zulässigkeit niedrigerer Lohnklassen für jüngere bzw nicht voll ausgebildete AN bejaht, mit denen wiederum Frauen vergleichbar erschienen. In Großbritannien wurde während des Zweiten Weltkrieges das Entgelt zwischen AG-Verbänden und Gewerkschaften für Arbeitsplätze

[55]) ILC 33rd Session 1950, Rep. V(1), 20.

[56]) Begründung: geringere Körperkraft (Gewichtheben); "die den Frauen eigenen periodischen Zeiträume geringerer Effizienz und Produktivität"; höhere Abwesenheitsraten; ILC 33rd Session 1950, Rep. V (1), 22.

vereinbart, an denen Frauen Männer ersetzten; als Grundsatz, dessen Anwendung allerdings immer wieder zu Unklarheiten führte, galt, daß nach einer Probzeit die Frau dann den gleichen Lohn wie ein Mann erhielt, wenn sie ohne zusätzliche Hilfe oder Anleitung arbeiten konnte.

b) Entgeltfestsetzung aufgrund kostenorientierter Arbeitsbewertung (Produktionskosten; "Gesamtwert" für den AG)

Das IAA setzte sich sehr ausführlich mit der von den AG, aber auch einigen der genannten staatlichen Stellen (Australien, Neuseeland) vertretenen Auffassung auseinander, daß dem AG aus der Beschäftigung von Frauen keine höheren Kosten erwachsen dürften, und, wenn es doch so sein sollte, eine niedrigere Entlohnung von Frauen sei. Das IAA stellte den "Gesamtwert" eines AN, den dieser ua während der Gesamtdauer seiner Beschäftigung für den AG gewinnt, in Frage;[57] stattdessen sollte ausschließlich auf den Inhalt der Tätigkeit abgestellt werden.[58] Im Vordergrund stand die Bewertung der traditionellerweise von Männern verrichteten industriellen Schwerarbeit im Vergleich zur von Frauen verrichteten "Leichtarbeit". Das IAA ging zuerst auf die Notwendigkeit spezifisch arbeitsplatzbezogener Überlegungen zur Arbeitsorganisation ein, die den angesprochenen Gegensatz von "leicht" und "schwer" zu relativieren vermögen, und setzte sich dann in ausführlicher Kritik mit den, der Frauenarbeit allgemein zugeschriebenen erhöhten Kostenfaktoren auseinander: gesetzliche und vertragliche Einschränkungen der Arbeitszeit (Überstundenverbote, Nachtarbeit); höhere Abwesenheiten insb aufgrund familiärer Verpflichtungen; Mutterschutz; frauenspezifisch erforderliche betriebliche Einrichtungen wie besondere Räume zur Ablage von Kleidung, sanitäre Einrichtungen, Waschgelegenheiten, Kantinen, medizinische Versorgung, Kinderbetreuung und angenehm gestaltete Arbeitsplätze.

---

57) Damit war nicht zuletzt die kürzere Beschäftigungsdauer von Frauen angesprochen; vgl den vom IAA zitierten Bericht der großbritannischen Royal Commission on Equal Pay: "In discussing the value of an employee to his or her employer, it will be necessary on occasion to distinguish between the value of the services rendered in relation to a given 'unit' of work, whether the unit be a job or a time, and the over-all value of the employee's services over the whole period during which he or she remains in employment. It is clear that the latter may be affected by factors irrelevant to the former (... [propose]) to leave inequality in respect of over-all value out of account in deciding whether work should or should nor be called equal and, to this extent at last, 'equal pay for equal work' will not, as used by us, have the same import as 'equal pay for equal value to the employer.'" ILC 33rd Session 1950, Rep.V (1), 28.

58) "The rate for the job", nach einem 1919 vom großbritannischen War Cabinet Committee on Women geprägten Ausdruck. ILC 33rd Session 1950, Rep. V (1), 28.

c) Entgeltsätze aufgrund von Tätigkeitsinhalten

Dieser von den Gewerkschaften und dem IAA favorisierte Ansatz stellt bei der Entgeltfestsetzung auf den Tätigkeitsinhalt und nicht auf das Geschlecht der Person ab, die diese Tätigkeit verrichtet. Das IAA wies allerdings in diesem Zusammenhang auf die bei der Abschaffung von Frauen- und Männerlohngruppen notwendige Neubewertung und Analyse von Tätigkeiten hin.

2. Ergebnis

Die IAK erarbeitete in der ersten Beratung eine umfassende Formulierung des Entgeltbegriffs, die unverändert in der zweiten Beratung angenommen wurde (nunmehr Art 1 a Übk). Österreich hatte dem IAA auf die Frage nach einer auf den Tätigkeitsinhalt abstellenden Definition des Grundsatzes "gleicher Lohn für gleichwertige Arbeit" geantwortet, daß in der internationalen Norm ein nicht auf die Tätigkeit, sondern auf das Ergebnis einer Tätigkeit bzw die Arbeitsleistung *(output)* abstellendes geschlechtsspezifisches Diskriminierungsverbot verankert werden sollte, das jedoch für die Entgeltfestsetzung in Frauenberufen - mangels einer unmittelbaren Vergleichsbasis - einer ergänzenden Bestimmung bedürfe.[59] Trotz mehrheitlicher Zustimmung aufgrund des ersten Fragebogens entfiel bei der ersten Beratung der IAK der im Vorschlag des IAA enthaltene ausdrückliche Bezug auf den Tätigkeitsinhalt *(job content)*; die so veränderte Formulierung wurde in der zweiten Beratung als Art 1 b des Übk angenommen. Die Bestimmung lautet: "Der Ausdruck 'Gleichheit des Entgelts männlicher und weiblicher Arbeitskräfte für gleichwertige Arbeit' bezieht sich auf Entgeltsätze, die ohne Rücksicht auf den Unterschied des Geschlechts festgesetzt sind *(rates of remuneration established without discrimination based on sex)*".

---

[59]) "The term 'equal remuneration for men and women workers for work of equal value' should not refer to the actual form of work, but to equal output. The basic principle should, therefore, be phrased as follows: 'In the fixing of wages or salaries, where there is equal output, there should be no discrimination between workers on the basis of sex. / In the case of jobs which are specifically women's jobs, the principle referred to above should be supplemented, as in these occupations a basis of comparison necessary for the application of the principle is lacking. Therefore, a further basic provision should be included to provide that 'in the payment of wages or salaries for jobs which are specifically women's jobs, the wages or salaries paid in respect of related or similar jobs should be taken as a basis for comparison.'" ILC 33rd Session 1950, Rep. V(2), 15f.

D. Anwendungsbereich und Methoden der Durchführung

1. Ausgangspunkt (erster Bericht des IAA)

a) Staatliche Maßnahmen zur Gewährleistung der Anwendung des Grundsatzes der Entgeltgleichheit von Frauen und Männern

Da die Vertragsparteien der IAO-Übk die Mitgliedstaaten sind, mußte das IAA bei den Vorarbeiten für ein Übk von einer staatlichen Verantwortlichkeit für eine nicht-diskriminierende Lohnpolitik ausgehen, deren Art und Ausmaß definieren und einen internationalen Mindeststandard finden, der die unterschiedlichen Systeme der Entgeltfestsetzung in den Mitgliedstaaten berücksichtigte. Das IAA ging von folgenden Systemen aus:

- Nebeneinander von gesetzlich festgelegten Löhnen für bestimmte Sektoren und KollV, wobei die staatlichen Mechanismen zur Bestimmung und Durchsetzung von Míndestentgelten unterschiedlich gestaltet sind;
- Verankerung der Lohngleichheit als grundlegender arbeitsrechtlicher Standard, vergleichbar mit der Festlegung anderer zwingender arbeitsrechtlicher Mindeststandards (zB Arbeitszeit) mit der möglichen Rechtsfolge der Nichtigkeit entgegenstehender kollektivvertraglicher Bestimmungen;
- Planwirtschaften, in denen die Lohngleichheit als grundlegender Rechtsgrundsatz verankert ist und durch Systeme der einheitlichen Lohnfestsetzung mit großer Breitenwirkung verbindlich wird;
- Entgeltfestsetzung durch für große Sektoren wirksame Kollektivvertragsverhandlungen, wobei die KollV-Parteien volle Autonomie bzw Freiheit von staatlichem Einfluß anstreben und aufrechterhalten (Skandinavien, Großbritannien).

Im Hinblick auf die Unterschiedlichkeit der vom völkerrechtlichen Mindeststandard zu erfassenden Systeme schlug das IAA die Verankerung eines allgemeinen Grundsatzes vor, wonach die Mitgliedstaaten die Anwendung der Lohngleichheit durch Maßnahmen garantieren, die der jeweiligen innerstaatlichen Praxis der Entgeltfestsetzung entsprechen, und richtete eine entsprechende Frage an die Mitgliedstaaten.

b) Maßnahmen in Bereichen mit unmittelbarem staatlichen Einfluß auf die Entgeltfestsetzung

Das IAA gab in seinem ersten Bericht den Bereichen, in denen die Mitgliedstaaten die Entgeltfestsetzung direkt beeinflussen oder kontrollieren können, breitesten Raum, und sprach zunächst den öffentlichen Dienst sowie gesondert das Erziehungswesen an. Trotz der vergleichbar grundsätzlichen Anerkennung der Entgeltgleichheit in der *Verwaltung* etlicher Mitgliedstaaten konnte das IAA eine Fülle von Ausnahmebestimmungen und problematischer Praktiken zusammentragen, so die in Verwaltungsvorschriften festgelegte Reservierung bestimmter, zumeist höherer Verwendungen für Männer; den grundsätzlichen Ausschluß von Frauen aus Polizei, Militär, diplomatischem Dienst, mit Rechts- und Finanzfragen befaßten Verwaltungsbereichen, bestimmten technischen Verwendungen und kirchlich assoziierten Ämtern; den gänzlichen Ausschluß verheirateter Frauen von ständigen Verwaltungsposten *(marriage bar)* bei niedrigerer Einstufung. Für etliche Mitgliedstaaten stellte das IAA die tatsächlich oder rechtlich bedingte generell niedrigere Einstufung von Frauen im Verwaltungsdienst fest.[60] Auf das *Erziehungswesen* ging das IAA gesondert ein, da dieses in manchen Mitgliedstaaten nur teilweise staatlich war; auch hier war trotz gegenläufiger Tendenzen ein noch immer existierender Ausschluß verheirateter Frauen festzustellen.

An zweiter Stelle sprach das IAA die *staatliche Festsetzung von Mindestlöhnen* an, die in verschiedenen Mitgliedstaaten für bestimmte Gruppen von ANinnen, insb aber für Niedriglohnbranchen vorgesehen war. Das IAA konstatierte ein zunehmendes Problembewußtsein staatlicher Stellen für den von Niedriglöhnen ausgehenden Lohndruck, aber auch die staatliche Festschreibung niedrigerer Frauenlohngruppen. In den USA stellte das IAA unterschiedliche gesetzliche Mindestlohnregelungen für Niedriglohnbranchen heraus: für beide Geschlechter geltende (Oklahoma 1937; Massachusetts und Connecticut 1939), aber auch solche, die die Beschäftigung von Männern in Branchen mit gesetzlichen Mindestlöhnen verboten (Rhode Island 1945, New York 1948).

An dritter Stelle sprach das IAA die *verstaatlichte Industrie* bzw Unternehmen im staatlichen Eigentum oder unter staatlicher Kontrolle und deren Bedeutung im Nachkriegseuropa an (Beispiele Frankreich, Polen, Tschechoslowakei, Großbritannien), an vierter Stelle *öffentliche Aufträge (Work Executed under Public Contracts).* Diesem Bereich schenkte das IAA hinsichtlich der Verankerung und Durchsetzung arbeitsrechtlicher Mindeststandards besondere Aufmerksamkeit *(labour clauses)* und nahm entsprechende Einflußmöglichkeiten der Mitgliedstaaten als gegeben an *(fair wage clauses).*

Für den direkt unter staatlichem Einfluß stehenden Bereich ging das IAA insgesamt davon aus, daß die Durchsetzung der Entgeltgleichheit nicht nur,

---

60) Auch hier waren Veränderungen im Zweiten Weltkrieg festzustellen: das *London County Council* etwa gewährte Luftfrachtpilotinnen und Flugingenieurinnen, die im *Air Transport Auxiliary* tätig waren, gleiche Bezahlung, ILC 33rd Session 1950, Rep. V(1), 59f.

wie etwa im öffentlichen Dienst, eine erhebliche Anzahl von ANinnen beträfe, sondern Auswirkungen auf andere Sektoren entfalten könnte. Es schlug daher vor, die Verpflichtung der Mitgliedstaaten zur Gewährleistung der Entgeltgleichheit in ihren zentralen Verwaltungen gesondert zu verankern; sofortige Maßnahmen zur Verwirklichung der Entgeltgleichheit in den angesprochenen Bereichen zu setzen, und insofern dies nicht machbar wäre, die Entgeltgleichheit schrittweise zu verwirklichen, jeweils unter Mitwirkung der Arbeitgeber- und Arbeitnehmervertreter.

c) Bestimmungen über die allgemeine Durchführung des Grundsatzes der Entgeltgleichheit

Das IAA ging davon aus, daß die formale verfassungsrechtliche Anerkennung bzw Verankerung der Entgeltgleichheit die praktische Anwendung nicht gewährleistet, und untersuchte in der Folge die *gesetzliche Verankerung* in den Mitgliedstaaten. Es stellte eine Reihe unterschiedlicher Systeme der Normierung, Anwendung und Kontrolle,[61] wobei KollV *grundsätzlich* den jeweiligen gesetzlichen Bestimmungen entsprechen sollten, sowie eine Reihe typischer *Ausnahmen* fest.[62] Auf das Verhältnis solcher gesetzlicher Regelungen zu KollV ging das IAA im Hinblick auf das typische Ziel der Gewährleistung eines Mindestlohnniveaus durch Gesetze nicht näher ein.

Im Hinblick auf Mitgliedstaaten, in denen die Entgeltfestsetzung weitestgehend durch *KollV* erfolgt, hielt das IAA allerdings fest, daß gesetzliche Bestimmungen kein geeignetes Mittel der Durchführung einer internationalen Arbeitsnorm zur Entgeltgleichheit wären. Hier müßten die Mitgliedstaaten die freiwillige Anerkennung des Grundsatzes der Entgeltgleichheit durch andere geeignete Mittel fördern. In diesem Zusammenhang wies das IAA auf typische KollV-Klauseln hin.[63]

Hinsichtlich der möglichen Ausnahmen von gesetzlichen Regelungen übte das IAA eine ausdrücklich begründete Zurückhaltung; es fragte die Mitgliedstaaten, inwieweit die vorgesehenen internationalen Instrumente auf Gesetze und KollV als Mittel der Durchführung eingehen sollten.

---

[61]) Verankerung des Grundsatzes in allgemeinen Arbeitsrechtsnormen, Kontrolle ua durch Arbeitsbücher, Arbeitsinspektorate und Strafsanktionen; eigene Gleichbehandlungsgesetze.

[62]) So Land- und Forstwirtschaft, HausgehilfInnen, Arbeit in nicht gewinnorientierten Organisationen..

[63]) Eigene Entgeltgleichheitsklauseln; allgemeine Nichtdiskriminierungsklauseln; Klauseln, die auf den Tätigkeitsinhalt ohne Berücksichtigung des Geschlechts abstellen; Klauseln, die die gleiche automatische Vorrückung vorsehen; Klauseln, die vorsehen, daß die Lohnsätze für neue Produkte oder Tätigkeiten nach dem Tätigkeitsinhalt und nicht nach Frauen- bzw Männersätzen festgelegt werden.

d) Festlegung objektiver Arbeitsbewertungsverfahren

Im Hinblick auf die Bedeutung von Tätigkeitsanalysen und Arbeitsbewertungsverfahren für die Entgeltgleichheit der Geschlechter fragte das IAA, ob die geplanten internationalen Instrumente eine besondere Verpflichtung der Mitgliedstaaten vorsehen sollten, in enger Zusammenarbeit mit den Organisationen der AG und AN genaue und objektive Verfahren zur Bewertung von Tätigkeitsinhalten einzuführen, um die Anwendung des Grundsatzes der Entgeltgleichheit zu erleichtern; und ob zweitens nach Durchführung einer solchen Arbeitsbewertung weiterbestehende Entgeltunterschiede als mit dem Grundsatz der Entgeltgleichheit übereinstimmend zu gelten hätten.

e) Zusammenarbeit mit Arbeitgeber- und Arbeitnehmerorganisationen

Das IAA schätzte die im Zusammenhang mit der Entgeltgleichheit gegebenen Fragen als komplex ein und schlug eine allgemeine Bestimmung vor, die eine (enge) Zusammenarbeit von staatlichen Stellen und Sozialpartnern vorsah.

2. Ergebnis

a) Staatliche Maßnahmen zur Gewährleistung der Anwendung des Grundsatzes der Entgeltgleichheit von Frauen und Männern

Der Vorschlag des IAA fand breiteste Akzeptanz - Österreich betonte die Notwendigkeit der Flexibilität der Durchführungsmaßnahmen[64] - und ging weitgehend unverändert als Art 2 Abs 1 in das Übk ein:

> Jedes Mitglied hat mit den Mitteln, die den bestehenden Verfahren zur Festsetzung der Entgeltsätze entsprechen, die Anwendung des Grundsatzes der Gleichheit des Entgelts männlicher und weiblicher Arbeitskräfte für gleichwertige Arbeit auf alle Arbeitnehmer zu fördern und, soweit es mit diesen Verfahren vereinbar ist, sicherzustellen.

b) Maßnahmen in Bereichen mit unmittelbarem staatlichen Einfluß auf die Entgeltfestsetzung

Österreich äußerte sich bei der Beantwortung des ersten vom IAA vorgelegten Fragebogens so wie die meisten Mitgliedstaaten grundsätzlich zustimmend, wies aber zugleich auf die mögliche unterschiedliche Verankerung in einem Übk und einer Empf hin.[65] Das IAA placierte im Entwurf für die zweite Beratung die vorgeschlagenen umfangreichen und zeitlich abgestuften Durchführungsmaßnahmen bereits nicht mehr im Übk, sondern in Art 1 bis 4 der Empfehlung. In dieser Form wurden sie auch beschlossen.

---

[64]) ILC 33rd Session 1950, Rep.V (II), 21.
[65]) ILC 33rd Session 1950, Rep. V (II), 24.

c) Bestimmungen über die allgemeine Durchführung des Grundsatzes der Entgeltgleichheit

Auf die Frage nach der innerstaatlichen Durchführung des vorgesehenen internationalen Instruments durch Gesetze mit allfälligen Ausnahmebestimmungen antwortete Österreich, daß im Fall der Annahme der vorgeschlagenen Definition des Grundsatzes der Entgeltgleichheit (vgl Art 1 b der angenommenen Fassung des Übk) Ausnahmen nicht zulässig erschienen. Auf die zweite Frage des IAA nach der Durchführung durch KollV oder eine Kombination von KollV und Gesetz in Systemen, in denen die Durchführung primär durch Gesetze nicht geeignet erschien, antwortete Österreich, daß die Durchführung durch KollV (allein) vorzuziehen sei. Die IAK beschloß in der ersten Beratung die Durchführung durch Gesetze, KollV oder eine Kombination dieser Mittel; zur zweiten Beratung legte das IAA einen um gesetzliche Systeme der (Mindest-)Lohnfestsetzung erweiterten Vorschlag vor, der als Art 2 Abs 2 des Übk angenommen wurde:

> Dieser Grundsatz kann verwirklicht werden durch
> (a) die Gesetzgebung,
> (b) gesetzlich geschaffene oder anerkannte Einrichtungen zur Lohnfestsetzung,
> (c) Gesamtarbeitsverträge zwischen Arbeitgebern und Arbeitnehmern[66] oder
> (d) eine Verbindung dieser verschiedenen Mittel.

d) Festlegung objektiver Arbeitsbewertungsverfahren

Österreich antwortete hinsichtlich der Festlegung solcher Verfahren durch staatliche Stellen in enger Zusammenarbeit mit den Sozialpartnern, daß eine solche Bestimmung in Ländern, in denen die Löhne in privaten Unternehmen durch freie KollV-Verhandlungen festgesetzt werden, erfolgt, kaum anwendbar seien. Das internationale Instrument solle demnach in einer eigenen Bestimmung vorsehen, daß die Festlegung bestimmter Standards der Arbeitsbewertung auch dann ausreichend sei, wenn "dies ausschließlich durch KollV erfolge".[67]

---

[66]) In den deutschen amtlichen Übersetzungen der IAO gleichbedeutend mit "KollV".

[67]) "The provisions mentioned under this point could hardly be applied in countries where public authorities have little influence on the fixing of wages for employment in private undertakings, and where the setting of wages is left to the free negotiation of the parties to collective agreements. The international regulation should, therefore, also provide that the fixing of certain standards for evaluating job content would be deemed acceptable, even where this is done exclusively through collective agreements." ILC 33rd Session 1950, Rep.V (2), 35.

Die IAK verankerte in der ersten Beratung den Hinweis auf Arbeitsbewertungsverfahren zweifach, und zwar als Teil der Definition des Grundsatzes "gleiches Entgelt für gleichwertige Arbeit"[68] und in einer weiteren Bestimmung. Die AN unterstützten gegen die Einwände der britischen Regierung, daß dies zu weitreichenden Änderungen in KollV führen könnte, die Aufnahme in die Definition,[69] opponierten aber erfolglos bei der zweiten Bestimmung die Aufnahme des Absatzes in den Text, wonach durch Arbeitsbewertungsverfahren festgelegte Unterschiede sachlich gerechtfertigt seien.[70] Der für die zweite Beratung erstellte Entwurf des IAA entfernte die Arbeitsbewertungsverfahren aus der Definition und verankerte eine im wesentlichen gleichlautende Bestimmung in einem eigenen Artikel (Art 3 zweiter Amtsentwurf).[71] In der zweiten Beratung wurde Art 3 des Übk in folgender Form angenommen:

1. Wird die Anwendung dieses Übereinkommens dadurch erleichtert, so sind Maßnahmen zu treffen, die einer objektiven Bewertung der Beschäftigungen auf Grund der dabei erforderlichen Arbeitsleistung[72] dienlich sind.
2. Die bei dieser Bewertung anzuwendenden Methoden können entweder von den für die Festsetzung der Entgeltsätze zuständigen Behörden, oder, wenn die Entgeltsätze auf Grund von Gesamtarbeitsverträgen festgesetzt werden, von den Vertragsparteien bestimmt werden.
3. Unterschiede zwischen den Entgeltsätzen, die ohne Rücksicht auf das Geschlecht des Arbeitnehmers derart objektiv festgestellten Unterschieden der Arbeitsleistung entsprechen, sind nicht als Verstoß gegen den Grundsatz der Gleichheit des Entgelts männlicher und weiblicher Arbeitskräfte für gleichwertige Arbeit anzusehen.

Art 5 Empf präzisierte das Ziel von Arbeitsbewertungsverfahren, nämlich geschlechtsneutrale Einstufungssysteme, und enthielt den zusätzlichen Hin-

---

68) ILC 33rd Session, Record of Proceedings, Appendix VIII, Art 2 Abs 2 und Art 10 Abs 1 und 2, 517f Art 2 Abs 2 lautete: "Where necessary and appropriate for this purpose" - gemeint war die Definition des Grundsatzes der Entgeltgleichheit - "measures to be taken to promote objective appraisal of jobs, on the basis of job content or, if more suitable, on any other basis as may be decided upon by the authorities or bodies responsible for the determination of remuneration, or, where the remuneration of the workers concerned is determined under collective agreement, by the parties to such agreements."

69) ILC 33rd Session 1950, Record of Proceedings 509.

70) ILC 33rd Session 1950, Record of Proceedings 515 (zu Pkt 11).

71) "Article 3. Where necessary and appropriate for purposes of applying the preceding article" - gemeint ist die Durchführung durch Gesetze, gesetzliche Lohnfestsetzung, KollV oder eine Kombination dieser Mittel - "measures shall be taken to promote objective appraisal of jobs on the basis of the work to be performed, the abilities required for its performance, and the conditions under which it is performed, or on such other basis as may be decided upon by the authorities responsible for the determination of rates of remuneration or, where such rates are determined by collective agreement, by the parties thereto.", ILC 34th Session 1951, Rep. VII (2), 72.

72) Der authentische englische und französische Text nimmt auf den Tätigkeitsinhalt, nicht aber explizit auf die Leistung Bezug: "... to promote objective appraisal of jobs on the basis of the work to be performed"; "... pour encourager l' évaluation objective des emplois sur la base des travaux qu'ils comportent."

weis, daß Arbeitsbewertungsverfahren "in Übereinstimmung mit Art 2" des Übk, dh der dort festgelegten Mittel zur Durchführung (Gesetz, KollV usw) angewendet werden sollen.

e) Zusammenarbeit mit Arbeitgeber- und Arbeitnehmerorganisationen

Diese sehr allgemein gehaltene Frage im ersten Fragebogen des IAA wurde von den Mitgliedstaaten weitgehend zustimmend beantwortet, in der ersten Beratung der IAK erklärte eine Reihe nationaler Arbeitgeberverbände jedoch Vorbehalte. Der schließlich angenommene Art 4 des Übk lautet: "Jedes Mitglied hat in geeigneter Weise mit den beteiligten Arbeitgeber- und Arbeitnehmerverbänden[73] bei der Durchführung dieses Übereinkommens zusammenzuarbeiten."

E. Maßnahmen zur Erleichterung und Unterstützung der Durchführung des Grundsatzes der Entgeltgleichheit

1. Ausgangspunkt (erster Bericht des IAA)

a) Beschäftigungspolitik und soziale Maßnahmen

Im Bereich der *Beschäftigungspolitik* sprach das IAA Maßnahmen der Berufsberatung, der Berufsausbildung und schließlich, unter Hinweis auf die Erfahrungen im Zweiten Weltkrieg und auf das 1948 angenommene IAO-Übk Nr 88, die Gleichbehandlung bei der Arbeitsvermittlung an.[74] Ziemlich ausführlich ging das IAA dann auf *sozialpolitische Maßnahmen* ein. Im Zusammenhang mit der *Sozialversicherung einschließlich Familienleistungen* problematisierte das IAA den Begriff des Familieneinkommens *(family wage)*, insofern dieser, einschließlich der Annahme einer größeren Verantwortung von Männern für die Familie, von Gerichten und Arbeitge-

---

[73]) Authentischer Text: "Each member shall co-operate as appropriate with the employers' and workers' organisations concerned for the purpose of giving effect to the provisions of this Convention"; "Chaque membre collaborera, de la manière qui conviendra, avec les organisations d'employeurs et de travailleurs intéressées, en vue de donner effet aux dispositions de la présente convention."

[74]) Das IAA stellte "konservative" Vermittlungspraktiken in traditionell von einem Geschlecht dominierte Branchen dem Bedürfnis nach optimaler und rationaler Nutzung der Arbeitskräfte, wie es im Zweiten Weltkrieg offenbar geworden war, gegenüber. Es wies abschließend auf die Schlußfolgerungen des ExpertInnen-Ausschusses der IAO zur Frauenbeschäftigung (Montreal 1946) zur rationalen Nutzung der produktiven Kapazität von Frauen hin; die Forderungen bezogen sich auf angemessene Berufsausbildung und vorbereitende bzw sofortige Maßnahmen zur Beseitigung von Beschränkungen beim Zugang von Frauen zur Berufstätigkeit sowohl in Friedens- als auch in Kriegszeiten. ILC 33rd Session 1950, Rep. V (1), 109.

bern zur sachlichen Rechtfertigung unterschiedlicher Gehälter von Frauen und Männern herangezogen wurde,[75] und wies auf die wachsende Anerkennung der gesamtgesellschaftlichen Verantwortung für Kinder bzw der Notwendigkeit, finanzielle Belastungen der Elternschaft zu reduzieren und soziale Sicherheit für alle AN und ihre Familien zu gewährleisten. Im Zusammenhang mit dem *Mutterschutz* konnte das IAA auf den Trend zur zunehmenden Entlastung der AG durch die Sozialversicherung hinweisen. Was *allgemeine Wohlfahrtsmaßnahmen* betrifft, ging das IAA davon aus, daß die häuslichen Verpflichtungen vieler erwerbstätiger Frauen langfristige bzw Dauerprobleme sind, und sprach an erster Stelle konkret das Spektrum an Kinderbetreuungsmöglichkeiten an (staatlich, regional, betrieblich; Ferienarrangements). Im Zusammenhang mit der Hausarbeit erwähnte das IAA sowohl staatlich als auch privat organisierte Haushaltshilfsdienste *(home aid services),*[76] aber auch "kollektive Wasch-, Bügel- und Ausbesserungszentren" sowie genossenschaftlich oder auf Betriebsratsebene organisierte Einkaufsmöglichkeiten.

b) Forschung und Publizität

Die Verankerung der Verpflichtung der Mitgliedstaaten, die Entwicklung in dem vom jeweiligen IAO-Instrument betroffenen Bereich durch Forschung zu beobachten, sowie zu einer einschlägigen Informationstätigkeit gehört heute zum Standard von IAO-Instrumenten. Österreich wollte trotz grundsätzlicher Zustimmung eine entsprechende Bestimmung auf die Durchsetzung der öffentlichen Anerkennung des Grundsatzes der Entgeltgleichheit sowie auf die allfällige Veröffentlichung von Studien beschränkt wissen und wies, wie etliche andere Staaten, auf die beratende Bedeutung von Forschung hin.[77]

2. Ergebnis

Was Beschäftigungspolitik und soziale Maßnahmen betrifft, äußerte sich Österreich in Beantwortung der Fragen des IAA dahingehend, daß der gleiche Zugang von Frauen zu allen Beschäftigungen, Posten sowie Aufstiegsmöglichkeiten wünschenwert sei und die Mitgliedstaaten verpflichtet werden sollten, Beschränkungen beim Zugang von Frauen zu bestimmten

---

[75]) "This system, however, penalises women who have to support a family, whether of children or of other dependants", ILC 33rd Session 1950, Rep. V (1), 111.

[76]) Und zwar als expandierenden Bereich des öffentlichen Dienstes mit Hinweis auf den Bericht des Generaldirektors der IAO auf der 32.IAK, ILC 33rd Session 1950, Rep. V(1) 117, FN 1.

[77]) ILC 33rd Session 1950, Rep.V (2), 86.

Beschäftigungen zu beseitigen. Die entsprechende internationale Norm solle den freien Zugang zu allen Tätigkeiten vorsehen, insoweit physiologische Gründe oder die "allgemeinen Interessen von Frauen" dem nicht entgegenstünden.[78] Arbeitsmarkt- und sozialpolitische Begleitmaßnahmen wurden schließlich in weitgehender Übereinstimmung mit dem ersten Vorschlag des IAA in Art 6 der Empfehlung aufgenommen, hinsichtlich Forschung und Informationspflichten wurden zwei zurückhaltende Bestimmungen in Art 7 und 8 der Empf normiert.

F. Annahme, Kontext innerhalb der Kodifizierungsarbeit der IAO und Ratifizierungen

Das Übk fand auf der 34. IAK 1951 mit 105 Ja-Stimmen bei 33 Gegenstimmen und 40 Enthaltungen knapp die für die Annahme erforderliche Zweidrittelmehrheit der abgegebenen Stimmen. Von den österreichischen Delegierten - die österreichische Delegation zur 34. IAK umfaßte 13 Personen, darunter eine Frau als Beraterin der Regierung[79] - stimmten die beiden Regierungsvertreter und der Delegierte der AN für die Annahme des Übk, der AG-Delegierte[80] dagegen. Die Empf erreichte eine starke Mehrheit von 146 Stimmen bei 18 Gegenstimmen und 19 Enthaltungen.[81]

Die IAO ist seit 1945 eine Sonderorganisation der Vereinten Nationen.[82] Die seit der Gründung der IAO im Jahr 1919 bestehende Mitgliedschaft Österreichs lebte 1945 wieder auf. Die Kodifikationstätigkeit der IAO wurde ab 1939 unterbrochen. Für die umfangreichen, durch die Annahme einer Reihe wichtiger Übk dokumentierten Aktivitäten in den unmittelbar auf den Zweiten Weltkrieg folgenden Jahren ist die als Teil der IAO-Vf am 10. Mai 1944 angenommene Erklärung von Philadelphia grundlegend ("Arbeit ist

---

78) ILC 33rd Session 1950, Rep.V (2), 85.

79) ILC 34th Session 1951, Record of Proceedings XVIII. Österreich war im übrigen im Entgeltgleichheitsausschuß der IAK, der Übk Nr 100 beriet, sowohl in der ersten Beratung 1950 als auch in der zweiten Beratung 1951 nur auf AG-Seite vertreten. Die Abstimmung über die Annahme des Übk erfolgt im Plenum.

80) SC Josef Hammerl und Paul Hempel, Sozialministerium; ÖGB-Präsident Johann Böhm, zugleich Zweiter Präsident des Nationalrats und Präsident des Hauptverbandes der Sozialversicherungsträger; Emil Weinberger, Miteigentümer der R. & E. Weinberger Sulzau-Werfen Metallwerke.

81) Abstimmungsergebnisse ILC 34th Session 1951, Record of Proceedings 447f; da der österreichische AG-Vertreter bei der Empf weder als Pro- noch als Gegenstimme angeführt ist, ist Stimmenthaltung anzunehmen.

82) Art 57 der am 26.6.1945 unterzeichneten UN-Charta; Vereinbarung zwischen den VN und der IAO gem Beschluß der IAK vom 3.11.1945.

keine Ware"). Österreich ratifizierte diese in den Nachkriegsjahren angenommenen Übk nahezu durchgehend.[83] Übk wie das ebenfalls von Österreich ratifizierte Übk zu Arbeitsklauseln in öffentlichen Verträgen Nr 94 (1949) zeigen deutlich das Bestreben, den Übergang von der Kriegs- zur Friedenswirtschaft durch internationale Arbeits- und Sozialnormen zu regeln.

Übk Nr 100 (1951) zur Entgeltgleichheit - die entsprechende Empf hat Nr 90 der IAO-Zählung - trat am 23. Mai 1953 in Kraft und wurde von Österreich am 29.10.1953 ratifiziert (BGBl 1954/39; Inkrafttreten in Österreich: 29.10.1954). Heute haben rund zwei Drittel der Mitgliedstaaten der IAO das Übk ratifiziert.

G. Zusammenfassung

Ähnlich wie Art 119 EGV weniger sozial als wettbewerbspolitisch motiviert war,[84] belegen die Vorarbeiten zu IAO-Übk Nr 100 nicht nur den Übergang von Kriegs- zu Friedenswirtschaft, den wir heute als Zeitgeschichte wahrnehmen, sondern in diesem Kontext auch die optimale und rationale Nutzung der Humanressourcen sowie den Druck auf Männerlöhne als Motiv der Verrechtlichung durch einen völkerrechtlichen Vertrag. Im dreigliedrigen, d.h. vom Zusammenwirken von Regierungen, Arbeitnehmer- und Arbeitgeberverbänden und zugleich männlich[85] bestimmten Verhandlungssystem der IAO und der Internationalen Arbeitskonferenzen zeigt sich bei der Entgeltgleichheit der Klassenantagonismus im unterschiedlichen Interesse an Verrechtlichung, an der die AG keinerlei, die männlichen AN ein wesentlich vom Lohndruck motiviertes Eigeninteresse haben.

Auch IAO-Übk Nr 100 nimmt eine Abwägung zwischen staatlichem Diskriminierungsschutz und Kollektivvertragsautonomie vor. Einerseits sind die direkte Verantwortlichkeit der Staaten (Art 2 Abs 1) und gesetzliche

[83]) Übk zur Arbeitsinspektion Nr 81 (Annahme durch die IAK 1947) mit Empf Nr 81, das Übk zur Vereinigungsfreiheit Nr 87 (1948), das den Grundsatz der öffentlichen und unentgeltlichen Arbeitsvermittlung regelnde Übk Nr 88 (1948), das Übk zur Frauennachtarbeit Nr 89 (Neufassung 1948), das den Grundsatz rasch und direkt auszuzahlender Geldlöhne normierende Übk zum Schutz des Entgelts Nr 95 (1949), das die Organisationsfreiheit im Hinblick auf kollektive Verhandlungen regelnde Übk Nr 98 (1949), das Übk über die Festsetzung von Mindestlöhnen in der Landwirtschaft Nr 99 (1951), das Übk über bezahlten Urlaub (Landwirtschaft) Nr 101 (1952), das Übk über Mindeststandards in der Sozialversicherung Nr 102 (1952) und schließlich das Übk über den Mutterschutz Nr 103 (Neufassung 1952).

[84]) So etwa *Beckmann*, Europarecht[5] (1990), RdN 1872ff, 745 f mwH.

[85]) Vgl *Riegelman-Lubin/Winslow*, Social Justice for Women. The International Labour Organisation and Women (1990).

Maßnahmen als Mittel der Durchführung angesprochen, andererseits ist der Berücksichtigung der Kollektivvertragsautonomie ein weiter Spielraum eingeräumt (Art 2 Abs 2 lit c, Art 3 Abs 2) und die Zusammenarbeit mit den Sozialpartnern betont (Art 4). Die vorbereitenden Arbeiten unterstreichen, daß nach dem Übk ein branchenübergreifender Vergleich ausgeschlossen ist. Allerdings enthält das Übk in Art 3 eine ausdrücklich auf objektive Arbeitsbewertungsverfahren bezogene Bestimmung.

Was die in den Vorarbeiten vom IAA so besonders ausführlich angesprochenen Regierungen betrifft, so kann zwar im Vergleich zu anderen IAO-Instrumenten als Besonderheit festgestellt werden, daß IAO-Übk Nr 100 keinerlei Ausnahmen vom Geltungsbereich definiert, daß aber die vom IAA angestrebten Sofortmaßnahmen durch staatliche Dienstgeber keine Aufnahme ins *strict law* des Übk fanden. Die von der IAO für den öffentlichen Dienst angestrebten Durchführungsmaßnahmen mit sofortiger bzw mittelfristiger Wirksamkeit fanden ebenso wie die arbeitsmarktpolitischen und sonstigen sozialpolitischen Begleitmaßnahmen Platz im *soft law* der Empfehlung.

Aus Sicht der heutigen Praxis zu Gleichbehandlungsfragen sind die vom IAA vorbereitend ausführlich aufgearbeiteten Argumente der Arbeitgeberseite von besonderem Interesse. Einige, wie etwa die häufigeren Krankenstände von Frauen, gelten mittlerweile in der Praxis als widerlegt; die Beurteilung von für Frauen geltenden Schutzbestimmungen unter dem Aspekt der Gleichbehandlung hat die GBK jedoch in einigen Verfahren zu Fragen der Einstellungsdiskriminierung beschäftigt.[86] Der in den Diskussionen der vierziger Jahre insb von Arbeitgeberseite relevierte Kostenaspekt wird zwar heute im Zusammenhang mit der Gleichbehandlung nicht mehr (offen) angesprochen, ist aber, wie va die Erfahrung bei der arbeitsrechtlichen Beratung in Fragen des Mutterschutzes zeigt, im Bewußtsein sowohl von AG als auch betroffener ANinnen präsent.

IV. Übk Nr 100 und Österreich im Berichtssystem der IAO

A. Zum Berichtssystem der IAO

Das Berichtssystem der IAO gilt im Vergleich zu anderen Berichtssystemen in internationalen Organisationen im Zusammenhang mit anderen Sank-

---

[86]) Vgl Gutachten der GBK (§ 5 GleichbG) über diskriminierende Ablehnungsgründe, die gegenüber Lehrstellenbewerberinnen ins Treffen geführt werden, vom 29.11.1994 ABl WrZ 10.12.94 = ARD 4615/1/95, 4616/39/95, 4616/40/95 sowie *Bei/Novak* (1997), 104ff.

tionen als relativ "stark", da die IAO-Vf bei Nichtdurchführung ratifizierter Übk ua Beschwerderechte der AN- und AG-Organisationen an die IAO und Vertragsverletzungsklagen durch andere Mitgliedstaaten beim IAA mit letztlicher Vorlage beim IGH vorsieht. Bis 1994 mußten die Mitgliedstaaten über die Durchführung ratifizierter Übk jährlich (Art 22 IAO-Vf alt), über die innerstaatliche Praxis (Gesetzgebung, Verwaltung, KollV) in Bereichen, die in von ihnen nicht ratifizierten Übk sowie in Empf geregelt sind (Art 19 IAO-Vf) innerhalb von der IAO vorgegebener Zeitabstände berichten. Diese, von einem ständigen Sachverständigenausschuß bearbeiteten Berichte werden dem auf jeder IAK tagenden dreigliedrigen Normenprüfungsausschuß vorgelegt, und zum Teil sehr eindringlich im Detail diskutiert. Weiters kann der ständige Sachverständigenausschuß zu ausgesuchten Konventionen einen Gesamtbericht *(General Survey)* erstellen. 1994 schlug der Sachverständigenausschuß die Vereinfachung des Berichtsverfahrens vor, wobei jedoch die normative Bedeutung des Berichtsverfahrens unverändert bleibt.[87] Der Sachverständigenausschuß der IAO beurteilt die jeweilige Staatenpraxis nach dem Maßstab des *effet utile*, der völkerrechtlich gebotenen Wirksamkeit der Durchführung; in diesem Zusammenhang gewinnen die Empfehlungen Bedeutung für die Auslegung der Übk. Weiters wird auf den Vergleich mit der Praxis anderer Staaten und der Völkerrechtsgemeinschaft abgestellt. So weist der Sachverständigenausschuß der IAO insb bei Gesamtberichten regelmäßig auf verwandte Instrumente und Maßnahmen der IAO und insb der VN hin. Das IAO-Übk Nr 111 über die Diskriminierung in Beschäftigung und Beruf (1958), BGBl 1973/111, etwa stellt der Sachverständigenausschuß in engen Zusammenhang mit IAO-Übk Nr 100, da Lohngleichheit nicht in einem generellen Kontext von Ungleichheit durchgesetzt werden kann.[88] Bemerkungen zum österreichischen GleichbG finden sich daher auch in Bemerkungen zu Übk Nr 111. Ansonsten können als völkerrechtliche Garantien

---

[87]) Die zunehmend als schwerfällig empfundenen Staatenberichte sollen durch zweijährliche detaillierte Berichte zu denjenigen zehn Übk ersetzt werden, die den Kernbereich der Kodifkationsarbeit im Rahmen der IAO darstellen ("Charta der sozialen Grundrechte"). Diese umfassen die Vereinigungsfreiheit (Übk Nr 87 und 98), die Zwangsarbeit (Übk Nr 29 und 105), die Chancengleichheit (Nr 100 und 111), Arbeitsmarktpolitik (Übk Nr 122), Arbeitsinspektion (Übk Nr 81 und 89) sowie die Dreigliedrigen Konsultationen (Nr 144). In allen anderen Bereichen werden fünfjährliche Berichte als ausreichend betrachtet; ein Gesamtbericht (General Survey) soll vorwiegend zu solchen Übk erstellt werden, die von nur wenigen Mitgliedstaaten ratifiziert sind, *Bei*, 81. Tagung der Internationalen Arbeitskonferenz - 75 Jahre IAO, DRdA 1/1995, 84.

[88]) ILC 72nd Session 1986 Report III (4 B), Equal Remuneration. General Survey (Übk Nr 100), para. 250; ILC 75th Session 1988 Report III (4 B), Equality in Employment and Occupation (Übk Nr 111), para. 239.

der Entgeltgleichheit von Frauen und Männern[89] Teil 1 Art 4 Z 3 der Europäischen Sozialcharta (ESC) aus 1961[90] und Art 23 (2) der Allgemeinen Erklärung der Menschenrechte vom 10.12.1948 (Vereinte Nationen)[91] genannt werden, der seinerseits in einer Reihe multilateraler Verträge im Rahmen der VN aufgegriffen wurde.[92] Als die VN 1975 das Jahrzehnt der Frau proklamierten, waren jedenfalls verstärkte Diskussionen und Aktivitäten im inter- und supranationalen Bereich zu verzeichnen, so im Rahmen von Europarat, OECD[93] und EWG (vgl Lohngleichheits-RL 10.2.1975, 75/117; GleichbehandlungsRL 9.2.1976, 76/207).

B. Gesamtbericht zur Durchführung von Übk Nr 100 und Empf Nr 90 aus 1975

Der Sachverständigenausschuß der IAO legte 1975 einen Gesamtbericht zur Durchführung von Übk Nr 100 und Empf Nr 90 vor.[94] Österreich fand in mehreren Zusammenhängen Erwähnung; so gleich einleitend, als der Sachverständigenausschuß herausstellte, daß das Übk die Mitgliedstaaten zu einer aktiven Gleichstellungspolitik verpflichte und allgemeine verfassungsrechtliche Gleichheitsgarantien zur wirksamen Durchführung des Übk durch gesetzliche Bestimmungen (Art 2 Abs 2 lit a) nicht ausreichend seien.[95] Österreich fand ein zweites Mal inhaltlich kritische Erwähnung im Zusammenhang mit der Entgeltgleichheit in öffentlichen Unternehmen. Diese ist zwar nicht im Übk, sondern in der Empf geregelt; auf deren Durchführung ging der Sachverständigenausschuß im Hinblick auf den zum Berichtszeitpunkt

---

[89]) Vgl etwa die (geschlechtsunspezifische) Garantie von gleichem Entgelt für gleiche Arbeit in Art 5 lit e (i) Übk zur Beseitigung jeder Form von Rassendiskriminierung 1966, BGBl 1972/377. Die Durchführung der ESC wird von einem eigenen, als maximalistisch geltenden Sachverständigenausschuß überwacht.

[90]) BGBl 1969/460 (gleicher Lohn für gleichwertige Arbeit); vgl Art 14 EMRK 1950, BGBl 1958/210.

[91]) Resolution der Generalversammlung der VN, UN-Doc. 217/A (III).

[92]) Art 26 Weltpakt für bürgerliche und politische Rechte 1966 (CCPR), BGBl 1978/591; Art 7 Abs a (i) Weltpakt über wirtschaftliche, soziale und kulturelle Rechte 1966 (CESCR), BGBl 1978/590 (Recht auf gleiche Arbeitsbedingungen und gleiches Entgelt für gleiche Arbeit); vgl weiters Art 11 Abs 1 Konvention zur Beseitigung jeder Form von Diskriminierung der Frau 1979 (CEDAW), BGBl 1982/443.

[93]) OECD (Hg): Equal Opportunities for Women. Paris 1979; OECD (Hg), Women and Employment. Politics for Equal Opportunities. Paris 1980.

[94]) ILC 60th Session 1975 Report III (4 B): General Survey of the Reports relating to the Equal Remuneration Convention (No. 100) and Recommendation (No. 90), 1951.

[95]) ILC 60th Session 1975 Report III (4 B): General Survey usw, para. 20.

wachsenden staatlichen Einfluß allerdings höchst ausführlich ein.[96] Wiederholt bezog sich der Ausschuß auf Österreich im Kapitel über die Entgeltgleichheit in KollV. Er bewertete den in den EG-Ländern seit 1968 feststellbaren Trend zu einer zunehmenden Erfassung der Arbeitsverhältnisse durch KollV als positiv, da das Fehlen kollektivvertraglicher Regelungen sich insb auf die Niedriglöhne von Frauen negativ auswirke, und erwähnte in diesem Zusammenhang die Außenseiterwirkung von KollV in Österreich und der Schweiz als positive Beispiele.[97] Weiters arbeitete der Sachverständigenausschuß die unterschiedliche Praxis in Ländern heraus, die traditionell dem Grundsatz der staatlichen Nicht-Intervention in Kollektivverhandlung verpflichtet sind. Einige dieser Staaten hätten dennoch Gesetze zur Entgeltgleichheit erlassen, die die staatlichen Stellen zu einer Kontrolle der KollV hinsichtlich der Konformität mit diesen Gesetzen ermächtigten; andere Länder mit verwandten Systemen hätten jedoch keine solche Gesetzgebung initiiert, so Dänemark, Finnland, Norwegen, Schweden, Österreich und die Schweiz. Insofern KollV nicht selbst Entgeltgleichheit vorsähen, sei in diesen Ländern die Anwendung des Grundsatzes der Entgeltgleichheit sehr beschränkt; Übk Nr 100 sei nicht unmittelbar auf die Rechtsbeziehungen zwischen Individuen anwendbar. Allerdings seien die staatlichen Stellen aufgrund der Ratifizierung von Übk Nr 100 auch in diesen Staaten gehalten, die Anwendung der Entgeltgleichheit in frei verhandelten KollV zu fördern (vgl Art 2 Abs 1) und dadurch indirekt veranlaßt, zu intervenieren und eine gewisse Rolle einzunehmen. Der Sachverständigenauschuß nannte eine schweizerische Initiative durch ein Rundschreiben an die Sozialpartner; die österreichische Regierung habe bei der Ratifizierung 1953 angenommen, daß die Anerkennung des Grundsatzes der Entgeltgleichheit in KollV bereits gesichert sei, und deswegen an keinerlei Intervention gedacht, beginne aber nunmehr, geltende KollV zu durchforsten und die Aufmerksamkeit der Sozialpartner auf allfällige Abweichungen zu lenken.[98]

Der Sachverständigenausschuß räumte zur Verankerung des Grundsatzes der Entgeltgleichheit in KollV ein, daß ein Expert/inn/enkomitee der IAO keine Übereinstimmung darüber finden konnte, ob es ratsam oder notwendig

---

[96]) Der Sachverständigenausschuß stellte fest, daß er nunmehr seit bereits vielen Jahren - so wie bereits im Gesamtbericht 1956 festgestellt - Staatenberichte mit der Angabe erhalte, daß die Entgeltgleichheit allgemein im verstaatlichten Bereich verwirklicht sei, so zB von Österreich (Chile, Frankreich, Japan, der Türkei, Uruguay und Jugoslawien). Diese Informationen über den öffentlichen Sektor bezeichnete der Ausschuß als eindeutig unzulänglich *(distinctly inadequate);* er benötige detaillierte und systematische Information über die laufende Entwicklung. ILC 60th Session 1975 Report III (4 B): General Survey usw, paras, 81f.

[97]) ILC 60th Session 1975 Report III (4 B): General Survey usw, para, 110.

[98]) ILC 60th Session 1975 Report III (4 B): General Survey usw, paras, 114f.

sei, die Entgeltgleichheit durch eigene Klauseln in KollV zu verankern, und falls ja, durch welche.[99] Er stellte aber mit Entschiedenheit fest, daß auf Frauen bezogene Generalklauseln in KollV nicht einer wirksamen Durchführung des Übk entsprächen, und empfahl die Beseitigung von Formulierungen wie 'Frauen sollen, insoweit sie die gleiche Arbeit wie ein Mann verrichten, den Männerlohn erhalten' u dgl, die in einigen österreichischen KollV zu finden seien.[100] Ein letztes Mal fand Österreich - mit Japan - Erwähnung im Zusammenhang mit Problemen der Arbeitsbewertung.[101]

Bei der Diskussion des Gesamtberichts 1975 auf der 60. Sitzung der IAK kamen im Normenprüfungsausschuß die bundesdeutschen Leichtlohngruppen als vom Übk verpönte, versteckte Diskriminierungen sowie die Notwendigkeit, sie objektiv wissenschaftlich zu untersuchen, zur Sprache.[102]

C. Bemerkungen des Sachverständigenausschusses zur Durchführung von Übk Nr 100 aus 1977

In seinen Bemerkungen zur Durchführung ratifizierter Übk erneuerte der Sachverständigenausschuß seine Kritik an Generalklauseln in österr KollV, ausdrücklich als solchen bezeichneten Frauenlohngruppen und erweiterte sie hinsichtlich der ebenfalls in österr KollV enthaltenen Leichtlohngruppen.[103] Er empfahl der österreichischen Regierung konkret, zu Fragen der in Art 3 Übk vorgesehenen Maßnahmen der Arbeitsbewertung unabhängige ExpertInnen heranzuziehen[104] (Anhang).

---

[99]) ILC 60th Session 1975 Report III (4 B): General Survey usw, para. 117 mit Hinweis auf den Bericht über das Treffen der Expert/inn/en zur Entgeltgleichheit (Genf, 6.-15.5.1974), IAO-Dok.Verwaltungsrat GB. 193/9//15, para. 24.

[100]) ILC 60th Session 1975 Report III (4 B): General Survey usw, para 117.

[101]) Insb diese beiden Staaten hatten darauf hingewiesen, daß das Fortschreiten der Technologie die meisten Arbeitsinhalte und die Bedeutung von Bewertungskriterien geändert hätte. Eine Neubewertung sei daher wünschenswert. ILC 60th Session 1975 Report III (4 B): General Survey usw, para. 141, Anm. 21.

[102]) ILC 60th Session 1975, Record of Proceedings, 680.

[103]) Im übrigen hätte sich aus den Bemerkungen des Sachverständigenausschusses aus 1977 zu den Leichtlohngruppen bereits lange vor dem EWR- bzw EG-Beitritt die völkerrechtskonforme Auslegung des GleichbG iS der Einbeziehung der mittelbaren Diskriminierung argumentieren lassen.

[104]) ILC 63rd Session 1977, Report III (4 A), 192.

D. Österreichische Aktivitäten in Reaktion auf die Bemerkungen des Sachverständigenausschusses der IAO aus 1977

Die Positivierung des arbeitsrechtlichen Gleichbehandlungsgrundsatzes wurde im Rahmen des - unvollendet gebliebenen - Projekts der Arbeitsrechtskodifikation bereits in den sechziger Jahren diskutiert.[105] Die legistischen Initiativen infolge der Bemerkungen des Sachverständigenausschusses der IAO konnten an diese Diskussion anknüpfen. Zunächst veranstaltete das BM für soziale Verwaltung (BMsV) 1978 ein Symposion über die Frau in den Arbeitsbeziehungen, wobei Gesetzgebung und Kollektivverhandlungen als Instrumente der Integration der Frau in den Arbeitsbeziehungen thematisiert wurden.[106] 1978 lag auch die im Auftrag des BMsV erstellte Studie zur Gleichbehandlung in den KollV unveröffentlicht vor.[107] Das BMsV arbeitete mehrere hier interessierende Entwürfe aus, zunächst zu einem EntgeltsicherungsG, der jedoch nicht verwirklicht wurde.[108] Durch einen hohen Grad verwaltungsorientierter Verrechtlichungsintention nach englischem und irischem Vorbild wies sich eine Punktation bzw ein Vorentwurf der Frauenabteilung des BMsV aus.[109] Dieser sah folgendes vor:

- zum Geltungsbereich: grundsätzlich alle privatrechtlichen Arbeitsverhältnisse einschließlich Heimarbeitsarbeitsverhältnisse; Ausnahmen: land- und forstwirtschaftlicher Bereich, Arbeitsverhältnisse zu Gebietskörperschaften (Pkt 1);
- einen Diskriminierungstatbestand beim Zugang zum Arbeitsverhältnis: Anzeigen über offene Stellen in Zeitungen oder anderen Massenpublika-

---

[105]) "(1) Die Gestaltung der Arbeitsbedingungen der Arbeitnehmer hat so zu erfolgen, daß unsachliche Unterschiede zwischen den Arbeitnehmern vermieden werden. Unsachliche Unterschiede sind insbesondere solche, die nach Geschlecht, Rasse, Abstammung, Religion, gewerkschaftlicher Zugehörigkeit oder politischer Anschauung getroffen werden.
(2) Gewährt der Arbeitgeber Leistungen auf Grund von Umständen, die der Gesamtheit oder einen Teil der Arbeitnehmer eines Betriebes betreffen, ist ein willkürlicher Ausschluß oder eine Verkürzung von Arbeitnehmern, welche die gleichen Voraussetzungen aufweisen wie die Beteiligten, unzulässig". *Mayer-Maly*, GleichbG (1981) 14 mit Hinweis auf DRdA 1961, 53.

[106]) *Gaudart/Greve*, Die Frau in den Arbeitsbeziehungen = *BM für soziale Verwaltung* (Hg), Schriftenreihe zur sozialen und beruflichen Stellung der Frau VIII (1978); *Gaudart*, *Floretta*-FS (1983) 17.

[107]) *Österreichische Studiengruppe Automation und industrielle Arbeitnehmer*, Differenzierende Bestimmungen für Männer- und Frauenarbeit in den österreichischen Kollektivverträgen (1978).

[108]) § 4 Abs 3 des Entwurfs zu einem Entgeltsicherungsgesetz lautete: "Auf dem Geschlecht der Arbeitnehmer beruhende Differenzierungen des Entgelts sind unwirksam", ZAS 1978, 153, nach: *Mayer-Maly*, GleichbG (1981) 15.

[109]) Unveröffentlichter und im Rahmen späterer Sozialpartnerverhandlungen mehrfach thematisierter Vorentwurf BMsV Sektion V/3 und 4, 28.7.78; vgl *Gaudart*, *Floretta*-FS 60. Geburtstag (1983) 17 (29ff); *Pircher*, ÖZPW 1984, 443 (444).

tionsmitteln (Veröffentlichungen), in denen bestimmte Personengruppen oder ein Geschlecht benachteiligt oder bevorzugt werden (Pkt 2 a);

- als Diskriminierungstatbestände bei aufrechtem Arbeitsverhältnis (Pkt 2 b) und bei Auflösung des Arbeitsverhältnisses (Pkt 2 d):
  aa) jede Benachteiligung, die eine Person auf Grund ihrer Zugehörigkeit zu einem Geschlecht oder einer der nachfolgend angeführten Personengruppen durch ihren Arbeitgeber oder dessen Bevollmächtigte erleidet *(direkte Diskriminierung)*;
  bb) jede Benachteiligung, die eine Person erleidet, weil eine Anforderung oder Bedingung verlangt wird, die nicht essentiell für die Erfüllung einer Tätigkeit (Funktion) ist und die nur von einer deutlich geringeren Anzahl von Personen einer Personengruppe erfüllt werden kann oder ungleich schwerer erfüllt werden kann *(indirekte Diskriminierung)*;
  cc) jede Benachteiligung von Personen, die sich gegen ihre Diskriminierung zur Wehr gesetzt haben oder in einem diesbezüglichen Verfahren als Zeugen ausgesagt haben *(Viktimierung)*;
- als geschützte Personengruppen: ua hinsichtlich der Hautfarbe, der Religionszugehörigkeit, der politischen Meinung, der Zugehörigkeit zu einer Berufsvereinigung, einer bestimmten nationalen (ethnischen) Abstammung), der sozialen Herkunft, des Alters (ältere, jugendliche AN), der Behinderung, einer Vorstrafe und des Familienstandes;
- einen eigenen Tatbestand der *Lohndiskriminierung auf Grund des Geschlechtes*, wonach Arbeitnehmerinnen (AN) den Anspruch auf gleiche Entlohnung wie Arbeitnehmer (ANinnen) desselben Arbeitgebers haben, wenn sie mit gleicher, ähnlicher oder gleichwertiger Arbeit beschäftigt sind (Pkt 2 c);
- unter Pkt 2 c folgende Definitionen gleicher, ähnlicher und gleichwertiger Arbeit:
  aa) *gleiche Arbeit* liegt vor, wenn beide unter denselben oder ähnlichen Bedingungen dieselbe Arbeit verrichten oder wenn beide in Bezug auf die zu leistende Arbeit austauschbar sind;
  bb) *ähnliche Arbeit* liegt vor, wenn die geleistete Arbeit ähnlich ist, und zwar so, daß die Unterschiede oder die Unterschiede in den Bedingungen, unter denen sie verrichtet wird, für die Tätigkeit selbst unbedeutend sind oder nur selten auftreten;
  cc) *gleichwertige Arbeit* liegt vor, wenn die Anforderungen in Bezug auf Kenntnisse, Fähigkeiten, Ausbildung, Anstrengung (physisch und psychisch), Verantwortlichkeit und Arbeitsbedingungen vergleichbar sind.
- eine *negative Definition von Diskriminierung* (Pkt 3): demnach sollte keine Diskriminierung vorliegen, wenn die Verschiedenbehandlung a) auf

Grund gesetzlicher Bestimmungen erfolgt; b) nicht in der Zugehörigkeit zu einer bestimmten Personengruppe oder zu einem Geschlecht begründet ist; c) als Voraussetzung für eine Beschäftigung das Geschlecht oder die Zugehörigkeit zu einer bestimmten Personengruppe wegen der besonderen Umstände, unter denen die Beschäftigung ausgeübt wird, gefordert wird (Schauspielerin, Parteizugehörigkeit für Parteifunktion, Religionszugehörigkeit für bestimmte Tätigkeit etc); d) auf der unterschiedlichen Dauer der Betriebszugehörigkeit beruht; e) wegen unterschiedlicher Quantität (Qualität) der Leistungen oder f) auf Grund der für die Tätigkeit erforderlichen Ausbildung erfolgt;

- als Sanktion (Pkt 4) eine *Verwaltungsstrafe* auf Antrag der Gleichbehandlungs(Antidiskriminierungs)kommission, mit Ausnahme von Fällen der Lohndiskriminierung und Kündigung, für die ein eigenes Verfahren vorgeschlagen wurde;
- *Nichtigkeit* als Rechtsfolge von Diskriminierungen in KollV und Betriebsvereinbarungen (Pkt 5);
- hinsichtlich einer *Gleichbehandlungs- oder Antidiskriminierungskommission* (Pkt 6): *Einrichtung beim Obereinigungsamt*, dessen Vorsitzender (Stellvertreter) auch Vorsitzender der Kommission sein sollte; Bestellung der erforderlichen Anzahl von Mitgliedern aus dem Kreis der AG, AN, Betroffenen und Experten (Fachleute) durch den Bundesminister für soziale Verwaltung, uzw Arbeitgebervertreter auf Vorschlag der Bundeswirtschaftskammer; Arbeitnehmervertreter auf Vorschlag des ÖAKT im Einvernehmen mit dem ÖGB; Betroffenenvertreter auf Vorschlag von Institutionen, die sich die Vertretung der Interessen bestimmter benachteiligter Gruppen zur Aufgabe gemacht und maßgebliche Bedeutung erlangt haben (Variante I) oder auf Vorschlag der im Nationalrat vertretenen politischen Parteien (Variante II); Fachleute sollten direkt vom BM aus dem Kreis der Wissenschafter, Beamten etc bestellt werden; Verhandlung in *Senaten*, in die der Vorsitzende je zwei Vertreter der AG und AN, drei Betroffenenvertreter (je nach behandeltem Gegenstand) und drei Fachleute zu berufen hat; mehrstimmige Entscheidung; fakultative Vorbereitung der Beschlüsse der Kommission durch *Ausschüsse*; Möglichkeit der Beiziehung von Sachverständigen und Auskunftspersonen mit beratender Stimme in Ausschüssen und Plenum der Kommission; *Tätigwerden auf Antrag* von Einzelpersonen, Interessenvertretungen der AG und AN, von Betroffenenorganisationen und von Amts wegen; Führung der laufenden Geschäfte und Vorbereitung der Verhandlungen durch ein *Sekretariat*, das dem Personalstand des BMsV zu entnehmen ist, und Führung der Kanzleigeschäfte durch Organe aus dem Personalstand des BMsV; dem Sekre-

tariat sollte die erforderliche Anzahl von *Erhebungsbeamten (Diskriminierungsbeamten)* mit ähnlichen Befugnissen wie die der Arbeitsinspektoren beigegeben werden (Zutrittsrecht zu Betrieben, Auskunftspflicht der Unternehmer, Verständigungspflichten usw); *Aufgaben der Kommission:* Stellen von Strafanträgen, Beratung und Unterstützung von Einzelpersonen, Durchführung umfassender Untersuchungen (Betriebe, Branchen, Berufsgruppen), Erstellung allgemeiner Richtlinien, Erstellung von Gutachten, Erstellung von Empfehlungen an AG und Interessenvertretungen, Recht zur Begutachtung von Gesetzes- und Verordnungsentwürfen, Öffentlichkeitsarbeit;

- als *Verfahren bei Lohndiskriminierung* (Pkt 7): Anbahnung eines Ausgleichs durch die Einigungsämter auf Antrag diskriminierter Personen, erforderlichenfalls Entscheidung des Einigungsamtes durch Feststellungsbescheid, ob eine Diskriminierung vorliegt; Beteiligung der Kommission (Diskriminierungsbeamte) am Verfahren;
- *Verfahren bei Kündigung* (Art 8) entsprechend Art 105 bis 107 ArbVG, Erweiterung des Kataloges in § 105 Abs 3 Z 1 ArbVG um die vorgeschlagenen Diskriminierungstatbestände.

Die folgenden Konzepte[110] des BMsV zu einem AntidiskriminierungsG waren zwar hinsichtlich der Diskriminierungstatbestände und des Durchsetzungsmechanismus bereits erkennbar der Stammfassung des GleichbG angenähert, enthielten aber nach wie vor die dem IAO-Übk Nr 111 entsprechende umfassende Aufzählung verpönter Differenzierungsmerkmale.[111] Erst ein dem schließlich von der SPÖ eingebrachten IA unmittelbar vorangehender Entwurf bezog sich ausschließlich auf das Geschlecht. Inhaltlich kommt die Orientierung an der IAO nicht zuletzt in der dreigliedrigen Zusammensetzung der GBK zum Ausdruck. Die Stammfassung des Gleichb trat unter Sozialminister *Gerhard Weißenberg* in Kraft, der langjähriger Leiter der Abteilung Sozialpolitik in der Arbeiterkammer Wien gewesen war; er war zeitweise Mitglied des Verwaltungsrates der IAO und mit den sowohl formellen als auch informellen Mechanismen der Arbeit in der IAO vertraut.

---

[110]) BMsV V/3 26.9.1978: Konzept über einen Entwurf betreffend BG über die Diskriminierung in Beschäftigung und Beruf.

[111]) Die hier übernommenen verpönten Differenzierungsmerkmale entsprechen wortgleich dem IAO-Übereinkommen über die Diskriminierung in Beschäftigung und Beruf (Nr 111), BGBl 1973/111.

E. Weitere Berichte des Sachverständigenausschusses der IAO

In der Folge äußerte sich der Sachverständigenausschuß über das österreichische GleichbG teilweise sehr detailliert im Zusammenhang mit der Durchführung von Übk Nr 100 und Nr 111. Die Bemerkungen des Sachverständigenausschusses lassen zum Teil recht genaue Rückschlüsse auf die von Österreich vorgelegten Berichte zu.

Den Sachverständigenausschuß interessierte vor allem die Durchführung der Gleichbehandlung in KollV. Mit großer Insistenz sprach er in diesem Zusammenhang die Einkommensdifferenzen, die land- und forstwirtschaftliche Gleichbehandlung sowie drei Themen an: zunächst die Studie zu den unmittelbaren Diskriminierungen in KollV, und, nachdem diese als beseitigt gelten konnten, die mittelbare Diskriminierung in KollV; nichtdiskriminierende Kriterien der Arbeitsbewertung (in KollV), die ebenfalls wissenschaftlich fundiert, jedenfalls aber mit den Sozialpartnern abgeklärt werden sollten; und schließlich die Durchführung des Übk durch gesetzliche Bestimmungen, die die Nichtigkeit diskriminierender Inhalte sowohl individueller als auch kollektiver Verträge vorsehen. Aus den Bemerkungen des Sachverständigenausschusses läßt sich erschließen, daß die Staatenberichte dem gegenüber an der einmal erreichten Beseitigung unmittelbarer Diskriminierungen in KollV; an der alleinigen Zuständigkeit der Kollektivvertragsparteien für die Arbeitsbewertung und mit verschiedensten Begründungen an der Schwierigkeit, wenn nicht Unmöglichkeit, objektive Arbeitsbewertungsverfahren zu finden; und schließlich an der bereits erwähnten eigentümlichen Auffassung der Teilnichtigkeit diskriminierender KollV festhalten.[112] Was ohne Ausweichen vorgewiesen werden kann, sind die Novellierungen des GleichbG. Abschließend möchte ich den Gesamtbericht aus 1986 erwähnen.

Der Gesamtbericht zu Übk Nr 100 aus 1986[113] ist im Vergleich zum Gesamtbericht 1975, wohl auch im Hinblick auf die größere Anzahl von Ratifikationen, im Detail weniger extensiv wertend auf die Praxis einzelner Staaten bezogen und sehr systematisch orientiert. So stellte der Sachverständigenausschuß 1986 den Zusammenhang von Legaldefinitionen der Dis-

---

[112]) Vgl dazu insb die Bemerkungen aus 1988 (ILC 75th Session 1988 Report III [4 A], 218 Abs 4); der Sachverständigenausschuß fragte bis Ende der achtziger Jahre nach der Verwirklichung des Entwurfes zum EntgeltsicherungsG nach.

[113]) ILC 72nd Session 1986, Report III (4 B). General Survey or the Reports on the Equal Remuneration Convention (No. 100) and Recommendation (No. 90), 1951. Vgl auch den zur 71. Sitzung der IAK 1985 vorgelegten Bericht VII zur Chancengleichheit von Männern und Frauen im Bereich der Beschäftigung.

kriminierung mit der Beweislast heraus[114] und arbeitete in einem vergleichenden Überblick eine Differenzierung der spezialisierten Gleichbehandlungseinrichtungen je nach ihren Kompetenzen sowie der unterschiedlichen gerichtlichen Rechtsschutzmöglichkeiten heraus.[115] Was die Empfehlung betrifft, so vermied der Sachverständigenausschuß eine offene Kritik an Systemen, in denen so wie in Österreich eine Gleichbehandlungsgesetzgebung nur für den privaten, nicht aber für den öffentlichen Sektor galt,[116] und empfahl hinsichtlich sozialpolitischer Maßnahmen allgemein und ausdrücklich die Ratifizierung von IAO-Übk Nr 156 über die Chancengleichheit und die Gleichbehandlung männlicher und weiblicher Arbeitnehmer mit Familienpflichten (1981).[117]

Auf die Verwirklichung der Entgeltgleichheit in KollV ging der Sachverständigenausschuß mehrmals ein, so zunächst bezüglich der Zusammenarbeit der Regierungen mit den Sozialpartnern; er kam zur wirksamen Durchführung des Übk auf die Notwendigkeit von Regierungsseite initiierter Studien zu KollV zurück, wobei er auf die Einbeziehung der verdeckten, dh mittelbare Diskriminierung ausdrücklich Bezug nahm.[118] In einem abschließenden Kapitel [119] ging der Sachverständigenausschuß nochmals ausführlich auf die Entgeltgleichheit in KollV und in diesem Zusammenhang auch auf Österreich ein, wobei er die unmittelbare Diskriminierung in KollV entsprechend den Regierungsberichten als beseitigt betrachtete,[120] sich aber sehr entschieden hinsichtlich der mittelbaren Diskriminierung iZm mit Arbeitsbewertungsmethoden äußerte.[121]

---

114) ILC 72nd Session 1986, Report III (4 B), para. 67 mit Verweis auf die - seit der Stammfassung unveränderte - allgemeine Legaldefinition von Diskriminierung in § 2 Abs 1 letzter Satz GleichbG idgF.

115) ILC 72nd Session 1986, Report III (4 B), paras. 108, 110, 115, 171 (§§ 5 und 6 GleichbG) mit Erwähnung von Österreich.

116) Vgl jedoch ILC 72nd Session 1986, Report III (4 B), FN 3 zu para. 202 und FN 5 zu para. 203, 155.

117) ILC 72nd Session 1986, Report III (4 B), para. 250. Österreich hat Übk Nr 156 nicht ratifiziert.

118) Durchführung von Art 4 und Art 1, 2, und 3 (2) der Empf, ILC 72nd Session 1986, Report III (4 B), para. 132. Er führte in para. 133 mit Verweis auf seine Bemerkungen zu Österreich in den Jahren 1977 und 1980 insb aus: "As concerns the concrete action which might be taken to give full effect to the Convention, the Committee has stressed the desirability of governments institutions, in co-operation with the occupational organisations, a general examination of collective agreements to bring to light any cases of discrimination that they might contain, including any of concealed discrimination." Zur Außenseiterwirkung von KollV zustimmend unter Erwähnung von Österreich para. 154.

119) ILC 72nd Session 1986, Report III (4 B), paras. 226ff.

120) ILC 72nd Session 1986, Report III (4 B), para. 236.

121) "The Government of Austria considers in its report to the Convention for 1983 - 1985 that once specific references to gender in the designation of activities are eliminated, it is no longer

V. Verrechtlichung versus Verrechtlichungsskepsis

Gleichbehandlung wird unvermeidlich im Spannungsfeld von Verrechtlichungsbedarf und Verrechtlichungsskepsis diskutiert, in dem sich auch die Rechtsentwicklung auf europäischer Ebene sehen läßt. Einerseits scheint das Verrechtlichungspotential noch nicht ausgeschöpft; hier lassen sich die Verankerung der Frauenförderung in Art 119 a neu EGV (Vertrag von Amsterdam) und die Beweislastrichtlinie nennen. Andererseits hat das derzeit wirksame vierte mittelfristige Aktionsprogramm für die Chancengleichheit von Frauen und Männern (1996 - 2000) einen Paradigmenwechsel vom Ausbau der Verrechtlichung im Bereich Gleichbehandlung hin zu Maßnahmen des *mainstreaming* und der Vereinbarkeit von Beruf und Familie erklärt. In der Rsp des Europäischen Gerichtshofs (EuGH) stehen aus der Sicht des Zugangs von Frauen zum Recht widersprüchliche Tendenzen nebeneinander. Neben der Rsp zur mittelbaren Diskriminierung und, damit verbunden, zur Beweislastverteilung[122] steht eine Rsp, die in patriarchalischer Weise die innerfamiliäre Rollenverteilung aus dem Anwendungsbereich des europäischen Gleichbehandlungsrechts ausgrenzt,[123] sich Fragen der mittelbaren Diskriminierung im Sozialrecht nur zögerlich annimmt[124] oder im Hinblick auf die Institutionalisierung der Frauenförderung mehr als ambivalent ausfällt.[125]

---

possible to demonstrate directly, in the absence of appropriate objective assessment criteria, the extent to which the social value judgements contained in evaluation methods are implicitly influenced by the fact that certain activities are principally (or exclusively) performed by women or by men. According to the Government, the value of a specific activity is primarily a question of social policy, which simply cannot be replaced by "objective" methods of evaluation. It would appear to the Committee that, in so far as the implementation of the Convention depends on a question of social policy, the Government's responsibility ist directly involved. However, the social policy of a number of countries where measurable progress has been made in the elimination of wage discrimination, is concretely based inter alia, on the elaboration of criteria aimed at identifying and correcting sex bias in the evaluation of jobs." ILC 72nd Session 1986, Report III (4 B), para. 238. Vgl dazu die Studien ILO (Hg), Job evaluation (1986); *Gunderson*, Comparable worth and gender discrimination: An international perspective (ILO 1994); *Diestler/Moser*, Analytische Arbeitsbewertung und Frauenlohndiskriminierung im Betrieb = *Bundeskanzleramt/Grundsatzabteilung für Frauenangelegenheiten* (Hg), Schriftenreihe zur Frauenforschung Bd 2 (1993); *Buchinger/Pircher*, Versteckte Diskriminierungen = *Bundeskanzleramt/Grundsatzabteilung für Frauenangelegenheiten* (Hg), Schriftenreihe zur Frauenforschung Bd 3 (1994).

[122]) Vgl etwa EuGH Rs 109/88, Slg 1989, 3199 *(Danfoss).*

[123]) EuGH Rs 184/83, Slg 1984, 3047 *(Hofmann).*

[124]) Vgl Beyond Equal Treatment: Social Security in a Changing Europe (Report of the proceedings of the Irish Presidency Conference, Dublin, 10 - 12 October 1996) (1997).

[125]) EuGH Rs C-450/93 *(Kalanke),* nunmehr EuGH 11.11.1997 Rs C-409/95 *(Hellmut Marschall/Land Nordrhein-Westfalen).*

Lilian Hofmeister hat aus Sicht der Praxis des Gleichbehandlungsrechts betont, daß durch die Inanspruchnahme festgeschriebener Rechtspositionen Diskriminierungen jedenfalls sowohl in qualitativer als auch in quantitativer Hinsicht erst im vollen Ausmaß sichtbar werden. *Eliane Vogel-Polsky* nahm das Urteil des EuGH in der Rs *Kalanke* zum Anlaß, das juristische Gleichbehandlungsparadigma überhaupt in Frage zu stellen. Rechtliche Normen zur Chancengleichheit erzeugen nach ihrer Ansicht insofern Ungleichheit, als sie im universalistischen Kontext des Rechts einen permanenten Vergleich der Positionen von Frauen und Männern implizieren und die Geschlechter daher als getrennte Gruppen konstruieren. Im formalrechtlichen Zugang werde die Geschlechtertrennung daher zwangsläufig fortgeschrieben, das Scheitern einer emanzipatorischen Auffassung der Geschlechterbeziehungen sei daher im Rahmen des juristischen Gleichbehandlungsparadigmas vorprogrammiert. Als Lösung schlug sie die Abkehr von der formalrechtlichen Gleichheit *(equality)* zugunsten der Berücksichtigung und Förderung tatsächlicher Gleichheit oder Gleichwertigkeit *(parity)* in allen Entscheidungsprozessen auf allen Ebenen in allen öffentlichen und institutionellen Bereichen vor.[126]

Verrechtlichung ist allgemein[127] und im Bereich der Gleichbehandlung ein ambivalenter Prozeß. Der Eindruck, daß antidiskriminierendes Recht Frauen vorschnell befriedet,[128] steht neben dem Befund, daß antidiskriminierendes Recht, soweit es nicht als wirkungslos empfunden wird, Diskriminierungen erzeugt.[129] Vorhandene soziologische und politikwissenschaftliche Evaluierungen antidiskriminierenden Rechts - und es ist nochmals zu unterstreichen, daß es bisher keine wissenschaftliche Evaluierung der österreichischen Gleichbehandlungsgesetzgebung gibt - lenken die Aufmerksamkeit auf die hohen Erwartungen, die an Gleichstellungslegislationen gerichtet sind. Zugleich unterstreichen sie die Notwendigkeit einer differenzierten Sichtweise auf die Akzeptanz antidiskriminierenden Rechts durch AnwenderInnen und andere AkteurInnen wie z.B. Gewerkschaften.[130] Der Widerstand

---

126) *Vogel-Polsky*, The Conception and Instrumentalisation of Legislation on Equal Opportunities for Men and Women: Programmed Not To Succeed (Unv Konzept einer Studie 1996); *Halimi/Vogel-Polsky,* Une europe citoyenne sans les citoyennes? Le monde, 4.5.1996, 14; *Vogel-Polsky/Vogel/Degraef*, Les femmes et la citoyenneté européenne, Europäische Kommission GD V, 1994, V./2337/94 - FR.

127) *Erd,* Verrechtlichung industrieller Konflikte. Normative Rahmenbedingungen des dualen Systems der Interessenvertretung (1978); *Voigt,* Verrechtlichung. Analysen zur Funktion von Parlamentarisierung, Bürokratisierung und Justizialisierung sozialer, politischer und ökonomischer Prozesse (1980).

128) *Pircher,* ÖZPW 1984, 443; *dies*, Gleichbehandlung (1985).

129) *Pascall*, Social Policy (1986), 32f, für England.

130) *Meuser,* Gleichstellung auf dem Prüfstand, Frauenförderung in der Verwaltungspraxis (1989); *Gelb,* Feminism and politics. A comparative perspective (1989).

gegen antidiskriminierendes Recht ist möglicherweise kein einzigartiges Phänomen und mit dem Widerstand gegen die Anwendung anderer innovativer Rechtsgebiete wie Datenschutz- oder Umweltrecht vergleichbar.[131] *Ethel Klein* stellt für die USA fest, daß das in den sechziger und siebziger Jahren entwickelte antidiskriminierende Recht zum Hauptinstrument der Integration von Frauen in die Arbeitswelt wurde, da es Änderungen grundlegender Mechanismen am Arbeitsmarkt impliziert; seiner Wirksamkeit sind im Weiterbestehen geschlechtsspezifischer Tätigkeiten Grenzen gesetzt. Allerdings betont *Klein* den immensen Widerstand der Wirtschaft gegen die Bestrebungen von Regierungsseite zur Einflußnahme auf den Arbeitsmarkt und gegen die Versuche des Staates, in ihre Entscheidungsprärogative *(managerial prerogatives)* einzugreifen. In den heftigen Diskussionen über die Berechtigung positiver Aktionen gerate die grundlegende Frage des ökonomischen Überlebens von Frauen nur zu leicht aus dem Blickfeld.[132]

VI. Gleichbehandlung und geschlechtsspezifische Interessen

Der geschlechtsbewußte Blick auf das Rechtssystem durch Frauenforschung, feministische Theorie oder auch den neueren Ansatz der Theorie des Geschlechterverhältnisses kann mit unterschiedlicher Emphase zeigen, daß das Recht entgegen seinem artikulierten Selbstverständnis nicht neutral, insbesondere nicht geschlechtsneutral, ist, und im juristischen Diskurs durchzusetzende oder durchgesetzte spezifische Interessen nicht benannt, sondern als universelle Rechtsgüter ausgewiesen werden.[133] Verwandt ist die Fragestellung, inwiefern das Recht oder Teilgebiete wie etwa das Arbeitsrecht androzentrisch orientiert sind und unausgesprochen den Mann als Norm voraussetzen. So ist die Frage zulässig, inwieweit "Normalarbeitsverhältnis", "männliche Normalbiographie" und "männlicher Lebenszusammenhang" das Gleiche bedeuten. Problematische Zuschreibungen von geschlechtsspezifischen Merkmalen als naturgegeben (zB Handfertigkeit/Geschicklichkeit als weiblich) sind in der Ausrichtung der traditionellen Arbeitsmedizin und Ergonomie auf den Typus der - von Männern verrichteten - Schwerarbeit in der industriellen Produktion festzustellen;[134] wenn Arbeitsbelastung und Belast-

---

131) *Meuser*, Gleichstellung.
132) *Klein*, Gender politics (1984), 168.
133) Dieser Ansatz liegt allgemein den *Critical Legal Studies* zugrunde, vgl *Kelman*, A Guide to Critical Legal Studies (1987).
134) *Krell*, Das Bild der Frau in der Arbeitswissenschaft (1984).

barkeit definiert werden, sind damit zugleich Aspekte der Bewertung von Arbeitsvorgängen vorweggenommen.

Möglicherweise sind es gerade die sperrigen Paradoxa, die scheinbar überlebten Diskurse und Bilder, in denen die nicht mehr zur Disposition stehenden konstitutiven Prämissen, wie die Privatheit, und strukturbestimmenden Ungleichheiten eines Systems sichtbar werden.[135] Systeme mit eigenen, niedrigeren Frauenlohngruppen und zugleich gegebener geschlechtsspezifischer Segregation des Arbeitsmarkts beruhen auf der Annahme, daß Männer Familienerhalter sind[136] (vgl den Begriff des Familienlohns). Allerdings ist die Arbeitswelt nach wie vor von einer hierarchischen, rollengestützten Geschlechtersegregation bestimmt (der Chef und die Sekretärin, die sich in einem Zimmer aufhalten), und die soziale Kontrolle erzwingt Rollenkonformität von Frauen nicht nur in der Familie, sondern auch am Arbeitsplatz mit direkter physischer Gewalt.[137] Bestimmungen über die sexuelle Belästigung (vgl § 2 Abs 1 a, 1 b GleichbG) betreffen den Zugang von Frauen zur Erwerbstätigkeit, und somit, wenn wir Öffentlichkeit weit als nicht-private Lebenswelt verstehen, auch zur Öffentlichkeit. Wenn wir davon ausgehen, daß die Bestimmungen über sexuelle Belästigung die sexuelle Selbstbestimmung betreffen, wird etwa durch die Rsp zur sexuellen Belästigung der Status *aller* Frauen als für Männer verfügbare, subordinierte 'Körperwesen' abgehandelt, die besser zu Hause bleiben.

Wir können allerdings fragen, ob das GleichbG Fraueninteressen zum Gegenstand hat. Die vorschnelle Zuschreibung oder Annahme eines "Interesses" oder "Fraueninteresses" ist aus der Sicht einer politikwissenschaftlich[138] oder soziologisch[139] fundierten feministischen Kritik immer problematisch. Es erscheint jedoch nicht unzulässig, ein Interesse im Rechtssinn einer überwiegenden oder zumindest großen Zahl unselbständig erwerbstätiger Frauen anzunehmen, im Berufsleben beim Einkommen, beim Aufstieg und bei den Arbeitsbedingungen nicht diskriminiert zu werden. Wie die Entstehungsgeschichte von IAO-Übk zeigt, war allerdings das offenbar wirksame *movens* der gewerkschaftlichen Forderung nach Entgeltgleichheit

---

[135]) Zum demokratietheoretischen Konzept der "non-decisions" *Narr*, W.- D., Gewalt und Legitimität, in *Rammstedt* (Hg), Gewaltverhältnisse und die Ohnmacht der Kritik (1974), 9 (26f).

[136]) *Klein*, (1984), 168.

[137]) *Epstein, C. Fuchs,* Deceptive distinctions. Sex, Gender and the Social Order (1988), 118 - 135 (132f).

[138]) Vgl *Jónasdóttir*, On the Concept of Interests, Women's Interests and the Limitations of Interest Theory, in *Jones/Jónasdóttir* (Hg), The political Interests of Gender (1988), 33.

[139]) Vgl *Cyba/Balog/Papouschek*, Chancen und Barrieren. Bedingungen der Durchsetzung betrieblicher Fraueninteressen = *BMAS* (Hg), Forschungsberichte aus Sozial- und Arbeitsmarktpolitik (1993), 5 - 27.

die drohende Absenkung der Männerlöhne auf Frauenniveau. Ein Artikel von *Käthe Leichter* aus 1926 spricht den Lohndruck an und zeigt paradigmatisch das Dilemma des Appells an die Identität von Frauen- und Männerinteressen:

Solange die Frauen selbst in Berufen, wo sie anerkanntermaßen Gleichwertiges leisten, so niedrig eingestuft werden, so lange müssen sie freilich zu Lohndrückerinnen werden, müssen von den Männern als Gefahr für ihren mühsam errungenen Lebensstandard empfunden werden. [...] Im Interesse der zu menschenunwürdigen Löhnen arbeitenden Frauen wie im Interesse der in ihrer Lebenshaltung bedrohten Männer gäbe es also nur eines: Die Fortführung der von den Gewerkschaften durch Jahrzehnte verfochtenen, da und dort auch durchgesetzten Politik, die Frauenlöhne den Männerlöhnen anzugleichen. [...] Daß aber der Grundsatz: 'Gleicher Lohn für gleiche Arbeit' gerade im Interesse der Frauen in der Wirtschaftskrise nicht verfochten werden soll, hören wir oft gerade von den Genossen, die über die Verdrängung der Männerarbeit durch die Frauenarbeit klagen. Ist das wirklich die richtige Fürsorge für die erwerbende Frau? Lehrt uns nicht gerade die Wirtschaftskrise, daß es hier keine besondere Politik im Interesse der Frau und keine von ihr verschiedene im Interesse des Mannes gibt, sondern nur eine für beide Geschlechter arbeitender Menschen: Sich allen Versuchen, das Lohnniveau der Frauen unter das der Männer zu drücken, mit aller Kraft entgegenzustemmen?[140]

Die Historikerin *Joan W. Scott* bemerkt zur Entstehung geschlechtssegregierter Arbeitsmärkte im 19. Jhdt., daß die Realität eines nach Geschlechtern getrennten Arbeitsmarktes als Beweis für eine bereits vorher bestehende "natürliche" geschlechtliche Arbeitsteilung galt, oder maW, daß die Arbeitsteilung bzw Geschlechtersegregation das Ergebnis von Praktiken ist, die die Teilungen dann natürlich erscheinen lassen. Dies wirkte bis in die Gewerkschaftsorganisation hinein, die, ob Frauen sich nun selbst organisierten oder anders engagierten, die Aktivität der Frauen als spezifische Frauenaktivität definierten und sie so getrennt hielten. Frauen waren nicht immer und überall in Gewerkschaften erwünscht.[141] Für die USA sind unter-

---

[140]) *Leichter*, Schmutzkonkurrenz oder Gleichberechtigung? Verdrängt die Frauen- die Männerarbeit? (Arbeiter-Zeitung 5.9.1926), nachgedruckt, in *Kammer für Arbeiter und Angestellte für Wien* (Hg), Käthe Leichter zum 100. Geburtstag. Texte zur Frauenpolitik (1995), 67 (69f). Leichter, 1926 seit etwa einem Jahr Bedienstete der Arbeiterkammer, hatte ihrem Text die Kautel vorangestellt: "Die kritischen Bemerkungen, die die Verfasserin zur Politik einzelner Gewerkschaften macht, geben selbstverständlich nur ihre persönliche Meinung wieder" (nach traditionellem Verständnis ist die Kritik der Gewerkschaften deren FunktionärInnen vorbehalten).

[141]) Vgl das "Lob der Hausfrau" (Michelle Perrot) durch die französischen Delegierten auf dem Arbeiterkongreß in Marseille 1879: "Wir glauben, daß der eigentliche Ort der Frauen nicht die

schiedliche geschlechtersegregierende und frauenausschließende Praktiken der Gewerkschaften belegt, die zur Zeit der Jahrhundertwende fest etabliert waren und bis in die frühen 1970er Jahre andauerten.[142] Ähnlich begreift *Anni Weiler* Lohndifferenzierungen als entscheidendes Attribut der sozialen Statusdifferenzierung bzw der Geschlechterdifferenzierung, weswegen jede Verschiebung im Einkommensgefüge von den Betroffenen als eine Veränderung ihrer sozialen Stellung empfunden wird. Insb empfänden Männer jeden lohnpolitischen Versuch, den Lohnabstand zwischen den Geschlechtern zu verringern, als eine massive Bedrohung ihrer sozialen Stellung und der bestehenden Statusunterschiede zwischen den Geschlechtern.[143] Wie, wie schnell oder wie langsam die gesellschaftlichen und die Geschlechterverhältnisse sich ändern ("sozialer Wandel"), ist ein Thema ohne Ende. Dennoch scheinen, was die patriarchale Ernährerfamilie betrifft, irreversible Entwicklungen in Gang gekommen zu sein; soweit Frauen nicht immer schon auch "Ernährerinnen" waren, werden sie es zunehmend. Insofern ist das universalistische, juristische Gleichbehandlungsparadigma unverzichtbar, mögen Strategien wie Frauenförderung, *mainstreaming* oder paritätische Beteiligung von Frauen an allen Entscheidungsprozessen mittlerweile als notwendig oder ebenso unverzichtbar erscheinen.

Es liegt beim Recht nahe, frauenrelevante *Defizite* herauszuarbeiten; Vorgangsweise und Schlußfolgerungen können allerdings unterschiedlich ausfallen. *Katharine MacKinnon* etwa wandte Anfang der achtziger Jahre auf ihre Ideologiekritik der Kategorien, in denen das US-amerikanische Recht sexuelle Belästigung behandelt, eine essentialistische Theorie der Geschlechterdifferenz im Recht an.[144] Gegenüber dem *grand theorizing* des Rechts in universal-rechtstheoretischer und essentialistischer Intention hat hingegen die britische Rechtssoziologin *Carol Smart* in Anlehnung an *Michel Foucault* die Notwendigkeit punktueller und nicht-monokausaler (nicht-linearer) Analysen der patriarchalen Machtausübung im und durch das Recht eingewendet. Ich möchte die Essentialismuskritik von *C. Smart* unterstreichen.[145] Auch punktuelle Analysen juristischer Diskurse können erhel-

Werkstatt oder die Fabrik, sondern der Haushalt, das Zentrum der Familie, ist." *Scott,* Die Arbeiterin, in *Fraisse/Perrot* (Hg), 19. Jahrhundert = *Duby/Perrot* (Hg), Geschichte der Frauen Bd 4 (1994), 451 (469ff).

[142]) *Epstein, C. Fuchs* (1988), 150f.

[143]) *Weiler,* "Gleicher Lohn für gleiche Arbeit" oder Frauenlohnpolitik? in *Lang,/Richter,* (Hg), Geschlechterverhältnisse - schlechte Verhältnisse. Verpaßte Chancen der Moderne? (1994) 124 (125f).

[144]) *MacKinnon*, Sexual Harassment of Working Women: A Case of Sex Discrimination (1979).

[145]) Zum Verstehen und Beschreiben des Rechts ist es wenig hilfreich, Macht und Geschlecht als Substanzbegriffe anstatt relational aufzufassen. Hilfreich erscheint es mir hingegen zu vergegen-

len, inwieweit es um die ungleiche Verteilung von Lebenschancen oder, mit anderen Worten, um strukturelle Gewalt geht.[146] Die Einschränkungen an Öffentlichkeit im Diskurs über das GleichbG zeigen, so hinsichtlich der Studie zu Diskriminierungen in Kollektivverträgen und lange Jahre hinsichtlich der Tätigkeit der Gleichbehandlungskommission, daß, was nicht gesagt werden kann oder darf, das ist, worum es geht.[147] Daß und vor allem wie Frauen in den unterschiedlichsten Rechtsbereichen nach wie vor sowohl in materiell- als auch in formellrechtlicher Hinsicht die Legitimation durch Recht verweigert wird, zeigt sich allerdings oft erst in mittel- bis langfristiger juristischer Detailarbeit.

---

wärtigen, daß Macht - entgegen allem die juristische Lebenswelt möglicherweise noch prägenden Anschein - nicht etwas Monolithisches ist, sondern das Produkt einer Vielzahl und Vielfalt sozialer Praktiken oder Diskurse von oftmals begrenzter Wirksamkeit, die sich ständig zu ändern und einander zu überschneiden vermögen (Mikrodiskurse); vgl *Bei*, Frau und Strafrecht, in *BKA* (Hg), Frau und Recht (1982) 36.

[146]) Zur Notwendigkeit, die Gewaltdefinition von Johan Galtung: "Gewalt liegt dann vor, wenn Menschen so beeinflußt werden, daß ihre aktuelle somatische und geistige Verwirklichung geringer ist als ihre potentielle Verwirklichung" historisch zu konkretisieren, *Narr,* Gewalt und Legitimität (1974) 9ff.

[147]) *Legendre*, L'amour du censeur. Essai sur l'ordre dogmatique (1974). Zu Legendres Theorie der Institution und des Juridismus s ausführlich *Bei*, Frauen und Gesetzessprache, iwk-Mitteilungen 1987, 14.

Anhang

International Labour Conference, 63rd Session 1977, Report III (Part 4 A), Report of the Committee of Experts on the Application of Conventions and Recommendations (Articles 19, 22 and 35 of the Constitution). Volume A: General Report and Observations concerning Particular Countries, 191f.

Convention No. 100: Equal Remuneration, 1951

[...]

Austria (ratification: 1953)

The Committee noted the information given by the Government which indicates, first, that there are still agreements laying down differential wage rates according to sex, which the Government recognises as not being in conformity with the principle in the Convention. However, the report adds that these are few in number and that the unions are trying to eliminate disparities when negotiating new agreements. The Committee would be grateful if the Government would continue to send information on changes in the situation in this respect and on action taken to abolish all sex-related differentials.

Secondly, there are some collective agreements which also provide for different rates depending on sex but with an indication that women will be paid the same rates as men if they are doing the work of men. The Government does not feel that this violates the principle of equal remuneration since the problem is primarily one of assigning workers directly to the wage groups corresponding to their jobs. The Committee must point out, however, that agreements of this type, where sex provides a main criterion in job and wage classifications, are not in compliance with the letter of the Convention, which refers to "rates of remuneration established without discrimination based on sex".

Thirdly, there are situations where, although there is no specific reference to sex, this appears to provide an implicit criterion in determining job and wage categories. That such situations exist is suggested by the observable constant correlation between the female sex and its over-representation in the wage groups where, in some collective agreements, there are differentials in the case of "light work", and also more generally by its over-representation in the low wage groups. The committee would like to stress that it is in cases of this kind (where the value of work performed by men and women is difficult to compare as in the case of categories of jobs mainly performed by workers of one or other of the sexes) that action to promote objective appraisal of jobs (as indicated in Article 3 of the Convention) would be particularly appropriate. The Committee has in mind the measures adopted in other countries in an effort to find a solution for similar problems where, for example, the Government first arranged for a study to be made by independent experts in order to appraise objectively the comparative demands made by "heavy" and "light" work; and then the results of the study, which showed that evaluation methods were distorted because a disproportionate weight was attributed to physical effort as against other job requirements, were sent to the social partners for guidance in collective bargaining. The Workers' members of the Conference Committee expressed satisfaction with that decision and stressed the usefulness of such an approach for other countries (see 60th Session, 1975, Record of Proceedings, page 680).

In the light of the foregoing, the Committee would ask the Government to adopt all appropriate measures of promotion and encouragement which - however much the contractual autonomy of the parties is to be respected - are likely to promote, as the Convention requires, effective application of the principle of equal remuneration as a matter of public policy. It hopes that the next report will contain information on action taken for this purpose and on the results obtained or expected.

Literaturverzeichnis

- *Adamovich-Funk*, Allgemeines Verwaltungsrecht[3] (1987).
- *Aichhorn* (Hg), Frauen & Recht (1997).
- *Artner*, Gewerkschaftspolitik auf Kosten der Frauen? Lohn- und Arbeitszeitpolitik des österreichischen Gewerkschaftsbundes und dessen Frauenabteilung seit Mitte der siebziger Jahre (Diplomarbeit GrWi Wien 1990).
- *Beckmann*, Europarecht[5] (1990).
- *Bei*, 81. Tagung der Internationalen Arbeitskonferenz - 75 Jahre IAO, DRdA 1995, 84.
- *Bei*, Frau und Strafrecht, in *Bundeskanzleramt - Bundespressedienst* (Hg) - *Bichler-Tschon* (Red), Frau und Recht. Berichte von einer Enquete, die am 24. September 1981 vom Staatssekretariat für allgemeine Frauenfragen veranstaltet wurde (1982) 36.
- *Bei*, Frauen und Gesetzessprache, iwk-Mitteilungen 1987, 14.
- *Bei*, VfGH: § 2 b GleichbG teilweise rechtsstaatswidrig, DRdA 1994, 532.
- *Bei/Novak*, Das Gleichbehandlungsgesetz, in *Aichhorn* (Hg), Frauen und Recht (1997) 83.
- *Berger*, Braucht Österreich ein Antidiskriminierungsgesetz? in *Bundeskanzleramt - Bundespressedienst* (Hg) - *Bichler-Tschon* (Red), Frau und Recht. Berichte von einer Enquete, die am 24. September 1981 vom Staatssekretariat für allgemeine Frauenfragen veranstaltet wurde (1982), 9.
- *Berger*, Die Gleichberechtigung von Mann und Frau im österreichischen Recht, in *Frauendorf* (Hg), Die Stellung der Frau im sozialen Rechtsstaat. Referate auf der 22. Fachtagung der wissenschaftlichen Mitarbeiter der Fachrichtung "Öffentliches Recht" in Tübingen (22. - 26. Februar 1982) 87.
- *Berger*, Die Gleichheit von Frau und Mann in Österreich, EuGRZ 1983, 614.
- Beyond Equal Treatment, Social Security in a Changing Europe (Report of the proceedings of the Irish Presidency Conference, Dublin, 10 - 12 October 1996) (1997).
- *Buchinger/Pircher*, Versteckte Diskriminierungen, *in Bundeskanzleramt/Grundsatzabteilung für Frauenangelegenheiten* (Hg), Schriftenreihe zur Frauenforschung III (1994).
- *Bundesministerium für Frauenangelegenheiten im Bundeskanzleramt* (Hg) - *Kugler* (Red), Frauen und Recht. Eine Dokumentation der Enquete der

Bundesministerium für Frauenangelegenheiten und des Bundesministerium für Justiz vom 18. und 19. Oktober 1993 = Schriftenreihe der Frauenministerin 4 (1994).

- *Cyba*, Frauen - Akteure im Sozialstaat? ÖZS 1991/16, 25.
- *Cyba/Balog/Papouschek*, Chancen und Barrieren. Bedingungen der Durchsetzung betrieblicher Fraueninteressen, in *Bundesministerium für Arbeit und Soziales* (Hg), Forschungsberichte aus Sozial- und Arbeitsmarktpolitik (1993).
- *Diestler/Moser*, Analytische Arbeitsbewertung und Frauenlohndiskriminierung im Betrieb, in *Bundeskanzleramt/Grundsatzabteilung für Frauenangelegenheiten* (Hg), Schriftenreihe zur Frauenforschung II (1993).
- *Dittrich/Tades*, Arbeitsrecht (Loseblattsammlung).
- *Dungl*, Handbuch des österreichischen Arbeitsrechts[3] (1995).
- *Eichinger*, Die Frau im Arbeitsrecht (1990).
- *Eichinger*, Rechtsfragen zum Gleichbehandlungsgesetz: Mittelbare Diskriminierung - Sexuelle Belästigung - Beweislastverteilung (1993).
- *Eichinger*, Zum Gleichbehandlungsgebot gem § 18 BPG, ZAS 1991, 119.
- *Eichinger*, Zur Angleichung des österreichischen Arbeitsrechts an das Gemeinschaftsrecht im Bereich der Gleichbehandlung von Männern und Frauen, in *Runggaldier* (Hg), Österreichisches Arbeitsrecht und das Recht der EG (1990) 205.
- *Epstein, C. Fuchs*, Deceptive distinctions. Sex, Gender and the Social Order (1988).
- *Erd*, Verrechtlichung industrieller Konflikte. Normative Rahmenbedingungen des dualen Systems der Interessenvertretung (1978).
- *Feigl*, Anträge an die Gleichbehandlungskommission. Verfahren, Entscheidungen, Gutachten, in *Anwältin für Gleichbehandlungsfragen bei der BMin für Frauenangelegenheiten und Verbraucherschutz* (Hg), Loseblattsammlung (1997).
- *Fitzpatrick/Gregory/Szyszczak*, Sex Equality Litigation in the Member States of the European Community, Europäischen Kommission DG V (1993 V/407/94-EN).
- *Floßmann* (Hg), Feministische Jurisprudenz (1995).
- *Floßmann* (Hg), Offene Frauenfragen in Wissenschaft, Recht und Politik (1991).
- *Floßmann/Trost* (Hg), Aktuelle Themen der Frauenpolitik (1995).

- *Gahleitner*, EuGH: Schadenersatzbeschränkungen verstoßen gegen Gleichbehandlungsrichtlinie. Gleichbehandlungsgesetz nicht europarechtskonform, ASok 1997, 266.
- *Gaudart,* Frauenbewegung und Frauenbewußtsein in Österreich, in *Khol/Ofner* ua (Hg), Jahrbuch für Politik 1985, 155.
- *Gaudart*, Sozialwissenschaftliche Grundlagenforschung - Praxisrelevante Verwertungsbeispiele, in *Floretta*-FS 60. Geburtstag (1983) 17.
- *Gaudart/Greve*, Die Frau in den Arbeitsbeziehungen, in *Bundesministerium für soziale Verwaltung* (Hg), Schriftenreihe zur sozialen und beruflichen Stellung der Frau VIII (1978).
- *Gelb,* Feminism and politics. A comparative perspective (1989).
- *Gunderson,* Comparable worth and gender discrimination: An international perspective, in *ILO* (Hg), Jobevolution (1986).
- *Halimi/Vogel-Polsky,* Une europe citoyenne sans les citoyennes? Le monde, 4.5.1996, 14.
- *Hornyik,* Grundrechte für Frauen ...., Laufschritte 94, 22.
- ILO (Hg), Job evaluation (1986).
- *Jónasdóttir,* On the Concept of Interests, Women's Interests and the Limitations of Interest Theory, in *Jones/Jónasdóttir* (Hg), The political Interests of Gender (1988) 33.
- *Kammer für Arbeiter und Angestellte für Wien* (Hg), Gleichbehandlungsgesetz. Textausgabe Stand 1.3.1997 (1997).
- *Kelman,* A Guide to Critical Legal Studies (1987).
- *Kirschbaum*, Neues zur Gleichbehandlung der Geschlechter bei Betriebspensionen, ZAS 1995, 37.
- *Klein*, Gender politics (1984) 168.
- *Krell,* Das Bild der Frau in der Arbeitswissenschaft (1984).
- *Legendre,* L'amour du censeur. Essai sur l'ordre dogmatique (1974).
- *Leichter,* Schmutzkonkurrenz oder Gleichberechtigung? Verdrängt die Frauen- die Männerarbeit? (Arbeiter-Zeitung 5.9.1926), nachgedruckt in *Kammer für Arbeiter und Angestellte für Wien* (Hg), Käthe Leichter zum 100. Geburtstag. Texte zur Frauenpolitik (1995) 67 (69f).
- *MacKinnon*, Sexual Harassment of Working Women: A Case of Sex Discrimination (1979).
- *Martinek,* Angemessene Arbeitsbedingungen als soziale Grundrechte, in *Floretta*-FS 60. Geburtstag (1983) 237.
- *Martinek*, Auswirkungen der Familienrechtsreform auf das Arbeitsrecht, DRdA 1977, 11.

- *Martinek,* Kollektivvertragsautonomie und Gleichbehandlung, in *Rosenzweig*-FS 80. Geburtstag (1988) 329.
- *Mayer*, Gleichbehandlungsgesetz und Rechtsschutzstaat, ZAS 1992, 37.
- *Mayer-Maly*, Die Gleichbehandlung der Arbeitnehmer in Österreich und in der Bundesrepublik Deutschland, frauen und arbeit 1982/2-3, 3 (Nachdruck aus DRdA 1980, 261).
- *Mayer-Maly*, Die Gleichbehandlung der Arbeitnehmer, DRdA 1980, 261.
- *Mayer-Maly*, Gleichbehandlung im Arbeitsverhältnis, AR-Blattei 1975.
- *Mayer-Maly*, Gleichbehandlungsgesetz = *Floretta/Strasser* (Hg), Manzsche Kurzkommentare zum Arbeitsrecht und Sozialrecht VI (1981).
- *Mazal*, Geschlechtsneutrale Stellenausschreibung, ecolex 1992, 573.
- *Mesner/Steger/Mauerhofer* (Hg), Der Tod der Olympe de Gouges. 200 Jahre Kampf um Gleichberechtigung und Grundrechte (Renner-Institut 1994).
- *Meuser*, Gleichstellung auf dem Prüfstand, Frauenförderung in der Verwaltungspraxis (1989).
- *Narr,* Gewalt und Legitimität, in *Rammstedt* (Hg), Gewaltverhältnisse und die Ohnmacht der Kritik (1974), 9.
- *Noll*, Einkommensunterschiede zwischen Männern und Frauen. Rechtliche Regelungen und Einkommensstatistik im internationalen Vergleich, in *IHS Wien*, Forschungsbericht 202 (1984).
- *OECD* (Hg), Equal Opportunities for Women (1979).
- *OECD* (Hg), Women and Employment. Politics for Equal Opportunities (1980).
- *Österreichische Studiengruppe Automation und industrielle Arbeitnehmer* (Hg), Differenzierende Bestimmungen für Männer- und Frauenarbeit in den österreichischen Kollektivverträgen (unv; BM für soziale Verwaltung 1978).
- *Pascall,* Social Policy (1986).
- *Pesendorfer,* (Un-)Gleichheit der Geschlechter, ecolex 1992, 598.
- *Piffl-Pavelec*, Gleichbehandlung von Frauen und Männern, in *Hellmer* (Hg), Arbeitsrecht, Gesundheitsschutz und Sozialpolitik in der EU und im EWR (1994), D 2.1.2.1.
- *Pircher,* Die ökonomische Gleichbehandlung der Frau im Spannungsfeld zwischen Fraueninteressen und staatlicher Konfliktvermeidung am Beispiel des Gleichbehandlungsgesetzes (Philosophische Diss Univ Salzburg 1985).
- *Pircher*, Gesetzwerdung und Fraueninteressen am Beispiel des Gleichbehandlungsgesetzes, ÖZPW 1984/4, 443.

- *Rebhahn*, Gleichbehandlung, Qualifikation und Leistung. Zur Gleichbehandlung von Frau und Mann bei Einstellung, Entgelt und Beförderung, JBl 1993, 681.
- *Riegelman-Lubin/Winslow*, Social Justice for Women. The International Labour Organisation and Women (1990).
- *Runggaldier*, Die Regelung der Beweislast in dem von BMfAuS vorgelegten Entwurf einer Novelle zum Gleichbehandlungsgesetz, WBl 1989, 357.
- *Schneider*, Präsenzdienst als Gleichbehandlungsproblem, ecolex 1992, 430.
- *Scott*, Die Arbeiterin, in *Fraisse/Perrot* (Hg), 19. Jahrhundert, in *Duby/Perrot* (Hg), Geschichte der Frauen IV (1994) 451.
- *Siegmund-Ulrich*, Zur Ambivalenz des gleichen Rechts, ÖZPW 1994/2, 151.
- *Smart*, Feminism and the Power of Law (1989).
- *Sporrer*, Die österreichische Gleichbehandlungsgesetzgebung, in Öffentliche Auftragsvergabe und staatliche Leistungsgewährung - ein Instrument der Frauenförderung ? (Teil 2) = Dokumentation der Sachverständigenanhörung zu den §§ 13 und 14 Landesgleichstellungsgesetz (LGG) am 18. und 19. Mai 1995 (Berlin 1997), 49.
- *Sporrer*, Gleichberechtigung und Gleichheitsgrundsatz. Gleichbehandlung und Frauenförderung aus der Sicht des Verfassungs- und Europarechts (Rechtswissenschaftliche Diss Univ Wien 1995).
- *Sporrer*, Verfassungsrechtliche Aspekte von Quotenregelungen, iwk-Nachrichten 1991/3, 19.
- *Staatssekretariat Franziska Fast im BM für soziale Verwaltung* (Hg), Gleichbehandlung ist das Ziel (1981).
- *Talos*, Politik der Gleichbehandlung und die sozialen Lebensbedingungen von Frauen, SWS-Rundschau 1990/4, 453.
- *Tinhofer*, Sexuelle Belästigung durch den Geschäftsführer einer GmbH - zugleich eine Besprechung von ASG Wien 25.2.1994, 25 Cga 461/93, RdW 1994, 248.
- *Trost*, Mittelbare Diskriminierung durch die Rechtsprechung zum allgemeinen Kündigungsschutz, in *Floßmann/Trost* (Hg), Aktuelle Themen der Frauenpolitik (1995), 133.
- *Verwilghen* (Hg), Access to Equality between Men and Women in the European Community. Records of the Proceedings of The European Conference organized at Louvain-la-Neuve (30 september - 3 october 1992) (1993).

- *Verwilghen* (Hg), Equality in Law between Men and Women in the European Community. Textbook (1987).
- *Vogel-Polsky/Vogel/Degraef*, Les femmes et la citoyenneté européenne, Europäische Kommission GD V (1994 V/2337/94 - FR).
- *Voigt*, Verrechtlichung. Analysen zur Funktion von Parlamentarisierung, Bürokratisierung und Justizialisierung sozialer, politischer und ökonomischer Prozesse (1980).
- *Weiler,* "Gleicher Lohn für gleiche Arbeit" oder Frauenlohnpolitik? in *Lang/Richter* (Hg), Geschlechterverhältnisse - schlechte Verhältnisse. Verpaßte Chancen der Moderne? (1994) 124.
- *Wilhelm*, Diskriminierung und Beweislast, ecolex 1993, 77.
- *Wilhelm*, Fraun, die sich was traun, ecolex 1992, 149.
- *Wilhelm*, Gleichbehandlung der Geschlechter, ecolex 1993, 77.

SEXUELLE BELÄSTIGUNG AM ARBEITSPLATZ

von Michaela Windisch-Graetz

I. Anzuwendende Rechtsvorschriften

Rechtsvorschriften, die das Verhalten sexueller Belästigung am Arbeitsplatz pönalisieren, finden sich aufgrund der zersplitterten Kompetenztatbestände im Bereich des Arbeits- und Dienstrechts in mehreren Gesetzen. Hier ist zunächst das *Gleichbehandlungsgesetz*[1] zu nennen, das für Arbeitsverhältnisse aller Art gilt, die auf privatrechtlichem Vertrag beruhen. Es gilt auch für Beschäftigungsverhältnisse, auf die das Heimarbeitsgesetz[2] anzuwenden ist. Aus kompetenzrechtlichen Gründen sind jedoch Arbeitsverhältnisse zum Bund, zu einem Land, einem Gemeindeverband oder einer Gemeinde sowie Arbeitsverhältnisse der land- und forstwirtschaftlichen Arbeiter im Sinn des Landarbeitsgesetzes[3] ausgenommen. Für Landarbeiter hat der Bund seine Kompetenz zur Grundsatzgesetzgebung in Teil II des GlBG wahrgenommen. Es gelten daher für Landarbeiter die gleichen Regelungen wie auch für andere Arbeitsverhältnisse nach dem GlBG[4]. Die Zuständigkeit des Bundes zur Erlassung der Regelungen des GlBG gründet sich auf den Kompetenztatbestand „Arbeitsrecht" (Art 10 Abs 1 Z 11 B-VG) sowie auf Art 12 Abs 1 Z 6 B-VG („Arbeitsrecht sowie Arbeiter- und Angestelltenschutz, soweit es sich um land- und forstwirtschaftliche Arbeitnehmer handelt").

Bestimmungen über sexuelle Belästigung in Dienstverhältnissen zum Bund sind im *Bundes-Gleichbehandlungsgesetz* (B-GBG)[5] enthalten. In den Bundesländern wurden in letzter Zeit ebenfalls entsprechende Rechtsvorschriften erlassen.[6] Zu erwähnen ist in diesem Zusammenhang auch eine Bestimmung des *Universitäts-Studiengesetzes* (UniStG)[7], das Studierenden das Recht einräumt, ihre Studien frei von sexueller Belästigung zu betreiben und

---

[1]) BGBl 1979/108.

[2]) BGBl 1961/105.

[3]) BGBl 1984/287.

[4]) Vgl im einzelnen dazu ergangene Ausführungsgesetze der Länder, zB Tiroler Landarbeitsordnung, LGBl 1985/45; Kärntner Landarbeitsordnung, LGBl 1994/56; Vorarlberger Land- und Forstarbeitsgesetz, LGBl 1997/28; Wiener Landarbeitsordnung, LGBl 1990/33.

[5]) BGBl 100 idF BGBl 1994/16 und 1995/43.

[6]) Vgl für *Oberösterreich*: Landesgleichbehandlungsgesetz, LGBl 1995/8; für *Salzburg*: LGBl 1996/30; für *Kärnten*: LGBl 1994/56; für *Vorarlberg*: Landesbedienstetengesetz, LGBl 1997/1 und Landes-Frauenförderungsgesetz, LGBl 1997/1; für *Wien*: Wiener Gleichbehandlungsgesetz, LGBl 1996/18; für *Niederösterreich:* NÖ Gleichbehandlungsgesetz, LGBl 1997/69.

[7]) BGBl 1997/48.

das GlBG sinngemäß für anwendbar erklärt. Maßnahmen zur Wiedergutmachung und das dabei einzuhaltende Verfahren sind allerdings durch Verordnung zu regeln.

Im folgenden Beitrag soll das Hauptaugenmerk auf das GlBG gerichtet werden. Mit der 3. Novelle zum GlBG[8] wurde in Anlehnung an die in der EU geführten Diskussionen auch die Aufnahme der sexuellen Belästigung als Diskriminierungstatbestand samt Schadenersatzregelung vorgesehen.[9] Derzeit liegt eine Regierungsvorlage[10] vor, die unter anderem das Ziel hat, eine Regionalisierung der Gleichbehandlungsanwaltschaft durch Einrichtung von Regionalbüros zu erreichen, Ungenauigkeiten des bisherigen Gesetzestextes zu korrigieren sowie verfahrensrechtliche Fragen zu klären. Eine große Novelle des GlBG, die die Fragen der Beweislast und eines besonderen Kündigungsschutzes für die Dauer des Beschwerdeverfahrens vor der Gleichbehandlungskommission nach den Erwartungen verschiedenster Stellen klären sollte, steht weiterhin aus.

II. Der Tatbestand der sexuellen Belästigung im GlBG

A. Diskriminierung aufgrund des Geschlechts

Das GlBG will die Gleichbehandlung von Frau und Mann im Arbeitsleben regeln. So darf insbesondere bei der Begründung oder Beendigung des Arbeitsverhältnisses, bei der Festsetzung des Entgelts, bei Maßnahmen der Aus- und Weiterbildung, bei Beförderungen etc niemand aufgrund des Geschlechts diskriminiert werden. Durch die 3. Novelle zum GlBG wurde eingefügt, daß eine solche Diskriminierung aufgrund des Geschlechts auch vorliege, wenn die Arbeitnehmerin (AN) im Zusammenhang mit ihrem Arbeitsverhältnis vom Arbeitgeber (AG) oder einem Dritten sexuell belästigt werde. Auch wenn in der gesellschaftlichen Realität die sexuelle Belästigung von Frauen durch Männer überwiegt, ist der gesetzliche Tatbestand doch so gefaßt, daß auch Belästigungen von Männern durch Frauen, aber auch homoerotische Belästigungen erfaßt sind.[11,12]

---

[8]) BGBl 1992/833.

[9]) Empfehlung 92/131/EWG der Kommission zum Schutz der Würde von Frauen und Männern am Arbeitsplatz vom 27.11.1991 (Abl Nr L 49 vom 24.2.1992).

[10]) RV vom 22.8.1997, BlgNR 842, 20. GP.

[11]) S dazu die EB, BlgNR 735, 18. GP.

[12]) Das NÖ GlBG scheint in § 4 Abs 1 auf den ersten Blick nur von Belästigungen von Frauen („Dienstnehmerin“) durch Männer („Belästiger“) zu sprechen. Durch § 2 Abs 1 wird allerdings klargestellt, daß sich die in diesem Gesetz personenbezogenen Bezeichnungen, die nur in männli-

B. Der Zusammenhang mit dem Arbeitsverhältnis

Der Tatbestand des § 2 Abs 1a GlBG liegt nur vor, wenn eine AN *in Zusammenhang* mit ihrem Arbeitsverhältnis sexuell belästigt wird.

Von sexuellen Belästigungen in Zusammenhang mit dem Arbeitsverhältnis sind solche Belästigungen zu unterscheiden, die rein in der Privatsphäre der betroffenen Personen stattfinden. Das ergibt sich bereits aus dem Geltungsbereich des GlBG, das die Gleichbehandlung von Mann und Frau im Arbeitsleben erreichen will, und aus dem Kompetenztatbestand „Arbeitsrecht", auf den sich dieses Gesetz stützt. Allerdings darf der Zusammenhang mit dem Arbeitsverhältnis nicht zu eng gesehen werden. Der Geltungsbereich des Gesetzes wird durch den offenen Wortlaut des § 2 Abs 1a nicht auf sexuelle Belästigungen *am Arbeitsplatz* beschränkt. Der Zusammenhang mit dem Arbeitsverhältnis bleibt auch gewahrt, wenn Belästigungen durch den AG oder Arbeitskollegen in das Privatleben der Belästigten übergreifen, wie dies zB bei Belästigungen am Heimweg, bei telefonischer Belästigung in der Privatwohnung etc der Fall wäre.

Der Bezug des Tatbestandes der sexuellen Belästigung zum Arbeitsleben wird auch dadurch deutlich, daß dieser Tatbestand ausschließlich über den AG definiert wird. Sexuelle Belästigung im Sinn des GlBG liegt aufgrund der noch geltenden Rechtslage nur vor, wenn eine AN entweder vom AG selbst sexuell belästigt wird oder der AG es schuldhaft unterläßt, angemessene Abhilfe zu schaffen, wenn die AN durch Dritte, so zB durch Arbeitskollegen oder Kunden, sexuell belästigt wird. Weiß der AG von der Belästigung durch einen Dritten noch nichts, kann ihm also noch kein Organisationsverschulden vorgeworfen werden, liegt der Tatbestand der sexuellen Belästigung gem § 2 Abs 1a GlBG bei richtiger Auslegung nicht vor. Damit ist in einem solchen Fall weder ein Schadenersatzanspruch gem § 2a Abs 7 GlBG gegeben, noch die Möglichkeit eines Verfahrens vor der Gleichbehandlungskommission, oder die Möglichkeit einer Kündigungsanfechtung gem § 2a Abs 8 GlBG. Gegen einen dritten Belästiger ließe sich nur nach anderen Vorschriften unserer Rechtsordnung vorgehen, wenn zB strafrechtliche Tatbestände erfüllt sind oder zivilrechtlich eine Deliktshaftung geltend gemacht werden könnte. Der Ersatz eines immateriellen Schadens würde allerdings nur zur Abgeltung von Schmerzen in der Form des Schmerzengeldes oder

---

cher oder weiblicher Form angeführt sind, auf Männer und Frauen in gleicher Weise beziehen. Die auf den ersten Blick vielleicht etwas verwirrende sprachliche Gestaltung des § 4 Abs 1 beruht daher offensichtlich auf den faktisch häufigsten Fallkonstellationen der Belästigung von Frauen durch Männer, und will Belästigungen von Männern durch Frauen oder homoerotische Belästigungen nicht ausschließen.

von Freiheitsentzug zugesprochen werden. Ein immaterieller Schaden, der in einer Ehrverletzung besteht, würde entsprechend den allgemeinen zivilrechtlichen Regeln nicht zugesprochen werden.

Eine Diskriminierung durch sexuelle Belästigung setzt ganz bewußt ein Verhalten des AG voraus, das gegen seine *Fürsorgepflicht* als AG verstößt, sei es, daß er selbst belästigt, sei es, daß er es unterläßt, seine AN vor Belästigungen auf angemessene Weise zu schützen.[13] Der AG hat im Rahmen seiner *Organisationsgewalt* dafür zu sorgen, daß seine AN frei von sexueller Belästigung ihre Arbeit versehen können. Er hat die ihm aufgrund gesetzlicher, kollektivvertraglicher oder arbeitsvertraglicher Rechtsvorschriften zur Verfügung stehenden Mittel nach den Grundsätzen der Verhältnismäßigkeit anzuwenden, um Abhilfe zu schaffen. Im Sinn des Verhältnismäßigkeitsgrundsatzes hat der AG zunächst weniger strenge Mittel wie zB Ermahnungen oder Versetzungen anzuwenden, und erst als ultima ratio Kündigungen oder gar Entlassungen auszusprechen.[14] Nach dem Zweck des Gesetzes haben sich diese Maßnahmen gegen den Belästiger zu richten, vor allem, wenn es sich um Ermahnungen oder Beendigungen des Dienstverhältnisses handelt, auch wenn in der Praxis oft die Belästigte und nicht der Belästiger aus dem Betrieb entfernt wird. Bei Versetzungen ist allerdings auch eine Versetzung der Belästigten denkbar. Da eine solche Maßnahme in Ausübung der Fürsorgepflicht gegenüber der Belästigten durchgeführt wird, wird der Intention des Gesetzgebers nicht genüge getan, wenn sich diese Versetzung verschlechternd auf die Belästigte auswirkt.

Bei Belästigungen durch Dritte, ohne daß der AG davon wußte, kommt ein Berufen auf die Rechtsfolgen des Gleichbehandlungsgesetzes durch die AN erst in Frage, nachdem der AG durch die AN oder Kollegen von der Belästigung erfahren hätte, dh frühestens bei einer wiederholten Belästigung.

Die Gleichbehandlungskommission übte daher bereits bisher die Praxis, auch in jenen Fällen eine sexuelle Belästigung durch einen Dritten festzustellen, wenn dem AG keine schuldhafte Unterlassung angemessener Abhilfemaßnahmen anzulasten war. Die Regierung ist, wie aus der Regierungsvorlage zur Novelle 1997 hervorgeht, offenbar der Ansicht, daß diese Praxis schon bisher der geltenden Rechtslage entsprochen habe, wenn sie die folgende Ergänzung durch eine geplante *Novelle* bloß als Klarstellung[15] betrachtet: Mit Inkrafttreten der Novelle soll eine Diskriminierung aufgrund des Geschlechts ausdrücklich auch vorliegen, wenn eine AN durch den AG *oder einen Dritten* in Zusammenhang mit dem Arbeitsverhältnis sexuell be-

---

13) BlgNR 735, 18.GP.
14) BlgNR 735, 18.GP.
15) BlgNR 842, 20. GP, 6.

lästigt wird. Das Verbot der Diskriminierung richtet sich daher nicht mehr ausschließlich an den AG, der seine Fürsorgepflicht verletzt, sondern primär auch an den Belästiger, wenn dieser nicht der AG ist.[16]

Auslegungsprobleme und kompetenzrechtliche Probleme ergeben sich bei der neu eingefügten Bestimmung allerdings dadurch, daß nicht hinreichend definiert ist, welche Personen als „Dritte" im Sinn dieser Bestimmung gemeint sind. Darf es sich bloß um Arbeitskollegen handeln oder kommen als Belästiger auch sonstige Dritte, wie zB Kunden des AG in Frage?[17] Diese Frage ist insofern problematisch, als der Zusammenhang mit dem Arbeitsverhältnis gelöst sein kann, wenn der AG weder Belästiger ist, noch ihn ein Organsiationsverschulden trifft. In diesem Fall würde sich ein Schadenersatzanspruch ausschließlich gegen einen außenstehenden Dritten richten, der möglicherweise in einem Vertragsverhältnis zum AG des AN steht, allerdings auch das nicht zwingend.

Der Kompetenztatbestand „Arbeitsrecht" umfaßt nach der Rechtsprechung des VfGH die Regelung der Gesamtheit der aus dem Arbeitsverhältnis entspringenden Rechte und Pflichten.[18] Um den Kompetenztatbestand „Arbeitsrecht" auszulegen, muß im Sinn der Versteinerungstheorie auf den Versteinerungszeitpunkt 1.1.1975 zurückgegriffen werden.[19] Der Verfassungsgesetzgeber unternahm es, das Arbeitsrecht als neuen, umfassenden Kompetenztatbestand einzuführen, wobei darunter „alle in herkömmlicher Weise rechtswissenschaftlich dem Arbeitsrecht zuzuzählenden Normen" zu verstehen seien.[20] Hiezu gehören vor allem das Arbeitsvertragsrecht, das Heimarbeiterrecht, arbeitnehmerähnliches Vertragsrecht, Kollektivvertragsrecht, der Arbeitnehmerschutz etc. Aus dieser Aufzählung wird deutlich, daß unter dem Kompentenztatbestand „Arbeitsrecht" nur jene Sachverhalte geregelt werden dürfen, die sich aus der besonderen rechtlichen Beziehung zwischen AG und AN ergeben.

Es ist daher konsequent, wenn das GlBG, das sich ausdrücklich auf diesen Kompetenztatbestand stützt, den Tatbestand der sexuellen Belästigung bisher ausschließlich über die Fürsorgepflicht des AG definiert hat. Soll mit der Novelle der Tatbestand der sexuellen Belästigung unabhängig von der Fürsorgepflicht des AG geregelt werden, kann eine solche Regelung mE nicht

---

[16]) S noch zur alten Rechtslage *Bei/Novak*, Das Gleichbehandlungsgesetz, in *Aichhorn* (Hg) Frauen & Recht (1997) 123.

[17]) Das NÖ GlBG erfaßt ausdrücklich nur Belästigungen durch einen Vertreter des DG oder durch einen Dienstnehmer. Belästigungen durch außenstehende Personen wie zB Kunden bzw Parteien fallen nicht in den Geltungsbereich dieses Gesetzes (§ 4 Abs 2).

[18]) VfGH 12.6.1980, ZfVB 1981, 980.

[19]) S dazu ausführlich *Thienel*, Öffentlicher Dienst und Kompetenzverteilung 19.

[20]) BlgNR 182, 13. GP, 10.

mehr auf den Kompetenztatbestand „Arbeitsrecht" gestützt werden. Eine solche Bestimmung muß sich auf den Kompetenztatbestand „Zivilrechtswesen" stützen, der allerdings ebenfalls Bundesmaterie ist. Da der Bund das GlBG erlassen hat, liegt in diesem Fall kein Verstoß gegen die Kompetenzverteilung vor.

Problematisch wäre dagegen eine der geplanten Novelle entsprechende Regelung durch die Länder, denen keine Kompetenz zur Regelung von Ansprüchen im Rahmen des Kompentenztatbestandes „Zivilrechtswesen" zukommt. Die Länder sind kompetenzrechtlich befugt, Angelegenheiten des Dienstrechts zu regeln. Dem Inhalt nach sind der Kompetenztatbestand des Arbeitsrechts und des Dienstrechts aber gleich. Die Normierung von Ansprüchen gegenüber Dritten, unabhängig von der Fürsorgepflicht des Dienstgebers, kann daher ebenfalls nicht mehr als Angelegenheit des Dienstrechts geregelt werden. Die Regelung solcher rein zivilrechtlicher Ansprüche gegen Dritte, die außerhalb des Dienst- oder Arbeitsverhältnisses stehen, wären mE verfassungsrechtlich bedenklich, bzw müßte der Begriff des „Belästigers", der nicht der AG selbst ist, verfassungskonform so ausgelegt werden, daß er nur den AG, Vorgesetzte, und sonstige Arbeitskollegen umfaßt, die die Fürsorgepflicht des AG konkretisieren, nicht dagegen außenstehende Dritte wie Kunden, Parteien etc. Eine solche Regelung der Länder könnte mE auch nicht mehr auf Art 15 Abs 9 B-VG gestützt werden, der die Länder ermächtigt, auch im Zusammenhang mit dienstrechtlichen Vorschriften die zur Regelung des Gegenstandes erforderlichen zivilrechtlichen Bestimmungen treffen zu können.[21] Die Normierung eines Schadenersatzanspruches gegen einen außerhalb des Dienstverhältnis stehenden Dritten ist mE nicht erforderlich, um dienstrechtliche Pflichten abzusichern.

C. Legaldefinition der sexuellen Belästigung

1. Sexuelles Verhalten, das die Menschenwürde beeinträchtigt

Das GlBG definiert in § 2 Abs 1b den Begriff der sexuellen Belästigung durch eine Vielzahl verschiedener Tatbestandselemente. Zunächst muß ein Verhalten gesetzt werden, das der *sexuellen Sphäre* zugehört und die *Würde einer Person beeinträchtigt.* Daraus folgt, daß nicht jedes Verhalten, das als

[21]) Auf diese Bestimmung gestützt hat der VfGH die Regelung einer Legalzession für zulässig erachtet, wonach Ansprüche des geschädigten Dienstnehmers gegen den dritten Schädiger auf den Dienstgeber übergehen, wenn dieser anläßlich der Schädigung Leistungen an den Dienstnehmer erbracht hat. VfSlg 10.097.

auf die sexuelle Sphäre bezogen angesehen werden kann, im Sinn dieser Regelung schon als sexuelle Belästigung angesehen werden kann.[22] Es muß sich dabei vielmehr um ein die persönliche Würde verletzendes Verhalten handeln. In den EB wird festgehalten, daß die in der öffentlichen Diskussion genannten Beispiele des Nachpfeifens oder der unerwünschten Einladung zum Kaffee oder Essen grundsätzlich nicht genügen sollen, um den Tatbestand der Verletzung der Würde zu erfüllen. Betont wird hingegen, daß körperliche Kontakte, wie das vielfach erwähnte „Begrapschen", die Tatbestandsvoraussetzungen im allgemeinen erfüllen würden.[23] Diese Bemerkungen des Gesetzgebers können jedoch nur als grobe Richtschnur für die Auslegung des Gesetzes und die konkrete Anwendung im Einzelfall betrachtet werden. Bei der Auslegung von Gesetzesbegriffen müssen objektive, jedermann zugängliche Kriterien des Verständnisses statt des subjektiven Verständnishorizonts der einzelnen Beteiligten im Vordergrund stehen.[24] Welches Verhalten der sexuellen Sphäre zugehörig ist und vor allem, wann es die Würde eines Menschen beeinträchtigt, ist vor allem am Maßstab eines sorgfältigen Normadressaten, dh eines ordentlichen, vernünftigen Durchschnittsmenschen zu messen.[25] In Anbetracht der Tatsache, daß in der Realität die Belästigung von Frauen durch Männer bei weitem überwiegt, ist allerdings zu fragen, ob es gleichgültig ist, welchem Geschlecht dieser „Durchschnittsmensch" angehört. Zur Beantwortung der Frage, ob ein bestimmtes Verhalten als sexuelle Belästigung betrachtet werden muß, haben daher Teile der US-amerikanischen Rechtsprechung eher die Wahrnehmung einer „vernünftigen Frau" als die eines „vernünftigen Mannes" herangezogen, weil sexuelles Verhalten geschlechtsspezifisch unterschiedlich wahrgenommen wird und einer Frau bedrohlicher als einem Mann erscheinen kann.[26]

Es wird daher anhand der konkreten Umstände unter besonderer Berücksichtigung der Personengruppe, der der oder die Belästigte angehört, beurteilt werden müssen, ob in einem konkreten Fall ein die Menschenwürde berührendes Verhalten vorliegt. Erreichen Verhaltensweisen wie Nachpfeifen oder Einladungen zum Kaffee etc eine bestimmte Intensität, zB wenn sie fortgesetzt erfolgen, kann auch ohne körperlichen Kontakt der Tatbestand

---

[22]) BlgNR 735, 18. GP, 33.

[23]) BlgNR 735, 18. GP, 33.

[24]) *Bydlinski* in *Rummel*, Rz 1 zu § 6.

[25]) Vgl dazu *Bydlinski* in *Rummel*, Rz 15 zu § 6.

[26]) S dazu die Nachweise bei *Bei/Novak* 124, FN 146.

einer sexuellen Verhaltensweise, die die Menschenwürde berührt, vorliegen.[27]

Hier wird vor allem eine Gesamtbetrachtung aller vom Gesetzgeber geforderten Kriterien zu einem befriedigenden Ergebnis führen. Ob die Würde des Belästigten beeinträchtigt ist, wird sich auch aus den weiteren Tatbestandsvoraussetzungen ergeben, die kumulativ vorliegen müssen, um den Tatbestand der sexuellen Belästigung im Sinn des GlBG zu erfüllen. So wird auch von Bedeutung sein, ob das der sexuellen Sphäre zugehörige Verhalten von der betroffenen Person unerwünscht, unangebracht oder anstößig erlebt wird[28] und ob es nachteilige Auswirkungen auf die Atmosphäre am Arbeitsplatz hat. Im Sinn der Lehre vom beweglichen System[29] wird die zusammenfassende Würdigung der angeführten Wertungsgesichtspunkte notwendig sein, um zu einer dem Gesetz entsprechenden Auslegung des Gesamtverhaltens zu kommen.

2. Unerwünschtheit als subjektives Tatbestandsmerkmal

Ein weiteres Tatbestandselement, das gegeben sein muß, um den Tatbestand einer sexuellen Belästigung zu erfüllen, ist ein *subjektives Kriterium*: Sexuelle Belästigung liegt nur vor, wenn das Verhalten des Belästigers von der betroffenen Person als unerwünscht, unangebracht oder anstößig empfunden wird. Es wird somit danach unterschieden, ob eine Person ein bestimmtes Verhalten als sexuelles Interesse im Rahmen von freundschaftlichem Verhalten, das willkommen und gegenseitig ist, betrachtet, oder ob sie es als Belästigung empfindet. Da mit diesem subjektiven Empfinden aber Rechtsfolgen für andere verknüpft sind, ist es notwendig, daß dieses Empfinden offenbar, dh objektiv wahrnehmbar wird. Andernfalls stünde man auch vor unüberwindlichen Beweisproblemen. Fraglich ist nur, für wen offenbar werden muß, daß die belästigte Person ein bestimmtes Verhalten ablehnt. In der Regel wird es für den Belästiger selbst erkennbar sein.[30] Davon kann es aber Ausnahmen geben, zB wenn der Belästiger nicht einsichtsfähig[31] ist und daher emotional und intellektuell nicht in der Lage ist, sein Verhalten und die darauf erfolgende Reaktion zu beurteilen. Daß aber auch eine sexuelle Beläs-

---

[27]) Das räumen auch die EB ein, BlgNR 735, 18. GP, 33.

[28]) Wobei allerdings hervorzuheben ist, daß die Frage, ob die Würde eines Menschen beeinträchtigt werden kann, dennoch objektiv, dh im Sinn der Auffassung der Rechtsgemeinschaft, zu ermitteln ist.

[29]) *Wilburg,* Bewegliches System (1950)

[30]) *Bei/Novak,* 126, fordern die Erkennbarkeit seitens des Belästigers als notwendige Voraussetzung zur Erfüllung des Tatbestandselements.

[31]) Beispielsweise bei einer geistigen Behinderung oder Psychopathie.

tigung durch eine nicht einsichtsfähige Person im Rahmen eines Arbeitsverhältnisses eine sexuelle Belästigung im Sinn des GlBG sein kann, steht mE außer Zweifel. In einem solchen Fall mag mangels Verschulden vielleicht kein Schadenersatzanspruch gegen den Belästiger selbst entstehen, immerhin aber bleibt der AG im Rahmen seiner Fürsorgepflicht berufen, Abhilfe zugunsten der AN zu schaffen. Die Unerwünschtheit des Verhaltens muß daher mE nicht unbedingt für den Belästiger selbst erkennbar sein, sondern es reicht aus, wenn die subjektiven Gefühle der Belästigten objektiv wahrnehmbar werden, zB für Arbeitskollegen, den AG oder sonstige Dritte[32,33], deren Aussagen auch im Verfahren als Beweismittel in Frage kommen.

3. Auswirkung auf die Situation am Arbeitsplatz

Der Gesetzgeber nennt in § 2 Abs 1b Z 1 und 2 GlBG weitere Tatbestandsmerkmale einer sexuellen Belästigung, wobei er nunmehr auf die Situation am Arbeitsplatz Bezug nimmt. Dies entspricht der Intention des GlBG als arbeitsrechtliches Schutzgesetz, das Rechtsverhältnisse im Zusammenhang mit dem Arbeitsverhältnis regeln will. Eine sexuelle Belästigung, die die Rechtsfolgen des GlBG nach sich zieht, liegt nur vor, wenn durch das Verhalten des Belästigers eine einschüchternde, feindselige oder demütigende Arbeitsumwelt für die Belästigte geschaffen wird, oder wenn der Umstand, daß die betroffene Person ein der sexuellen Sphäre zugehöriges Verhalten seitens des AG, eines Vorgesetzten oder Kollegen zurückweist oder duldet, ausdrücklich oder stillschweigend zur Grundlage einer Entscheidung mit nachteiligen Wirkungen über das Arbeitsverhältnis gemacht wird. Die möglichen Anwendungsbereiche nachteiliger Entscheidungen sind demonstrativ aufgezählt: Zugang zur Berufsausbildung, Beschäftigung, Weiterbeschäftigung, Beförderung oder Entlohnung.

Der Wortlaut des Gesetzes ist insoweit unklar, wenn sich die Frage nach einer Diskriminierung dadurch stellt, daß für das Dulden sexueller Belästigung Vorteile in Aussicht gestellt werden (quid-pro-quo harrasment). In diesem Fall wird das Dulden nämlich zur Grundlage für positive Entscheidungen über das Arbeitsverhältnis gemacht. Sowohl in negativen Entscheidungen bei zurückweisendem Verhalten als auch in dem In-Aussicht-Stellen von positiven Entscheidungen bei duldendem Verhalten, liegen Elemente der

[32]) So auch das ASG Wien, 14 Cga 84/94 = ARD 4639/21/95.

[33]) Diesbezüglich etwas unklar *Bei/Novak*, 126, die auf der einen Seite die Erkennbarkeit für den Belästiger fordern, andererseits aber richtig hervorheben, daß subjektive Elemente auf Belästigerseite außer Betracht zu bleiben haben.

Nötigung.[34] Es wäre daher sinnvoll, beide Sachverhalte gleichen Rechtsfolgen zu unterwerfen. Der Gesetzgeber scheint dies auch so gemeint zu haben. Da bei einer Auslegung, die ein solches In-Aussicht-Stellen von Vorteilen nicht in den Tatbestand der sexuellen Belästigung einbezieht, kaum ein Anwendungsbereich des Gesetzes bei genötigter Duldung übrig bliebe, ist die Formulierung „Grundlage einer Entscheidung mit nachteiligen Auswirkungen auf den Zugang zur Berufsausbildung, Beschäftigung etc oder einer anderen nachteiligen Entscheidung über das Arbeitsverhältnis" weit zu interpretieren. Eine nachteilige Entscheidung liegt somit auch dann vor, wenn diese Entscheidung unter Ausklammerung der Nötigung zwar positiv wäre, aber durch das Element der Nötigung nachteilige Auswirkungen auf die Entscheidungsfreiheit der Belästigten hat.

III. Schadenersatzanspruch als Sanktion

A. Allgemeines

§ 2a Abs 7 GlBG normiert einen Anspruch auf Schadenersatz gegenüber dem Belästiger bzw gegenüber einem AG, der es schuldhaft unterlassen hat, angemessene Abhilfe gegen eine Belästigung seitens eines Dritten zu schaffen. Der Belästiger kann der AG selbst oder ein Dritter sein.

Voraussetzung für einen Schadenersatzanspruch ist, daß ein *Verschulden* seitens des Belästigers bzw des im Sinn des § 2 Abs 1a Z 2 GlBG seine Organisationspflicht verletzenden AG gegeben ist. In letzterem Fall ist nach dem Wortlaut des Gesetzes das Verschulden des AG bereits notwendig, um überhaupt den Tatbestand einer sexuellen Belästigung zu erfüllen. Ob ein Schadenersatzanspruch gegen den Belästiger gegeben ist, richtet sich danach, ob dem Belästiger die sexuelle Belästigung vorwerfbar ist, dh ob ihn ein Verschulden daran trifft. Dies wird in der Regel der Fall sein, kann aber bei nicht einsichtsfähigen Personen wegfallen. So mag ein geistig Behinderter, der im konkreten Fall nicht einsichtsfähig ist, nicht selbst schadenersatzpflichtig werden, jedoch der AG, der keine angemessene Abhilfe schafft, um AN vor solchen Belästigungen zu bewahren. Es gelten hier die allgemeinen Regeln des Schadenersatzrechts. Als Verschuldensgrad reicht daher bereits *leichte Fahrlässigkeit* aus.

In diesem Zusammenhang stellt sich die Frage nach der Bedeutung der Judikatur des EuGH, der in Anwendung der Gleichbehandlungsrichtlinie

[34]) *Bei/Novak* 127.

76/207/EWG entschieden hat, daß das Verschulden nicht zur Voraussetzung von Schadenersatzansprüchen für Verstöße gegen das Gleichbehandlungsgebot gemacht werden darf. Bereits allein der Tatbestand der Diskriminierung müsse Ersatzansprüche auslösen.[35] Der EuGH begründet diese Entscheidung: Wenn eine vollständige Durchführung der Richtlinie auch nicht eine bestimmte Sanktion für Verstöße gegen das Diskriminierungsverbot erfordere, so setze sie doch voraus, daß diese Sanktion geeignet ist, einen tatsächlichen und wirksamen Rechtsschutz zu gewährleisten.[36] Wird nach dem österreichischen GlBG aufgrund der schadenersatzrechtlichen Prinzipien für einen Schadenersatz wegen sexueller Belästigung das Verschulden des Ersatzpflichtigen verlangt, so verstößt dies mE nicht gegen die erwähnte Judikatur des EuGH, da durch die Konzeption des GlBG ein ausreichender Rechtsschutz gegeben ist: Bei sexueller Belästigung wird in der Regel ein Verschulden des Belästigers vorliegen. In jedem Fall haftet aber zumindest der AG im Rahmen seiner Fürsorgepflicht für sexuelle Diskriminierungen im Betrieb, selbst wenn in einem konkreten Fall eine Belästigung durch eine nicht einsichtsfähige Person stattgefunden haben sollte. Dadurch wird der Schadensausgleich gegenüber der Belästigten sichergestellt.

Der Schadenersatzanspruch gegen den AG, der keine angemessene Abhilfe gegen Belästigungen schafft, tritt neben den Schadenersatzanspruch gegen den Belästiger. Belästiger und AG haften in diesem Fall gem § 1302 ABGB solidarisch für den entstandenen Schaden.

B. Der Ersatz immaterieller Schäden

Der Gesetzgeber unterscheidet zwei Arten des Schadenersatzes. Der Schaden, der in einer *Vermögenseinbuße* besteht, also ein materieller Schaden, ist mit der Höhe der Vermögenseinbuße zu ersetzen. Der *immaterielle Schaden*[37] dagegen, der in der Beeinträchtigung der Würde der Belästigten besteht, ist pauschal zu bemessen, wobei der Gesetzgeber eine Mindestgrenze von 5.000 S festlegt. Dieser pauschale Schadenersatz ist wie das Schmerzengeld gem § 273 ZPO unter Berücksichtigung aller Umstände des Einzelfalles, der körperlichen und seelischen Beeinträchtigungen, nach freier Über-

---

[35]) EuGH Rs C-177/88 (Dekker), Slg 1990, I-3941.

[36]) EuGH Rs 14/83 (Colson und Kamann), Slg 1984, 1891.

[37]) Ohne diese Norm gäbe es - es sei denn, die sexuelle Belästigung wäre mit einer Körperverletzung oder einem Freiheitsentzug verbunden - keinen Schadenersatzanspruch, da die Rechtsprechung den Ersatz des ideellen Schadens nur dort gewährt, wo dies eine Norm ausdrücklich vorsieht; s *Reischauer* in *Rummel*, Rz 11 zu § 1324.

zeugung des Richters festzusetzen.[38] Die bisher ergangene Judikatur des ASG bzw vor dem ASG geschlossene Vergleiche haben idR Schadenersatzzahlungen zwischen 10.000 und 20.000 S, in Ausnahmefällen bis zu 100.000 S festgelegt.[39] In einem Urteil des LG Linz wurden 70.000 S Schadenersatz zusprochen, was mit dem qualvollen Zustand, in den die Klägerin durch tätliche Angriffe versetzt worden war, und der fortdauernden Erniedrigung ihrer Person, die letztlich dazu geführt hat, daß die Klägerin das Dienstverhältnis aufgelöst hat, begründet wurde.

C. Der Ersatz von Vermögensschäden

Während bei den Vermögensschäden der Ersatz eventueller Sachschäden, die im Zuge der sexuellen Belästigung entstanden sind, kaum Probleme bereiten wird, sind *Schadenersatzansprüche anläßlich der Beendigung des Arbeitsverhältnisses* in Zusammenhang mit sexuellen Belästigungen je nach Fallgestaltung komplizierter.

In diesem Zusammenhang wurde bereits von anderen Autorinnen[40] die Frage aufgeworfen, ob der Gesetzgeber, der einer durch sexuelle Belästigungen diskriminierten AN einen Anspruch auf Ersatz des erlittenen Schadens gibt, damit bloß den positiven Schaden meint oder auch den *entgangenen Gewinn*, der bei grobem Verschulden des Belästigers bzw des AG zu ersetzen wäre. Beim entgangenen Gewinn handelt es sich um bloße Gewinnaussichten, deren Realisierung zwar nach dem gewöhnlichen Verlauf der Dinge zu erwarten ist, aber nicht mit an Sicherheit grenzender Wahrscheinlichkeit eintritt.[41]

Eine Wortinterpretation des § 2a Abs 7 GlBG vorzunehmen, führt wohl nicht weit, da selbst das ABGB in der Unterscheidung zwischen erlittenem Schaden und entgangenem Gewinn nicht konsequent ist.[42,43] Allerdings ist auch eine Interpretation aus dem systematischen Zusammenhang sowie aus

---

[38]) OGH 2 Ob 41, 42/83, ZVR 1985/107.

[39]) Ein mit 100.000 S abgeschlossener Vergleich zwischen einer Medienangestellten und einem Zeitungsunternehmen zeigt, daß bei besonderer Interessenlage des DG auch höhere Summen vereinbart werden.

[40]) *Bei/Novak* 139.

[41]) *Reischauer* in *Rummel*, Rz 12 zu § 1293. Als positiver Schaden wurde der Verlust eines Pensionsanspruches gewertet, OGH ZAS 1978/17.

[42]) Vgl dazu die §§ 1293, 1294, 1295 und 1324.

[43]) *Bei/Novak*, 139, weisen darauf hin, daß eine Wortinterpretation, je nachdem, ob man sich auf die Wortfolge „erlittener Schaden" oder „Vermögenseinbuße" stützt, zu entgegengesetzten Ergebnissen kommt.

dem intendierten Zweck dieser Regelung schwierig. Die Materialien geben in keiner Weise auch nur den geringsten Hinweis, an welche Art des Schadenersatzes der Gesetzgeber gedacht hat. Berücksichtigt man die systematische Stellung des § 2a Abs 7 GlBG, ist die Schadenersatzregelung bei sexueller Belästigung im Vergleich zu den anderen Sanktionsbestimmungen des § 2a, wo Ersatzansprüche regelmäßig pauschaliert begrenzt werden, besonders offen formuliert. Das GlBG des Bundes enthält weder für die Berechnung des immateriellen Schadens noch des Vermögenschadens eine Begrenzung nach oben.

Allerdings müssen die Schadenersatzbestimmungen des GlBG, das die Gleichbehandlung im Arbeitsleben zum Regelungsziel hat, in Zusammenhang mit der Gesetzgebung und der arbeitsrechtlichen Judikatur zu Schadenersatzfragen bei fehlerhaften Beendigungen des Arbeitsverhältnisses allgemein gesehen werden.

D. Zur Rechtslage bei Beendigung des Dienstverhältnisses

Ein Dienstverhältnis endet bei Befristung zu dem vereinbarten Zeitpunkt, ist es auf unbestimmte Zeit abgeschlossen, durch einvernehmliche Lösung oder einseitige Erklärung. Letztere kann in einer Kündigung oder, bei Vorliegen einer Entlassung, in einem Austritt bestehen. Im Sinn der Privatautonomie hat jede Arbeitsvertragspartei das Recht, die Beendigung des Arbeitsvertrages durch *Kündigung* zu bestimmten Terminen und unter Einhaltung bestimmter Fristen herbeizuführen. Das Vertrauen auf den Bestand des Arbeitsverhältnisses kann daher grundsätzlich nur bis zum jeweils nächstmöglichen Kündigungstermin bestehen. Im Interesse besonders betroffener Arbeitnehmergruppen hat der österreichische Gesetzgeber jedoch die Möglichkeit der freien, begründungslosen Kündigung eingeschränkt.[44]

Wird das Arbeitsverhältnis *fehlerhaft beendet*, also die Kündigung fristwidrig oder die Entlassung bzw der Austritt ohne wichtigen Grund ausgesprochen, sehen Gesetzgeber und Judikatur verschiedene Rechtsfolgen vor. Grundsätzlich endet bei fristwidriger Kündigung, unbegründeter Entlassung und begründetem Austritt, bei dem den AG ein Verschulden trifft, nach der Judikatur das Arbeitsverhältnis zu dem Zeitpunkt, der vom Erklärenden

[44]) Vgl den „besonderen Kündigungsschutz" für Betriebsratsmitglieder, Mütter, Lehrlinge oder Behinderte, sowie den „allgemeinen Kündigungsschutz", der bei sitten- oder sozialwidrigen Kündigungen eine Anfechtungsmöglichkeit der Kündigung vorsieht.

angegeben war.[45] Der AN erhält für die Zeit, die bis zu einer ordnungsgemäßen Beendigung des Arbeitsverhältnisses verstreichen hätte müssen, gem bzw analog §§ 29 AngG oder 1162b ABGB Schadenersatz.[46] Dieser Schadenersatz ist mit den vertragsmäßigen Ansprüchen auf das Entgelt für den Zeitraum, der bis zur ordnungsgemäßen Beendigung des Arbeitsverhältnisses vertreichen hätte müssen, pauschaliert.[47]

Ein AN kann also bei unbefristeten Arbeitsverhältnissen ohne besonderen Kündigungs- und Entlassungsschutz grundsätzlich nur bis zum nächstmöglichen Kündigungstermin auf den Bestand des Arbeitsverhältnisses vertrauen. Wird das Arbeitsverhältnis fehlerhaft beendet, erhält der AN regelmäßig nur den in den §§ 29 AngG und 1162b ABGB vorgesehenen pauschalierten Schadenersatz. Für die Zeitspanne über den jeweils nächsten Kündigungstermin hinaus kann kein Schaden entstehen, der als entgangener Gewinn geltend gemacht werden könnte, da der Vertragspartner das Arbeitsverhältnis zulässigerweise mit diesem Termin lösen kann. Die Rechtswidrigkeit des AG-Verhaltens liegt in der Nichtbeachtung des Kündigungstermins, nicht aber in der Beendigung selbst. Der Beweis, den der AN erbringen müßte, daß der entgangene Gewinn bei normalem Verlauf der Dinge eingetreten wäre, gelingt gerade nicht gegenüber dem eigenen Vertragspartner, der durch sein Verhalten deutlich macht, daß er diesen Verlauf der Dinge eben ändern wollte.

Der Gesetzgeber sieht jedoch für besondere Härtefälle eine Beschränkung der freien Lösbarkeit von Arbeitsverhältnissen vor. Er gibt dem gekündigten oder entlassenen AN das Recht, die *Beendigungserklärung anzufechten* und damit die Unwirksamerklärung der Beendigungserklärung durch eine Rechtsgestaltungsklage zu begehren. Der Gesetzgeber gewährt diese Möglichkeit bei Kündigungen oder Entlassungen gem §§ 105 ff ArbVG, die sittenwidrig oder sozialwidrig sind. Gewinnt der AN das Verfahren, hat der AN gem § 1155 ABGB Anspruch auf das Arbeitsentgelt für die Zeit, in der ihn der AG nicht beschäftigt hat, und das Arbeitsverhältnis wird fortgesetzt. Die Anfechtungsmöglichkeit der §§ 105 ArbVG ist allerdings grundsätzlich auf den Geltungsbereich des Betriebsverfassungsrecht beschränkt. Es gilt insbesondere nicht für Kleinstbetriebe, dh für Betriebe, in denen nicht dauernd mindestens fünf AN beschäftigt sind. Um bei Kündigungen und Entlassungen im Zusammenhang mit Diskriminierungen im Sinn des GlBG einen lük-

---

[45]) In besonderen Fällen nimmt der OGH die Unwirksamkeit der Beendigungserklärung an, so zB wenn die Unkündbarkeit des Dienstverhältnisses ausdrücklich vereinbart war.

[46]) OGH Arb 9707.

[47]) Zur Kritik an der Schadenersatztheorie des OGH vgl *Marhold*, ZAS 1978, 5; *Tomandl* (Hg), in Die fehlerhafte Beendigung des Arbeitsvertrages (1986) 25; *Mayer-Maly*, Arbeitsrecht I 202.

kenlosen Schutz für AN in allen Betrieben zu schaffen, sieht das GlBG in § 2a Abs 8 eine den §§ 105 ff nachgebildete Anfechtungsmöglichkeit von Kündigungen und Entlassungen vor.[48]

Die AN hat somit ein *Wahlrecht*, wenn sie in Zusammenhang mit sexuellen Belästigungen gekündigt oder entlassen wird, ob sie die Beendigung gegen sich gelten lassen und im Fall einer rechtswidrigen Beendigung Schadenersatz in Form der Kündigungsentschädigung verlangen will, oder ob sie den Fortbestand des Arbeitsverhältnisses durch eine Anfechtung gem § 2a Abs 8 GlBG erwirken will.

Tatsächlich werden aber die Arbeitsverhältnisse vieler AN im Zusammenhang mit sexuellen Belästigungen nicht durch ihre AG sondern *durch sie selbst beendet*, indem sie das Arbeitsverhältnis *kündigen oder austreten.*

Tritt eine AN *gerechtfertigt* aus ihrem Dienstverhältnis aus, endet das Dienstverhältnis zum Zeitpunkt der Austrittserklärung. Die AN hat aber, wenn den DG ein Verschulden am vorzeitigen Austritt trifft, wiederum *Schadenersatzansprüche* gem § 29 AngG bzw § 1162b ABGB gegenüber ihrem Dienstgeber auf die vertragsmäßigen Ansprüche für jenen Zeitraum, der bis zu dem Zeitpunkt, zu dem der DG ordnungsgemäß kündigen hätte können, verstrichen wäre. Eine sexuelle Belästigung durch den DG bzw das Unterlassen seitens des DG, angemessene Abhilfe gegen Belästigungen durch Dritte zu schaffen, gibt der DN einen Austrittsgrund. Angestellte sind gem § 26 Z 2 AngG zum vorzeitigen Austritt berechtigt, wenn der DG wesentliche Vertragsbestimmungen verletzt. Eine solche Vertragsverletzung liegt mE vor, wenn der AG seine Fürsorgepflicht durch die Verwirklichung der Diskriminierungstatbestände im Sinn des § 2 Abs 1a GlBG verletzt. Als Austrittsgrund käme außerdem § 26 Z 3 AngG in Frage, wenn der DG den ihm zum Schutze des Lebens, der Gesundheit oder der Sittlichkeit des Angestellten gesetzlich obliegenden Verpflichtungen nachzukommen verweigert, bzw § 26 Z 4 AngG, wenn sich der DG Tätlichkeiten, Verletzungen der Sittlichkeit oder Ehrverletzungen gegen den Angestellten zuschulden kommen läßt oder es verweigert, den Angestellten gegen solche Handlungen eines Mitbediensteten zu schützen. Für Arbeiterinnen wäre ein Austrittsgrund gem § 82a lit d GewO gegeben, wenn der AG wesentliche Vertragsbestimmungen, nämlich die Fürsorgepflicht, verletzt, bzw gem lit b leg cit, wenn sich der AG tätlicher Mißhandlungen oder grober Ehrenbeleidigungen gegen die Arbeiterin zuschulden kommen läßt. Da in all jenen Fällen dem DG ein Verschulden am Austritt der DN zukommt, hat diese Anspruch auf Schadenersatz in Form der Kündigungsentschädigung.

---

[48]) S zu der Anfechtung gem § 2a Abs 8 GlBG auch unten V.

Hat die DN ihr Arbeitsverhältnis nicht vorzeitig beendet sondern unter Einhaltung der Kündigungsfristen *gekündigt*, bleibt mangels eines Vermögensschadens nach der herrschenden Judikatur und Lehre kein Raum für einen Schadenersatzanspruch.[49]

Problematisch scheint dies jedoch zu sein, wenn eine DN durch sexuelle Diskriminierung seitens des AG aus dem Betrieb *„hinausgeekelt"*, also seitens des AG zum Austritt oder zur Kündigung provoziert wird. Der „Vorteil des AG" in einer solchen Vorgangsweise liegt darin, den allgemeinen Kündigungsschutz, wie er in § 2a Abs 8 GlBG vorgesehen ist, auszuhöhlen. Wird die DN durch permanente sexuelle Belästigung[50] derart in der Würde ihrer Person verletzt, daß sie das Dienstverhältnis selbst lösen muß und sich somit die Möglichkeit einer Kündigungsanfechtung nimmt, scheint ein Schadenersatzanspruch, der ein solches Verhalten (zusätzlich zum Abfertigungsanspruch der AN) pönalisiert, gerechtfertigt. Das GlBG macht die Konstruktion eines Schadenersatzanspruches insofern leicht, als es für den konkreten Fall sexueller Diskriminierung auch den Ersatz immaterieller Schäden vorsieht. Wird durch die sexuelle Diskriminierung die Würde der Person der AN derart verletzt, daß diese durch Selbstkündigung oder Austritt oder einvernehmliche Lösung auf eine Kündigungsanfechtung verzichtet, kann dies bei der Berechnung des immateriellen Schadens berücksichtigt werden. Dasselbe gilt, wenn zwar der DG kündigt, aber durch die sexuelle Diskriminierung das persönliche Verhältnis der AN zum DG derart zerrüttet ist, daß eine Kündigungsanfechtung für die AN aufgrund der Verletzung ihrer Persönlichkeitsrechte faktisch nicht in Frage kommt.[51] In diesem Sinn hat das LG Linz den

---

[49]) In diesem Zusammenhang ist allerdings hervorzuheben, daß die DN trotz Selbstkündigung, bei der im Regelfall kein Abfertigungsanspruch besteht, ihren Abfertigungsanspruch behält, wenn sie sich - wie im Fall sexueller Belästigung - auf einen Austrittsgrund berufen kann. Vgl dazu zB OGH RdA 1992, 455; ZAS 1993, 65.

[50]) Eine ähnlich Konstellation ist in Fällen des Mobbing denkbar.

[51]) Schwieriger ist dieses Problem in anderen Fällen des „Hinausekelns" zu lösen, für die der Gesetztgeber keinen immateriellen Schadenersatzanspruch vorsieht. Hier wäre darüber nachzudenken, ob eine Verhaltensweise des AG, die derart die Würde der Person der AN verletzt, daß es im Ergebnis zu einem Aushöhlen des allgemeinen Kündigungsschutzes kommt, weil die AN aufgrund dieser Würdeverletzung von einer Kündigungsanfechtung Abstand nimmt, nicht Schadenersatzansprüche nach sich ziehen soll. Die Judikatur hat im Zusammenhang mit dem „Hinausekeln" von besonders geschützten AN wie Betriebsratsmitgliedern, immerhin anerkannt, daß im Gegensatz zur „normalen" Kündigungsentschädigung, die ohne Berücksichtigung des besonderen Bestandschutzes berechnet wird, im Fall der endgültigen Zerrüttung des Arbeitsverhältnisses durch „Hinausekeln" die dadurch bewirkte Aushöhlung des besonderen Kündigungsschutzes durch den AG besonders pönalisiert werden soll, indem die Kündigungsentschädigung in diesen Sonderfällen bis zum Ende des besonderen Kündigungsschutzes gewährt werden soll. Vgl dazu VwGH RdA 1987, 218; der OGH RdW 1994, 319, erwähnt zwar diese Problematik, brauchte aber aufgrund des Sachverhalts darauf in der Sache nicht eingehen. Auch *Tomandl* (Die Kündigungsent-

immateriellen Schaden aufgrund einer sexuellen Belästigung durch den DG mit 70.000 S festgesetzt, da auch berücksichtigt werden müsse, daß die DN in einen „durchaus qualvollen Zustand versetzt worden sei, und die fortdauernde Erniedrigung ihrer Person sie letztlich dazu gebracht habe, das Dienstverhältnis einvernehmlich zu lösen".

IV. Rechtsschutzeinrichtungen des GlBG

A. Allgemeines

Durch das GlBG wurden mit der *Anwältin für Gleichbehandlungsfragen* und der *Gleichbehandlungskommission* zwei neue Organe geschaffen, mit denen zur Durchsetzung von Ansprüchen aus dem GlBG neben dem arbeitsgerichtlichen Verfahren ein schlichtungsorientierter, relativ formfreier Konfliktausgleich ohne Rechtskraft angeboten wird, zu dessen Charakterisierung üblicherweise der Begriff „*soft law*" herangezogen wird.[52]

B. Die Gleichbehandlungskommission

Gem § 3 GlBG ist beim Bundesministerium für soziale Verwaltung eine Gleichbehandlungskommission einzurichten, die aus 11 Mitgliedern besteht. Die Mitglieder setzen sich aus Vertretern der Interessenvertretungen der AN, der AG und des Bundes zusammen. Jede der Interessenvertretungen soll zumindest eine Frau als Mitglied entsenden. Auch bei der Entsendung der Er-

---

schädigung besonders kündigungsgeschützter Arbeitnehmer, ZAS 1986, 117) vertritt die Auffassung, daß im Fall des „Hinausekelns" eine qualifizierte Rechtswidrigkeit des AG-Verhaltens vorliege, die durch eine längere Kündigungsentschädigung zu sanktionieren sei.

Dieser Fall besonders kündigungsgeschützter AN unterscheidet sich jedoch vom allgemeinen Kündigungsschutz insofern, als ein bestimmter Zeitpunkt des Endes des besonderen Kündigungsschutzes festgemacht werden kann, was die Schadensberechnung vereinfacht. Im Fall des allgemeinen Kündigungsschutzes ist jedoch das fiktive Ende des Arbeitsverhältnisses nicht abzusehen. Dies soll jedoch nicht dazu führen, den Anspruch auf einen entsprechenden Schadenersatz von vornherein zu verneinen. In jenen Fällen, in denen der DG den allgemeinen Kündigungsschutz aushöhlen will, indem er durch sein Verhalten eine Anfechtungsmöglichkeit der DN faktisch unmöglich macht, ist mE ein Schadenersatzanspruch denkbar, wenn festgestellt werden kann, daß die DN ein Kündigungsanfechtungsverfahren gewonnen hätte. Die Kündigung wäre dann für unwirksam erklärt worden und das Dienstverhältnis hätte nach wie vor aufrecht bestanden. Es bestünde daher ein positiver Schaden für jene Zeit, in der das Dienstverhältnis fortbestanden hätte. Da ein exakter Schadensbetrag nicht zu ermitteln sein wird, müßte der Richter die Schadenshöhe gem § 273 ZPO nach freier Überzeugung festsetzen.

[52]) *Bei/Novak* 138.

satzmitglieder sollen von jeder Interessenvertretung mindestens 50% Frauen berücksichtigt werden.

Die Kommission hat sich mit allen die Diskriminierungen nach dem GlBG betreffenden Fragen zu beschäftigen. Auf Antrag einer Interessenvertretung, auf Verlangen der Anwältin für Gleichbehandlungsfragen oder von Amts wegen hat die Kommission insbesondere *Gutachten* über Fragen der Verletzung des Gleichbehandlungsgebotes zu erstatten. Die Gutachten der Kommission sind im Amtsblatt zur Wiener Zeitung zu veröffentlichen. Auf Antrag einer AN, eines AG, eines Betriebsrates, einer Interessenvertretung der AG oder AN, auf Verlangen der Anwältin für Gleichbehandlungsfragen oder von Amts wegen hat die Kommission *im Einzelfall zu prüfen*, ob eine Verletzung des Gleichbehandlungsgebots vorliegt. Ist die Kommission der Auffassung, daß eine Verletzung des Gleichbehandlungsgebotes vorliegt, so hat sie dem AG schriftlich einen Vorschlag zur Verwirklichung der Gleichbehandlung zu übermitteln und ihn aufzufordern, die Diskriminierung zu beenden. Kommt der AG diesem Auftrag innerhalb eines Monats nicht nach, so kann jede der im Gesetz genannten Interessenvertretungen der AG und AN beim zuständigen Arbeits- und Sozialgericht auf Feststellung der Verletzung des Gleichbehandlungsgebotes klagen. Rechtskräftige Urteile, die Verletzungen des Gleichbehandlungsgebotes feststellen, sind ebenfalls im Amtsblatt zur Wiener Zeitung zu veröffentlichen.[53] Der AG kann weiters, sobald sich aufgrund der Mitteilung eines Antragsberechtigten oder der Anwältin für Gleichbehandlungsfragen die Vermutung der Nichteinhaltung des Gleichbehandlungsgebotes ergibt, durch die Kommission aufgefordert werden, einen schriftlichen Bericht zu erstatten. Kommt der AG dieser Aufforderung nicht nach, ist auch diese Tatsache im Amtsblatt zur Wiener Zeitung zu verlautbaren.[54]

Da nach der bisherigen Rechtslage strittig war, ob Auskunftspersonen, die der Ladung der Gleichbehandlungskommission nachkommen, Anspruch auf *Ersatz der Reisekosten* haben, normiert die Novelle 1997 einen derartigen Anspruch. Solche Auskunftspersonen haben nunmehr den gleichen Anspruch auf Reisekostenersatz wie Zeugen im gerichtlichen Verfahren. Eine Entschädigung für Zeitversäumnis ist demgegenüber nicht vorgesehen. Durch diese Bestimmung soll gewährleistet werden, daß Auskunftspersonen den Weg zur Gleichbehandlungskommission zumindest nicht aus Kostengründen scheuen.

---

[53]) §§ 4, 5 und 6 GlBG.

[54]) § 6a GlBG.

C. Die Anwältin für Gleichbehandlungsfragen

Gem § 3a GlBG ist die Anwältin für Gleichbehandlungsfragen vom Bundeskanzler nach Anhörung der Interessenvertretungen der AG und AN für unbestimmte Zeit auf Widerruf zu bestellen. Die Anwältin für Gleichbehandlungsfragen ist aus dem Personalstand des BKA zu ernennen.

Eine wesentliche Aufgabe der Anwältin für Gleichbehandlungsfragen ist es, Personen, die sich im Sinn des GlBG diskriminiert fühlen, zu *beraten und zu unterstützen*. Sie kann im Zuge behaupteter Verletzungen des Diskriminierungsverbotes den AG zu einer schriftlichen *Stellungnahme* auffordern, Auskünfte seitens des Betriebsrates oder von Mitbeschäftigten zu verlangen, und die oben erwähnten Anträge an die Kommission für Gleichbehandlungsfragen stellen. Die Anwältin für Gleichbehandlungsfragen kann auch von der Kommission mit der Durchführung von Ermittlungstätigkeiten beauftragt werden, zu welchem Zweck sie *betriebliche Räume betreten* und in die Unterlagen der Betriebe *Einsicht* nehmen darf.

Durch die nunmehr geplante Novelle 1997 sollen zur Erleichterung der Durchführung des GlBG in den Bundesländern Beratungseinrichtungen in den Ländern eingerichtet werden, um die betroffenen AN wirkungsvoll bei der Durchsetzung des Anspruches auf Gleichbehandlung unterstützen zu können. Durch die Einrichtung der Anwältin für Gleichbehandlungsfragen in Wien war eine derartige Beratung und Unterstützung nur für die Region Wien und Umgebung im erforderlichen Ausmaß sichergestellt. Gem § 3a Abs 2a GlBG kann dann der Bundeskanzler in den Ländern Regionalbüros der Anwältin für Gleichbehandlungsfragen durch Verordnung einrichten und Regionalanwältinnen zu Leiterinnen der Regionalbüros bestellen. Zunächst ist nach den Erläuterungen zur Regierungsvorlage nur die Errichtung eines Regionalbüros in einem der westlichen Bundesländer geplant.

V. Zum Kündigungsschutz gem § 2a Abs 8 GlBG

Wie bereits oben dargestellt, gibt § 2a Abs 8 GlBG einer AN die Möglichkeit, die Kündigung oder Entlassung vor den Arbeits- und Sozialgerichten anzufechten, wenn das Arbeitsverhältnis wegen des Geschlechts der AN oder wegen der offenbar nicht unberechtigten Geltendmachung von Ansprüchen nach diesem Gesetz gekündigt oder vorzeitig beendet worden ist. Diese dem allgemeinen Kündigungsschutz der §§ 105ff ArbVG nachgebildete Anfechtungsmöglichkeit erstreckt sich auf alle Betriebe, in denen das GlBG Anwendung findet und auf alle Arbeitsverhältnisse, die vom Anwendungsbe-

reich des GlBG erfaßt werden.[55] Mit der Anfechtungsklage wird auf Unwirksamerklärung der Beendigungserklärung geklagt. Gewinnt die AN das Verfahren, wird die Kündigung rückwirkend beseitigt, das Arbeitsverhältnis besteht nach wie vor aufrecht fort, und die AN hat gem § 1155 ABGB Anspruch auf das Entgelt, das ihr für die Zeit ihrer Nichtbeschäftigung durch den AG vorenthalten worden ist. Da bisher ungeklärt war, in welcher Frist die Beläscesn56789
tigte die Kündigung anfechten kann,[56] wird mit der geplanten Novelle eine Klarstellung vorgenommen, indem eine Anfechtungsfrist von zwei Wochen normiert wird.

Verlangt der Gesetzgeber als Anfechtungsvoraussetzung die offenbar nicht unberechtigte Geltendmachung von Ansprüchen nach dem GlBG, so ist damit nicht erst eine Klage vor Gericht gemeint. Die Geltendmachung kann im Betrieb erfolgen, zB indem die AN sich beim BR beschwert oder Erkundigungen einholt, gegenüber dem AG oder AN auf die Unterlassung sexueller Belästigungen drängt, oder außerhalb des Betriebes zB bei einer Interessenvertretung, bei der Anwältin für Gleichbehandlungsfragen oder einer Regionalstelle, bei der Kommission für Gleichbehandlungsfragen etc Erkundigungen einholt bzw Anträge stellt. Ziel dieser Anfechtungsmöglichkeit ist es, der AN die Durchsetzung ihrer Ansprüche aus dem GlBG bei aufrechtem Dienstverhältnis zu ermöglichen, ohne daß sie damit rechnen muß, gekündigt oder entlassen zu werden.[57]

Diese Anfechtungsmöglichkeit wird von verschiedenen Seiten als zu ungenügend erachtet, sodaß immer wieder eine große Novelle des GlBG gefordert wird, die nicht nur eine Änderung in der Beweislast, sondern auch die Einführung eines besonderen Kündigungsschutzes während des Verfahrens vor der Gleichbehandlungskommission oder auch ab dem Moment, da Erkundigungen von einer AN bei der Anwältin für Gleichbehandlungsfragen eingeholt werden. Der besondere Kündigungsschutz müßte so wie bei Betriebsratsmitgliedern, Müttern, Behinderten oder Präsenzdienern so konzipiert werden, daß zu einer Beendigung des Arbeitsverhältnisses einerseits besondere Gründe angeführt werden müßten, andererseits die Zustimmung des Gerichtes notwendig ist. Der Vorteil gegenüber dem allgemeinen Kündigungsschutz durch die Anfechtungsmöglichkeit gem § 2a Abs 8 GlBG wäre

---

[55]) Das im Gegensatz zum allgemeinen Kündigungsschutz nach ArbVG, der sich nur auf betriebsratspflichtige Betriebe und auf Arbeitsverhältnisse bezieht, die als AN im Sinn des Betriebsverfassungsrechts anzusehen sind.

[56]) Die Anfechtungsfrist des Arbeitsverfassungsgesetzes beträgt eine Woche nach Ausspruch der Kündigung.

[57]) Vgl dazu OGH RdA 1994, 408 (Anzenberger).

der, daß beim besonderen Kündigungsschutz die Prozeßinitiative beim AG liegt, dh der AG zu Gericht gehen und auf Zustimmung der Kündigung der AN klagen müßte. Kündigungen würden dann wohl nicht mehr so leicht und unüberlegt ausgesprochen werden. Auf der anderen Seite liegt eine gewisse Gefahr darin, daß von Seiten der AN insofern Mißbrauch getrieben werden könnte, als AN Verfahren vor der Kommission für Gleichbehandlungsfragen in Gang setzen, bloß um für eine Weile in den Genuß des besonderen Kündigungsschutzes zu kommen. Eine bedenkliche Neuerung eines solchen besonderen Kündigungsschutzes wäre die leichte Disponierbarkeit durch die AN über diesen Schutz. In allen anderen Fällen, in denen die Rechtsordnung einen besonderen Kündigungsschutz zuerkennt, sind die Voraussetzungen dafür leicht objektivierbar und sie stehen nicht dermaßen in der beliebigen Verfügbarkeit der AN. Weder die Mutterschaft, die Betriebsratseigenschaft, die Behinderteneigenschaft noch die Einberufung zu Präsenz- oder Zivildienst hängen derart vom ausschließlichen und jederzeit geltend zu machenden Willen dessen ab, der den besonderen Schutz genießen soll. Bevor ein Rechtsinstitut geschaffen wird, daß derart leicht auch mißbräuchlich verwendet werden kann, gerade in einem Bereich, in dem auch nicht schnell objektivierbar ist, ob der besondere Schutz tatsächlich zu Recht bestehen soll, ist mE zu überlegen, ob nicht mit der Anfechtungsmöglichkeit gem § 2a Abs 8 GlBG das Auslangen gefunden werden kann.

VI. Zur Beweislast im Prozeß

Auch die Verteilung der Beweislast im Prozeß aufgrund der geltenden Rechtslage stellt immer wieder einen Kritikpunkt dar und läßt Forderungen nach einer Gesetzesänderung laut werden. Das GlBG enthält in § 2a Abs 9 die Regelung, daß die AN, die sich auf einen Diskriminierungstatbestand im Sinn des § 2 Abs 1 GlBG (zB Diskriminierung bei der Begründung des Arbeitsverhältnisses, bei der Festsetzung des Entgelts, bei den sonstigen Arbeitsbedingungen, bei Maßnahmen der Aus- und Weiterbildung etc) beruft, diesen bloß glaubhaft zu machen hat. Die AN muß daher den Richter nicht wie sonst von dem Vorliegen der Diskriminierung überzeugen, sondern er hat ihn bloß von der Wahrscheinlichkeit der Diskriminierung zu überzeugen. Die Intensität der Beweislast ist somit herabgesetzt. Die Klage ist abzuweisen, wenn bei Abwägung aller Umstände eine höhere Wahrscheinlichkeit dafür spricht, daß ein anderes als vom AG glaubhaft gemachtes Motiv für die unterschiedliche Behandlung ausschlaggebend war.[58]

Der Gesetzgeber bezieht diese Verringerung des Beweismaßes aber nicht auf die Tatbestände des § 2 Abs 1a und 1b, dh auf die sexuelle Belästigung. Selbst wenn man annehmen könnte, daß der Gesetzgeber anläßlich der Novelle, mit der er den Tatbestand der sexuellen Belästigung als Diskriminierung in das GlBG eingeführt hat, schlicht vergessen hat,[59] auch die Bestimmung über die Beweislastverteilung zu novellieren, liegt aufgrund des Wortlautes der Bestimmungen ein Umkehrschluß näher als die Annahme einer Lücke und eine analoge Anwendung der Beweislastregel auch auf die sexuelle Belästigung. Es besteht mE auch keine Möglichkeit, die Beweislastregel des § 2a Abs 9 GlBG dadurch auf Tatbestände der sexuellen Belästigung anzuwenden, indem man die sexuelle Belästigung unter den Tatbestand des § 2 Abs 1 Z 6 GlBG, nämlich der Diskriminierung bei den sonstigen Arbeitsbedingungen, subsumiert. Durch die ausdrückliche Regelung der sexuellen Belästigung in § 2 Abs 1a GlBG als Diskriminierung im Sinn des GlBG hat der Gesetzgeber eine lex specialis[60] zu den Diskriminierungstatbeständen des Abs 1 geschaffen, die eine solche, nicht differenzierende Subsumtion nicht zulassen.

Der OGH[61] hat daher bereits in einem Fall entschieden, daß in einem Umkehrschluß anzunehmen ist, daß der Gesetzgeber die Beweiserleichterung für die sexuelle Belästigung nicht normieren wollte. Der OGH hält diese Unterscheidung auch für gerechtfertigt, da anders als Motive im Sinn des § 105 Abs 3 Z 1 ArbVG eine sexuelle Belästigung objektivierbar sei und als Tatsache ebensowenig einer Beweiserleichterung wie etwa eine Ehrenbeleidigung oder eine Körperverletzung bedürfe. Der AN obliege daher, auch unter dem Aspekt des § 1298 ABGB, zumindest der Tatsachenbeweis.[62]

Gelingt der AN jedoch der Tatsachenbeweis, kommt die Beweislastumkehr des § 1298 ABGB wohl voll zum Tragen, da aufgrund der Rechtskonstruktion des GlBG prima facie das Vorliegen eines objektiven Sorgfaltsverstoßes angenommen werden kann, sodaß der Beklagte das Gegenteil beweisen müßte.[63]

---

58) Dazu *Eichinger*, Die Frau im Arbeitsrecht (1991) 324; *Runggaldier*, Die Regelung der Beweislast in dem vom BMAS vorgelegten Entwurf einer Novelle zum Gleichbehandlungsgesetz, Wbl 1989, 357.

59) *Wilhelm*, Diskriminierung und Beweislast, ecolex 1993, 217.

60) *Wilhelm*, Gleichbehandlung der Geschlechter, ecolex 1993, 79.

61) OGH ARD 4755/21/96.

62) Vgl zur Kritik an dieser Gesetzeslage zB *Novak/Bei* 140; *Tinhofer*, RdW 1994, 248; *Eichinger*, Rechtsfragen zum Gleichbehandlungsgesetz; *Gahleitner*, DRdA 1997, 123.

63) OGH ecolex 1993, 733 (Wilhelm); *Novak/Bei* 141.

Mit der geplanten Novelle zum GlBG werden sich in Zukunft aber weitere Probleme der Beweislast ergeben. Mag nämlich die AN im Fall der Klage gegenüber ihrem AG in den Genuß der Beweislastumkehr gem § 1298 ABGB kommen, der, das Verschulden des Täters vermutend, diesen nötigt, seine Schuldlosigkeit zu beweisen[64], wird bei einer Schadenersatzklage gegenüber einem Dritten, zu dem die AN in keinem Vertragsverhältnis steht, diese Beweislastumkehr nicht zum Zug kommen können. Dann lastet tatsächlich die gesamte Beweislast für die rechtswidrige und schuldhafte Schädigung auf ihr.

[64]) *Wilhelm*, Diskriminierung und Beweislast, ecolex 1993, 217.

Literaturverzeichnis:

- *Bei/Novak*, Das Gleichbehandlungsgesetz, in *Aichhorn* (Hg), Frauen & Recht (1997) 83.
- *Eichinger*, Die Frau im Arbeitsrecht (1991).
- *Eichinger*, Rechtsfragen zum Gleichbehandlungsgesetz - mittelbare Diskriminierung - sexuelle Belästigung - Beweislastverteilung.
- *Gahleitner*, Beweislast bei sexueller Belästigung, DRdA 1997, 123.
- *Marhold*, Die Wirkung ungerechtfertigter Entlassungen - Eine Kritik des sog schadenersatzrechtlichen Prinzips, ZAS 1978, 5.
- *Mayer-Maly*, Österreichisches Arbeitsrecht I (1987).
- *Runggaldier*, Die Regelung der Beweislast inn dem vom BMAS vorgelegten Entwurf einer Novelle zum Gleichbehandlungsgesetz, Wbl 1989, 357.
- *Thienel*, Öffentlicher Dienst und Kompetenzverteilung (1990).
- *Tinhofer*, Sexuelle Belästigung durch den Geschäftsführer einer GmbH, RdW 1994, 248.
- *Tomandl*, Die fehlerhafte Beendigung des Arbeitsvertrages, in *Tomandl* (Hg), Beendigung des Arbeitsvertrages (1986).
- *Tomandl*, Die Kündigungsentschädigung besonders kündigungsgeschützter Arbeitnehmer, ZAS 1986, 117.
- *Wilburg*, Entwicklung eines beweglichen Systems im bürgerlichen Recht (1950).
- *Wilhelm*, Diskriminierung und Beweislast, ecolex 1993, 217.
- *Wilhelm*, Gleichbehandlung der Geschlechter, ecolex 1993, 79.

GESCHLECHTSSPEZIFISCHE SCHUTZGESETZE AUS DER SICHT DER FRAUENFORSCHUNG
am Beispiel des Nachtarbeitsverbotes für Frauen

von Sabine Ziegler

I. Einleitung

Schutzgesetze, die nur einen bestimmten Teil der ArbeitnehmerInnen erfassen, sind im Arbeitsrecht keine Ausnahme. Differenziert wird traditionellerweise va nach dem Alter (so gibt es eine Reihe von Regelungen, die auf Kinder und Jugendliche abgestellt sind) oder dem Geschlecht, wobei der Gesetzgeber in der Regel davon ausgeht, daß es die *Frauen* sind, die eines besonderen Schutzes bedürfen.

So ist es in Österreich - zum Schutz der Frauen - seit mehr als einem Jahrhundert verboten, diese während der Nachtstunden zu beschäftigen; ein Faktum, das zwar immer wieder der Kritik ausgesetzt war, aber erst im Lauf der letzten Jahre grundsätzlich in Frage gestellt wurde. Bemerkenswert spät, bedenkt man, daß im „Zeitalter der Gleichberechtigung" Frauen der Zugang zu einer bestimmten Arbeitszeit verwehrt und auf einer nach dem Geschlecht differenzierenden Regelung bestanden wird, deren Ursprung im vorigen Jahrhundert zu suchen ist. Auslöser für die verstärkte öffentliche Debatte war nicht nur das ständige Bemühen der Frauenpolitik um Gleichberechtigung, sondern auch der steigende Bedarf der Wirtschaft nach mehr Nacht- und Schichtarbeit sowie einer Flexibilisierung der Arbeitszeit, die generellen Bestrebungen nach einer Deregulierung des Arbeitsrechts und schließlich der Beitritt Österreichs zur EU, der die Verpflichtung nach sich zog, die österreichische Rechtslage an das Gemeinschaftsrecht anzupassen - dh im Ergebnis auch die Nachtarbeit neu zu regeln.[1]

Für die traditionelle Rechtsgeschichte bildete das Nachtarbeitsverbot, ebenso wie vergleichbare andere geschlechtsspezifische Schutzbestimmungen des Arbeitsrechts, ohnehin keinen Diskussionspunkt. Ganz im Gegenteil, stets als „Schutzgesetz schlechthin", als Resultat der allgemeinen Bestrebungen, die Arbeitsbedingungen insgesamt und die Arbeitszeitregelungen im besonderen zu verbessern, gepriesen, sah man keine Veranlassung, sich tiefergehend mit Hintergründen, Motiven und Auswirkungen einer derartigen

---

[1]) Der EuGH hat im Jahr 1991 in einem Vorabentscheidungsverfahren (Rs Stoeckel - Rs C-345/89) entschieden, daß ein *Frauen*nachtarbeitsverbot mit der RL 76/207/EWG unvereinbar, daher EU-rechtswidrig ist. Zu den Konsequenzen s unter Kapitel IV.

Regelung auseinanderzusetzen. Die „Frauen eigene schwache Konstitution“ und ihre daraus resultierende „besondere Schutzbedürftigkeit“ reichten aus, um die Einführung und das Aufrechterhalten des Nachtarbeitsverbotes hinreichend zu rechtfertigen.

Diesem mangelnden Problembewußtsein ist es wohl zuzuschreiben, daß das Nachtarbeitsverbot in den Lehrbüchern der Rechtsgeschichte keinerlei Berücksichtigung fand. Weder bei *Hoke*[2] noch bei *Baltl/Kocher*[3] wird die Regelung erwähnt, und selbst *Floßmann*[4] geht in ihrer Österreichischen Privatrechtsgeschichte nicht darauf ein. Aber auch in Lehrbüchern der deutschen Rechtsgeschichte[5] finden sich keine Hinweise: *Brunner*[6], *Wieacker*[7], *Kroeschell*[8], *Mitteis/Lieberich*[9] und *Schlosser*[10], um nur einige zu nennen, sahen in der korrespondierenden deutschen Bestimmung[11] offensichtlich ebensowenig ein Problem.

Im Arbeitsrecht ist die Position des Frauennachtarbeitsverbots klar definiert, sowohl die ältere als auch die aktuelle Literatur reiht das Nachtarbeitsverbot ganz allgemein unter Schutzgesetze bzw Frauenschutz ein. Als Beispiele seien hier angeführt: *Lederer/Suchanek*[12], *Kummer*[13], *Floretta/Spielbüchler/Strasser*[14] und *Schwarz/Löschnigg*[15]. Bei *Tomandl*[16] findet es sich im Kapitel Arbeitszeit.

---

[2]) *Hoke*, Österreichische und Deutsche Rechtsgeschichte[2] (1996).

[3]) *Baltl/Kocher*, Österreichische Rechtsgeschichte[8] (1995).

[4]) *Floßmann*, Österreichische Privatrechtsgeschichte[3](1996) .

[5]) Es ist zwar nicht zu erwarten, daß sich in einer deutschen Rechtsgeschichte Hinweise auf eine derart spezifische Regelung des österreichischen Rechtsraums finden, allerdings wurde in Deutschland ebenso wie im Großteil des übrigen Europas (vgl zB England, Niederlande, Frankreich, Belgien, Griechenland, ...) durch die Gewerbeordnungsnovelle 1878 ein vergleichbares Verbot normiert.

[6]) *Brunner*, Deutsche Rechtsgeschichte II (1892).

[7]) *Wieacker*, Privatrechtsgeschichte der Neuzeit unter besonderer Berücksichtigung der deutschen Entwicklung (1952).

[8]) *Kroeschell*, Deutsche Rechtsgeschichte 3 (seit 1650) (1989).

[9]) *Mitteis/Lieberich*, Deutsche Rechtsgeschichte[19] (1992).

[10]) *Schlosser*, Grundzüge der Neueren Privatrechtsgeschichte[8] (1996).

[11]) Die Gewerbeordnungsnovelle von 1878 ermächtigte die Reichsregierung, Nachtarbeit von Frauen in bestimmten Wirtschaftszweigen durch Rechtsverordnung zu verbieten. Die zuletzt geltende Bestimmung des § 19 Abs 1 AZO, wonach Arbeiterinnen in der Nachtzeit von 20.00 Uhr bis 6.00 Uhr nicht beschäftigt werden durften, wurde am 28. 1. 1992 vom Bundesverfassungsgericht für unvereinbar mit Art 3 Abs 1 und 3 GG erklärt (1 BvR 1025/82, 1 BvL 16/83, 1 BvL 10/91).

[12]) *Lederer/Suchanek*, Arbeitsrecht und Arbeiterschutz (1925) 635.

[13]) *Kummer*, Lehrbuch des österreichischen Arbeitsrechts (1961) 237.

[14]) *Floretta/Spielbüchler/Strasser*, Arbeitsrecht I: Individualarbeitsrecht[3] (1988) 345.

[15]) *Schwarz/Löschnigg*, Arbeitsrecht[6] (1997) 940.

[16]) *Tomandl*, Arbeitsrecht 2. Sachprobleme[3] (1995) 45f.

Erst die Frauenforschung hat einen offeneren Zugang zur „Rechtswohltat Frauenschutz" und zum Nachtarbeitsverbot im speziellen ermöglicht.[17] Ihr ist es gelungen, völlig neue Aspekte aufzuzeigen und dem Nachtarbeitsverbot den Nimbus des Schutzgesetzes zu nehmen.

Dazu beigetragen hat vor allem eine eingehende Betrachtung des Geltungsbereiches, die es schwerfallen läßt, weiterhin ernsthaft von einem Schutzgesetz zu sprechen. Vom Entstehen des Nachtarbeitsverbotes 1885 bis zum heute geltenden Gesetz aus dem Jahr 1969[18] (FrNArbG) war der Großteil der arbeitenden Frauen von diesem Schutz nicht erfaßt. Zwar wurde der Geltungsbereich ständig ausgedehnt, diesem jedoch ein mindestens ebenso schnell anwachsender Ausnahmenkatalog zur Seite gestellt. Die wenigen Bereiche, die heute noch betroffen sind, finden sich vor allem im Handel, der Produktion, in Teilen des Dienstleistungssektors und gewissen Bürotätigkeiten.

II. Historischer Abriß

Ohne auf die Sonderregelungen für den Bergbau, die Bäcker, die Regiearbeiten usw eingehen zu wollen, soll an einem kurzen entwicklungsgeschichtlichen Abriß des Nachtarbeitsverbotes aufgezeigt werden, daß durchgängig ein Großteil der arbeitenden Frauen trotz Verbotsnorm in der Nacht arbeiten konnte respektive mußte.[19]

---

[17]) Für Deutschland, wo der wissenschaftliche Diskurs zeitlich früher begann, ist inbesondere auf die Arbeiten von *Pfarr*, Nachtarbeitsverbot für Arbeiterinnen aufgehoben: Welche Konsequenzen ergeben sich aus dem Urteil des Bundesverfassungsgerichts vom Januar 1992? in *Friedrich-Ebert-Stiftung* (Hg), Für eine humane Gestaltung der Nachtarbeit für Frauen und Männer (1992) 17; *dies,* Antidiskriminierungspolitik und Flexibilisierung des Arbeitsmarktes, in *Büchtemann/Neumann* (Hg), Mehr Arbeit durch weniger Recht? Chancen und Risken der Arbeitsmarktflexibilisierung (1990) 193; *Däubler-Gmelin*, Frauenarbeitsschutzvorschriften - Rechtlicher Schutz oder (ungewollte) Diskriminierung? in *Battis/Schultz* (Hg), Frauen im Recht (1990) 163 und *Schiek*, Nachtarbeitsverbot für Arbeiterinnen. Gleichberechtigung durch Deregulierung? (1992) zu verweisen.
In Österreich setzte erste kritische Anmerkungen *Eichinger*, Die Frau im Arbeitsrecht (1991). Eine diesbezügliche feministische Grundsatzdebatte folgte 1992 mit Beiträgen zu dem vom Bundesministerium für Arbeit und Soziales herausgegebenen Sammelband, Nachtarbeit. Beiträge zum Arbeitsrecht 1 (1992). 1994 folgte *Ulrich* mit ihrer Literaturkritik, Zur Ambivalenz des gleichen Rechts, ÖZP 1994, 151; jüngst dazu auch *Sporrer*, Gleichheitssatz und Emanzipation, in *Aichhorn* (Hg), Frauen & Recht (1997) 1.

[18]) BG 25.6.1969 BGBl 237 idF BGBl 1993/257 über die Nachtarbeit der Frauen.

[19]) Eingehend dazu *Ziegler*, Frauennachtarbeitsverbot in Österreich (Dissertation 1997), in *Floßmann* (Hg), Linzer Schriften zur Frauenforschung.

Das erste Frauennachtarbeitsverbot wurde *1885* in der sogenannten 2. großen Gewerberechtsnovelle[20] normiert, wobei der Gesetzgeber den ohnehin schon eingeschränkten Anwendungsbereich der Gewerbeordnung im Bereich des Nachtarbeitsverbotes auf fabriksmäßig betriebene Gewerbsunternehmungen einengte.[21] Geschützt waren damit nicht einmal alle in der Industrie beschäftigten Frauen, sondern nur Fabriksarbeiterinnen. Aber selbst dieser Anwendungsbereich galt nicht ausnahmslos. So hatte der Handelsminister die Befugnis, Ausnahmen vom Anwendungsbereich zu normieren,[22] und eine entsprechende, relativ weitgefaßte, Verordnung wurde noch im selben Jahr erlassen.[23]

Angesichts dieses eng begrenzten Anwendungsbereiches des Nachtarbeitsverbotes und der großzügigen Handhabung der Ausnahmemöglichkeiten ist es nicht verwunderlich, daß die wenigsten berufstätigen Frauen vom Beschäftigungsverbot in der Nacht erfaßt waren. In der Praxis wurde das bestehende Verbot zusätzlich vielfach dadurch umgangen, daß die Arbeitszeit durch Mitgeben von Arbeit nach Schluß des Fabriksbetriebes verlängert wurde.

1911 dehnte der Gesetzgeber den Anwendungsbereich auf industrielle Unternehmungen aus[24], womit es aber keineswegs zu einem rigorosen Durchgreifen im Sinn eines umfassenden Schutzgesetzes kam. Einerseits bestand für Kleinbetriebe, also Betriebe, die weniger als 10 Personen beschäftigten, weiterhin kein Verbot der Nachtarbeit für Frauen. In der Betriebsgrössenordnung der Habsburgermonarchie war der Klein- und Mittelbetrieb aber genau derjenige, der dominierte[25]. Es waren daher auch in dieser Regelung

---

20) G 8.3.1885 RGBl 22 betreffend die Abänderung und Ergänzung der Gewerbeordnung.

21) Nicht erfaßt waren somit die in nicht fabriksmäßigen Gewerbebetrieben Beschäftigten, die Handelsangestellten und die Berufstätigen der nicht unter die Bestimmungen der GewO fallenden Erwerbsarten wie Hausindustrie, Hausierhandel, Lohnarbeit niederster Art, niedriger Sanitätsdienst, häusliche Dienste, Landwirtschaft, Unternehmungen und Verschleiß periodischer Druckschriften, Schaustellungen und der Bergbau.

22) Gem § 96b Abs 4 GewO konnte der Handelsminister im Einvernehmen mit dem Innenminister nach Anhörung der Handels- und Gewerbekammern im Verordnungsweg jene Kategorien von fabriksmäßig betriebenen Gewerbsunternehmungen bezeichnen, bei denen eine Unterbrechung des Betriebes im Hinblick auf dessen Beschaffenheit untunlich war, oder bei denen Schichtarbeit unter Berücksichtigung der Bedürfnisse dieser Industriezweige dringend notwendig war.

23) MV 27. 5. 1885 RGBl 86, womit aufgrund des § 96b des G 8.3.1885 RGBl 22 jene Kategorien von fabriksmäßig betriebenen Gewerbsunternehmungen bezeichnet werden, bei denen jugendliche Hilfsarbeiter zwischen dem vollendeten 14. und dem vollendetem 16. Jahr, sowie Frauenspersonen überhaupt zur Nachtarbeit verwendet werden dürfen.

24) G 21. 2. 1911 RGBl 65 betreffend das Verbot der Nachtarbeit der Frauen in industriellen Unternehmungen.

25) *Matis*, Die Habsburgermonarchie (Cisleithanien) 1848 - 1918, in *Bachinger/Hemetsberger-Koller/Matis* (Hg), Grundriß der österreichischen Sozial- und Wirtschaftsgeschichte von 1848 bis

weite Bereiche der Wirtschaft vom Schutzbereich ausgenommen - ein Umstand, den bereits Zeitgenossen kritisierten.[26] Andererseits waren gerade jene Gewerbe, in denen Frauen besonders häufig beschäftigt waren, wie zB das Gast- und Schankgewerbe vom Verbot ausgenommen und die §§ 3-5 leg cit ermöglichten darüber hinaus Ausnahmen nach Anzeige bei bzw Bewilligung durch die politischen Behörde I. Instanz oder im Verordnungsweg in großem Umfang.

Die Zeit des *Ersten Weltkrieges* brachte bezüglich des Nachtarbeitsverbotes, rein formell, keine Neuerungen. Mit Ausbruch des Krieges trat die Sozialpolitik ganz allgemein in den Hintergrund. Wirtschaftspolitische Maßnahmen wurden auf die Notwendigkeit der Kriegsführung abgestellt und der Arbeiterschutz dem Ziel, die Leistungsfähigkeit der Kriegsindustrie zu steigern, geopfert. Überstunden- und Frauennachtarbeitsbewilligungen wurden in weitestem Umfang erteilt[27] und das Frauennachtarbeitsverbot zum ersten Mal beinahe generell durchbrochen.[28] Immer mehr Frauen mußten für ein ausreichendes Familieneinkommen sorgen und gleichzeitig die wehrpflichtigen männlichen Arbeitskräfte in der "kriegs- und versorgungswichtigen" Produktion ersetzen, teilweise auch in der Nacht.[29] Das Nachtarbeitsverbot bestand nur mehr auf dem Papier.

Die Nachkriegszeit führte zu einer Verschiebung der politischen und sozialen Machtstrukturen[30] und im Ergebnis zur Durchsetzung einer großen Anzahl sozialpolitischer Errungenschaften.[31]

---

zur Gegenwart^2 (1989) 28.

[26]) Schon 1903 hatte *Ilse von Arlt* diesen Mißstand, der damals noch im Geltungsbereich der GewO begründet war, kritisiert. Gerade in jenen Berufsarten, in denen die größte Anzahl der Frauen beschäftigt war, war die Gesundheitsgefährdung, die eines der Hauptmotive für geschlechtsspezifische Schutzgesetze darstellte, unabhängig von der Größe des Betriebes dieselbe. Wo zB Staubentwicklung Krankheiten förderte, waren die Arbeitsbedingungen in Kleinbetrieben häufig sogar noch schlechter als in Großbetrieben, da oft keine oder nur eine sehr schlechte Ventilation und meist nur ungesunde Arbeitsräume vorhanden waren. (*Arlt*, Die gewerbliche Nachtarbeit der Frauen in Österreich, in *Bauer* [Hg], Die gewerbliche Nachtarbeit der Frauen. Bericht über ihren Umfang und ihre gesetzliche Regelung [1903] 93).

[27]) *Lederer/Suchanek*, Arbeitsrecht 14.

[28]) *Rutenfranz/Beermann/Löwenthal*, Nachtarbeit für Frauen. Überlegungen aus chronophysiologischer und arbeitsmedizinischer Sicht (1987) 10.

[29]) So berichten die Gewerbeinspektoren im Jahr 1917, daß in den meisten Nachtschichtbetrieben die Heranziehung von Frauen zur Nachtarbeit unerläßlich wurde, weil diese sonst wegen des Mangels an männlichen Arbeitskräften überhaupt nicht durchführbar gewesen wäre. (Bericht der k.k. Gewerbeinspektoren über ihre Amtstätigkeit im Jahre 1917 [1921] XXXIX).

[30]) Dazu s *Lehner*, Verfassungs- und Verwaltungsgeschichte 238.

[31]) Insbesondere nachdem die Sozialdemokraten bei den ersten Wahlen zur konstituierenden Nationalversammlung im März 1919 als stärkste Partei hervorgegangen waren (zu dieser Wahl waren erstmals auch Frauen gleichberechtigt zugelassen [StGBl 5/1918 bzw 114]), wurde *Ferdinand Hanusch* für die industrielle Arbeiterschaft tätig (*Lederer/Suchanek*, Arbeitsrecht 22).

Ein Resultat war *1919* die Ausdehnung des Nachtarbeitsverbotes auf alle gewerblichen Betriebe.[32] Damit war zwar schlechthin jede Nachtarbeit von Frauen in allen gewerblichen Betrieben, auch in Kleinbetrieben, in denen weniger als 10 Personen beschäftigt waren, verboten. Weiterhin ausgenommen blieben allerdings die Angestellten[33], und die Neugestaltung des Ausnahmenkatalogs ließ nahezu unbeschränkte Möglichkeiten offen, durch Erlaß bzw Verordnung für einzelne Unternehmen oder bestimmte Wirtschaftszweige Ausnahmen zu schaffen.[34]

Die nächste rechtliche Änderung ergab sich erst mit der Einführung der deutschen Arbeitszeitordnung[35] im Jahr *1939*[36], die bis zur Neuregelung im Jahr 1969 in Geltung stand. Danach waren alle Gefolgschaftsmitglieder über 18 Jahren in Betrieben und Verwaltungen aller Art, auch wenn sie nicht mit Gewinnabsicht betrieben wurden, erfaßt. Auch diesmal wurde keineswegs mit Ausnahmen gespart und der Staat sicherte sich umfassende Möglichkeiten vom Verbot der Nachtarbeit abzugehen.[37] Selbst diese ohnehin bereits äußerst ausnahmenfreundliche Regelung konnte aber den Anforderungen der folgenden Kriegsjahre nicht standhalten. Neben anderen Schutzgesetzen

---

[32]) G 14. 5. 1919 StGBl 281 über das Verbot der Nachtarbeit der Frauen und Jugendlichen in gewerblichen Betrieben.

[33]) Eine gewisse Erweiterung des Anwendungsbereich wurde außerdem vorgenommen, indem zB gem § 5 lit a leg cit die Betriebe von Gebietskörperschaften in das Nachtarbeitsverbot einbezogen wurden.

[34]) § 4 leg cit räumte dem Staatsamt für soziale Verwaltung die Möglichkeit ein, wenn es wichtige Rücksichten der Volkswirtschaft oder die Interessen der Hilfsarbeiter erforderten, für einzelne Unternehmen oder auch für ganze Gewerbe Ausnahmen zu gewähren. Bezeichnenderweise schien auch hier wieder die Schaffung einer Ausnahme für das Gast- und Schankgewerbe besonders dringend, da in diesem Gewerbe häufig Frauen und Jugendliche auch in der Nacht bei der Arbeit angetroffen wurden (Bericht der k.k. Gewerbeinspektoren über ihre Amtstätigkeit im Jahre 1920 [1921] 14). Um die Legalisierung dieser Nachtarbeit zu beschleunigen, wurde daher im Wege des Gewerbeinspektorates eine Vorstellung eingebracht, die noch im selben Jahr zur VA 6. 3. 1920 StGBl 108 führte, wonach eine beschränkte Verwendung von Frauen zur Nachtzeit im Gast- und Schankgewerbe gestattet war.

[35]) Arbeitszeitordnung 30. 4. 1938 dRGBl I 447 (AZO).

[36]) Die AZO und die dazu ergangene Ausführungsverordnung 12. 12. 1938 RGBl I 1799 wurden 1939 in Österreich aufgrund des Gesetzes über die Wiedervereinigung Österreichs mit dem Deutschen Reich eingeführt (VO zur Einführung von Arbeitszeitvorschriften im Lande Österreich 7. 2. 1939 dRGBl I 155 und die 2. VO zur Einführung von Arbeitszeitvorschriften in der Ostmark 17. 5. 1939 dRGBl I 928), in Österreich kundgemacht im GBlÖ 231/1939 und GBlÖ 667/1939.

[37]) Von vornherein ausgenommen waren große Bereiche wie zB die Landwirtschaft, außerdem Angestellte in leitender Stellung, gem § 19 Abs 3 leg cit das Verkehrswesen, das Gast- und Schankgewerbe, das übrige Beherbergungswesen, das Friseurhandwerk, Badeanstalten, der Unterhaltungs- und Freizeitbereich wie zB Musikaufführungen, Theatervorstellungen, etc aber auch Bereiche des Gesundheitswesens wie Apotheken, Krankenpflegeanstalten, usw. Weiters waren verschiedenen Möglichkeiten für Ausnahmebewilligungen durch die Gewerbeaufsicht bzw den Reichsarbeitsminister vorgesehen.

wurde auch das Nachtarbeitsverbot während des Zweiten Weltkrieges auf Verordnungsweg weitestgehend ausgehöhlt. Die oberste Verwaltungsbehörde erhielt die Möglichkeit, Arbeitsschutzbestimmungen für Frauen und Jugendliche für einzelne Betriebe ganz oder teilweise außer Kraft zu setzen. Nachtarbeit von Frauen wurde akzeptiert und fand insbesondere in den Rüstungsbetrieben weite Verbreitung.

Das heute geltende Nachtarbeitsverbot beruht auf einer Neuregelung aus dem Jahr 1969.[38] Diese Fassung des Nachtarbeitsverbotes umfaßte zum ersten Mal auch die Angestellten und wurde in der Zwischenzeit dreimal novelliert. Sowohl 1972[39] als auch 1986[40] wurde dabei der ohnehin bereits äußerst großzügig angelegte Ausnahmenkatalog unter Berücksichtigung der Wünsche der Wirtschaft und der gesellschaftlichen Veränderungen weiter ausgebaut, sodaß die Norm heute eine Sammlung der zur Regel gemachten Ausnahmen darstellt.[41]

Die Aufarbeitung der Geschichte des Verbotes der Frauennachtarbeit zeigt, daß dieses Schutzgesetz zwar einerseits im Zusammenhang mit den allgemeinen Bestrebungen in der zweiten Hälfte des 19. Jahrhunderts, die Arbeitsbedingungen insgesamt zu verbessern und im Zuge dessen auch die Arbeitszeit zu reglementieren, gesehen werden muß.[42] Unter dem Eindruck der negativen Auswirkungen der Industrialisierung hatte man begonnen, von einer ursprünglich geschlechtsunabhängigen sozialen Schutzidee ausgehend einen Arbeitnehmerschutz zu schaffen, primär für Kinder und Jugendliche und in einem nächsten Schritt für Frauen, die in der Hierarchie der Schutzwürdigkeit gleich nach den Jugendlichen eingestuft wurden.

Andererseits macht die Entwicklungsgeschichte aber auch deutlich, daß dieser aus sozialpolitischen und gesundheitlichen Erwägungen[43] für so notwendig erachtete Schutz keineswegs immer absolut gewährt werden sollte.

---

[38]) BG 25. 6. 1969 BGBl 237 idF BGBl 257/1993 über die Nachtarbeit der Frauen.

[39]) BG 30. Mai 1972 BGBl 235.

[40]) BG 20. März 1986 BGBl 209.

[41]) Das Nachtarbeitsverbot ist nicht anzuwenden auf Gesundheitsberufe (Ärztinnen, Hebammen, Krankenpflegefachdienst,...), auf Personen in verantwortlicher Stellung leitender oder technischer Art, es gilt nicht in einer großen Anzahl in § 2 Abs 1 und 2 leg cit taxativ aufgezählter Bereiche (zB Verkehrswesen, Gastgewerbe, Theatervorstellungen, ...) und darüber hinaus in einer Reihe von Fällen, in denen ein billigenswertes Bedürfnis besteht (zB sind bestimmte Arten von Schichtbetrieben, Spätarbeiterinnen, Reisebegleiterinnen, Reinigungs- und Aufsichtspersonal, ... ausgenommen).

[42]) So wurde zB 1842 ein zehnstündiger Maximalarbeitstag für Kinder unter 12 Jahren, ein zwölfstündiger Maximalarbeitstag für Jugendliche unter 16 und 1885 ein elfstündiger Maximalarbeitstag in fabriksmäßigen Betrieben eingeführt.

[43]) ZB 917 BlgAH 9. Sess, 4; 703 BlgAH 20.Sess, 6.

Zu viele Interessen sprachen dagegen. Zwar sollten Frauen als Mütter und Gebärerinnen einen besonderen, über das übliche Maß hinausgehenden Schutz erhalten, va die Wirtschaft[44] war aber stets darauf bedacht, durch den Ausfall der Arbeitskraft von Frauen keinesfalls eine Minderung ihrer Wettbewerbsfähigkeit zu riskieren, sei es national oder international[45], und konnte sich mit ihren Wünschen bei der Normierung des Nachtarbeitsverbotes auch stets durchsetzen[46]. Vom hochgepriesenen Frauenschutz blieb in Form des Nachtarbeitsverbots über weite Strecken nicht viel mehr übrig als eine leere Hülle.

III. Die wichtigsten aktuellen Diskussionsschwerpunkte der Frauenforschung zum Nachtarbeitsverbot

A. Auswirkungen geschlechtsspezifischer Schutzgesetze auf die Situation der „Geschützten" am Arbeitsmarkt

Ein Schwerpunkt für die Frauenforschung war die Analyse der Auswirkungen eines geschlechtsspezifischen Schutzgesetzes auf die Lebensrealität der Geschützten. Schon ohne Schutzgesetze sind Frauen am Arbeitsmarkt allgemein benachteiligt (erschwerter Zugang, auffällig schlechtere Entlohnung[47]). Innerhalb des Arbeitsmarktes ist noch einmal der Zugang zu qualifizierten und qualifikationserhaltenden Tätigkeiten erschwert.[48] Frauen werden auf das sog sekundäre Arbeitsmarktsegment verwiesen, das aus formal unqualifizierten Arbeitskräften besteht, die leicht ersetzbar sind und deren Anwerbung keine hohen Kosten verursacht. Erklärbar ist das durch die korrespondierende geschlechtsspezifische Arbeitsteilung außerhalb des Erwerbslebens, die es möglich macht, Frauen immer wieder auf die Alternativrolle der Hausfrau und Mutter zu verweisen. Damit kann ihr unsicherer Arbeitsmarktstatus

[44]) So befaßte sich der sozialpolitische Ausschuß des Abgeordnetenhauses im März 1910 im Rahmen der Debatte über die Regierungsvorlage zum G 21.2.1911 RGBl 65 mit der immer wieder geltend gemachten möglichen Gefährdung der Interessen der Industrie (875 BlgAH 20.Sess).

[45]) Der Abschluß internationaler Übereinkommen über die Nachtarbeit konnte diese Befürchtungen nur teilweise zerstreuen.

[46]) Vgl zB 283 BlgNR 13.GP, 4.

[47]) Das mittlere Nettomonatseinkommen unselbständig beschäftigter Frauen belief sich im Jahr 1993 auf S 11.500,--, das der Männer auf S 16.000,--. Zu diesen Daten siehe *Wolf*, Nettoverdienste der Arbeitnehmerinnen aus dem Mikrozensus, in *Bundesministerin für Frauenangelegenheiten - Bundeskanzleramt* (Hg), Bericht über die Situation der Frauen in Österreich. Frauenbericht 1995 (1995) 354 (354f).

[48]) In diesem Sinn auch *Teubner*, Zugang zur Berufsarbeit - Frauenfrage - Männerfrage? in *Däubler-Gmelin/Pfarr/Weg* (Hg), Mehr als nur gleicher Lohn (1985) 114.

konstituiert und gerechtfertigt werden.[49] Die Entscheidung von Unternehmern, vorrangig Männer einzustellen, ist nicht nur gesellschafts- und betriebspolitisch motiviert, sondern liegt auch in einer spezifischen Einschätzung des weiblichen Arbeitsvermögens. Erwerbstätigkeit von Frauen wird schon wegen der Möglichkeit einer Mutterschaft als betriebswirtschaftlich ungünstig eingeschätzt.[50]

Die Frauenforschung hat aufgezeigt, daß Schutzvorschriften die Gefahr in sich bergen, daß sie Frauen am Erwerbsarbeitsmarkt einen Sonderstatus zuweisen und damit eine Chancengleichheit beim Zugang zum Arbeitsmarkt in noch weitere Ferne rücken lassen.[51] Sie bewirken in Wahrheit keinen Schutz, sondern verstärken die Benachteiligung der „Geschützten". Das Beispiel Nachtarbeit verdeutlicht dies eindrucksvoll. Arbeitsplätze, die zwingend oder auch nur sinnvollerweise mit Nachtarbeit verbunden sind, sind für Frauen unerreichbar, ihre Verdienstmöglichkeiten werden dadurch empfindlich eingeschränkt, Zugangs- und Aufstiegschancen minimiert. Verboten ist Nachtarbeit auf den "traditionellen Männerarbeitsplätzen"[52], typische "Frauenarbeitsplätze" (wie die Pflegeberufe oder das Gastgewerbe) sind davon ausgenommen. Ein Vordringen in "Männerarbeitsbereiche" wird somit nahezu unmöglich, da dem Arbeitgeber, auch wenn er gewillt wäre, entgegen der bisherigen Einstellungstradition Frauen zu beschäftigen, die Hände gebunden sind, was wiederum ein Grund für die hohe Frauenarbeitslosigkeit und ihre Verdrängung in sog atypische Arbeitsverhältnisse wie Heimarbeit, Teilzeitarbeit oder Zeitarbeit ist. Das FrNArbG verkörpert ein Instrument, den zweigeteilten Arbeitsmarkt und die traditionelle Rollenverteilung zu verfestigen.

B. Beurteilung des Frauennachtarbeitsverbots unter Zugrundelegung neuerster arbeitsmedizinischer Ergebnisse

Ergänzend dazu hat die Frauenforschung in ihrer interdisziplinären Arbeitsweise auch Erkenntnisse der modernen Arbeitsmedizin in ihr Untersuchungsfeld einbezogen. Den jahrzehntelang von der traditionellen Wissenschaft und

---

[49]) *Pfarr*, in *Friedrich-Ebert-Stiftung* (Hg), Nachtarbeit 20; *Teubner*, in *Däubler-Gmelin/Pfarr/Weg* (Hg), Lohn 114.

[50]) *Pfarr*, Antidiskriminierungspolitik und Flexibilisierung des Arbeitsmarktes, in *Büchtemann/Neumann* (Hg), Mehr Arbeit durch weniger Recht? (1990) 193.

[51]) Jüngst dazu *Wecker*, Weiber sollen unter keinen Umständen in der Nachtarbeit eingesetzt werden, in *Eifert/Epple/Kessel/Michaelis/Nowak/Schicke/Weltecke* (Hg), Was sind Frauen? Was sind Männer? Gender Studies (1996) 196 (211).

[52]) *Born*, Frauenarbeitsschutz im gewerblich-technischen Bereich (1981) 29.

dem Gesetzgeber vorgebrachten Argumenten, ein *Frauen*nachtarbeitsverbot sei aus Gründen des Gesundheitsschutzes unumgänglich notwendig, wurde das arbeitsmedizinische Ergebnis einer *allgemeinen* Schädlichkeit[53] von Nachtarbeit (ohne Unterschied des Geschlechts) gegenübergestellt.[54] Grundsätzlich kann nämlich davon ausgegangen werden, daß die Circardianperiodik[55] keine wesentlichen geschlechtsspezifischen Unterschiede aufweist.[56] Sie reagiert bei Männern und Frauen in gleicher Weise auf "Zeitverschiebungen" von Arbeit und Schlaf.[57] Obwohl bisher kein monokausaler Zusammenhang zwischen Nachtarbeit und bestimmten Erkrankungen nachgewiesen werden konnte, steht fest, daß Nachtarbeit das Risiko für bestimmte Erkrankungen erhöht. Außer im Fall der Schwangerschaft liegt aber keine besondere Gefährdung des weiblichen Geschlechtes aufgrund biologischer Differenzen vor.[58] Selbst Studien, die einen wesentlich größeren Anteil an irregulären Menstruationszyklen bei Nachtarbeiterinnen im Vergleich zu Tagarbeiterinnen belegten,[59] erwiesen sich als wenig aussagekräftig, da eine entsprechende Untersuchung bei männlichen Nachtarbeitern gezeigt hat, daß auch deren Hormonhaushalt durch Nachtarbeit die normale Feinabstimmung verliert.[60]

Eine gesundheitsschädlichere Auswirkung von Nachtarbeit auf Frauen ist allenfalls darin begründet, daß Frauen häufiger einer Dreifachbelastung

---

[53]) Dies betrifft gesundheitliche Folgen ebenso wie Auswirkungen auf das soziale und kulturelle Leben, das für Nachtarbeiter aufgrund ihres Lebensrhythmus praktisch nicht existent ist.

[54]) *Elsner*, Risiko Nachtarbeit (1992) 58; *Rutenfranz/Knauth*, Rhythmusphysiologie und Schichtarbeit, in *Institut für Gesellschaftspolitik* (Hg), Schicht- und Nachtarbeit (1976) 7 (24); *Eichinger*, Arbeitsrecht 154; *Lang*, Medizinische und soziale Berechtigung des Nachtarbeitsverbotes für Frauen (Diplomarbeit 1982) 91; *Engelen-Kefer*, Die Gesundheit droht auf der Strecke zu bleiben, Soziale Sicherheit 1991, 333; für den sozialen Bereich vgl *Elsner*, Risiko 84ff.

[55]) Fast alle Funktionen des menschlichen Körpers, so zB die Körpertemperatur, die Funktionen des Herz-Kreislaufsystems, die Magensaftsekretion oder auch die Nieren- und Leberfunktionen weisen eine Tagesperiodik auf, dh sie ändern sich in regelmäßiger Weise in Abhängigkeit von der Tageszeit. Die Abläufe der Körperfunktionen sind so geordnet, daß während des Tages alle Organfunktionen auf "äußere Leistung", bei Nacht auf "Erholung" geschaltet sind. Am wenigsten leistungsbereit ist der Körper in der Zeit zwischen 2 - 5 Uhr nachts, sowohl was physische als auch was geistige Leistungen betrifft. Die Problematik von Nachtarbeit liegt darin, daß ein nachtarbeitender Mensch gezwungen ist, seine Arbeit zu einer Tageszeit zu verrichten, in der sein Organismus nicht auf Leistung, sondern auf Restitution der Kräfte programmiert ist.

[56]) *Rutenfranz/Beermann/Löwenthal*, Nachtarbeit 30ff.

[57]) *Rutenfranz/Beermann/Löwenthal*, Nachtarbeit 56.

[58]) *Rutenfranz/Beermann/Löwenthal*, Nachtarbeit 30ff; *Schiek*, Nachtarbeit begrenzen und humanisieren. Eckpunkte für ein Nachtarbeitsschutzgesetz, Soziale Sicherheit 1992, 152 (153).

[59]) *Duncan-Mayerhofer*, Arbeitsmedizinische Aspekte der Nachtarbeit, WISO DOKUMENTE 1993, 49.

[60]) Untersuchung von Krankenhauspersonal 1985 von *Minors* und *Waterhouse* beschrieben bei *Rutenfranz/Beermann/Löwenthal*, Nachtarbeit 36.

durch Erwerbsarbeit, Haushalt und Familie und Nachtarbeit unterliegen als Männer.

Auf Grund dieses erweiterten Forschungshorizonts in der Frauenforschung konnte in der Diskussion über eine Neuregelung der Nachtarbeitsmaterie eine zukunftsweisende Richtung eingeschlagen werden.

C. Judikaturkritik

Den letztlich entscheidenden juristischen Beitrag zur Neubeurteilung des Nachtarbeitsverbotes hat die Frauenforschung im Rahmen ihrer Judikaturkritik[61] geleistet.

1. Die Erkenntnisse des VfGH zum Nachtarbeitsverbot

Der VfGH hat in zwei Erkenntnissen aus den Jahren 1988[62] und 1992[63] die Vereinbarkeit des Nachtarbeitsverbots für Frauen mit dem Gleichheitsgrundsatz festgestellt. Die Bindung des Gesetzgebers an den Gleichheitsgrundsatz bedeutet für Regelungen, die nach dem Geschlecht differenzieren, daß nur jene Differenzierungen vor Art 7 B-VG[64] Bestand haben können, die sachlich gerechtfertigt sind. Der VfGH hat sich in seinen Erkenntnissen zum Nachtarbeitsverbot allerdings nicht vorrangig mit der Frage der sachlichen Rechtfertigung auseinandergesetzt, sondern sich der Problematik entzogen, indem er die Frage auf die Ebene völkerrechtlicher Verpflichtungen verlagerte und auf die Bindung Österreichs durch internationale Übereinkommen verwies[65]. Das erstaunt, wenn man bedenkt, daß sich international bereits zu diesem Zeitpunkt[66] eine Tendenz zur geschlechtsneutralen Regelung ab-

---

[61]) Eingehend dazu s *Siegmund-Ulrich*, Zur Ambivalenz des gleichen Rechts, ÖZP 1994, 151 (151ff); *dies*, Feminismus und Recht in Österreich, in *Dohnal* (Hg), Test the West. Geschlechterdemokratie und Gewalt (1993) 57 (57ff) und *Hornyik*, Sind Männer gleicher? Die Judikatur des Verfassungsgerichtshofes zur Gleichheit von Mann und Frau als Spiegel gesellschaftlicher Wertmaßstäbe und ihrer Veränderungen (1919 - 1993), in *Mesner/Steger-Mauerhofer* (Hg), Der Tod der Olympe de Gouges. 200 Jahre Kampf um Gleichberechtigung und Grundrechte. Symposium 2. - 4. November 1993 (1994) 67 (67ff).

[62]) VfGH 30. 6. 1988, B 806/87 = VfSlg 11774/1988 = ARD 4056/3/89 = INFAS 1989/6a, A 95.

[63]) VfGH 12.3.1992, G 220-222/91 = VfSlg 13038/1992 = ARD 4351/7/92 = INFAS 1992/3, A64.

[64]) Alle Bundesbürger sind vor dem Gesetz gleich. Vorrechte der Geburt, des Geschlechts, des Standes, der Klasse und des Bekenntnisses sind ausgeschlossen. (Art 7 Abs 1 Satz 1 SB-VG).

[65]) Insbesondere zu nennen ist das ILO-Übereinkommen Nr 89 über die Nachtarbeit der Frauen im Gewerbe BGBl 1950/229.

[66]) Das ist auch bedingt durch die Entscheidung des EuGH in der Rs „*Stoeckel*“ vom 25.7.1991 - Rs C-345/89. Nachzulesen in der Übersetzung des EuGH in EuGRZ 1991, 422 (422ff); zum Urteil

zeichnete. Nur in seinen Schutzerwägungen ging er auf die sachliche Rechtfertigung dieses geschlechtsspezifischen Verbotsgesetzes ein, dies aber in bemerkenswert selektiver Weise.

Weder die gesundheitlichen Auswirkungen von Nachtarbeit noch das Schutzmotiv sozialer Natur, das in der zum Zeitpunkt der Entscheidung europaweit geführten Diskussion unter anderem einen Schwerpunkt bildete[67], wurden ins Treffen geführt. In Übereinstimmung mit den Ergebnissen der modernen Arbeitsmedizin schloß der Gerichtshof gesundheitsschädliche Auswirkungen der Nachtarbeit zwar nicht grundsätzlich aus, sah aber eine stärkere Beeinträchtigung von Frauen (ausgenommen während der Zeit der Schwangerschaft) als nicht eindeutig erwiesen an.

Als ausschlaggebendes Argument für die Verfassungskonformität warf er die Doppelbelastung der Frau durch berufliche und familiäre Verpflichtungen in die Waagschale. Da Frauen in der Regel neben der Erwerbsarbeit auch noch den Haushalt und die Familie zu versorgen hätten, sei auf Grund ihrer stärkeren Belastung das Nachtarbeitsverbot für Frauen nach wie vor sachlich gerechtfertigt. Jenen, die dieses Schutzes aufgrund ihrer günstigeren Lage nicht (mehr) bedürfen, sei es zumutbar, „in Solidarität mit den Schutzbedürftigen" auf Nachtarbeit zu verzichten.

Gerade daran entzündete sich heftige Kritik. Abgesehen vom Widerspruch zum Argumentationsrepertoire in seinem Erkenntnis zum Pensionsalter, ist nicht einsichtig, warum der Gerichtshof bei der Doppelbelastung generell an das Geschlecht anknüpfte. Sachgerechter wäre eine Differenzierung nach der tatsächlichen Belastung, sodaß alleinstehende Frauen, die allenfalls für sich selbst zu sorgen haben, ebenso selbstverständlich vom Nachtarbeitsverbot nicht erfaßt würden wie zB Männern, die für Kinder zu sorgen haben oder den Haushalt in einer Partnerschaft führen, Nachtarbeit verboten wäre. Warum sollte in Partnerschaften, in denen Mann und Frau als Berufstätige die

---

vgl *Weinmeier*, Gesetzliches Verbot der Nachtarbeit der Frauen und Gleichbehandlung, DRdA 1992, 168; *Csillag/Eichinger*, Frauennachtarbeitsverbot und Gleichbehandlung im EG-Raum: Anmerkungen zum Urteil des EuGH vom 25. 7. 1991, "Rs *Stoeckel*", ZAS 1992, 17; *Falkner/Huber*, Rechtsprechung des EuGH, ecolex 1992, 289; *Urlesberger*, Neues vom Europäischen Gemeinschaftsrecht, WBl 1991, 321; *Kirschbaum*, Nachtarbeitsverbot (nur) für Frauen EG-rechtwidrig, SWI 1991, 371; *Waldherr*, Das EuGH-Erkenntnis zum Nachtarbeitsverbot von Frauen, in *Bundesministerium für Arbeit und Soziales* (Hg), Nachtarbeit. Beiträge zum Arbeitsrecht 1 (1992) 73; *Bei*, Das Frauennachtarbeitsverbot als Grundsatz einzelstaatlicher Schutzgesetzgebung im Verhältnis zum Gleichbehandlungsgrundsatz gemäß Art 5 der Richtlinie 76/207/EWG, in *Bundesministerium für Arbeit und Soziales* (Hg), Nachtarbeit. Beiträge zum Arbeitsrecht 1 (1992) 81.

[67]) Frauen aus dem Grund, daß für sie in der Nacht eine potentiell größere Gefahr bestehe, Agressions- oder Sexualdelikten zum Opfer zu fallen, die Nachtarbeit zu verbieten, würde wohl auch jedenfalls die Grenzen des Verhältnismäßigkeitsgrundsatzes sprengen, folglich eine exzessive Regelung darstellen.

Aufgaben der Haushaltsführung aufteilen, der Frau Nachtarbeit verboten sein, dem Mann aber nicht? Anknüpfungspunkt dürfte nicht das Geschlecht, sondern müßte das Kriterium der Doppelbelastung an sich sein - unabhängig davon, ob es bei Mann oder Frau gegeben ist.

2. Die Geschlechtergleichheit in anderen VfGH-Judikaten

Die sachliche Rechtfertigung des Frauennachtarbeitsverbotes im Hinblick auf Art 7 B-VG erscheint umso mehr fragwürdig, als ein Vergleich mit anderen Judikaten des VfGH zum Gleichheitssatz diese Entscheidung zusätzlich in Frage stellt. So sind die Erkenntnisse zum Pensionsalter und zur Witwerpension im Gegensatz zu den Nachtarbeitsverbotserkenntnissen von der Einstellung geprägt, daß die typischerweise für Frauen bestehende Doppelbelastung allmählich einer Angleichung der Lebensrealität von Mann und Frau weicht. Das Aufzeigen dieses wesentlichen Bruchs in der Judikaturlinie des VfGH ist ein Verdienst der feministischen Rechtskritik.

a) Witwerpensionserkenntnis[68]

Im Erkenntnis zur Witwen- bzw Witwerpension sah es der VfGH als gleichheitswidrig an, daß Männer nur in bestimmten Fällen Anspruch auf Witwerpension hatten, während Frauen generell eine Witwenpension zustand. Es wurde hier also eine Regelung aufgehoben, die Männer benachteiligte.

In den Entscheidungsgründen nahm der VfGH ausdrücklich zur Stellung der Frau in Familie und Erwerbsleben und auf ihr geändertes Rollenbild Bezug: "Die Zahl der erwerbstätigen Frauen ist bereits jetzt beträchtlich (...) und die im Familienrecht vollzogene Abkehr vom Modell der Hausfrauenehe begünstigt die Entscheidung für die Berufstätigkeit der Ehefrau. Wohl schlägt diese Entwicklung sich in der Hinterbliebenenversorgung erst mit erheblicher zeitlicher Verzögerung nieder (derzeit verfügen rund 5% der Be-

[68]) VfGH 26. 6. 1980, G 6, 25, 54/79 = VfSlg 8871/1980. In diesem Erkenntnis ging es um die Voraussetzungen zur Erlangung der Witwen- bzw Witwerpension. Die angefochtenen Bestimmungen des ASVG (§ 259 ASVG, BGBl 189/1955 in der Stammfassung) sahen vor, daß die Witwerpension dem Ehegatten nach dem Tod seiner versicherten Ehegattin gebührte, wenn diese seinen Lebensunterhalt überwiegend bestritten hat und er im letzten Zeitpunkt ihres Todes erwerbsunfähig und bedürftig war, solange die beiden Voraussetzungen zutrafen. Die Witwenpension hingegen gebührte grundsätzlich ohne solche Voraussetzungen. Während also die Witwe die Pension ohne Rücksicht auf die Unterhaltspflicht des versicherten Ehegatten und ihre eigene Erwerbsfähigkeit und Bedürftigkeit gebührte, erhielt sie der Witwer nur, wenn die versicherte Ehefrau seinen Lebensunterhalt überwiegend bestritten hat und er im Zeitpunkt ihres Todes erwerbsunfähig und bedürftig war und selbst dann nur für die Zeit der Erwerbsunfähigkeit und Bedürftigkeit. Der VfGH hob die angefochtenen Bestimmungen als verfassungswidrig auf. Umfassend dargestellt bei *Rebhahn*, Gleichheitssatz und Witwerpension, RdA 1981, 111.

zieher von Witwenpensionen über eigene Erwerbseinkommen und rund 17,5% beziehen neben der Witwenpenison eine eigene Alterspension), doch hat sie bereits ein Ausmaß angenommen, das ein Festhalten am früheren Rollenbild von Mann und Frau in der Ehe als dem allein maßgeblichen im vorliegenden Zusammenhang nicht mehr rechtfertigt."

Bei der Beurteilung der sachlichen Rechtfertigung der differenzierenden Regelung stellte der Gerichtshof nicht auf die Situation zu diesem Zeitpunkt ab, sondern auf eine künftig zu erwartende Entwicklung. Er ging davon aus, daß sich die Erwerbssituation dergestalt verändern würde, daß in Zukunft der Großteil der Frauen, ebenso wie 1980 schon annähernd alle Männer, neben der Witwenpension ein eigenes Einkommen bzw eine eigene Altersversorgung haben würden. Im Hinblick auf diese künftige Entwicklung sah er die Differenzierung zwischen Mann und Frau bezüglich der Zugangsvoraussetzungen zur Witwen- bzw Witwerpension als sachlich nicht gerechtfertigt an.[69] Ergänzend dazu verwies der VfGH auf die Neuordnung des Familienrechts.[70] Das darin grundgelegte Bekenntnis zur gleichberechtigten ehelichen Partnerschaft habe auch im Bereich des Pensionsrechts wirksam zu werden.

Dieser Befund ist bemerkenswert, vergleicht man ihn mit der Aussage des VfGH im Nachtarbeitsverbotserkenntnis, wonach das Nachtarbeitsverbot keine Diskriminierung von Frauen darstelle, weil "das traditionelle Rollenbild der Frau in der Haushaltsführung und Kinderbetreuung nur allmählich einem partnerschaftlichen Verhalten weicht". Schien den Verfassungsrichtern 1980 ein Festhalten am traditionellen Rollenbild von Mann und Frau in der Ehe nicht mehr gerechtfertigt, um eine männerbenachteiligende Regelung aufheben zu können, wurde 1992 ein gänzlich anderer Maßstab für Frauen angelegt. Es wurde als selbstverständlich vorausgesetzt, daß die Hauptlast der Haushaltsführung und Kindererziehung von der Frau zu tragen und daher die "konkrete Gefahr einer Mehrbelastung durch die Nachtarbeit" nur für Frauen gegeben sei. 1992 kommt der partnerschaftlichen Aufgabenverteilung in Familie und Haushalt nicht mehr jener Stellenwert zu, den der

[69]) Fraglich bleibt freilich, ob man wirklich davon ausgehen kann, daß aufgrund der Vermutung, daß für die Zukunft die "Unterschiede im Tatsächlichen", die die Differenzierung ursprünglich rechtfertigten, nicht mehr gegeben sein werden, eine Regelung schon jetzt gleichheitswidrig machen oder ob nicht die Invalidation abzuwarten ist - eine Wertungsfrage, die der VfGH zugunsten der Männer entschieden hat.

[70]) Diese Neuordnung wurde durchgeführt mit dem BG 1. 7. 1975 BGBl 412 über die Neuordnung der persönlichen Rechtswirkungen der Ehe. Gem § 89 nF ABGB sind die gegenseitigen persönlichen Rechte und Pflichten der Ehegatten grundsätzlich gleich. § 94 nF ABGB ordnet an, daß die Ehegatten nach ihren Kräften und gemäß der Gestaltung ihrer ehelichen Lebensgemeinschaft zur Deckung der ihren Lebensverhältnissen angemessenen Bedürfnisse gemeinsam beizutragen haben. Der gegenüber dem Ehemann unbedingte Unterhaltsanspruch der Gattin wurde damit beseitigt.

VfGH seiner Entscheidung aus 1980 zugrundelegte. Das Frauennachtarbeitsverbot blieb bestehen. Nichts könnte den "geradezu aleatorischen Charakter"[71] der Judikatur des VfGH zur Geschlechtergleichheit besser verdeutlichen als dieser Vergleich. Das Festhalten am alten Rollenbild von Mann und Frau in der Ehe erscheint dem VfGH in einem Fall legitim, im anderen Fall, sobald es um eine Benachteiligung des Mannes geht (Witwerpensionserkenntnis), sieht er dieses Festhalten nicht mehr als gerechtfertigt an.

Siegmund-Ulrich meint in diesem Sinn, daß sich der VfGH hier weit über seinen ansonsten geübten political self restraint hinaus gewagt hat, um das formale Gleichheitskonzept zugunsten der betroffenen Männer durchsetzen zu können, obwohl die geänderten gesellschaftlichen Bedingungen noch weit hinter dieser antizipierten Parität zurücklagen und kritisiert "im Kontext der neueren Judikatur zur Geschlechtergleichbehandlung, daß diese im Witwerpensionserkenntnis erkennbare dynamisierende Vertretbarkeits- und Verhältnismäßigkeitskontrolle niemals dort Platz greift, wo Frauen den Abbau von gesetzlichen Benachteiligungen einmahnen, die auf patriarchalen gesellschaftlichen Vorstellungen beruhen"[72]. Die aus der Durchschnittsbetrachtung erfließende Härtefalljudikatur entfalte ihre konservierende Wirkung vor allem zu Lasten der Frauen.

Ein weiterer Grundsatz, den der VfGH in seinem Erkenntnis zur Witwenpension herausgearbeitet hat, wonach nur solche Ungleichbehandlungen (vorübergehend) sachlich gerechtfertigt sein können, die wenigstens in Richtung eines Abbaues der Unterschiede wirken würden, wurde im Zusammenhang mit der Nachtarbeit nicht wieder herangezogen. Die Überlegungen des VfGH betrafen hier nur die Abwägung zwischen Schutz und Gleichbehandlung, der Gleichstellungsaspekt in der Geschlechterfrage wurde hingegen nicht berücksichtigt.[73]

b) Pensionsaltererkenntnis[74]

In diesem Erkenntnis prüfte der VfGH eingehend die sachliche Rechtfertigung des unterschiedlichen Pensionsanfallsalters bei Frauen und Männern. Er entschied, daß die diesbezüglichen gesetzlichen Bestimmungen gleich-

---

[71]) *Siegmund-Ulrich*, ÖZP 1994, 152.

[72]) *Siegmund-Ulrich*, ÖZP 1994, 152f.

[73]) *Raasch*, Gleichstellung der Geschlechter oder Nachtarbeitsverbot für Frauen? KJ 1992, 427 (434).

[74]) VfGH 6. 12. 1990, G 223/88, G 235/88, G 33/90, G 63/90, G 144/90 = VfSlg 12568/1990. Zusammenfassend zum Erkenntnis vgl *Eichinger*, Das "Pensionsalterserkenntnis" des VfGH - Auswirkungen für die Praxis? RdW 1991, 82 mwN; *Rebhahn*, Pensionsalter zwischen Gleichheitssatz und Emanzipation, DRdA 1991, 337 mit einer weitgehend positiven Stellungnahme zum Erkenntnis.

heitswidrig waren, da das unterschiedliche Pensionsanfallsalter "jenen Frauen zugutekommt, deren Rollenbild sich von jenem der Männer nicht unterscheidet, während jene Frauen, die durch Haushaltsführung und Obsorge für Angehörige besonders belastet sind, von solchen Regelungen in wesentlich geringerem Maß Gebrauch machen können". In seinen Entscheidungsgründen ging der VfGH davon aus, daß sich die Position der Frauen verändert hat, daß es aber nach wie vor Benachteiligungen wie Doppelbelastung oder Ausbildungsdefizite durch früher abgebrochene Ausbildungswege gibt. Obwohl er auch die Belastung der Frauen durch Verantwortung für Pflege und Erziehung der Kinder anerkannte, kam er zu dem Ergebnis, daß das bloße Anknüpfen einer Begünstigung an das Geschlecht, die als Ausgleich für Benachteiligungen gedacht war, nicht für ihre sachliche Rechtfertigung ausreicht. "Das unterschiedliche Maß der Belastung von Frauen und die tatsächliche körperliche Beanspruchung findet in derart undifferenzierten Regelungen keinen Niederschlag. Solche Regelungen sind daher ungeeignet, den aufgezeigten faktischen Besonderheiten Rechnung zu tragen. Der Gesetzgeber kann allerdings, ohne gegen den Gleichheitssatz zu verstoßen, von einer Durchschnittsbetrachtung ausgehend Nachteile, die Gruppen von Personen im Arbeitsleben etwa durch erhöhte physische oder psychische Belastung typischerweise erleiden, durch eine entsprechende Gestaltung des Leistungsrechts und dabei etwa auch durch Festlegung eines niedrigeren Pensionsanfallsalters abgelten. Den angefochtenen - bloß nach dem Geschlecht - differenzierenden Regelungen fehlt jedoch die sachliche Rechtfertigung."

Schließlich meinte der VfGH, daß das bloße Anknüpfen an das Geschlecht unter Umständen dazu führe, daß gerade die Frauen begünstigt werden, die den erwähnten spezifischen Nachteilen gar nicht oder wesentlich weniger ausgesetzt waren als Frauen, die infolge Haushaltsführung und Obsorge für Kinder ihre Berufslaufbahn unterbrechen mußten. Deren tatsächliches Pensionsanfallsalter kommt daher in Wahrheit jenem der Männer in der Regel gleich.

Dem unterschiedlichen Pensionsanfallsalter wurde somit zwar ein kompensatorischer Charakter insbesondere für die Benachteiligungen von Frauen, die dem herkömmlichen Rollenbild entsprechen, zuerkannt, aber die Eignung, diese kompensatorische Funktion tatsächlich zu erfüllen, abgesprochen.[75]

Während im Nachtarbeitsverbotserkenntnis davon ausgegangen wurde, daß die klassische Rollenverteilung zwischen Mann und Frau noch immer vorherrscht, argumentierte der Gerichtshof hier - so *Siegmund-Ulrich*[76] - ge-

---

[75]) Vgl dazu *Hornyik,* in *Mesner/Steger-Mauerhofer* (Hg), Olympe de Gouges 74.

[76]) *Siegmund-Ulrich,* Feminismus und Recht in Österreich, in *Dohnal* (Hg), Test the West. Ge-

nau umgekehrt, um die angefochtenen Bestimmungen des Pensionsrechts zu Fall zu bringen.

Auch *Haller* sieht den Widerspruch zwischen Nachtarbeitsverbots- und Pensionsaltererkenntnis. Einmal argumentiere der VfGH mit dem Faktum der traditionellen Rollenverteilung (Nachtarbeitsverbot), dann wieder stelle er auf jene Frauen ab, deren Rollenbild sich nicht von dem der Männer unterscheide. Mit dem traditionellen Argument der Schutzbedürftigkeit von Frauen im Erkenntnis zum Nachtarbeitsverbot ignoriere der VfGH außerdem völlig, daß seit bald 20 Jahren das Prinzip der partnerschaftlichen Ehe im Eherecht festgeschrieben sei. Und wenn er im Pensionsaltererkenntnis davon ausgehe, daß berufstätige Frauen ohne Mann und Kinder im Berufsleben Männern gleichgestellt seien, dann ignoriere er die schlechteren Ausbildungsmöglichkeiten, die schlechteren Arbeitsbedingungen und die höhere Arbeitslosigkeit von Frauen.[77,78]

Ob allerdings in diesem Fall zutreffend von einer Umkehrung der Argumentation gesprochen werden kann, ist bei differenzierter Betrachtung fraglich. Meiner Meinung nach gestand der Gerichtshof zu, daß es Frauen gibt, die der Doppelbelastung ausgesetzt sind, wie im Nachtarbeitsverbot, stellte aber in der Folge seine Begründung darauf ab, daß ein niedrigeres Pensionsalter kein brauchbarer Ausgleich für die dadurch erlittenen Nachteile sei, sondern daß jene Frauen profitieren würden, die dem männlichen Rollenbild entsprächen. Er wählte also einen anderen Ansatzpunkt für seine Überlegungen, indem er sich auf die Überprüfung der Frage konzentrierte, ob ein niedrigeres Pensionsanfallsalter ein geeignetes Mittel zum Nachteilsausgleich sei. Der Bruch in der Argumentationslinie des VfGH liegt demnach darin, daß im Erkenntnis zum Nachtarbeitsverbot darauf verzichtet wurde, zu überprüfen, ob das gesetzgeberische Ziel der Vermeidung einer Doppelbelastung nicht auf andere Weise sachgerechter hätte erreicht werden können.

---

schlechterdemokratie und Gewalt (1993) 57 (59).

[77]) *Haller*, Zwischen Paternalismus und "Gleichmacherei"- Frauennachtarbeit im europäischen Vergleich, ÖZP 1993, 277 (286).

[78]) Auch hier wieder dieselbe Vorgangsweise wie beim Witwerpensionserkenntnis: Der VfGH geht von einer faktischen Chancengleichheit aus, die am Arbeitsmarkt noch gar nicht vorherrscht, und knüpft daran die Forderung nach formaler Gleichheit. Vergleiche dazu *Sturn*, Versorgung. Effizienz und Gleichheitsgrundsatz: Zum Erkenntnis des Verfassungsgerichtshofs vom 6. 12. 1989, JBl 1991, 538 (540), der von einer immer noch existierenden, hinreichenden strukturellen und materialen Ungleichheit zwischen den Geschlechtern am Arbeitsmarkt ausgeht, die seiner Meinung nach eine Ungleichheit hinsichtlich der Pensionsregelungen sachlich rechtfertige.

c) Ergebnis

Festzuhalten bleibt, daß mit diesen Erkenntnissen innerhalb von 2 Jahrzehnten eine völlig unterschiedliche Gewichtung bei der Beantwortung ein und derselben Frage, nämlich der Frage nach der Veränderung der Stellung der Frau in der Gesellschaft, erfolgte. Beim Erkenntnis zum Nachtarbeitsverbot wurde jenen Frauen, die aufgrund ihres traditionellen Rollenverhaltens eine schwächere Position haben, das Übergewicht zuerkannt. "Sie waren ausschlaggebend für die sachliche Rechtfertigung einer Regelung, die Frauen immerhin von Teilen des ohnehin verstärkt belasteten Arbeitsmarktes ausschließt". Im Bereich des Pensionsalters hingegen wurde "den Frauen mit nicht traditionellem Rollenverhalten das Übergewicht zuerkannt, die Benachteiligung der Frauen mit traditionellem Rollenverhalten konnte diese für Frauen und Männer unterschiedliche Regelung nicht mehr rechtfertigen."[79] Ermöglicht wurde dieser Schwenk durch Preisgabe des ansonsten vom VfGH so streng beachteten "judical self restraint". Daß der Gesetzgeber[80] von einer annähernden tatsächlichen Gleichstellung der Geschlechter erst im Jahre 2018 ausging, ab diesem Zeitpunkt sah er die stufenweise Anpassung des Pensionsanfallsalters für Frauen bis zum Jahr 2033 vor, und daß dieser lange Übergangszeitraum mit einer Verfassungsbestimmung abgesichert wurde, "zeigt, wie weit sich hier der VfGH über den gesellschaftlichen Entwicklungsstand hinausgewagt hat, um die formale Gleichheitskonzeption im Pensionsanfallsalter durchzusetzen."[81]

Daß auch ein anderer Weg eingeschlagen hätte werden können, zeigt das deutsche Bundesverfassungsgericht in seinem Urteil vom 28.1.1987. Mit der Begründung, daß eine unterschiedliche Regelung des Pensionsalters bei Frauen und Männern dem Ausgleich bestehender Benachteiligungen diene, gelangte der Gerichtshof zum Ergebnis, daß die unterschiedliche Regelung des Pensionsalters von Männern und Frauen nicht den Gleichheitssatz verletze.[82] Das unterschiedliche Pensionsalter wurde als ein geeignetes Mittel zum Nachteilsausgleich erkannt.

---

[79]) *Hornyik*, in *Mesner/Steger-Mauerhofer* (Hg), Olympe de Gouges 75.

[80]) Der einfache Gesetzgeber war nach Aufhebung der angefochtenen Regelungen angehalten, neue, gleichheitsgemäße Regelungen zu schaffen.

[81]) *Siegmund-Ulrich*, ÖZP 1994, 153.

[82]) Inzwischen hat auch die deutsche Gesetzgebung gleiche Rentenklauseln vorgenommen: Rentenreformgesetz 1992 v 18. 12. 1989 BGBl I 2261.

IV. Resümee

Geschlechtsspezifische Schutzgesetze bedürfen - wie das Beispiel Nachtarbeit zeigt - jedenfalls einer kritischen Überprüfung. Die Frauenforschung hat im Ergebnis nachgewiesen, daß ein Aufrechterhalten dieses traditionellen Schutzgesetzes für Frauen keinesfalls gerechtfertigt werden kann, weil es zu grotesken - frauendiskriminierenden - Resultaten führt. Ein Blick auf die Geschichte des Verbotsgesetzes hat gezeigt, daß die ursprüngliche Schutzintention nur allzu schnell wirtschaftlichen Interessen unterlag. Auch wenn der Geltungsbereich des Nachtarbeitsverbotes allmählich erweitert wurde, sorgte der Gesetzgeber durch großzügige Ausnahmeregelungen gleichzeitig dafür, daß wirtschaftlich erwünschte, weil billige, Frauennachtarbeit stets möglich blieb. Ein geschlechtsspezifisches Nachtarbeitsverbot ist weder aus medizinischen Gründen geboten, noch im Sinn der Gleichheitsjudikatur sachlich gerechtfertigt. Es bewirkt keinen Schutz, sondern beschränkt den Zugang zum Arbeitsmarkt sowie die Aufstiegschancen von erwerbstätigen Frauen. Arbeit, die zumindest auch teilweise nachts geleistet werden muß, kann nicht angenommen werden; Nachtarbeitszuschläge können nicht verdient werden; die Arbeitszeit ist nicht frei disponierbar.

Fest steht, daß es Nachtarbeit in bestimmten Bereichen immer geben wird, vor allem dort, wo aus technischen Gründen ein kontinuierlicher Betrieb unumgänglich notwendig, Nachtarbeit von der Gesellschaft akzeptiert wird (Freizeitaktivitäten) und zur Aufrechterhaltung des Versorgungssystems (Medizin, Energie, uä) erforderlich ist. Jedoch müssen für diese notwendige Nachtarbeit entsprechende Rahmenbedingungen geschaffen werden, die die schädlichen Folgen der Nachtarbeit möglichst gering halten. Der Frauenforschung ist es gelungen, den Weg für eine Neuregelung zu weisen und diskriminierungsfreie Reformvorschläge anzuregen, die die gesundheitlichen Aspekte arbeitender Menschen ohne Unterschied des Geschlechts in den Mittelpunkt stellen. Eine Neuregelung der Nachtarbeit kann daher nur in geschlechtsneutraler Form erfolgen, sei es als allgemeines Nachtarbeitsverbot oder durch die Einführung von Schutzbestimmungen, die die für beide Geschlechter grundsätzlich erlaubte Nachtarbeit reglementieren.[83]

[83]) Ein erster Schritt in diese Richtung wurde mit dem Bäckereiarbeiter/innengesetz 1996 BGBl 410 gesetzt, wonach Arbeitnehmerinnen mit einer abgeschlossenen Lehre im Lehrberuf Bäcker den männlichen Arbeitnehmern in bezug auf Nachtarbeit gleichgestellt sind. Dadurch ist es Frauen, für die bis dahin ein absolutes Nachtarbeitsverbot galt (BG 31.3.1955 BGBl 69 über die Regelung der Arbeit in Betrieben, in denen Backwaren erzeugt werden) möglich, ihren erlernten Lehrberuf "Bäcker" ungehindert auszuüben und auch in den Genuß des Nachtarbeitszuschlages zu kommen.

Dieses Ergebnis entspricht auch der seit 1.1.1995 neuen Rechtslage. Läßt man die Verpflichtungen durch das Inkrafttreten des EWRA am 1.1.1994 außer Betracht, entstand spätestens zum Zeitpunkt des österreichischen EU-Beitritts ein Anpassungsbedarf im Bereich der Nachtarbeit. Mit der EU-Mitgliedschaft wurde das gesamte EU-Recht, sowohl Primär- als auch Sekundärrecht auf dem Stand der Auslegung durch den EuGH verbindlich. Dieser hatte sich bereits im Jahr 1991 in einem Vorabentscheidungsverfahren (Rs Stoeckel - Rs C-345/89) mit der Problematik des *Frauen*nachtarbeitsverbotes auseinandergesetzt und ein derartiges geschlechtsspezifisches Schutzgesetz als mit dem Gleichbehandlungsgebot der RL 76/207/EWG für unvereinbar erklärt. Damit ist das österreichische Frauennachtarbeitsverbot zwingend aufzuheben. Für diesen Schritt hat sich Österreich im Zuge der Beitrittsverhandlungen eine Übergangsfrist bis zum Jahr 2001 ausbedungen. Ein Zeitpunkt, der nicht ohne Bedacht gewählt wurde, denn auf völkerrechtlicher Ebene ist Österreich durch das internationale Übereinkommen Nr. 89 über die Nachtarbeit der Frauen im Gewerbe verpflichtet, ein Nachtarbeitsverbot für Frauen zu normieren.[84] Die Möglichkeit, diesen völkerrechtlichen Vertrag zu kündigen, besteht frühestens im Jahr 2001. Spätestens dann wird jedoch eine neue Regelung zu treffen sein, die sowohl aus frauenpolitischer Sicht als auch aus den genannten rechtlichen Gründen nur in geschlechtsneutraler Form erfolgen kann.[85] Zu beachten sind dabei jedenfalls die Vorschriften der RL 93/104/EG über bestimmte Aspekte der Arbeitszeitgestaltung.

Es hat bereits mehrere Versuche gegeben, eine Neuregelung zu entwerfen. Den Anfang machten die ÖGB-Frauen im Jahr 1995, indem sie der Bundesregierung und den Sozialpartnern Rahmenbedingungen für ein neues Nachtarbeitsgesetz vorlegten. Ziel dieses Konzeptes war es, eine EU-konforme geschlechtsneutrale Regelung zu schaffen. Nachtarbeit sollte nur dort geleistet werden, wo dies unumgänglich ist, und nachteilige Folgen sollten möglichst hintangehalten bzw ausgeglichen werden. Dieser Vorschlag für ein künftiges Nachtarbeitsgesetz ging auch dem Sozialministerium zu, das in der Folge einen Vorentwurf und anschließend einen offiziellen Entwurf für ein Nachtarbeitsgesetz erarbeitete. Im Sommer 1996 gab der Vorentwurf den Anstoß zu den ersten Verhandlungen auf der Ebene der Sozialpartner, die erst im Oktober 1996 in einer Einigung über die Aufhebung des Nachtar-

---

[84]) Zum Verhältnis des ILO-Übereinkommens zur Verpflichtung durch den EU-Beitritt s *Ziegler*, Frauennachtarbeitsverbot 167ff.

[85]) Bereits bis Ende des Jahres 1997 wird der EU-Rat anhand eines Kommissionsberichtes über die Entwicklung der sozialen und rechtlichen Lage die Fortschritte des innerstaatlichen Gesetzgebungsverfahrens überprüfen.

beitsverbotes mündeten. Ausschlaggebend dafür war der nach langen Verhandlungen gefundene Kompromiß für die Gewährung eines Zeitguthabens in Höhe von 6 Minuten pro Nachtarbeitsstunde. Auf dieser Grundlage entstand schließlich ein Ministerialentwurf, und die Neuregelung der Nachtarbeit schien unmittelbar bevorzustehen. Bereits einen Monat später nahmen jedoch die Wirtschaftskammer Österreich und die Industriellenvereinigung ihre Zustimmung vom Oktober wieder zurück und es kam zu einem erneuten Stocken der Verhandlungen. Da die Gegensätze zwischen Arbeitgeber- und Arbeitnehmerinteressen unüberwindbar schienen, wurde nun der Versuch, Nachtarbeit neu zu regeln, auf parlamentarische Ebene verlegt. Beide Regierungsparteien brachten noch im Dezember desselben Jahres einen Initiativantrag ein. Das Thema Nachtarbeit sollte wiederholt im Ausschuß für Arbeit und Soziales behandelt werden, kam jedoch nie auf die Tagesordnung bzw wurde wie im Herbst dieses Jahres vertagt.

Nun - Ende 1997 - scheint es auf den ersten Blick wieder so weit zu sein. In den letzten Novembertagen kam es zu einer Einigung der Sozialpartner, am 2. Dezember wurde im Rahmen der Sozialausschußberatungen von den Regierungsparteien ein Antrag mit dem Inhalt dieser Einigung an den Nationalrat eingebracht und am 11. Dezember beschlossen. Ab 1.1.1998 soll der Kollektivvertrag Nachtarbeit für Frauen zulassen können, wenn er Dienstnehmer und Dienstnehmerinnen unter Berücksichtigung des Gleichbehandlungsgrundsatzes gleichermaßen erfaßt, einen Anspruch auf Versetzung auf einen geeigneten Tagesarbeitsplatz bei nachweislicher Gesundheitsgefährdung vorsieht und Ausgleichsmaßnahmen zur Milderung oder zum Ausgleich der Belastungen durch die Nachtarbeit festlegt, wobei auf unbedingt notwendige Betreuungspflichten gegenüber Kindern bis zu 12 Jahren Bedacht genommen werden soll. Unter geeigneten Ausgleichsmaßnahmen verstehen die Regierungsfraktionen zB Zeitzuschläge für die Nachtarbeitsstunden; über die gesetzlich festgelegten Mindestvorschriften hinausgehende Ruhepausen bzw Zusatzurlaube; Bereitstellung geeigneter Transportmöglichkeiten, um das sichere Erreichen des Betriebes und der Wohnung zu gewährleisten, und die Zurverfügungstellung von Kinderbetreuungseinrichtungen.

Diese Initiative erweckt allerdings nur den Eindruck, als wollte man gerade noch rechtzeitig ein der EU vorweisbares Ergebnis produzieren, da bis Jahresende vom EU-Rat die Fortschritte des österreichischen Gesetzgebungsverfahrens betreffs Nachtarbeit überprüft werden sollen.

Mit der nun geplanten Möglichkeit, durch Kollektivvertrag Nachtarbeit für Frauen zuzulassen, ist jedoch keineswegs der durch das Frauennachtarbeitsverbot herbeigeführte gleichheitswidrige Rechtszustand beseitigt, noch den Forderungen der Frauenforschung entsprochen. Auch wenn nach Einigung der Kollektivvertragsparteien ganze Branchen vom Verbot ausgenommen werden können, ist für Frauen Nachtarbeit grundsätzlich weiterhin untersagt. Ebensowenig ist damit eine EU-konforme Regelung gefunden, denn wie der EuGH bereits in der Rs *Stoeckel* festgestellt hat, können auch noch so zahlreiche Ausnahmen vom Verbot der Nachtarbeit für Frauen nicht darüber hinwegtäuschen, daß ein genereller Grundsatz über den Ausschluß von Frauen von der Nachtarbeit aufgestellt wurde. Mit einer Aufhebung des Verbotes darf offenbar aber nicht so schnell gerechnet werden, da die dahingehenden, noch offenen Anträge auch diesmal wieder vertagt wurden.

Literaturverzeichnis

- *Ilse von Arlt*, Die gewerbliche Nachtarbeit der Frauen in Österreich, in *Stephan Bauer* (Hg), Die gewerbliche Nachtarbeit der Frauen. Bericht über ihren Umfang und ihre gesetzliche Regelung (1903) 93, 69.
- *Hermann Baltl/Gernot Kocher*, Österreichische Rechtsgeschichte[8] (1995)
- *Neda Bei*, Das Frauennachtarbeitsverbot als Grundsatz einzelstaatlicher Schutzgesetzgebung im Verhältnis zum Gleichbehandlungsgrundsatz gemäß Art 5 der Richtlinie 76/207/EWG, in *Bundesministerium für Arbeit und Soziales* (Hg), Nachtarbeit. Beiträge zum Arbeitsrecht 1 (1992) 81.
- Bericht der k.k. Gewerbeinspektoren über ihre Amtstätigkeit im Jahre 1917 (1921) XXXIX.
- *Claudia Born*, Frauenarbeitsschutz im gewerblich-technischen Bereich (1981).
- *Heinrich Brunner*, Deutsche Rechtsgeschichte II (Nachdruck 1958).
- *Martina Csillag/Julia Eichinger*, Frauennachtarbeitsverbot und Gleichbehandlung im EG-Raum: Anmerkungen zum Urteil des EuGH vom 25. 7. 1991, "Rs *Stoeckel*", ZAS 1992, 17.
- *Herta Däubler-Gmelin*, Frauenarbeitsschutzvorschriften - Rechtlicher Schutz oder (ungewollte) Diskriminierung? in *Ulrich Battis/Ulrike Schultz* (Hg), Frauen im Recht (1990) 163.
- *Margit Duncan-Mayerhofer*, Arbeitsmedizinische Aspekte der Nachtarbeit, WISO DOKUMENTE 1993, 45.
- *Julia Eichinger*, Das "Pensionsalterserkenntnis" des VfGH - Auswirkungen für die Praxis? RdW 1991, 82.
- *Julia Eichinger*, Die Frau im Arbeitsrecht (1991).
- *Gine Elsner*, Risiko Nachtarbeit (1992).
- *Ursula Engelen-Kefer*, Die Gesundheit droht auf der Strecke zu bleiben, Soziale Sicherheit 1991, 333.
- *Gerda Falkner/Martina Huber*, Rechtsprechung des EuGH, ecolex 1992, 289.
- *Hans Floretta/Karl Spielbüchler/Rudolf Strasser*, Arbeitsrecht I: Individualarbeitsrecht[3] (1988).
- *Ursula Floßmann*, Österreichische Privatrechtsgeschichte[3](1996).
- *Birgitt Haller*, Zwischen Paternalismus und "Gleichmacherei"- Frauennachtarbeit im europäischen Vergleich, ÖZP 1993, 277.
- *Rudolf Hoke*, Österreichische und Deutsche Rechtsgeschichte[2] (1996).
- *Brigitte Hornyik*, Sind Männer gleicher? Die Judikatur des Verfassungsgerichtshofes zur Gleichheit von Mann und Frau als Spiegel gesellschaftli-

cher Wertmaßstäbe und ihrer Veränderungen (1919 - 1993), in *Maria Mesner/Hildegard Steger-Mauerhofer* (Hg), Der Tod der Olymp de Gouges. 200 Jahre Kampf um Gleichberechtigung und Grundrechte. Symposium 2. - 4. November 1993 (1994) 67.

- *Rita-Maria Kirschbaum*, Nachtarbeitsverbot (nur) für Frauen EG-rechtwidrig, SWI 1991, 371.
- *Karl Kroeschell,* Deutsche Rechtsgeschichte 3 (seit 1650) (1989).
- *Karl Kummer*, Lehrbuch des österreichischen Arbeitsrechts (1961).
- *Bernd Lang*, Medizinische und soziale Berechtigung des Nachtarbeitsverbotes für Frauen (Diplomarbeit 1982).
- *Max Lederer/Victor Suchanek*, Arbeitsrecht und Arbeiterschutz (1925).
- *Oskar Lehner*, Verfassungs- und Verwaltungsgeschichte[2] (1994).
- *Herbert Matis*, Die Habsburgermonarchie (Cisleithanien) 1848 - 1918, in *Karl Bachinger/Hildegard Hemetsberger-Koller/Herbert Matis* (Hg), Grundriß der österreichischen Sozial- und Wirtschaftsgeschichte von 1848 bis zur Gegenwart[2] (1989) 28.
- *Heinrich Mitteis/Heinz Lieberich*, Deutsche Rechtsgeschichte[19] (1992).
- *Heide Pfarr,* Antidiskriminierungspolitik und Flexibilisierung des Arbeitsmarktes, in *Christoph F. Büchtemann/Helmut Neumann* (Hg), Mehr Arbeit durch weniger Recht? Chancen und Risken der Arbeitsmarktflexibilisierung (1990) 193.
- *Heide Pfarr*, Nachtarbeitsverbot für Arbeiterinnen aufgehoben: Welche Konsequenzen ergeben sich aus dem Urteil des Bundesverfassungsgerichts vom Januar 1992? in *Friedrich-Ebert-Stiftung* (Hg), Für eine humane Gestaltung der Nachtarbeit für Frauen und Männer (1992) 17.
- *Sibylle Raasch,* Gleichstellung der Geschlechter oder Nachtarbeitsverbot für Frauen? KJ 1992, 427.
- *Robert Rebhahn*, Gleichheitssatz und Witwerpension, RdA 1981, 111.
- *Robert Rebhahn*, Pensionsalter zwischen Gleichheitssatz und Emanzipation, DRdA 1991, 337.
- *Joseph Rutenfranz/Beate Beermann/Ingeborg Löwenthal*, Nachtarbeit für Frauen. Überlegungen aus chronophysiologischer und arbeitsmedizinischer Sicht (1987).
- *Joseph Rutenfranz/Peter Knauth*, Rhythmusphysiologie und Schichtarbeit, in *Institut für Gesellschaftspolitik* (Hg), Schicht- und Nachtarbeit (1976) 7.
- *Dagmar Schiek,* Nachtarbeit begrenzen und humanisieren. Eckpunkte für ein Nachtarbeitsschutzgesetz, Soziale Sicherheit 1992, 152.

- *Dagmar Schiek*, Nachtarbeitsverbot für Arbeiterinnen. Gleichberechtigung durch Deregulierung? (1992).
- *Hans Schlosser*, Grundzüge der Neueren Privatrechtsgeschichte[8] (1996).
- *Walter Schwarz/Günther Löschnigg*, Arbeitsrecht[6] (1997).
- *Silvia Siegmund-Ulrich*, Feminismus und Recht in Österreich, in *Johanna Dohnal* (Hg), Test the West. Geschlechterdemokratie und Gewalt (1993) 57.
- *Silvia Siegmund-Ulrich*, Zur Ambivalenz des gleichen Rechts, ÖZP 1994, 151.
- *Anna Sporrer*, Gleichheitssatz und Emanzipation; in *Ulrike Aichhorn* (Hg), Frauen & Recht (1997) 1.
- *Richard Sturn*, Versorgung. Effizienz und Gleichheitsgrundsatz: Zum Erkenntnis des Verfassungsgerichtshofs vom 6. 12. 1989, JBl 1991, 538.
- *Ulrike Teubner*, Zugang zur Berufsarbeit - Frauenfrage - Männerfrage? in *Herta Däubler-Gmelin/Heide Pfarr/Marianne Weg*, Mehr als nur gleicher Lohn (1985) 114.
- *Theodor Tomandl*, Arbeitsrecht 2. Sachprobleme[3] (1995).
- *Franz Urlesberger*, Neues vom Europäischen Gemeinschaftsrecht, WBl 1991, 321.
- *Evelyn Waldherr*, Das EuGH-Erkenntnis zum Nachtarbeitsverbot von Frauen in Bundesministerium für Arbeit und Soziales (Hg), Nachtarbeit. Beiträge zum Arbeitsrecht 1 (1992) 73.
- *Regina Wecker*, Weiber sollen unter keinen Umständen in der Nachtarbeit eingesetzt werden, in *Christiane Eifert/Angelika Epple/Martina Kessel/Marlies Michaelis/Claudia Nowak/Katharina Schicke/Dorothea Weltecke* (Hg), Was sind Frauen? Was sind Männer? Gender Studies (1996) 196.
- *Edith Weinmeier*, Gesetzliches Verbot der Nachtarbeit der Frauen und Gleichbehandlung, DRdA 1992, 168.
- *Franz Wieacker*, Privatrechtsgeschichte der Neuzeit unter besonderer Berücksichtigung der deutschen Entwicklung (1952).
- *Irene Wolf*, Nettoverdienste der Arbeitnehmerinnen aus dem Mikrozensus, in *Bundesministerin für Frauenangelegenheiten - Bundeskanzleramt* (Hg), Bericht über die Situation der Frauen in Österreich. Frauenbericht 1995 (1995) 354 (354f).
- *Sabine Ziegler*, Frauennachtarbeitsverbot in Österreich (Dissertation 1997), in *Ursula Floßmann* (Hg), Linzer Schriften zur Frauenforschung.

WEIBLICHE LEBENSZUSAMMENHÄNGE IM SOZIALVERSICHERUNGSRECHT

von Christine Schiffbänker

I. Einleitung

Die soziale Absicherung des Einzelnen in Krisensituationen gehört zu den wesentlichen Voraussetzungen für die Chance auf ein selbstbestimmtes und freies Leben in Würde.[1]

Die Sichtweise, daß der Einzelne autark ist und die Rechtsordnung für das Zusammenleben vieler einzelner autarker Menschen bestimmte Spielregeln aufstellt, wird schon dadurch auf den Kopf gestellt, daß soziale Hilfsbedürftigkeit als Normalzustand der Menschen festzustellen ist.[2]

In einer Rechtsordnung geht es um Wertungen, welche Bereiche des menschlichen Zusammenlebens gesetzlich geregelt und als förderungswürdig erkannt werden. Weibliche Lebenszusammenhänge wie Partnerschaft, Kindererziehung, Ehe und Familie sind Gebiete, die im Unterschied zu den seit jeher stärker verrechtlichten und instrumentalisierten Bereichen der beruflichen Arbeit und der gesellschaftlich organisierten Produktion als „rechtsfreie Räume" gesehen wurden.[3]

In unserer Gesellschaft erfolgt die soziale Sicherung entweder von privater Seite in Form von Familie (Ehe) und Freundeskreis oder durch die öffentliche Hand in Form der Sozialversicherung und der Sozialhilfe.[4] Ob diese Sicherung aufgrund eines rechtlich verankerten Anspruches besteht oder ob man aufgrund privater Bindungen auf eine solche Sicherung angewiesen ist, trägt wesentlich zur Lebensqualität der Einzelperson bei.

---

[1]) Art 22 der UNO-Menschenrechtserklärung lautet: „Jeder Mensch hat als Mitglied der Gesellschaft Recht auf soziale Sicherheit ...." Das fundamental Neue an dieser Konzeption ist die Anerkennung eines Menschenrechts auf soziale Sicherheit. Nicht deshalb, weil jemand Arbeitnehmer ist oder diesem in seiner wirtschaftlichen Existenz ähnelt, hat er Anspruch auf Schutz vor sozialen Risken, sondern weil er nur dann frei von Furcht und Not seine Persönlichkeit entfalten kann. Treffend bezeichnet die Menschenrechtserklärung als letzten Grund dieses Anspruches die Menschenwürde; *Dahrendorf*, Lebenschancen (1979) 35f.

[2]) *Hofmüller*, Zur Diskussion gestellt: Wie ein Sozialanliegen im 19. Jh. offiziell entdeckt und 100 Jahre danach besprochen wurde, in *Köfler/Hofmüller* (Hg), Beiträge zur Tiroler Frauenforschung (1989) 248f.

[3]) *Lucke*, Die Frauenforschung und ihre juristischen Abnehmer - zur rechtpraktischen Irrelevanz einer advokatorischen Wissenschaft, Zeitschrift für Rechtssoziologie 1984, 206.

[4]) Die Sozialhilfe ist das letzte Netz der sozialen Sicherung und ist zur Versicherung subsidiär.

Der Lebensverlauf von Frauen ist anders als der von Männern. Schulische Bildung und berufliche Ausbildung verlaufen beinahe gleich, geht es aber um den beruflichen Einstieg und Aufstieg, beginnt das Auseinanderklaffen. Frauen verdienen weniger als Männer mit der gleichen Ausbildung, sie unterbrechen ihre Erwerbstätigkeit häufiger aufgrund von Kindererziehung, Pflegetätigkeit und Haushaltsführung und sie haben daran anknüpfend Schwierigkeiten beim Wiedereinstieg ins Berufsleben. Frauen sind häufiger in geringfügigen Beschäftigungsverhältnissen zu finden und gehen häufiger einer Teilzeitarbeit nach. Bei der Entscheidung, wer in einer Partnerschaft den Haushalt führt und bei den Kindern bleibt und wer von beiden Partnern weiter seiner Erwerbstätigkeit nachgeht, sind es überwiegend die Frauen, die sich für die Hausarbeit und Kindererziehung entscheiden.[5] Weibliche Lebensverläufe sind oft geprägt durch die Erbringung unbezahlter Arbeit im Familienverband.

II. Historischer Rückblick

Die gesellschaftliche Benachteiligung der Frauen beruht zum einen auf der Fixierung der Frauen auf einen bestimmten gesellschaftlichen Bereich, die Familie, und zum anderen auf der damit verknüpften weiblichen Rollennorm. Besagte Fixierung wurzelt in einer durch Rollennormen abgestützten Arbeitsteilung zwischen den Geschlechtern, wobei den Frauen der häusliche, familiale Arbeitsbereich, den Männern der außerhäusliche Erwerbsarbeitsbereich zugewiesen ist.

Diese geschlechtsspezifische Arbeitsteilung wiederum hat historisch ihren Ursprung in der Trennung der gesellschaftlich notwendigen Arbeit in die oben genannten Bereiche, die sich mit der Industrialisierung vollzog.[6] Die mit der Arbeitsteilung verknüpften Rollennormen der Geschlechter werden einesteils in einem geschlechtsspezifischen Sozialisationsprozeß des Kindes von Generation zu Generation weitervermittelt und andernteils durch die spezifische Arbeitserfahrung der Geschlechter im jeweiligen Arbeitsbereich verstärkt.

Die Sozialversicherungsgesetzgebung ist ein direktes Ergebnis der Industrialisierung. Der Wegfall des sozialen Netzes „Großfamilie“, familiäre Pro-

---

[5]) Rund 90% der Teilzeitarbeit wird von Frauen wahrgenommen und von Halbe-Halbe ist noch keine Spur zu merken. Siehe dazu die neuesten Daten des „Arbeitsklima-Index News Letter“ 2/97, Informationsblatt der AK Oberösterreich.

[6]) *Riedi*, Sozial gesicherte Gleichberechtigung (1995).

duktionsstätten und Kleingewerbe machte es dringend notwendig, ein neues soziales Netz zu knüpfen. Die Einführung einer Sozialversicherung war vor allem eine Absage an das damalige Wirtschaftssystem mit seinen verheerenden Folgen für die Arbeiterschaft. Sie wurde von dem politischen Gedanken getragen, daß der Staat um seine Fürsorge nicht umhinkomme, wenn er nicht ausgleichend in die Sicherung der wirtschaftlichen Existenz der Arbeiterschaft eingreife.

Die Grundkonzeption des Gesetzes ging von der Arbeiterfamilie aus, bei der Mann und Frau einer Erwerbstätigkeit nachgingen und die Kinder möglichst bald zu einer Erwerbstätigkeit angehalten wurden, um sich ihren eigenen Unterhalt zu verdienen. Diese Grundvoraussetzungen finden sich in der Folge auch im Entwurf betreffend die Alters- und Invalidenversicherung aus dem Jahr 1888. In der Beratung über dieses Gesetz wurde schon darüber diskutiert, daß Arbeiterinnen infolge ihrer Verheiratung und der Geburt der Kinder gar nicht in der Lage seien, 30 Jahre lang eine versicherungspflichtige Beschäftigung auszuüben und damit die Anwartschaft auf eine eigene Rente zu erfüllen. Frauen würden so gezwungen Beiträge zu zahlen, welche aber dann letztlich verloren gingen.[7]

In den letzten hundert Jahren haben sich, bedingt durch die gesellschaftliche und damit auch die staatliche Wandlung und den wirtschaftlichen Fortschritt, die Sicherungsaufgaben verschoben und auch kontinuierlich ausgeweitet. Das Staatsverständnis hat sich gewandelt vom Nachtwächter-Staat hin zum Fürsorge- und Vorsorgestaat, das Geschlechterverhältnis hat sich verändert hin zu mehr Partnerschaft zwischen den Geschlechtern, das Selbstbild von Frauen hat sich gewandelt von der ver- und vorsorgenden Mutter und untertänigen Ehefrau hin zur selbständigen und selbstbestimmten Einzelperson, deren Recht auf Selbstbestimmung und Absicherung ihrer gesellschaftlich relevanten Arbeit aber erst eingefordert werden muß.

Auch das Recht der Sozialversicherung hat sich seit seiner Einführung Ende des letzten Jahrhunderts stark entwickelt. Einmal ist eine Ausdehnung der erfaßten Personenkreise erfolgt und zum anderen eine Ausdehnung der

---

[7]) *Gitter,* Die Rolle der Geschlechter in der Grundkonzeption der Sozialversicherung, in *Tomandl* Die Frau in der Sozialversicherung (1976) 2, zitiert darin aus der Rede des Reichstagsabgeordneten Rickert: „Das Kapitel in bezug auf die Frauen werden wir noch einer besonderen Erörterung unterziehen müssen, und gerade deshalb, weil Frauen keine Mittel haben, sich in dem Parlament Geltung zu verschaffen als durch uns, ist es gewissermaßen eine Ehren- und Anstandspflicht, daß wir diese harten, ja grausamen Bestimmungen, wie sie in bezug auf die Frauen bestehen, ändern."

Leistungen.[8] Heute kann man sagen, daß sich die Pensions-, die Unfall- und die Krankenversicherung von ihrem Umfang her zu einer „Volksversicherung“ entwickelt haben. Die Arbeitslosenversicherung ist weiterhin am Versicherungsprinzip ausgerichtet, Einbrüche gibt es aber auch hier.[9] Mit dem BPGG wurde eine völlig neue Art der sozialen Absicherung für pflegebedürftige Personen in Österreich eingeführt. Blickt man aus heutiger Sicht auf dieses System, so kann man schon eher von einem System der Sozialen Sicherheit sprechen als von einzelnen Sozialversicherungsgesetzen.

Die wissenschaftliche Aufarbeitung dieses Rechtsgebietes ist relativ jung und sehr dürftig. Der Blick auf das „System“ erfolgt aus geprägten Augen.

In einer Demokratie erfolgt die Absicherung der gesellschaftlichen Positionen je nach der Vertretung in den rechtssetzenden Instanzen. Durch den doppelten Ausschluß der Frauen aus dem Recht findet die gesellschaftliche Positionierung weiblicher Lebenszusammenhänge in der Rechtsordnung immer noch keine äquivalente Entsprechung.[10]

Der erste Impuls der inhaltlichen Umsetzung gesellschaftlicher Wandlungen des Geschlechterverhältnisses in das positive Recht war die Familienrechtsreform Mitte der siebziger Jahre. Hier wurde versucht, neue Regelungen zu schaffen, welche dem veränderten Gesellschaftsbild entsprachen. Ausgehend von diesem Reformwerk und verstärkt durch eine inhaltlich immer deutlicher werdende Rechtsprechung des Verfassungsgerichtshofes zum Gleichheitsgrundsatz wurden - nicht sehr systematisch - andere Rechtsgebiete angepaßt.

Es gab aufgrund der Familienrechtsreform einige Diskussionsansätze, wie man eine Gleichstellung von Frau und Mann auch im Sozialversicherungsrecht erreichen könnte.[11]

---

[8]) *Schäffer*, Hauptströmungen des österreichischen Verfassungsrechts in bezug auf das Sozialversicherungsrecht, in *Tomandl* (Hg), Verfasssungsrechtliche Probleme des Sozialversicherungsrechts (1989) 21.

[9]) ZB die Ansiedlung des Karenzgeldes und der Sondernotstandshilfe in der Arbeitslosenversicherung.

[10]) Vgl dazu: *Lucke*, Die Frauenforschung und ihre juristischen Abnehmer - zur rechtpraktischen Irrelevanz einer advokatorischen Wissenschaft, Zeitschrift für Rechtssoziologie 1984, 207f.

[11]) *Adamovich*, Gebietet der Gleichheitsgrundsatz die Anpassung anderer Rechtsgebiete an die Familienrechtsreform? RdA 1977, 5ff; *Fürböck*, Familienrecht und Sozialversicherung, DRdA 1977, 8ff; *Meisel*, Die Scheidungsreform und ihre Auswirkungen im Sozialversicherungsrecht, in *Weißenberg*-FS (1980) 373ff. *Ent*, Der Einfluß der Familienrechtsreform auf die Entwicklung des Sozialversicherungsrechts, DRdA 1977, 4.

Durch die Familienrechtsreform wurde die Abkehr vom patriarchalen Prinzip der Ehe vollzogen. Das neue Eherecht bietet Raum für die Verwirklichung der verschiedensten Ehemodelle, angefangen von der konventionellen Hausfrauenehe, über die Doppelverdienerehe bis hin zur alleinigen Erwerbstätigkeit der Frau bei ausschließlicher Haushaltsführung des Mannes. Die Person, welche den Haushalt führt und die Kinder erzieht, sowie die Kinder werden als gleichberechtigte Personen anerkannt. Besondere Gewaltverhältnisse und die damit verbundene Entwürdigung wurden als nicht mehr den gesellschaftlichen Wert- und Gerechtigkeitsvorstellungen entsprechend erachtet. Das Prinzip der partnerschaftlichen Ehe beinhaltet nicht nur ein einvernehmliches Vorgehen, sondern setzt vor allem eine Gleichwertigkeit der Tätigkeiten und Pflichten voraus. Die Erkenntnis, daß auch die Haushaltsführung und Kindererziehung eine Leistung darstellen, aufgrund deren Erbringung man Ansprüche auf Absicherung hat, wurde durch § 94 ABGB festgeschrieben. Eine Umsetzung dieser Wertungen auf die Regelungen bezüglich der sozialen Sicherheit hätte vor allem von einem eigenen Recht auf soziale Sicherheit ausgehen müssen.[12] Bei den Regelungen bezüglich der sozialen Absicherung für die „Angehörigen“ hätte man ein Modell suchen müssen, welches auf diese abgeleiteten Ansprüche verzichtet. Ein solches Modell würde auch den unten dargestellten Problemen, welche zB durch eine Scheidung entstehen können, entgegenwirken.

Entgegen diesen Überlegungen wurde bei der gesetzlichen Umsetzung das alte Angehörigenmodell beibehalten und der Ausgleich in der Weise verwirklicht, daß eine gegenseitige Angleichung an schon vorhandene Regelungen erfolgte.

III. Fortbestand der Ungleichheit

Die Bestrebungen nach Gleichheit der Geschlechter haben also zuerst zur Aufhebung der rechtlichen Ungleichbehandlungen geführt. Heute herrscht, nicht zuletzt infolge der Rechtsprechung des VfGH, eine weitestgehende Gleichheit in der rechtlichen Stellung von Mann und Frau. Die rechtliche Gleichstellung erfolgte dabei in der Form, daß diskriminierende Bestimmungen aufgehoben wurden und die Gleichstellung sich an den bereits bestehenden Normen orientierte. Eine Neuorientierung an den gesellschaftlichen Veränderungen und das Finden entsprechender neuer rechtlicher Regelungen

---

[12]) *Migsch,* Sozialversicherungs- und versorgungsrechtliche Aspekte des neuen Familienrechts, in *Ostheim* (Hg), Schwerpunkte der Familienrechtsreform (1979) 204f.

erfolgte selten.[13] Es wurden also keine inhaltlich „gleichen“, dem zu regelnden Sachverhalt „gerechten“ Lösungen gesucht, sondern einfach gleichgemacht. Gleichheit ist kein absolutes Prinzip und kein feststehendes Maß, sondern ein „Verhältnisbegriff“.[14] Gleich*berechtigung* bedeutet nicht Angleichung an die Mannesstellung.[15]

Es bestehen aber im Bereich der faktischen Lebensbezüge und Lebensverläufe von Männern und Frauen große Unterschiede. Die rechtliche Gleichbehandlung vor dem Hintergrund einer tatsächlichen Ungleichheit führt wieder zur Gleichheitswidrigkeit. Es gilt nun, rechtliche Normierungen zu finden und Ansprüche auch rechtlich abzusichern, die es ermöglichen, eine tatsächliche Freiheit zur Wahl des jeweils gewünschten Lebens zu erreichen.

Hier soll der Blick auf die Frau gerichtet sein, nicht auf die Familie. Familienpolitik und Frauenpolitik sind zwei voneinander getrennte Bereiche, die sich sicher überschneiden, aber nicht kongruent sind. Es geht also nicht um Familienleistungen der Sozialversicherung, sondern um die soziale Absicherung der jeweils einzelnen Personen, die familiale Arbeit erbringen.

Die Frau wird nicht mehr nur als ein Teil der Familie gesehen, welche vom Mann abhängig ist, sondern sie ist innerhalb der Familie eine selbständige Person, die meist zugunsten der Kindererziehung und Pflegearbeit auf außerhäusliche Erwerbstätigkeit verzichtet. Das privatrechtliche Instrument ihrer finanziellen Absicherung ist der eheliche Unterhalt.[16]

Viele Frauen leben nach einem Muster, das in der Sozialversicherung keine Entsprechung findet. Sie leben es, obwohl für sie keine durch das Recht unterstützte Wahlfreiheit besteht. Für sie ist das Recht defizitär. Das Sozialversicherungssystem muß den Regelfall menschlichen Lebens mit seinen typischen Risken erfassen. Es geht um menschliche und nicht allein um männliche Lebensrisken. Daher genügt die Typisierung anhand der männlichen Normalbiographie den gewandelten gesellschaftlichen Bedingungen nicht bzw nicht mehr.[17]

---

[13]) Ein typisches Beispiel der Anpassung mit Spätfolgen ist die Neuregelung der Hinterbliebenpension nach der Aufhebung der Witwerpensionsregelung als verfassungswidrig. Eine Orientierung an den Veränderungen zeigt die Einführung des Pflegegeldes durch das BPGG.

[14]) *Pöschl*, Über Gleichheit und Verhältnismäßigkeit, JBl 1997, 438ff.

[15]) *Gerhard*, Gleichheit ohne Angleichung (1990) 14.

[16]) Zur Entwicklung des Ehegattenunterhaltes und seiner rechtlichen Ausgestaltung vgl *Pelikan*, Vom Sorgen und Versorgtwerden der Mütter, Zeitschrift für Rechtssoziologie 1984/2, 269f.

[17]) *Jaeger*, Referat der Richterin des Bundesverfassungsgerichts Renate *Jaeger*, Karlsruhe, zu den Verhandlungen des sechzigsten Deutschen Juristentages (1994).

IV. Derzeitige Regelungen

A. Das Versicherungsverhältnis

Nach herrschender Lehre geht der Pflichtversicherungsgedanke davon aus, daß derjenige, der seine Arbeitskraft - selbständig oder unselbständig - für Erwerbszwecke einsetzt, auf das Einkommen aus dieser Tätigkeit zur Bestreitung seines Daseins angewiesen ist. Die Hauptaufgabe der Sozialversicherung wird darin gesehen, drohende Notsituationen, welche durch den Ausfall der Arbeitskraft entstehen, durch den Zusammenschluß aller potentiell Gefährdeten zu einer Versichertengemeinschaft zu verhindern.[18] Dabei wurde das Augenmerk immer nur auf solche Personen gelegt, die bezahlte Arbeit erbrachten. *Krejci* zB meint, wer seine Arbeitskraft nicht erwerbsmässig einsetze, friste sein Dasein notwendigerweise auf andere Art, und an der Sicherung solcher Personen wäre das Sozialversicherungsrecht nicht interessiert.[19] Dieser Satz hatte in dieser Form eigentlich nie Gültigkeit. Die Sozialversicherung war schon von allem Anfang an an der Sicherung der Personen interessiert, die vom Einkommen des Versicherten abhängig waren. Dies wurde aber immer unter den Begriff der Familienbezogenheit subsumiert. *Krejci*[20] selbst spricht vom Grundsatz der familienbezogenen Erwerbstätigensicherung im Konzept der Sozialversicherung.

Das Pflichtversicherungsverhältnis nach § 4 ASVG knüpft an das Vorliegen eines in persönlicher und wirtschaftlicher Abhängigkeit erfolgenden Beschäftigungsverhältnisses an.

Bis zur Aufhebung dieser Bestimmung wegen Gleichheitswidrigkeit durch den VfGH[21] waren Ehegatten und Kinder, die im Familienbetrieb mitarbeiteten, ausdrücklich von der Versicherungspflicht ausgenommen. Kinder, die im elterlichen Betrieb mitarbeiten, unterliegen seit 1967 ebenfalls einer *ex lege* Versicherung. Für mitarbeitende Ehefrauen wurde dieser Schutz bis dato als nicht notwendig erachtet.[22]

Arbeitet eine Frau als Ehefrau oder als Lebensgefährtin im Betrieb des Mannes (Lebensgefährten) mit, muß man abgrenzen, ob das Ausmaß der persönlichen und wirtschaftlichen Abhängigkeit in einem solchen Maße gegeben ist, daß eine vollversicherungsbegründende Tätigkeit vorliegt. Eine Tä-

[18]) *Tomandl*, Grundriß des österreichischen Sozialrechts[4] (1989) 3f.

[19]) *Krejci*, Das Sozialversicherungsverhältnis (1977) 13.

[20]) *Krejci*, Sozialversicherungsverhältnis 9f.

[21]) Vgl VfSlg 5319; 5750; 6948.

[22]) Kritisch dazu *Firlei*, Die Familie in der Sozialversicherung, in *Harrer/Zitta* (Hg), Familie und Recht (1992) 336.

tigkeit, die vornehmlich aufgrund der Familienbeziehungen erbracht wird, begründet nämlich kein gesetzliches Versicherungsverhältnis.[23]

1. Geringfügig Beschäftigte

Eine Sonderstellung im Sozialversicherungssystem nehmen die geringfügig Beschäftigten ein. Diese sind gem § 5 Abs 1 Z 2 ASVG von der Vollversicherung ausgenommen, dh sie sind nur unfallversichert, nicht aber kranken- und pensionsversichert. Das Hauptkriterium für die Bewertung einer Beschäftigung als „geringfügig" ist die Höhe des Einkommens.[24]

Die Höhe der Geringfügigkeitsgrenze orientierte sich seit der Einführung des ASVG 1955 bis zur 32. Novelle zum ASVG[25] an der Bewertung des Sachbezuges der vollen freien Station.[26] Ab 1.1.1977 wurden die Beträge dann jährlich mit der Richtzahl angepaßt. Diese Anpassung bewirkte eine Erhöhung derselben in einem Ausmaß, welches teilzeitbeschäftigte Arbeitnehmer in einem immer größer werdenden Umfang aus der Vollversicherung ausschloß.[27]

Eine Vollversicherung der geringfügig Beschäftigten hielt der Gesetzgeber lange nicht für nötig, da er davon ausging, daß die Existenzgrundlage der geringfügig Beschäftigten nicht in deren (geringfügigem) Beschäftigungsverhältnis lag. Dies trifft für die meisten geringfügig Beschäftigten auch zu,[28] allerdings könnten gerade durch eine Vollversicherung jeglicher Erwerbstätigkeit zeitliche Lücken im Versicherungsverlauf geschlossen werden und eine eigenständige Versicherung erlangt werden. Alle versicherungspflichtigen Beschäftigungen führen in jedem Versicherungszweig zu einem regulären Leistungsanspruch. Gilt für den Versicherungsanspruch eine Wartezeit, so werden Versicherungszeiten voll für diesen berücksichtigt. Besonders in der PV wirkt sich die Anzahl der Versicherungsmonate zusätzlich auf die Höhe der Pension aus.

Es sind zum Großteil Frauen, welche unter der Geringfügigkeitsgrenze und damit ohne Vollversicherung beschäftigt sind. Im Dezember 1994 waren

---

[23]) Vgl dazu *Iro*, Versicherungsrechtliche Probleme der mitarbeitenden Ehefrau, in *Tomandl* (Hg), Die Frau in der Sozialversicherung (1976) 33ff. Zur Abgrenzung der persönlichen und wirtschaftlichen Abhängigkeit vgl BMS 25.3.1983, 122.268/5-6/82 ZAS 1984, 42 sowie BMS 20.4.1983, 122.034/1-6/83 ZAS 1984, 122; VwGH 27.9.1984, Zl 83/08/0264, 037, ZfVB 1985, 2/614.

[24]) 1998 beträgt die Einkommensgrenze für die Versicherungspflicht 3.830 Schilling monatlich. Dieser Betrag wird jährlich angepaßt.

[25]) BGBl 1976/704.

[26]) Dieser Wert liegt für 1998 bei 2.700 Schilling.

[27]) *Schwarz*, Verweigerung von Wochengeld, DRdA 1984, 164.

[28]) Vgl dazu *Finder*, „Umfang und Auswirkungen geringfügiger Beschäftigungsverhältnisse", Studie im Auftrag des BMAS (1992), (unveröffentlicht).

4% aller Beschäftigungsverhältnisse geringfügig. Bei den Frauen war der Anteil mit 6,6% wesentlich höher als bei den Männern mit 2% aller Beschäftigungsverhältnisse.[29] 45% dieser geringfügig beschäftigten Personen hatten kein zusätzliches Versicherungsverhältnis, der Frauenanteil unter diesen Personen betrug 83%. Am häufigsten kommen geringfügige Beschäftigungen bei Arbeiterinnen vor, was sich nicht zuletzt im Alter bzw bei Invalidität auswirkt.[30] Nahezu alle inländischen Frauen, die in einem geringfügigen Beschäftigungsverhältnis stehen, sind selbst krankenversichert oder „mitversichert", haben also Anspruch auf medizinische Sachleistungen. Viele von ihnen machen sich aber Sorgen um ihre Pension.

Es bestand schon bisher die Möglichkeit, sich gem § 19a ASVG auch bei geringfügiger Beschäftigung selbst in der KV und PV zu versichern. Die freiwillige Versicherung mußte allerdings zur Gänze vom Versicherten getragen werden. Auch aus diesem Grund machten nur wenige Personen von dieser Regelung Gebrauch. Ein weiterer Grund besteht darin, daß die Nachteile, die aufgrund der fehlenden Versicherungszeiten entstehen können, von vielen Betroffenen nicht oder zu spät gesehen werden.[31]

Durch die 54. Novelle zum ASVG wird nun auch der Dienstgeber einen Beitrag für alle bei ihm geringfügig beschäftigten Personen zu leisten haben, sofern die Summe deren monatlicher Entgelte das Eineinhalbfache des Geringfügigkeitsbetrages überschreitet.[32]

Man muß bei der rechtspolitischen Bewertung geringfügiger Beschäftigung differenzieren, ob man dieselbe eingeht, weil keine Anspruchskollision mit sozialen Transferleistungen wie Arbeitslosengeld, Karenzgeld oder Studienbeihilfe entsteht, oder ob man in der Aktivphase geringfügig beschäftigt ist. Rechtspolitisch bedenklich ist der Ausschluß aus der Sozialversicherung für jene Frauen, die ausschließlich geringfügig beschäftigt sind.[33] Für solche Personen stellt der Ausschluß mE eine mittelbare Diskriminierung dar. Der EuGH sieht darin allerdings keine mittelbare Frauendiskriminierung, son-

---

29) Vgl die ausführlichen Statistiken und Tabellen bei *Wörister*, Geringfügig Beschäftigte, SozSi 1995, 184ff.

30) Von den 1993 neuzugegangenen Arbeiterinnenpensionen lagen über 60% unterhalb des Einzelrichtsatzes für die Ausgleichzulage. 40% der Frauen haben im Alter keinen eigenen Pensionsanspruch! Vgl *Wörister*, SozSi 1995, 190.

31) *Prinz/Rolf-Engel/Thenner*, Neue Wege der eigenständigen Alterssicherung von Frauen, Forschungsprojekt im Auftrag der Bundesministerin für Frauenangelegenheiten (1996), (unveröffentlicht) 44.

32) „Pauschalierter Dienstgeberbeitrag" gem § 53a ASVG idF der 54. Novelle zum ASVG.

33) Immerhin waren dies im Jahre 1994 48% aller geringfügig beschäftigten Frauen oder rund 50.000 Frauen.

dern billigte mit zwei Urteilen aus dem Jahr 1995[34] weitgehend das deutsche System der sozialversicherungslosen geringfügigen Beschäftigung, welches dem österreichischen System sehr vergleichbar ist. Das SG Speyer hatte dem EuGH zur Vorabentscheidung die Frage vorgelegt, ob eine nationale Regelung, die Beschäftigungen, welche geringfügig sind, von der Versicherungspflicht in den Systemen der gesetzlichen Kranken- und Rentenversicherung ausnimmt, eine Diskriminierung aufgrund des Geschlechts iSv Art 4 Abs 1 der RL 79/7/EWG darstellt, wenn hiervon erheblich mehr Frauen als Männer betroffen sind und wenn diese Regelungen nicht durch objektive Faktoren gerechtfertigt sind.

Der EuGH entschied, daß es sich dabei nicht um eine mittelbare Diskriminierung von Frauen handelt, da der Ausschluß von geringfügigen Beschäftigungsverhältnissen objektiv dadurch gerechtfertigt sei, daß dieser ein Strukturmerkmal des deutschen Sozialversicherungssystems sei und mit einer mittelbaren Frauendiskriminierung nichts zu tun habe.

Daß es gerade die Strukturmerkmale der Sozialversicherung sind, die eine mittelbare Diskriminierung von Frauen bewirken, weil die Struktur sich deutlich an männlichen Lebensverläufen und männlichen Erwerbsbiographien orientiert, wurde nicht erkannt.

2. Angehörige

Da ein Pflichtversicherungsverhältnis als Anknüpfungspunkt immer eine Erwerbstätigkeit im klassischen Sinne voraussetzt[35], ist die Einbeziehung nicht erwerbstätiger Personen nur über Umwege machbar. In Österreich geschieht diese Einbeziehung über das Modell der „Angehörigenversicherung“. In der Krankenversicherung sind über 25% der geschützten Personen sog „Angehörige“. Der noch verbleibende Rest der Bevölkerung kann sich seit der 32. Novelle zum ASVG selbst in der KV versichern.[36] In der Pensionsversicherung und Unfallversicherung stellen die Hinterbliebenenpensionen einen wesentlichen Teil der Leistungen dar.

Schon in den ersten Sozialversicherungsgesetzen waren die nichtversicherten Angehörigen eines Pflichtversicherten in den Schutz der Kranken-

[34]) EuGH 14.12.1995, Rs C 444/93, Megner u Scheffel; sowie EuGH 14.12.1995, Rs C 317, Nolte, ArbuR 1/1996, 39, mit Besprechung von *Buschmann*.

[35]) *Krejci*, Das Sozialversicherungsverhältnis 9f; *Krejci/Marhold*, Das Versicherungsverhältnis, in *Tomandl* (Hg), System des österreichischen Sozialversicherungsrechts, Loseblattausgabe (1980), 1.2.1.1.

[36] So betrachtet ist die Krankenversicherung von ihrem Schutzumfang her zu einer „Volksversicherung“ geworden. So schon *Dragaschnig* ua, Die 32. Novelle zum ASVG, SozSi 1977, 3.

versicherung einbezogen. Der ursprüngliche Kreis der „mittelbar“[37] Versicherten hat sich seit den Anfängen erheblich ausgeweitet.

Diese Grundkonzeption kannte sowohl das Arbeiter-Krankenversicherungsgesetz als auch das Angestelltenversichertengesetz. Bei der Neuordnung durch das ASVG 1955 wurde diese Regelung beibehalten. Hier ging man von der vor der Familienrechtsreform geltenden Form der Hausfrauenehe aus. Der Ehemann war nur mitversichert, wenn er bedürftig war und die Ehefrau für ihn aufkam. Aufgrund der Reform des Familienrechts wurde mit der 36. Novelle zum ASVG die Angehörigeneigenschaft für Ehefrauen und Ehemänner gleich geregelt.

Leistungen für Angehörige kennen auch die PV und UV in Form der Hinterbliebenenpensionen. Die Witwerpension erlebte eine ähnliche Entwicklung wie die Angehörigeneigenschaft von Ehemännern in der KV.

Das Angehörigenmodell hat strukturelle Nachteile. In den gesetzlichen Krankenversicherungen nach dem ASVG, dem GSVG und dem BSVG steht der Anspruch auf Leistungen der Krankenversicherung nur dem Versicherten zu, weshalb er in der Regel auch nur vom Versicherten und nicht von seinen Angehörigen geltend gemacht werden kann. Man spricht von einem abgeleiteten Anspruch.[38] Nur das B-KUVG räumt den Angehörigen durchgehend einen eigenen Anspruch auf Leistungen der Krankenversicherung ein.[39]

Der zweite große Nachteil dieser Konstruktion ist eine Folge des abgeleiteten Anspruchs. Ist man dem Pflichtversicherten, von dem man den Anspruch ableitet, nicht mehr angehörig, verliert man den Versicherungsschutz. Als geschiedene Frau ist man nicht mehr in der KV „mitversichert“ und als geschiedene Frau sind die Aussichten auf eine Hinterbliebenenpension geringer.

Die Hinterbliebenenleistungen richten sich auch nicht nach dem individuellen Bedarf, sondern sind, da sie sich am Unterhaltsanspruch orientieren, davon abhängig, wie leistungsfähig und vor allem leistungsbereit der Angehörige war. Bei den Hinterbliebenenpensionen handelt es sich um eine dem Grund und der Höhe nach abgeleitete Sicherung. Sie ist dem Grunde nach abgeleitet, weil der Pensionsanspruch an die Eigenschaft als Angehöriger geknüpft ist, und der Höhe nach abgeleitet, weil sich die Höhe der Hinterbliebenenpension nach der Höhe der Pension des verstorbenen Partners be-

---

37) *Lederer,* Grundriß des österreichischen Sozialrechts[2] (1932).

38) § 123 Abs 9 ASVG regelt nur die Rechtssphäre des Versicherten nicht aber jene des Angehörigen. VfGH 15.6.1992, G 208/91, ARD 4398/17/92 = SVSlg 37298 = ZfVB 1993/937.

39) Hingegen haben nach § 55 Abs 1 B-KUVG Versicherte und deren Angehörige Anspruch auf die Leistungen der Krankenversicherung. § 56 Abs 1 B-KUVG nennt die Voraussetzungen, unter denen Angehörige Anspruch auf die(se) Leistungen haben. OGH 18.9.1990, 10 Ob S 303/89 = SVSlg 35.972 = SSV-NF 1990/96; VwGH 17.11.1992, 91/08/0091, ARD 4449/9/93.

mißt. Eigenleistungen der hinterbliebenen Person, wie Kindererziehung oder unbezahlte Pflegetätigkeit, spielen für die Höhe der Absicherung keine Rolle.

Alle jene Probleme, die sich für Frauen aufgrund der ehelichen und nachehelichen Unterhaltssituation ergeben, wirken so im Sozialversicherungsrecht fort. Der Verzicht auf den Unterhalt bei der Scheidung beispielsweise bewirkt auch einen Verzicht auf eine mögliche Hinterbliebenenpension.

Die Versorgung der Frauen im Alter und bei Invalidität hängt stark vom dauerhaften Bestand der Ehe ab.[40]

B. Regelung typisch weiblicher Lebenssachverhalte im derzeitigen Recht der Sozialversicherung

Betrachtet man die derzeitigen Regelungen des Sozialversicherungsrechts, so kann man feststellen, daß durch Erwerbszentriertheit und die Ehezentriertheit unseres Systems die Strukturen und die Systematik sich immer noch an typisch männlichen Lebenszusammenhängen orientieren. Diese Strukturen wirken sich auf für Frauen relevante Lebenssachverhalte mittelbar diskriminierend aus. Dort wo weibliche Lebenszusammenhänge ins Recht Eingang gefunden haben, geschah dies oft unsystematisch und zT auch sprachlich diskriminierend. Dies gilt in der Krankenversicherung für das Wochengeld, für die Einführung des Karenzgeldes als Leistung der Arbeitslosenversicherung, die Bezeichnung als „Sondernotstandshilfe“ einer Versicherungsleistung für Zeiten, während man an der Erwerbstätigkeit infolge der Betreuung von Kleinkindern gehindert ist, die Gewährung einer Invaliden- bzw Berufsunfähigkeitspension an versicherte Frauen, die vier Kinder geboren haben und ihren Mann verlieren. Ein kurzer Überblick soll dies verdeutlichen.

1. Krankenversicherung

a) Nicht erwerbstätige Frauen

Nicht erwerbstätige Frauen sind in der KV als Angehörige geschützt. Sie haben keinen eigenen Anspruch auf die Leistungen und verlieren diesen abgeleiteten Schutz bei einer Scheidung. Da die Beiträge zur freiwilligen KV relativ hoch sind, kann sich daraus für Frauen nach einer Scheidung, die oft

---

[40]) *Tálos/Wörister,* Soziale Sicherung im Sozialstaat Österreich (1994) 206ff; *Prinz/Rolf-Engel/Thenner*, Neue Wege der eigenständigen Alterssicherung von Frauen, Forschungsprojekt im Auftrag der Bundesministerin für Frauenangelegenheiten (1996), (unveröffentlicht).

ohnehin schon mit finanziellen Einbußen verbunden ist, die finanzielle Lage noch weiter verschlechtern. Der Angehörigenkreis von freiwillig Versicherten ist überdies kleiner als der von Pflichtversicherten.

Ein weiteres Problem kann sich ergeben, wenn eine Frau, die ihren Angehörigenschutz von ihren Eltern herleitet, selbst Mutter wird. Die Leistungen aus dem Versicherungsfall der Mutterschaft stehen zwar auch der angehörigen Tochter zu, jedoch liegt dann kein weiterer abgeleiteter Anspruch als Angehöriger für das Kind mehr vor. Einen abgeleiteten Versicherungsanspruch von einer „Angehörigenversicherung" gibt es nicht mehr. Damit ein Kind, dessen Mutter als Angehörige „versichert" ist, krankenversicherungsrechtlichen Schutz genießt, muß es diesen entweder vom pflichtversicherten Vater oder von pflichtversicherten Großeltern ableiten können. Im letzteren Fall muß eine Hausgemeinschaft bestehen.[41]

b) Erwerbstätige Frauen

Erwerbstätige Frauen sind in der Krankenversicherung ab einem Einkommen, das über der Geringfügigkeitsgrenze liegt, pflichtversichert. Die Geldleistungen der KV stehen nur Pflichtversicherten bzw den nach § 19a ASVG Versicherten zu. Damit erhalten Frauen, die unter der Geringfügigkeitsgrenze erwerbstätig sind, weder Krankengeld noch Wochengeld aus der Krankenversicherung.

Das Wochengeld ist eine Leistung der Krankenversicherung aus dem Versicherungsfall der Mutterschaft und stellt den Ersatz für den Entfall des Arbeitsentgelts während eines Beschäftigungsverbotes nach dem Mutterschutzgesetz dar. Diese sozialversicherungsrechtliche Leistung steht daher in einem untrennbaren Zusammenhang mit den arbeitsrechtlichen Bestimmungen des Mutterschutzgesetzes.[42] Nicht für alle Zeiten eines Beschäftigungsverbotes aufgrund der Bestimmungen des Mutterschutzgesetzes bestehen nämlich Entgeltfortzahlungsansprüche gegenüber dem Arbeitgeber.[43] Das Wochengeld ist prinzipiell der Leistung des Krankengeldes nachgebildet, erfüllt aber in vollkommenerer Weise[44] die Funktion, den durch das Beschäftigungsverbot erlittenen Entgeltverlust zu ersetzen.

---

[41]) Dieses Problem kann sich ergeben, wenn beide Elternteile studieren und als Angehörige unter Versicherungsschutz stehen.

[42]) §§ 3 Abs 1 und 5 Abs 1 MSchG.

[43]) Vgl § 14 MSchG, welcher die Entgeltfortzahlungsansprüche während eines Beschäftigungsverbotes gegenüber dem Arbeitgeber regelt.

[44]) *Binder*, Das Leistungsrecht der Krankenversicherung, in *Tomandl* (Hg), System 2.2.6.4.1.

Dadurch, daß den Anspruchsberechtigten ein echter Einkommensersatz geboten wird, ähnelt die Leistung eher den arbeitsrechtlichen Entgeltfortzahlungsansprüchen als den üblichen sozialrechtlichen Leistungen. Ein deutlicher Ausdruck dafür ist, daß es keine Höchstgrenzen für diese Leistung gibt. Nicht nur aus diesem Grund ist das gesamte rechtliche Erscheinungsbild des Wochengeldanspruchs im Vergleich zu anderen sozialrechtlichen Leistungen als atypisch zu bezeichnen.[45] Finanziert wird das Wochengeld seit 1.7.1996 zu 70% aus dem FLAF.[46]

2. Arbeitslosenversicherung

a) Karenzgeld

Das Karenzgeld ist eine Leistung der Arbeitslosenversicherung und gebührt in dem Fall, von dem diese Leistungsart ihren Namen hat, nämlich bei Inanspruchnahme eines Karenzurlaubes zur Pflege eines Kleinkindes. Von dieser ursprünglichen Voraussetzung der Inanspruchnahme eines Karenzurlaubes gibt es mittlerweile zahlreiche Ausnahmen. Im Vordergrund der sehr wohl familienpolitischen Maßnahme steht nach heutiger Rechtslage die finanzielle Unterstützung für Mütter (Väter), welche aufgrund der Kindererziehung auf ein Erwerbseinkommen verzichten.[47] Das Karenzgeld steht auch zu, wenn der Leistungsempfänger sich in keinem karenzierten Dienstverhältnis befindet.

Die Ansiedlung des Anspruches auf Karenzgeld ist ein weiteres typisches Beispiel für die Art, *wie* weibliche Lebenszusammenhänge im Sozialversicherungsrecht implantiert wurden.

Schon im Jahr 1951 lag der Anteil der Frauenbeschäftigung an der Gesamtbeschäftigung bei 34,8%.[48] Durch den Wandel von der Groß- zur Kleinfamilie und die immer weiter fortschreitende Veränderung der Arbeitsbedingungen wurde das Nebeneinander von Kinderbetreuung und Berufstätigkeit immer schwieriger. Frauen, die ein Kind zur Welt brachten, mußten entweder den Beruf aufgeben und sich der Versorgung durch den Ehemann über-

---

[45]) *Firlei*, Entscheidungsbesprechung zu OHG, 12.4.1988, 10 Ob S 78/88, ZAS 1990, 33.

[46]) Durch das Sozialrechtsänderungsgesetz BGBl 1996/411 wurde der § 168 ASVG rückwirkend mit 1.7.1996 novelliert. Bis zu diesem Zeitpunkt wurden 50% des Wochengeldes durch den FLAF finanziert. Durch die Senkung des Finanzierungsanteils der Krankenkassen für das Wochengeld zu Lasten des FLAF wird eine Einsparung von ca 0,85 Mrd für die gesetzliche Krankenversicherung erwartet (vgl infas 5/1996, 183).

[47]) VwGH vom 5.9.1995, 94/08/0179 (ARD 4701/27/95).

[48]) *Frank*, Arbeitswilligkeit und zumutbare Beschäftigung für betreuungspflichtige Mütter, DRdA 1958, 119.

lassen, oder unter großen Schwierigkeiten versuchen, Kinderbetreuung und Berufstätigkeit zu vereinbaren. Werdende Mütter und Wöchnerinnen am Arbeitsplatz zu schützen, war die Intention des Mutterschutzgesetzes, welches in Österreich im Jahre 1957 - auch in Erfüllung völkerrechtlicher Verpflichtungen - in Kraft trat.

Die enge Verknüpfung der sozialrechtlichen Leistung des Karenzgeldes mit den arbeitsvertragsrechtlichen Bestimmungen des Mutterschutzgesetzes zeigt sich schon von allem Anfang an. Aufgrund der Karenzierungsbestimmungen des MSchG war es zwar möglich, ohne Verlust des Arbeitsplatzes sechs Monate das Kind zu betreuen; von diesem Recht konnten allerdings nur Mütter Gebrauch machen, welche nicht auf ihren Arbeitsverdienst und die damit zusammenhängende Krankenversicherung angewiesen waren, da es für diese Karenzzeit keine finanzielle Unterstützung aus der Sozialversicherung gab. Daher wurde das Kind entweder nach Ablauf der Zeit des Wochengeldbezuges in die Obhut fremder Menschen gegeben, oder die Mutter löste das Dienstverhältnis und deckte den Unterhalt aus dem Bezug von Arbeitslosengeld. Dies war möglich, da die Arbeitsämter bei der Zuerkennung des Arbeitslosengeldes auf den Umstand der Betreuungspflicht in einer Weise Rücksicht nahmen, der vom reinen Gesetzeswortlaut her nicht ganz gedeckt war, da Mütter, welche aufgrund einer Betreuungspflicht dem Arbeitsmarkt nicht zur Verfügung standen, nicht die Voraussetzungen für die Zuerkennung von Arbeitslosengeld erfüllten.[49]

Die sozialpolitische Lösung dieses Problems lag in der Einführung einer neuen Leistung der Arbeitslosenversicherung, nämlich des Karenz*(urlaubs)*gelds.[50]

Dieses erste Karenzgeld war der Leistung des Arbeitslosengeldes nachgebildet.[51] Es gebührte, sofern die Mutter für den Unterhalt des Kindes überwiegend selbst aufkam, in voller Höhe des Arbeitslosengeldes, in allen übrigen Fällen in der halben Höhe des Arbeitslosengeldes, auf das die Mutter im Falle der Arbeitslosigkeit Anspruch gehabt hätte, mindestens jedoch in der Höhe von 645 Schilling monatlich.[52] Gesetzliche Unterhaltsleistungen für das Kind verminderten den Anspruch. Jedes Einkommen der Mutter, ihrer Angehörigen und gleichzuhaltenden Personen, das den Betrag von 2.500

---

[49]) Vgl dazu *Zagorski*, Österreichische Arbeitsmarktverwaltung reformbedürftig, WiPolBl 1968, 462f.

[50]) Bericht des Ausschusses für soziale Verwaltung über den Antrag betreffend Änderung des Arbeitslosenversicherungsgesetzes, 298 BlgNR 9. GP.

[51]) AB 298 BlgNR 9. GP zu § 25a Abs 1 AlVG.

[52]) Zu den ersten Problemen bei der Vollziehung der neuen Regelungen vgl *Ullrich*, Probleme des Karenzurlaubsgeldes, DRdA 1962, 93f.

Schilling überstieg, war auf das Karenzurlaubsgeld anzurechnen.[53] Beim Bezug von Karenzgeld waren keine Kontrollmeldungen vorgesehen. Im Anschluß an den Karenzgeldbezug war Anspruch auf Arbeitslosengeldbezug gegeben. All dies wurde von verschiedenen Autoren als problematisch erkannt.

Zagorski schlug als Lösung für diesen komplexen Problemkreis - Karenzgeld als an sich systemwidrige Leistung der Arbeitslosenversicherung und anschließender Arbeitslosengeldbezug mit besonderer Berücksichtigung der Betreuungspflicht bei der Zumutbarkeit[54] - in Anlehnung an den Ausstattungsbetrag in der Pensionsversicherung eine Art Entfertigung aus der Arbeitslosenversicherung vor. *Mayr*[55] stimmt *Zagorski* insoweit zu, daß das Karenzgeld einen Fremdkörper im AlVG darstellte, sprach sich gegen die Entfertigung aus und stellte sich auch gegen die „weitherzige" Praxis der Arbeitsämter bei der an den Bezug von Karenzgeld anschließenden Gewährung von Arbeitslosengeld an betreuungspflichtige Mütter.

Es dauerte aber einige Zeit, bis die Bestimmungen über das Karenzgeld im Jahre 1974 bedeutend verändert wurden.

Nach den erläuternden Bemerkungen zur Regierungsvorlage dieser Novelle[56] zielte der Gesetzesentwurf in erster Linie darauf ab, die Entscheidung einer Frau, ein Kind zur Welt zu bringen, positiv zu beeinflussen und die Situation der Frauen, die sowohl Mütter als auch Dienstnehmerinnen waren, nach der Entbindung und in den ersten Lebensjahren des Kindes zu verbessern. Dies sollte durch folgende gesetzliche Maßnahmen erreicht werden:

- Neugestaltung und Erhöhung des KUG auf ein Ausmaß, daß es der Mutter finanziell ermöglicht, sich tatsächlich der Pflege des neugeborenen Kindes widmen zu können.
- Erleichterung bei der Erfüllung der Anspruchsvoraussetzungen für junge Mütter durch Herabsetzung der zu erbringenden Anwartschaftszeiten und durch Anrechnung von krankenversicherungspflichtigen, aber nicht ar-

[53]) Auch bei der sog „Ersatzleistung an öffentliche Bedienstete", welche mit BGBl 1961/98 als Gegenstück zum Karenzurlaubsgeld für ASVG Versicherte eingeführt worden war, gab es solche Anrechnungsbestimmungen. S dazu *Frank*, Unterschiedliche Einkommensanrechnung auf das Karenzurlaubsgeld und die Ersatzleistungen, DRdA 1962, 143f.

[54]) Die Praxis der Arbeitsämter ging hier soweit, daß automatisch an den Bezug von KUG anschließend AlG ausbezahlt wurde, ohne die Voraussetzungen für das Vorliegen der Anspruchsberechtigung überhaupt zu prüfen. Vgl *Mayr*, Karenzurlaubsgeld für Mütter, WiPolBl 1968, 470.

[55]) Karenzurlaubsgeld für Mütter, WiPolBl 1968, 469f.

[56]) BGBl 1974/179; 1032 BlgNR 13. GP.

beitslosenversicherungspflichtigen Lehr- bzw Ausbildungszeiten von Lehrlingen bzw Krankenpflegeschülerinnen.

- Höheres Karenzgeld für alleinstehende Mütter. Hier zeigt sich der familienpolitische Charakter des Karenzgeldes, da die Tatsache, daß sich eine höhere Leistung an die Voraussetzung des Alleinerziehens knüpft, versicherungsrechtlich nicht wesentlich sein kann, sondern ganz klar eine rechtspolitische Entscheidung ist.
- Gewährung von Notstandshilfe an alleinstehende Mütter, die niemanden zur Betreuung ihrer Kinder haben und daher keiner Beschäftigung nachgehen können.

Das Karenzgeld wurde als fixer Betrag eingeführt. Es wurde verheirateten Müttern in der Höhe von 2000 Schilling und alleinstehenden Müttern in der Höhe von 3000 Schilling monatlich gewährt. Anrechnungsbestimmungen von Einkünften Dritter entfielen. Damit sollte es den Müttern finanziell ermöglicht werden, *sich tatsächlich selbst der Pflege des neugeborenen Kindes widmen zu können.*

Der Bezug von Arbeitslosengeld nach dem Bezug von Karenzgeld war nicht mehr möglich,[57] es mußte eine neue Anwartschaft erworben werden. Vor dieser Novelle konnten junge Mütter im Anschluß an den Karenzgeldbezug noch fünf bis sieben Monate lang das Arbeitslosengeld beziehen, wenn sie glaubhaft machten, daß sie keiner geregelten Arbeit nachgehen könnten, ohne die Beaufsichtigung ihres Kindes zu vernachlässigen. Davon machten auch 68% der ehemaligen Bezieherinnen von Karenzgeld für rund sieben Monate Gebrauch. Der Aufwand für diese Leistung hatte im Jahre 1973 rund 276 Millionen Schilling betragen. Die Erhöhung des Karenzgeldes wurde fast ausschließlich durch den Wegfall dieser Leistung finanziert.[58]

Gleichzeitig wurde die Aufwanddeckung durch einen Beitrag aus Mitteln des Ausgleichsfonds für Familienbeihilfen zum Karenzgeld in der Höhe von 25% des Gesamtaufwandes für Karenzgeld eingeführt.[59]

Das heißt, mit dieser Novelle wurde einerseits die Leistung des Karenzgeldes von jener des Arbeitslosengeldes entkoppelt, indem es nicht mehr

---

[57]) § 25c Abs 2 AlVG idF BGBl 1974/179.

[58]) Die ÖVP stimmte gegen eine Streichung der Möglichkeit des Fortbezuges von Arbeitslosengeld nach dem Karenzurlaubsgeldempfang, wurde jedoch von der SPÖ niedergestimmt. Auch gegen die Verpflichtung des Familienlastenausgleichsfonds, 25% des Aufwandes für Karenzurlaubsgeld zu tragen, stimmte die ÖVP vergeblich. Vgl: Minderheitsbericht der Fraktion der Österreichischen Volkspartei im Bericht des Ausschusses für soziale Verwaltung, 1059 BlGNR 13. GP.

[59]) § 60 Abs 2 AlVG idF BGBl 1974/179.

lohnabhängig sondern mit einem Fixbetrag bewertet wurde, andererseits aber insofern gleichgestellt, als es die Anwartschaften für Arbeitslosengeld fraß.

Heute ist das Karenzgeld immer noch ein fixer Betrag, der meist nur einen Teil des Erwerbseinkommens ausmacht und gewährt wird, um es der Mutter zu ermöglichen, ihr Kind *überwiegend* selbst zu betreuen. Einer ständigen Erwerbstätigkeit neben der Kinderbetreuung kann aus diesem Grund nicht nachgegangen werden. Eine Tätigkeit, welche die überwiegende Kinderbetreuung durch die Mutter zuläßt, ist erlaubt.

Zu diesem einheitlichen Karenzgeld kann eine alleinstehende Mutter oder eine Mutter, deren Ehepartner nur ein geringes Einkommen erzielt, ein Zuschuß nach dem Karenzurlaubszuschußgesetz beantragen. Dieser „Zuschuß" ist eigentlich ein Vorschuß. Bei alleinstehenden Müttern muß der Vater des Kindes bei Überschreiten einer jährlichen Einkommensgrenze von 140.000 Schilling den Vorschuß zurückzahlen. Deshalb wird ein Zuschuß auch nur gewährt, wenn bei der Beantragung des Zuschusses der Vater des Kindes angegeben wird.

Wird beiden Eltern ein Zuschuß gewährt, weil das Einkommen des Ehegatten (Lebensgefährten) unter der Freigrenze von monatlich 5.495 Schilling liegt, müssen sich beide Elternteile verpflichten, das Geld zurückzuzahlen, wenn ihr jährliches Gesamteinkommen 350.000 Schilling überschreitet.

Diese Regelung ist sozialpolitisch äußerst bedenklich und stellt besonders für alleinerziehende Mütter einen Rückschritt dar.

Europarechtlich erging zum Ausmaß des Karenzgeldes im letzten Jahr eine interessante Entscheidung.[60]

Der EuGH folgt in der Rechtssache *Gillespie* betreffend Kürzung des Arbeitsentgelts im Karenzurlaub dem Schlußantrag des Generalanwaltes mit der Maßgabe, daß Arbeitnehmerinnen während des Karenzurlaubes zu zahlende Leistungen nicht so niedrig festgesetzt werden dürfen, daß dadurch der Zweck des Karenzurlaubes gefährdet wird. Durch das Strukturanpassungsgesetz 1996 wurde das zeitliche Ausmaß des Anspruches auf Karenzgeld gekürzt. Wenn kein Wechsel in der Betreuung des Kindes durch den anderen Elternteil stattfindet, endet der Anspruch mit dem Erreichen des 18. Lebensmonates des Kindes. Diese Regelung stellt nicht nur für alleinerziehende Mütter eine gleichheitswidrige Härte dar. Aus der obgenannten Entscheidung läßt sich auch eine Unvereinbarkeit mit dem EG-Recht ersehen. Der Anspruch auf Karenzgeld endet zwar mit Erreichen des 18. Lebensmonates des Kindes, die Karenzierungsmöglichkeit nach dem Mutterschutzgesetz bleibt aber bis zum zweiten Lebensjahr des Kindes bestehen. Nimmt eine Mutter nun die Möglichkeit der Karenzierung bis dahin wahr, erhält sie dafür keinerlei Unterstützung vom Bund, und damit sind wir wieder zur selben Rechtslage zurückgekehrt, wie sie vor Einführung des Karenzgeldes als Leistung der Arbeitslosenversicherung bestanden hat!

---

[60]) EuGH 13.2.1996, Rs C 342/93, Fall Gillespie, ARD 4760/32/96.

b) Sondernotstandshilfe

Mütter (oder Väter) haben gem § 39 AlVG Anspruch auf Sondernotstandshilfe bis zur Vollendung des dritten Lebensjahres des Kindes, wenn der Anspruch auf Karenzgeld erschöpft ist und für das Kind keine Unterbringungsmöglichkeit besteht. Als geeignete Unterbringungsmöglichkeit gelten zB Kindergärten oder Tagesmütter. Die im Haushalt bzw am Wohnsitz lebenden Eltern und Großeltern einer Frau können nicht zwingend für die Betreuung des Kleinkindes herangezogen werden.[61]

Im übrigen müssen bis auf die Arbeitswilligkeit die Voraussetzungen für die Gewährung der Notstandshilfe vorliegen.

Diese Bezeichnung als „Sondernotstandshilfe" dieser Leistung der Arbeitslosenversicherung, die eindeutig eine Unterstützung der Kinderbetreuung darstellt, ist meines Erachtens schon diskriminierend. Eine Frau, die ihrer Erwerbstätigkeit nicht nachgehen kann, weil sie ein Kleinkind zu betreuen hat und sie keine geeignete Unterbringungsmöglichkeit für dieses hat, befindet sich in einem „Sondernotstand"! Welche weiteren Ungereimtheiten sich ergeben können, weil diese Leistung im AlVG angesiedelt ist, zeigt eine Entscheidung des VwGH aus dem Jahr 1996:[62]

Einer Frau wurde vom Arbeitsamt eine Beschäftigung als Küchenhilfe in ihrem Wohnort mit einer kollektivvertraglichen Entlohnung zugewiesen. Sie war nicht bereit, die Beschäftigung anzunehmen, da sie niemand zur Betreuung ihres Sohnes hatte. Eine Aufnahme in den örtlichen Kindergarten war erst ab vier Jahren möglich.

Nach ständiger Rechtsprechung des VwGH sind für die Beurteilung der Zumutbarkeit einer Beschäftigung innerhalb des Wohn- oder Aufenthaltsortes des Arbeitslosen ausschließlich die Kriterien des § 9 Abs 2 AlVG maßgebend und ist demnach auf die Gefährdung der Versorgung der Familienangehörigen, zu deren Unterhalt der Arbeitslose verpflichtet ist, nicht Bedacht zu nehmen. Daß nach den bei Beurteilung der Voraussetzungen einer Leistung der Arbeitslosenversicherung allein relevanten arbeitslosenversicherungsrechtlichen Gesichtspunkten die Notwendigkeit der persönlichen Betreuung von Kleinkindern durch eine arbeitslose Person nicht schlechthin für die Zumutbarkeit einer zugewiesenen Beschäftigung von Belang ist, ergibt sich auch aus der Leistung der Sondernotstandshilfe, die gemäß § 39 AlVG - unter weiteren Voraussetzungen - nur dann zu gewähren ist, wenn Mütter oder Väter wegen der Betreuung ihres Kindes, dessen Geburt Anlaß für die Gewährung des Karenzgeldes war, keine Beschäftigung annehmen können, weil erwiesenermaßen für dieses Kind, das noch nicht das 3. Lebensjahr vollendet hat, keine Unterbringungsmöglichkeit besteht. Die von der Be-

---

[61]) Vgl die Verordnung betreffend Richtlinien über die Abwicklung der Sondernotstandshilfe (Sondernotstandshilfeverordnung) BGBl 1995/361.

[62]) VwGH 5.9.1995, 94/08/0221; infas 1996, 48.

schwerdeführerin behaupteten Betreuungsschwierigkeiten ihres 3 1/2-jährigen Sohnes waren daher nicht geeignet, eine sonst nach § 9 Abs 2 AlVG zumutbare Beschäftigung unzumutbar zu machen; dem dahinter stehenden sozial(familien)politischen Anliegen kann - jedenfalls auf dem Boden der geltenden Rechtslage - nicht mit den Mitteln der Arbeitslosenversicherung begegnet werden.

Trotzdem sind diese Leistungen aber alle im Arbeitslosenversicherungsgesetz angesiedelt!

3. Pensionsversicherung

Die fehlende ausreichende Alterssicherung von Frauen ist ein Hauptmangelpunkt im System der sozialen Sicherheit. Die Ursachen sind vielfältiger Natur:

- geringere Einkommen schreiben sich in der Pensionshöhe fort, hier perpetuiert sich eine Ungerechtigkeit aus dem Erwerbsleben
- es fehlt eine ausreichende Berücksichtigung nicht bezahlter Versorgungsarbeit
- die Unterbrechung der Erwerbskarrieren wirkt sich jedenfalls leistungsmindernd aus
- die Alterssicherung von Ehefrauen, die in der Zeit des aufrechten Bestandes der Ehe ihren Beitrag zur Deckung der gemeinsamen Bedürfnisse durch die Haushaltsführung geleistet haben, bzw jener Frauen, die während der Ehe nur geringere Versorgungsanwartschaften erworben haben als ihre Ehepartner, wird durch eine Scheidung gefährdet

Auch im Pensionsrecht kann man erkennen, wie unlogisch und sprachlich und inhaltlich diskriminierend oft mit weiblichen Lebenssachverhalten umgegangen wird. Eine ausdrückliche gesetzliche unterschiedliche Behandlung von Frau und Mann in der PV besteht in der Alterspension bei den Bestimmungen bezüglich des Anfallsalters. Eine weitere Differenzierung gibt es in der Berufsunfähigkeits(Invaliditäts)pension. Anspruch auf eine solche Pension hat auch eine versicherte Ehegattin nach dem Tod des Ehemannes, wenn die Wartezeit erfüllt ist, sie das 55. Lebensjahr vollendet und mindestens vier lebende Kinder geboren hat.[63] Eine Frau, die vier Kinder geboren hat, erwerbstätig war, älter als 55 Jahre ist und nun ihren Ehemann verliert, wird - invalid!

a) Alterspension

Frauen mit typisch weiblichen Lebensverläufen können den einzigen Vorteil, der ihnen vom geltenden Pensionsrecht geboten wird - das verfassungsrecht-

---

[63]) §§ 254 Abs 2, 271 Abs 2 und 279 Abs 2 ASVG.

lich abgesicherte frühere Pensionsanfallsalter - nicht nutzen, eben weil sie einen typisch weiblichen Lebensverlauf gelebt haben.

In der Pensionsversicherung kumulieren alle sich für Frauen ergebenden Nachteile des geltenden Systems. Die Armut ist in Österreich immer noch alt und weiblich. Das österreichische Pensionssystem garantiert erst nach einer Dauer von 45 Jahren und bei Vollerwerbstätigkeit eine angemessener Altersversorgung und ist damit besonders stark auf typisch männliche Erwerbskarrieren zugeschnitten. Es kalkuliert nach wie vor in einem hohen Ausmaß mit den Unterhaltsleistungen innerhalb der Familie, und schafft durch ausreichend hohe Pensionen für die Männer auch die Voraussetzung dafür.[64]

Das österreichische Pensionssystem ist ein erwerbsarbeits- und ehezentriertes Alterssicherungssystem, das aber in mehrfacher Hinsicht von einem streng einkommens- und zeitproportionalen System abweicht. Dies liegt einmal daran, daß der Zeitfaktor und der Einkommensfaktor in der Pensionsformel nicht proportional ausgestaltet sind. So gehen die ersten 30 Versicherungsjahre mit einem höheren Steigerungssatz in die Pensionsberechnung ein als die nachfolgenden Jahre. Die Pensionsberechnung stellt auf die 15 besten Einkommensjahre ab. Die Zeiten der Kindererziehung werden pensionssteigernd berücksichtigt und durch die Ausgleichszulage gibt es eine bedarfsabhängige Mindestsicherung. Durch die Möglichkeit sich für Zeiten der Pflege von pflegebedürftigen Personen selbst in der PV weiterzuversichern und der Übernahme eines Teiles der Kosten durch den Bund hat ein weiteres Element der Anerkennung von nicht bezahlter Arbeit, die aber einen volkswirtschaftlichen Wert darstellt, Eingang in das System gefunden.

b) Die Anrechnung von Kindererziehungszeiten als Ersatzzeiten

Seit dem Inkrafttreten der 51. ASVG Novelle[65] können Zeiten der Kindererziehung bis zum Höchstausmaß von vier Jahren pro Kind als *Ersatzzeit* für die PV angerechnet werden.[66] Der OGH hat in seinem Erkenntnis v 31.1.1995, 10 Ob S 266/94[67], ausgesprochen, daß er in der Wertung der Zeiten der Kindererziehung als Ersatzzeiten eine folgerichtige gesetzliche Gleichbehandlung mit anderen Zeiten, für die keine Beiträge geleistet werden, erblickt. Die rechtspolitische Forderung, Kindererziehungszeiten wie Beitragszeiten zu behandeln, weil der künftige Bestand des Pensionsversicherungssystems nur dann gesichert sei, wenn eine ausreichende Zahl von Kindern geboren und aufgezogen werde, findet nach Ansicht des OGH im Gesetz keine Deckung.[68]

---

[64]) *Tálos/Wörister*, Soziale Sicherung im Sozialstaat Österreich 186.

[65]) BGBl 1993/335.

[66]) §§ 227a, 228a, 239 ASVG.

[67]) ARD 4651/14/95.

[68]) Vgl dazu auch die aktuelle Diskussion in Deutschland über die Verfassungsmäßigkeit der dort geltenden Regelung der Kindererziehungszeiten. *Hase*, Anrechnung von Kindererziehungszeiten in der Rentenversicherung: Element eines sozialen Ausgleichs neuer Art? VSSR 1/1995, 25ff.

Voraussetzung für die Anrechnung als Ersatzzeit ist das Vorliegen einer Beitragszeit, es genügt nicht, daß der Kindererziehungszeit eine Ersatzzeit vorausgeht oder nachfolgt. Die tatsächliche und überwiegende Erziehung des Kindes muß zudem durch die Versicherte erfolgen.

Als Kinder gelten die leiblichen Kinder, sowie Wahl-, Stief- und Pflegekinder. Wird innerhalb dieser Vierjahresfrist ein weiteres Kind geboren, so verkürzt sich die anrechenbare Zeit für das erste Kind bis zur Geburt des zweiten Kindes.

Der Anspruch für ein und dasselbe Kind besteht in den jeweiligen Zeiträumen nur für die Person, die das Kind tatsächlich und überwiegend erzogen hat. Dabei besteht für den Elternteil, der für das Kind Karenzgeld bezogen hat, bzw der während der Kindererziehungszeit nicht in der PV versichert war, die gesetzliche Vermutung, daß er das Kind tatsächlich und überwiegend erzogen hat. Waren beide Elternteile in der PV versichert, besteht die Vermutung, daß die Mutter das Kind erzogen hat. Diese gesetzliche Vermutung kann vom anderen Elternteil widerlegt werden.

Die Bemessungsgrundlage für Zeiten der Kindererziehung ist ein fixer Betrag, der jährlich angepaßt wird.[69] Überschneiden sich Zeiten der Kindererziehung mit Monaten der Selbstversicherung für die Zeit der Pflege eines behinderten Kindes bis zur Vollendung des 4. Lebensjahres dieses Kindes oder Zeiten eines Wochengeldbezuges, so wird die normale Bemessungsgrundlage herangezogen. Überschneiden sich Zeiten der Kindererziehung und andere Beitragsmonate, so wird für diese Zeiten der normalen Bemessungsgrundlage die einheitliche Bemessungsgrundlage für die Kindererziehungszeiten zugeschlagen. Dadurch wirken sich Zeiten der Kindererziehung, während denen man neben der Erziehung einer Erwerbstätigkeit nachgegangen ist, leistungssteigernd aus.[70]

c) Geschiedenenpensionsregelung

Frauen, deren Ehe mit dem Versicherten für nichtig erklärt, aufgehoben oder geschieden worden ist, gebührt eine Witwenpension, wenn ihr der Versicherte zur Zeit seines Todes Unterhalt zu leisten hatte, und diese Unterhaltsleistung aufgrund eines gerichtlichen Urteiles oder gerichtlichen Vergleichs oder einer vor Auflösung der Ehe eingegangenen vertraglichen Verpflichtung erfolgte.[71]

Die Witwenpension gebührt der geschiedenen Frau in der Höhe des bisher geleisteten Unterhaltes. Erhält die geschiedene Frau auch eine Witwenrente nach dem Verstorbenen aus der Unfallversicherung, so beträgt die Witwenpension aus der PV den Differenzbetrag zwischen der Rente aus der Unfallversicherung und dem Unterhaltsbeitrag. Vertragliche oder durch gerichtlichen Vergleich übernommene Erhöhungen des Unterhaltes, die erst im letzten Jahr vor dem Tod des Unterhaltsverpflichteten eingegangen wurden, bleiben für die Berechnung außer Betracht.

Seit 1.7.1993 erhält die geschiedene Frau auch eine Witwenpension, wenn der Verstorbene nach der Scheidung bis zu seinem Tod regelmäßig zur Deckung des Unterhaltsbedarfs der geschiedenen Frau beigetragen hat, und die Ehe mindestens zehn Jahre gedauert hat. Der Unterhalt muß regelmäßig ab einem Zeitpunkt nach der Rechtskraft der Scheidung bis zum Tod des Versicherten mindestens für ein Jahr geleistet worden sein.[72] Nach dem Wortlaut des Gesetzes wird auf

---

[69]) Für das Jahr 1998 beträgt die Bemessungsgrundlage 6.586 Schilling.

[70]) Ausführlich dazu: *Marek*, Berücksichtigung der Kindererziehungszeiten in der Pensionsversicherung, DRdA 1995, 227f.

[71]) § 258 Abs 4 iVm § 264 Abs 8, 9 und 10 ASVG. Vgl dazu mit ausführlicher Judikaturkritik und weiteren Verweisen: *Binder*, Die Problematik der Geschiedenen-Pensionsregelung, in *Harrer/Zitta* (Hg), Familie und Recht (1992) 669ff.

[72]) Stirbt der Versicherte vor Ablauf eines Jahres nach der Scheidung, gebührt trotz erfolgter Unterhaltsleistungen keine Witwenpension. OGH v 28.2.1995, 10 Ob S 37/95, ARD 4652/16/95.

den Unterhalts*bedarf* abgestellt. Nach den Erläuterungen zur RV soll der Versorgungsanspruch trotz regelmäßiger Zahlungen nicht entstehen, wenn kein Bedarf besteht.[73]

Unterhaltserhöhungen, die erst im letzten Jahr vor dem Tod des Versicherten erfolgten, bleiben für die Berechnung der Höhe der Witwenpension außer Betracht. Gebührt eine Rente aus der UV nach dem Versicherten, so darf die Pension den Betrag des durchschnittlich geleisteten Unterhaltes abzüglich der Rente aus der UV nicht überschreiten.

Der Anspruch auf Witwenpension für die geschiedene Ehefrau besteht nur sofern und solange die Frau nicht eine neue Ehe geschlossen hat.

Der OGH ist bei der Auslegung der Bestimmungen bezüglich der Witwenpension für geschiedene Ehefrauen immer noch sehr streng. Deshalb ist es wichtig, bei der Scheidung die Unterhaltsvereinbarung in einer der im Gesetz vorgesehenen Formen zu treffen. Leistet der geschiedene Ehemann ohne eine solche Verpflichtung Unterhalt, so sollte dies in einer leicht nachweisbaren Form - zB mittels Banküberweisung - geschehen.

Wurde die Ehe aus alleinigem oder überwiegendem Verschulden des Ehemannes gem § 55 Ehegesetz geschieden und enthält das Scheidungsurteil diesen Ausspruch gem § 61 Abs 3 Ehegesetz, so gebührt der geschiedenen Ehefrau die Witwenpension im selben Ausmaß wie einer Witwe aus aufrechter Ehe, wenn die Ehe mindestens fünfzehn Jahre gedauert hat. Ist die Ehe kinderlos geblieben, muß die Frau zum Zeitpunkt der Rechtskraft des Scheidungsurteiles zudem entweder erwerbsunfähig gewesen sein oder das 40. Lebensjahr vollendet haben.

4. Unfallversicherung

Bezüglich der Unfallversicherung liegt das Hauptproblem aus der Sicht der Frauen bei der Nichtversicherung typisch weiblicher Tätigkeiten, welche unbezahlt - also nicht erwerbstätig - innerhalb des Familienverbandes erbracht werden. Der volkswirtschaftliche Wert dieser Arbeit ist durch mehrfache Studien belegt,[74] und auch in der Judikatur des OGH werden konkrete Zahlen bezüglich der Bewertung der Hausarbeit genannt.[75] Im feministischen Diskurs wurde die Ausklammerung des wirtschaftlichen Wertes der in privaten Haushalten von Frauen erbrachten Arbeit aus der volkswirtschaftlichen Gesamtrechnung immer wieder angeprangert und es wird darin eine Ausbeutung der Frauen durch das kapitalistische System gesehen.[76] Eine Einbeziehung von Personen, welche Kinderarbeit, Erziehungsarbeit, Pflegearbeit und eben Hausarbeit verrichten, in den Schutz der gesetzlichen Unfallversicherung wird aber nicht nur von feministischer Seite her schon lange gefordert. Das bestehende Defizit an Schutz für diese Tätigkeiten ist ein auch von der Rechtswissenschaft schon lange erkannter und diskutierter Bereich. Dabei gibt es grundsätzliche Übereinstimmung über die Notwendigkeit eines

[73]) EB zur RV 932 BlgNR 18. GP.

[74]) Vgl dazu „Die Presse" vom 5.12.1995, „Unbezahlte Hausarbeit ist viele Milliarden wert", welcher sich auf eine Berechnung des Statistischen Zentralamtes beruft.

[75]) *Badelt* (Hg), Kosten der Pflegesicherung 1995; *ders,* Familien zwischen Gerechtigkeitsidealen und Benachteiligungen (1994).

[76]) Vgl statt aller: *Mies*, Patriarchat und Kapital.

solchen Schutzes. Diskutiert wird noch darüber, wie ein solcher auszusehen hätte.

Die Unfallversicherung hat sich von ihrer ursprünglichen Konzeption weit entfernt. Von einer Betriebsversicherung ist sie zu einer Personenversicherung geworden. Sowohl der versicherte Personenkreis wie auch der Bereich der versicherten Tätigkeiten haben sich immens ausgeweitet. Die ursprünglichen Grundmuster sind in der heutigen Erscheinungsform zum Teil noch vorhanden, es hat sich aber ihre Bedeutung verschoben.[77] *Tomandl* sieht in der Ablösung der Unternehmerhaftung nur mehr einen wichtigen Partialaspekt der UV, da sogar die Finanzierungsweise und Haftungsentlastung der Arbeitgeber nicht mehr als sinnstiftendes Grundprinzip der UV anzusehen seien.

Die Gefahrenbereiche Haushalt und Freizeit zählen immer noch zur Privatsphäre und sind auch heute noch aus dem Schutzbereich der Unfallversicherung ausgeklammert. Für Freizeitunfälle im engeren Sinn ist das auch einsichtig, für den Schutz des Gefahrenbereiches Haushalt wird aber schon lange eine bessere Absicherung gefordert.[78]

Die Anerkennung von Familienarbeit als Arbeit im öffentlichen Interesse einer Volkswirtschaft und eine damit verbundene sozialversicherungsrechtliche Absicherung dieser Arbeit ist eine schon seit langem diskutierte Forderung. Der mangelnde Unfallschutz für nicht erwerbstätige Frauen, die sich der Kindererziehung und der Haushaltsführung widmen, läßt sich angesichts der Wandlung des Unfallversicherungsprinzips und der Ausweitung eines unfallversicherungsrechtlichen Schutzes auch auf Kindergarten- und Schulkinder bzw Schüler und Studenten nicht mehr nachvollziehen.[79]

V. Mittelbare Diskriminierung durch das derzeit geltende System

Soziale Systeme spiegeln den zugrunde liegenden Gesellschafts- oder Sozialvertrag, auch den zwischen den Geschlechtern, der das Familienleben bestimmt. Der männliche, lebenslange Vollzeit-Alleinverdiener hat das System stark geprägt. Von ihm hing eine Familie ab. Seine Lücken im Versiche-

---

[77]) *Tomandl*, Das Leistungsrecht der Unfallversicherung, in *Tomandl* (Hg), System 2.3.1.

[78]) *Kunst*, Die gegenwärtige und künftige Stellung der Frau in der Unfallversicherung, in *Tomandl* (Hg), Die Frau in der Sozialversicherung (1976) 70ff.

[79]) In Deutschland wurde anläßlich des 60. DJT der Beschluß gefaßt, Erziehende in die gesetzliche Unfallversicherung einzubeziehen. Vgl dazu *Fuchs*, Erziehende sind in die gesetzliche Unfallversicherung einzubeziehen, Die Sozialgerichtsbarkeit 1995/1, 1ff.

rungsverlauf, die mit Sicherheit nicht familienbedingt waren, mußten nicht nur zu seinen Gunsten, sondern zugunsten der ganzen Familie, die finanziell von ihm abhängig war, aufgefangen werden. Sein Auffangnetz war im wesentlichen auf Geldleistung ausgerichtet, weil er Unterhalt in Geld leistete und nicht Personensorge. Aus diesem Grund sind alle denkbaren Wechselfälle des Lebens aus männlicher Sicht erfaßt. Zusätzlich wird alles, was legitimerweise von Beitragsentrichtung entlastet, lückenfüllend, überbrückend, leistungserhöhend und leistungsbegründend angerechnet.

Alles ist erfaßt und sozial abgesichert. Dabei kommt es nicht darauf an, ob es sich um von außen kommende Ereignisse handelt, oder ob die Versicherungsrisken selbst verursacht, gar selbst verschuldet sind. Auch solcher Risikozuwachs, der allein „privat" verursacht ist, weil der Arbeitnehmer heiratet und für eine durch Kinder und sonstige Angehörige erweiterte Familie aufzukommen hat, hat seinen festen Stellenwert im sozialversicherungsrechtlichen System. Die Familienrisken werden abgesichert durch die Angehörigenleistungen. Seine Erwerbsbiographie ist eingebettet in ein Umfeld sozialer Absicherung. Dies gilt auch für die Hinterbliebenenversorgung, die es ihm erspart, in einer reinen Hausfrauenehe einen Vorsorgeunterhalt zu leisten.

Das System diskriminiert Personen, die an einer durchgängigen Erwerbstätigkeit gehindert sind. Die Absicherung dieser Personen wird in Form von privatrechtlichen Unterhaltsregelungen in die Privatheit gedrängt. Anerkanntermaßen sind viele dieser hindernden Tätigkeiten, wie Kindererziehung, Kinderbetreuung und Pflegetätigkeit nicht Angelegenheiten der privaten Lebensführung,[80] sondern stellen einen volkswirtschaftlich relevanten Beitrag dar.[81] Verknüpft man diese Erkenntnis mit dem derzeit erreichten Stand und der Ausdehnung der Sozialversicherung zu einem System der sozialen Sicherheit, gilt es Ansätze und Modi zu finden, diese Arbeiten im System zu verankern und Personen, die sich solchen Aufgaben widmen, sozial abzusichern. Ziel muß sein, aufgrund dieser und jener Arbeit zu einer gerechten, gleichwertigen sozialen Absicherung auf Grund eigener Ansprüche zu kommen.

Die derzeitige These von der Gleichwertigkeit beruflicher und familiärer Verpflichtungen wirkt sich ohne eine rechtliche Absicherung der familialen

[80]) Vgl dazu zuletzt das Erkenntnis des VfGH zur Familienbesteuerung.

[81]) *Badelt*, Kosten der Pflegesicherung.

Tätigkeit für die Personen, die sie erbringen, diskriminierend aus.[82] Wird die Gleichwertigkeit nur behauptet und gesellschaftlich beteuert und zugestanden, aber nicht rechtlich abgesichert, hat dies zur Folge, daß die Doppel- und Dreifachbelastung erwerbstätiger Mütter rechtstheoretisch nicht reflektiert wird. Der qualitative Unterschied der Funktionsbereiche Beruf und Familie wird mißachtet. Der Frau, die in der Regel dem familiären Aufgabenbereich verpflichtet ist, fehlt es weitgehend an Äquivalenten zur Rechtsposition des Mannes. An der Altersversorgung partizipiert sie nur abgeleitet und unabhängig von der von ihr erbrachten Leistung. Bei Invalidität ist sie ungeschützt. Die rechtliche Absicherung im Anschluß an den Mutterschutz ist unzureichend. Ihren Status kann sie nur verändern, wenn sie außerhäuslich erwerbstätig wird.

Die Rechtsordnung spiegelt damit nicht nur die geschichtliche gesellschaftliche Entwicklung wider, sondern schreibt sie auch fest. Die Forderung, weibliche Lebenssachverhalte auch rechtlich zu verankern und Ansprüche zu sichern, kann deshalb nicht damit abgetan werden, daß dies systemwidrig wäre. Ein Rechtssystem, das Diskriminierungen enthält, muß logischerweise umgestaltet werden und diese diskrimierenden Strukturen müssen beseitigt bzw verändert werden. Dies kann auch schon jetzt innerhalb des bestehenden Systems geschehen.

Der VfGH betont, daß es sich bei der Sozialversicherung um ein verhältnismäßig neues Sachgebiet handle, das durch eine unaufhörliche Fortentwicklung, sowohl was den Umfang der Versicherten als auch was den Gegenstand der Versicherung anlangt, gekennzeichnet sei. Die Sozialversicherungsgesetzgebung sei - neben anderen - eine Einrichtung, *die den Wandel in den Auffassungen über die Aufgaben des Staates auf dem Gebiet der Sozialordnung* veranschauliche.[83]

Das Sozialversicherungsrecht ist insgesamt geprägt von einem Ineinandergreifen von Versicherungs- und Versorgungsprinzip.[84] Die Versorgung beruht nicht auf einer entgeltlichen Gegenseitigkeitsversanstaltung der Versicherten, sie ist „öffentliche Leistung“. Der Gesetzgeber verpflichtet die Sozialversicherung, Leistungen zu erbringen, für die Beiträge nicht oder nur

[82]) *Dobberthien*, Frauenerwerbsarbeit gleich Frauendiskriminierung? Zeitschrift für Rechtssoziologie (1988) 278f.

[83]) *Klecatsky*, Das Recht auf Soziale Sicherheit in der österreichischen „Reform der Grund- und Freiheitsrechte“, in *Nowak/Steurer/Tretter* (Hg), Fortschritt im Bewußtsein der Grund- und Menschenrechte, *Ermacora*-FS 319.

[84]) *Tomandl*, Sozialrecht 32; *Schrammel*, Das Sozialrecht in der Rechtsprechung des österreichischen Verfassungsgerichtshofes, VSSR 1983, 224ff; VfSlg 3670/1960, 4714/1964, 5241/1966, 6015/1969, 12.793/1991.

unzureichend vorhanden sind, oder die Personen betreffen, welche nicht zur Solidargemeinschaft gehören.[85] Nicht die Versichertengemeinschaft sondern die Gesamtgesellschaft bringt die Mittel auf. Es gibt keine Beiträge.[86]

Sowohl im Witwerpensionserkenntnis[87] als auch im Pensionsanfallserkenntnis[88] hat der VfGH Regelungen als gleichheitswidrig - dh nicht mehr dem Gleichheitsgrundsatz entsprechend - aufgehoben, welche Frauen gegenüber Männern bevorzugten. In beiden Erkenntnissen sagte der VfGH, daß ehemals gleichheitskonforme Regelungen sehr wohl gleichheitswidrig werden können, wenn die gesellschaftlichen Verhältnisse sich in einer solchen Weise ändern, daß die entsprechenden gesetzlichen Bestimmungen nicht mehr den tatsächlichen Gegebenheiten entsprechen. Grundlegend war dabei auch sowohl die Erkenntnis über das gewandelte Rollenverständnis von Frauen in der Gesellschaft als großer sozialer Gemeinschaft mit der Zunahme der Erwerbstätigkeit, als auch der Wandel der Geschlechterverhältnisse in der kleinen sozialen Gemeinschaft Familie mit der Institutionalisierung der partnerschaftlichen Ehe. Die Wandlung zeigt sich nicht nur in der Änderung der tatsächlichen Lebensumstände, wie zunehmender Erwerbstätigkeit etc der Frauen, sondern vor allem auch in einem Bewußtseinswandel vom Rollenverständnis und Selbstverständnis der Frau. Hier gebietet der Gleichheitsgrundsatz ein grundlegendes Anpassen der Gesetze an diese veränderten Verhältnisse.

Eine eigenständige soziale Absicherung durch eine stärkere Berücksichtigung nicht-bezahlter Versorgungsarbeit, die hälftige Teilung der während einer Ehe gemeinsam erworbenen Anwartschaften und den Ausbau nicht diskriminierender - weil unabhängig vom Partner gewährter - mindestsichernder Elemente ist schon im derzeitigen Rechtssystem möglich und durch den verfassungsrechtlichen Gleichheitssatz dringend geboten.

---

85) *Tomandl*, Allgemeiner Teil, in *Tomandl*, System 0.5.2.
86) *Tomandl*, Sozialrecht 3f.
87) VfSlg 8871.
88) VfSlg 12.568.

Literaturverzeichnis

- *Adamovich*, Gebietet der Gleichheitsgrundsatz die Anpassung anderer Rechtsgebiete an die Familienrechtsreform? DRdA 1977, 5.
- *Adamovich/Funk/Holzinger*, Österreichisches Staatsrecht (1997).
- *Badelt* (Hg), Kosten der Pflegesicherung (1995).
- *Badelt*, Familien zwischen Gerechtigkeitsidealen und Benachteiligungen (1994).
- *Bieback*, Familienleistungen und Familienlastenausgleich in der Sozialversicherung, VSSR 2/1996, 73.
- *Binder*, Die Problematik der Geschiedenen-Pensionsregelung, in *Harrer/Zitta* (Hg), Familie und Recht (1992).
- *Dahrendorf*, Lebenschancen (1979).
- *Denk/Schattovits*, Teilzeitbetreuung von Kindern in Österreich, Schriftenreihe des ÖIF Nr. 1 (1995).
- *Dobberthien*, Frauenerwerbsarbeit gleich Frauendiskriminierung? Zeitschrift für Rechtssoziologie 1988, 260 (278).
- *Dragaschnig* ua, Die 32. Novelle zum ASVG, SozSi 1977, 3.
- *Dragaschnig*, Die soziale Funktion der Krankenversicherung, in *Tomandl* (Hg), Von der Krankenversicherung zur sozialen Vorsorge (1972).
- *Ent*, Der Einfluß der Familienrechtsreform auf die Entwicklung des Sozialversicherungsrechts, DRdA 1977, 4.
- *Finder*, Umfang und Auswirkungen geringfügiger Beschäftigungsverhältnisse, Studie im Auftrag des BMAS (1992), (unveröffentlicht).
- *Firlei*, Die Familie in der Sozialversicherung, in *Harrer/Zitta* (Hg), Familie und Recht (1992).
- *Frank*, Arbeitswilligkeit und zumutbare Beschäftigung für betreuungspflichtige Mütter, DRdA 1958, 119.
- *Frank*, Unterschiedliche Einkommensanrechnung auf das Karenzurlaubsgeld und die Ersatzleistungen, DRdA 1962, 143.
- *Fuchs*, Erziehende sind in die gesetzliche Unfallversicherung einzubeziehen, Die Sozialgerichtsbarkeit 1995/1, 1.
- *Fürböck*, Familienrecht und Sozialversicherung, DRdA 1977, 8.
- *Gerhard*, Gleichheit ohne Angleichung (1990).
- *Gitter*, Die Rolle der Geschlechter in der Grundkonzeption der Sozialversicherung, in *Tomandl* (Hg), Die Frau in der Sozialversicherung (1976) 2.
- *Hase*, Anrechnung von Kindererziehungszeiten in der Rentenversicherung: Element eines sozialen Ausgleichs neuer Art? VSSR 1/1995, 25.

- *Hofmüller*, Zur Diskussion gestellt: Wie ein Sozialanliegen im 19. Jh. offiziell entdeckt und 100 Jahre danach besprochen wurde, in *Köfler/Hofmüller* (Hg), Beiträge zur Tiroler Frauenforschung (1989).
- *Iro*, Versicherungsrechtliche Probleme der mitarbeitenden Ehefrau, in *Tomandl* (Hg), Die Frau in der Sozialversicherung (1976).
- *Jaeger,* Referat der Richterin des Bundesverfassungsgerichts Renate *Jaeger*, Karlsruhe, zu den Verhandlungen des sechzigsten Deutschen Juristentages (1994).
- *Klecatsky,* Das Recht auf Soziale Sicherheit in der österreichischen „Reform der Grund- und Freiheitsrechte", in *Nowak/Steurer/Tretter* (Hg), Fortschritt im Bewußtsein der Grund- und Menschenrechte, *Ermacora*-FS.
- *Krejci*, Das Sozialversicherungsverhältnis (1977).
- *Krejci*, Neues Scheidungsrecht und soziale Sicherung, JBl 1979, 173.
- *Krejci/Marhold,* Das Versicherungsverhältnis, in *Tomandl*, System.
- *Kunst*, Die gegenwärtige und künftige Stellung der Frau in der Unfallversicherung, in *Tomandl* (Hg), Die Frau in der Sozialversicherung (1976).
- *Lederer,* Grundriß des österreichischen Sozialrechts[2] (1932).
- *Lucke*, Die Frauenforschung und ihre juristischen Abnehmer - zur rechtpraktischen Irrelevanz einer advokatorischen Wissenschaft, Zeitschrift für Rechtssoziologie 1984, 207.
- *Marek*, Berücksichtigung der Kindererziehungszeiten in der Pensionsversicherung, DRdA 1995, 227.
- *Mayr*, Karenzurlaubsgeld für Mütter, WiPolBl 1968, 469.
- *Meisel*, Die Scheidungsreform und ihre Auswirkungen im Sozialversicherungsrecht, in *Weißenberg*-FS (1980) 373.
- *Mies,* Patriarchat und Kapital: Frauen in der internationalen Arbeitsteilung[3] (1990).
- *Migsch,* Sozialversicherungs- und versorgungsrechtliche Aspekte des neuen Familienrechts, in *Ostheim* (Hg), Schwerpunkte der Familienrechtsreform (1979) 203.
- *Pelikan*, Vom Sorgen und Versorgtwerden der Mütter, in Zeitschrift für Rechtssoziologie 1984/2, 260.
- *Pöschl*, Über Gleichheit und Verhältnismäßigkeit, JBl 1997, 438.
- *Prinz/Rolf-Engel/Thenner*, Neue Wege der eigenständigen Alterssicherung von Frauen, Forschungsprojekt im Auftrag der Bundesministerin für Frauenangelegenheiten (1996), (unveröffentlicht).
- *Riedi*, Sozial gesicherte Gleichberechtigung (1995).
- *Schrammel,* Das Sozialrecht in der Rechtsprechung des österreichischen Verfassungsgerichtshofes, VSSR 1983, 213.

- *Schwarz*, Verweigerung von Wochengeld, DRdA 1984, 164.
- *Sell*, Beschäftigungs- und Verteilungseffekte einer Steuerfinanzierung „versicherungsfremder" Leistungen in der Sozialversicherung, ZfS 1997, 530.
- *Tálos/Wörister*, Soziale Sicherung im Sozialstaat Österreich (1994).
- *Tomandl* (Hg) System des österreichischen Sozialversicherungsrechts, Loseblattausgabe (1980).
- *Tomandl*, Grundriß des österreichischen Sozialrechts[4] (1989).
- *Tomandl* (Hg), Verfassungsrechtliche Probleme des Sozialversicherungsrechts (1989).
- *Ullrich*, Probleme des Karenzurlaubsgeldes, DRdA 1962, 93.
- *Wörister*, Geringfügig Beschäftigte, SozSi 1995, 184.
- *Zagorski*, Österreichische Arbeitsmarktverwaltung reformbedürftig, WiPolBl 1968, 462.

DIE ENTSTEHUNG DER ARBEITSKREISE FÜR GLEICHBEHANDLUNGSFRAGEN AN DEN UNIVERSITÄTEN

von Susanne Fürst

"Gern mag ich, daß die Frau Bescheid weiß überall,
Doch muß ich es an ihr als Überspannung schelten,
Wenn sie gelehrt sich gibt, um für gelehrt zu gelten.
Weit lieber ist es mir, wenn sie einmal mit Fleiß, auf
Eine Frage schweigt und gleichwohl Antwort weiß,
Wenn sie ihr Studienfach nicht aller Welt verkündet,
Ob auch der Gast nicht gleich ihr Wissen ganz ergründet,
Wenn aus Autoren sie nicht stracks Zitate dreht
Und nicht mit Geist und Witz fortwährend schwanger geht."
Jean Batiste Molière

I. Einleitung

Der große Molière faßte in diesen stimmigen Zeilen sein Bild von der "honnête femme", der ehrbaren Frau, zusammen und befindet sich damit im 17. Jahrhundert in bester - frauenfeindlicher - Gesellschaft. Auch im 18. Jahrhundert werden die im Zuge der französischen Revolution aufkeimenden Hoffnungen der Frauen auf eine Emanzipation durch einen der ganz großen "Vordenker" und Wortführer in der Gestaltung der Gesellschaftsordnung nach der Revolution - den Gerechtigkeitsfanatiker *Jean-Jaques Rousseau* - zerschlagen. Welchen Platz die Frauen im aufgeklärten Staat haben sollen, wird in seinen Ausführungen in *Emile* zweifelsfrei erläutert:

"Wissenschaften, Sprachen, Theologie oder
Geschichte wären für sie nicht nur ohne Nutzen,
sondern sogar schädlich. Sie kann nur die Dinge
des Haushalts und die Arbeit mit der Nadel erlernen;
sie soll nur soviel Geist haben, wie es den Leuten,
mit denen sie spricht, gefällt ... geduldig wird sie die
Fehler der anderen ertragen, während sie die
eigenen mit Vergnügen zu verbessern sucht...
Ihre Würde ist unbekannt zu sein, ihr Ruhm liegt in
Wertschätzung ihres Gatten."

Es ließen sich an dieser Stelle noch unzählige Beispiele solcher Aussprüche unumstrittener, berühmter und in ihren Theorien unantastbarer Männer aufzählen. Doch während uns diese Ausführungen aus den vergangenen Jahrhunderten nunmehr ob der darin zur Schau gestellten Verzweiflung über die

Tatsache des unaufhaltsamen Strebens der Frauen, die engen Mauern der Häuslichkeit zu verlassen und nach Bildung und Selbständigkeit zu trachten, eher belustigen, geben aktuelle Beispiele Anlaß zu Nachdenklichkeit und Verbitterung.

Im Jahr *1994* beklagt sich ein Psychologieprofessor der Universität Salzburg[1] über den deutlichen weiblichen Überhang bei den Studierenden der Psychologie[2] und sorgt sich um das daraus resultierende Absinken seines Fachs zu einem "Frauenstudium", welches das Prestige der Psychologie mindert. Weiters kritisert er, daß die "Möglichkeiten und Bereitschaft der Frauen zur wissenschaftlichen Karriere vielfach nur eingeschränkt vorhanden sind"; dies ist für den Professor der wahre Grund für den sinkenden Frauenanteil in der Universität mit zunehmender Hierarchie. Zusätzlich stellt sich für ihn "die Frage, ob im Studium die Präferenz bezüglich der einzelnen psychologischen Fächer bei Frauen und Männern gleich ausgeprägt ist oder ob sich geschlechtsspezifische Interessenschwerpunkte finden". Das Zutreffen der zweiten Variante würde nämlich "zu einer Ausdünnung einzelner Fächer" führen.

In ihrer Geringschätzung für das wissenschaftliche Potential der Frauen trifft sich diese Aussage mit den zuvor zitierten Aussprüchen wichtiger Männer vergangener Jahrhunderte. Neu ist lediglich, daß es eine Reaktion auf solche öffentlich getätigten Aussprüche und auf offen zutage gelegte Frauenverachtung gibt.[3] In den Medien entstand eine lebhafte Diskussion über den Gehalt der Rede des Psychologieprofessors, die ihn zu einer Rechtfertigung veranlaßte.[4]

Ergebnis der mangelnden "Bereitschaft" der Frauen, zielstrebig an einer wissenschaftlichen Karriere zu arbeiten, ist die sogenannte "Pyramide" hinsichtlich der Vertretung von Frauen an den Universitäten, wonach die Frauen in der Gruppe der Studierenden breiten Raum einnehmen (insgesamt derzeit

---

[1]) Es handelt sich um o. Univ.-Prof. Dr. Urs Baumann, Institut für Psychologie an der Universität Salzburg, der als Präsident der Deutschen Gesellschaft für Psychologie anläßlich der Eröffnung des 39. Kongresses in Hamburg 1994 einen "Bericht zur Lage der deutschsprachigen Psychologie 1994 - Fakten und Perspektiven" vortrug. Die Rede wurde in der Psychologischen Rundschau, 1995, 46, 3-17, veröffentlicht.

[2]) In Deutschland waren 1991 annähernd 70% der Psychologiestudierenden Frauen und der Anteil der Absolventinnen lag bei 64%. In Österreich ist die Lage noch "schlimmer": 80% Hörerinnen und 70% Absolventinnen, vgl Psychologische Rundschau, 10.

[3]) Man denke dabei auch an die seit Jahren medial geführte Diskussion bezüglich des Ausschlusses von Frauen bei den Wiener Philharmonikern, die im Frühjahr 1997 in der Zulassung der Frauen mündete.

[4]) S Psychologische Rundschau 1995, 205f, in der er von unterschobenen Interpretationen und Mißverständnissen spricht.

rund 53% Erstinskribierende, 46% ordentliche Hörerinnen) und mit zunehmend gewichtiger Stellung in der Hierarchie kontinuierlich abnehmen.[5] Schlußpunkt und zugleich die Spitze der Pyramide stellt die verschwindend geringe Präsenz von Frauen in der höchsten Ebene, der der ordentlichen Universitätsprofessoren, mit 3,6% dar.

Diese Pyramide, die auf alle beliebigen Felder der Erwerbstätigkeit in ihren Grundsätzen anwendbar ist, läßt den Schluß zu, daß sich die heutigen Entscheidungsträger noch immer eisern an die von Molière, Rousseau & Co vorgegebene Stoßrichtung halten. Eine Anpassung an die Gegebenheiten des 20. Jahrhunderts hat zwar insoferne stattgefunden, als den Frauen nun umfassende Bildungsmöglichkeiten und Arbeit in den unteren Hierarchien zugestanden werden, der Kern der Theorie - Frauen sollen ihr Wissen und Können verschweigen oder den Männern bereitstellen, keinesfalls jedoch aus dem Schatten treten und sich zu einer echten Konkurrenz auswachsen - aber erhalten bleibt.[6]

II. Die Schaffung der Arbeitskreise für Gleichbehandlungsfragen durch die UOG-Novelle 1990

An den Universitäten herrscht, wie die oben erwähnte Pyramide beweist, ein Grundkonsens bezüglich der konsequenten Ausgrenzung der Frauen von den höheren Positionen. Dem zunehmenden politischen Gewicht von Frauen, sei

---

[5]) Die hier angegebenen Zahlen entstammen dem Hochschulbericht 1996. Weitere relevante Anteile der Frauen betragen jeweils gerundet: bei den Absolventinnen 44,3%, Doktorandinnen 29,5%, Vertragsassistentinnen 36%, Universitätsassistentinnen 20,5%, Dozentinnen 8,4%, außerordentliche Professorinnen 6,3%. Besonders skandalös ist die Diskrepanz in den Studienrichtungen, die sich auf der Studierendenebene eindeutig in weiblicher Hand befinden (so die Geisteswissenschaften und die Veterinärmedizin mit 67% Studentinnenanteil) und dennoch lediglich einen marginalen Professorinnenanteil (10,2% bzw 10,4%) aufweisen. An den Kunsthochschulen sind die Aufstiegschancen für die Frauen bei einem Professorinnenanteil von 16,5% etwas besser, doch ist auch dieser Prozentsatz angesichts einer weiblichen Hörerschaft von 50,4% lächerlich.

[6]) Diese Interpretation bezüglich des Aussagegehalts der Pyramide erinnert an die für die Auslegung von Verfassungsbegriffen heranzuziehende *Versteinerungstheorie,* wonach diese Tatbestände in dem Sinn zu verstehen sind, den sie zum Zeitpunkt ihrer Entstehung hatten. Der festgestellte historische Inhalt ist in seinem Kern versteinert und gibt den Rahmen vor, der durch rechtliche oder gesellschaftliche Neuerungen, die systematisch zuzuordnen sind, verschoben werden kann. Die Vorrangstellung des Mannes vor der Frau könnte man tatsächlich als einen sich durch die Jahrhunderte behauptenden verfassungsgleichen Grundsatz - als Bestandteil einer "Realverfassung" - bezeichnen. Der Kern - die Nachrangigkeit der Frau - ist versteinert und bleibt daher unantastbar, während im Randbereich Korrekturen im Sinne der Einräumung von gewissen beruflichen Möglichkeiten für Frauen vorgenommen werden können. So wird man des fremdartigen, "neuen" Phänomens "Gleichheitsstreben der Frauen" Herr, ohne am Kern rütteln zu müssen.

es als Politikerinnen oder als Wählerinnen, und dem permanenten Aufmerksammachen auf die unhaltbaren Zustände[7] ist es zu verdanken, daß im Jahr 1990 der Gesetzgeber aktiv wurde und mit der Einfügung des § 106a in das UOG 1975 durch die UOG-Novelle 1990[8] ein Korrektiv schaffen wollte.

Gemäß Abs 1 wurde den von den Universitäten einzurichtenden Arbeitskreisen für Gleichbehandlungsfragen[9] die Aufgabe übertragen, *Diskriminierungen aufgrund des Geschlechtes durch Kollegialorgane der Universität entgegenzuwirken*. Die Einrichtung und die Festlegung der Anzahl der Arbeitskreismitglieder erfolgt durch den Akademischen Senat[10] und die Entsendung durch die Fakultätskollegien.[11]

---

[7]) Durch unermüdliches Pochen auf die bestehende Ungerechtigkeit und durch Unnachgiebigkeit in der Sache haben viele Wissenschafterinnen an ihren jeweiligen Universitäten den Weg für den gesetzgeberischen Eingriff geebnet. An der Universität Linz kommt dieses Verdienst in hohem Maße Frau Professor *Floßmann* zu, die konsequente Aufklärungsarbeit leistete und ihre Ansichten ua im Beitrag "Frauenförderung im Wissenschaftsbetrieb" in *Schwab/Enzinger/Bortenschlager* (Hg) Zwischen Autonomie und Vereinnahmung (1990), 77ff darlegte.

[8]) BGBl 1990/364; der Gesetzgeber stellt in den Erläuterungen aufgrund des unverhältnismäßig geringen Anteils von Frauen unter den Universitätslehrern im Vergleich zum sehr hohen Anteil von Studentinnen einen Handlungsbedarf fest. Zur Abhilfe sollen Gleichbehandlungsbeauftragte geschlechtsspezifischen Diskriminierungen entgegenwirken. Das damit verbundene Eingeständnis des Zusammenhanges von der raren Präsenz von Frauen in der höheren Universitätsstruktur und (gezielter) mangelnder Berücksichtigung von Frauen bei Bewerbungen anstatt der sattsam bekannten Berufung auf den angeblichen Aufholbedarf von Frauen bei der Qualifikation stellt sich für mich als ein geradezu revolutionäres Einbekenntnis dar.

[9]) In der RV 1238 BlgNR 17. GP zur UOG-Novelle war noch die Einsetzung einer Gleichbehandlungsbeauftragten als monokratisches Organ vorgesehen. Dieser Weg wurde zugunsten der Einsetzung des Kollegialorgans Arbeitskreis für Gleichbehandlungsfragen fallengelassen.

[10]) Bei Universitäten ohne Fakultätsgliederung vom Universitätskollegium.

[11]) Zu beachten ist, daß der Arbeitskreis eine Einrichtung sui generis (DErlzUOG-Nov 1990, Pkt 16.2.) und keine Kommission im Sinne des § 15 Abs 7 UOG 1975 darstellt, sodaß auf die Wahrung einer bestimmten Parität zwischen den verschiedenen Gruppen der Universitätsangehörigen nicht zu achten ist. Weiters können alle der Fakultät zugeordneten Universitätsangehörigen sowie die Studierenden und nicht nur die Mitglieder des entsendenden Kollegialorganes in den Arbeitskreis entsandt werden.
Erwähnenswert ist der Hinweis sowohl in den Erläuterungen zur RV 1238 BlgNR 17. GP als auch in Pkt 16.2. des DErlzUOG 1975 auf eine vorrangige Entsendung von Frauen in den Arbeitskreis. Von seiten der Universitätsorgane wird häufig der süffisante Vorwurf erhoben, ausgerechnet der für Gleichbehandlung zuständige Arbeitskreis nähme es aufgrund der vorwiegend weiblichen Zusammensetzung offensichtlich mit der Gleichberechtigung der Geschlechter nicht ernst. In Wahrheit ergibt sich die männliche Nichtvertretung aus dem mangelnden Interesse und der Scheu der Männer vor offenem Engagement in Frauenangelegenheiten.

A. Der Begriff "geschlechtsspezifische Diskriminierung"

§ 106a leg cit enthält keine Definition des Begriffs "geschlechtsspezifische Diskriminierung". Als Anhaltspunkt dient die in § 2 Abs 1 des Gleichbehandlungsgesetzes 1979[12] und 1993 auch in das Bundes-Gleichbehandlungsgesetz[13] aufgenommene Umschreibung einer Diskriminierung als *"jede benachteiligende Differenzierung, die ohne sachliche Rechtfertigung vorgenommen wird"*. Diese Begriffsbestimmung knüpft an die vom VfGH entwickelte Judikatur zum Gleichheitssatz an, wonach differenzierende Maßnahmen nur dann gesetzt werden dürfen bzw müssen, wenn sie sich auf bestehende Unterschiede im Tatsächlichen berufen können.[14] Vollzugsorgane wie die zuständigen Universitätsorgane verletzen das Recht auf Gleichbehandlung insbesondere bei Vorliegen von Willkür.[15]

Für das Vorliegen des geforderten geschlechtsspezifischen Elementes ist die Definition dahin zu ergänzen, daß die Differenzierung ihren Grund in der unsachlichen Anknüpfung an das Geschlecht haben muß. Diese muß nicht unbedingt ausdrücklich geschehen, da neben den unmittelbaren Diskriminierungen auch die *mittelbaren Diskriminierungen* erfaßt sind, die zwar formal den Bezug auf das Geschlecht vermeiden, sich de facto aber unter Angabe eines scheinbar objektiven Rechtfertigungsgrundes für ein Geschlecht erheblich nachteiliger auswirken.[16]

---

[12]) Das BG vom 23. 2. 1979 über die Gleichbehandlung von Mann und Frau bei der Festsetzung des Entgeltes (Gleichbehandlungsgesetz 1979), BGBl 108/1979 idF BGBl 290/1985, gilt für privatrechtlich begründete Arbeitsverhältnisse, wobei Dienstverhältnisse zu den Gebietskörperschaften ausgenommen sind.

[13]) Vgl § 1 Abs 6 des BG vom 12. 2. 1993 über die Gleichbehandlung von Frauen und Männern und die Förderung von Frauen im Bereich des Bundes (Bundes-Gleichbehandlungsgesetz - B-GBG), BGBl 100/1993 idF BGBl 375/1996.

[14]) Eine Verletzung des in Art 2 StGG und Art 7 B-VG normierten Gleichheitssatzes liegt vor, wenn die differenzierenden Regelungen nicht durch entsprechend unterschiedliche Sachverhalte - also objektive Unterscheidungsmerkmale - sachlich gerechtfertigt sind; vgl *Mayer,* B-VG (1997)^2 463ff. Freilich dient dieser Hinweis aufgrund der dabei vorzunehmenden Wertung und der fallspezifischen Rechtsprechung zu diesem Grundrecht nicht unbedingt zur Klärung des Inhalts dieser Formulierung bei.

[15]) Vgl VfSlg 11.840; 12.038; 13.407. Willkür im Hinblick auf die Anwendung des § 106a UOG 1975 liegt zB vor, wenn die zuständigen Organe sich mit den Bewerbungsunterlagen nicht ausreichend auseinandersetzen und die Leistungsnachweise der Bewerber und Bewerberinnen keiner sorgfältigen Prüfung unterziehen.

[16]) Der Begriff der mittelbaren Diskriminierung fand sowohl im GlBG 1979 im Zuge der Novelle 1992, BGBl 833/1992 als auch im B-GBG ausdrücklich Eingang. In beiden Gesetzen findet sich keine Definition des Begriffs, doch nehmen die Erläuterungen zur Novelle des GlBG, 735 BlgNR 18. GP 32, darauf Bezug. So reicht es, "wenn eine vom Arbeitgeber gesetzte Maßnahme sich im Ergebnis so auswirkt, daß die Angehörigen eines Geschlechtes benachteiligt werden". In den Erläuterungen zum B-GBG, 857 BlgNR 18. GP 18, wird auf die Judikatur des EuGH verwiesen, aus

B. Personalangelegenheiten

Zur Erfüllung der in § 106a UOG 1975 normierten Aufgaben sind die Arbeitskreismitglieder berechtigt, an den Sitzungen von Kollegialorganen, in denen Personalangelegenheiten behandelt werden, mit beratender Stimme teilzunehmen.[17] Zu *Personalangelegenheiten* zählen laut Pkt 16.3. des DErl-UOG-Nov 1990 insbesondere das Recht zur Teilnahme an den Sitzungen von Personal-, Berufungs-, Habilitations- und Lehrauftragskommissionen, wobei die Möglichkeit des Teilnahmerechts an Sitzungen weiterer Kollegialorgane und Kommissionen - wenn auch nur für einzelne Tagesordnungspunkte betreffend Personalangelegenheiten - offengelassen wurde.[18] Zu nennen ist an dieser Stelle insbesondere die Institutskonferenz, welche in Personalangelegenheiten, die das Institut betreffen, zwecks institutsinterner Meinungsbildung gehört werden muß. So hat der Institutsvorstand seinen Dreiervorschlag zur Besetzung einer Universitäts- bzw Vertrags- oder Studienassistentenstelle der Institutskonferenz zur Anhörung vorzulegen.[19] Die Erstellung des Dreiervorschlages ist einer der wesentlichsten Schritte im Besetzungsverfahren, da ab diesem Zeitpunkt praktisch nur mehr die in den Vorschlag Aufgenommenen am Verfahren beteiligt sind, während sämtliche anderen Kandidaten und Kandidatinnen ausscheiden. Etwaige mißliebige, aber qualifizierte Bewerberinnen können in diesem Stadium leicht übergangen werden. Eine Teilnahme des Arbeitskreises an der institutsinternen Meinungsbildung und die Wahrnehmung der Stellungnahmemöglichkeit erscheinen daher geboten.[20]

---

der sich das Gebot der Berücksichtigung der De-facto-Diskriminierung ableiten läßt; s näher, *Bei/Novak,* Das Gleichbehandlungsgesetz, in *Aichhorn* (Hg), Frauen & Recht (1997) 102ff; EuGH 31. 3. 1981, Rs 96/80, *Jenkins/Kingsgate*, Slg 1981, 911ff; EuGH 13. 5. 1986, Rs 170/84, *Bilka/Weber von Hartz*, Slg 1986, 1607ff.

[17]) Voraussetzung für eine Teilnahme ist die erfolgte Information über Termin und Ort der Sitzung durch eine entsprechende Einladung, die dem Arbeitskreis für Gleichbehandlungsfragen vom Vorsitzenden unter Anschluß einer Tagesordnung zu überbringen ist, s Durchführungserlaß zur UOG-Novelle 1990 vom 5. Oktober 1990, DErlzUOG-Nov 1990, VBl 1991, Nr 42, Pkt 16.3. Trotzdem war der Wille der Kollegialorgane, die Einladung der Arbeitskreismitglieder zu "vergessen", groß, denn dieser Verfahrensfehler beeinträchtigte die Beschlußfähigkeit des Kollegialorgans und die Gültigkeit der gefaßten Beschlüsse nicht.

[18]) Über die Frage des Teilnahmerechts des Arbeitskreises hat das Kollegialorgan mit Beschluß, welcher der aufsichtsbehördlichen Kontrolle unterliegt, zu befinden.

[19]) Vgl § 40 Abs 3 UOG 1975.

[20]) In den Sitzungen fehlt ein Recht, Anträge zu stellen und Aussagen in das Protokoll aufnehmen zu lassen. Die für Kollegialorgane üblichen Beschlußprotokolle geben nur spärlich Auskunft über den inhaltlichen Verlauf einer Sitzung und führen im Konfliktfall zu Beweisschwierigkeiten.

Gekoppelt mit dem Teilnahmerecht an Sitzungen, die Personalangelegenheiten behandeln, ist das Einsichtsrecht des Arbeitskreises in die entsprechenden Akten und (Bewerbungs-)Unterlagen.

C. Aufsichtsbeschwerde beim BMWV

Im Falle einer diskriminierenden Entscheidung eines Kollegialorgans kann der Arbeitskreis *Aufsichtsbeschwerde* beim Wissenschaftsministerium[21] einlegen. Das Aufsichtsrecht des Bundes gemäß § 5 UOG 1975 - ausgeübt durch den Wissenschaftsminister oder die ministerin - bezieht sich auf die Angelegenheiten des eigenen Wirkungsbereichs, die von den Universitäten unter Einhaltung der Gesetze und Verordnungen und unter Berücksichtigung der den Universitäten obliegenden Aufgaben besorgt werden müssen. Der Minister oder die Minsterin kann rechtswidrige Beschlüsse der Universitätsorgane aufheben oder deren Durchführung untersagen.[22] Rechtswidrigkeit liegt bei Realisierung einer der in Abs 5 angegebenen Aufhebungsgründe vor. Wird der oder die BMWV aufgrund einer Aufsichtsbeschwerde des Arbeitskreises aktiv und schließt sich dessen Meinung an, hebt er oder sie den Beschluß des Universitätsorganes aus dem Grund des *Widerspruchs zu geltenden Gesetzen oder Verordnungen* auf.[23,24]

---

[21]) Das Wissenschaftsministerium bzw der Wissenschaftsminister oder die -minsterin wird in der Folge mit BMWV abgekürzt. Dies ist die derzeitig geltende Abkürzung; auf frühere, anders lautende Abkürzungen wird keine Rücksicht genommen.

[22]) Vgl § 5 Abs 4 UOG 1975.

[23]) Vgl § 5 Abs 5 lit c UOG 1975; die Normen, die der Beschluß bei Verwirklichung einer geschlechtsspezifischen Diskriminierung verletzt, sind § 106a leg cit und Art 7 B-VG.

[24]) An der Universität Linz entbrannte zu Beginn der Tätigkeit des Arbeitskreises im Jahr 1992 ein Streit, ob der Arbeitskreis berechtigt ist, neben der behaupteten diskriminierenden Wirkung des Beschlusses auch die Verletzung von Verfahrensvorschriften und somit die Verwirklichung der anderen Aufhebungsgründe in § 5 Abs 5 UOG 1975 geltend zu machen. Zweiteres wurde den Arbeitskreismitgliedern seitens der Universitätsorgane nicht zugestanden. Doch muß - vorausgesetzt, es liegt ein inhaltlicher Mangel im Sinne einer Diskriminierung vor - es zulässig sein, die Aufsichtsbehörde zusätzlich von groben Verfahrensmängeln in Kenntnis zu setzen und eine amtswegige Überprüfung und anschließende Aufhebung auch aus diesen Gründen anzuregen. Unzulässig wäre lediglich die Behauptung der Verletzung eines subjektiven Rechtes durch ein mangelhaftes Verfahren. Der Wissenschaftsminister geht in seinen Entscheidungen von der Zulässigkeit solcher Anregungen aus, wenn er schreibt: "Das UOG bietet auch im Falle von Aufsichtsbeschwerden gem § 106a UOG 1975 dem BMWV keine Möglichkeit, Beschlüsse aufzuheben, die unter Einhaltung der bestehenden Gesetze und Verordnungen oder ohne die grobe Verletzung von Verfahrensvorschriften zustandegekommen sind".

Für das Tätigwerden der Aufsichtsbehörde gibt es keine Entscheidungsfrist, sowie es keinen Rechtsanspruch für irgendein Organ oder eine Person gibt, daß der oder die BMWV überhaupt aktiv wird.[25]

Die getroffenen Entscheidungen über Aufsichtsbeschwerden durch das BMWV lassen grundsätzliche Stellungnahmen zur Diskriminerungsproblematik vermissen. Sie weisen sich idR hauptsächlich durch knappe Formulierungen, die keinerlei Licht in den ministeriellen Meinungsprozeß brachten, und durch ihren negativen Ausgang aus. Den Arbeitskreisen wird häufig sinngemäß lediglich lapidar mitgeteilt, daß nach Überprüfung der relevanten Unterlagen kein Anlaß gesehen wurde, aufsichtsbehördliche Maßnahmen im Sinne des § 5 UOG 1975 zu setzen.[26]

Zusätzlich zu dem Aufgabenkomplex bezüglich der begleitenden Kontrolle von Personalverfahren hat der Arbeitskreis für Gleichbehandlungsfragen einen weit weniger konfliktträchtigen Aufgabenbereich, nämlich die Beratung der Universitätsangehörigen in Gleichbehandlungsfragen und die Entgegennahme diesbezüglicher Beschwerden.[27]

D. Mangelhafte Ausgestaltung des § 106a UOG 1975

Die Möglichkeiten des Arbeitskreises für Gleichbehandlungsfragen gem dem § 106a UOG idF 364/1990 gestalterisch an Personalverfahren mitzuwirken, hielten sich in Grenzen. Die Bestimmung wurde als zahnloses Instrument bezeichnet, da sie mehr auf den guten Willen der Universitätsorgane, Fraueninteressen stärker zu berücksichtigen, als auf eine effektive Durchsetzung dieser Belange abstellte.

Gravierendstes Manko der gesetzlichen Regelung war die *fehlende aufschiebende Wirkung* der Aufsichtsbeschwerde beim BMWV, sodaß die vom

---

[25]) *Ermacora,* UOG, (1990) 18 (Anm 8 zu § 5 Abs 6 UOG 1975); VwSlg 11.314 A/1984, lediglich bei behaupteter Parteistellung hat der Betroffene Anspruch auf einen zurückweisenden Bescheid.

[26]) Dieser Umstand nährte den Verdacht, daß Anlaß für eine positiv entschiedene Aufsichtsbeschwerde wohl nur der Fall sein könnte, bei dem das Universitätsorgan die Ablehnung der bestqualifizierten Kandidatin mit der ausdrückliche Bezugnahme auf ihr Geschlecht begründet; vgl *Blimlinger,* Fragt die Männer, Juridikum, 3/1992, 40.

[27]) Diese Aufgabe funktioniert den Arbeitskreis zu einer Beratungsstelle um, die den ehrenamtlich tätigen Mitglieder viel Zeit kostet und für die restlichen Universitätsorgane einen bequemen Weg darstellt, sich mit Gleichbehandlungsfragen nicht abzugeben und auf den Arbeitskreis zu verweisen. Man hätte hier auch die Universitätsverwaltung, zB die Personalabteilung, einbinden können.

BMWV zu überprüfenden Beschlüsse ungehindert durchgeführt werden konnten.[28]

Anhand der Einstellung eines Studienassistenten oder einer Studienassistentin durch Abschluß eines privatrechtlichen Vertrages seien die Konsequenzen der mangelnden aufschiebenden Wirkung aufgezeigt.

Studienassistenten oder -assistentinnen sind teilbeschäftigte Vertragsbedienstete des Bundes, die auf Antrag der Personalkommission durch den Rektor oder die Rektorin aufgenommen werden.[29] Dem Antrag vorgelagert ist ein Dreiervorschlag des Institutsvorstandes oder der -vorständin, aus dem die Personalkommission mit Beschluß die am besten geeignete Person aussucht und einen entsprechenden Antrag an den Rektor oder die Rektorin stellt. Verwirklicht der Einstellungsbeschluß der Personalkommission eine geschlechtsspezifische Diskriminierung, indem eine qualifizierte Kandidatin übergangen wird, ist der Arbeitskreis berechtigt, eine Aufsichtsbeschwerde gegen die Entscheidung der Personalkommission einzulegen. Dies hemmt jedoch den Abschluß des Dienstvertrages[30] mit dem gewählten Kandidaten nicht. Hebt die Aufsichtsbehörde den Beschluß des Kollegialorgans nachträglich auf, so berührt dies die Bestandskraft des Dienstvertrages in keinster Weise und der Vertrag könnte vom Universitätsorgan einseitig nicht mehr aufgelöst werden.[31] Allerdings könnte das Universitätsorgan den Vertrag nach Aufhebung des zugrundeliegenden Beschlusses durch aufsichtsbehördlichen Bescheid nicht mehr erfüllen und müßte unter Entstehung von Schadenersatzansprüchen vertragsbrüchig werden.[32]

Die Reaktion der Universitätsorgane auf solche rechtlichen Bedingungen ließ nicht lange auf sich warten. Sie trachteten danach, ihre Beschlüsse

---

[28]) Diese Vorgangsweise klappte bei sämtlichen privatrechtlich abzuschließenden Dienstverhältnissen, da in diesen Fällen das BMWV am Einstellungsverfahren nicht beteiligt war. Die Universitätsorgane konnten ungehindert die gefaßten Beschlüsse im Zusammenspiel mit dem Rektor, der die Verträge mit den Vertragsassistenten und -assistentinnen sowie Studienassistenten und -assistentinnen abschloß, verwirklichen.
Bei den öffentlich-rechtlichen Dienstverhältnissen, wie die von Universitätsassistenten und -assistentinnen, war diese - inneruniversitäre - Umgehung durch die vom BMWV durch Bescheid vorzunehmende Einstellung nicht möglich.

[29]) S § 42 Abs 1 und 3 UOG 1975.

[30]) S § 4 VBG 1948.

[31]) Vgl *Langeder/Strasser,* in *Ermacora/Langeder/Strasser* (Hg), Loseblatt, Österreichisches Hochschulrecht (1986) 133 (Anm 33 zu § 5 Abs 4 UOG 1975); *Hengstschläger,* Haushalts- und kontrollrechtliche Probleme, in *Hengstschläger/Eypeltauer,* Rechtsfragen der Drittmittelforschung (1989) 74.

[32]) Dieser Fall ist in der Praxis in Zusammenhang mit Aufsichtsbeschwerden durch den Arbeitskreis nie aufgetreten, wohl auch weil das Ministerium das Auftreten dieser Situation vermeiden wollte, indem es den Universitätsorganen Recht gab.

möglichst rasch - nämlich vor einer etwaigen negativen Reaktion der Aufsichtsbehörde - umzusetzen.[33]

Wie sich zeigte, war weder der gute Wille aufseiten der Entscheidungsträger der Universität, den Frauen den ihnen gebührenden Platz einzuräumen, vorhanden, noch war der Mut des oder der BMWV groß, mit Hilfe der aufsichtsbehördlichen Mittel korrigierend einzugreifen. So blieben sämtliche Aufsichtsbeschwerden der Arbeitskreise für Gleichbehandlungsfragen bis zur Novellierung des § 106a UOG 1975 im Jahr 1993 im Ergebnis erfolglos.

Die mangelnde rechtliche Ausstattung und die daraus resultierende Erfolglosigkeit der Arbeitskreise brachte große Enttäuschung und Frustration bei den Arbeitskreismitgliedern mit sich. Zusätzlich zum auf der Universität auszutragenden "Kampf", der die agierenden Frauen in ein exponiertes, angreifbares Eck verfrachtete, kam die mangelnde Rückendeckung durch das BMWV. Diese Situation führte zu einhelliger und lautstark geäußerter Kritik,[34] welche 1993 in einer Novellierung der Rechtsgrundlage für das Agieren der Arbeitskreise ihren Niederschlag fand.

III. Die Novellierung des § 106a UOG 1975

Die Novellierung des § 106a UOG 1975 im Jahr 1993[35] bringt für den Arbeitskreis für Gleichbehandlungsfragen eine bedeutende Aufwertung seiner Stellung mit sich.[36] Diese zeigt sich sowohl in quantitativer Hinsicht - der aus zwei Absätzen bestehende § 106a aus 1990 verfügt nun über 11 Absätze - als auch qualitativ durch den Ausbau bestehender Rechte und die Einräumung von neuen Rechtsinstrumenten. Im Zuge dieser Novelle werden in-

---

[33]) Dieser Kritikpunkt war einer der am häufigsten geäußerten, so auch von *Brünner,* StProtNR 109. Sitzung vom 24. März 1993, 18. GP, 12834.

[34]) Vgl *Floßmann,* am 1. gesamtösterreichischen Treffen der Mitglieder der Arbeitskreise für Gleichbehandlungsfragen im BMWV am 23. Jänner 1992, Sitzungsprotokoll, 2ff, die eine Zwischenbilanz über 10 Monate Linzer Arbeitskreis zog und eine Brandrede für eine § 106a UOG-Novelle hielt. Die aufgezeigten Mängel wurden von den Anwesenden bestätigt, ergänzt und in einem Katalog zusammengefaßt.

[35]) BG vom 16. 4. 1993, BGBl 249/1993.

[36]) Demgemäß war auch der Widerstand gegen die Novellierung um ein Vielfaches höher und erbitterter als bei der Novelle 1990. So gab es zahlreiche negative Stellungnahmen zum Entwurf der Novelle, und die Härte der Auseinandersetzung im Nationalrat sprach für sich; StProtNR 109 Sitzung vom 24. März 1993, 18. GP, 12829ff.

haltlich korrespondierende Regelungen für die Hochschulen künstlerischer Richtung geschaffen.[37]

Zusätzlich zu den im UOG 1975 normierten Aufgaben haben die Arbeitskreise für Gleichbehandlungsfragen seit 1. März 1993 das Bundes-Gleichbehandlungsgesetz (B-GBG)[38] zu vollziehen, das für den gesamten Bundesdienst gilt und somit die Universitäten inkludiert.

In § 41 B-GBG ist die Schaffung einer weiteren "Frauenrechtsquelle" vorgesehen, nämlich die Erlassung von Frauenförderungsplänen durch den jeweiligen Leiter oder die Leiterin eines Ressorts. Der gesetzliche Auftrag an den Inhalt dieser künftigen Verordnungen lautet auf die Setzung von geeigneten Maßnahmen zur Beseitigung der Unterrepräsentation sowie bestehender Benachteiligungen von Frauen.[39] Für die Universitäten ist der Frauenförderungsplan des Wissenschaftsministeriums relevant, der am 1. April 1995 in Kraft trat.[40]

Ziele der betreffenden UOG-Novelle[41] waren die Präzisierung des Aufsichtsrechtes des Bundes bei erfolgten geschlechtsspezifischen Diskriminierungen[42], die Erweiterung der Befugnisse der Arbeitskreise und die Möglichkeit der Einräumung von Sondermaßnahmen zur Herbeiführung der Gleichberechtigung von Mann und Frau.

A. Sondermaßnahmen zur Herbeiführung der Gleichberechtigung von Mann und Frau

Die neuen Absätze 1 und 2 des § 106a UOG 1975 widmen sich dem letztgenannten Ziel. Demnach ergeht in Absatz 1 der Auftrag an die kollegialen Universitätsorgane und an den Wissenschaftsminister oder die -ministerin, in allen Arbeitsbereichen auf ein "ausgewogenes Zahlenverhältnis zwischen den an der Universität tätigen Männern und Frauen" hinzuwirken. Als ein geeignetes Mittel zur Durchführung dieses Programmsatzes wird in

[37]) Vgl § 14b KHSchOrgG und § 25a AOG.

[38]) BGBl 100/1993.

[39]) Die Förderpläne haben für jeweils zwei Jahre verbindliche Vorgaben zur Erhöhung des Frauenanteils in jeder Verwendungsgruppe im Wirkungsbereich jeder Dienstbehörde festzulegen.

[40]) Verordnung des Bundesministers für Wissenschaft, Forschung und Kunst betreffend Maßnahmen zur Förderung von Frauen im Wirkungsbereich des Bundesministeriums für Wissenschaft, Forschung und Kunst (Frauenfödenungsplan im Wirkungsbereich des BMWFK) BGBl 229/1995.

[41]) S die Erläuterungen zur UOG-Novelle, 936 BlgNR 4.

[42]) Dies wurde durch die Novellierung des § 5 Abs 5 lit c UOG 1975 realisiert, indem die Verletzung des Gleichbehandlungsgebotes ausdrücklich als Grund für aufsichtsbehördliche Maßnahmen des BMWV bezeichnet wird.

Satz 2 die Erlassung von *universitären Frauen-Förderplänen durch den Akademischen Senat*, die für die anderen Universitätsorgane bloß Empfehlungscharakter[43] haben, vorgeschrieben.

Wie diese Frauen-Förderpläne inhaltlich zu gestalten sind, läßt das Gesetz undeterminiert. Die Diskussion über den Inhalt bleibt somit gänzlich den Universitäten vorbehalten.

Auf die Einrichtung der genannten Frauen-Förderpläne - und allenfalls anderer vorübergehender Sondermaßnahmen zur beschleunigten Herbeiführung der De-facto-Gleichstellung von Mann und Frau - nimmt § 106a Abs 2 UOG 1975 Bezug. Die Zulässigkeit dieser Maßnahmen, die solche im Sinne des Art 4 der UN-Konvention zur Beseitigung jeder Form der Diskriminierung der Frau[44] darstellen und nicht als Ungleichbehandlung im Sinne des Art 7 B-VG gelten, ist durch die Beschlußfassung des Absatz 2 in Verfassungsrang abgesichert. Diese Wegbereitung für die Einführung einer Quote zur Herbeiführung der faktischen Gleichstellung von Mann und Frau fand erbitterten Widerstand seitens der Universitäten, die ihre Institutionen schon mit unqualifizierten "Quotenfrauen" überschwemmt sahen.[45]

---

[43]) Die Forderung der Arbeitskreise nach für die anderen Universitätsorgane obligatorischen Frauen-Förderplänen blieb unerfüllt. Aus Erfahrung in der universitären Praxis betreffend Frauenangelegenheiten war klar, daß mit dem bloßen Empfehlungscharakter und dem Abstellen auf den guten Willen der Organe außer schönen Absichtserklärungen so gut wie nichts bewirkt werden kann.

[44]) BGBl 443/1982; durch die Ratifizierung der UN-Konvention im Jahr 1982 verpflichtete sich Österreich zu umfassenden Maßnahmen zur Verbesserung der Position der Frauen. Da die Konvention unter einem Erfüllungsvorbehalt steht, ist sie gemäß Art 50 Abs 2 B-VG durch die Erlassung von innerstaatlichen Normen zu erfüllen. Manko der UN-Konventionen sind die fehlenden Sanktionen für ihre Nichtumsetzung. Es ist daher nicht verwunderlich, daß sich Österreich erst elf (!) Jahre nach der Ratifizierung bequemte, mit der Realisierung der völkerrechtlichen Verpflichtungen zu beginnen. Zur völkerrechtskonformen Auslegung von bestehenden innerstaatlichen Normen sind die Vorgaben der Konvention auch ohne Umsetzung heranzuziehen; vgl *Floßmann*, Von der beschränkten Grundrechtssubjektivität zur "positiven Diskriminierung" der Frau, in *Floßmann* (Hg) Offene Frauenfragen in Wissenschaft, Recht, Politik 94.

[45]) Vgl *Funk*, Unternehmen Sondermaßnahme, Standard vom 25./26. 7. 1992, 31. Der Ordinarius im Öffentlichen Recht sieht in der Verfassungsbestimmung einen "Angriff auf das Prinzip der Qualifikation nach Leistung" und eine Möglichkeit, "Mängel an fachlicher Qualifikation durch Berufung auf die Geschlechtszugehörigkeit auszugleichen. Auch die Stellungnahme der *Bundeskonferenz der Universitäts- und Hochschulprofessoren* vom 15. 6. 1992, GZ 68.153/112-I/B/5B/92 des BMWF zum Novellierungentwurf des § 106a war getragen von ernster Sorge um unsere Verfassung und die Universitäten. Die Verfassungsbestimmung sei überflüssig, bedenklich, führe zu einer Privilegierung von Frauen und zu einer Diskriminierung der Männer und "schreit nach dem VfGH". Besonders bemerkenswert ist weiters die Schlußfolgerung, daß aus solchen Bestimmungen eine "Gesamtänderung der Bundesverfassung, die einer Volksabstimmung bedürfe, resultiere". Die Schaffung von verbesserten Möglichkeiten für Frauen, wissenschaftliche Karrieren zu machen, würde nach Ansicht der Professorenkonferenz offenbar eine Verletzung der Grundprinzipien unserer Verfassung bewirken.

An der Wahl der Verfassungsform für den neuen § 106a Abs 2 UOG 1975 mag Kritik durchaus zulässig sein. Auf den ersten Blick legt es eine gewisse Unsicherheit des Gesetzgebers hinsichtlich der Vereinbarkeit des Inhalts der Bestimmung mit der bestehenden Verfassung, insbesondere dem Gleichheitssatz in Art 7 B-VG, bloß; denn mit der Verfassungsform läßt sich bequem die Überprüfung der Bestimmung durch den VfGH auf die Vereinbarkeit positiver Förderungsmaßnahmen mit dem Gleichheitssatz präventiv ausschalten.

In den Erläuterungen wird dazu angemerkt, daß auch eine einfachgesetzliche Bestimmung im Lichte der Judikatur des VfGH denkbar gewesen wäre, allerdings aus Gründen der Rechtssicherheit die Verfassungsform gewählt wurde.[46] Es wäre zu einfach, hier dem Gesetzgeber vorschnell die Angst vor einer Aufhebung durch den VfGH zu unterstellen. Die Vereinbarung einer differenzierenden Regelung mit dem Gleichheitssatz hängt von ihrer sachlichen Rechtfertigung und ihrer Verhältnismäßigkeit ab. Zur Beurteilung beider Faktoren ist ein Werturteil durch den Gerichtshof vorzunehmen, dessen Vorhersehbarkeit gering ist.[47]

Mit der Erlassung einer Verfassungsbestimmung hat der Gesetzgeber seinen Willen kundgetan, daß in dieser Frage kein Platz für unterschiedliche Werturteile ist, und den Grundsatz der vorübergehenden positiven Diskriminierung Art 7 B-VG weiterentwickelt und ergänzt.[48]

Anzumerken ist in diesem Zusammenhang, daß § 41 des B-GBG die Erlassung von Frauen-Förderplänen durch die jeweiligen Bundesminister im Gegensatz zum UOG in einfachgesetzlichem Rang festlegt.

Diese beispielhaft dargestellten entlarvenden Äußerungen, die zeigen, wie gerne viele Universitätsprofessoren mit den bestehenden Verhältnissen leben und dabei Benachteiligungen der Frauen bewußt in Kauf nehmen, sind meiner Ansicht nach der beste Beweis für die Notwendigkeit frauenfördernder Maßnahmen. Dazu sei ein letztes - überaus geistreiches - Zitat aus der Stellungnahme zitiert, wonach "frauenfördernde Maßnahmen dann begründet sind, wenn ... sie keine Bevorzugung der Frauen bedeuten."

[46]) Vgl 936 BlgNR 18. GP 5.

[47]) *Walter/Mayer,* Grundriß des österreichischen Bundesverfassungsrechts (1996)[8] Rz 1347ff. Die Judikatur verfolgt - ohne ausreichende Darlegung der Gründe und ohne nachvollziehbarer Ableitung der Entscheidung aus der getroffenen Wertvorstellung - einmal eine strenge, dann wieder eine lockere Linie (VfSlg 11.368, VfSlg 11.369).

[48]) In diesem Sinne *Brünner,* der als Abgeordneter der ÖVP im Nationalrat für die Zulässigkeit und die Sinnhaftigkeit der Verfassungsbestimmung plädierte, StProtNR, 109. Sitzung vom 24. März 1993, 18. GP 12833ff; *Siegmund-Ulrich,* Geschlechterdifferenz und Chancengleichheit, in *Bundesministerin für Frauenangelegenheiten* (Hg), Frauen und Recht, (1994) 73f, die im neuen § 106a UOG 1975 eine überfällige authentische Interpretation des Gleichheitssatzes in Art 7 B-VG sieht.

Der zweite Hauptkritikpunkt bestand, wie oben erwähnt, in der vermeintlichen Absage an das Leistungsprinzip und einer Bevorzugung alleine aufgrund des Kriteriums des weiblichen Geschlechtes. Auch diesem Einwand begegnen die Erläuterungen,[49] indem sie feststellen, daß kein frauenprivilegierender Verzicht auf Qualifikation durch Einführung starrer qualifikationsunabhängiger Quoten geübt werden soll. Zweck der Bestimmung ist vielmehr der erleichterte Erwerb von Qualifikationen und die Förderung der - den Leistungsanforderungen voll gerechtwerdenden - Frauen durch vorübergehende Bevorzugung bei der Einstellung und der weiteren Karriere.

B. Erweiterung der Befugnisse der Arbeitskreise für Gleichbehandlungsfragen

Der zweite Schwerpunkt der Novellierung des § 106a UOG 1975 bezieht sich auf die Erweiterung der Befugnisse der Arbeitskreise für Gleichbehandlungsfragen.

Gemäß § 106a Abs 4 UOG 1975 sind die Arbeitskreise nun zusätzlich zum Teilnahmerecht an den Sitzungen, die Personalangelegenheiten behandeln, befugt, *Anträge zu stellen, Sondervoten zu Protokoll zu geben und bestimmte Diskussionsbeiträge von Mitgliedern des Kollegialorgans in das Protokoll aufnehmen zu lassen.* Damit ist laut den Erläuterungen dem Beweisnotstand beizukommen, in den Arbeitskreismitglieder schlittern, wenn sie den Vorfall von geschlechtsspezifischen Diskriminierungen bzw Behauptungen angeben, diese aber naturgemäß in den Beschlußprotokollen der Kollegialorgane keinen Niederschlag finden. Mangels Dokumentation der Ungleichbehandlung sei somit das Scheitern einer Beschwerde vorprogrammiert.[50]

Mit dem Protokollierungsrecht und dem Antragsrecht haben die Arbeitskreismitglieder bedeutend gestärkte Mitgestaltungsmöglichkeiten am Verlauf der Sitzungen, denen sie nach wie vor lediglich mit beratender Stimme angehören.

§ 106a Abs 6 UOG 1975 bringt die langersehnte ausdrückliche Klärung, daß die Einladungen zu Sitzungen von Kollegialorganen, die sich mit Personalangelegenheiten befassen, eine Bringschuld der Vorsitzenden der Organe ist und keine Holschuld der Arbeitskreise. Sah das Gesetz bisher bei unterlassener Ladung des Arbeitskreises keine Sanktionen vor, gilt nun das *Kollegialorgan bei Nichtladung der Arbeitskreismitglieder und deren daraus*

---

[49]) 936 BlgNR 18. GP 4f.

[50]) 936 BlgNR 18. GP 5.

resultierender Abwesenheit als unrichtig zusammengesetzt. Es hat daher die Beratung und die Beschlußfassung über die betreffende Personalangelegenheit in einer neuerlichen Sitzung unter ordnungsgemäßer Beiziehung des Arbeitskreises zu wiederholen. Angesichts dieser strengen Rechtsfolge wundert es nicht, daß ab Inkrafttreten der Novelle sich das Problem der unterbliebenen Ladungen der Arbeitskreise in Luft auflöste.[51]

Die Absätze 7 bis 9 des § 106a UOG 1975 befassen sich mit dem Ablauf von Personalverfahren, an denen der Arbeitskreis für Gleichbehandlungsfragen aktiv teilnimmt. Grund für das Einschreiten ist nach wie vor der Verdacht, daß ein Beschluß eines Kollegialorganes eine Diskriminierung von Personen aufgrund ihres Geschlechtes darstellt.

Durch die gesetzliche Einschränkung des Wirkungsbereiches der Arbeitskreise für Gleichbehandlungsfragen auf Entscheidungen durch *Kollegialorgane* fallen diskriminierende Personalentscheidungen durch *monokratische Organe* nicht in seine Zuständigkeit. Dies betrifft insbesondere die Aufnahme von allgemeinen Universitätsbediensteten in die Verwaltung,[52] für deren Aufnahme im Status eines Vertragsbediensteten je nach Verwendung der Rektor, Universitätsdirektor oder Bibliotheksdirektor zuständig ist.

C. Die Auswirkungen des B-GBG auf das universitäre Personalauswahlverfahren

Das Inkrafttreten des B-GBG ermöglicht nun die Kontrolle der Personalentscheidungen von monokratischen Organen durch *Gleichbehandlungsbeauftragte*, die vom Bundesminister oder von der Bundesministerin einzusetzen

---

[51]) § 106a Abs 6 UOG 1975 verlangt ausdrücklich die Ladung des *Arbeitskreises* und nicht etwa der Vorsitzenden. Daraus könnte man schließen, daß sämtliche Mitglieder zu laden wären. Um diesen unsinnigen Verwaltungsaufwand zu vermeiden, hat ua der Arbeitskreis an der Universität Linz für jede Fakultät eine Fakultätsbeauftragte installiert, an welche die Ladungen zu ergehen haben; vgl *Ermacora,* UOG[5] (1994) 249 (Anm 5 zu § 106a Abs 6); Rechtsauskunft des *BMWV* zu § 106a UOG 1975 (GZ 168.153/25-I/B/5B/95) vom 31. Mai 1995, die einerseits festhält, daß Ladungen an den Arbeitskreis zu Handen der Vorsitzenden zu ergehen haben und andererseits die Zulässigkeit eines Arbeitskreisbeschlusses betont, in dem einzelne Mitglieder als Ladungsbevollmächtigte ernannt werden.

[52]) So die Bereiche der Universitätsdirektionen, der Universitätsbibliotheken, Universitäts-Sportinstitute und der EDV-Zentren. Bisher wurde eine Kontrolle von Personalentscheidungen aufgrund des traditionell hohen Frauenanteils in der allgemeinen Verwaltung als überflüssig angesehen. Doch bei näherer Betrachtung gibt es ausgerechnet auf der Ebene der Leitungsfunktionen einen deutlichen "Männerüberhang", den es durch eine kontrollierende Begleitung der Personalverfahren zu reduzieren gilt.

sind.[53] Den Beauftragten stehen dabei die Mittel des B-GBG, die erheblich von denen des UOG 1975 abweichen, zur Verfügung. So sind sie berechtigt, an die Gleichbehandlungskommission einen Antrag auf Erstattung eines Gutachtens zu stellen, das klären soll, ob eine Verletzung des Gleichbehandlungsgebotes oder des Frauenfördergebotes des B-GBG vorliegt.[54] Das zweite Mittel der Rechtsdurchsetzung bildet die Möglichkeit der Disziplinaranzeige gem § 27 Abs 4 B-GBG.

Die Vollziehung des B-GBG mit Bezug auf die Universitäten wird parallel - einerseits durch die ministeriellen Gleichbehandlungsbeauftragten in Angelegenheiten außerhalb des Wirkungsbereichs der universitären Arbeitskreise und andererseits durch die Arbeitskreise innerhalb ihres Wirkungsbereichs - vorgenommen.[55,56] Dies bewirkt, daß den Arbeitskreisen zusätzlich zu den durch § 106a UOG 1975 gewährten Rechtsschutzinstrumenten jene des B-GBG zur Verfügung stehen.[57] Die dem Arbeitskreis durch das B-GBG übertragenen Agenden obliegen allerdings nicht dem Arbeitskreis als Kollegialorgan, sondern gem § 27 Abs 7 B-GBG der Arbeitskreisvorsitzenden.

D. Der Ablauf eines Personaleinstellungsverfahrens am Beispiel der Aufnahme eines Universitätsassistenten oder einer -assistentin

Der Ablauf einer Personalentscheidung nach dem UOG 1975 idF BGBl 364/1990 und die Möglichkeiten des Arbeitskreises, korrigierend einzu-

---

[53]) Vgl § 26 Abs 1 B-GBG.

[54]) Vgl § 23 Abs 1 und 2 Z 4 B-GBG. Interessant ist in diesem Zusammenhang die in Abs 3 vorgesehene erforderliche Zustimmung der betroffenen Frau. Im UOG 1975 gibt es keine vergleichbare Regelung und die Frage, ob Arbeitskreise von Amts wegen oder nur in Absprache mit den Betroffenen agieren sollen, ist bis heute umstritten.

[55]) Bei der Erlassung des B-GBG wurde diskutiert, ob man statt der Novellierung des § 106a UOG 1975 diese Norm im UOG streicht und eine ausschließliche Regelung für den öffentlichen Dienst inklusive dem Hochschulbereich im B-GBG schafft. Man entschied sich jedoch für die Beibehaltung des § 106a leg cit und berücksichtigte im B-GBG das Vorhandensein der Arbeitskreise für Gleichbehandlungsfragen.

[56]) Vgl näher *Siegmund-Ulrich,* Diskriminierungsschutz und Frauenförderung im Bundesdienst, in *Aichhorn* (Hg), Frauen 202ff.

[57]) Diese sind in den §§ 27 Abs 1, 2 und 4 bis 6 und 23 Abs 2 Z 5 B-GBG verankert. Sie enthalten - neben den bereits erwähnten Mitteln der Disziplinaranzeige und des Antrages auf Erstattung eines Gutachtens durch die Gleichbehandlungskommission - die Pflicht, Beschwerden, Anregungen uä einzelner Bediensteter entgegenzunehmen, zu beantworten oder an die Arbeitsgruppe für Gleichbehandlungsfragen im BMWV weiterzuleiten. Weiters sind sie berechtigt, in Angelegenheiten ihres Vertretungsbereiches an den Sitzungen der Gleichbehandlungskommission mit beratender Stimme teilzunehmen.

greifen, sei am Beispiel der Einstellung eines Universitätsassistenten oder einer Universitätsassistentin dargestellt:

1. Ausschreibungsverfahren

Der Institutsvorstand oder die -vorständin schlägt der Personalkommission nach Anhörung der Institutskonferenz einen Ausschreibungstext für die Nachbesetzung einer Universitätsassistentenstelle vor.[58] Die Arbeitskreismitglieder können an der Institutskonferenz mit beratender Stimme teilnehmen und, soferne die Gestaltung des Ausschreibungstextes diskriminierenden Charakter enthalten sollte, eine negative Stellungnahme, die auf Wunsch ins Protokoll aufzunehmen ist, abgeben. Ob der Arbeitskreis auch berechtigt ist, *Einspruch gegen den Beschluß der Institutskonferenz* einzulegen, war Gegenstand einiger Auseinandersetzungen an den Universitäten und im Ministerium. Nach dem Wortlaut des Gesetzes ist ein Einspruch zu erheben, wenn der Arbeitskreis "Grund zur Annahme hat, daß ein Beschluß des Kollegialorgans eine Diskriminierung (...) darstellt", und hierunter fällt wohl auch der Beschluß einer Institutskonferenz.[59] Der BMWV entschied sich für eine andere Lösung und räumt dem Arbeitskreis zwar die Berechtigung der beratenden Teilnahme an den Sitzungen ein, verwehrt jedoch das Einspruchsrecht gegen die Meinungsbildung am Institut, da die Institutskonferenz nicht das entscheidungsbefugte Organ ist und der Vorstand oder die Vorständin und die Personalkommission an deren Beschlüsse nicht gebunden sind.[60]

---

[58]) Vgl § 51 Abs 2 lit j iVm § 52 Abs 1 lit h UOG 1975. Die Genehmigung des Ausschreibungstextes wäre gemäß § 64 Abs 3 lit f leg cit eine Angelegenheit des selbständigen Wirkungsbereichs der Fakultätskollegien. Doch wurde diese Zuständigkeit im Rahmen der gesamten Personalagenden an die obligatorisch einzusetzende Personalkommission mit Entscheidungsvollmacht abgetreten; s § 65 Abs 1 lit c UOG 1975.

[59]) Es gibt keinen Hinweis im Gesetzestext, der den Schluß zuließe, daß sich § 106a Abs 4 und 6 UOG 1975 - die das Teilnahmerecht mit beratender Stimme, das Einsichts- und das Antragsrecht und die Pflicht der Kollegialorgane, den Arbeitskreis zu laden, normieren - auf einen weiteren Kreis von Sitzungen beziehen als § 106a Abs 7 UOG 1975, der das Einspruchsrecht beinhaltet.

[60]) Vgl Rechtsauskunft des BMWF: GZ 68.153/3-I/B/5B/95; diese Argumentation ändert nichts am diskriminierenden Charakter des Institutskonferenzbeschlusses, welcher das einzige in § 106a Abs 7 leg cit geforderte Kriterium für die Einlegung eines Einspruches ist, soferne ein Beschluß eines Kollegialorgans vorliegt. Dabei ist einzuräumen, daß die enge Interpretation des BMWV keine Rechtsschutzdefizite hinterläßt, da gegen die Entscheidung der Personalkommission sämtliche Rechtsmittel eingelegt werden können und im Zuge dieses Verfahrens auch etwaige Fehlverhalten der Institutskonferenzen ans Licht kommen. Auch aus verwaltungsökonomischer Sicht erscheint es sinnvoll, den Ansatzpunkt für die Rechtsschutzinstrumente beim entscheidungsbefugten Organ zu zentrieren.

a) Einspruch bei diskriminierendem Charakter des Ausschreibungstextes

Der Ausschreibungstext und die Stellungnahme werden der Personalkommission zur Entscheidung vorgelegt. Besitzt der von diesem Organ beschlossene Ausschreibungstext einen diskriminierenden Charakter[61] oder ist die im Frauenförderungsplan des BMWV zugunsten von Frauen enthaltene Klausel[62] nicht vorgesehen, kann der Arbeitskreis dagegen einen Einspruch zunächst ohne Ausführung einer Begründung anmelden. Die Möglichkeit, bereits im Ausschreibungsstadium in das Verfahren einzugreifen, ist äußerst wertvoll, da mit der Formulierung der Ausschreibung mitunter, vor allem bei der Angabe einer Reihe von zu erfüllender Kriterien, bereits eine Vorentscheidung hinsichtlich der potentiellen Kandidaten und Kandidatinnen getroffen wird.

Mit Anmeldung des Einspruchs ist die Vollziehung des betroffenen Ausschreibungsbeschlusses der Personalkommission nicht zulässig.[63] Der Arbeitskreis hat nun drei Wochen (ab Beschlußfassung) Zeit, um folgende Handlungsalternativen abzuwägen: Die Frist kann ungenützt verstrichen lassen werden, der Arbeitskreis kann der Personalkommission den Verzicht auf die Erhebung eines Einspruchs mitteilen oder der Arbeitskreis liefert dem oder der Vorsitzenden des Kollegialorgans einen schriftlichen und begründeten Einspruch nach.

Trifft eine der beiden ersten Alternativen zu, kann der beschlossene Ausschreibungstext veröffentlicht werden und das Verfahren geht seinen weiteren Weg. Im Falle der Nachlieferung eines gültigen Einspruchs hat sich das Kollegialorgan in einer nächsten Sitzung unter Berücksichtigung dieses Einspruchs mit der dem Beschluß zugrundeliegenden Personalangelegenheit neuerlich zu befassen und entweder seinen Beschluß in Richtung der einge-

---

[61]) Laut dem DErlzUOG-Nov 1990 Pkt 2. 5. ist auf eine geschlechtsneutrale Formulierung des Ausschreibungstextes zu achten, und es sollen die Schwerpunkte der mit dieser Planstelle verbundenen Aufgaben erkennbar sein.

[62]) § 5 Abs 2 des FFPl sieht vor, daß Ausschreibungstexte für Verwendungsgruppen, in denen eine Unterrepräsentation von Frauen vorliegt, den Hinweis zu enthalten haben, daß Frauen bei gleicher Qualifikation bevorzugt aufgenommen werden.

[63]) Die Anmeldung des Einspruchs ist in § 106a UOG 1975 nicht zwingend vorgesehen, sondern in Abs 7 Satz 2 in Form einer Kann-Bestimmung enthalten. In der Praxis wird jedoch von der Anmeldung nach meiner Erfahrung lückenlos Gebrauch gemacht, da an ihr die aufschiebende Wirkung und damit die Aussetzung der Wirksamkeit der kollegialen Beschlüsse hängt. Ohne Anmeldung hat der Arbeitskreis auch drei Wochen Zeit für die Einbringung eines Einspruchs, doch kann ein zwischenzeitlich durchgeführtes Umsetzen des Beschlusses, in diesem Fall die Weitergabe des Ausschreibungstextes an das Mitteilungsblatt der betreffenden Universität und an etwaige Zeitungen, nicht mehr rückgängig gemacht werden.

brachten Bedenken abzuändern oder auf dem ursprünglichen Beschluß zu beharren.[64]

b) Aufsichtsbeschwerde

Im Falle eines Beharrungsbeschlusses des Kollegialorganes ist der Arbeitskreis berechtigt, *Aufsichtsbeschwerde beim Wissenschaftsminister oder der -ministerin* einzubringen. Hier wiederholt sich der Vorgang im Einspruchsverfahren; zuerst kann die Anmeldung ohne Begründung im BMWV vorgenommen werden mit der Konsequenz der aufschiebenden Wirkung. Binnen drei Wochen ab der Fassung des Beharrungsbeschlusses ist die Begründung nachzureichen. Bis zu dem Zeitpunkt, an dem der oder die BMWV die Entscheidung fällt - sei es, daß er oder sie der Aufsichtsbeschwerde Folge leistet und den Beschluß des Kollegialorganes aufhebt, oder daß er oder sie keinen Anlaß findet, aufsichtsbehördliche Maßnahmen zu setzen - ruht das Verfahren.[65]

Hebt der oder die BMWV den Ausschreibungsbeschluß auf, so beginnt das Ausschreibungsverfahren von vorne und der Text muß entsprechend der Rechtsansicht der Aufsichtsbehörde abgeändert werden.

2. Einstellungsverfahren

Nach der Ausschreibung langen die Bewerbungen für die freie Assistentenstelle ein. Vor der Abhaltung der Institutskonferenz, die vom Institutsvorstand oder der -vorständin unter Beiziehung des Arbeitskreises hinsichtlich seines erstellten Dreiervorschlages anzuhören ist,[66] sind die Arbeitskreismitglieder berechtigt, in die Bewerbungsunterlagen Einsicht zu nehmen.

Durch den Frauenförderungsplan des BMWV ergibt sich seit 1995 vor Beginn des Auswahlverfahrens die Pflicht zur *Wiederholung der Ausschreibung,* falls sich bis zum Ablauf der Bewerbungsfrist keine Frauen bewerben.[67] Langen aufgrund der neuerlichen Ausschreibung wiederum keine Bewerbungen von Frauen ein, ist das Auswahlverfahren durchzuführen. Mit Zustimmung des Arbeitskreises kann die Wiederholung der Ausschreibung entfallen.[68]

---

[64]) Vgl § 106a Abs 8 UOG 1975.

[65]) Vgl § 106a Abs 9 UOG 1975.

[66]) Vgl § 51 Abs 2 lit j und § 52 Abs 1 lit h UOG 1975.

[67]) S § 6 des Frauenförderungsplans des BMWV.

[68]) Damit es zu keinen sinnlosen Verfahrensverzögerungen kommt, sind an den meisten Universitäten Vereinbarungen mit den Organen getroffen worden, in welchen Fällen der Arbeitskreis auf die Wiederholung der Ausschreibung verzichtet. An der Universität Linz erteilt der Arbeitskreis die Zustimmung zum Entfall der nochmaligen Ausschreibung, wenn eine Suche nach geeigneten

Gibt die Institutskonferenz eine positive Stellungnahme zum Dreiervorschlag des Institutsvorstandes, der eine qualifizierte Frau gar nicht aufnimmt oder zu Unrecht nicht an vorderster Stelle reiht, ab, so haben die Arbeitskreismitglieder nach Ansicht des Ministeriums wiederum nur die Möglichkeit, ihre Bedenken kundzutun und ins Protokoll aufnehmen zu lassen, während die Einspruchsmöglichkeit erst im darauffolgenden Verfahren in der Personalkommission gegeben ist.

Die Personalkommission entscheidet in den Angelegenheiten der Besetzung von Assistentenstellen inneruniversitär an letzter Stelle. Ihr Beschluß geht - bei öffentlich-rechtlichen Dienstverhältnissen - als Antrag auf Einstellung direkt in das BMWV, bei Vertragsbediensteten an den Rektor oder die Rektorin zum Abschluß des Dienstvertrages.[69]

a) Einspruchsrecht bei diskriminierender Entscheidung

aa) Unsachliche Differenzierung

Das Einspruchsrecht steht dem Arbeitskreis zu, wenn die Entscheidung der Personalkommission zugunsten eines männlichen Bewerbers eine Diskriminierung aufgrund des Geschlechtes realisiert. Zusätzlich zum Definitionselement der Diskriminierung als "benachteiligende, unsachliche Differenzierung" konkretisiert § 4 des B-GBG den Begriff durch eine Aufzählung von Kriterien, deren Heranziehung bei der Entscheidungsfindung wegen ihres geschlechtsspezifischen Charakters unzulässig sind.[70]

ab) Die Vorrangregel des § 42 B-GBG

Weiters ist von den Universitätsorganen die gesetzliche Vorrangregel des § 42 B-GBG zu beachten, wonach Bewerberinnen, die für die angestrebte Planstelle *nicht geringer geeignet* sind als der bestgeeignete Mitbewerber, bevorzugt aufzunehmen sind, bis ein Frauenanteil von 40% in der jeweiligen Verwendungsgruppe erreicht ist.[71] Die Anwendung dieser gesetzlichen -

---

Kandidatinnen nachgewiesen wird. Dieses Kriterium ist erfüllt, soferne die Ausschreibung zumindest in zwei österreichischen Tageszeitungen veröffentlicht wurde (zusätzlich zum Mitteilungsblatt der Universität, in dem sämtliche Ausschreibungen automatisch veröffentlicht werden).

[69]) Vgl § 41 Abs 2 UOG 1975.

[70]) Dies sind: die bestehende oder frühere Unterbrechung der Erwerbstätigkeit, Teilbeschäftigung oder Herabsetzung der Wochendienstzeit, das Lebensalter, der Familienstand, die Einkünfte des Ehepartners oder Lebensgefährten, die zeitlichen Belastungen von Kindern oder pflegebedürftigen Angehörigen und die Absicht, von der Möglichkeit einer Teilzeitbeschäftigung Gebrauch zu machen.

[71]) Die Bevorzugung soll gemäß § 42 B-GBG in zeitlicher und qualitativer Hinsicht nach den konkreten Vorgaben der ressortspezifischen Frauenförderpläne ablaufen, die als Durchführungsverordnungen zu § 41 Abs 1 B-GBG zu erlassen sind. Die in den §§ 40 bis 44 leg cit enthaltenen

leistungsbezogenen - Vorrangregel zugunsten der Frauen ist der Abschluß einer Personalentscheidung, wenn sich nach dem Auswahlverfahren eine ex-aequo-Qualifikation einer Bewerberin und eines Bewerbers ergibt. Erst zu diesem Zeitpunkt greift der Vorrang, während das vorangegangene Verfahren wie bisher vom Prinzip der Einstellung des oder der jeweils Bestgeeigneten gekennzeichnet ist.[72]

Die Beantwortung der Frage, in welchen Fällen eine "gleiche Eignung" vorliegt, läßt den entscheidungsbefugten Organen einen Wertungsspielraum. Längst klargestellt ist, daß die Normierung der Vorrangregel *keine Minderung der Qualifikationsanforderungen* mit sich bringt und daher eine gleiche Eignung nicht schon bei Erfüllung der Mindestqualifikation durch die Frau - etwa das abgeschlossene Studium bei Assistentenstellen an der Universität - vorliegen kann.

Richtungsweisendes Kriterium für die Beurteilung der Eignung von Bewerbern und Bewerberinnen für Universitätsassistentenstellen ist die im Beamten-Dienstrechtsgesetz 1979[73] geforderte *persönliche und fachliche Eignung.*[74] Derjenige oder diejenige, von dem oder von der aufgrund dieser Eignung anzunehmen ist, daß er oder sie die mit der Verwendung auf der Planstelle verbundenen Aufgaben *in bestmöglicher Weise* erfüllt, ist zu ernennen.[75]

Frauenfördergebote - die allgemeine Pflicht der Dienstgeber, die Beseitigung der Unterrepräsentation der Frauen voranzutreiben und die Bevorzugung bei der Aufnahme, beim beruflichen Aufstieg und bei der Teilnahmemöglichkeit an Aus- und Weiterbildungsveranstaltungen im Bundesdienst - sind als Zielbestimmungen definiert, die erst nach der Ausführung durch die Frauenförderpläne vollziehbar sind, da sie auf die Zielvorgaben der Pläne als entscheidungsrelevante Ausgangsdaten verweisen, s näher *Siegmund-Ulrich,* Diskriminierungsschutz, in *Aichhorn* (Hg), Frauen 159 (190ff). Für die Universitätsorgane ist die zwingende Bevorzugung von Frauen bei gleicher Eignung seit der Erlassung des ministeriellen Frauenförderungsplanes Wirklichkeit. Dessen § 3 verpflichtet die Organe, auf eine Beseitigung der bestehenden Unterrepräsentation und der Benachteiligungen von Frauen hinzuwirken.

[72]) Das Gebot der Auswahl der Besten ist in sämtlichen Dienstrechtsgesetzen des Bundes enthalten, s Aufstellung, in *Siegmund-Ulrich,* Diskriminierungsschutz, in *Aichhorn* (Hg), Frauen 159 (187).

[73]) BG vom 27. Juni 1979 über das Dienstrecht der Beamten (BDG 1979), BGBl 333/1979 idF I 110/1997

[74]) Vgl § 4 Abs 1 Z 3 BDG 1979.

[75]) Vgl § 4 Abs 3 BDG 1979; in § 40 Abs 3 UOG 1975 ist zusätzlich eine Handlungsmaxime für den Institutsvorstand enthalten, die ihn verpflichtet, für die Einstellung von Universitätsassistenten und -assistentinnen einen Dreiervorschlag zu erstellen, der die Namen der drei für die Planstellen am besten geeigneten Bewerber und Bewerberinnen enthält.

Eignung ist somit im Konnex mit dem Aufgabenkreis der ausgeschriebenen Stelle zu beurteilen,[76,77] bei Assistentenstellen daher im Hinblick auf die in variablen Prozentsätzen aufgeteilten Aufgaben in Forschung, Verwaltung und Lehre. Der Schwerpunkt der Eignungsprüfung muß im fachlichen Gesichtspunkt liegen,[78] wobei primärer Gradmesser der *Studienerfolg* ist. Durch diese Grobprüfung fällt erfahrungsgemäß der Großteil des Bewerberkreises weg. Übrig bleibt eine kleinere Gruppe von Absolventen und Absolventinnen mit annähernd gleich gutem Erfolg, die nun einer genaueren Prüfung im Hinblick auf etwaige sachliche Zusatzqualifikationen[79] - etwa eine Dissertation als Hinweis auf die Befähigung im wissenschaftlichen Arbeiten - und die persönliche Eignung unterzogen werden. Der Persönlichkeitsfaktor stellt das rein subjektive Element dar, da er wesentlich durch den vermittelten Eindruck beim Vorstellungsgespräch geprägt ist. Hier können lediglich Prognosen über erwartetes künftiges Verhalten der Bewerber und Bewerberinnen aufgestellt werden.[80]

Bleiben nach Abwägen der genannten Faktoren zwei oder mehrere Kandidaten und Kandidatinnen mit "gleicher Qualifikation" über, so tritt anstelle des bisher greifenden Auswahlermessens der entscheidungsbefugten Organe der zwingende Vorrang der Bewerberin.

Angesichts dieses sorgfältig vorzunehmenden Auswahlverfahrens, das nach dem bisher üblichen Schema die Ermittlung der bestgeeigneten Person für die betreffende Stelle vornimmt und erst als letzten Verfahrensschritt und nur bei Vorliegen einer gleichen Qualifikation - somit gänzlich ohne Abstriche hinsichtlich des Kriteriums der besten Eignung - den Vorrang von Frauen zu beachten hat, wundert der erbitterte Widerstand gegen die Quote.

---

[76]) *Fellner,* Beamten-Dienstrechtsgesetz 1979, LoseblattSlg 27. ErgLfg (November 1997), 32 (Anm 5 zu § 4 Abs Z 3).

[77]) VfGH 30. November 1995, B 1950/95: In diesem Erkenntnis bestätigte der VfGH die von der Salzburger Landesregierung vorgenommene Eignungsprüfung, die im Ergebnis zur Verleihung einer schulfesten Leiterstelle an die Bewerberin führte. Beim ersten Schritt des Ausleseverfahrens - der Prüfung der Ernennungserfordernisse und der Leistungsfeststellung, die beiden einen überdurchschnittlichen Arbeitserfolg bescheinigten - lagen die Bewerberin und der zweite Bewerber gleichauf. Die Entscheidung fiel zugunsten der Lehrerin aus, da sie auch die für die Ausübung einer Schulleiterstelle maßgeblichen Kriterien der pädagogischen Kompetenz sowie Kommunikations- und Organisationsfähigkeit erfüllte.

[78]) Vgl VfGH 22. Juni 1978, B 111/78.

[79]) Es muß betont werden, daß die Zusatzqualifikationen in sachlichem Zusammenhang mit dem Anforderungsprofil der Stelle stehen müssen. So wurde im Erkenntnis vom 30. November 1995, B 1950/95 die Auffassung der LReg bestätigt, wonach die von der Lehrerin nachgewiesene pädagogische und kommunikative Kompetenz für die Schulleiterstelle von größerer Bedeutung ist als die vom männlichen Bewerber vorgebrachte Zusatzqualifikation der Tätigkeit als Milizoffizier.

[80]) Vgl VfGH 22. Juni 1978, B 111/78.

Diese bedeutet nichts anderes als die Ausschaltung des Zufalls für Männer, bei Vorliegen einer ex-aequo-Qualifikation bis zur Erreichung von einem 40%igen Frauenanteil in der Verwendungsgruppe zum Zug zu kommen. Die Einschränkung der Chancen der Männer bei der Stellenbewerbung im öffentlichen Dienst ist durch die Vorrangregel des B-GBG geringstmöglich gehalten, da Frauen die gleiche Qualifikation erfüllen müssen und die Berücksichtigung von über die Mindestqualifikation hinausgehenden Kriterien zulässig ist.[81]

Zudem kommt noch die Tatsache, daß bereits einige gesetzliche Vorgaben, die der Entscheidungsfindung bei der Konstellation der gleichen Eignung mehrerer Personen dienen, existieren, bei deren Schaffung keine vergleichbaren Diskussionen geführt wurden.[82]

b) Aufsichtsbeschwerdeverfahren

Hat der Arbeitskreis einen Einspruch gegen die diskriminierende Entscheidung der Personalkommission eingelegt, kann das Kollegialorgan entweder von seiner Auswahl absehen und eine Korrektur vornehmen oder es beharrt auf seiner Entscheidung. In diesem Fall wird der Arbeitskreis eine Aufsichtsbeschwerde im Ministerium anmelden und die Begründung innerhalb von drei Wochen ab der Entscheidung der Personalkommission nachreichen.

Die Universitätsorgane handeln in Angelegenheiten des selbständigen Wirkungsbereiches zwar weisungsfrei, stehen bei der Erfüllung der Aufgaben jedoch unter der Aufsicht des Bundes. Der oder die zuständige BMWV

---

[81]) Vgl *Rebhahn*, Gleichbehandlung, Qualifikation und Leistung, JBl 1993, 681 (693ff). *Rebhahn* schneidet an dieser Stelle an, daß viele Personalentscheidungen im öffentlichen Dienst nur scheinbar nach fachlichen Kriterien getroffen werden, während in Wahrheit "die Zugehörigkeit zu der einen oder anderen - zuweilen verborgenen - Gemeinschaft den Ausschlag gibt." Diese Tatsache, die frauenausschließenden Charakter hat, ist für mich einer der Gründe für den erbitterten Widerstand gegen die Vorrangregeln zugunsten der Frauen. Sie bewirken nämlich im Vorfeld eine Offenlegungs- und Begründungspflicht der entscheidenden Organe, welche eine unsachliche Vorreihung von Kandidaten erschwert. So mußten zwar auch bisher die Institutsvorstände die Personalkommission von der Eignung ihres Auserwählten überzeugen, doch war dies meist aufgrund personeller Verflechtungen nicht schwer. Die Teilnahme des Arbeitskreises stört das stille Einverständnis, und mit der Aufsichtsbeschwerde hat er die Möglichkeit, die Ungereimtheiten aus der Universität hinauszutragen und den Minister zu befassen.

[82]) So ordnet § 50 Abs 2 Ausschreibungsgesetz 1989, BGBl 85/1989 idF 375/1996, an, daß bei Erreichung der gleichen Punkteanzahl durch mehrere Personen folgende Hilfskriterien in dieser Reihenfolge heranzuziehen sind: soziale Bedürftigkeit, die Zugehörigkeit zu einer der in Z 2 aufgezählten begünstigten Personengruppen (Adressaten des Opferfürsorgegesetzes, zeitverpflichtete Soldaten unter bestimmten Bedingungen, Universitäts- und Vertragsassistenten, Wehrpflichtige unter bestimmten Umständen), die Ableistung eines mindestens dreijährigen Wehrdienstes als Zeitsoldat, soferne die Tätigkeit nicht länger als vier Jahre zurückliegt.

hat darauf zu achten, daß die Universitäten ihre obliegenden Aufgaben erfüllen und dabei die Gesetze und Verordnungen nicht verletzen.

Gelangt der oder die BMWV zur Auffassung, daß die Aufsichtsbeschwerde des Arbeitskreises zu Recht eingebracht wurde, hebt er oder sie den Beschluß der Personalkommission gem § 5 Abs 5 lit c UOG 1975 wegen Widerspruchs zu § 106a leg cit auf. Im aufsichtsbehördlichen Bescheid ist eine Frist festzusetzen, innerhalb derer das Kollegialorgan den der Rechtsanschauung des oder der BMWV entsprechenden Rechtszustand herzustellen hat. Dies bedeutet in concreto, daß die Personalkommission in einer neuerlichen Sitzung eine Entscheidung zugunsten der übergangenen Kandidatin treffen muß. Läßt das Kollegialorgan die vorgegebene Frist ungenützt, hat der oder die BMWV die erforderlichen Maßnahmen selbst zu setzen, es sei denn, die Personalkommission macht gem § 5 Abs 7 UOG 1975 von ihrem Recht Gebrauch, den aufsichtsbehördlichen Bescheid beim VwGH wegen objektiver Rechtswidrigkeit zu bekämpfen.[83]

Unabhängig davon besteht grundsätzlich ein Recht der vom Beschluß des Universitätsorganes betroffenen Person - der keine Parteistellung gem § 5 Abs 7 UOG 1975 zukommt -, bei den Gerichtshöfen öffentlichen Rechts die Verletzung von subjektiven Rechten mit einer Parteibeschwerde geltend zu machen.[84] Freilich ist dafür die Parteistellung des von der Personalkommission gewählten Bewerbers im aufsichtsbehördlichen Verfahren Voraussetzung, die Bewerbern und Bewerberinnen mangels Anspruch auf Begründung eines Dienstverhältnisses jedoch nicht zukommt.[85]

Schließt sich der oder die BMWV der Meinungsbildung des Universitätsorganes an und sieht keinen Anlaß für das Setzen einer aufsichtsbehördlichen Maßnahme, steht der Umsetzung des Beschlusses kein Hindernis mehr im Weg.

---

[83]) Art 131 Abs 2 B-VG ermächtigt den einfachen Gesetzgeber, zusätzlich zu den in Abs 1 angeführten Fällen, Möglichkeiten von (Organ-)Beschwerden wegen objektiver Rechtsverletzung vorzusehen. Von dieser Ermächtigung machte der Bundesgesetzgeber in § 5 Abs 7 UOG 1975 Gebrauch, um die Hochschulautonomie vor staatlichen Eingriffen zu bewahren; s *Ermacora,* UOG 23 (Anm 11 zu § 5 Abs 7). Ein Recht des Universitätsorganes, den Bescheid der Aufsichtsbehörde beim VfGH zu bekämpfen, ist mangels Möglichkeit der Verletzung eines subjektiven Rechtes unzulässig. Nur die Universitäten als solche sind zur Beschwerdeführung wegen Eingriffs in ihre aus dem autonomen Wirkungsbereich fließenden Rechte legitimiert, nicht die Organe des Rechtsträgers und eine vergleichbare Regelung wie Art 131 Abs 2 B-VG gibt es für die Beschwerdelegitimation beim VfGH nicht; vgl VfSlg 13.429, 411ff.

[84]) S *Langeder/Strasser,* Hochschulrecht 138 (Anm 68 zu § 5 Abs 7).

[85]) VfSlg 7843, 8558; VwSlg 31. 3. 1983, 82/09/0124; 4. 9. 1990, 90/09/0120.

VI. Die Stellung der Arbeitskreise für Gleichbehandlungsfragen im UOG 1993

Mit dem Abschluß der Implementierungsphase an den jeweiligen Universitäten - dem Konstituieren sämtlicher Universitätsorgane nach dem UOG 1993 - "kippt" die Rechtslage, und für die betroffene Universität wird das UOG 1993 effektiv wirksam. Für die Tätigkeit der Arbeitskreise bedeutet dies, künftig anstatt des § 106a UOG 1975 die *§§ 39 und 40 UOG 1993* als Rechtsgrundlage zu besitzen.

Bezüglich der Einrichtung der Arbeitskreise ist zu bemerken, daß die Mitglieder nun, anstatt vom Fakultätskollegium gewählt zu werden, vom Senat aufgrund eines Vorschlages des Arbeitskreises entsendet werden. Die Anzahl der Mitglieder muß in der Satzung festgelegt werden.

Die Ausgestaltung der Kontrollrechte der Arbeitskreise im UOG 1993 folgt im wesentlichen dem Modell des § 106a UOG 1975. Änderungen ergeben sich hauptsächlich aus der Umgestaltung der universitären Verwaltung durch die weitgehende Entmachtung der Kollegialorgane und die *Verlagerung der Kompetenzen auf monokratische Organe*.[86]

Im monokratischen Konzept des UOG 1993 ist kein Platz mehr für die Personalkommission und die von ihr nach der Maßgabe der Bestimmungen des UOG 1975 zu erfüllenden Aufgaben gehen auf mehrere monokratische Organe über. So steht dem Rektor oder der Rektorin gem § 52 Abs 1 Z 8 UOG 1993 ein generelles Mitwirkungsrecht bei Personaleinstellungen zu - er oder sie wird hier stets auf Vorschlag anderer Universitätsorgane, meist des betroffenen Institutsvorstandes, tätig - und der Dekan oder die Dekanin ist an sämtlichen Personalangelegenheiten von Instituten, deren Institutskonferenz weniger als zehn Mitglieder umfaßt, beteiligt.

Dieser neuen Zuständigkeitsverteilung in Personalangelegenheiten wird § 40 Abs 2 Satz 3 UOG 1993 gerecht, indem er sämtliche Personalentscheidungen monokratischer Organe der Kontrolle der Arbeitskreise unterwirft. Dadurch hat sich der Zuständigkeitsbereich der Arbeitskreise für Gleichbehandlungsfragen insoferne beträchtlich erweitert, als nun auch die allgemeinen Bediensteten in die Kontrolle miteinbezogen sind. Diese Kom-

---

[86]) Vgl die Erläuterungen zur RV zum UOG 1993, 1125 StProtNR 18. GP 57. Auch auf die Notwendigkeit und Zulässigkeit der ungeänderten Übernahme der Verfassungsbestimmung, welche Sondermaßnahmen zur beschleunigten Herbeiführung der De-facto-Gleichstellung von Mann und Frau deckt, wird nochmals eingegangen. Es wird betont, daß damit keinesfalls ein frauenprivilegierender Verzicht auf fachliche Qualifikation bezweckt wird, sondern es sollen für Frauen vermehrt Mittel und Möglichkeiten der fachlichen Ausbildung bereitgestellt werden.

petenz steht nicht dem kollegialen Arbeitskreis zu, sondern sie ist von der Arbeitskreisvorsitzenden gem § 27 Abs 7 B-GBG auszuüben.[87]

Der Arbeitskreis ist weiterhin berechtigt, an den Sitzungen von Kollegialorganen, die Personalangelegenheiten[88] behandeln, mit beratender Stimme teilzunehmen, Anträge zu stellen, Protokollierungen von Sondervoten und Diskussionsbeiträgen zu verlangen und im Vorfeld Einsicht in die relevanten Unterlagen zu nehmen.[89] Hierunter fallen vor allem die Sitzungen der Institutskonferenzen, welchen in sämtlichen Personalangelegenheiten im Bereich des Instituts Anhörungsrechte bzw das Recht der Abgabe einer Stellungnahme eingeräumt werden müssen.[90]

Damit die Kontrolle durch die Arbeitskreise bei monokratisch getroffenen Personalentscheidungen gewahrt bleibt, sieht § 40 Abs 2 UOG 1993 vor, daß Entscheidungen eines Rektors oder Rektorin, Dekans oder Dekanin, Studiendekans oder -dekanin und Leiters oder Leiterin einer Universitätseinrichtung vor ihrer Vollziehung dem Arbeitskreis unter Anschluß einer Liste der Bewerber und Bewerberinnen und unter Angabe der Gründe für die Auswahl zur Kenntnis zu bringen sind.

A. Universitäre Frauenförderpläne

Die bisher in § 106a UOG 1975 vom Senat zu beschließenden unverbindlichen Frauenförderpläne werden durch ein neues "zweistufiges System" von Frauenförderplänen abgelöst.

Der Senat hat zunächst *Richtlinien für Frauenförderpläne* zu erlassen,[91] die als Bestandteil der Satzung einer Zweidrittelmehrheit bedürfen und dem

---

[87]) Die bisherige Zuständigkeit der "ministeriellen" Gleichbehandlungsbeauftragten iS des § 26 B-GBG für die allgemeinen Bediensteten an den Universitäten ist durch den Übergang in den Zuständigkeitsbereich der Arbeitskreise aufgelöst.

[88]) Laut *Bast,* UOG 93 (1994) 102 (Anm 2 zu § 40 Abs 2) ist unter dem Begriff der Personalangelegenheit "jede Maßnahme eines Universitätsorgans zu verstehen, die auf die Gestaltung des vertraglichen oder dienstrechtlichen Rechtsverhältnisses eines (angehenden) Universitätsangehörigen zum Bund (in Bezug auf die Universität) abzielt. Darunter fallen - nicht zuletzt wegen ihrer dienstrechtlichen Auswirkungen - auch Habilitationsverfahren."

[89]) Vgl § 40 Abs 1 UOG 1993.

[90]) Vgl § § 45 Abs 1 Z 4 UOG 1993. Unter Personalangelegenheiten im Bereich des Instituts sind zu verstehen: die Aufnahme von Universitätsassistenten und -assistentinnen bzw die Umwandlung ihres Dienstverhältnisses in eines auf unbestimmte Zeit, die Bestellung von Gastvortragenden, die Aufnahme von wissenschaftlichen Mitarbeitern und Mitarbeiterinnen im Forschungs- und Lehrbetrieb, die Aufnahme von Ärzten und Ärztinnen in Ausbildung, die Bestellung von Studienassistenten und -assistentinnen und die Aufnahme von Allgemeinen Universitätsbediensteten; s Erläuterungen der RV zum UOG 1993, 1125 StProtNR, 18. GP, 60.

[91]) Vgl § 7 Abs 2 Z 7 UOG 1993.

Genehmigungsvorbehalt des Bundesministers oder der -ministerin unterliegen. Bei der Gestaltung der Richtlinien ist der Senat an die Vorgaben des ministeriellen Frauenförderungsplanes gebunden, und er hat darauf zu achten, daß das darin enthaltene Förderungsniveau nicht unterschritten wird. Aufgrund der ausdrücklichen verfassungsrechtlichen Ermächtigung zur Erlassung von Sondermaßnahmen zur beschleunigten Herbeiführung der de-facto-Gleichberechtigung von Mann und Frau in § 39 Abs 2 UOG 1993 sind die Universitätsorgane darüber hinaus aufgerufen, weitergehende Förderungsmaßnahmen zu setzen.[92]

Aufbauend auf diesen Richtlinien hat der Senat in der Folge mit einfacher Mehrheit und ohne Genehmigungsvorbehalt seitens des Ministeriums gem § 39 Abs 1 UOG 1993 Frauenförderpläne mit Verordnungscharakter zu erlassen.[93]

Wesentlicher Unterschied und zwingende Konsequenz aus der Einstufung der Pläne in den Verordnungsrang ist die nunmehrige *Verbindlichkeit* der in den Frauenförderplänen vorgesehenen Maßnahmen.[94]

Die Änderungen, die sich für den Arbeitskreis aus der neuen Rechtslage ergeben, werden am zuvor nach Maßgabe des UOG 1975 erläuterten Beispiel des Einstellungsverfahrens für Universitätsassistenten und -assistentinnen dargestellt:

B. Einstellungsverfahren eines Universitätsassistenten oder -assistentin nach Maßgabe des UOG 1993

1. Ausschreibungsverfahren

Der Institutsvorstand oder die -vorständin hat die einem Institut zugewiesenen Planstellen aller Universitätsangehörigen mit Ausnahme der Professuren auszuschreiben. Bei Instituten, deren Institutskonferenz mehr als zehn Mitglieder umfaßt, führt der Dekan oder die Dekanin die Ausschreibung auf Vorschlag des Institutsvorstandes durch. In beiden Fällen muß die Institutskonferenz zum Textvorschlag des Vorstandes oder der Vorständin ange-

---

92) Näher *Siegmund-Ulrich*, Diskriminierungsschutz, in *Aichhorn* (Hg), Frauen 211ff.

93) Näher *Bast*, UOG 93, 22 (Anm 10 zu § 7 Abs 2 Z 7) und 99 (Anm 2 bis 4 zu § 39 Abs 1).

94) Zweck der universitären Frauenförderpläne ist die Ergänzung des Frauenförderungsplans des Wissenschaftsministers hinsichtlich der Ausformulierung von Maßnahmen, die auf die spezifischen Gegebenheiten der jeweiligen Universität Rücksicht nehmen.

hört werden[95] und der Arbeitskreis ist zur Sitzung zu laden, um an der Meinungsbildung teilhaben zu können.[96] Nach wie vor ist es nach Ansicht des BMWV nicht möglich, bereits in der Institutskonferenz vom Instrument des Einspruchs Gebrauch zu machen, da sie über keine Entscheidungsgewalt verfügt.[97] Der Institutsvorstand oder die -vorständin bzw der Dekan oder die Dekanin ist verpflichtet, den Ausschreibungstext rechtzeitig, dh eine angemessene Frist einhaltend, vor der Veröffentlichung dem Arbeitskreis zur Kenntnis zu bringen.

Das etwaige folgende Einspruchs- und Aufsichtsbeschwerdeverfahren läuft nach dem bisherigen Schema ab.

2. Einstellungsverfahren

Die Aufnahme erfolgt auf Antrag des Rektors oder der Rektorin an den oder die BMWV, dem ein Vorschlag des Institutsvorstandes oder der -vorständin nach Anhörung der Institutskonferenz unter Beiziehung des Arbeitskreises zu Grunde liegt. Bei Instituten, deren Institutskonferenz weniger als zehn Mitglieder umfaßt, ist der Vorschlag des Vorstandes oder der Vorständin vom Dekan oder der Dekanin dahingehend zu überprüfen, ob er die am besten geeignete Person enthält, und widrigenfalls zurückzuweisen.[98]

Der Antrag des Rektors oder der Rektorin bzw der Ernennungsvorschlag eines Kandidaten oder einer Kandidatin aus dem Dreiervorschlag ist vor der Vollziehung dem Arbeitskreis unter Anschluß einer Bewerberliste und unter Angabe der Gründe für die Auswahl zur Kenntnis zu bringen. Gegen die Entscheidung des Rektors oder der Rektorin kann der Arbeitskreis bei Verdacht auf eine Diskriminierung Einspruch mit aufschiebender Wirkung anmelden und binnen drei Wochen die Begründung nachreichen. Beharrt der Rektor oder die Rektorin auf der Entscheidung, kann der Arbeitskreis eine Aufsichtsbeschwerde folgen lassen.

---

[95]) Vgl § 20 Abs 2 Z 2 UOG 1993.

[96]) Verabsäumt der Institutsvorstand oder die -vorständin die Ladung der Arbeitskreises, gilt diese als unrichtig zusammengesetzt, und die Sitzung ist unter ordnungsgemäßer Beiziehung des Arbeitskreises neuerlich durchzuführen.

[97]) Rechtsauskunft des BMWV vom 14. Februar 1997, GZ 68.152/-I/B/5B/97.

[98]) Vgl § 40 Abs 5 UOG 1993, der die Aufnahme der Universitätsassistenten und -assistentinnen in ein öffentlich-rechtliches Dienstverhältnis regelt. Der Begriff Vertragsassistent scheint im UOG 1993 nicht mehr auf. Diese sind künftig organisationsrechtlich als Universitätsassistent bzw -assistentin (im privatrechtlichen Dienstverhältnis zum Bund) anzusehen. Ihre Aufnahme erfolgt durch den Rektor oder die Rektorin auf Vorschlag des Institutsvorstandes oder -vorständin und nach Anhörung der Institutskonferenz.

3. Das Aufsichtsrecht des BMWV

Das Aufsichtsrecht des Bundes ist nun in § 8 UOG 1993 enthalten, und diskriminierende Personalentscheidungen der Universitätsorgane werden gem Abs 3 Z 3 aufgehoben.[99]

V. Schlußbemerkung

Die Notwendigkeit der Tätigkeit der Arbeitskreise für Gleichbehandlungsfragen steht aufgrund der eingangs erwähnten „Pyramide" - welche die Vertretung der Frauen an den Universitäten in den verschiedenen Hierarchien anschaulich darstellt - außer Frage. Frauenfördernde Maßnahmen und deren Durchsetzung dienen nicht dem Ausgleich mangelnder Fähigkeiten und Qualifikationen von Frauen, wie häufig unterstellt wird, sondern dem Überwinden von Vorurteilen und bewußter Ausgrenzung der Frauen durch Entscheidungsträger an der Universität.

Im Dienste dieser Sache agieren die Arbeitskreise und sorgen dafür, daß die akademischen Senate heute offiziell keine Stellungnahme mehr abgeben können wie jene aus dem Jahr 1895 (bereits unter der Ägide des Gleichheitssatzes in Art 2 StGG 1867) zur Frage der Zulassung von weiblichen Studierenden an die Universitäten: „Eine Änderung des scientifischen und disciplinaren Charakters der Universität aber zu Ungunsten der Männer und zu Gunsten der Frauen, namentlich einiger, im besten Falle lediglich neugieriger und solcher, welche, den ihnen durch Natur und Sitte angewiesenen Wirkungskreis verkennend, darüber hinaus in den Kreis der Männer störend einzutreten beabsichtigen, kann weder im Interesse der Wissenschaft noch einer selbst fortschrittlichen sozialen Ordnung liegen. Die Universität ist heute noch und wohl für lange hinaus wesentlich eine Vorschule für die verschiedenen Berufszweige des männlichen Geschlechtes, und so lange die Gesellschaft, was ein günstiges Geschick verhüten möge, die Frauen nicht als Priester, Richter, Advokaten, Ärzte, Lehrer, Feldherren, Krieger aufzuneh-

---

[99]) *Bast,* UOG '93, 27f (Anm 12 zu § 8 Abs 3) führt aus, daß der BMWV im aufsichtsbehördlichen Bescheid aufgrund der Universitätsautonomie nicht selbst darüber urteilen darf, welcher der Bewerber und Bewerberinnen der oder die "am besten geeignete ist", doch er kann die getroffene Entscheidung wegen Rechtswidrigkeit aufheben. Die Rechtswidrigkeit liegt in diesem Fall vor, wenn der Entscheidung unsachliche oder keine objektivierbaren Kriterien zugrundeliegen bzw wenn sie in der Begründung unschlüssig ist.

men das Bedürfnis hat, das heißt, so lange der Schwerpunkt der Leitung der sozialen Ordnung noch in dem männlichen Geschlechte ruht, liegt auch keinerlei Nötigung vor, den Frauen an der Universität ein Terrain einzuräumen, welches in den weiteren Folgen unmöglich zu begrenzen wäre".[100]

[100]) *Verdross* (Hg), Österreichische Zeitschrift für Öffentliches Recht (1962/63) 285.

Literaturverzeichnis

- *Bast,* UOG '93 (1994).
- *Blimlinger,* Fragt die Männer, Juridikum 8/1992, 40.
- *Ermacora*, UOG (1990).
- *Fellner*, Beamten-Dienstrechtsgesetz 1979 (1971), Loseblattsammlung, 27. Ergänzungslieferung, November 1997.
- *Floßmann* (Hg), Offene Frauenfragen in Wissenschaft, Recht und Politik (1991).
- *Floßmann,* Frauenförderung im Wissenschaftsbetrieb, in *Schwab/Enzinger/Bortenschlager* (Hg), Zwischen Autonomie und Vereinnahmung (1990).
- *Hengstschläger*, Haushalts- und kontrollrechtliche Probleme, in *Strasser* (Hg), Rechtsfragen der Drittmittelforschung (1989).
- *Langeder/Strasser*, UOG, in *Ermacora/Langeder/Strasser* (Hg), Das österreichische Hochschulrecht (1986) Loseblattsammlung, 8. Ergänzungslieferung, April 1997.
- *Siegmund-Ulrich,* Diskriminierungsschutz und Frauenförderung im Bundesdienst, in *Aichhorn* (Hg), Frauen & Recht (1997).
- *Siegmund-Ulrich,* Geschlechterdifferenz und Chancengleichheit, in *Bundesministerium für Frauenangelegenheiten* (Hg), Frauen und Recht (1996).
- *Walter/Mayer,* Grundriß des österreichischen Bundesverfassungsrechts[8] (1996).
- *Verdross* (Hg), Österreichische Zeitschrift für Öffentliches Recht 1962/63.

ERGÄNZENDE BEMERKUNGEN ZUM THEMA DER JURISTINNENAUSBILDUNG

von Nikolaus Benke

I. Einleitung

Mein Artikel im Journal für Rechtspolitik[1] hat das Thema der JuristInnenausbildung vor allem unter den Aspekten behandelt, welche Vorgaben für die JuristInnenexistenz und die Ausbildung der professionellen JuristInnenpersönlichkeit vom Rechtsbegriff und vom Rechtssystem her bestehen. Das Recht wird in dieser Studie als eine der gesellschaftlichen Ordnungsgrößen betrachtet, wobei sowohl die interne, fachspezifisch juristische Perspektive vorkommt als auch die externe, die Recht als einen Diskurs unter anderen gesellschaftlichen Diskursen ins Auge faßt.

Im relativ kurzen Zeitraum seit Erscheinen des Artikels hat sich weder das interne Gefüge des Rechts noch dessen gesellschaftliche Position und Funktion grundlegend verändert. Somit betrachte ich die von mir erstellte Analyse über bestimmte Eigenheiten von Recht, JuristInnen und JuristInnenausbildung als weitgehend aktuell und zutreffend. Die Gelegenheit, dieses Thema nun erneut zu behandeln, möchte ich vor allem als Chance für eine ergänzende, fallweise modifizierende Kommentierung der zuletzt formulierten Ergebnisse verstehen.

II. Ein Postulat und seine Aporien

Die letzten beiden Abschnitte meines Artikels verfolgen und propagieren die Idee einer „Verpolitisierung" der Rechtsfindung.[2] Ich habe diese Haltung wesentlich aus meinen Erfahrungen als Mitglied des Arbeitskreises für Gleichbehandlungsfragen entwickelt. In meiner nun bereits an die sieben Jahre währenden Funktion als Gleichbehandlunsbeauftragter bin ich mit vielen praktischen Problemfällen konfrontiert worden, die meine Sicht des Geschlechterverhältnisses wesentlich mitgeprägt haben.

---

[1]) *Benke*, JuristInnenausbildung - ein feministischer Irrweg? JRP 1995/2, 90ff.

[2]) *Benke*, JuristInnenausbildung 97f.

Gerade meine fortgesetzte Gleichbehandlungsfunktion hat mir die Möglichkeit gegeben, mein eigenes Postulat der „Verpolitisierung" kritisch zu beobachten. Dabei haben sich mir zwei Punkte noch klarer gezeigt: Erstens, allein mit einer „Verpolitisierung" ist nichts gewonnen. Auch die politikophobe Rhetorik, deren sich JuristInnen landläufig bedienen, wenn Recht gesprochen wird, ist politisch - und zwar primär und eminent in ihrer Verweigerung, das Politische zu reflektieren. Zweitens, es ist nicht automatisch eine attraktive Alternative, wenn sich ein politischer Gestaltungswille zeigt; die fixen Zielvorstellungen einzelner oder die kollektive Borniertheit ganzer Fakultäten sind - selbst wenn sie sich mit dem Lauterkeitslabel des „persönlichen Gewissens" stilisieren - noch keine gedeihlichen Diskursformen einer Rechtskultur.

Worauf ist also das Augenmerk zu richten?

Ich bin unverändert der Meinung, daß abgesehen von einer möglichst sensiblen Wahrnehmung und Analyse der Fallkonstellation und der allfälligen Auswirkungen bestimmter rechtlicher Entscheidungen ein hohes Maß an Reflexion über die Elemente und Schritte des Rechtsfindungsvorganges im engeren Sinn einzugreifen hat. Dies wird nur dann geschehen, wenn die JuristInnen das Interesse und das kritische Rüstzeug haben, ihre eigenen Operationen der Rechtsfindung zu beobachten und damit bewußt umzugehen. Dieses Interesse und dieses kritische Rüstzeug im Bewußtsein der Juristinnen und Juristen zu verankern und zu fördern, muß ein zentrales Gebot für jede gehobene JuristInnenausbildung sein.

Die Disziplinen des geltenden Rechts finden durch ihre konkrete, aktuelle „Anwendungsorientierung" oft wenig Motivation, Raum und Energie für methodologische Auseinandersetzungen. Was dieser Umstand für jene Fächer im Kontext akademischer Ansprüche bedeutet, insbesondere welche Verkürzungen und Paradoxien er bisweilen mit sich bringt, sei hier nicht näher untersucht. Mit Blick auf das Ziel Geschlechterdemokratie - eben auch im juristischen Diskurs und somit in der JuristInnenausbildung - ist demnach neben der zugegebenermaßen etwas kühn erscheinenden Forderung nach einem neuen (primär von den Rechtswissenschaftlichen Fakultäten zu vermittelnden) Rechtsbegriff[3] auch der pragmatische(re) Ansatz zu vertreten, die überkommenen rechtlichen Diskursformen für den Ausbau der Geschlechterdemokratie zu nutzen.

---

[3]) *Benke*, JuristInnenausbildung 98.

Dabei erweisen sich - so meine Erfahrung - zwei Momente als bedeutsam: Erstens, es muß rechtliche Maßnahmen, insbesondere Rechtsbehelfe geben, die etwas bewegen (dies mag uU darin bestehen, daß sie, wie etwa der Einspruch nach § 106a Abs 7 UOG 1975 idgF[4], etwas zum Stillstand bringen); und zweitens, Gleichbehandlungsgebote müssen auf unterschiedlichen Ebenen des Rechtssystems und in verschiedenen Sachbereichen vorliegen.

Gerade dieser zweite Faktor hat nachhaltige Bedeutung, weil er die Gleichbehandlung von den Fesseln des Exzeptionellen befreit, das sich meist in einer Defensivposition vorfindet und gegen eine grundsätzlich restriktive Umgangsweise anzukämpfen hat. Sind Gebote zur Geschlechterdemokratie hingegen in diversen Bereichen rechtlich verankert oder unter den leitenden Aspekten eines Normkomplexes juristisch festgemacht, dann ist ein qualitativer Sprung gelungen, nämlich der vom Punktuellen zur breiteren Diskursebene, die sich nicht einfach atomisieren oder wegschieben läßt.

III. Die Verkündigung der Geschlechterdemokratie - ein Verhinderungsmechanismus?

Eine etablierte Diskursebene läßt sich nicht einfach atomisieren oder wegschieben. Freilich zeigt die Erfahrung zugleich, daß die patriarchale Hegemonie bei Bedarf auch aufwendigeren Widerstand gegen geschlechterdemokratische Ansinnen nicht scheut. Im wesentlichen funktioniert dies dann so, daß die Dikursebene zwar beschritten, aber mit geschickten Taktiken von den substantiellen Punkten abgehoben wird.

Ein Beispiel: Im UniStG 1997 wird der Frauen- bzw Geschlechterforschung vom Gesetzgeber ein hoher Stellenwert zugemessen.[5] Dem trägt die Umsetzung in den (teils erlassenen, teils als in Diskussion befindlichen) Stu-

---

[4]) § 106a Abs 7 UOG 1975 idgF: Hat der Arbeitskreis für Gleichbehandlungsfragen Grund zur Annahme, daß ein Beschluß eines Kollegialorgans eine Diskriminierung von Personen auf Grund ihres Geschlechts darstellt, so kann er innerhalb von drei Wochen beim Vorsitzenden des Kollegialorgans einen schriftlichen und begründeten Einspruch gegen den Beschluß des Kollegialorgans erheben. Der Einspruch kann von einem Mitglied des Arbeitskreises für Gleichbehandlungsfragen zunächst ohne Ausführung einer Begründung angemeldet werden; diesfalls ist eine Vollziehung des betroffenen Beschlusses - insbesondere die Erlassung von Bescheiden oder der Abschluß von Verträgen auf Grund des beeinspruchten Beschlusses - bis zum Ablauf der Einspruchsfrist, wenn aber ein Einspruch erhoben wurde, bis zur neuerlichen Beschlußfassung durch das Kollegialorgan nicht zulässig.

[5]) § 3 UniStG 1997: Bei der Gestaltung der Studien sind im Sinne des § 1 UOG 1993 insbesondere folgende Grundsätze zu berücksichtigen: ...

7. die Gleichbehandlung von Frauen und Männern sowie die Gleichwertigkeit der Frauen- und Geschlechterforschung mit anderen Forschungsbereichen.

dienplänen der einzelnen Rechtswissenschaftlichen Fakultäten nicht Rechnung. Die Wahrnehmung der „Legal Gender Studies“ als Grundlagendisziplin wird verweigert. Das Thema der Geschlechterzugehörigkeit im Recht darf entweder auf der Marginalschiene juristischer Seminare unter den beliebig wählbaren Sonderinteressen rangieren oder Gegenstand von Spezialisierungskursen sein, die mehr oder weniger zu einer Berufsvorbereitung für MitarbeiterInnen von Frauenberatungsstellen abgestempelt werden.

Seriöserweise sollte die Entwicklung in eine andere Richtung laufen. „Legal Gender Studies“ sind ein Grundlagenfach par excellence. Jeder - auch der bescheidenste - Versuch eines Konzepts für „Legal Gender Studies“ hat sich notgedrungen mit folgenden Gegebenheiten auseinanderzusetzen:

Erstens, diese Disziplin besteht innerhalb der Jurisprudenz als eine einzigartig umfassende Querschnittsmaterie, denn es gibt - wenn man sich einmal vom Mythos der Geschlechtsneutralität des Rechts verabschiedet hat - keinen Rechtsbereich, in dem die Geschlechterzugehörigkeit nicht direkt oder indirekt von Belang wäre. Zweitens, neben dieser juristisch-interdisziplinären Eigenschaft sind „Legal Gender Studies“ auch durch starke transdisziplinäre Dimensionen charakterisiert, denn das Geschlechterverhältnis impliziert vielfältig außerrechtliche Vorgaben und Konstruktionen, die mit adäquaten wissenschaftlichen Methoden wahrzunehmen und dann in der rechtlichen Betrachtung mitzuberücksichtigen sind. Und drittens, gerade die Genese des rechtlichen Niederschlags der Geschlechterzugehörigkeit positioniert die „Legal Gender Studies“ mit Notwendigkeit in den Verband mit den zwei traditionellen Grundlagenfächern der Jurisprudenz, nämlich mit der Rechtsphilosophie und Rechtstheorie sowie mit der Rechtsgeschichte.

Diese Charakteristik und Positionierung der „Legal Gender Studies“ beruht auf den Prämissen, daß Wissenschaftlichkeit wesentlich durch permanente, universelle Reflexion der Methodik wie der Objektwahl konstituiert wird, und weiters, daß die Qualität der JuristInnenausbildung entscheidend durch akademisch-wissenschaftliche Qualifikationen gesteigert wird. Keine der beiden Prämissen gilt heute als selbstverständliche Voraussetzung im Diskurs über Jurisprudenz an den Universitäten.

IV. Entschlackung oder Vivisektion - die Diskussion um die juristischen Grundlagen und deren Vermittlung

Die laufende Studienreform ist ausgelöst worden von der Auffassung, die Studien müßten gestrafft werden, denn zahlreiche Studienzweige seien gleichsam ins Wuchern geraten und dadurch seien Studienzeiten von unvertretbarer Länge entstanden. Somit heißt das Gebot, dem der Gesetzgeber unter anderem durch eine Begrenzung der Lehrveranstaltungsstunden Ausdruck verliehen hat, Konzentration und Besinnung auf das Wesentliche. Dabei gibt es ein Phantom, das den Universitätsstudienreformern am Horizont immer wieder erscheint und dessen Erscheinen die Diskussion nicht unerheblich mitbestimmt, nämlich die Fachhochschulausbildung.

Die beiden Hauptpositionen, die in dieser Diskussion aufeinanderstoßen, lassen sich grob mit den Stichworten „Wissenschaftlichkeit" auf der einen Seite und „Praxisnähe" auf der anderen Seite charakterisieren. Seit der Begründung der Rechtswissenschaft durch die Juristen der späten Römischen Republik bewegt sich das Juristische im Spannungsfeld zwischen diesen beiden Positionen,[6] und es verdankt diesem Spannungsverhältnis auch eine besondere Lebendigkeit und Faszination.

Ein Blick über die gegenwärtigen Rechtswissenschaftlichen Fakultäten Österreichs hinaus zeigt, daß ein kultiviertes Rechtssystem zwar eine fachspezifische JuristInnenausbildung braucht, diese aber auch ohne juristisches Universitätsstudium erfolgen kann. Die Notwendigkeiten einer Restrukturierung, die ein günstigeres Aufwand-Ertragsverhältnis erreicht und somit eine erhöhte Effizienz gewährleistet, werden häufig - und durchaus mit guten Belegen - ins Treffen geführt; dieser Trend scheint dem universitären Bildungskonzept das Wasser abzugraben.

„Anwendungsorientiertes" Training besticht zunächst durch die Optik der Kompaktheit, Transparenz und Kalkulierbarkeit. Gegenüber dieser Optik erscheint das Bild der universitären, akademisch-wissenschaftlichen Ausbildung zumindest unschärfer, beliebiger, spielerischer, ja luxuriöser. Bildungsinteresse und Wissenschaftsfreiheit figurieren zunächst nur auf der Kostenseite mit relativ klaren Größen, ihr Ertrag hingegen entzieht sich „naturgemäß" einer punktuell fixierbaren und in Profitzahlen ausweisbaren Erfolgsbilanz.

---

[6]) S etwa *Kunkel*, Römische Rechtsgeschichte[12] (1990) 91ff.

Doch trotz dieser Unwägbarkeiten einer prononciert akademischen, wissenschaftlichen Ausbildung ist die Universität als Berufsvorbildung nicht radikal ins Abseits geraten. Die Vitalität des Universitären hat wohl zwei Hauptfaktoren:

Erstens, Bildung und Graduierung durch Bildung ist ein Kulturfaktor, der das Profil und das Ansehen der jeweiligen Profession mitkonstituiert, und zwar abgesehen vom direkt verwertbaren Können, das mit dem Wissen einhergeht.

Zweitens, es ist eine Binsenweisheit, daß auch in Zukunft Führungskräfte nur dann ihre Führungsaufgabe erfüllen werden, wenn sie imstande sind, auf neue Fragen neue Antworten zu geben. Die neuen Fragen werden kommen, wohl noch dichter und anspruchsvoller als bisher. Anwendungstechniken und Muster des praktischen Vollzuges fördern jedenfalls nicht das Potential, auf neue Fragen neue Antworten geben zu können - ja der Mangel an analytisch-theoretischer Kapazität führt dazu, daß die neuen Problemstellungen nicht nur nicht gelöst, sondern erst gar nicht in treffender Weise formuliert werden können.

Wäre es ein primäres Anliegen, im Jusstudium das Wissen vom Recht als gesellschaftliches Ordnungssystem, von dessen Eingebundenheit in andere gesellschaftliche Ordnungssysteme und von dessen Relativiertheit in der Komplexität gesellschaftlicher Diskurse zu vermitteln - und zwar solch ein Wissen als kritisches und somit für die Zukunft kreatives Potential zu vermitteln -, dann wäre eine Disziplin mit dem Profil Kirche/Recht/Geschichte (wieder) aufzunehmen.

Dieser Gedanke ist in einem kleinen Exkurs auszuführen: Beim Vorschlag, eine Disziplin mit dem Profil Kirche/Recht/Geschichte aufzunehmen, ist nicht gedacht an eine positivistische Vermittlung von Rechtsgebieten kirchlicher Administration um ihrer selbst willen. Es geht vielmehr um die viele Jahrhunderte währende Erfahrung eine großen Institution mit ihren überaus vielfältigen Ausformungen, Entwicklungen und Metamorphosen.

Die Kirchen und ihre Geschichte bieten wahrlich einen reichen und gutdokumentierten Schatz an Erfahrungen mit Ordnungskonzepten, die oft aus und mit sehr heterogenen Vorgaben und Zielen, Methoden und Figuren entwickelt worden sind. Partikularität und Zentralismus, Kollegialität und Hierarchie, monokratische Strukturen und das Bild der Gemeinde, institutionelle Gefüge und individuelle Personalität, ja die grundlegende Dichotomie von Recht und Gnade sind Konstellationen mit exemplarischem Gehalt für juristische Diskurse und Reflexionen darüber. Einige der Themen und Fragen der europäischen Integration erscheinen wie Neuauflagen von Ereignissen der Kirchenrechtsgeschichte: Paradigmenwechsel in den Auffassungen von gesellschaftlichen und staatlichen Verbänden, Vermehrung der Rechtsquellentypen und ihr relationaler Bedeutungswandel, die Etablierung neuer Institutionen in der Dialektik von Machtpolitik und Recht und dergleichen sind Phänomene, die mit der europäischen Integration nicht das erste Mal auftreten. Diese heutigen Phänomene wahrzunehmen und zu erfassen - jenseits der engen Perspektiven unmittelbarer politischer Projektion - sollte aufgrund von Erfahrung erfolgen; diese Erfahrung ist in der Geschichte anzutreffen und mithilfe der historischen Disziplinen nutzbar zu machen.

Damit sei der Exkurs beendet. Es wäre wohl sehr realitätsfern, angesichts der Weise, in der gegenwärtig die Diskussion um die akademische JuristInnenausbildung geführt wird, eine Renaissance der Kirchenrechtsgeschichte zu erwarten. Freilich muß man sich in Anbetracht solch einer Geringschätzung von Grundlagenfächern und historischen Disziplinen vor Augen halten, wohin die heute mächtigen Diktaturen einer „trivialen Evidenz" und einer „prompten Logik" führen: Man erfindet das Rad neu - und je weniger man die Geschichte, die Philosophie (im Sinn eines vertikalen Blicks in die Tiefe) und das Interdisziplinäre (im Sinn eines horizontalen Blicks in die Breite) im Visier hat, desto öfter wird man das Rad neu erfinden, und desto größer wird das Risiko sein, daß man das Rad mangelhaft erfindet.

Die Methode zahlreicher und mängelanfälliger Neuerfindungen des Rades ist in mehrfacher Hinsicht unberechenbar. Aufgrund ihrer Unberechenbarkeit ist diese Methode kostspielig und ineffizient. Rückbezogen auf die heutigen Diktate, alles müsse „kostengünstig" und „effizient" gestaltet sein, kann diese Methode nur als Luxus gelten. Aber diesen Luxus scheinen sich die Adepten der zeitgeistigen Praxisideologie leisten zu wollen - oder kann es sein, daß sie gar nicht durchschauen, welchen Luxus sie sich leisten?

V. Die Feminisierung der Rechtswissenschaft

Sollte es dazu kommen, daß Fachhochschulen oder ähnliche, erklärterweise nichtwissenschaftliche (oder bloß sekundär wissenschaftliche) Lehrkursinstitutionen die Hauptkompetenz der JuristInnenausbildung erhalten, dann ist eine Verschiebung der klassischen Jurisprudenz im Geschlechterdiskurs zu erwarten. „Gendering legal thinking feminine" dürfte als Folge nicht überraschen. Fraglich bleibt freilich, ob dies insgesamt einen Fortschritt in Richtung Geschlechterdemokratie bedeutet.

Die (geschichtlichen) Erfahrungen zeigen, daß der Eintritt der Frauen in Männerdomänen grundsätzlich nicht zu einer expansiv wirkenden geschlechterdemokratischen Balance geführt haben, sondern gleichsam zu einem „Ortswechsel" der patriarchalen Dominanz. Die patriarchal-hegemoniale Machtlogik entfaltet eine beharrliche Wirksamkeit darin, Machtgefälle zu Ungunsten der Frauen zu erhalten, und sei es durch eine Verschiebung der Machtbereiche.[7] Dabei sind zwei Hauptmuster für solch eine Machterhaltung feststellbar: Erstens, aus der vermehrt von Frauen reklamierten und betriebenen Disziplin wird eine Sparte exklusiv abgehoben, die sie vertretenden Männer werden durch pointierte Privilegierungen - exzellentes Prestige und exzellente Gagen - ausgezeichnet. Diese (neue) feine Spezialdisziplin hebt sich von dem Feld ab, in dem Frauen partizipieren, und deklassiert diese dadurch. Zweitens, wenn solch eine „sachliche" Differenzierung durch Auskoppelung nicht gelingt, verliert die von Frauen signifikant mitgetragene und mitbetriebene Disziplin überhaupt an Ansehen. Da „weiblich" im patriarchalen System gleichbedeutend ist mit „nachgeordnet", kann eine Disziplin, in der Frauen nicht bloß marginal Fuß fassen, nur an Rang verlieren.

Wenn der Lebensnerv der JuristInnenausbildung von den Universitäten weg verlagert wird zu den Fachhochschulen, dann ist auch an den Rechtswissenschaftlichen Fakultäten eine „gendering legal thinking feminine" zu erwarten. Doch vielleicht sollte man solch eine Polarisierung nicht zu negativ sehen: Die praxisergebenen Tatmenschen der juristischen Fachhochschulen, die ihr Material aus der Aktualität des gegenwärtigen Rechtslebens schöpfen (freilich nicht unkontrolliert, sondern soweit es das jeweilige Diktat eines Juristenarbeitsmarktes gerade zuläßt), stehen dann einer Gruppe von WissenschafterInnen gegenüber, die ihre Professionalität und Kompetenz aus ihrem Wissen um die Bedingungen, Konnexitäten, Perspektiven, Vorgangsweisen und Figuren des Rechts beziehen. Sollte die Polarisierung solch eine Gestalt annehmen, dann kann sich dies durchaus als ein produktives Wechselverhältnis erweisen.

---

[7]) S dazu etwa *Benke*, Women in the Courts: An Old Thorn in Men's Sides, Michigan Journal of Gender and Law 3/I 1995, 227 A 158, 244.

VI. Recht und Zwang - ein entscheidender Zusammenhang[8]

For feminist jurisprudence, the more serious aspect of law is its relationship to force.[9] Diese Feststellung von Ann Scales gehört zur feministischen Kritik an einem Mythos, den die patriarchale Konstruktion des Rechts erfolgreich etabliert hat. So wie es gelungen ist, die männliche Ausdrucksform in der Sprache des Rechts als „geschlechtsneutrale" darzustellen, so ist es auch gelungen, den Einsatz von Zwangsgewalt nachhaltig positiv zu besetzen, wenn sie in einem rechtlichen Legitimationskontext steht.

Daß dabei aus feministischer Sicht besondere Skepsis angebracht ist, leuchtet ein: Pariarchale Hegemonie beruht wesentlich auf einer Monopolisierung von Mitteln der Machtverwirklichung. Dazu gehören vorrangig Mittel des Zwanges, ja der Gewalt. Die Zwangsgewalt des Rechts muß demnach für das Hegemonieprojekt des Patriarchats eine hervorragende Rolle spielen. In diesem Sinn ist das Recht besonders männlich und gewissermaßen besonders geschlechterdiktatorisch, weil es Frauen nicht nur abdrängt, sondern sich systemisch gegen sie richtet.

Wer sich auf eine kritische Betrachtung des Elements der Zwangsgewalt im Recht einläßt, dem fällt auf, daß die Zwangskomponente des Rechts in der Sozialisation zum Juristen und zur Juristin an den Rand geschoben, neutralisiert und ausgeblendet wird. Demnach ist die Gestaltung der Wirklichkeit durch rechtlichen Zwang eine Größe, die nicht Gegenstand juristischer Betrachtung sein soll, sondern allenfalls in das Feld der Sozialwissenschaften verwiesen wird.

Die Ablenkung des Blicks von einer Betrachtung rechtlicher Zwangsgewalt tritt besonders deutlich hervor, wenn der Zwang die persönliche Existenz mit großer Wucht trifft, und wenn weiters die Legitimation für den Zwang kontrovers (geworden) ist und (zu) wenig Akzeptanz findet. Im Strafrecht wird diese Dichotomie am deutlichsten sichtbar. Je weniger das Rechtsgut, das durch ein strafrechtliches Delikt geschützt werden soll, allgemein schützenswert erscheint, desto mehr hebt die juristische, den Einsatz von Strafe legitimierende Behandlung solcher Deliktstatbestände in ein Exerzitium dogmatischer Hermetik ab. Dem außenstehenden Betrachter kom-

---

[8]) S dazu *Benke*, Women in the Courts 251ff.

[9]) *Scales*, Military, Male Dominance and Law: Feminist Jurisprudence as Oxymoron? Harvard Women's Law Journal 12, 1989, 30.

men solche Artikulationen der Rechtsfindung wie selbstreferentielle Übungen vor, die sich mangels Evidenz und Akzeptanz weitgehend auf allgemeine Zwecke des Rechts berufen müssen.

Das Recht als gesellschaftliches Ordnungssystem kann ohne das Element des Zwanges nicht auskommen, darüber besteht kein Zweifel. Was einen skeptischen Blick verdient, ist die Frage, wie die Juristinnen und Juristen die Zwangsgewalt des Rechts wahrnehmen und umsetzen. Rechtspolitik kann und soll zu einem guten Teil aus der juristischen Profession selbst kommen. Eine grundrechtlich-demokratisch wünschenswerte Kontrolle rechtlicher Zwangsgewalt würde voraussetzen, daß die Juristinnen und Juristen eine feine Wahrnehmung und eine verstärkte Reaktionskapazität hinsichtlich der Rechtsordnung als System der Zwangsgewalt haben. Dann würde im rechtlichen Diskurs viel eher greifbar werden, wie sich der Zwangscharakter des Rechts auswirkt - unmittelbar und mittelbar, unter anderem als höchst wirksame Unterstützung von Hegemoniestrukturen oder als deren Kontrapunkt.

Zurück zur JuristInnenausbildung: Dort lernen die Juristinnen und Juristen primär ihren unbefangenen Umgang mit der Zwangsgewalt. Diese Sozialisation positioniert den Juristen und die Juristin - zunächst abstrakt, dann bei ihrer Berufstätigkeit auch konkret - in einen Hierarchiekontext, in dem das Gebot der Legalität den Aspekt persönlicher Verantwortung weitgehend überlagert.[10]

Das Hierarchische ist im Juristischen systemisch angelegt, die Hierarchie des Juristischen zeigt sich entweder in ausgeprägten Stufungen von Imperien oder - wenn solche Imperien nicht greifen können - in Autoritätsstrukturen, die intensiv, manchmal vielleicht übertrieben, den Imperien-Hierarchien nacheifern. Dort, wo die Vertreter des Rechts bloß Autorität haben, zeigen sie eine Neigung zu Verhaltensweisen, ihre Autoritätsmuster ähnlich den Imperienmustern aufzufassen und zu handhaben. Dieser Zug der „professionellen Persönlichkeit" von Juristinnen und Juristen spielt mE bereits bei der JuristInnenausbildung, die bei den Lehrenden wie bei den Studierenden intensiv von Autoritätsmustern geprägt ist, eine signifikante Rolle. Ich halte es nicht für einen Zufall, daß die Geschichte der Didaktik in der europäischen Rechtswissenschaft mit einer Begebenheit anfängt, deren Hauptpointe darin liegt, daß der „Lehrer" Quintus Mucius[11] seinen „Schüler" Servius[12] in aggressiver Weise maßregelt und ihn dadurch erniedrigt.

---

[10]) *Benke*, JuristInnenausbildung 92.

[11]) Q. Mucius Scaevola war 95 v.Chr. Konsul und starb 82 v.Chr. S *Kunkel*, Rechtsgeschichte 98.

[12]) Servius Sulpicius Rufus war 51 v.Chr. Konsul und starb 43 v.Chr. S *Kunkel*, Rechtsgeschichte. 98f.

D 1.2.2.43 Pomponius libro singulari enchiridii
Servius autem Sulpicius cum in causis orandis primum locum aut pro certo post Marcum Tullium optineret, traditur ad consulendum Quintum Mucium de re amici sui pervenisse cumque eum sibi respondisse de iure Servius parum intellexisset, iterum Quintum interogasse et a Quinto Mucio responsum esse nec tamen percepisse, et ita obiurgatum esse a Quinto Mucio: namque eum dixisse turpe esse patricio et nobili et causas oranti ius in quo versaretur ignorare. Ea velut contumelia Servius tactus operam dedit iuri civili et plurimum eos, de quibus locuti sumus, audiit, ...

Servius Sulpicius, der als Vertreter von Kausen den ersten Rang behauptete - oder sicherlich den zweiten nach Marcus Tullius [Cicero] -, kam, wie berichtet wird, zu Quintus Mucius, um ihn um Rat zu fragen hinsichtlich der Angelegenheit eines seiner Freunde; da er die Rechtsauskunft [des Q.M.] nicht verstand, fragte er Quintus noch einmal, Quintus Mucius gab ihm [wieder] eine Rechtsauskunft, und er verstand sie wieder nicht, worauf er von Quintus Mucius abgekanzelt wurde wie folgt: Es sei nämlich, sagte er [Q.M.], eine Schande für einen Patrizier und Edelmann, der Kausen vertritt, das Recht, in dem er tätig ist, nicht zu kennen. Durch den Anstoß dieser Beschimpfung wandte sich Servius eifrig dem *ius civile* zu und lernte besonders bei jenen, von denen wir gesprochen haben ...

Die Verwirklichung des Rechts ist die Verwirklichung eines Befehls. Diese Verwirklichung ist nicht an dialogische und insofern demokratische Formen gebunden, sondern kann sich aus der Position der hierarchischen Überordnung heraus durchsetzen. Sich gegen die Bestimmung eines anderen durchzusetzen, bedeutet, den anderen zu zwingen und ihn zu unterwerfen. Dieses Muster des Zwanges und der Unterwerfung ist in der Begegnung zwischen Quintus Mucius und Servius deutlich vorgeführt sowie durch die Stellung und Rezeption der Anekdote mit einem exemplarischen Gehalt für juristische Unterweisung versehen.

Es ist nicht meine These, der Stil juristischer Ausbildung sei der militärischen Drills. Wohl aber scheint mir eine besondere Affinität zu Hierarchiestrukturen und Autoritätsgefügen gegeben, in die sich der/die angehende Jurist/in rasch einfügen muß. Dieses Regime hat - teils aus guten Gründen - wenig Toleranz für subjektiv-individuelle Qualitäten, sondern manifestiert sich durch prompte und deutliche Sanktionen, und zwar sowohl gegenüber etablierten Juristinnen und Juristen, die den Methoden- und Themenkatalog modifizieren wollen, als auch gegenüber den in Ausbildung Befindlichen, die sich nicht zügig mit der kanonisierten juristischen Methode identifizieren.

Dieses Regime betrachtet Hierarchie buchstäblich als eine „heilige Herrschaft", in der die Zwangsgewalt ihren unproblematischen Platz hat. Hier die Schizophrenie zu erreichen, daß Juristinnen und Juristen die in der Rechtsordnung notwendige Zwangsgewalt immer noch als „Gewalt" wahrnehmen, die sich drastisch zu Gunsten von bestimmten Personen auswirkt und zu Ungunsten von anderen, ist ein geschlechterdemokratisch eminent bedeutsames Postulat an die JuristInnenausbildung.

VII. Schlußbemerkungen

Mit Blick auf das Ziel, das Recht in ein geschlechterdemokratisches umzugestalten, sind auf der Ebene universitärer JuristInnenausbildung in nächster Zukunft vor allem zwei Herausforderungen zu erwarten: Erstens, entsprechend der gegenwärtigen neoliberalen Rentabilitätsideologie werden die einzelnen juristischen (und verwandten) Berufsgruppen wie etwa AnwältInnen, NotarInnen, BankerInnen etc versuchen, die spezifischen Ausbildungskosten ihres Nachwuchses vermehrt auf die Universitäten zu verlagern. Dies wird weiterhin unter dem Slogan erfolgen, die universitäre Ausbildung sei zu wenig einschlägig, und wird tendenziell all das an den Universitäten in Frage stellen, was sich nicht durch Belege eines unmittelbaren ökonomischen Ertrages legitimiert. Zweitens, einige Positionen frauenspezifischer Politik und Wissenschaft sind soweit etabliert, daß sie selbst in die patriarchale Rhetorik Eingang gefunden haben. Freilich ist gerade deshalb damit zu rechnen, daß die Frauenanliegen auf Beteuerungsrituale stoßen, mit deren Hilfe sich die Gegner einer substantiellen Konfrontation zu entziehen trachten. Solche substantielle Konfrontationen wird es aber weiterhin brauchen, soll das Projekt „Geschlechterdemokratie" nicht als flüchtige Episode in die Geschichte eingehen.

Literaturverzeichnis

- *Benke*, JuristInnenausbildung - ein feministischer Irrweg? JRP 1995/2, 90.
- *Benke*, Women in the Courts: An Old Thorn in Men's Sides, Michigan Journal of Gender and Law 3/I 1995, 195.
- *Kunkel*, Römische Rechtsgeschichte[12] (1990).
- *Scales*, Military, Male Dominance and Law: Feminist Jurisprudence as Oxymoron? Harvard Women's Law Journal 12, 1989, 26.

ABKÜRZUNGSVERZEICHNIS

A	Anmerkung
aA	anderer Ansicht
AB	Ausschußbericht
ABGB	Allgemeines bürgerliches Gesetzbuch
ABl	Amtsblatt der Europäischen Gemeinschaften
Abl	Amtsblatt
Abs	Absatz
aF	alte Fassung
AG	Arbeitgeber, -in
AH	Abgeordnetenhaus
AI	Artifizielle Insemination
AID	artificial insemination with semen derived from a donor
AIH	artificial insemination with semen derived from the husband
AlVG	Arbeitslosenversicherungsgesetz
aM	anderer Meinung
AN	Arbeitnehmer, -in
AngG	Angestelltengesetz
AO	Ausgleichsordnung
ArbuR	„Arbeit und Recht"
ArbVG	Arbeitsverfassungsgesetz
ARD	ARD-Betriebsdienst
Art	Artikel
ASG	Arbeits- und Sozialgericht
ASVG	Allgemeines Sozialversicherungsgesetz
AZO	Arbeitszeitordnung
B-GBG	Bundes-Gleichbehandlungsgesetz
B-KUVG	Beamten- Kranken- und Unfallversicherungsgesetz
B-VG	Bundes-Verfassungsgesetz
BG	Bundesgesetz
BGB	(deutsches) Bürgerliches Gesetzbuch
BGBl	Bundesgesetzblatt
BGH	Bundesgerichtshof
BGHZ	„Entscheidungen des (deutschen) Bundesgerichtshofs in Zivilsachen"
bgld	burgenländisch, -e, -er, -es
Blg	Beilage, -n
BlgNR	Beilage (-n) zu den stenographischen Protokollen des Nationalrates
BMJustiz	Bundesminister (-ium) für Justiz
BMS	Bundesminister (-in, ium) für soziale Verwaltung
BMWV	Bundesminister (-in, -ium) für Wissenschaft und Verkehr
BPGG	Bundespflegegeldgesetz
BR	Betriebsrat
BSVG	Bauern-Sozialversicherungsgesetz
BVergG	Bundesvergabegesetz
BVfG	(deutsches) Bundesverfassungsgericht
bzw	beziehungsweise
C	Codex Justinians
ca	cirka

CCHIDK	Zentrum zur Aufbewahrung historisch-dokumentarischer Sammlungen, Moskau
CES	Dokument des Wirtschafts- und Sozialausschusses
D	Digesten (Pandekten) Justinians
DErl	Durchführungserlaß
ders	derselbe
DG	Dienstgeber, -in
dh	das heißt
dies	dieselbe
DJT	Deutscher Juristentag
DN	Dienstnehmer, -in
DRdA	„Das Recht der Arbeit“
dRGBl	deutsches Reichsgesetzblatt
dZPO	deutsche Zivilprozeßordnung
E	Entscheidung
EAG	Europäische Atomgemeinschaft
EAGV	EAG-Vertrag
EB	Erläuternde Bemerkungen
ecolex	„Fachzeitschrift für Wirtschaftsrecht“
ECU	European Currency Unit, derzeit ca öS 13,--
ed	edictum
EF	„Ehe- und familienrechtliche Entscheidungen“
EFTA	European Free Trade Association
EG	Europäische Gemeinschaft
EGKS	Europäische Gemeinschaft für Kohle und Stahl
EGKSV	EGKS-Vertrag
EGV	Vertrag zur Gründung der Europäischen Gemeinschaften
EheG	Ehegesetz
EheRwG	Eherechtswirkungsgesetz
EKD	Evangelische Kirche in Deutschland
EMRK	Europäische Menschenrechtskonvention
endg	endgültig
EO	Exekutionsordnung
EP	Europäisches Parlament
ErbStG	Erbschafts- und Schenkungssteuergesetz
etc	et cetera
EU	Europäische Union
EuGH	Gerichtshof der Europäischen Gemeinschaften
EuGHI	Europäischer Gerichtshof erster Instanz
EuGRZ	„Europäische Grundrechte Zeitschrift“
EUV	EU-Vertrag (Maastrichter Vertrag)
EuZW	„Europäische Zeitschrift für Wirtschaftsrecht“
EvBl	„Evidenzblatt der Rechtsmittelentscheidungen“
EWG	Europäische Wirtschaftsgemeinschaft
EWG-V	EWG-Vertrag
EWGV	EWG-Vertrag
EWR	Europäischer Wirtschaftsraum
EWS	„Europäisches Wirtschafts- und Steuerrecht“
f	und der (die) folgende
FamRZ	„Zeitschrift für das gesamte Familienrecht“
ff	und die folgenden

FHG	Entwurf eines Bundesgesetzes über die medizinische Fortpflanzung beim Menschen (Fortpflanzungshilfegesetz - FHG) sowie Änderungen des ABGB und des EheG (JMZ 3.509/363-I 1/90)
FLAF	Familienlastenausgleichsfonds
FMed	Fortpflanzungsmedizin
FMedG	Bundesgesetz, mit dem Regelungen über die medizinisch unterstützte Fortpflanzung getroffen (Fortpflanzungsmedizingesetz - FMedG) sowie das allgemeine bürgerliche Gesetzbuch, das Ehegesetz und die Jurisdiktionsnorm geändert werden
FN	Fußnote
fol.	Folio
Fonds AP	Fonds Archives Paneuropéennes, Genf
FrNArbG	Frauennachtarbeitsgesetz
FS	Festschrift
FuR	„Film und Recht“
G	Gesetz
Gaius Inst	Gaius Institutionen
GASP	Gemeinsame Außen- und Sicherheitspolitik
GBlÖ	Gesetzblatt für das Land Österreich
GD	Generaldirektion (der Kommission)
gem	gemäß
GewO	Gewerbeordnung
GG	Grundgesetz für die Bundesrepublik Deutschland
GIFT	intratubarer Gametentransfer
GmbH	Gesellschaft mit beschränkter Haftung
GP	Gesetzgebungsperiode
GPA	Agreement on Gouvernment Procurement (Abkommen über das öffentliche Beschaffungswesen)
GSVG	Gewerbliches Sozialversicherungsgesetz
hA	herrschende Ansicht
hg	herausgegeben
Hg	Herausgeber, -in
hL	herrschende Lehre
Hrsg	Herausgeber, -in
idF	in der Fassung
idgF	in der geltenden Fassung
idR	in der Regel
ILO	International Labour Organization
INFAS	„Informationen aus dem Arbeits- und Sozialrecht“
insbes	insbesondere
Inst Iust	Institutionen Justinians
iS	im Sinn
iSd	im Sinn des
iSv	im Sinn von
IVF	In-vitro-Fertilisation
iVm	in Verbindung mit
JA	„Juristische Arbeitsblätter“
JAB	Justizausschußbericht
JAP	„Juristische Ausbildung und Praxisvorbereitung“
JBl	„Juristische Blätter“
JGS	„Justizgesetzsammlung“

Jh.	Jahrhundert
JRP	„Journal für Rechtspolitik"
KJ	„Kritische Justiz"
kntn	Kärnten, Kärntner
KO	Konkursordnung
KOM	Dokumente der Kommission der Europäischen Gemeinschaften
KrimJ	Kriminologisches Journal
KrimSozBibl	Kriminalsoziologische Bibliographie
KUG	Karenzurlaubsgeld
KV	Krankenversicherung
leg cit	legis citae
LG	Landesgericht
LG	Landesgesetz
LGBl	Landesgesetzblatt
LGZ	Landesgericht für Zivilsachen
lib	liber
mE	meines Erachtens
MECU	Millionen ECU
MGA	Manz - Große Ausgabe der österreichischen Gesetze
Miet	„Mietrechtliche Entscheidungen"
MRG	Mietrechtsgesetz
MRK	Konvention zum Schutz der Menschenrechte und Grundfreiheiten samt Zusatzprotokoll
MSchG	Mutterschutzgesetz
MSchrKrim	„Monatsschrift für Kriminologie und Strafrechtsreform"
MV	Ministerialverordnung
mwH	mit weiteren Hinweisen
mwN	mit weiteren Nachweisen
NÄG	Namensänderungsgesetz
NamRÄG	Namensrechtsänderungsgesetz
nF	neue Fassung
NJW	„Neue Juristische Wochenschrift"
nö	niederösterreichisch, -e, -er, -es
NR	Nationalrat
Nr	Nummer
NZ	„Österreichische Notariats-Zeitung"
ÖA	„Der Österreichische Amtsvormund"
ÖBA	„Österreichisches Bankarchiv"
OGH	Oberster Gerichtshof
ÖGZ	„Österreichische Gemeinde-Zeitung"
oJ	ohne Jahr
ÖJT	Österreichischer Juristentag
ÖJZ	„Österreichische Juristen-Zeitung"
oö	oberösterreichisch, -e, -er, -es
ÖStA	„Österreichisches Standesamt"
ÖZP	„Österreichische Zeitschrift für Politikwissenschaft"
Pkt	Punkt
pr	principium
PStG	Personenstandsgesetz
PV	Pensionsversicherung
RAVAG	Radio-Verkehrs-Aktiengesellschaft

RdA	„Recht der Arbeit"
RdM	„Recht der Medizin"
RdN	Randnote; Randnummer
RdW	„Österreichisches Recht der Wirtschaft"
RGBl	Reichsgesetzblatt
RL	Richtlinie
Rs	Rechtssache
Rsp	Rechtsprechung
RV	Regierungsvorlage
RZ	„Österreichische Richterzeitung"
Rz	Randzahl
s	siehe
S	Siehe; Satz; Schilling
scil	scilicet
Sess	Session
SG	Sozialgericht
Slg	Sammlung der Rechtsprechung des Gerichtshofes und des Gerichts erster Instanz der Europäischen Gemeinschaften; Sammlung
sog	sogenannt, -e, -er, -es
SozSi	„Soziale Sicherheit"
SPG	Sicherheitspolizeigesetz
SSV-NF	„Entscheidungen des Obersten Gerichtshofes in Sozialrechtssachen"
StAZ	„Das Standesamt"
StGBl	Staatsgesetzblatt für die Republik Österreich
StGBl	Staatsgesetzblatt
StGG	Staatsgrundgesetz über die allgemeinen Rechte der Staatsbürger
stmk	steiermärkisch, -e, -er, -es
SVSlg	„Sozialversicherungsrechtliche Entscheidungen"
SWI	„Steuer & Wirtschaft international"
SZ	„Entscheidungen des Obersten Gerichtshofes in Zivil- (und Justizverwaltungs-) sachen"
tir	Tirol, Tiroler
u	und
ua	und andere, unter anderem
uä	und ähnliches
übers	übersetzt
uE	unseres Erachtens
UniStG	Universitäts-Studiengesetz
UNO	United Nations Organization
UOG	Universitäts-Organisationsgesetz
Urt	Urteil
usw	und so weiter
uU	unter Umständen
UV	Unfallversicherung
v	vom, von
v.Chr.	vor Christi Geburt
VA	Vollzugsanweisung
va	vor allem
vbg	Vorarlberg, vorarlberger
VfGH	Verfassungsgerichtshof

VfSlg	„Sammlung der Erkenntnisse und wichtigsten Beschlüsse des Verfassungsgerichtshofes", Neue Folge
vgl	vergleiche
VO	Verordnung
VSSR	„Vierteljahresschrift für Sozialrecht"
VwGH	Verwaltungsgerichtshof
VwSlg	„Erkenntnisse und Beschlüsse des Verwaltungsgerichtshofes"
WBl (Wbl)	„Wirtschaftsrechtliche Blätter"
WEG	Wohnungseigentumsgesetz
WGG	Wohnungsgemeinnützigkeitsgesetz
WiPolBl	„Wirtschaftspolitische Blätter"
WISO	„Wirtschafts- und Sozialpolitische Zeitschrift des Instituts für Sozial- und Wirtschaftswissenschaften der AK und des BFI für Oberösterreich"
WoBl	„Wohnrechtliche Blätter"
wr	Wiener
WSA	Wirtschafts- und Sozialausschuß
WTO	World Trade Organization
Wv	Wiederverlautbarung
Z	Zahl, Ziffer
ZAS	„Zeitschrift für Arbeits- und Sozialrecht"
zB	zum Beispiel
ZBJI	Zusammenarbeit in den Bereichen Justiz und Inneres
ZEuP	„Zeitschrift für Europäisches Privatrecht"
ZfRV	„Zeitschrift für Rechtsvergleichung, Internationales Privatrecht und Europarecht"
ZfS	„Zeitschrift für Sozialrecht"
ZfStrVo	„Zeitschrift für Strafvollzug"
ZfV	„Zeitschrift für Verwaltung"
ZfVB	„Die administrativrechtlichen Entscheidungen des VwGH und die verwaltungsrechtlich relevanten Entscheidungen des VfGH in lückenloser Folge"
Zl	Zahl
ZPO	Zivilprozeßordnung
ZProt	Zusatzprotokoll
ZRG-RA	„Zeitschrift der Savigny-Stiftung für Rechtsgeschichte. Romanistische Abteilung."
ZRP	„Zeitschrift für Rechtspolitik"
ZStW	„Zeitschrift für die gesamte Strafrechtswissenschaft"
zT	zum Teil

DIE AUTORINNEN UND AUTOREN

Aichhorn, Ulrike, Mag. Dr., geb. 1962. 1982-1989 Studium der Rechtswissenschaften an der Paris-Lodron-Universität Salzburg. Wissenschaftliche Mitarbeiterin am Österreichischen Institut für Rechtspolitik; Lehrbeauftragte an der Universität Salzburg und am Institut für Politikwissenschaft der Universität Wien. Derzeit Universitätsassistentin am Institut für Österreichische Rechtsgeschichte der Rechtswissenschaftlichen Fakultät der Universität Salzburg; Vorsitzende des Arbeitskreises für Gleichbehandlungsfragen an der Universität Salzburg, kooptiertes Mitglied des Senates der Universität Salzburg als Vorsitzende des Arbeitskreises für Gleichbehandlungsfragen; Projektassistentin in mehreren Forschungsprojekten; Vortragstätigkeit.

Veröffentlichungen ua: (als Herausgeberin) Frauen & Recht (1997); Das Ehescheidungsrecht aus frauenrechtspolitischem Blickwinkel, in *Aichhorn* (Hg), Frauen & Recht (1997); Gleiches Recht für beide (=*Büro für Frauenfragen* [Hg], Information für die Frau in Salzburg, Sonderausgabe Nr 2) (1996).

Albrecht, Isabel, Mag., geb. 1970. Studium der Rechtswissenschaften an der Universität Wien; ab 1993 Studienassistentin. Seit 1994 Universitätsassistentin am Institut für zivilgerichtliches Verfahren an der Universität Wien; seit 1996 auch Lektorin an der Rechtswissenschaftlichen Fakultät der Universität Wien.

Veröffentlichungen ua: Die Exekutionsordnungs-Novelle 1995 (1995); § 268 ZPO und Wiederaufnahmsklage, ÖJZ 1994; Probleme der Bindung an strafgerichtliche Verurteilungen im Zivilverfahren, ÖJZ 1997.

Bei, Neda, Dr., 1978-1986 Assistentin am Institut für Staats- und Verwaltungsrecht an der Universität Wien, 1979 auch am Institut für Völkerrecht und internationale Beziehungen. Seit 1989 Mitarbeiterin der Frauenabteilung der Kammer für Arbeiter und Angestellte für Wien; Mitglied der Gleichbehandlungskommission nach dem GlBG 1979; seit 1995 Expertin im Netzwerk der EG-Kommission zur Umsetzung der Gleichbehandlungsrichtlinien in den Mitgliedstaaten.

Veröffentlichungen ua: (als Mitherausgeberin) *Autorinnengruppe Uni Wien* (Hg), Das ewige Klischee (1981); (als Mitherausgeberin) *Projektgruppe Kritische Universitätsgeschichte* (Hg), Vernunft als Institution (1986); (gemeinsam mit *Novak Renate*) Das Gleichbehandlungsgesetz, in *Aichhorn* (Hg), Frauen & Recht (1997).

Benke, Nikolaus, Dr., LL.M. (London), geb. 1954. Universitätsprofessor am Institut für Römisches Recht und Antike Rechtsgeschichte der Rechtswissenschaftlichen Fakultät der Universität Wien; seit 1991 Stellvertretender Vorsitzender des Arbeitskreises für Gleichbehandlungsfragen der Universität Wien. Forschungs- und Publikationsschwerpunkte: Römisches Recht, (Privat-)Rechtsgeschichte sowie Gleichbehandlung und Gender Studies.

Veröffentlichungen ua: (gemeinsam mit *Meissel*) Übungsbuch zum römischen Sachenrecht^5 (1996); Übungsbuch zum römischen Schuldrecht^3 (1996); Women in the Courts - An Old Thorn in Men's Sides, Michigan Journal of Gender & Law, vol. 3/I (1995).

Engel, Sabine, Mag. Dr., geb. 1964. 1983-1987 und 1989-1993 Studium der Rechtswissenschaften an der Universität Innsbruck; 1987-1988 Gerichtspraxis im Sprengel des OLG Innsbruck; 1989-1990 Akademikertrainee am Institut für Österreichische und Deutsche Rechtsgeschichte. 1990 Vertragsassistentin und danach Universitätsassistentin am Institut für Zivilrecht an der Universität Innsbruck.

Veröffentlichungen ua: (als Mitautorin) *Gschnitzer/Faistenberger/Barta und Mitautoren*, Allgemeiner Teil des bürgerlichen Rechts^2 (1992); Rechtliche Probleme der nichtehelichen

Lebensgemeinschaft, JRP 1994; Probleme der Obsorgezuteilung bei Trennung der Eltern, ÖJZ 1994.

Fürst, Susanne, Mag., geb. 1969. 1987-1992 Diplomstudium der Rechtswissenschaften an der Johannes Kepler Universität Linz. Derzeit Doktoratsstudium, Universitätsassistentin und Lehrbeauftragte an der Universität Linz, Institut für Staatsrecht und Politische Wissenschaften. Stellvertretende Vorsitzende des Arbeitskreises für Gleichbehandlungsfragen an der Universität Linz.

Gimpel-Hinteregger, Monika, Dr., geb. 1958. Bis 1981 Studium der Rechtswissenschaften; 1981-1985 Vertragsassistentin am Institut für Öffentliches Recht, Politikwissenschaft und Verwaltungslehre der Karl-Franzens-Universität Graz; 1986-1996 Universitätsassistentin am Institut für Bürgerliches Recht der Universität Graz; 1993 Lehrbefugnis für das Fach Bürgerliches Recht; 1995/96 Gastprofessorin an der Law School der Rutgers University, New Jersey. Seit 1996 ordentliche Universitätsprofessorin für Bürgerliches Recht an der Universität Graz.

Veröffentlichungen ua: Der Unterhaltsanspruch des geschiedenen Ehegatten bei Eingehen einer Lebensgemeinschaft, in *Harrer/Zitta* (Hg), Familie und Recht (1992); Grundfragen der Umwelthaftung (1994); Kommentierung der §§ 431 bis 471 in *Schwimann*, Praxiskommentar zum $ABGB^2$ (1997).

Halbwachs, Verena Tiziana, Mag. Dr., geb. 1969. Studium der Rechtswissenschaften an der Universität Wien. Seit 1993 Universitätsassistentin und seit 1994 Universitätslektorin am Institut für Römisches Recht und Antike Rechtsgeschichte an der Rechtswissenschaftlichen Fakultät der Universität Wien. Forschungsschwerpunkte: Römisches Privatrecht, Römisches Strafrecht, Sozial- und Wirtschaftsgeschichte, Historische Frauenforschung.

Herda, Helene, Mag., geb. 1966. Nach Tätigkeit in der Privatwirtschaft „Späteinstieg" ins Studium der Rechtswissenschaften an der Johannes Kepler Universität Linz; Tutorin am Institut für Öffentliches Recht; Studienassistentin, danach Vertragsassistentin am Institut für Österreichische und Deutsche Rechtsgeschichte. Derzeit Universitätsassistentin am Institut für Völkerrecht und Internationale Beziehungen und am Institut für Europarecht an der Universität Linz.

Veröffentlichungen ua: (Mit)UnternehmerInnen in der Zweiten Republik, in *Ardelt/Gerbel* (Hg), Publikation zum Österreichischen Zeitgeschichtetag 1995 (1996); Recht und Rechtswirklichkeit für Unternehmerinnen und gewerbetreibende Frauen von 1859 bis heute, in *Bandhauer-Schöffmann* (Hg), Auf dem Weg zur Beletage. Frauen in der Wirtschaft (1997); Gewerberecht und Gewerbewirklichkeit in der Frühen Neuzeit, Publikation zum Historikertag in Bregenz (im Druck).

Hofmeister, Lilian, Dr., geb. 1950. 1968-1972 Studium der Rechtswissenschaften an der Universität Wien, 1972 Eintritt in die Justiz; seit 1976 Richterin. 1990-1997 Vorsteherin des Exekutionsgerichtes Wien; seit 1997 Richterin am Handelsgericht Wien.

Veröffentlichungen ua: (als Herausgeberin) Insolvenzgesetze mit den Gesetzesmaterialien zum Privatkonkurs (1994); Gleichstellung als Frage der Ebenbürtigkeit der Geschlechter, JBl 1994; Der männliche Geschlechtsvorzug im österreichischen Bundesdienst, in *Floßmann* (Hg), Feministische Jurisprudenz (1995).

Holzleithner, Elisabeth, Mag., geb. 1970. 1988-1993 Studium der Rechtswissenschaften an der Universität Wien. Derzeit Universitätsassistentin am Institut für Rechtsphilosophie und Rechtstheorie der Rechtswissenschaftlichen Fakultät der Universität Wien; seit 1994 auch Vorsitzende des Arbeitskreises für Gleichbehandlungsfragen an der Universität Wien sowie Mitglied der Arbeitsgruppe für Gleichbehandlungsfragen im Bundesministerium für Wissenschaft und Verkehr; seit 1997 gemeinsam mit Dr. Nikolaus Forgó Sprecherin des Jungen Forums Rechtsphilosophie.

Veröffentlichungen ua: Quotierung und Gerechtigkeit. „Gleichheitsdurchbrechung" als Mittel zur Gleichheitsverwirklichung, JRP 1995; Grenzziehungen: Zum Recht der Pornographie, Texte zur Kunst 1996 Nr 22; Begriffsbestimmungen: Habermas, Unbestimmtheit und die „beischlafsähnliche Handlung", Juridikum 4/1996.

Klicka, Thomas, Dr., geb. 1963. 1981-1988 Studium der Rechtswissenschaften in Wien; 1984-1994 Universitätsassistent am Institut für zivilgerichtliches Verfahren an der Universität Wien. Derzeit Universitätsprofessor für Bürgerliches Recht, Zivilprozeßrecht und Rechtsvergleichung an der Universität Münster.

Veröffentlichungen ua: §§ 285ff ABGB (Sachenrecht), in *Schwimann* (Hg), Praxiskommentar zum ABGB[2] (1997); §§ 620ff dZPO (einstweilige Anordnungen im Eheverfahren), in *Wieczorek/Schütze* (Hg), Zivilprozeßordnung und Nebengesetze, Großkommentar[3]; §§ 204ff ZPO (Prozeßvergleich) in *Fasching* (Hg), Kommentar zu den Zivilprozeßgesetzen[2].

Mottl, Ingeborg, Mag. Dr., geb. 1964. 1982-1987 Studium der Rechtswissenschaften an der Paris-Lodron-Universität Salzburg, 1992 Promotion mit Auszeichnung; 1991-1994 Mitglied des Arbeitskreises für Gleichbehandlungsfragen an der Universität Salzburg. Seit 1991 Mitglied der Senatsarbeitsgruppe für Frauenforschung, Frauenförderung und Frauenstudien an der Universität Salzburg, Mitarbeiterin der Arbeitsgruppe eines Universitätsschwerpunkts „Frauenforschung" an der Universität Salzburg; seit 1987 Universitätsassistentin und Lehrbeauftragte an der Rechtswissenschaftlichen Fakultät der Universität Salzburg; Forschungsschwerpunkt im Ehe- und Familienrecht unter Berücksichtigung der europäischen Rechtsentwicklung.

Veröffentlichungen ua: Die Sorge der Eltern für ihre Kinder. Rechtsvergleichende Gegenüberstellung der österreichischen und der deutschen Rechtslage (1992); Ein Jahr neues Namensrecht, NZ 1996; Kindesunterhalt, Obsorgeregelungen und Besuchsrecht bei Ehescheidung, in *Aichhorn* (Hg), Frauen & Recht (1997).

Schiffbänker, Christine, Mag., 1989-1992 Vertragsassistentin am Institut für Öffentliches Recht und Politikwissenschaft an der Universität Innsbruck. Seit 1993 Vertragsassistentin am Institut für Arbeits- und Sozialrecht der Universität Innsbruck; Arbeitsschwerpunkt: verfassungsrechtliche und arbeits- und sozialrechtliche Gleichbehandlungsfragen.

Veröffentlichungen ua: Das Sicherheitspolizeigesetz (1991); Die Frau in der Sozialversicherung, in *Aichhorn* (Hg), Frauen & Recht (1997).

Schmölzer, Gabriele, Dr., geb. 1961. Bis 1983 Studium der Rechtswissenschaften an der Karl-Franzens-Universität Graz, ab 1982 Studienassistentin am dortigen Institut für Strafrecht, Strafprozeßrecht und Kriminologie; seit 1984 Universitätsassistentin an der Karl-Franzens-Universität Graz sowie im Jahr 1985 wissenschaftliche Mitarbeiterin am Institut für Kriminologie der Universität Tübingen. Seit 1985 ua umfangreiche Publikations-, Vortrags- und Lehrtätigkeit zu den Forschungsschwerpunkten Computer-Kriminalität, Frauenkriminalität und strafrechtliche Aspekte der neuen Informations- und Kommunikationstechnologien. Derzeit Assistenzprofessorin am Institut für Strafrecht, Strafprozeßrecht und Kriminologie der Karl-Franzens-Universität Graz.

Veröffentlichungen ua: Die Entkriminalisierung des Sexualstrafrechts, in Strafrechtliche Probleme der Gegenwart 20 (1992), Schriftenreihe des Bundesministeriums für Justiz 60 (1993); Aktuelle Diskussionen zum Thema „Frauenkriminalität" - ein Einstieg in die Auseinandersetzung mit gegenwärtigen Erklärungsversuchen, MSchrKrim 1995; Strafrechtliche Aspekte zum Thema Rassismus, Neonazismus und Rechtsextremismus im Internet, in *Stiftung Dokumentationsarchiv des österreichischen Widerstandes* (Hg), Das Netz des Hasses. Rassistische, rechtsextreme und neonazistische Propaganda im Internet (1997).

Ulrich, Silvia, Dr., geb. 1957. Studium der Rechtswissenschaften an der Karl-Franzens-Universität Graz. 1993-1994 Vorsitzende der Arbeitsgruppe für Gleichbehandlungsfragen im Bundesministerium für Wissenschaft und Forschung und Vorsitzende des Arbeitskreises für Gleichbehandlungsfragen an der Universität Graz; 1995 Mitglied der ministeriellen Expertinnengruppe zur Reform des Art 7 B-VG; 1996 Österreichische Delegierte in der Positive Action Coordinating Group, eingerichtet von der Europäischen Kommission; 1997 Österreichische Projektmitarbeiterin am Projekt „European Data-base on Good Practices in the Field of Positive Action Programmes and Initiatives" im Rahmen des 4. mittelfristigen Aktionsprogrammes für die Chancengleichheit von Frauen und Männern. Derzeit Assistenzprofessorin am Institut für Öffentliches Recht an der Universität Graz. Forschungsschwerpunkte: Geschlechterdifferenz im Recht, Diskriminierungsschutz und Frauenförderung auf nationaler und internationaler Ebene sowie Gesundheitsrecht.

Veröffentlichungen ua: Zur Ambivalenz des gleichen Rechts, ÖZP 1994; Frauenforschung und Frauenförderung an den österreichischen Hochschulen, in *Rust* (Hg), Juristinnen an den Hochschulen - Frauenrecht in der Lehre und Forschung, Schriftenreihe zur Gleichstellung der Frau 14 (1997); Diskriminierungsschutz und Frauenförderung im Bundesdienst, in *Aichhorn* (Hg), Frauen & Recht (1997).

Windisch-Graetz, Michaela, Mag. Dr., geb. 1967. 1985-1991 Studium der Rechtswissenschaften. Seit 1990 Vertragsassistentin und seit 1992 Universitätsassistentin am Institut für Arbeits- und Sozialrecht der Universität Wien.

Veröffentlichungen ua: (gemeinsam mit *Brodil*) Sozialrecht in Grundzügen^2 (1996); Selbständiges Ambulatorium und ärztliche Ordination, RdM 1995; Soziale Gestaltungspflicht über die Betriebsgrenzen hinaus? ZAS 1996.

Ziegerhofer, Anita, Mag. Dr., geb. 1965. Bis 1993 Studium der Geschichte und Fächerkombination an der Karl-Franzens-Universität Graz; Mitarbeit an Projekten zum Thema „Ständische Gesandtschaften". Seit 1994 Änderung des Forschungsschwerpunktes von der Ständeforschung auf Europa, europäische Integrationsgeschichte, ideengeschichtliche Aspekte der Vereinigung Europas, Paneuropa. Derzeit Universitätsassistentin mit Forschungstätigkeit in den Bereichen europäische Integrations- und Ideengeschichte, Europa - Frauen, Europa - Steiermark; geisteswissenschaftlich - rechtswissenschaftlich interdisziplinäre Lehrveranstaltung zum Thema europäische und österreichische Integrationsgeschichte.

Veröffentlichungen ua: Die Paneuropa-Bewegung der Zwischenkriegszeit, Österreichisches Jahrbuch für Politik 1996 (1997); Die Frage der Zulassung der Frauen zu den rechts- und staatswissenschaftlichen Studien an der Karl-Franzens-Universität Graz, in *Kernbauer/Schmidlechner-Lienhart* (Hg), Frauen und Frauenkarrieren an der Universität Graz (Publikationen aus dem Archiv der Universität Graz 33) (1996); Das Memorandum von Astride Briande über die Errichtung der Europäischen Union, Austrian Yearbook 1998 (im Druck).

Ziegler, Sabine, Mag. Dr., geb. 1968. 1987-1997 Studium der Rechtswissenschaften an der Johannes Kepler Universität Linz. Seit 1996 Universitätsassistentin am Institut für Österreichische und Deutsche Rechtsgeschichte der Rechtswissenschaftlichen Fakultät der Universität Linz.

Veröffentlichungen ua: Frauennachtarbeitsverbot in Österreich, in *Floßmann Ursula* (Hg), Linzer Schriften zur Frauenforschung III (1997); Nachtarbeitsverbot in Österreich - überholt? Information 1 (1996).